国家自然科学基金面上项目（72174213）
湖南省自然科学基金重点项目（2024JJ3034）
湖南省社科基金重大项目（2024ZDAJ021）
中南大学商学院学术著作资助项目

LÜYOUZHE
HUANJING
Zeren Xingwei Yanjiu

旅游者环境责任行为研究

粟路军 等◎著

中国财经出版传媒集团
经济科学出版社
Economic Science Press
·北京·

图书在版编目（CIP）数据

旅游者环境责任行为研究／粟路军等著．－－北京：经济科学出版社，2025.5．－－ ISBN 978-7-5218-7010-7

Ⅰ．X32

中国国家版本馆 CIP 数据核字第 2025VG1143 号

责任编辑：李　雪　刘　瑾
责任校对：郑淑艳
责任印制：邱　天

旅游者环境责任行为研究

LÜYOUZHE HUANJING ZEREN XINGWEI YANJIU

粟路军　等著

经济科学出版社出版、发行　新华书店经销
社址：北京市海淀区阜成路甲 28 号　邮编：100142
总编部电话：010-88191217　发行部电话：010-88191522
网址：www.esp.com.cn
电子邮箱：esp@esp.com.cn
天猫网店：经济科学出版社旗舰店
网址：http://jjkxcbs.tmall.com
固安华明印业有限公司印装
787×1092　16 开　30 印张　520000 字
2025 年 5 月第 1 版　2025 年 5 月第 1 次印刷
ISBN 978-7-5218-7010-7　定价：180.00 元
(图书出现印装问题，本社负责调换。电话：010-88191545)
(版权所有　侵权必究　打击盗版　举报热线：010-88191661
QQ：2242791300　营销中心电话：010-88191537
电子邮箱：dbts@esp.com.cn)

前　言

随着全球生态环境问题日益严峻，旅游活动所带来的环境影响正受到前所未有的广泛关注。旅游业作为一个资源依赖性强、流动性高的产业，在推动经济增长与文化交流方面发挥着重要作用，但同时也面临生态系统负荷加重、环境污染等严峻挑战。根据世界旅游业理事会（WTTC）的报告，旅游业约占全球温室气体排放量的8%~10%，这一比例已超过众多传统高排放行业。世界旅游组织（UNWTO）进一步预测，到2030年，全球旅游相关的二氧化碳排放量将比当前水平增加25%，其中交通运输所导致的排放预计将比2016年增长高达45%。随着旅游的全球化与大众化趋势日益加剧，旅游者对目的地生态环境的影响越发显著。特别是在生态脆弱区、文化敏感区及环境保护区，不当的旅游行为往往会加剧生态系统的脆弱性，损害当地自然资源与可持续发展的基础。在我国"双碳"目标、"美丽中国"建设以及"绿色发展"战略持续推进的背景下，推动旅游业的可持续发展已成为新时代旅游治理的重要议题。其中，旅游者作为旅游行为的主体，其环境责任意识与行为方式在很大程度上决定了旅游活动对目的地生态环境的影响程度。因此，推动旅游者践行环境责任行为不仅是旅游业可持续发展的核心命题，更是全球可持续发展战略中的关键一环。在此背景下，旨在推动旅游业可持续发展的"旅游者环境责任行为"研究应运而生。

本书立足中国旅游发展的现实土壤，聚焦"旅游者环境责任行为"这一核心议题，构建了一个多层次、跨维度的分析框架，旨在为旅游者环境责任行为的理论研究提供结构化、系统化的知识积累，同时也为旅游目的地管理者和政策制定者提供可操作的实践启示。全书内容共分为7章。

第1章"绪论"描述了旅游者环境责任行为兴起与发展的时代背景，介绍了旅游者环境责任行为的概念与内涵、特征与测量，以及与其他环境责任行为的联系与区别，旨在帮助读者全面了解该领域的基本知识，认识旅游者层面环境责任行为的重要性。

第2章"旅游者环境责任行为的理论基础"主要概述了旅游者环境责任行为研究中的几个重要理论，从理论起源、核心内容和其在环境责任行为领域的具体应用三个方面进行了详细介绍。同时，本章介绍了全书实证部分所采用的定性和定量研究方法，帮助读者整体了解旅游学视角下的环境责任行为的重要理论与常用方法。

第3章"个体视角下的环境责任行为"主要从个体视角出发，系统地阐明了个体内在信念规范对旅游者环境责任行为的影响因素及作用机制。读者据此可以思考旅途中如何通过改变自己的内在信念来规范自己的环境责任行为。

第4章"群体视角下的旅游者环境责任行为"聚焦群体互动视角，揭示了旅游同伴和内外群体对旅游者环境责任行为的塑造机制，帮助旅游者理解同伴行为如何"传染"个体行为，并据此思考在群体互动中如何有效改善自己的环境责任行为。

第5章"目的地视角下的旅游者环境责任行为"以目的地为切入点，从社会责任、声誉、服务质量与服务公平等方面探讨目的地因素对旅游者环境责任行为的影响路径和作用机制。本章内容可以启发旅游者在旅游地社会责任、目的地声誉的正向影响下提升自己的环境责任行为。

第6章"旅游者环境责任行为的治理机制"对前文内容进行了凝练和提升，分别从旅游者、旅游企业和政府行政管理部门三个视角提出了自律机制、引导与示范机制和监管机制的旅游者环境责任行为实践策略，全面、系统、整体地构建了旅游促进环境责任行为的多重逻辑和实践体系。

第7章"旅游者环境责任行为未来研究方向"在系统回顾本书研究局限性的基础上，从文旅融合、数智技术、交叉学科、文化背景、低碳转型与积极后效等方面提出了旅游者环境责任行为的未来发展方向，为后续的研究提供了新的启示。

全书集理论与实践于一体，在编写过程中主要突出以下特色。

首先，理论扎实，模型构建严谨完备。本书系统梳理了计划行为理论、社会规范理论、社会认同理论等经典理论，结合旅游场景特性进行了本土化重构，并通过多组实证研究模型进行验证，增强了研究的科学性和适用性。

其次，方法多元，实证基础扎实可靠。本书采用定性与定量相结合的研究方法，通过文献梳理、问卷调研与多种统计方法，多维度捕捉旅游者环境责任行为的影响因素与心理机制，确保了研究结论的可信度与推广性。

再次，实践导向，提出多维治理路径。本书立足现实政策与旅游管理实践，提出自律、引导与监管机制协同推进的三维治理体系，具有较强的现实针对性与应用价值。

最后，前瞻探索，拓展未来研究空间。在总结现有研究成果的基础上，本书敏锐地捕捉到当前文旅融合、数智赋能、文化差异、低碳转型等新趋势，提出了可持续发展语境中环境责任行为研究的新议题，拓展了后续研究的思路与方向。

总体而言，《旅游者环境责任行为研究》兼具理论厚度与实践深度，从框架结构到内容选材均体现出一定的探索性、创新性和开拓性。因而本书既可作为高等院校旅游管理专业本科生、研究生的教材，也可作为旅游行业研究人员、政策制定者的参考读本。

由于作者学术水平有限，加之"旅游者环境责任行为"作为一门新兴研究领域尚处于发展初期，目前已形成的理论成果相对有限，相关文献资料也较为匮乏，许多前沿观点和创新思路仍处于探索和讨论之中，尚未构建起系统完善的理论体系与实践管理框架。因此，本书在内容编写和体系构建上难免存在不足之处，恳请各位专家学者、广大师生及相关读者不吝赐教，批评指正。未来我们会及时汲取最新研究成果，进一步完善和丰富《旅游者环境责任行为研究》，力求在旅游学科理论体系中发挥更大作用，更好地指导旅游地经营管理实践。我们衷心希望，本书的出版不仅能够推动旅游者环境责任行为研究的深入发展，更能为我国生态文明建设与旅游业高质量发展的实现贡献绵薄之力。

粟路军
2025年5月
于长沙

目　录

第 1 章　绪论 ……………………………………………………………… 1
　1.1　旅游者环境责任行为研究的兴起 ………………………………… 2
　1.2　旅游者环境责任行为的概念与内涵 ……………………………… 10
　1.3　旅游者环境责任行为的特征与测量 ……………………………… 13
　1.4　旅游者环境责任行为与其他环境责任行为的联系与区别 ……… 16

第 2 章　旅游者环境责任行为的理论基础 …………………………… 22
　2.1　理论基础 …………………………………………………………… 23
　2.2　研究方法 …………………………………………………………… 63

第 3 章　个体视角下的环境责任行为 ………………………………… 80
　3.1　个体内在信念规范对旅游者环境责任行为的影响因素
　　　 及作用机制 ………………………………………………………… 80
　3.2　研究结论与讨论 …………………………………………………… 119

第 4 章　群体视角下的旅游者环境责任行为 ………………………… 122
　4.1　旅游同伴对旅游者环境责任行为的作用机制 ………………… 123
　4.2　内外群体对旅游者环境责任行为的作用机制 ………………… 146

第 5 章　目的地视角下的旅游者环境责任行为 ……………………… 174
　5.1　旅游地社会责任对旅游者环境责任行为的影响机制 ………… 174
　5.2　旅游地声誉对旅游者环境责任行为的影响机制 ……………… 226
　5.3　服务公平对旅游者环境责任行为的影响机制 ………………… 265
　5.4　整合模型下多层次因素对旅游者环境责任行为的影响机制 …… 310

第 6 章 旅游者环境责任行为的治理机制 ·················· 326
6.1 旅游者——自律机制 ·················· 326
6.2 旅游企业——引导与示范机制 ·················· 330
6.3 政府行政管理部门——监管机制 ·················· 338

第 7 章 旅游者环境责任行为未来研究方向 ·················· 345
7.1 研究局限 ·················· 345
7.2 未来研究方向 ·················· 349

参考文献 ·················· 365
后记 ·················· 467

第 1 章　绪　　论

随着全球生态环境问题的加剧和可持续发展理念的深入人心,人类对自然的关注逐步从简单的资源利用转向对环境保护的深刻反思。旅游活动作为人与自然互动的重要场景,在带来经济发展与文化交流的同时,也对环境造成了不容忽视的压力。旅游者作为旅游活动的核心参与者,其行为对自然环境、文化遗产以及生态系统等的影响尤为直接和深远。面对旅游开发带来的环境问题,旅游者环境责任行为逐渐成为学术研究和实践领域的热点话题。

旅游者环境责任行为作为绿色旅游与可持续旅游的关键组成部分,承载了实现人与自然和谐发展的使命。研究者们从理论与实践两个层面展开了对这一行为的探讨,逐步明确了其概念与内涵,梳理了其发展的脉络与特点。可以发现,这种行为不仅是一种自发性的个体选择,更是一种能够通过科学管理得以激发与优化的社会现象。因此,对旅游者环境责任行为进行系统研究,不仅有助于深化对其本质的理解,也为推动环境可持续发展提供了实践指导。旅游者环境责任行为作为环境保护与旅游可持续发展结合的关键切入点,不仅反映了旅游者个体的环保意识与行为自觉,也体现了现代社会对可持续发展的深刻诉求。通过对其内涵、特征及测量方法的系统研究,能够进一步推动理论深化与实践创新,为构建生态友好型旅游体系提供坚实的理论支撑和实践路径。

具体而言,本章首先从时代背景的视角系统梳理了旅游者环境责任行为兴起与发展的脉络,明确研究的现实意义与必要性;其次,对其概念与内涵进行科学界定,以厘清这一行为与其他责任行为之间的联系与区别;再次,深入分析其独特特征,包括行为自觉性、公益导向性和社会示范性,以揭示其在旅游活动中扮演的特殊角色;最后,构建旅游者环境责任行为的测量维度,为后续研究奠定数据与方法基础,旨在引导旅游者环境责任行为倾向和促进旅游业可持续发展。

1.1 旅游者环境责任行为研究的兴起

随着旅游地环境问题的凸显和可持续发展理念的深入人心，旅游者环境责任行为的研究逐渐成为学术界和实践领域的关注热点。旅游者作为旅游地的核心利益相关者，所表现出的环境责任行为对促进旅游地的绿色可持续发展具有至关重要的作用。如何引导和激励旅游者履行环境责任，减轻旅游对生态环境的负面效应，已成为旅游领域亟待解决的重要课题。本书将从旅游者环境责任行为研究的时代背景、提出和发展历程三个方面，系统阐述旅游者环境责任行为的兴起与发展脉络，使读者对旅游者环境责任行为有初步认识。

1.1.1 旅游者环境责任行为研究的时代背景

旅游者环境责任行为的兴起不仅符合可持续发展的战略需求，更是对公众环保意识觉醒与绿色消费理念提升的积极回应。深入理解和把握其时代背景，对于引导旅游者环境责任行为，促进旅游业绿色转型具有重要意义。

1.1.1.1 旅游业快速发展与生态环境压力的双重挑战

随着旅游业持续快速发展，其已成为现代服务业的重要组成部分（中华人民共和国国务院，2014），旅游业作为国民经济战略性支柱产业的地位更为巩固（中华人民共和国国务院，2022），为国民经济的发展作出了重要贡献。"十三五"期间，旅游业对国民经济的综合贡献率已超过10%（中国旅游研究院，2024）。在当前经济大形势下，旅游业在促进消费、拉动投资、吸纳就业等方面发挥着重要的作用。根据国内旅游抽样调查统计结果，2024年前三季度，国内出游人次42.37亿人，同比增长15.3%，国内旅游者出游总花费4.35万亿元，同比增长17.9%（中华人民共和国文化和旅游部，2024）。据国家移民管理局数据，2024年1月至11月，全国各口岸入境外国人2921.8万人次，同比增长86.2%，接近历史峰值（国家移民管理局，2024）。

然而，旅游消费活动的规模和频率显著增长，在带动经济发展的同时，也给旅游目的地的生态环境带来了巨大的压力。联合国政府间气候变化专业委员会（IPCC）认为，全球气候变暖和海平面气温上升已经打破了格陵兰岛和南极洲的整体质量平衡。到 21 世纪末，全球平均温度预计将增加 1.8～4.0℃。旅游对环境的消极影响已得到旅游学界的广泛认同，诸多学者提出通过改善旅游者环境责任行为来减少这种影响的主张（Han，2015；Su，Hsu & Boostro，2020；程励、李珍芳和祁杉，2025）。对国内旅游而言，旅游者环境责任行为与否直接关系旅游地环境质量。在旅游高峰期，全国各大旅游热门地区"人满为患""超负荷"接待的现象比比皆是。由于旅游者素质与道德水平参差不齐，一些旅游者存在错误的观光理念而采取非环境责任行为。作为旅游活动主体的旅游者，其行为直接导致的环境压力与生态破坏不容忽视，亟须通过强化主体责任意识、规范旅游行为等措施加以应对。

生态资源和人文资源是发展旅游的基础，一旦破坏，旅游经济也就成了无源之水、无本之木，因此，发展绿色旅游是适应旅游发展规律的必然结果。在旅游业环境保护的实践中，旅游者的角色定位和行为选择始终是核心议题。国家旅游局出台了《关于旅游不文明行为记录管理暂行办法》，市场管理司于 2022 年 10 月 17 日发布了《旅游景区文明引导工作指南》以提升旅游者文明意识，引导和促进旅游者环境责任行为。此外，景区管理部门也通过经济反哺等方式积极作为，如利用景区收入投入生态修复，并通过发布严格的规范性文件来管制旅游者行为和规模。但这些措施更多停留在外部约束层面，未能从根本上激发旅游者的环境保护内生动力。事实上，作为旅游活动的主体，旅游者的环境责任行为直接影响着景区的可持续发展。从行为科学视角来看，旅游者的环境意识、行为动机及其与景区环境的互动关系，构成了影响环境保护成效的关键变量。因此，深入探究旅游者环境责任行为的影响机制，科学评估各变量的作用权重，不仅有助于重新定位旅游者在环境保护中的主体地位，更能为构建景区可持续发展长效机制提供理论支撑和实践指导。

1.1.1.2 旅游业发展步入高质量发展与绿色转型新阶段

党的十八大以来，以习近平同志为核心的党中央高度重视生态文明建设，坚持"绿水青山就是金山银山"的发展理念。围绕促进经济社会发展全面绿色转型，党中央提出了一系列新理念新部署新要求，把可持续发展理念贯穿于现代化建设的全过程和各领域方面，我国生态环境保护实现了历史性、转折性、全局性跨越。党的十九大明确提出到2035年基本实现美丽中国建设的目标。党的二十大报告进一步指出要"推进生态优先、节约集约、绿色低碳发展",并强调要健全生态文明制度体系,加快发展方式绿色转型,推进美丽中国建设。这为我国旅游业的绿色发展和可持续转型提供了明确的政策支撑和方向指引。同时,报告提出促进人与自然和谐共生是中国式现代化的本质要求,广泛形成绿色生产生活方式,凸显了公众作为生态文明建设重要参与者的核心作用,为旅游者环境责任行为的引导和规范提供了根本遵循。

我国高度重视绿色旅游产业在国家发展中的作用,诸多政策文件持续强调其重要性,为旅游产业的可持续发展提供了明确指引和有力支持。例如《国务院关于促进旅游业改革发展的若干意见》提出,旅游业发展理念上要按照建设中国特色社会主义事业"五位一体"总体布局的要求,发展方式上要推动旅游开发向集约型转变,更加注重资源能源节约和生态环境保护,推进旅游者文明旅游。中华人民共和国文化和旅游部发布的《"十四五"文化和旅游发展规划》进一步指出,"坚持绿色低碳发展理念,加强文化和旅游资源保护,提高资源利用率";《国内旅游提升计划(2023—2025年)》提出"发展绿色旅游,推动出台推进绿色旅游发展的政策措施";中共中央和国务院联合印发的《关于加快经济社会发展全面绿色转型的意见》(2024年7月31日)指出,开展绿色低碳全民行动并积极扩大绿色消费,应大力倡导简约适度、绿色低碳、文明健康的生活理念和消费方式,将绿色理念和节约要求融入社会规范。此外,全球可持续旅游标准、《里约环境与发展宣言》、《巴黎协定》,以及联合国可持续发展目标等国际标准和公约相继出台,为新时代中国绿色旅游发展提供了理论遵循。2024年5月17日,党中央首次在北京召开全国旅游发展大会。习近平总书记对旅游工作作出重要指示,明确要着力完善现代旅游业体系,加快建设旅游强国,推动旅游业高质量发展。这些重要论述,为引导旅游业迈向高质量绿色转型的新阶段提供了明确指引,也为旅游者的环境责任行为奠定了坚实的政策基础和思想引领。

1.1.1.3　人民旅游需求从基本满足过渡到追求绿色旅游体验

随着我国经济的快速发展和居民收入水平的不断提高,公众环保意识显著提升,公众的旅游理念和出行需求也在不断升级。当前,旅游者对旅游产品绿色环保的要求与日俱增,同时,更加关注自身行为对环境的影响,并逐步认识到保护旅游目的地生态环境的重要性。相较过去，旅游者越来越青睐生态环境良好的旅游目的地，将旅游景区生态环境和旅游产品的绿色低碳属性作为出游选择的重要考虑因素。《2024—2029年中国旅游行业市场深度研究及发展前景投资可行性分析报告》显示，随着环保意识的提升，绿色旅游成为新的发展趋势，包括生态旅游、低碳旅游等，这将有助于实现旅游业的可持续发展。越来越多的旅游者开始在旅游过程中选择低碳交通、减少浪费和保护生态。根据2024年9月中国旅游研究院发布的《大熊猫·绿色旅游发展指数报告》的分析，绿色旅游驱动了旅游模式和旅游产业的创新，既满足了旅游者的需求，又减少了对环境的负面影响。

绿色旅游消费理念的普及促使旅游市场从单纯的经济导向型向生态友好型转变，推动旅游行业加速绿色转型。在供给侧，旅游企业和相关主体积极响应政策号召，创新绿色服务模式，大力发展生态旅游、低碳旅游和环保旅游，不断探索将科技手段与环境保护相结合的可持续发展路径；在需求侧，旅游者的环保意识和行为也逐步从"被动接受"向"主动践行"的责任行为转变。因此，在我国社会经济发展进入新时代的背景下，旅游者环境责任行为不仅是推进旅游业高质量发展的必然要求，更是践行可持续发展理念、实现人与自然和谐共生的重要途径。如何在新时代引导旅游者更好地履行环境责任，成为旅游研究和实践中的重要课题。

1.1.2 旅游者环境责任行为的提出

原有的绿色和可持续发展路径隐含着一个潜在假设，旅游者一旦进入旅游地，不可避免地就会破坏目的地的生态环境。在传统思路下，旅游管理部门通常通过限制、监管等强制措施来缓解旅游发展与环境保护之间的矛盾。然而，随着环境心理学在旅游领域的深入研究，学者们发现旅游者在旅游过程中具备自发采取环境责任行为的潜力，与景区生态环境保护之间可以形成互惠与共生关系（He et al., 2022; Perkins & Brown, 2012; 葛万达、盛光华和龚思羽, 2020）。这种自发的环境责任行为不仅有助于提高旅游地的环境质量，保护自然资源与野生动植物，还能推动历史文化遗产的保护，进而实现旅游地的可持续发展。因此，推动并形成旅游者环境责任行为的培育方法与引导路径已成为绿色旅游实践中的迫切任务，并对旅游地管理和发展思路的转变提出了更高要求，即由单纯依赖强制性措施转向激发旅游者的自觉参与。

促进旅游者环境责任行为既是一个重大的现实需求，也是一个亟须研究的理论课题。明晰旅游者环境责任行为形成机制是该领域研究的关键科学问题，是科学指导旅游地实施旅游者环境责任行为管理的前提。针对旅游者环境责任行为的高度情境化特征（Gifford & Nilsson，2014；Yu et al.，2024），应坚持整合其他学科相关理论，开展多学科交叉研究，全面且深入探讨旅游者环境责任行为形成机理，如阿耶兹（Ajzen，1991）提出的计划行为理论（theory of planned behavior，TPB）、梅拉比安和拉塞尔（Mehrabian & Russell，1974）提出的刺激—机体—反应理论（stimulus-organism-response，S-O-R）、拉扎勒斯（Lazarus，1966）提出的认知评价理论（cognitive appraisal theory，CAT）等。特别地，旅游产品具有无形性、暂时性、异地性和生产消费的同时性等特征，因而具有时间距离、空间距离和文化距离，开展交叉学科研究分析旅游者环境责任行为形成机理可能更能反映出旅游活动的特殊性，更贴近旅游者环境责任行为的实际。在过去相关研究中，一方面是研究主要集中于旅游者特征或社会因素作为旅游者环境责任行为的前因，而忽略了目的地因素（如旅游地管理和服务）等的重要影响作用；另一方面是较少关注旅游者群体或同伴情感对旅游者环境责任心理和行为的重要影响。此外，对于各个影响因素之间的相关关系缺乏探讨。因此，尽管相关研究从个体和群体层面揭示了旅游者环境责任行为的影响机制和作用边界，但研究较为零散，呈现碎片化特征，旅游者环境责任行为的管理研究应寻找一种新的途径或方式，有机地整合这几个方面的研究成果，实现对影响旅游者环境责任行为的因素及其影响路径全面的认识，从管理的视角建立一个涉及个体视角、群体视角以及目的地组织视角的综合理论体系。

在实践层面，旅游者环境责任行为研究最终服务于旅游业管理，由于国内外旅游情境和文化特征不同，对于旅游业的管理应用也较为不同。一方面，国内外旅游地管理研究侧重点不同。具体而言，国内研究更多从宏观上提出旅游地管理意见，即在该景区研究成果可以部分应用于其他景区，如张红梅等（2023）对于国家森林公园花卉博览会的研究所得出的建议："在公园举办自然主题活动是建立旅游者与自然联系和鼓励旅游者环境责任行为的有效途径"。国外的研究结论大多数只能应用于实地研究的旅游地或类似的旅游地，具有较强的特殊性和局限性，但是对于其研究的旅游地管理部门而言，这些管理建议可操作性较强、意义较大。如萨吉德等（Sajid et al., 2023）对印度慕那尔内旅游景点提出的管理建议："教育旅游者，通过相关教育材料（如小册子、标牌等），帮助旅游者了解其行为对环境、当地社区和文化遗产的影响，了解实施环境责任行为的重要性，并激励他们实施环境责任行为"。另一方面，实证表明，旅游者的群体特征对其环境责任行为的影响存在差异，他人不文明行为对游客环境态度和亲环境行为具有调节作用（徐洪和涂红伟，2023）。对国内旅游者而言，理性因素是环境责任行为意图的主要驱动力，而在国际旅游者中，道德因素则更能解释其行为意图（Adam，2023）。因此，基于当前旅游业发展阶段和实际、旅游者行为特征等，应构建符合中国旅游市场现状的，具有科学性、普适性和实际操作价值较高的治理机制，以强化旅游者环境责任行为研究成果的实践指导能力。

在管理层面，开展旅游者环境责任行为研究，建立相应的治理机制，等于抓住了治理旅游地环境的源头和"牛鼻子"，是消除旅游消极影响的重要手段，是实现旅游地可持续发展的核心抓手。一方面，通过构建旅游者环境责任行为治理机制，推动旅游者环境责任行为，将其作为改善旅游地环境的重要支点，能为美丽中国和生态文明建设作出重要贡献；另一方面，有助于启发旅游地经营管理者按照建设中国特色社会主义事业"五位一体"总体布局要求，树立社会责任行为管理理念，实现旅游发展向集约型转变，更加注重资源能源节约和生态环境保护，实现旅游地可持续发展。总之，通过实施旅游者环境责任行为的管理和引导，对旅游地行政管理部门、旅游企业、旅游地居民和旅游者等均可带来相应价值，有助于找到一条实现旅游地利益相关者多方共赢的旅游发展之路。本书立足于可持续发展理念的时代背景，深入探讨旅游者环境行为的内在规律与作用机制，既是对旅游学科理论体系的丰富与拓展，也是对旅游产业实践需求的积极回应。在当前旅游业转型升级的关键时期，系统解析旅游者环境责任行为的影响因素与形成机制，不仅为构建旅游环境治理新范式提供了理论支撑，更为实现旅游业经济效益、社会效益与环境效益的协同发展提供了实践指导。

1.1.3 旅游者环境责任行为研究的发展

旅游者环境责任行为（tourists' environmentally responsible behavior,

TERB）由环境责任行为（environmentally responsible behavior，ERB）发展而来，是环境责任行为在旅游研究领域的延伸和扩展。21世纪以来，随着旅游活动的大众化、普及化和经常化，旅游者与环境的冲突与矛盾问题逐渐凸显，学者们重新审视旅游者及其行为在环境保护中的作用，逐步引发了对旅游者环境责任行为的深入探索与研究，旨在寻求旅游者与环境和谐共生的可行路径（He，Huang & Su，2024；Weaver & Lawton，2017）。随着绿色和可持续发展理念在世界范围内的不断深化和各国重要生态环境保护政策的逐步实施，环境保护和旅游者视角下的环境责任行为成为各国共同关注的核心议题。2018年，我国将"生态文明"写入宪法，中华人民共和国生态环境部等5部门联合发布了《公民生态环境行为规范十条》。2020年9月，习近平总书记提出"碳达峰、碳中和"战略，进一步提升了我国学者对绿色旅游领域和旅游者环境责任行为研究的关注度。已有研究从行为特质、适应环境、实施主体以及多维特质等角度完善和深入总结了旅游者环境责任行为区别于一般环境责任行为的概念特征（Lee，Jan & Yan，2013；邱宏亮、范钧和赵磊，2018）。学者们逐渐认识到，传统的环境责任行为研究框架无法全面涵盖旅游者在具体旅游情境中的行为特征与机制，基于旅游情境的旅游者环境责任行为的提出可以为旅游研究领域开辟新的研究范式，旅游者环境责任行为逐渐成为旅游管理研究的重要方向，为构建人与自然和谐共生的旅游发展模式提供了理论支持，进一步凸显了旅游管理在可持续发展中的核心作用。

旅游者环境责任行为研究历经以下几个主要发展阶段：第一，概念界定与测量工具的开发。研究初期，学者们集中于界定旅游者环境责任行为的内涵，并开发相关的测量工具。例如，李等（Lee et al.，2013）提出基于旅游情境的多维度测量模型，系统梳理旅游者在环境保护中的责任行为特质，为后续的实证研究奠定了基础。此外，相关量表（如城市游客亲环境行为倾向量表，Qin & Hsu，2022）的开发与验证为进一步探讨旅游者环境责任行为的影响因素提供了可靠工具。第二，行为市场细分研究。基于旅游者环境责任行为的特征，不同研究对特定市场群体进行了细分。例如，针对酒店客人、生态旅游者、潜水游客等群体的研究，揭示了不同旅游场景下旅游者环境责任行为的表现差异（Han et al.，2018；Han & Hyun，2018）。这些研究为制定精准的管理策略提供了理论依据。第三，行为影响因素的探讨。学者们从多个理论视角出发，探讨了旅游者环境责任行为的影响因素，包括人口统计学变量、心理因素（如自然联结感，Zhang et al.，2023）以及外在情境因素（如目的地环境吸引力、颜色行为引导，Au et al.，2024）。研究发现，内在心理与外在情境是推动旅游者采取环境责任行为（如自愿碳补偿行为，Ropret & Knežević，2024）的重要动力。第四，行为形成机理的构建。形成机制的理论框架大体可以分为理性认知和情感联系两个维度（吕宛青和汪熠杰，2023）。

旅游者环境责任行为形成机制是当前该领域研究焦点，取得的成果也最为丰硕，但旅游者环境责任行为的形成机理研究结论没有形成一致。学者们基于不同的理论视角，对旅游者环境责任行为进行探讨。主要的理论来源于社会心理学、环境心理学和消费者行为学等学科，包括计划行为理论、规范激活模型、价值信念规范理论、地方依恋、ABC理论、刺激—机体—反应理论、消费价值理论、社会交换理论、自我形象一致性理论、自我调节态度理论、目标导向行为模型和复杂性理论等（Chan, Tsang & Au，2022；Rao et al.，2022）。基于理性认知维度的计划行为理论和规范激活理论来构建旅游者环境责任行为影响因素和形成机理框架的研究最为突出（Kim & Han，2010；胡奕欣等，2021）。然而，现有大多数相关研究完全照搬这两个理论，少有考虑旅游消费的特殊性。相对于有形产品，旅游消费是典型的体验消费，因而消费情感对旅游者环境责任行为可能产生重要影响，现有研究对旅游者心理、情感因素的作用探究显得较为欠缺，且大多局限于"地方依恋""自然共情"的目的地情感联结视角（吕宛青和汪熠杰，2023）。这客观上要求我们在探讨旅游者环境责任行为时，应关注在旅游地情境下旅游者认知因素、心理情感因素等方面对旅游者环境责任行为倾向的影响。本书基于计划行为理论、刺激—机体—反应理论、溢出理论、脚本理论、规范激活理论、认知评价理论、规范焦点理论和社会认同理论，构建旅游者环境责任行为的整合模型，并进行实证分析，揭开了旅游者环境责任行为形成机理的"黑箱"。

此外，目前国内外关于旅游者环境责任行为研究成果的指导实践能力有待加强。旅游者环境责任行为大部分相关研究主要致力于理论上的探索，一些文献基于研究结论，提出了一些实践建议，包括解说服务（Kim et al.，2011）和游憩体验（Ballantyne et al.，2011），教育旅游者如何增强环境意识，以便更好地降低他们对旅游地的影响。而且，通过解说服务，旅游者获得有利于环境行为的知识，比如在旅游/游憩活动中，放弃翻滚岩石、放弃采集动植物标本、住在指定区域。例如，亚当（Adam，2023）提出理性和道德因素的竞争性前置作用，并提出沿海目的地的管理者应根据游客的来源地（国内游客和国际游客）进行细分，并通过广告、目的地宣传册和其他营销材料向每个群体传达特定的环保信息，目的地管理者和旅游企业可以有意识地提高一次性塑料制品的价格，从而劝阻一些游客。但总体来说，这些管理措施相对比较零散，系统性的旅游者环境责任行为管理措施尚未出现，完整的治理机制尚未形成。因此，本书在一系列研究结论的基础上，根据当前旅游业发展阶段和实际、旅游者行为特征等，基于个体视角、群体视角和目的地视角分别提出系统而有针对性的旅游者环境责任行为治理机制，强化理论成果的实践指导能力，提升旅游者环境责任行为水平，为美丽中国和生态文明建设作出贡献。

1.2 旅游者环境责任行为的概念与内涵

1.2.1 旅游者环境责任行为的概念界定

在旅游领域，过去的研究主要集中于旅游者的消费行为、决策过程等方面，而关于旅游者在旅游过程中对环境责任的承担及其相关行为关注较少。尽管旅游者的环境责任行为是相关研究的基础，但现有研究大多借鉴了环境心理学中关于环境行为的理论，鲜有专门对该行为进行界定的研究。随着全球环境问题的日益严重和可持续发展理念的广泛传播，旅游者的环境责任行为已逐渐成为学术界和社会的关注重点。

环境心理学采用多种方式来描述环境责任行为，如环境关注行为（environmentally concerned behavior）、生态行为（ecological behavior）及亲环境行为（pro-environmental behavior）等。现有研究将环境责任行为定义为个人或群体有助于环境问题整治的任何行为（Sivek & Hungerford，1990）；将亲环境行为定义为个人在进行的行为中最小化对自然或建筑的负面影响（Kollmuss & Agyeman，2002）；将环境显著行为定义为从环境的角度出发，在某种程度上改变材料或能源可用性或改变生态系统或生物圈的动态和结构的行为（Stern et al.，2000）。在旅游活动中，旅游者的行为对旅游目的地的自然环境和生态系统有着直接或间接的作用。旅游者环境责任行为反映了个人的生态承诺、关注和知识，不仅是对自然环境的保护行动，更是体现旅游者道德素养和社会责任感的行为。

目前，学界对于旅游者环境责任行为的定义尚未达成统一。有学者借助内容分析法对以往文献中旅游者环境责任行为相关概念定义进行分析，依据词汇的相似性与层次性原则，发现旅游者环境责任行为相关概念定义的理解主要包括以下三个方面（邱宏亮、范钧和赵磊，2018）：（1）有关描述旅游者环境责任行为实施主体的词汇，"旅游者""个体""群体"均是其中的高频词汇；（2）有关描述旅游者环境责任行为实施环境的词汇，"休闲/旅游活动中""旅游过程中""生态旅游情境下""旅游体验中""度假区情境下""景区游览中""各消费环节中"等表述是其中的低频词汇，"无预设情境"则是其中的高频词汇；（3）有关描述旅游者环境责任行为对环境的影响具有正向性的词汇，"减少环境负面影响""促进自然资源可持续利用""保护环境/促进环境保护"等表述是其中的高频词汇。

本书在综合现有研究的基础上，尝试对旅游者环境责任行为作出如下界定：

旅游者环境责任行为是旅游者在旅游情境中所实施的减少旅游景区环境负面影响或有利于旅游景区环境保护的具体行为。这些行为既包括在旅游地减少废弃物排放、保护野生动植物、合理利用旅游资源等直接的环保行动，也包括通过自身的行为示范和宣传引导，带动更多人关注旅游环境问题，形成良好的旅游环保氛围等间接行为。

旅游者环境责任行为可被视为一种综合性、持续性的行为模式，其核心在于旅游者通过自身的行动，在满足自身旅游需求的同时，积极承担起对旅游目的地环境的保护责任，实现旅游活动与环境保护的协调共进，推动旅游业的可持续发展。

1.2.2 旅游者环境责任行为的内涵

对旅游者环境责任行为内涵的把握是开展行为研究的基础。旅游者环境责任行为实施主体明确为旅游者，与政府部门、民间环保组织及居民/公众不同,他们在旅途中肩负着践行环境责任的使命,主体身份是理解其行为的关键。其行为发生在非惯常环境,旅游的短暂性与特殊性使得行为表现和稳定性受情境因素影响,与日常生活中差别较大。此外,该行为涵盖教育、公民、金融等多个维度,从自我教育与示范,到履行社会责任,再到支持环保产品和服务,各个维度相互关联,共同推动旅游地可持续发展。

1.2.2.1 旅游者环境责任行为的实施主体为旅游者

在旅游者环境责任行为的概念界定中,不少文献强调的实施主体为个体或群体,未将旅游者纳入概念定义中,忽略了旅游者作为旅游者环境责任行为实施主体的重要性。事实上,旅游者环境责任行为是旅游者作为个体在旅行过程中所实施的行为。旅游者环境责任行为与政府部门、民间环保组织,以及居民/公众等行为主体实施的环境责任行为是截然不同的两个概念。由此可知,在旅游者环境责任行为概念界定中通过明确其实施主体为旅游者这一论断,能有效区分其与政府部门、民间环保组织、居民/公众等行为主体实施的环境责任行为之间的区别。

1.2.2.2 旅游者环境责任行为的实施环境是非惯常环境

非惯常环境是人们日常生活、工作及学习以外的环境(王欣和邹统钎,2011)。张凌云(2008)指出,旅游是人们一种短暂的生活方式与生存状态,是人们对于惯常的工作与生活环境,或熟悉的人际关系与人地关系的异化体验。李志飞(2014)通过构建旅游者二元行为理论,试图揭示旅游者在常居地与异地情境下的行为变化问题。可见,旅游者在旅游这一非惯常环境中实施的环境责任行为与居民/公众等行为主体在惯常环境中实施的环境责任行为是有所差异的。受非惯常环境影响,旅游者环境责任可能不会像居民/公众环境责任行为所表现得稳定,旅游者环境责任行为的可重复性更易受非惯常环境中情境因素的影响。因此,在旅游者环境责任行为概念界定中通过明确旅游者环境责任行为的实施环境为非惯常环境这一论断,能有效区分其与惯常环境下旅游者作为居民身份所实施的环境责任行为的区别。

1.2.2.3 旅游者环境责任行为的多重功能

旅游者环境责任行为在旅游活动中具有多重功能,既包括对环境的实际保护行动，也涵盖了教育与示范的作用。根据社会学习理论和环境教育理论，旅游者不仅通过参与生态旅游项目、参观环保科普展览等活动受到环境教育，还通过与他人的互动、示范和引导，促进环境责任行为的传播（Su et al.，2022）。具体来说，旅游者在旅游过程中通过减少废弃物排放、保护野生动植物、合理利用旅游资源等方式，直接减少旅游景区的环境负面影响，同时也通过自身的行为示范和宣传引导，带动更多人关注环境问题，推动形成积极的旅游环保氛围。从公民行为角度来看，旅游者作为临时"公民"，积极参与环保公益活动，不仅改善了当地生态环境，还促进了与当地居民的交流与合作，体现了公民履行社会责任的意识。从金融行为角度来看，旅游者的环境责任行为还体现在支持环保型旅游产品与服务，参与生态补偿项目等方面，进一步推动了环保理念的落实。

1.3 旅游者环境责任行为的特征与测量

1.3.1 旅游者环境责任行为的特征

随着旅游业的发展壮大，其对旅游地社会、经济、环境的影响日益突出，旅游者采取环境责任行为与否直接关系到旅游地可持续发展。因此，旅游者环境责任行为已经成为当前旅游学界的研究热点和前沿。相对于有形产品市场或普通服务市场，旅游产品由于其无形性、暂时性、异地性、生产消费的同时性等特征，具有空间距离、时间距离和心理距离（粟路军，2012）。因此，相对于其他顾客，旅游者具有自身独特性质，从而使旅游者在旅游地情境下的环境责任行为和一般的环境责任行为存在较大差异。

旅游者环境责任行为的特征在很大程度上影响其实施过程，因此，了解旅游者环境责任行为的特征至关重要。本书通过文献梳理提炼出以下特征。

1.3.1.1 行为自觉性

不同于一般旅游活动中旅游者的观光、游览等系列享受行为，旅游者环境责任行为更多是要求旅游者具备责任意识，在与旅游地互动的过程中不仅要考虑生态环境，同时还需考虑对当地文化、居民、消费的态度，是基于自身的环保意识和对可持续旅游的认同，大众对个体期许及社会主流价值的影响下而自觉承担作为现代文明人的社会责任与使命。这种自觉性是行为发生的内在动力，也是推动旅游环境改善的重要因素。

1.3.1.2　公益导向性

行为的主要目的是保护旅游地的环境，具有显著的公益性质。旅游者社会责任的利益回报涉及三个方面（Hallak et al.，2012）：一是景区管理成本下降；二是持有正面评价的旅游地居民比重增长可营造良好的旅游接待环境；三是环境保护促进旅游可持续发展。旅游者通过自身行动减少旅游活动对环境的负面影响，促进旅游地生态平衡和可持续发展，最终受益的不仅是旅游地的生态环境，还包括当地居民和后续的旅游者，有助于实现旅游活动与环境保护的协调发展。

1.3.1.3　社会示范性

旅游者的环境责任行为具有一定的社会示范效应。以往的研究表明，旅游者的行为会受到目的地中其他个体行为的影响。例如，游客间越轨行为存在社会传染现象（Su et al.，2022），居民环境责任行为对游客环境责任行为也存在溢出效应（Hu et al.，2021）。当旅游者环境行为发生时会向周围旅游者传达对环境保护的努力以及较高的环保意识，甚至当旅游者在旅游地展现出良好的环保行为时，不仅能影响同行游客，还能对当地居民和社会舆论产生积极影响，引发更多人对旅游环境责任的关注和效仿。

1.3.2　旅游者环境责任行为的测量

在对旅游者环境责任行为的测量中，主要参考环境心理学的研究成果。目前，许多学者倾向于采用单一维度来衡量个人环境责任行为（Cheng et al.，2013；Han & Hwang，2015；Han & Yoon，2015）。此后，学者史密斯－塞巴斯托和德·科斯塔（Smith－Sebasto & D'Costa）于 1995 年提出的评价个人环境责任行为方法广泛受到学者们的应用。该方法将日常环境行为划分为教育行为、公平行为、金融行为、合法行为、肢体行为和说服行为六个维度，其量表具有良好的信度和效度，被众多研究引用（Ballantyne，Packer & Falk，2011）。之后，学者在一般环境责任行为量表的基础上开发出了社区旅游者环境责任行为量表，这也是目前少有的从特定旅游地视角出发的研究成果（Lee et al.，2013）。

尽管有上述研究成果，但旅游学领域目前在旅游者环境责任行为的测量上仍面临诸多问题。一方面，学界对于旅游者环境责任行为结构维度的划分存在单维和多维的争议，至今没有形成一个通用的测量量表。现有的测量工具大多基于西方文化背景，然而文化因素对个人环境责任行为有着显著影响（Cordano et al.，2010），所以开发适用于不同文化背景的测量量表迫在眉睫。另一方面，旅游者环境责任行为是高度情境化的构念（Gifford & Nilsson，2014），但由于缺乏不同情境下的对比分析，不同情境中的构成维度还不够清晰。

考虑到旅游活动的特殊性，旅游者的环境责任行为既包含在旅游地日常生活中的环境责任行为，也涉及旅游地特定的环境责任行为。其中，特定地点的环境责任行为包含可持续行为（Kim，Airey & Szivas，2011）、亲环境行为（Halpenny，2010）和环境友好行为（Alessa et al.，2003）三个维度。基于此，本书将日常生活中的环境责任行为和特定地点环境责任行为相结合，同时结合旅游消费、旅游活动等特征，对已有的量表进行系统修改，构建出旅游者环境责任行为测量量表（见表1-1）。

表1-1　　　　　　　　　　旅游者环境责任行为测量量表

维度	维度含义	测量项目
教育行为	通过学习等方式了解旅游地相关环境知识和信息的行为	在旅行前，我获得旅游信息和制订旅游计划 我听取并关注旅游地解说 我了解旅游地环境要求 ……
公民行为	出于公民正义感而保护旅游地环境的行为	我愿意为旅游地环境组织（包括特定旅游地）捐钱或花时间 我与其他旅游者讨论有关旅游地环境问题 为了保护旅游地环境，我愿意支付更多的税金 ……
消费行为	通过金融措施而表达促进保护旅游地环境的任何行为	我不购买对旅游地环境有潜在危害的产品 我尽量购买可以重复使用或使用再生材料制成包装旅游地的产品 我购买旅游地环境友好产品 ……

续表

维度	维度含义	测量项目
说服行为	说服其他人保护旅游地环境的行为	我说服同伴抵制出售损害环境产品的商店 我说服同伴了解旅游地的回收设施 我说服同伴不要乱丢垃圾 ……
肢体行为	旅游者在没有涉及金钱的条件下对环境采取的任何行为	旅游中，我会在外出时随手关闭房间空调 当我用水刷牙时，我会关闭水龙头以节约水资源 我把空瓶放回回收箱 ……
合法行为	合乎旅游地环境法律法规等规定的行为	我不会擅自收集动植物标本 我不破坏旅游地文物 我不会做出伤害植物和动物的行为 ……
可持续行为	旅游者尊重当地文化和生活方式，减少对当地环境的干扰的行为	我捡起（鼓励他人）其他人留下的枯枝落叶 我详细观察历史和文化遗产 我了解居民生活方式 ……
亲环境行为	当旅游地因为环境破坏需要恢复时，旅游者自愿减少或不访问该旅游地行为	如果目的地需要从环境破坏中恢复，我自愿少访问该旅游地 如果需要从环境破坏中恢复，我自愿停止参观游览旅游地 在旅游过程中，我减少去生态脆弱区活动 ……
环境友好行为	旅游者为减少对特殊旅游地的破坏而采取的行为	旅游过程中，我不大声喧哗，减少噪声 我不去干扰任何生物和植被 野餐后，我将该地方弄干净后才离开 ……

1.4 旅游者环境责任行为与其他环境责任行为的联系与区别

本节通过阐述旅游者环境责任行为与旅游地居民、政府、企业的环境责任行为的联系与区别，揭示其在旅游生态系统中的特殊属性。联系性框架的构建依据在于：旅游地居民通过文化习惯驱动形成基础性示范，政府依托制度权威约束设定行为边界，企业借助市场服务中介降低实践门槛——三者分别表征环境治理的文化、制度与市场维度，为辨识旅游者行为特征提供多维度坐标；而旅游者环境责任行为与其他环境责任行为的差异性来源于旅游者活动的时空特殊性，从而导致不同形式的环境责任行为。这种特殊性根植于非惯常环境对行为逻辑的双向重构：一方面，旅游者必须依赖目的地规则系统（如景区环保设施配置）来调整自己的行为；另一方面，其临时性身份导致环保承诺呈现"条件性契约"特征——仅在特定场景（如生态景区）与即时情境（如设施可达性和他者行为示范）中触发。

1.4.1 旅游者环境责任行为与其他环境责任行为的联系

旅游者环境责任行为与其他环境责任行为的联系性表现为多主体协同影响。居民、政府和企业三类主体分别侧重于文化习惯、制度规则和市场服务三个维度，合力实现保护旅游地环境，减少资源消耗、污染和生态破坏的目标。例如，构建居民垃圾分类示范可参照的"旅游地模板"，政府的景区限塑令通过奖惩机制重塑行为选项，企业的碳中和住宿则通过服务设计转化环保价值。将旅游地环境治理体系映射至旅游场景，共同构成旅游者环保行为的支撑网络。这种联动关系表明，旅游者的环境责任并非孤立存在，而是多主体规则传递与价值转译的复合产物。旅游者环境责任行为与居民、政府和企业的环境责任行为存在以下核心联系。

1.4.1.1 居民环境责任行为传导文化示范

在日常生活中，居民会为改善目的地生态环境而主动实施环保活动（Cheng，2019），在旅游地中，居民的日常环保实践（如垃圾分类、资源循环、节水节电）通过空间可见性与行为重复性形成示范模板，为旅游者提供直观的模仿对象。例如，民宿经营者的节水习惯通过生活场景的嵌入性展示，潜移默化影响住客的用水行为（Han，2015），这种非强制性的模仿学习体现了环境责任行为的文化传导本质。

旅游地居民与旅游者之间的主客互动进一步强化了示范效应。研究表明，居民与旅游者建立情感联结（如交朋友）可显著提升居民对旅游正向影响的感知，促使其主动践行环保行为（Eusébio et al.，2018）。王等（Wang et al.，2018）通过自我民族志研究发现，乡村旅游地居民通过语言引导、行为示范等互动方式，能有效塑造游客的环保意识。这一过程存在双向驱动机制：基于刺激—机体—反应理论验证，居民环境责任行为通过提升游客环境关注度和目的地认同感，对绿色消费行为产生显著驱动作用（Hu et al.，2021）。

此外，研究发现旅游地居民的环境责任行为不只对游客的绿色消费行为产生正面影响（Hu et al.，2021），更会广泛影响旅游地生态品牌形象（Bilynets, Knezevic & Dolnicar, 2023；Wang et al.，2018）。例如，比利耐兹等（Bilynets et al.，2023）实证研究表明，在地居民显性化的环保实践显著增强旅游者对生态标识的认知强度，通过记忆强化机制，游客能够清晰再现他们所观察到的旅游地环保活动，进而重塑其对区域生态价值的初始判断和对目的地初始的生态品牌形象的认知。居民环境责任行为作为动态传播载体，通过可视化实践持续输出生态价值标识，其作用维度已超越传统的环境保护边界，演变为以生态环境为媒介的社会关系重构工具，为社区治理提供了"生活化"路径。

1.4.1.2 政府环境责任行为保障规则基础

政府通过分层递进的制度设计，将环境责任转化为可操作的行为规范体系，构建起刚性约束与柔性引导相协同的治理框架。在基础层面，禁令性政策工具通过明确行为边界实现快速干预，例如国家公园的垃圾管理制度，通过罚款与教育标识改变游客行为，倒逼游客主动调整行为模式（Lee et al.，2013）。在行为约束的基础上，政府进一步运用社会规范工具激发环保内驱力。例如，浙江省湖州市乡镇通过旅游区宣传栏动态公示环保红黑榜，将居民与游客的环境行为转化为"社会面子"资本。这种柔性引导机制创造性地联结个体行为与集体认同，极大地提高了垃圾分类参与率，促进环境责任行为的实施。

制度体系的完善最终需要长效保障机制的支撑。2025年3月1日实施的《旅游景区质量等级划分》（GB/T 17775—2024）标志着治理范式的转型升级。新规将绿色低碳发展列为景区评级的前置条件，构建起覆盖全周期的约束框架。准入阶段需提交游客行为引导方案，运营过程强制披露多项环境数据，考核体系赋予绿色消费指标一定权重。这种制度设计旨在通过制度建构将景区规范化管理与游客行为引导深度融合，形成"场所约束—行为变革"的协同治理机制，实现从单一场所管控向系统性行为干预的治理范式转型。

1.4.1.3 企业环境责任行为引领绿色体验

在当今追求高质量发展的时代，减碳已成为众多公司ESG（环境、社会与治理）报告中的核心词汇，无疑也是企业实现可持续发展绕不开的重要议题。而在各类企业中，旅游业中的旅行社、酒店、航空公司等，更是直接影响着旅游者的环保行为。它们通过绿色产品设计（如低碳住宿产品和碳积分兑换）将环保价值转化为可感知的消费权益，降低旅游者实践成本。例如，酒店房间的节能设备自动减少能源浪费，无须游客主动干预（Confente & Scarpi，2021）。

由此可见，企业在引导游客践行环保理念方面发挥着不可替代的作用，未来旅游企业通过产品服务创新，将环境责任转化为可感知的消费价值，实现环保实践从"道德义务"向"体验权益"的转化将是一大趋势。

1.4.2 旅游者环境责任行为与其他环境责任行为的区别

旅游者环境责任行为与其他环境责任行为的差异性则凸显于三大核心维度：其一，在时间属性上，旅游者的水电消耗控制等行为受旅行周期制约，呈现短期波动性，迥异于旅游地主体的持续性实践，其行为影响也通常局限于特定景区或旅行期间，影响范围较小且持续时间较短；其二，在责任空间上，其环保承诺被严格限定于景区、酒店等阈限场景，与旅游地主体覆盖全域生活的责任形成鲜明对比；其三，在驱动逻辑上，其行为更多依赖景区设施便利性、他者行为示范等即时情境因素，而非文化自觉或制度义务。通过多维度对比，能够系统揭示旅游者环境责任行为的场景限定性与情境敏感性的双重突出特性。

1.4.2.1 时间属性维度短期波动与长期持续的差异

旅游者环境责任行为具有显著的情境性与短期性特征，其本质原因在于行为周期严格受限于旅行时长，具体表现为临时性、碎片化的参与模式（如旅行期间短暂实施的垃圾分类或水电节约）。研究进一步表明，这种短期特征不仅体现在行为持续时间上，更深刻反映于行为转化机制的断裂性上。旅游者在假期中声明的亲环境意图往往难以转化为日常生活中的实际行为（Wu, Font & Liu，2021）。例如，针对澳大利亚蒙利普斯（Mon Repos）保育公园游客的追踪研究表明，现场环保承诺与离场后的实际行为之间仅存在微弱关联，后续观察还发现，游客的环境保护热情与行为承诺会随时间推移显著衰减

（Hughes，2013；Wu et al.，2015）。究其根本，这种波动性源于旅游者的"临时参与者"角色定位——其环境责任行为随行程终止而自然消解。

与此形成鲜明对比，当地居民的环保实践呈现持续性特征。由于行为根植于日常生活惯性（如全年实施的垃圾分类和资源循环利用），且受文化传统与社区规范驱动（如政府支持的资源回收制度），居民形成高度稳定的环境实践模式。二者的本质差异体现为角色认知的区别：旅游者将环保视为特定时空的附加选项，而居民作为"在地守护者"，其环保实践具有代际传承性与长期累积效应。

1.4.2.2 责任空间维度阈限场景与全域覆盖的差异

旅游者的环境承诺被严格锚定于消费关联场景（如景区/酒店/交通工具），其责任边界与商业服务空间高度重合，典型表现为对显性标识（如垃圾桶位置）或服务提示（如客房节能卡）的条件反射。研究指出，游客的环保行为集中发生于特定场景，且多依赖于外部引导（Hughes，2013）。这种空间局限性映射出认知差异：游客视环保为消费契约的附加条款（"付费即有权选择"），其行为选择具有显著的场景依赖性。

相比之下，当地居民的责任空间呈现全域渗透性，覆盖居家生活（如雨水收集）、社区公共空间（如河道清理）及生产经营（如包装回收），形成立体化责任网络。其行为逻辑源于生存伦理的深层内化（"山水养人，人必护之"），而非短期利益驱动。政府与企业的责任空间则体现为系统性覆盖：前者通过强制性措施和激励政策来引导和约束旅游者的环保行为，确保其在旅游活动中履行环境保护义务，更具宏观调控性。后者不仅局限于对外提供环保服务，更涉及其在运营管理中的可持续发展策略，如节能、减排、资源回收等，将可持续发展策略嵌入全产业链（如携程商旅的碳账户系统），其环保行动是集体化、制度化的。三者对比显示，旅游者的责任空间具有显著的阈限性与被动性特征。

1.4.2.3 驱动逻辑维度体验依赖与责任导向的差异

旅游者的行为对所处情境具有显著的敏感性，其在环保方面作出的选择，主要受到三重即时因素的驱动（Stern，2000；Su，2022）。一是设施便利性，例如景区每隔50米设置分类垃圾桶，能让游客更便捷地进行垃圾分类；二是同伴示范效应，周围同伴的环保行为会对游客产生影响；三是经济激励强度，像酒店返还节能积分，以此鼓励游客采取节能行为。

这与居民行为的内生驱动模式存在结构性差异。居民的环保实践主要源于文化习惯和制度约束。以侗族村落的稻鱼共生系统为例，这是当地长期形成的文化习惯，体现了对生态环境的维护；而社区环保公约，则是一种制度约束，规范着居民的日常行为。这种差异在行为持续性上表现得尤为明显。当景区试验性撤除分类垃圾桶时，由于游客的环保行为依赖外部设施的便利性，大概率会导致游客环保行为急剧下降；而居民由于垃圾分类意识已内化为日常生活程式，行为波动相对较低。由此进一步推测，旅游者环保行为在场景迁移时的稳定性低于居民，凸显其外部驱动模式的脆弱性。除旅游地居民外，政府、企业的环境责任行为与旅游者环境责任行为在驱动动机上同样存在显著区别。政府与企业的驱动逻辑则体现为制度化的系统性责任：政府通过政策工具（如绿色旅游认证和景区环保法规）构建强制性框架，其行为动机源于公共利益维护与可持续发展目标；企业则依托市场化策略（如低碳产品设计和供应链碳管控）将环保责任嵌入商业逻辑，其核心驱动力在于品牌竞争力提升与长期利益获取。对比可见，旅游者的行为驱动呈现显著的即时性与个体化特征——其决策更多依赖临时情境刺激（如酒店积分奖励）与个人兴趣偏好，而非系统化的责任认知。

旅游者环境责任行为与当地居民、政府、企业等其他主体之间的联系与区别呈现相互依赖和独立并存的关系。旅游者的行为多受个体意识和外部引导的影响，具有较强的情境性和短期性；而当地居民、政府和企业则在各自的职责范围内履行着长期、系统的环保责任。通过深入分析旅游者与其他主体的行为特征和相互关系，可以更全面地理解各方在推动可持续旅游发展中的角色和责任，从而为制定更有效的政策和策略提供理论依据。系统梳理旅游者环境责任行为与当地居民、政府、企业环境责任行为的联系与区别，为可持续旅游治理提供了关键认知基础：唯有针对非惯常环境的时空压缩特征，设计场景化政策工具（如景区实时碳足迹可视化系统）与弹性责任框架（如分段式环保奖惩机制），方能有效引导旅游者从情境性环保行为向稳定性环境伦理转化。在多主体互动的框架下，旅游者不仅需要政策、社会和企业引导其环境责任行为，也需要通过提升个体环保意识，增强在旅游过程中长期、持续地履行环境责任的能力。

第 2 章　旅游者环境责任行为的理论基础

　　随着全球可持续发展的推进，环境保护意识逐渐深入人心，游客在旅游活动中是否能采取负责任的环境行为，已成为旅游可持续性的重要议题。在不同的文化和社会背景下，旅游者环境责任行为的表现各异，这一现象的成因涉及社会规范、个体价值观、环境教育、目的地管理等多种因素。因此，研究旅游者环境责任行为的发展现状，不仅有助于厘清其理论基础，还能为旅游政策制定与旅游企业实践提供科学依据。近年来，国内外学者对旅游者环境责任行为的界定、影响因素及促进机制进行了广泛探讨。研究者们一方面致力于阐明旅游者环境责任行为的内涵及其与相关行为之间的联系；另一方面也在深入分析不同理论视角下的环境责任行为模式，以探索如何有效引导和增强旅游者的环境责任意识和实践。随着旅游消费结构的升级，游客的环保意识也在不断提升，使得旅游者环境责任行为成为旅游可持续发展战略中不可忽视的关键环节。

　　本章旨在系统梳理旅游者环境责任行为的理论基础，回顾环境责任行为的核心概念，归纳国内外相关研究成果，并构建适用于旅游研究的环境责任行为框架。此外，本章还将总结适用于旅游者环境责任行为研究的相关方法，为未来研究提供参考。通过对这些内容的系统归纳，期望为后续研究提供理论支持，并为旅游行业制定可行的管理策略提供科学依据，以促进旅游者环境责任行为的实践发展，从而推动旅游业的可持续发展进程。

2.1 理论基础

2.1.1 计划行为理论

2.1.1.1 计划行为理论的起源

理性行为理论（theory of reasoned action，TRA）认为，主观规范和行为态度是影响个体行为意向的驱动因素（Fishbein & Ajzen，1975）。理性行为理论假设：（1）人是理性行动的，并通过系统地利用可获得信息来决定是否采取行动；（2）人们的行动是由有意识的动机引导的，而非无意识的自发行动；（3）人们在决定是否采取行动之前，会考虑他们行动的意义（Fishbein & Ajzen，1975）。根据该理论，行为意向是决定行为的直接因素，受到行为态度和主观规范的影响，一般来说，行为意向越强，采取行动的可能性就越大。在一项元分析中，谢泼德等（Sheppard et al.，1988）指出，该理论能有效地预测行为意图和行为，并且有助于识别从何处着手及用何种方式来研究个体行为。

后来的研究发现，理性行为理论忽略了一个重要变量，即感知行为控制（perceived behavioral control，PBC），例如，班杜拉等（Bandura et al.，1980）的研究发现，自信程度是影响个体行为的重要因素（自信是指个体对其是否有能力实施行为的感知）。阿耶兹（Ajzen，1991）在此基础上通过整合感知行为控制变量，提出了计划行为理论，扩展了理性行为理论的界限。计划行为理论是社会行为学研究领域关于意向与行为关系的理论，用来解释个体行为在决策过程中受到行为意向影响的机制，即行为意向是预测和解释个体行为的最好方式（Ajzen & Fishbein，1980）。一直以来，计划行为理论已被广泛应用于消费者行为（Rausch et al.，2021）、电子商务（Nasution et al.，2021）、会计教育（Alshurafat et al.，2021）及农民行为（Sok et al.，2021）等多个科学领域。

2.1.1.2 计划行为理论的内容

计划行为理论是一个理性决策模型，使用主观规范、感知行为控制和行为态度三个关键的自变量来预测行为意向和实际行为，理性行为理论（TRA）和计划行为理论（TPB）整体框架如图2-1所示。在内涵界定上，学者们对行为意向和实际行为的理解较少出现分歧和争议，但对影响行为意向的三个前置变量的界定尚未达成一致。其中，主观规范是指个体执行或不执行行为时感知到的社会压力，这种压力可能来自重要他人、家庭、社会团体等不同方面，由个体对他人认为应该如何做的信任程度以及自己对与他人意见保持一致的动机水平所决定。感知行为控制指的是个体感受到执行某种行为的控制能力，即人们对表现行为的容易程度的感知，由控制信念和感知促进因素共同决定（Riebl et al.，2015）。行为态度则反映的是个体对执行或不执行行为的偏好，具体而言，它表达了个体对某一行为积极或消极的评价：态度越积极，表现出这种行为的意向就越强，这由人们对行为结果的主要信念以及对这种结果重要程度的估计所决定（Scalco et al.，2015）。这三个前置变量会影响人的行为意向，行为意向会影响其实际行为，除行为意向外，感知行为控制也被认为可以直接影响目标行为（Ajzen，1991）。此外，这三个变量彼此之间相互作用和相互影响，且每个前变量都有对应的潜在可访问信念（规范信念、控制信念和行为信念），规范信念形成了主观规范，控制信念影响知觉行为控制，行为信念影响行为态度（Ali et al.，2011）。

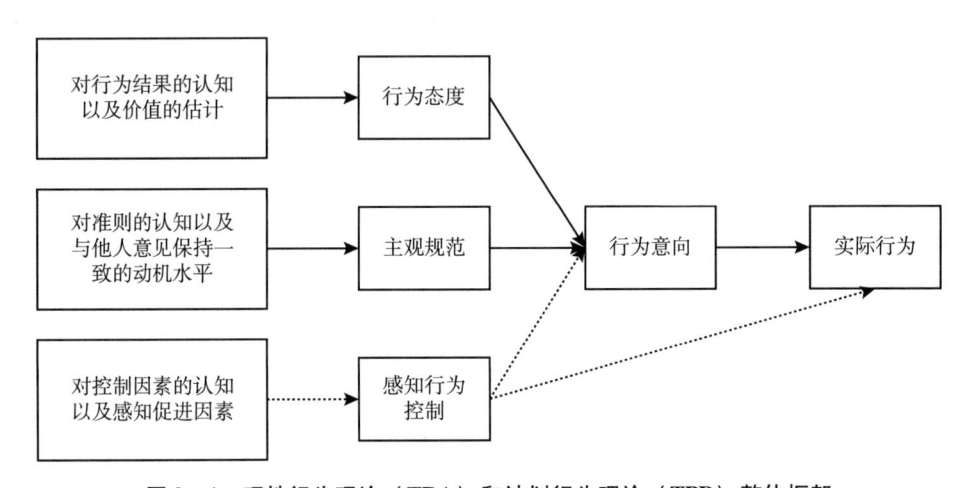

图 2-1　理性行为理论（TRA）和计划行为理论（TPB）整体框架

注：未加虚线部分箭头所指的图示关系为理性行为理论；加入虚线部分所指的图示关系为计划行为理论。

计划行为理论的核心因素是个人执行特定行为的意向。意向是影响行为的动机因素，表明人们愿意付出多少努力去尝试，以及他们计划施加多少努力来执行这种行为。作为一般规则，参与行为的意向越强，其表现的可能性就越大（Ajzen，1991）。然而，应该清楚的是，只有当所讨论的行为处于意志控制之下时，行为意向才能在行为中找到表达，即个体可以随意决定是否执行该行为。虽然某些行为实际上可能很好地满足了这一要求，但大多数行为的表现至少在某种程度上取决于必要的机会和资源的可用性等非激励因素。个体也许强烈地希望实施行为，但可能没有实施行为的必要机会或资源，如知识、技能、信息、金钱等（Ajzen，1985）。这些因素代表了人们对行为的实际控制，如果一个人拥有所需的机会和资源，并打算履行这一行为，就应该去执行。换句话说，如果人们认为他们没有任何资源或机会这样做，即使他们对这种行为抱有积极的态度并认为重要他人会批准，他们也不太可能形成强烈的行为意向。例如，在参加会议的情况下，协会会员可能对参加会议持有积极的态度，其同事和上级可能希望其参加会议，认为其能够很好地代表所属组织。然而，若面临诸如经费不足、时间安排冲突或家庭责任等情境性约束，个体对参会行为的控制感可能受到限制，进而影响其实际参会意愿。

根据计划行为理论，个体的行为意向可以通过感知的行为控制来预测。阿耶兹（Ajzen，1991）指出，感知行为控制与行为意向共同影响个体是否采取某一特定行为。具体而言，当个体感知自己对某个行为具有较高的控制感时，其行为意向将更容易转化为实际行为。其进一步提出，感知行为控制和行为意向的结合能够直接决定个体是否会实际执行某一行为。这个假设可以通过以下两个原理来解释：第一个原理是，个体在感知到自己对行为有完全控制时，其为实现行为目标所投入的努力可能会增加。例如，即便两个人有相同的学习滑雪的意图，且都试图实现这一目标，那些相信自己能够掌握这项活动的人，相较于缺乏自信的人，更容易成功。第二个原理是，感知行为控制通常能够反映个体对行为的控制能力，从而预测行为的结果。尽管实际的控制措施非常重要，但在某些情况下，感知的控制也能有效替代实际的控制情况。然而，感知行为控制的度量是否能够完全代替实际控制的度量，依赖于感知控制的准确性。在个体对于某一行为的信息较少、外部需求或资源发生变化，或面临新的、陌生的情境时，感知行为控制可能未必能完全反映实际控制情况。在这些条件下，感知行为控制的准确性可能对预测行为的结果几乎没有增益作用。然而，当个体的感知控制较为现实时，它能够有效地预测成功实施某一行为的概率（Ajzen，1985）。

阿耶兹和马登（Ajzen & Madden，1986）是最早完整地检验计划行为理论的学者，他们的研究结果一致表明，态度、主观规范和感知行为控制影响行为意向，然后影响行为，但关于感知行为控制直接影响行为的发现是不一致的。具体来说，在低水平的控制感知下，感知行为控制对行为有直接的影响；在高水平的控制感知下，感知行为控制对行为产生间接影响。此外，计划行为理论假设人类行为是理性的、深思熟虑的和有意识的。但有一些研究表明，行为也可以是不费力的、无意图的、不受控制的、自动的和无意识的（Ajzen & Fishbein，2000；Bargh，1996）。卡夫等（Kraft et al.，2005）建议对感知行为控制做进一步的研究。他们发现，感知行为控制应该被理解为两个独立但相关的概念：自我效能和可控性。

2.1.1.3　计划行为理论在环境责任行为方面的应用

在旅游情境下，由于计划行为理论较好地反映了行为产生的阶段及过程，因此它们自然地成为学者们分析旅游者环境责任行为形成机制的有效工具和框架（Cheng & Wu，2015；Han & Yoon，2015），在环境责任行为领域得到了广泛应用。如文明旅游行为、绿色消费行为等领域的研究证实，计划行为理论模型具有良好的预测效力与解释效力。旅游业的可持续发展需要更多的"环境友好型"旅游者，厘清旅游者环境行为的形成机制具有重要的现实指导价值。

根据计划行为理论，态度是行为的重要前因变量，因此环境态度是决定个人环境责任行为的关键因素，环境态度积极影响个人环境责任行为，并将环境相关知识、环境教育、环境意识、主观规范、道德规范、感知行为控制、满意度及场所依恋等作为旅游者环境责任行为的影响因素（何学欢等，2017）。例如，研究探讨了环境解释是否会影响公众生态流动体验和负责任的行为，发现环境解释通过丰富公众的生态体验来激发环境态度并指导负责任的行为，环境态度的转变可以从公众有意识地保护公园内的环境（例如，不扔垃圾、不采摘植物及不伤害野生动物）中直接看出（Tang et al.，2022）；从个体徒步旅行者的角度探讨了徒步旅行者亲环境行为（PEB）的意图，表明对环境后果的认识可以被视为人们对保护环境的一般态度，在形成对亲环境行为和主观表现规范的态度方面起着至关重要的作用（Sun et al.，2022）；

另有研究结果表明，数字素养提高了农民参与亲环境行为的可能性（Lu et al.，2024）。这种做法通过强化农民的主观规范和行为态度，增强了他们的感知行为控制（作为计划行为理论的核心要素），从而促进了农民对亲环境行为的实施；程卫进等（2022）以河南省开封市主城区为例，在计划行为理论的基础上纳入地方依恋对研究模型进行扩展，并采用结构方程模型法探索旅游地居民主—客价值共创行为意向的影响因素及形成机制；张婕等（2024）的研究构建了游客森林生态旅游中绿色购买行为的研究分析框架，并结合武夷山自然保护区的游客数据探讨了影响游客绿色购买行为意愿的因素，表明道德规范、主观规范与行为态度对游客绿色购买行为意愿有直接影响。

在环境保护情境下，许多学者认为场所依恋是人们环境保护行为的关键前因变量，对一般的和特定地点的环境责任行为有显著正向影响（De Freitas，2022；Hinds & Sparks，2008）。在旅游学情境下，场所依恋被证实为旅游者环境责任行为的关键前因变量，旅游者对这些特定场所情感上和认知上联系的形成促使他们提高在特定场所的环境责任行为和一般的环境责任行为（Wang & Cheablam，2024；Torabi et al.，2024）。瓦斯克和科布林（Vaske & Kobrin，2001）检验场所认同和场所依靠的关系，发现场所依靠对场所认同有直接影响，且场所认同积极影响一般的环境责任行为，场所认同中介场所依靠和一般的环境责任行为之间的关系；伊尔迪里姆等（Yildirim et al.，2024）的研究指出艾达山的休闲爱好者在参与和旅游相关的活动时更加敏感，并在与环境互动时关注他们对环境问题的态度和行为，主观规范、地方依恋、环境关注和环境利他主义对环境友好行为产生积极影响。

环境敏感性指人们学习环境、关注环境和保护环境倾向的兴趣，可以反映旅游者的态度（Chawla，1998）。在环境教育中，环境敏感性是环境责任行为的主要决定因素之一，许多以前的研究探索和概念化环境敏感性，并讨论了环境敏感性对环境责任行为的预测作用。环境敏感性包括情感和认知维度。人们通过环境知识（认知的）来形成对周边的环境意识，并形成对环境的情感（Metzger & Mcewen，1999）。乔拉（Chawla，1998）指出，环境敏感性通过不同的生活体验形成，这些体验被视为是外部和内部环境之间的交流。外部环境包括个人物理环境质量和社会对物理世界意义的调节作用，内部环境由个人的需求、能力、情感和兴趣组成。这些体验发展成为对环境的移情观点，促进环境责任行为被视为环境教育的最终目标。

有研究表明，对环境的敏感性是环境责任行为的最佳预测变量（Chen and Yeh，2002）。环境敏感性使个人对环境问题的理解通过各种体验得到发展，如以自然为基础的休闲娱乐活动（Hungerford & Volk，1990）。因此，拥有更多环境敏感性的人们更倾向于从事更多的环境责任行为。例如，何等（He et al.，2024）研究指出，个体对低碳旅行环境效益的认识会影响其行为意图。这种认识可以被视为一种对环境敏感性的体现，即个体对环境保护和可持续旅行方式的敏感程度。

此外，由于体验是旅游活动的重要内容，因而体验作为旅游者环境责任行为的影响因素受到了关注（Torabi et al.，2024）。体验是指通过参与一个活动而形成的个人思想、情感、感觉、知识和技巧。当个人搜选产品/服务或消费产品/服务时，就发生了体验。体验包括感官印象、情感、行为、知性的感觉、思维、关系和反射反应。在旅游领域，游憩体验引起了旅游研究者的广泛关注，有研究指出游客满意度在目的地的感知价值与环境责任行为以及忠诚度之间起到了中介作用。针对旅游活动的特殊性，有研究认为旅游地吸引力（Li et al.，2023）、认知和情感形象（Wei et al.，2024）、游憩卷入（Wu et al.，2024）、保护承诺（Xie & Wang，2024）和参与导向（Zou et al.，2023）等是旅游者环境责任行为的重要影响因素。

综上所述，基于计划行为理论的旅游者环境负责行为的研究，能够有效地揭示旅游者环境责任行为的发生过程和形成机制，对于旅游地环境责任行为研究具有一定的创新启示意义，对于旅游地有效管理和改善旅游者行为、促进文明旅游具有重要的参考价值。

2.1.2 刺激—机体—反应理论

2.1.2.1 刺激—机体—反应理论的起源

行为心理学的创始人约翰·华生（John Broadus Watson）建立的刺激－反应（stimulus－response，S－R）原理指出人类的复杂行为可以被分解为刺激和反应两部分。人的行为是受到刺激的反应，刺激主要来自两个方面：身体内部的刺激和体外环境的刺激，身体内部的刺激可能是一些关节内的刺激或肌肉运动所产生的刺激，它们皆由外在可见的有关身体姿态和运动所激起，因而可以被观察和证实；体外环境的刺激即由外在情境作用于有机体，常见的声、光、色、电等皆属此类，反应往往是伴随刺激出现。由于刺激反应理论只能分析显性的外在刺激与结果，无法呈现接受刺激者的内心意识与心态感知。梅拉比安和雷斯尔（Mehrabian & Russell，1974）在"刺激—反应"理论基础之上整合了"机体"这一概念，从环境心理学角度提出了刺激—机体—反应（stimuli - organism - response，S - O - R）理论，说明刺激对于行为的作用是通过机体内部的转换过程而发生的，这个理论的关键在于认识到一个活动的有机体介入了刺激与反应之间的作用过程，这可能是最早的比较严谨的中介作用的假设。该理论广泛应用于旅游（Yadav et al.，2022）、美妆（Vergura et al.，2020）、教育（Peng et al.，2023）、金融（Uddin et al.，2024）、直播（Ming et al.，2021）和社交电商（Tian & Lee，2022）等领域，是解释人们行为产生过程的重要分析框架。

2.1.2.2 刺激—机体—反应理论的内容

梅拉比安和雷斯尔（Mehrabian & Russell，1974）认为环境中的感官变量、信息率（反映环境中总体不确定性水平的构造）和情绪体验中的个体差异会影响对环境的情感反应，从而会诱使个人接近或避免环境，这一系列过程就是刺激—机体—反应。刺激—机体—反应理论由前因变量的环境属性、作为中介的情绪状态和行为反应的趋近或规避的结果所构成，目的在于揭示人们在外部环境因素的刺激下如何产生相应的行为反应，其核心思想在于认为处于环境中的个人对环境特征作出的趋近或规避行为受到个人情绪状态的中介作用影响。根据该理论框架（如图 2 - 2 所示），个人遭遇外部环境的刺激（S）后，将形成其个人的内部状态（O），即机体变量进而引发个人的反应（R）。其中，刺激可以包含对象刺激和社会心理刺激，会激发个人认知和情感状态（Slama & Tashchian，1987），从而引发个人的行为倾向和心理结果（Su & Hsu，2013）；机体变量（O）涉及"介于人体外的刺激和最终行为或反应之间的内部过程和结构"，指人类的情绪和认知，该过程和结构由感知的、心理上的感觉和思考活动构成，机体根据交互作用调整其与刺激的关系以及人的情绪反应；反应（R）为产出结果或个体反应后的最终行为，包括心理和行为上的反应（Bagozzi，1986）。

```
┌─────────────────┐      ┌─────────────────┐      ┌─────────────────┐
│ 外部环境的刺激(S)│      │ 个人的内部状态(O)│      │个人的反应接近—回避│
│ ● 感官变量      │ ───> │  ● 快乐         │ ───> │      (R)        │
│   如颜色和温度  │      │  ● 唤醒         │      │                 │
│                 │      │  ● 支配         │      │ 包括物理方法、  │
│ ● 信息率        │      └─────────────────┘      │ 探索、从属关系、表│
│   表征环境的刺激│              ↑                │ 现或其他优先的口头│
│   成分之间的空间│      ┌─────────────────┐      │ 和非口头交流    │
│   和时间关系    │      │与人格相关的特征性│      │                 │
│                 │      │    表现         │      │                 │
└─────────────────┘      └─────────────────┘      └─────────────────┘
```

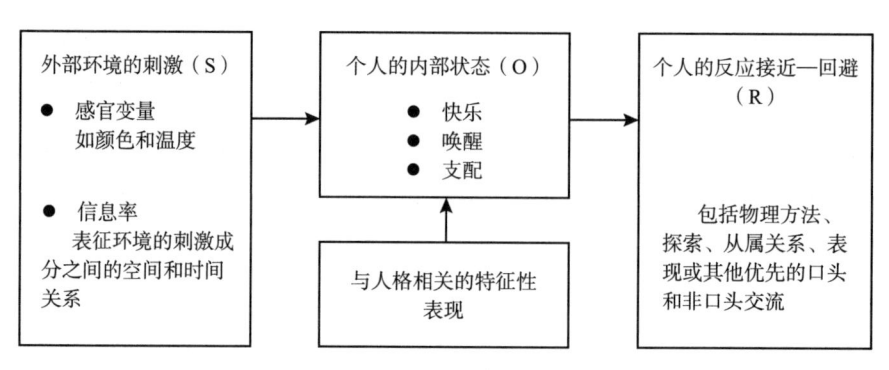

图 2-2　刺激—机体—反应理论框架

以传统的刺激—机体—反应模型作为出发点，梅拉比安和雷斯尔（Mehrabian & Russell，1974）试图解释在特定环境的刺激下发生的情绪反应。刺激可能在人的外部由各种物理感官变量（例如，颜色和温度）组成（Bagozzi，1986），也可能发生在人的内部，如社会心理刺激（Lee et al.，2011）。环境中存在的刺激变化是信息率或负荷，环境信息率是环境新颖性和复杂性的数量（Donovan & Rossiter，1982），新颖性是个人对环境的了解程度，能够预测将要发生的事情（Mehrabian，1977），复杂性是环境中元素、特征和变化的数量（Russell & Mehrabian，1977），因此高信息率环境是一种新颖、不可预测和复杂的环境（Mehrabian，1980）。在刺激—机体—反应模型的第二部分中，有机体成分代表个体对环境的情绪反应（如性格）（Chang，Eckman & Yan，2011）。梅拉比安（Mehrabian，1977）将性格定义为个体情绪状态的平均值，因此情绪状态一般可以表述为情绪特征。情绪状态分为三个基本领域：愉悦（pleasure，P）、唤醒（arousal，A）和支配（dominance，D）。情绪在某些方面有所不同，例如，坐过山车并不像被熊追逐那样令人不快，因为在每个特定环境都涉及特定程度的愉悦和唤醒（Russell & Barrett，1999）。具体来说，愉悦是从无意识到疯狂兴奋的一种情感特性（维度），是情感反应的效价（愉悦或不愉悦），是个人从所进行的环境中获得快乐的感觉；唤醒源自情感反应的目标在多大程度上能够使个体实现其显著目标，是个体一种潜意识的情感状态；支配是感觉对情况和/或其他情况的控制，而不是感觉到外部因素的控制和影响。愉悦—唤醒—支配（pleasure - arousal - dominance，P - A - D）性格模型可以启发性地描述人格，例如，愉悦、可唤醒和支配的组合定义了从属关系和外向；而愉悦、可唤醒和顺从定义了依赖性（Mehrabian，1980，1987）；焦虑和神经质是不愉快的，具有可唤醒的和顺从的特质，而敌意和侵略性则具有不愉快的，具有可唤醒的和支配的特征（Mehrabian & O'Reilly，1980）；抑郁仅由不愉快和顺从的属性组成，就特质可唤醒性而言，是中立的（Mehrabian & Bernath，1991）。雷斯尔等（Russell et al.，1980）使用三维空间表示愉悦—唤醒—支配性格模型，其中 +P 和 -P 作为表示愉悦和不愉悦的简写；+A 和 -A 代表唤醒和非唤醒；+D 和 -D 表示支配和顺从性。愉悦—唤醒—支配标度是该三维空间的几乎独立的轴，范围从 -1 到 +1，各种人格测度是穿过三个轴的交点的直线，人的性格类型是该三维空间中的点。一系列的研究发现，愉悦和唤醒导致了避免接触行为的大部分差异（Russel & Mehrabian，1978；Russell & Pratt，1980），但支配被发现对个体行为具有不显著的影响（Donovan et al.，1994）。例如，巴戈齐等（Bagozzi et al.，1999）研究了刺激—机体—反应模型的刺激—机体关联，表明与消费相关的情绪是根据消费者的特定评估而形成的；贝克等（Baker et al.，1992）发现了与愉悦和唤醒的情绪状态之间的关联；韦克菲尔德和贝克（Wakefield & Baker，1998）的研究发现，购物中心的整体建筑设计和装饰是引起顾客兴奋的关键环境要素；多诺万（Donovan，1982，1994）研究了刺激—机体—反应模型的机体—反应关联，发现愉悦感是个体在商店内采取接近—回避行为的有力决定因素，包括超出预期的支出；杜贝等（Dubé et al.，1995）特别着重于接近—回避行为的从属关系，同样发现较高的愉悦感和唤醒感增加了个体在银行环境中与员工建立联系的愿望。总的来说，愉悦感影响了预期和实际的接近—回避行为，唤醒与愉悦的交互作用增加了愉悦环境中的接近行为，同时减少了非愉悦环境中的回避行为。根据梅拉比安和雷斯尔（1974）的理论，对环境的反应可以归类为接近或回避行为：接近包括观察环境，探索环境以及与环境中的其他人交流的愿望，而回避包括相反的行为，个人的愉悦程度和唤醒水平将决定其回避接近的反应。

梅拉比安和雷斯尔（1974）为测量对环境刺激的情绪反应提供了一个两极框架。尽管通常情感体验的主要结构维度被认为是愉悦与不愉悦，具有普遍存在的两极连续性（Russell，1983），但已有学者认识到其在与消费领域相关的情感研究中的应用存在一些局限性。例如，韦斯特布鲁克（Westbrook，1987）指出，研究消费经验的单极性观点更合适，因为单极性的概念化允许令人愉悦和不愉悦的状态的共同出现，以及冷漠和愉快状态或不愉快状态的发生。巴宾等（Babin et al.，1998）研究发现，尽管两极化测量很方便，但却不足以捕捉消费者的情绪，因为感觉到负面情绪并不能排除正面情绪的发生。阿尔贝森等（Abelson et al.，1982）的研究表明，个人情感经历在两个独立的单极维度上分别具有积极和消极的影响。此外，雅尔奇和斯潘根贝格（Yalch & Spangenberg，2000）在离散的正面和负面情绪方案中而不是在愉悦和唤醒方案中处理情绪反应，测试了两种类型的情绪与购买后行为意图之间的关系，他们的发现支持了当购物者在购物区中体验到积极情绪时，他们更有可能采取趋近行为，相反，负面情绪更有可能产生回避行为。总的来说，这些研究表明消费者会同时感到愉悦和不愉悦，由于每种情绪在单极性框架内都会对行为反应产生独特的影响，因此人类行为取决于正面和负面情绪状态的相对功效。鉴于此，有研究使用伊扎德（Izard，1977）的"差异情感量表"（differential emotions scale，DES），采用单极性方法来测量消费者对感知质量作出反应的正负情绪（Jang and Namkung，2009）。伊扎德（Izard，1977）的差异情绪测量法假定了10种主要情绪：兴趣、喜悦、惊奇、悲伤、愤怒、厌恶、轻蔑、恐惧、羞愧和内疚。它的灵活性和全面性使这些情感标签可以在各种情况下广泛使用（Havlena & Holbrook，1986）。

2.1.2.3 刺激—机体—反应理论在环境责任行为方面的应用

在旅游消费情境下，刺激既包括旅游地风景，也包括游客对目的地管理方式的理解以及围绕游客往返旅游目的地的经历所开展的服务。感知目的地管理包括休假管理、对社会负责的管理以及与物理目的地有关的任何其他感知。刺激可以引发旅游者内部情感，进而促使旅游者产生相应的心理结果和行为反应。借助刺激—机体—反应模型，可以预测旅游者的环境责任行为。例如，粟等（Su et al.，2019）基于刺激—机体—反应理论，构建了以旅游者感知到的旅游目的地生态友好声誉作为刺激，以旅游者情绪（正面和负面）作为机体，以游客的满意度、回忆和游客的环境责任行为作为反应的研究模型，研究结果表明，旅游目的地生态友好声誉对积极情绪和游客满意度均产生积极影响，而生态友好声誉对消极情绪产生负面影响；积极的情绪对游客的满意度、游客的回忆和环境责任行为产生重大而积极的影响，而负面情绪对这些结构有明显的负面影响；游客满意度对回忆和环境责任行为有积极影响，而回忆又对环境责任行为有积极影响。研究结果表明，真实的体验和体验质量对游客满意度、环保行为和目的地忠诚度产生积极影响；通过在韩国首尔林市森林公园的实地调查中收集数据并分析得知，游客与环境的契合度对游客的自然同理心、敬畏感和对环境负责的行为具有显著且有利的影响（Li & Song，2024）。自然的同理心和敬畏感在游客—环境契合度对环境负责任行为的影响中起中介作用。其结果表明，游客与城市森林公园的娱乐环境之间的契合促进了同理心和敬畏感的出现，从而刺激了游客对环境负责的行为。

2.1.3 溢出理论

2.1.3.1 溢出理论的起源

在早先的研究中，个体进行保护或破坏环境行为的原因以及如何避免个体行为对自然环境的负面影响是经济心理学中一个重要的、新兴的研究领域。行为科学认为，通过有针对性的努力或其他方式产生的关于特定活动的态度和/或行为的改变可能会"溢出"到相关领域，如果这种"溢出"过程很常见，那么环境中的目标行为改变的影响应该足够广泛，可以管理和监控目标行为对其他行为的直接影响（Jensen，1992）。格雷（Gray，1985）对这一假设提出了质疑，并通过整理以往文献得出结论："几乎没有证据表明，目标行为的变化会导致亲环境行为在其他生活领域中的显著转移。"同时，他还补充道："关于行为溢出的实证文献很少，且现有研究通常存在方法论缺陷，因此难以得出此类转移可能性的明确结论。"由于除了最终的溢出效应之外，几乎所有环境行为的表现都必然受到许多其他因素（包括动机和情境因素）的影响（Stern et al.，1995），在没有关于溢出效应如何表达自己明确假设的情况下，拒绝溢出假设错误（Ⅰ类错误）的可能性很高，因此需要更多更好的实证研究来检验环境行为之间转移或溢出过程的存在性和有效性。在以往研究的基础上，托格森（Thøgersen，1999）通过结构方程模型开发和检验了关于亲环境行为之间溢出过程的可能机制的假设，首先提出了环境研究领域中"溢出效应"（spillover effect）的概念。他认为特定环境中的亲环境行为（pro-environmental behavior，PEB）可能会影响许多其他领域的环境行为。在近年的研究中，亲环境行为之间的溢出效应得到了越来越多的证实，研究者们认为合理的行为干预不仅能改变特定的亲环境行为，也可能会对公众其他类型的亲环境行为产生积极的影响。因此，研究者也开始主张在环境政策的制定中充分考虑行为干预的手段（Raimi，2021）。

2.1.3.2 溢出理论的内容

溢出是指一种对随后行为的干预的效果，但这种干预不是针对随后行为发起的（Truelove et al.，2014）。这里的干预最广泛地用于包括任何鼓励行为改变的尝试，例如，执行新行为的请求、公共教育活动、税收激励、提供"绿色"基础设施、路边回收以及监管政策（Truelove et al.，2014）。在亲环境行为领域，一些研究者认为，溢出是指对特定亲环境行为的干预能够影响其他非特定亲环境行为。这里的干预意义比较广泛，包括鼓励、要求、宣传、教育及政策等（Thomas et al.，2016）。例如，当实施本地塑料袋税不仅影响塑料袋消费，而且影响回收行为时，会出现溢出效应。个体由于行为干预导致态度和行为变化，可能会因认知失调和自我认知过程导致行为溢出——参与单一的亲环境行为可能导致生活方式进一步改变（Thøgersen，2004）。但有研究者指出，提醒人们过去做过的亲环境行为或者在想象中完成的亲环境行为任务，也能改变后续亲环境行为发生的可能性，不需要对特定行为进行干预使其发生变化（Van et al.，2014），而且溢出是指已经发生的亲环境行为对未发生的亲环境行为的影响，因此，把溢出定义为由于过去的亲环境行为增加或者减少后续亲环境行为发生的可能性更为合适。

溢出效应既可以是积极的，也可以是消极的。积极的溢出效应意味着当人们执行目标亲环境行为时，他们将在其他领域执行更多非目标的亲环境行为（Thøgersen & Crompton，2009）。例如，兰齐尼和托格森（Lanzini & Thøgersen，2014）发现将购买"绿色产品"行为标记为亲环境行为可以促进其他的亲环境行为（如在不需要的时候关灯）。相反，让人们意识到自己的环境行为也可能导致消极的溢出效应（Thøgersen & Ölander，2003）。例如，当人们减少用水量时，他们会消耗更多的电力（Tiefenbeck et al.，2013），这可能是因为人们将过去的环境实践视为拒绝其他环境领域环境行为的借口（Diekmann & Preisendörfer，1998）。如果促进一种亲环境行为的政策提高了个人采用其他亲环境行为的可能性（即正向溢出），则可能会增加对此类政策的投资；另外，如果成功的干预导致个体减少其他亲环境行为（即负向溢出），则这种政策干预可能不太理想或需要重新设计。无论溢出是积极的还是消极的，它都会对随后的环境行为产生重要影响。

一些研究发现，不同亲环境行为之间存在正相关关系，可能表明存在正向溢出效应。例如，回收已被证明与避免过量包装正相关（Thøgersen，1999），同时，节能、节水、堆肥以及可重复使用袋的使用行为之间也表现出类似的正相关性（Berger，1997）。其他研究发现亲社会消费者行为与环境政策支持（Thøgersen & Noblet，2012；Willis & Schor，2012）之间存在类似的积极关系，例如，使用节能驾驶模式，减少肉类消费、使用节能灯泡和非漂白纸。一些研究通过因子分析对不同亲环境行为进行聚类，结果表明，个体执行某一行为的可能性与在同一聚类中执行其他行为的可能性呈正相关关系（Bratt，1999；Whitmarsh & O'Neill，2010），在亲环境行为集群之间以及亲环境行为与政策支持之间正相关（Toble et al.，2012）。此外，为了评估积极溢出的长期性，研究者采用了纵向研究的方法，劳伦等（Lauren et al.，2016）对居民节水行为进行了4个月的调查，结果发现，简单的节水行为能够显著预测困难的节水行为，比如安装节水设备。刘建一等（2018）通过自我知觉理论（self-perception theory，SPT）和认知失调理论（cognitive dissonance theory，CDT）对积极溢出的过程进行解释，自我知觉理论认为个体通过对自身亲环境行为的判断和发生背景形成亲环境的态度和认同，认知失调理论则认为为了避免心理紧张的出现，个体会维持态度和行为的一致性。当过去的亲环境行为使个体形成了亲环境态度或认同，为了避免心理紧张的出现，个体仍旧会以亲环境的方式行事。此外，目标理论（goal theory，GT）也可以对积极的溢出效应作出合理的解释，亲环境行为可以激活亲环境目标，而亲环境目标可以促进随后的亲环境行为（Dhar & Simonson，1999）。

虽然研究者们期望出现积极溢出效应，但是少量研究也发现了消极溢出的结果，并且能对这些消极的溢出效应作出合理的解释。认知失调理论可以解释积极溢出效应，但如果过去的行为不是出于自己的意愿，而是被迫采取的行为，行为一致性的结果就不会出现，或者过去的亲环境行为比较简单，唤起水平达不到目标激活的阈限值（Van et al.，2014），积极溢出效应也不会发生，甚至由于道德许可（moral licensing，ML）等效应的存在而出现消极的溢出。采用定性和定量研究方法的学者们已经发现了一些证据，尽管这些证据并不具有完全的结论性，但它们与消极溢出效应的解释是一致的。例如，对人们的环境相关度假决策的研究发现，日常生活中环保倾向最高的参与者通常也最有可能在假期使用碳密集型交通方式（Barr et al., 2010），这为负面溢出提供了一些相关证据。此外，米勒等（Miller et al., 2010）的研究发现，如果人们在家中进行亲环境行为，他们认为不需要在度假时保持环保，这表明执行初始亲环境行为（如在家中执行亲环境行为）可能会减少执行后续亲环境行为的道德义务感受（如在度假时执行亲环境行为）。值得注意的是，后一项研究测量了人们认为参与亲环境行为的义务，而不是衡量实际或自我报告的行为。先前的一项研究发现，参与初始亲环境行为导致人们认为有义务执行亲环境行为的感觉减少；然而，同一参与者之间的行为影响是积极的溢出效应（Thøgersen，1999）。

溢出效应的研究长期以来一直侧重过去的环境行为会加强或削弱随后的绿色行为的原因（Mullen & Monin，2016），但是政策制定者不仅需要知道溢出效应的发生，还需要了解干预或消极后溢出后的干预的净效应。例如，增加购买碳抵消用电的有效信息活动将减少碳排放（Jacobsen et al.，2012）。然而，一些补偿购买者也可能增加用电量，从而导致额外的碳排放（Jacobsen et al.，2012）。虽然负面溢出（以增加电力消耗的形式）很重要，但政策制定者最关心的问题是在考虑与抵消相关的减排和与负相关的排放增加之后干预的净效应溢出，得出结论认为政策是无效的，因为它会导致一些负面溢出而不考虑政策的净效应是有问题的（Gillingham et al.，2013；Jacobsen et al.，2012）。一些研究人员认为个体环境自我认同的水平可能在这个过程中起着重要作用，具体来讲，环境自我认同是指个体认为自己是环境保护主义者的程度（Van et al.，2014）。过去的亲环境行为能够通过提升环境自我认同，加强自我效能感，激活个人规范来增加之后亲环境行为发生的可能性，但是过去的亲环境行为也会由于道德自我形象、内疚感而对后续的亲环境行为产生消极的影响。以前的研究证实了环境自我认同对溢出效应（积极/消极）的中介作用，例如，拥有更强环境自我认同的人更有可能采取环保行为，如节约用电和购买绿色产品（Lacasse，2016）。特伦拉夫等（Truelove et al.，2016）发现以前进行过回收行为的人的环境认同水平较低，对绿色基金的支持较少。由于消极的溢出效应可能会威胁到干预策略和日常生活的长期有效性，因此重要的是要考虑提高环境自我认同水平，以避免负面的溢出效应（Miller &

Effron，2010)。此外，目前研究发现亲环境行为溢出效应的影响因素包括三种：反馈框架、行为特征和环境归因（刘建一等，2018），但是关于亲环境行为溢出效应的研究仍然比较少，需要更多的研究验证变量之间的因果关系，深入探讨其发生机制与影响因素。

2.1.3.3 溢出理论在环境责任行为方面的应用

在环境心理学领域，已有研究证实了环境责任行为溢出效应的有效性（Thøgersen，1999），即个体在特定情境下的环境责任行为有助于提升在其他情境下的环境责任行为倾向。环境责任行为从在特定情境下到其他更为广义上的情境下的溢出效应已经得到了拜姆（Bem，1972）的自我知觉理论的支持。该理论主张人们不仅从他们的行为中推断出他们的态度，他们还将自己的行为视为"内心倾向的暗示"，因此个体在一个领域的环境责任行为会影响其态度及自我形象，这进一步有助于为个体在其他领域实施环境责任行为做好准备。例如，马蒂尔等（Mateer et al.，2023）通过行为溢出框架探讨了对环境负责的户外休闲活动的专业化如何与其他环境责任行为相关，使用结构方程模型在来自"无痕山林"（leave no trace）组织的个人和一般美国公民的混合人群中测试该框架。结果表明，传统的行为溢出动态适用于私人环保行为，但不适用于公共环保行为，而娱乐专业化与两种行为类型都显著相关。有研究针对以往被忽视的潜在溢出效益，表明环保志愿者参与的主要中介变量是从接受环保教育中获得的认同感，因此需要强调将认同感内化为认知，转化为积极的情绪，从而促进环境保护中的自愿行为（Zhao et al.，2023）。还有研究探讨了家中习惯性的环境保护行为以及与关键溢出受益者（如自然和酒店）相关的两种不同的环境认知，以应对这一挑战并促进客户在酒店环境中的环境保护行为，表明客户在家中的习惯性环境保护行为可以自动扩展到对积极溢出不敏感或低敏感的酒店环境中，且通过弥合认知—行为差距，在一般环境意识和酒店环境保护行为之间起中介作用（Seoki Leeb et al.，2024）。夏卡等（Sciacca et al.，2024）研究开发并验证了游客亲环境行为意图的敬畏习惯（A-H）模型，整合了情境、习惯和心理过程，并探讨了它们与亲环境意图的相互联系，指出旅游业并不独立于日常生活，日常生活中形成的习惯也会影响其相关的意图，解释了从日常生活环境到旅游环境中的环境保护意图的间接溢出效应。

2.1.4 脚本理论

2.1.4.1 脚本理论的起源

长期以来，个体对信息的处理量存在差异。例如，购买新产品或昂贵商品的消费者比购买便宜的、需要经常购买的商品的消费者从事更多的信息处理；与此相对的是，对于经常购买的消费品，消费者几乎不会进行信息处理（Dommermuth，1965）。在这种情况下，可能会发生品牌忠诚度和日常响应行为（Howard，1977）。严格来说，这种行为可能趋于无意识，类似于一种习惯。常规或无意识的行为与大多数研究人员研究的有意识的延伸性问题解决（extended problem solving，EPS）行为似乎背道而驰（Howard，1977）。尽管有意识的决策行为比无意识的行为得到了更广泛的研究，但具有讽刺意味的是，与有意识的行为相比，人们产生无意识行为的可能性要大得多（Lachman et al.，1979）。因此，关键在于如何在更加自觉的信息处理范式中解释人的日常响应行为。

脚本理论（script theory）是汤姆金斯（Tomkins，1978）提出的一种心理学的理论，指出人类的行为很大程度上属于一种被称为"脚本"的模式，因为他们通过一个驱动行动程序，以类似书面脚本的方式运作，现已被用于研究服务营销学科中的消费者行为（Hamalainen et al.，2008；Manthiou et al.，2014）。脚本理论源自认知信息处理理论，其核心概念是"模式"，即通过经验或其他学习方式积累并存储在个体记忆中的知识结构（Lindsay & Norman，1977）。当情境中的元素与记忆中的模式相匹配时，脚本理论能够有效指导个体的行为（Bozinoff & Roth，1983）。例如，脚本理论可以作为解释节日参与者决策行为的另一种理论框架，存储在记忆中的脚本知识（经验）会影响参与者的忠诚行为（Manthiou et al.，2014）；在节能相关研究中，博津诺夫（Bozinoff，1983）发现个体存在能源使用的脚本规范，他们倾向于在脚本中列出类似的能源使用活动，脚本生成的能源使用活动没有发现与自我报告的能源使用措施有关；粟等（Su et al.，2020）研究将游客的回忆视为规定行动的形成机制，是脚本理论和消费者反应生成的一个例子，将行为和认知心理学的元素连接在一个统一的框架中。其研究发现目的地环保声誉对积极情绪和游客满意度都有积极影响，而环保声誉对负面情绪有负面影响。

2.1.4.2　脚本理论的内容

脚本可以被认为是时间上有序的模式，脚本是存储在长期记忆（long term memory，LTM）中的知识结构，保存了个人有限的信息处理能力，包含一系列动作，每个动作均按时间顺序排列。通过保留从先前情况中学到的行动或程序，个体不需要为新的但相对类似的情况学习新的行动。脚本理论更好地描述了记忆在信息处理中的黏合作用。根据认知信息处理理论，知识（经验）以图式的形式存储在记忆中（Lindsay & Norman，1977），这些已经在记忆中存储的脚本被用于引导刺激时的后果行为（Bozinoff & Roth，1983；Manthiou et al.，2014）。激活的脚本会引发自动或例行化的响应行为，因为脚本最初是在有意识的学习环境中被开发或构建的。一旦学习完成，脚本便无需再次投入新的有意识的努力。情境中的特定提示会自动触发适当的脚本，使其发挥作用。这种机制类似于计算机中的中央处理器，会不时调用存储的子程序来执行特定任务。

例如，餐馆脚本为消费者省去了决定进入另一家餐馆时应该做什么或期望做什么的麻烦，其信息已经可以在大脑的长期记忆中以脚本的形式被使用。某些脚本可能允许存在"自由行为"。例如，在"看牙医"的脚本中，可能会详细规定患者从出发到坐在牙医椅上的所有步骤，但患者与牙医之间的对话过程则可能未被脚本化——允许任何话题的对话。在这种情况下，脚本暂时停止指导行为，转而由更自觉的思维过程接管。当对话结束时，脚本又重新生效。最后，脚本的强度也存在差异。强脚本非常明确，包含大量的"场景约束"，即规定了最有可能发生的诸多动作或场景。而弱脚本则相对模糊，场景约束更少。例如，在一个强"餐馆脚本"中，可能会明确要求必须有一位女服务员，而在弱脚本中则不会对这一细节进行规定。

巴格特（Baggett，1975）的研究发现，个体可以利用自己的脚本来填写记忆的缺失细节，并且他们倾向于以脚本的形式存储这些记忆。鲍尔、布莱克和特纳（Bower, Black & Turner，1979）对脚本进行了一系列研究，他们发现了五个有关脚本的重要特征。第一，研究表明存在脚本规范，当被要求描述熟悉的活动时，个体倾向于使用类似的描述，相同的角色、道具、动作和事件顺序。第二，个体倾向于就一系列动作序列应如何划分为"段"或

"场景"达成共识。第三，在召回任务中，个体倾向于将陈述的动作与脚本所隐含的未陈述的动作混淆。第四，在一系列动作乱序的情况下，个体倾向于使用通用的"自然"或"规范"顺序来解读动作。第五，个体倾向于记住特殊动作，而不是脚本动作。这一发现已经在其他研究中重复出现（Graesser et al.，1979，1980），并且非常重要，因为它是脚本自动性质的直接证据。个体不会注意到或意识到脚本活动，脚本的使用往往是自动的。存储在个体记忆中的脚本用于在被激活时指导行为，这种激活是由情境环境自动引起的，激活的脚本将引导自动或常规响应行为。但是，当被要求描述熟悉的活动时，个体可以有意识地利用他们的脚本，最终结果是一个自动化的过程。总的来说，脚本的最初开发是有意识的，但是随着时间的流逝，个体通过大量学习，脚本的使用变得自动化了（Bozinoff & Roth，1983）。

在信息处理方面，情感反应（包括积极或消极情绪）和消费者的行为在大脑中作为消息输入和响应输出被处理（Baumgartner et al.，1992）。然而，若缺乏对情感和行为输入输出之间的桥梁的充分理解，则以情感为基础建立行为预测模型的理论可能存在局部甚至完全失准的风险（Manthiou et al.，2014）。基于情感加工机制，情绪反应会在个体记忆中产生有意义的情感痕迹或"标记"（Cohen & Areni，1991），然后导致随后的行为（Manthiou et al.，2014）的出现。脚本理论可以用来更好地描述个体记忆中的情感痕迹或"标记"。特别值得提出的是脚本被视为一种情感体验的知识结构，存储在个体的记忆中，以便在脚本被激活时促进对未来行为的解释和未来行为的形成（Bozinoff & Roth，1983；Delamere & Hinch，1994；Manthiou et al.，2014）。总的来说，脚本体现了个体在服务交付过程中记忆和遵循的行为顺序，并影响他们未来的行为（Wirtz & Loverlock，2021）。

2.1.4.3 脚本理论在环境责任行为方面的应用

脚本理论可用于解释游客环境责任行为的形成。当游客体验目的地的旅游产品时，他们会激发情感（Su et al.，2014；Su & Hsu，2013；Zeithaml et al.，2012）。游客在目的地的情感体验以图式形式存储在内存中（Lindsay & Norman，1977），并且可以激活脚本来指导环境责任行为（Bozinoff & Roth，1983；Manthiou et al.，2014）。例如，博津诺夫等（Bozinoff et al.，1982）发现，货币奖励和能源使用反馈信息都不会在很大程度上降低能耗。如果能源使用是针对脚本的，那么必须在能源脚本被激活时提供激励措施，如果这个行动不在"开始行动"（going to work）脚本中，那么货币奖励措施将不会有效让个体节约能源。因此，在促进旅游者环境责任行为方面，可以通过有意识地改变旅游者的思维模式改变脚本，消除无意识脚本的影响，促进文明旅游行为。粟等（Su et al., 2020）的研究将游客的回忆视为一种规定行动的形成机制，从而将行为和认知心理学的元素整合到一个统一的框架中。该研究发现，目的地的环保声誉对游客的积极情绪和满意度有显著的正向影响，而对负面情绪则有抑制作用。哈克等（Haque et al., 2021）则将 S-O-R 框架与脚本理论相结合，构建了一个涵盖游客社交媒体使用行为、地方依恋、环境意识以及游客环境责任行为的模型。研究发现，社交媒体的使用对游客的环境意识和地方依恋有积极影响，进而促进其环境责任行为。亚辛等（Yassine et al., 2023）探讨了影响游客决策过程和体验的复杂因素，指出基于脚本理论能够有效解释阻碍游客亲环境行为的障碍。

2.1.5 规范激活理论

2.1.5.1 规范激活理论的起源

规范激活理论（Norm Activation Theory，NAT）源自人们对利他行为影响因素的研究。利他动机是将他人利益视为个人内在价值观表达的一种意图或目的，而非出于对社会或物质回报的考量。以往大多数心理学家认为，个体实施利他行为的因素是社会回报或者物质回报，专注于帮助行为的目的性表现，在各种情况下通过接触另一个人的需要来启动帮助意图。从这一视角出发，可以区分出三种不同的解释机制：(1) 情绪唤醒（Isen, 1975）；(2) 激活社会期望（Blake & Davis, 1964）；(3) 激活自我期望（Schwartz, 1973）。解释的不同之处在于他们假设的过程是将需要帮助意图的感知联系起来。情绪唤醒的解释假设，对他人需求或痛苦的感知源于学习或遗传能力，这种感知能够唤起一种自我意识中的情绪体验，被称为同理心。这种体验通常包含生理成分，并且是直接的，即个体直接感受到他人的情绪，而无需从他人视角体验。在其极端形式中，这种解释认为，同理心的唤起促使个体提供帮助，其目的并非出于利他意图，而是为了缓解自身因同理心而产生的痛苦。换言之，帮助行为的动机是为了减轻帮助者的自身不适，而非单纯为了使他人受益（Isen，1975）。与情绪唤醒的概念不同，规范性解释强调的不是情绪的激活，而是期望的激活这一认知过程及其在决策中的作用。为了突出这种区别，必须明确社会期望的激活机制。在特定情境下，接触他人需求往往会触发某种反应。这种激活过程意味着将注意力转向相关期望，但并不一定要求期望进入焦点注意力。只要期望进入信息处理流程，个体就会有意识地考虑这些期望，而这些期望是通过社会化过程习得的。社会期望的一个重要特征是其隐含的社会制裁支持，尽管制裁可能很轻微、遥远甚至不存在，但它们是这种解释特别关注的最终原因——即期望如何激发行为（Blake & Davis，1964）。自我期望的激活同样将亲社会行为视为决策的结果，其中认知过程起着关键作用。他人需求的信息可能会激活个体内部化的价值观或规范，从而倡导帮助行为，而这种激活过程与外部激励无关。这些自我期望被体验为一种道德义务，但不一定是有意识的。行为的动机是符合个人价值观地行事，以增强或维持自我价值感，避免自我概念的困扰。如果普遍存在的社会规范被个体接受并内化为自我评价的基础，那么这些规范也可以通过激活自我期望来影响行为（Schwartz，1973）。这些解释机制并不相互排斥，它们假设的过程可能同时发生。通过调节行为的吸引力，这些机制共同决定了亲社会行为的发生及其性质。然而，这些解释并不能完全揭示个体最初形成帮助意图的心理机制。

施瓦茨（Schwartz，1977）认为自我期望过程可以被描述为基于内化或"个人"规范帮助的规范性解释，但社会期望对于帮助内化的个人规范提供的行为个体差异的解释几乎没有什么作用，对激活的社会期望有所帮助的解释代表了更为传统的规范性解释概念，这种概念也一直是被尖锐批评的目标（Darley & Latane，1970；Schwartz，1973）。社会期望包括基于社会群体的期望、义务和制裁，而个人规范中的期望、义务和制裁虽然源自社会互动，但目前已内化为个人自身的一部分，存在于自我之中。根据以往文献，施瓦茨（1977）基于利他主义视角的研究发现个体实施利他行为的动力来自其内在价值体系，助人行为的动力是内部价值观和规范的激活，形成了人们的道德义务感（个体规范），并提出了该理论。具体来说，只有在内部价值观激励的情况下，帮助才是无私的，当对另一个人的需求的感知激活了价值观和规范的内在结构时，就会产生自我期望，即道德义务的感受。规范激活理论通常用于解释各种类型的亲社会意图和行为，如血液或骨髓捐赠（Zuckerman & Reis，1978）、志愿服务（Schwartz & Fleishman，1982），以及在紧急情况下提供帮助（Schwartz & David，1976）。亲环境行为被认为是亲社会行为，因为亲环境行为也需要人们使其他人受益，而通常在这些行为中没有直接的个人利益（De Groot & Steg，2009）。规范激活理论已被用于亲环境行为的研究，成功解释了各种类型的亲环境意图和行为，包括绿色购买意愿（Ahmed et al.，2024）、经理人环保实践意图（Chan，2022）、减少化肥使用（Savari et al.，2023）、背包客生态友好行为（Xie & Xu，2024），以及一般的亲环境行为（Schultz et al.，2005）等。

2.1.5.2 规范激活理论的内容

亲社会行为涵盖的范围十分广泛，包括帮助他人、与他人分享，以及和他人合作等行为（Batson，1998）。规范激活理论从个体规范的角度出发来研究人们助他行为的影响因素，认为亲社会行为的执行是由于个体规范（personal norms，PN）被激活。如果个体规范没有被激活，个体将否定亲社会行为并拒绝执行该行为，亲社会行为遵循个人规范反映出"道德义务对执行或从特定行为的反对"。根据施瓦茨（1977）的研究，个体规范的激活需要满足以下条件：认识到自身行为所带来的某种负面结果（如某人对于破坏环境所带来的严重后果的认识），即后果认知（problem awareness，PA）；认为行为所带来的结果跟自身有关，即个体认识到因自身某种行为对其他人或事产生的不良影响或者不良后果的责任感，即责任归因（ascription of responsibility，AR）；当一个人感觉到某一行为的消极后果及将责任归于自身不采取某种行动时，会引发个体内疚或相关情绪，即个体规范。由此可见，规范激活理论的一个隐含假设是，认为个体是被动接受社会道德与社会规范灌输的"社会人"，个体本质上具有一定的"外部性"（原华荣，2014）。

个体规范是规范激活理论的关键变量，是被内化的社会规范，是自我的道德义务感，是特定情况下个体实施具体行为的自我期望。违反个体规范会产生罪恶感、自我否定或者自尊的丢失；遵守个体规范会产生自豪感及自尊的提升。一般情况下，个体对于特定情况的后果认知越强烈，对于结果的责任感越强，道德义务感就越强，个体就越可能激活个体规范去实施相应的利他行为。当个体产生实施亲社会行为的道德义务感时，将会实施相应的亲社会行为，从而使自身行为与所持价值体系相一致。同时，个体规范受结果意识和责任归属的影响，当个体意识到未实施亲社会行为所带来的消极后果，并认为自己对该行为负有责任时，个体规范将被激活，个体将会实施亲社会行为（Schwartz，1977）。从另一方面来说，后果认知意识淡薄、责任归因否认（responsibility denial，RD）均会弱化个体规范和行为的关系。当个人认为帮助他人的成本比较大或者会损害自己的个人利益时，他就可能否认道德义务感而采取防御性策略。这时为了中和行为选择时的道德义务感，人们会否认具体行为产生的不良结果，或者否认自己的责任，从而弱化了内在价值观和规范对行为的影响（Schwartz，1977）。施瓦茨（Schwartz，1968）对大学生的互助行为研究表明，后果认知意识越淡薄，个体规范对行为的影响越不显著。此外，施瓦茨和霍华德（Schwartz & Howard，1980）的研究表明，责任否认越强烈，个体规范就越不能真实地反映受访者的道德价值观，也就是说，强烈的责任否定对未来行为的预测力比较低。个人接受理由拒绝对一个人的行为后果负责的倾向反映了在行动之前通过使用该行为来消除或抵消义务感的可能性。因此，个体规范和行为的关系只有在个体承认责任时才存在，并且责任否认对于个体规范和行为的影响对于具有稳定价值观的个人来说更大。

  规范激活理论主要是由个体规范、后果认知和责任归因三个核心变量构成。虽然社会和环境领域很支持规范激活理论，但规范激活理论中关键因素之间的关系尚不完全清楚，因此上述核心变量在规范激活理论中的逻辑关系并不是恒定不变的。斯特格和德·格鲁特（Steg & De Groot，2009）通过文献梳理，将其概括为以下三类逻辑关系（见图2-3）：（1）后果认知直接驱动责任归因，责任归因又直接驱动个体规范，最后由个人规范直接影响个体行为意向或行为；（2）责任归因与后果认知同时驱动个体规范，又由个体规范进一步影响个体行为意向或行为；（3）个体规范直接影响个体行为意向或行为，而两者之间关系强度会受到后果认知与责任归因的调节作用。尽管如此，个体规范对个体行为的直接驱动表述在各大文献中是完全一致的。第一种和第二种解释假设是中介模型，而第三种解释则假设是调节模型，这种解释与施瓦茨（Schwartz，1980）最初提出的理论假设相一致。一系列学者对规范激活理论中变量的因果关系进行了研究，例如，斯特格和德·格鲁特（2009）进行了5项行为研究来比对两种模型，包括居民对于能源政策的接受性、减少汽车使用行为、人们是否愿意采取行动说服政府在郊区建立配送中心来减少可吸入颗粒物的排放、抗议在居民区附近建立美沙酮点和公民的献血行为，其研究结果表明规范激活理论是中介模型；奥斯特胡斯（Osterhus，1997）通过在1128个家庭中的后果认知与消费者意图和行为之间的关系（即参与节能计划）研究，将调节模型和中介模型进行了比较，发现个体规范介导了后果认知与行为之间的关系，同时发现了责任归因的调节作用，但奥斯特胡斯（1997）对责任归因的概念化程度不同，因为不能量化一般家庭（非特定的个人）在多大程度上对能源问题负责任，以及家庭是否可以对此采取行动；德·鲁伊特和韦策尔斯（De Ruyter & Wetzels，2000）发现责任归因和足球迷购买俱乐部股票的意图之间的关系（以帮助他们保持俱乐部免于破产）是由个人规范中介的，但他们在研究中并没有包括后果认知；马哈苏维拉猜（Mahasuweerachai，2024）发现员工在采用食品安全标准方面的行为直接受到行为意图和道德规范的影响。主观规范是行为意图的最强预测指标，对道德规范有重大影响。总的来说，这些研究表明中介模型是有效的，而对调节模型的支持非常弱且不一致。从理论上讲，个人规范和责任认知在个人规范的发展中起着重要的作用。也就是说，当人们没有意识到帮助他人可以采取措施来减少特定问题时，人们不太可能会想到他们有义务帮助其他生物，因为他们不知道是否需要他们的帮助，这表明调节模型在理论上不那么合理（De Groot & Steg，2009）。

（1）
后果认知 → 责任归因 → 个体规范 → 个体行为

（2）
后果认知、责任归因 → 个体规范 → 个体行为

（3）
个体规范 → 个体行为；后果认知、责任归因调节

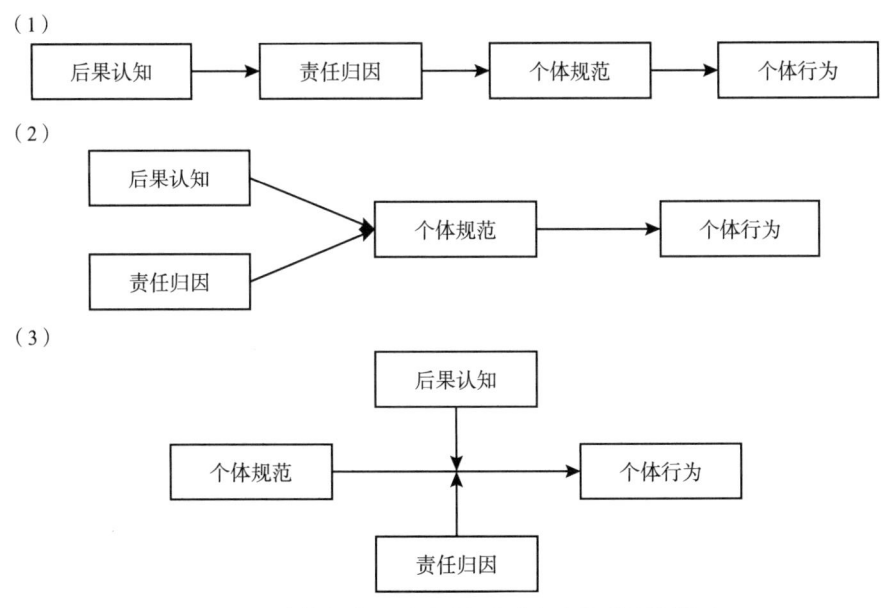

图 2-3　个体规范、后果认知和责任归因的逻辑关系

2.1.5.3 规范激活理论在环境责任行为方面的应用

环境责任行为从本质上来说被认为是一种利他主义的亲社会行为（De Groot & Steg，2009），在环境责任行为领域规范激活理论的应用较为广泛。康菲蒂和斯卡皮（Confente & Scarpi，2021）的研究为游客和居民开发了一个概念模型，从他们对旅游业对负面环境后果的认识开始，解决责任归属、环境敏感性、地方依恋和环境责任行为间的关系；有研究基于社会交换理论和规范激活理论指出，在道德感的激活方面，主客互动的数量可以显著影响游客的责任感，从而激活个人规范并促进游客的亲环境行为；另外，互动的质量可以显著影响游客对后果的意识，激活个人规范，并促进游客的亲环境行为（Lu et al.，2024）；另有研究使用归因理论和规范激活模型在个人规范、群体认同和背包客负责任行为的意愿之间建立模型，以调查影响他们以环保方式行事意愿的因素（Xie & Xu，2024）。该研究使用来自309名背包客样本的数据进行了实证测试，表明背包客的个人规范显著提高了他们以环保方式行事的意愿，这些个人规范受到后果意识和责任归属的影响。

斯特恩等（Stern et al.，1999）针对环境责任行为情境，在规范激活理论的基础上，整合价值观理论（value theory，VT）及新环境范式（new environmental paradigm，NEP）视角，提出了价值观—信念—规范理论（value‐belief‐norm theory，VBN）。价值观—信念—规范理论是规范激活理论在公众环保行为研究领域运用和发展的成果，并被认为是研究各种各样的环保行为最好的理论（Stern et al.，2000）。价值观—信念—规范理论通过因果链把五个变量连接起来，分别是个人价值取向（尤其是利他价值取向）、新环境范式、后果认知、责任归因和个体规范（见图2-4）。因果链从相对稳定的一般价值取向开始，到人类与环境关系的信念，以至后果认知、责任归因和个人采取环保行为的道德义务感。在这个因果链中，各个变量既直接影响下一个变量，也影响其后面的变量。其中，个体道德规范是环保行为或意向的直接影响因素，而个体规范通过个人对于环境状况产生不利影响的意识和个人采取行动减少危害的责任感而得以激活。所以，为了发展个体规范，个人必须意识到特定行为的不良后果，并且认识到他们有能力、有责任去提供帮助。而价值取向（尤其是利他价值和自我超越价值）和个体规范的关系最密切，具体的信念是价值取向和个体规范的中间变量。具体行为的个体规范和相关的心理因素（如实施行为的成本和收益、行为的有效性等）也会影响特定的行为。在旅游地环境责任行为领域，已有研究证明了价值观—信念—规范理论的适用性。例如，沙玛和古普塔（Sharma & Gupta，2020）在基于游客参观印度国家公园的背景下进行研究，结果表明生态价值观对新环境范式的影响最大，而利己主义价值观对新环境范式产生负面影响。对后果的认识和责任的归属可以显著预测亲环境的个体规范，这些规范在统计上预测了自然游客的亲环境行为；朴等（Park et al.，2022）的研究在韩国济州岛收集了308份来自参加名为"济州偶来清洁行动"（clean olle）的志愿者游客的回复，通过应用价值观—信念—规范理论和利他主义概念来预测志愿者游客对可持续旅游业发展的支持。研究结果证实了游客的价值观、信仰和个体规范之间的关系，这些价值观、信仰和个体规范可以预测环境友好行为和对可持续旅游的支持；有研究基于价值观—信念—规范理论检验了价值观成分（生物圈、利他主义和集体主义）、信念（显性和隐性态度）、规范（社会和个体规范）与访问绿色酒店意愿之间的关系（Wang et al.，2023）；王等（Wang et al.，2023）通过将价值观—信念—规范理论与环境意识相结合，在衡量大学生对旅游目的地的环境可持续行为时，开发了一个理论框架，研究结果表明环境意识对生物圈价值、利他价值和利己价值有积极影响，生物圈价值正向预测新生态范式，而利他主义和利己主义价值则不然。此外，新生态范式、对后果的认识和个体规范起着重要的中介作用；另有研究调查了游客碳中和旅游行为的影响，指出新的环境范式对责任归属产生了积极影响，责任归属又对个体规范产生显著影响，进而对碳中和旅游意图产生积极影响（Woo et al.，2024）；此外，还有研究指出亲环境的个体规范是环境责任行为的最强预测指标，社区居民对国家公园生态环境破坏的责任归因将激活个体规范，且居民对国家公园生态系统社会价值的感知也会影响个体的环境行为（Zhang et al.，2024）。

图 2-4 价值观—信念—规范理论

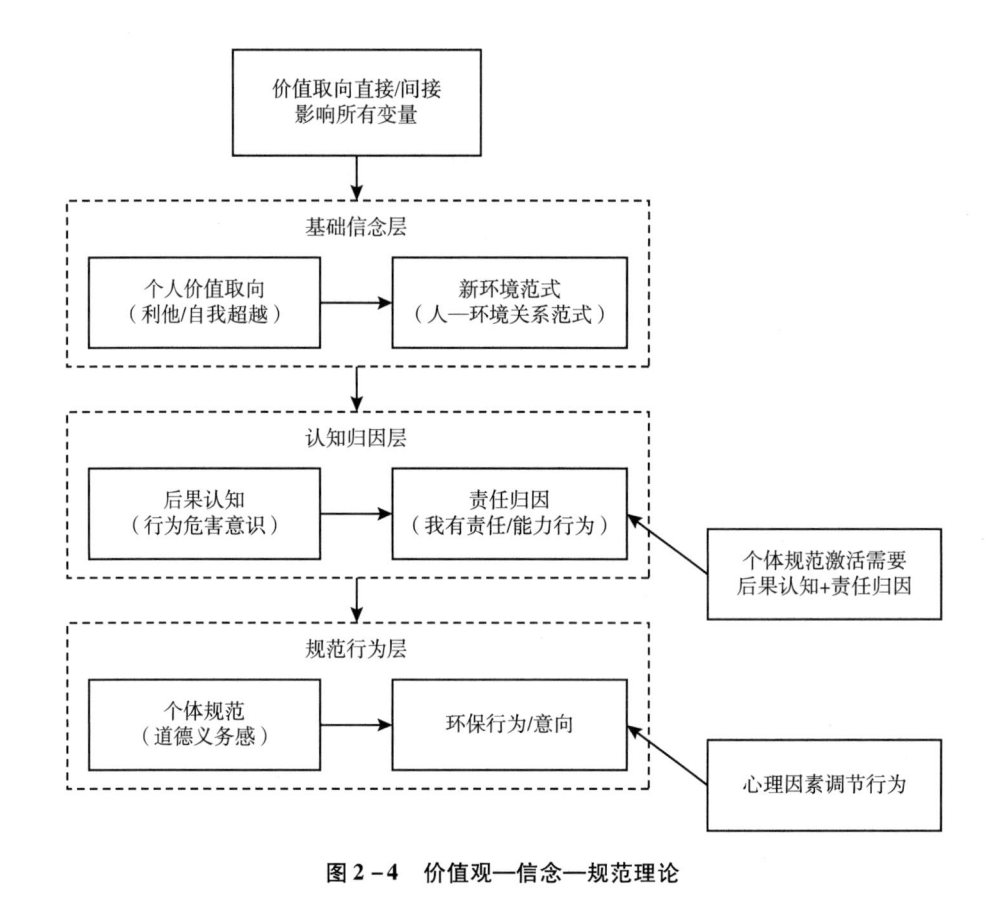

2.1.6 认知评价理论

2.1.6.1 认知评价理论的起源

情绪既是主观感受，又是客观生理反应，具有目的性，也是一种社会表达，随着大脑的不断发展而分化（马克思，1844）。情绪以多种方式参与到人类社会的方方面面中。情绪一直是人们关注的焦点，对情绪的研究也经历了漫长的过程，从亚里士多德到斯宾诺莎，从康德到杜威，从柏格森到拉塞尔，几乎所有伟大的哲学家都关注情绪的本质，并对其起源、表达、效果及其在人类生活经济中的地位进行了推测和理论化。根据关注的焦点，情绪可以被认为是积极的或消极的，情绪所影响的行为存在好坏之分。阿诺德（Arnold，1960）在 20 世纪 60 年代初期创建了情绪评价学说，认为知觉和认知是刺激事件与发生情绪反应之间必需的中介物，被称为情绪认知理论的先驱。随着认知心理学的发展，评价理论演变为两大支派：一支是以沙赫特（Schachter，1964）为代表的认知—激活理论，更侧重研究生理激活变量和认知的关系；另一支是以拉扎勒斯（Lazarus，1966）为代表的"纯"认知派，倾向于从环境、认知和行为方面阐述认知对情绪的影响（孟昭兰，2005）。其中，拉扎勒斯是情绪认知理论的集大成者，主张环境的刺激和反应之间存在认知评价，并提出了迄今为止最著名的认知理论框架——认知评价理论。随后，该理论的思想体系经过扎洪茨（Zajonc，1980）、史密斯（Smith，1989）、埃尔斯沃斯（Ellsworth，1991）和罗斯曼（Roseman，2001）等学者的发展，展示了其重大的学术价值和社会实践意义，逐渐受到理论界和实践界的广泛关注。越来越多的研究表明，认知评价理论能够在各个应用领域发挥重要作用，并成为当前学术界主流的情绪认知理论之一。例如，在管理决策方面，组织成员对意义事件的评价过程直接影响决策的制定（Payn，1993）；在体育教育方面，评估认知评估作为激情—情绪关系中介的作用，了解激情和认知评估在体育领域经历的情绪中的作用（Lavoie et al.，2021）；在旅游管理方面，用认知评价理论和难忘的旅游经历来考察乡村旅行对家庭凝聚力的情感影响（Lee，2021）；在人力资源管理方面，通过认知评价过程分析得出欺凌可能会提高受害者的工作表现、职业成功和创造力的反认知结论（Majeed & Naseer，2021）；在医学方面，考察认知评价和应对策略在癌症患者照顾者负担、家庭弹性、心理资本和预期悲伤之间的中介作用（Lu et al.，2024）。

2.1.6.2 认知评价理论的内容

认知评价理论认为情绪是综合性的反应，包括环境的、生理的、认知的和行为的成分，每一种情绪都有其独特的反应模式（Lazarus，1991）。认知评价理论的基本假设为情绪是个体对环境事件察觉到有益或有害的反应，这个反应是通过认知评价决定和完成的。情绪的发展来自环境信息并依赖于短时或持续的评价，而人和所处具体环境的利害关系的性质，决定了其具体情绪（Lazarus，1987）。评价的特别意义有两种：对自己有利的和对自己有害的。根据拉扎勒斯（Lazarus，1991）的情绪评价模型，有利的评价可以从概念上分为多种类型的益处，而有害的评价可以分为多种类型的不利和威胁，评价的结果是产生了不同类型的情绪，如图2-5所示。

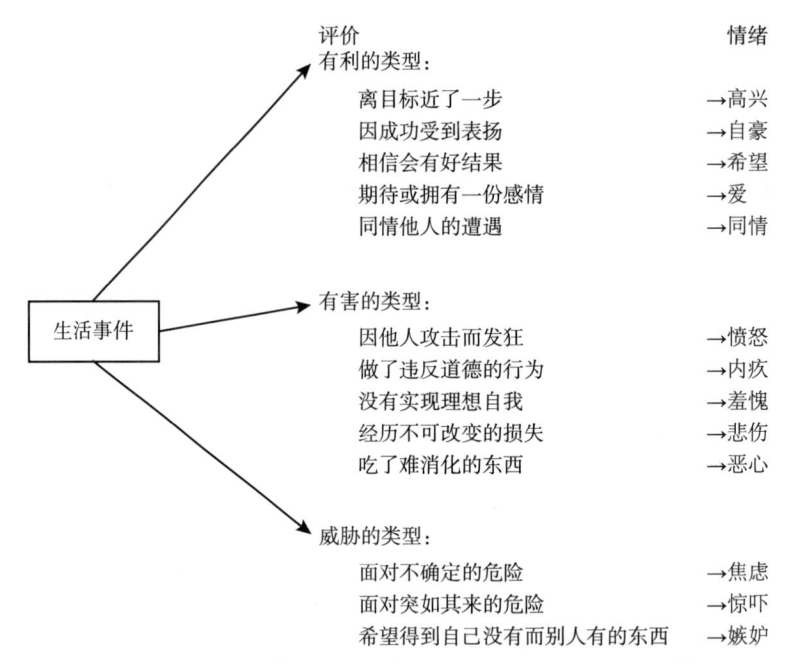

```
评价                              情绪
有利的类型：
  离目标近了一步              →高兴
  因成功受到表扬              →自豪
  相信会有好结果              →希望
  期待或拥有一份感情          →爱
  同情他人的遭遇              →同情

生活事件  有害的类型：
  因他人攻击而发狂            →愤怒
  做了违反道德的行为          →内疚
  没有实现理想自我            →羞愧
  经历不可改变的损失          →悲伤
  吃了难消化的东西            →恶心

威胁的类型：
  面对不确定的危险            →焦虑
  面对突如其来的危险          →惊吓
  希望得到自己没有而别人有的东西  →嫉妒
```

图 2-5 拉扎勒斯的情绪评价模型：有利、有害和威胁的类型

人与环境处于一种动态的、双向互动的关系中，在情绪活动中，人们需要不断评价刺激事件与自身的关系（Reeve，2001），如图 2-6 所示。

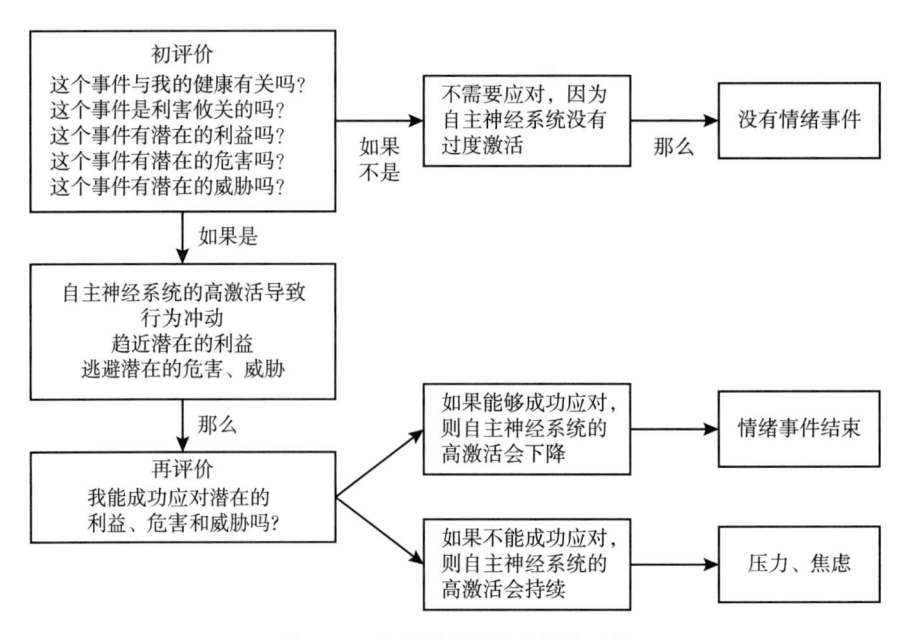

```
初评价
这个事件与我的健康有关吗？
这个事件是利害攸关的吗？       如果     不需要应对，因为      那么
这个事件有潜在的利益吗？       不是     自主神经系统没有    ─────→  没有情绪事件
这个事件有潜在的危害吗？                过度激活
这个事件有潜在的威胁吗？
        │
        │ 如果是
        ▼
自主神经系统的高激活导致
    行为冲动
    趋近潜在的利益
    逃避潜在的危害、威胁
        │
        │ 那么
        ▼                       如果能够成功应对，
再评价                          则自主神经系统的     ─────→  情绪事件结束
我能成功应对潜在的              高激活会下降
利益、危害和威胁吗？
                                如果不能成功应对，
                                则自主神经系统的     ─────→  压力、焦虑
                                高激活会持续
```

图 2-6 拉扎勒斯的情绪评价过程

评价和应对是认知评价理论的两个核心概念，评价是指个体不断搜索环境中所需的信息和可能存在的威胁，并对那些对他们有意义的刺激事件进行多回合、不间断评估的过程，分为初评价和再评价（Lazarus & Launier, 1978）。初评价是确认刺激事件是否与自身利益有关及其程度，评价结果的类型有无关、有益和紧张。再评价是初评价的继续，可以看作个体对自身反应行为的调节和控制，包括对所采取的应付策略和应付结果的重新评价。初评价允许客户评估他们与事件的个人相关性，以及事件是否与他们的个人信仰一致，如道德价值和感知公平（即公平）（Hoffman & Kelley, 2000; Skarlicki et al., 2016）。初评价包括三个评价维度：目标相关性，目标一致性或不一致性，以及自我参与的类型。再评价涉及应对方案，任何特定行动是否可以防止伤害，改善或产生额外的损害或利益。再评价包括三个评价维度：责备或信用，应对潜力和未来期望，其根本问题是："在这次遭遇中我能做什么，我将如何做，以及将会如何影响我的利益？"（Janis & Mann, 1977）。谢雷尔（Scherer, 2001）总结了个体评价不同的认知，如控制和权力，内化的道德准则和群体规范，表明再评估的程度随事件的特征及其社会环境而变化，如果存在结果风险但是个体有信心去避免，威胁就会被调节或者降到最低。所有与环境的接触都在不断变化并产生关于心理状况的反馈，所以初评价和再评价也在不断变化，这就是情绪总是在不断变化的原因（Lazarus, 1991）。

应对是指个体采取某种行动或措施应对威胁或挑战的行为，是关于人与环境关系的调节，包括采取积极行动、回避、任其自然、寻求信息及帮助、应用心理防御机制等。应对的资源包括健康及良好的机能状态、个人的生活态度、解决问题的能力及判断能力、信仰及价值观、社会支持系统以及物质财富等。在应对过程中，个体对环境或刺激事件进行积极到消极或消极到积极的再评价，这种再评价实际上是一种反馈行为，指个体对自己的情绪和行为反应的有效性和适宜性的评价。在不断接受新信息的同时，个体通过在评价中随时调整自身处理威胁和挑战的节奏，学习应对类似刺激事件的方法和策略（Lazarus, 1991）。防御性重新评估（或精神分析语言中的自我防御）可以被学习并自动化，作为处理个体中类似挑衅的一种方式，由于愤怒本身具有威胁，因此无法在没有焦虑的情况下发起愤怒。后来暗示某人的攻击现在触发防御，这会使愤怒被消除，抑制或压制。应付努力往往无法改善压力和痛苦的根源，有时甚至会引发更多的压力和痛苦。这些努力可能与他们正在解决的问题相关,导致成本超过了潜在的收益(Schonpflug & Battmann,1988)。总的来说,尽管应对确实源于情绪并且通常是针对情绪困扰的调节(如在情绪聚焦的应对中),但它也直接遵循对伤害,威胁或挑战的初评价,并且能够修改随后的评价,从而改变甚至缩短情绪反应(Lazarus & Alfert,1964;Lazarus et al.,1965)。应对的结果会影响个体的人生态度及观念、各种社会能力及身心健康(Lazarus,1991)。

沃森和斯宾塞(Watson & Spence,2007)认为认知评价理论揭示了以下三个关键问题:(1)被评估或评价的事件中固有的潜在特征是什么;(2)这种评估过程会引发何种情绪;(3)个体对这种情绪体验会产生何种行为反应。例如,个体可能会因为在开朋友车时打电话导致交通事故而感到内疚,而借给汽车给他的朋友很可能会生气。认知评估理论家会说,产生不同情绪的原因是对所发生事情的责任归属,自己(有罪)或其他人(愤怒)。反过来,这些情绪可能会影响个体的行为。认知评价理论证明了认知或感知如何影响个体的行为(Smith & Ellsworth,1985),并且在预测个体行为方面发挥了重要作用,它很好地描述了个体如何处理信息的过程以及它如何影响行为反应(Ellsworth & Scherer,2003)。人们经常根据过往经历和个人信息判断与评估具体情况(Frijda et al.,1989)。此外,认知评价理论认为,个体对情境或事件经验的主观评价会产生情绪反应(Ellsworth & Scherer,2003)。基于评估或感知,个人的情绪反应将受到启发,在情绪反应的驱使下,发生个体行为(Ellsworth & Smith,1985,1988)。

2.1.6.3 认知评价理论在环境责任行为方面的应用

认知评价理论起源于心理学,作为理解和解释情绪体验的主流理论,可以用来识别旅游者情绪的前因变量和结果变量,环境责任行为的研究逐渐受到学者们的重视。例如粟等(Su et al.,2019)基于认知评价理论,研究在旅游目的地开发过程中,在外部环境信息(对目的地的环境质量和声誉的评估)的刺激下,旅游目的地居民将出现与目的地环境的情感联系(环境识别和环境承诺),这种情感并将进一步激励旅游目的地居民参与相应的环境行为,包括对环境负责的行为和为环境作出牺牲的意愿;有研究调查了沿海旅游目的地形象与游客对环境负责的行为之间的关系,并考察了感知价值的中介作用和目的地社会责任的调节作用(Liu et al.,2022)。结果表明,沿海目的地的认知形象包括四个维度,即海岸大气、海岸风光、海岸特征和海岸环境。认知形象和感知价值在推动游客对环境负责的行为中起着重要作用;有学者对感知到的情境因素影响环境行为的机制做了进一步研究(Dong, Geng, & Rodriguez Casallas, 2023),结果指出,在亲环境行为中,男性会因认为该行为"很酷"而直接践行,而女性则需要通过地方认同和心理所有权的中介路径,间接将"酷感"认知转化为行为。另有学者使用情感的认知评估理论研究了羞耻感和骄傲诉求如何影响中国 Clean Your Plate 活动中的顾客超额订购意向,与浪费相关的羞耻诉求和与节俭相关的骄傲诉求通过唤起印象管理动机有效地降低了超额订购意向(Liu et al., 2024);粟等(Su et al., 2024)进行模糊集定性比较分析,揭示了生态存在(定义为游客在虚拟生态环境中的真实性和沉浸感)显著支持生物圈价值观、环境自我认同和个人规范,虚拟现实旅游中的生态存在间接促进了游客环境责任行为;此外,还有研究指出与未接触此类解释的受访者相比,从事与环境教育相关的旅游口译的受访者在游客感知知识、态度和行为意图这三个维度上都表现优异,丰富了环境教育的旅游解读研究(Zhang et al., 2024);陈和刘(Chen & Liu, 2025)探讨了具有儒家价值观的个体如何受到情境因素和环境认知的激励,表现出符合儒家原则的旅游环境责任行为,提出价值观特质通过环境态度、主观规范和环境自我效能感促进旅游环境责任行为。

2.1.7 规范焦点理论

2.1.7.1 规范焦点理论的起源

规范(norm)来源于拉丁文,本义指木匠手中的"规尺",后来被行为科学家和哲学家作为一种人类行为的标准来研究社会行为,发展出了社会规范(social norms)这个特定构念,并广泛应用于包括公共管理、神经科学等在内的诸多研究领域。在规范焦点理论提出之前,社会规范在社会心理学中已经是一个被广泛使用的概念,但其定义和作用机制一直存在争议。一方面,许多研究者认为社会规范是理解人类社会行为的关键因素,能够强有力地影响个体的行为选择。例如,谢里夫(Sherif, 1936)通过"自动从众"实验,揭示了个体在模糊情境下会依赖群体的判断来形成行为规范,进而展示了群体规范对个体行为和判断的深远影响，即使在群体不在场时这种影响依然存在，这也是关于社会规范和群体影响的经典研究之一。戈德纳（Gouldner，1960）提出了"互惠规范"（norm of reciprocity），指出人们普遍认为应该回报他人给予的帮助或恩惠，这种规范是社会互动的重要基础，影响着人们在各种情境中的行为选择；米尔格拉姆（Milgram，1963）的服从权威实验通过模拟电击情境，揭示了普通人在权威指令下也有可能会对他人施加极端伤害，从而展示了权威对于个体行为的强大影响力以及从众心理的潜在危险性。另一方面，也有研究者批评社会规范的概念过于模糊和笼统，难以进行实证检验，甚至认为其对行为的预测力较弱。例如，达利等（Darley et al.，1970）认为社会规范的概念过于模糊，难以精确地定义和测量，导致其在解释和预测行为时缺乏明确性和可验证性；克雷布斯（Krebs，1970）通过对社会规范和利他行为的研究，指出人们的行为并不总是与社会规范一致，因此社会规范对行为的预测能力是有限的；马里尼（Marini，1984）指出社会规范的定义和作用机制不够清晰，难以区分规范对行为的直接影响和通过其他因素产生的间接影响。这类争议促使恰尔迪尼等（Cialdini et al.，1991）重新审视社会规范的概念，并试图通过理论细化来解决这些问题。20世纪90年代，恰尔迪尼等（Cialdini et al.，1991）开始研究社会规范对行为的影响，并提出了规范焦点理论。他们认为，社会规范对行为的影响取决于规范的类型（描述性规范或禁令性规范）以及规范是否被激活（即是否成为个体关注的焦点）。规范焦点理论强调通过凸显社会规范来引导行为；而规范激活理论则依赖激活个体内在的责任意识作为行为驱动力。规范焦点理论的初步提出基于对社会规范概念的重新定义和对规范焦点的强调（Cialdini et al.，1990）。

2.1.7.2 规范焦点理论的内容

恰尔迪尼等（Cialdini et al.，1991）发现，社会规范的模糊性部分源于"规范"一词在学术和日常语言中存在多种含义。规范焦点理论的提出使得社会规范在心理学层面上有了清晰的定义，即"社会规范是个体对他人思想或实际行为的主观感知"，并进一步提出将社会规范分为两种类型：一种是描述性规范（descriptive norms），指个体对"大多数人实际如何行为"的感知，即"大家通常怎么做"，是社会规范的"实然"，例如，在图书馆内保持安静、在人行道上靠右行走、在电影院内不使用手机等行为，都是描述性规范的体现。描述性规范影响个体行为的机制在于提供信息性社会影响——它们为个体提供了关于在特定情境下如何行动才最有效和合适的信息。从众行为与描述性规范对行为的影响存在相似之处,当周围多数人表现出某种行为时,个体往往会跟随效仿,以更好地适应所处环境(Farrow et al.,2017)。另一种则是命令性规范(injunctive norms),指个体对"某种行为是否被社会认可或禁止"的感知,即"大家认为应该怎么做",是社会规范的"应然",这些规范通常与道德规则和社会认可相关,例如,帮助那些需要帮助的人、不偷窃、不诈骗等。个体遵循禁令性规范的动机是为了获得社会认同和避免社会排斥。例如,如果一个社区强烈反对乱扔垃圾,那么这种不认可的行为(命令性规范)将促使个体寻找垃圾箱或正确处理垃圾的方式(Cialdini et al.,1991)。命令性规范会激发人们对自身行为可能引发的社会评价的思考。人们为了赢得良好的社会评价、获得他人的认可或奖励,往往会表现出符合规范的行为。因此,当人们接触到命令性规范信息时,会更关注社会评价和他人的看法(韦庆旺和孙健敏,2013)。社会规范的类型不同,对行为的影响也各有差异。通常情况下,人们会在不知不觉中受到描述性规范的影响,但不一定去思考这种行为是否值得实施(Cialdini et al.,2006)。对社会规范的区分是规范焦点理论的核心基础,旨在明确不同类型规范对行为的影响机制(Cialdini et al.,1991)。

规范焦点理论进一步指出,社会规范对行为的影响并非始终存在,而是取决于个体的注意力是否聚焦在特定规范上。恰尔迪尼等(Cialdini et al.,1991)认为,只有当规范被激活(即变得显著或被关注)时,它才会对行为产生影响。这一观点解释了为什么在某些情境下社会规范对行为有显著影响,而在其他情境下则没有影响的问题。基于此,过往的研究结合该理论总结了三种让规范信息成为人们注意焦点的方法:第一,令个体注意到其他个体的某种典型行为。这种方法基于观察学习理论,个体通过观察他人的行为来了解在特定社会环境中的典型行为。这种观察可以引导个体模仿这些行为,因为这些行为是社会所认可的,并且可能是最有效的行为方式。根据卡尔格伦等(Kallgren et al.,2000)的研究,通过模仿他人的行为,个体可能会更加关注于与这些行为相关的规范,从而影响他们自己的行为。例如,如果个体观察到其他人在特定环境中乱扔垃圾,他们可能也会模仿这种行为,从而形成一种描述性规范。第二,提高个体生理唤醒水平。这种方法涉及通过增加个体的生理唤醒水平来增强对规范信息的关注。根据恰尔迪尼等（Cialdini et al., 1990）的研究，通过让一部分参与者在楼梯间上下走动来提高他们的生理唤醒水平，结果显示唤醒水平较高的参与者在接触到规范信息时，更有可能遵循这些规范。这种研究方法建立在生理唤醒调节理论基础上，该理论认为唤醒水平的变化会通过改变个体对情境中显著刺激的注意选择，最终导致行为反应的差异性表现。第三，对社会规范信息进行否定陈述。这种方法涉及直接向个体呈现与社会规范相反的信息，以提高他们对规范的关注。例如，如果一个社会规范是反对某种行为的，通过强调这种行为的负面后果或不被社会认可，可以增强个体对这一规范的关注，从而影响他们的行为。恰尔迪尼等（Cialdini et al., 2006）发现，使用否定陈述的命令性规范（如"请不要从公园拿走石化木"）比使用肯定陈述的命令性规范（如"请将石化木留在公园里"）更能有效减少意外行为。这种方法通过突出规范的重要性和相关性，使规范成为个体注意的焦点。

2.1.7.3 规范焦点理论在环境责任行为方面的应用

群体规范是群体形成、运行和维持的必要条件，也是群体成员认可、遵循和内化的行为准则（Bernhard, Fischbacher & Fehr, 2006）。规范焦点理论强调群体规范对个体行为的引导、约束和矫正作用（Cialdini et al., 1991），广泛应用于改善各种社会心理与行为，如环保行为、健康行为（Reid, Cialdini & Aiken, 2010）和社区心理（Schultz & Tabanico, 2009）等。

在旅游情境中，规范的作用日益受到重视。许多旅游目的地制定了本地规章制度，以规范旅游者和当地居民的行为，防止潜在的不当行为或对环境的不利影响（Li & Chen, 2019）。与此同时，在环境责任行为的研究领域，学者们也开始关注如何通过制度规范引导旅游者的可持续行为，以促进旅游目的地的长期发展。例如，李竹君（2020）基于规范焦点理论，分别从社会规范能否有效促进绿色消费、社会规范如何才能更好促进绿色消费、社会规范为什么能够促进绿色消费这三种不同的角度剖析社会规范对消费者绿色消费行为的影响；史密斯等（Smith et al., 2021）的研究指出亲环境行为的描述性和命令性规范，以及对气候变化风险的感知，连续中介了社区依恋与复原力以及参与包括社会宣传和税收支持在内的亲环境行为意愿之间的关联；皮尔斯等（Pearce et al., 2022）认为了解保护区游客的环保行为前因对于推进知识、鼓励可持续性和改善管理实践至关重要，研究开发并测试了一种行为模型，将个人规范和社会规范整合为规范影响，并将与自然的联系作为人格特征，作为亲环境行为的前因。通过对西澳大利亚三个保护区的游客数据进行分析，结果表明个人规范和与自然的联系对亲环境行为有积极影响，而社会规范则没有。该研究强调需要考虑道德义务和个人对自然的认同，以培养现场的亲环境行为，并鼓励在场外产生积极的溢出效应；有学者通过多方法研究探讨了如何利用社交媒体内容将有利于环境的社会规范内化（Han et al., 2023）。研究结果表明，社会规范与内省规范和综合规范都有正相关关系，而内省规范和综合规范都是亲环境行为的重要预测指标；粟等（Su et al., 2023）结合社会认同理论和规范焦点理论，采用混合研究方法探讨了越轨行为的群体类型对当地居民宽容意愿、惩罚意愿和越轨行为意向的影响，指出旅游目的地管理组织可以给予鼓励和奖励，以表彰那些积极遵守规范的居民，并鼓励其他人效仿，并且，旅游地的政策制定者可以通过引入对越轨行为的惩罚，如罚款或参与社区服务来强化社会规范。乌拉等（Ullah et al., 2024）研究发现，生态内疚感作为激励因素，促使游客采用环境责任行为，个人规范充分调节了游客生态罪恶感与环境责任行为之间的关系；洛特法维、萨利希和莫纳瓦里法尔德（Lotfavi，Salehi & Monavvarifard，2025）研究指出，人类价值观的可变性在游客的环境责任行为中起着关键作用，尤其受到年龄差异和社会规范的调节。研究结果表明，不同年龄群体的价值观对环境责任行为的影响方式各异。此外，社会规范对老年游客的价值观与行为关系无显著调节作用，但对年轻游客而言，社会规范显著弱化了保护价值观对行为的影响。

2.1.8 社会认同理论

2.1.8.1 社会认同理论的起源

群体背景下的环境责任行为是一个重要的研究课题，而社会认同理论已经成为该领域最具影响力的理论之一。最初，这一理论主要用于解释群体间行为中的种族中心主义（ethnocentrism），即内群体偏好（in-group favoritism）和外群体歧视（out-group derogation），这种现象在群体内部互动和群体间关系中表现得尤为突出。种族中心主义的理论根源可追溯至萨姆纳（Sumner，1906）的研究，而在早期的解释框架中，最具影响力的是现实冲突理论（realistic conflict theory，RCT）。

现实冲突理论由谢里夫（Sherif，1961）基于经典的罗伯斯洞实验（robbers cave experiment）提出。在该实验中，研究者将一群互不相识的儿童随机分为"响尾蛇"和"老鹰"两组。最初，这些儿童仅进行组内活动，彼此关系较为和谐。然而，随着球类比赛等竞争性活动的引入，两个小组之间的对立逐渐加剧；当研究者设定有限资源（如水源）的争夺情境时，群体间的敌对态度和行为愈加显著。实验结果表明，当群体目标存在冲突，且一方的成功需要以牺牲另一方利益为代价时，竞争和敌意便会加剧。然而，当群体拥有共同目标并共同努力时，群体间则更容易建立友好合作的关系。

基于这些实验结果，现实冲突理论提出，群体间的态度和行为主要受客观利益关系的驱动。当两个群体竞争有限资源时，便容易产生冲突和敌意，进而导致内群体偏好和外群体歧视。这一理论成功地解释了民族冲突、市场竞争、社会不平等等群体对立现象。然而，现实冲突理论的适用范围有限，因为它主要关注竞争性情境下的群体冲突，而在许多非竞争性情境中，人们仍然表现出内群体偏好。例如，即便两个群体之间没有直接的利益冲突，个体仍然可能倾向于支持内群体，并对外群体持负面态度，这表明群体偏见不仅仅源于现实利益竞争，还可能受到心理因素的影响。

为了弥补现实冲突理论的不足，塔杰菲尔等（Tajfel et al.，1970，1971）通过最简群体范式实验（minimal-group paradigm）进一步研究了群体内部的认知机制。实验中，被试被随机分配到"高估组"和"低估组"，并要求他们进行资源分配任务。结果显示，尽管这些被试彼此并不认识，且未进行过面对面互动，他们依然倾向于将更多资源分配给同组成员。该实验的显著特点是：群体成员之间没有直接的面对面互动，群体内部没有明确结构，群体之间没有历史或文化背景。这一结果表明，当个体仅仅通过感知自己属于某个群体时，便会产生认同感，从而表现出内群体偏好，即倾向于向内群体成员分配更多资源，而对外群体则采取歧视态度（Otten & Mummendey，1999）。简化群体实验的结果表明，个体对群体归属的认知是群体行为产生的最低条件。

在最简群体范式的基础上，塔杰菲尔等（Tajfel et al.，1971）提出了社会认同理论。该理论认为，个体的群体归属感会显著影响其认知、态度和行为。为了维持积极的社会认同，个体可能会采取三种策略：（1）社会流动性（social mobility）：当个体认为所在群体地位较低且边界可跨越时，他们可能尝试改变群体归属；（2）社会创造性（social creativity）：个体可能通过改变比较标准来凸显内群体的优势；（3）社会竞争（social competition）：个体可能通过提升群体地位，在社会比较中获得优势。相较于现实冲突理论，社会认同理论更加关注群体间行为的心理动机，并能够解释在非竞争性情境下群体偏见的形成。

塔杰菲尔和特纳（Tajfel & Turner，1986）进一步区分了个体认同和社会认同。个体认同是指个体对自身的认同，通常通过自我描述展现个人特有的特点，强调个人独特性；而社会认同则是个体基于自身所属的社会类别或群体成员身份而形成的自我认知。塔杰菲尔（Tajfel，1978）将社会认同定义为"个体意识到自己属于某个特定社会群体，并意识到作为群体成员所带来的情感和价值意义"。社会认同理论认为，人们通常寻求积极的社会认同，这一认同通常是通过与内群体及外群体的比较来获得的。如果个体未能获得满意的社会认同，他们可能会选择离开当前群体，或通过某种方式实现群体间的积极区分。塔杰菲尔和特纳（Tajfel & Turner，1986）认为，个体对社会认同的追求是群体间冲突和歧视的根源，因为个体对某群体的归属意识会强烈影响人们的知觉、态度和行为。综上所述，社会认同理论不仅有效解释了群体间的对立和冲突，还为理解人们在群体背景下的行为动机提供了有力的理论框架。

2.1.8.2 社会认同理论的内容

社会认同理论作为群体行为研究的核心范式，旨在系统阐释社会身份对个体认知、情感及行为的塑造机制（Ellemers，2012）。该理论基于群体成员身份的动态建构过程，揭示了个体如何通过多维度的社会比较实现自我概念的重构（Tajfel & Turner，1986）。根据埃勒梅尔和哈斯拉姆（Ellemers & Haslam，2012）的整合模型，当个体将特定群体的价值规范内化为自我概念时，会形成显著的内群体偏好与外群体偏见。这种认知差异不仅影响社会互动模式，还深刻作用于组织承诺、角色承担等行为层面。

在群体认同形成的机制上，社会认同理论强调三个核心变量的交互作用：首先是主体性认同维度，即群体成员对所属群体的心理归属感；其次是群体间比较维度，指不同群体在特定标准下的差异化定位；最后是外群体参照维度，强调外部对照在强化群体边界感知中的作用。这三维结构共同推动了群体间的符号竞争——当群体无法通过现有比较维度获得正向评价时，成员可能通过转向新的活动领域重构比较体系。这种策略性选择通常伴随行为模式和评价标准的系统性转换。

社会认同的基本运作机制可以分为三个递进阶段：社会类化、社会比较与积极区分。这三个过程环环相扣，共同构建了个体的社会认同体系：

（1）社会类化：认知图式的建构基础。塔杰菲尔和威尔克斯（Tajfel & Wilkes，1963）通过经典的线段判断实验揭示了"加重效应"现象，提供了群体认知偏差的实证依据。实验表明，个体在信息处理中存在系统性失真，倾向于夸大群体间的差异，并强化群体内的同质性。这一认知倾向在西科德（Secord，1959）研究族群相貌差异时得到了跨领域的验证。特纳进一步扩展了该理论，认为类化过程本质上是认知框架的重构——个体通过选择性吸收群体特征来建立自我概念，并形成内群体偏向。这一类化机制不仅是群体界定的认知基础，更是群体间权力关系构建的起点。

（2）社会比较：价值评价的动态过程。在类化形成的认知框架基础上，社会比较成为群体认同实现的路径。群体成员通过选择特定的比较维度（如专业技能、道德水准或文化资本），在"积极区分"原则的驱动下，系统性地强调自身群体的优势特征。这个比较过程伴随着显著的认知增强效应：一方面放大群体间差异的显著性；另一方面强化对内群体的情感承诺。从神经认知层面来看，比较过程中产生的群体优越感能够激活大脑奖赏回路，这一神经机制有助于解释为何群体成员会无意识地贬低外群体成就。

（3）积极区分：认同维护的策略选择。积极区分机制是社会认同的核心驱动力，体现了社会认同自我增强的特性。群体成员通过突出群体特异性（如技术创新能力或文化独特性）来获取社会资本，这一策略选择具有双重功能：一方面，群体内达成价值共识，增强群体凝聚力；另一方面，对外构建比较优势，争夺符号权力。当现有的比较维度无法维持积极认同时，群体可能触发"创造性比较"机制——通过重构评价标准（如从经济实力转向生态责任）来实现价值体系的战略转型。这种动态调整能力是群体存续发展的关键。

通过积极区分，个体寻求对社会的积极评价，而这一区分行为的核心动机是满足个体对自尊的需求。因此，自尊需求促使个体参与社会认同和群体行为，进而在一定程度上满足自尊的需求。阿布拉姆斯和霍格（Abrams & Hogg, 1988）进一步阐述了自尊假设的两个推论：推论一认为，成功的群体间区分能够增强社会认同，从而提升个体的自尊。换句话说，个体越是积极地将内群体与外群体区分开来，其自尊水平就越可能提高。而推论二则指出，由于个体渴望维持积极的自尊，当自尊较低或受到威胁时，往往会引发群体间的歧视行为。然而，现有研究对推论二的支持证据较为有限，相较之下，更多研究结果更倾向于验证推论一。总体来说，这两条推论共同揭示了社会认同与自尊之间的动态关系，并为理解个体在群体互动中的行为机制提供了理论依据。

这些理论要素共同构建了社会认同的机制，深刻影响了群体行为和个体认同的形成，并揭示了其与自尊之间的内在关系。随着理论的发展，社会认同理论不仅为群体心理学提供了重要的框架，还在组织行为和营销等领域得到了广泛应用。例如，在组织管理中，社会认同理论被用来解释企业高层之间的互动对组织行为的影响。有研究指出，首席执行官（CEO）与首席财务官（CFO）任期交错可能通过影响二者的信任与协作，进而对企业的避税行为产生负面作用，而这一关系在特定情境下（如 CEO 权力较大、融资约束较强或 CFO 入职时间晚于 CEO）会更为显著（田珊，2021）。总体而言，社会认同理论突破了现实冲突理论的局限，强调社会归属感和身份认同对群体行为的深远影响。该理论不仅深化了对群体间行为的理解，也为多个学科的研究提供了理论支撑。

2.1.8.3 社会认同理论在环境责任行为方面的应用

社会认同理论自提出以来，已在多个领域得到广泛应用，尤其在环境责任行为研究中发挥了至关重要的作用。该理论不仅为理解个体如何受到群体价值观的影响提供了关键视角，还揭示了社会归属感对环境责任行为的深远影响。具体而言，当个体认同于一个高度重视环保的群体时，他们通常会自觉践行该群体倡导的环境责任行为，如参与环保公益活动、减少碳排放或支持绿色消费，从而在组织和社会层面推动可持续发展。因此，社会认同理论不仅为探究环境责任行为的形成机制提供了坚实的理论基础，也为政策制定者和企业在推广环保理念时提供了新的思路。

在旅游领域，社会认同对当地居民对游客行为的态度和反应产生重要影响。通常情况下，旅游目的地的居民会将本地人视为内群体，而将游客视为外群体（Tung，2019）。社会认同理论指出，人们在群体内部通常倾向于维护积极的社会关系。因此，当内群体成员出现越轨行为时，本地居民往往表现出更高的宽容度，以促进群体内部的和谐与合作（Ellemers & Haslam，2012）。相比之下，他们对外群体成员的越轨行为则可能采取更严格的态度，甚至实施排斥或惩罚措施，以维护群体利益和社会规范。这一现象揭示了群体认同对行为评价的深远影响。在涉及严格规范的行为情境中，"黑羊效应"可能显现，居民会更倾向于惩罚内群体成员的越轨行为（Su et al.，2023）。此外，社会认同还体现在旅游业的绿色消费行为上。研究表明，当顾客感知到自己与酒店绿色实践的价值观契合时，他们更容易受到绿色奖励的激励，从而增强绿色消费意愿，并积极参与酒店的环保行动（Yu et al.，2024）。与此同时，文化遗产能够激发社区居民的文化自豪感和归属感，强化其对社区的情感联系，并进一步增强其角色认同。这种认同感不仅提升了居民对旅游开发的支持度，也促进了他们的亲旅游行为，使社区在旅游业的发展过程中实现更高水平的可持续性（王忠和李来斌，2024）。由此可见，社会认同在旅游业中不仅影响着居民对游客行为的态度，也在推动绿色旅游、社区参与和文化遗产保护方面发挥了关键作用。

在组织管理领域，社会认同理论同样适用于企业环境责任行为的研究。近年来，越来越多的企业开始将环境可持续性纳入核心战略，而社会认同在其中发挥了重要作用。研究发现，CEO 的环境责任型领导风格能够通过增强员工的集体环境认同，进一步激发组织公民行为—环境维度（OCBE），从而推动企业在环境管理方面的创新（Wang et al.，2021）。这一现象表明，当员工感知到自己所在组织高度重视环境责任时，他们更可能将这种责任内化为自身价值观，并在日常工作中主动采取环保措施，如减少资源浪费、优化生产流程或参与公司环保项目。此外，领导认同在环境变革型领导影响员工亲环境行为的过程中也起到了关键的中介作用（田虹和田佳卉，2020）。当领导者展现出强烈的环保承诺并将其融入企业文化时，员工会更倾向于认同这一价值观，并将其转化为具体行动，从而推动组织整体的可持续发展。因此，在企业管理中，社会认同理论不仅解释了员工如何受组织文化影响而践行环保行为，也为企业在制定环境战略时提供了理论支持。

从更宏观的角度来看，社会认同理论还强调了全人类认同对环境责任行为的促进作用。当个体能够超越地域和群体边界，认同自己作为全球共同体的一员时，他们往往会表现出更高的亲社会意识，并更愿意为全球环境治理贡献力量（赵偲琪、刘若婷和胡晓檬，2024）。这一观点强调，在全球气候变化、生态危机等跨国议题面前，仅依赖单个国家或群体的努力难以奏效，而必须通过强化全球共同体意识，促进跨文化合作与集体行动。例如，在国际环保组织的倡导下，越来越多的国家、企业和个人开始接受"全球公民"的概念，并以此为基础推动国际上的环保合作，包括减少碳排放、保护生物多样性和促进可再生能源发展。因此，社会认同理论不仅解释了个体如何在群体影响下践行环境责任行为，也在旅游业、企业管理和全球环境治理等多个领域提供了重要的理论支撑。

2.2 研究方法

2.2.1 定性研究方法

定性研究方法（qualitative research methods）是一种以探索性为主的研究方法，旨在深入剖析个体或群体的行为、观点、情感、动机及其内在意义。与定量研究方法不同，定性研究强调对人类经验和社会现象的深度理解，而非简单的数值化测量。其核心目标在于揭示人们在特定情境下的主观体验与意义建构，并探索这些体验背后的社会文化背景。

定性研究通常采用开放式、灵活且非结构化的数据收集方式，包括但不限于深度访谈、焦点小组讨论、参与观察、个案研究等。这些方法能够提供丰富的文本数据，研究者通过深入的互动与对话，捕捉到参与者的真实想法与情感反应。这种数据收集方式使得研究者能够从多个维度、多个角度来理解现象的复杂性，并展现参与者行为背后的动因。

在分析过程中，定性研究通常采取归纳性的分析方法，研究者对收集到的数据进行编码、分类、主题分析等处理，以识别出潜藏其中的模式、概念和理论架构。通过这些分析，研究者能够揭示并解释社会现象中潜在的关系与结构，探索行为背后的深层次原因。

定性研究广泛应用于探索性研究、理论构建以及解释复杂的社会现象，尤其适用于那些无法通过单一的量化指标来全面理解的领域。它不仅有助于构建理论框架，还能够为政策制定、社会实践等提供宝贵的实践性洞察。因此，定性研究为学术研究提供了不同于定量方法的独特视角和深刻见解。本书所有研究中所涉及的定性研究方法主要为访谈法。

访谈法作为一种定性研究方法，在实证研究中展现出独特的价值和优势。通过与研究对象的直接交流，访谈能够帮助研究者深入了解受访者的内心世界，提供比定量方法更为细腻、全面的洞察力。特别是在探讨那些定量方法难以捕捉的情感、态度、个体观点及复杂行为模式时，访谈法的优势尤为突出。它不仅能够揭示个体的主观经验，还能捕捉到被研究现象背后的深层次动机和社会情境，从而为研究提供更为丰富的定性数据。

访谈法依据结构化程度的不同，通常分为三种类型：结构化访谈、半结构化访谈和非结构化访谈。每种类型有其独特的应用场景和优势。

（1）结构化访谈是一种高度标准化的访谈形式，所有受访者都回答相同的问题，且问题的顺序和内容固定。此种访谈方式的目的是确保数据的可比性和一致性，使得收集到的数据便于进行定量分析。这种方法常用于大规模社会调查、市场研究等，需要进行统计分析的场合。结构化访谈的优势在于效率高、数据便于整理和对比，但其灵活性差，难以深入探索受访者的个性化经验。

（2）半结构化访谈是一种结合了结构化和非结构化访谈特点的方式，研究者提前准备一系列核心问题，但在访谈过程中可以根据受访者的回答进行灵活追问。这种方式在保证访谈重点的同时，给予受访者更大的表达空间，从而获得更多元化的观点。半结构化访谈适用于复杂的心理和行为研究，尤其是当研究领域尚无明确假设或理论框架时，能够帮助研究者发现新的研究方向。

（3）非结构化访谈是一种极为开放的访谈方式，访谈内容和顺序完全由受访者决定。研究者通常只提出简单的引导性问题，依赖受访者的自由叙述和自我表达。这种方式特别适用于探索性研究，或在研究问题尚不明确时，帮助研究者收集不同的观点和经验。非结构化访谈的优势是灵活性极高，能深入了解受访者的情感和内心世界，但其局限性在于数据的系统性差，且访谈过程较为耗时。

访谈法的实施通常包括以下几个步骤：第一，研究问题的明确。访谈的起始是明确研究的核心问题。这些问题通常源于理论背景，并紧扣研究主题。明确的研究问题为访谈的设计与实施提供了方向，确保了数据的相关性与有效性。第二，受访者的选择。访谈的质量与受访者的选择密切相关。研究者应根据研究目标挑选合适的受访者，通常会选择有相关经验的专家或特定群体的代表，以确保受访者能够提供所需的深入信息。受访者的选择需要考虑其对研究问题的相关性和信息的丰富性。第三，访谈问题的设计。在确定研究问题后，研究者需设计一组访谈问题。这些问题既要全面反映研究主题，又要鼓励受访者深入思考。设计问题时，研究者应避免过于引导性或有偏见的问题，确保问题开放且客观，以便受访者自由表达。第四，访谈的执行与记录。在访谈过程中，研究者需创造一个舒适、放松的氛围，倾听并尊重受访者的回答，并在适当时进行追问以深入了解其观点。为了确保信息的准确性和完整性，访谈过程最好采用录音设备进行记录。第五，数据分析与处理。访谈数据分析通常采用定性分析方法，如内容分析、主题分析或话语分析。研究者需从访谈记录中提取出核心主题和关键观点，并进行归纳总结，为实证研究提供理论支持，构建假设或提供新的理论视角。

作为学术研究中常用的方法，访谈法具有如下优点：第一，深入挖掘个体主观体验。访谈能够通过直接与受访者的交流，深入挖掘其个人经验、情感和态度。与问卷调查等定量方法相比，访谈能够捕捉到个体的独特感知、思维方式和内在动机。这种深度挖掘有助于理解复杂的心理过程和社会现象，特别是那些难以通过量化数据揭示的隐性信息。第二，促进互动与讨论。访谈过程中的互动性使得受访者可以在一个开放、宽松的环境中表达自己的观点和情感。研究者与受访者之间的互动不仅能激发更深入的讨论，也有助于在多角度、多层次上理解研究对象的看法和行为模式。这种交流能够揭示出研究者事先未曾预料到的新的视角和信息。第三，捕捉复杂社会现象。访谈法适用于探索社会、文化或心理学中的复杂现象。它能够有效地揭示群体或个体行为背后的深层次原因和结构性因素，特别是在研究那些缺乏标准化、难以量化的行为和情感时，访谈能够提供更为详细的解释和理解。第四，增加数据的丰富性和多样性。由于访谈通常是开放性问题引导，受访者可以自由表达观点和感受，这种自由度使得数据的多样性得以充分体现。研究者能够从不同受访者的多角度出发,得到更加全面和丰富的资料,从而为研究提供更广泛的理论支持。

在使用访谈法进行研究时,研究者需要考虑多个方面,以确保访谈数据的有效性、可靠性和研究的整体质量。首先,要明确研究目标和问题,选择合适的受访者。没有明确目标的访谈可能导致数据收集过程杂乱无章,缺乏有效的指导方向。而在选择受访者时,研究者应确保其背景、经验或知识与研究主题相关,能够提供有效的信息。其次,要设计合理的访谈问题,建立良好的访谈氛围。访谈问题应清晰且开放,避免引导性或偏见性问题。开放性问题能够鼓励受访者自由表达,提供更多细节和个人见解。访谈的成功不仅依赖于问题设计,还依赖于研究者与受访者之间的互动与信任。研究者应确保访谈环境舒适、无压力,使受访者能够放松心情,愿意分享自己的真实感受。再次,灵活应对受访者反应,控制研究者偏见。访谈过程中,受访者的回答可能会超出预设的问题框架或涉及新的角度。研究者应保持灵活性,根据受访者的回答进行适时的追问或扩展,从而进一步挖掘更多信息,同时需要尽量保持中立和客观,避免在访谈过程中表达个人观点或情感,在追问时做出可能引导受访者的语言或行为,以防止偏见干扰数据的真实性。最后,要注意保护受访者的隐私与保密性。在访谈中,受访者通常会分享个人经验和观点,研究者应确保对受访者的隐私进行保护。在访谈前,研究者应向受访者明确告知研究的保密性,确保他们的个人信息不会被泄露。对于敏感话题,研究者应更加谨慎,避免引发受访者的反感或不适。在访谈结束后,研究者应向受访者表示感谢,并适时反馈访谈的结果和研究进展,增进受访者的信任和参与感。同时,若研究者打算使用访谈内容进行出版或公开展示,应征得受访者的同意,并明确如何引用其意见。

访谈法作为一种灵活而深入的研究工具,能够揭示个体和群体行为背后的复杂动机与情感。然而,研究者必须在访谈的设计、实施及数据分析过程中保持高度的敏感性与客观性,以确保数据的质量和研究的有效性。在实际操作中,充分关注上述注意事项,有助于提高访谈研究的可信度与学术贡献。

2.2.2 定量研究方法

定量研究方法(quantitative research methods)是一种具有高度系统性和

结构化特点的研究方法，主要通过数值化的数据来对研究假设进行分析与检验。其核心目标是利用统计分析技术，描述、推断并预测特定现象，进而揭示变量之间的关系及其规律性。与定性研究关注个体体验的深度理解不同，定量研究更加注重结果的广泛适用性、可复制性与精确性，力求通过数据和数理模型提供客观且可验证的结论。

定量研究通常依赖于问卷调查、实验研究、测量工具等标准化的方式来收集数据。所收集的数据一般呈现出高度结构化的形式，以数字化的量化信息为主，具有明确的变量和度量单位。这些数据的标准化使得分析过程更加客观，也便于进行跨样本的比较和推广。研究者借助统计技术，如回归分析、方差分析、相关性分析等，对数据进行深入处理，探索变量之间的关系，并进行假设验证。本书部分研究就用到了实验法和结构方程模型。

在定量研究中，数据分析不仅强调结果的准确性和精确性，还注重结论的广泛适用性和可重复性。这使得定量研究成为验证理论假设、探索因果关系及描述社会现象的有效工具。尤其在大规模数据分析和广泛社会现象描述中，定量研究能够提供具有广泛代表性、可靠性和普适性的见解。此外，定量研究在政策制定、市场分析、社会调研等领域具有重要的实践价值，能够为决策提供科学的依据和数据支持。

2.2.2.1 探索性因子分析

因子分析（factor analysis）是通过研究众多变量之间的内部依赖关系，探求观测数据中的基本结构，并用少数几个假想变量（因子）来表示基本数据结构的方法（Spearman，1904）。1904年，查尔斯·斯皮尔曼（Charles Spearman）在研究智力时首次采用了因子分析的方法，姜勇将因子分析方法运用于实践（1999）。随后，因子分析的理论和数学基础逐步得到发展和完善，特别是20世纪50年代以后，随着计算机的普及和各种统计软件的出现，因子分析得到了巨大的发展。现在，因子分析已成为教育与社会心理学领域研究中最常用的统计方法之一。其中，探索性因子分析是一项用来找出多元观测变量的本质结构并进行处理降维的技术，因而能将具有错综复杂关系的变量综合为少数几个核心因子。本书中部分研究采用探索性因子分析验证量表的结构效度。

探索性因子分析模型的一般表达形式为：

$$X_1 = w_{11}F_1 + w_{21}F_2 + \cdots + w_{n1}F_n + w_1U_1 + e_1$$

式中，X_n 表示观测变量，F_M 表示因子分析中最基本的公因子（common factor），它们是各个观测变量所共有的因子，解释了变量之间的相关；U_n 表示特殊因子（unique factor），它是每个观测变量所特有的因子，相当于多元回归分析中的残差项，表示该变量不能被公因子所解释的部分；w_M 表示因子负载（factor loading），它是每个变量在各公因子上的负载，相当于多元回归分析中的回归系数；而 e_n 则代表了每一观测变量的随机误差。

探索性因子分析的过程实质就是寻求 F_1，F_2，…，F_m 等少数几个公因子以构建因子结构来最大限度地表示所有变量的信息（Daniel，2002）。在探索性因子分析中，一个重要的假设就是所有的特殊因子间及特殊因子与公因子间是彼此独立且不相关的。

在进行探索性因子分析前，需要计算 KMO 测度以及巴特利特球值，当这两项指标符合标准时，才能进行探索性因子分析。通过提取公因子的方式，计算因子载荷系数，如果达到标准则说明量表有较好的效度。巴特利特球体检验是对各变量相关性进行检验的一种统计方法，相关矩阵中的每个变量均自相关，变量间则不相关。KMO 值是关于变量是否适合进行因子分析的指标，KMO 值介于 0～1。某变量的 KMO 值如果越接近 1，则说明该变量越适合做因子分析，如果 KMO 值过小，则不适合做因子分析。

探索性因子分析最常用的提取因子的方法有两种：主成分分析法和主轴因子法。主成分分析法和主轴因子法提取因子的程序基本相同，主要区别在于对观测变量公因子方差的估计不同。在主成分分析法中，假定所有观测变量的方差都能被公因子所解释，即每个变量的公因子方差都为 1.0。而在主轴因子法中，它的基本假定是观测变量之间的相关能完全被公因子所解释，而变量的方差不一定完全被公因子所解释，所以在主轴因子法中，公因子方差就不一定是 1.0 了。

探索性因子分析中的因子旋转，其目的是便于理解和解释因子的实际意义，主要有两种方式：正交旋转（orthogonal rotation）和斜交旋转（oblique rotation）。正交旋转的基本假定是，因子分析中被提取出来的因子之间是相互独立的，因子间并不相关。它的目的是要获得因子的简单结构，即使每个变量在尽可能少的因子上有较高的负载；而斜交旋转中，因子间的夹角是任意的，也就是说斜交旋转对因子间是否相关并无限定，这种因子旋转的结果就会使各因子所解释的变量的方差出现一定程度的重叠，因此，比起正交旋转，斜交旋转更具有一般性。

探索性因子分析中，还要计算因子值。研究者往往会用因子值来代表所提取的因子，因为因子值可以进行更深入的数据分析，这些因子值比起原始变量更有效和可靠，而且比起原始变量间的相关，因子值间相关较低。值得注意的是，虽然因子值较可靠，但它实质上还是一种观测变量，也就是说它与因子或潜在变量并不完全一致，因此，使用这些因子值来进行的数据分析就会产生细微的随机误差。

2.2.2.2 调查问卷法

本书部分研究使用的问卷调查是目前实证研究中被广泛采用的一种调查方式，即由研究相关调查人员根据调查目的设计调查问卷并采取合适的抽样方式（如随机抽样或整群抽样等）确定调查样本，通过问卷调查员对样本的访问完成事先设计的调查项目，然后由统计分析得出调查结果的一种方式。问卷设计应严格遵循的是概率与统计原理，因此调查方式具有较强的科学性，同时也便于实际调研操作。

在问卷调研中，纸笔测验（paper-pencil instrument）一直是研究者进行数据收集主要依赖的工具。问卷调查法之所以这样普及，是因为它具有其他数据搜集方法不可比拟的实用性。量表是问卷调查中常用的工具，常用的三种量表分别是瑟斯顿量表（Thurston scale），李克特量表（Likert scale）和格特曼量表（Guttman scale）。相对于瑟斯顿量表的严格编制要求和格特曼量表在实际中难以满足的条件，李克特量表易于编制且信度较高。李克特量表以一系列陈述开始，每一个陈述表达一种明确赞成或明确不赞成的态度，项目根据测验过程中施测对象的回答而进行选择，被试要求对每一个陈述进行等级回答。由于李克特量表容易设计、构造简单且易于操作，可以用来测量其他一些量表所不能够测量的某些多维度复杂概念或态度。因此使得李克特量表成为应用最为广泛的一种量表形式，在市场研究中也得到大量应用。

调查问卷一般由四个部分组成，问卷的开头部分、甄别部分、主体部分和背景部分。

（1）开头部分，主要包括问候语、填表说明等内容。不同的问卷所包括的开头部分会有一定的差别，但一般都包含问候语、填写说明以及问卷编号。

问候语也叫问卷说明，其作用是引起被调查者的兴趣和重视，消除调查对象的顾虑，激发调查对象的参与意识，以争取其积极合作。一般在问候语中的内容包括问候、访问员介绍、调查目的、调查对象作答的意义和重要性、感谢语等。第二是填写说明。在自填式问卷中要有简洁易懂的填写说明，让被调查者知道如何填写问卷。

（2）甄别部分，也被称为问卷的过滤部分，主要目的是筛选无效信息，从而增强调查数据质量。

（3）主体部分，也是问卷的核心部分。它包括调查量表，主要由题项和答案所组成。在问卷主体中，我们通常将差异较大的问卷分块设置，从而保证了每个问题相对独立，使整个问卷的条理也更加清晰，整体感更加突出。

（4）背景部分，通常放在问卷的最后，主要是有关被调查者的人口统计学特征，特别需要注意的是，研究人员需要对相关数据进行保密，避免信息泄露等情况的发生，以免对受访者造成伤害。该部分所包括的各项内容，主要作为对受访者进行分类比较的依据，一般包括：性别、民族、婚姻状况、收入、教育程度、职业等。

一般来说，调查问卷设计的第一步是确定理论研究模型图，随后根据研究模型设计有针对性的调查问卷并进行预测试（pilot study）。调查问卷将包含来自每个测量结构的所有原始问题。在预测试过程中，研究人员向受访者发放调查问卷草案，并就每个题项的表述清晰度征询其意见和建议。第二步，将每个量表进行可靠性分析（reliability testing，例如，检查克隆巴赫系数以及项目总体统计）。通过对预测试的探索性数据分析（exploratory data analysis），问题库将被简化为更易于调查问卷发放的清单（以避免受访者可能因疲劳而导致填写不完整）。

2.2.2.3 结构方程模型

本书中的部分研究通过结构方程模型（structural equation modeling，SEM）技术来评估数据和理论模型之间的拟合程度，以测试概念模型中的假设关系是否成立，并将部分理论模型与其竞争模型进行模型比较。

结构方程模型是基于变量的协方差矩阵来分析变量之间关系的一种统计方法，是多元数据分析的重要工具。其目的在于探索事物间的因果关系，并将这种关系用因果模型和路径图等形式加以表述。其可被分为测量模型和结构模型。测量模型是指标和潜变量之间的关系。结构模型是指潜变量之间的关系。结构方程模型常用于验证性因子分析、高阶因子分析、路径及因果分析、多时段设计、单形模型及多组比较等。结构方程模型融合了因素分析（factor analysis）和路径分析的多元统计技术。它的优势在于对多变量间交互关系的定量研究。在近三十年内，结构方程模型大量应用于社会科学及行为科学的领域里，并在近几年开始逐渐应用于市场研究中。其中，因素分析是利用指数体系分析或测定客观现象总体的变动中各影响因素变动对其影响方向和程度的一种统计分析方法；路径分析是常用的数据挖掘方法之一，是一种找寻频繁访问路径的方法，它通过对 Web 服务器的日志文件中客户访问站点次数的分析，挖掘出频繁访问路径。路径分析包含了两个基本内容：一个是路径的搜索；另一个是距离的计算。路径搜索的算法与连通分析是一致的，通过邻接关系的传递来实现路径搜索。路径的长度（距离）以积聚距离（accumulated distance）来计算。距离的计算方法为：将栅格路径视作由一系列路径段（path segments）组成，在进行路径搜索的同时，计算每个路径段的长度并累计，表示从起点到当前栅格单元的距离。这里路径段指的是在一定的精度范围内可以直线段模拟和计算的栅格单元集合。

　　结构方程模型一般具有以下五个特点。第一，同时处理多个因变量。结构方程分析可同时考虑并处理多个因变量。在回归分析或路径分析中，即使统计结果的图表中展示多个因变量，在计算回归系数或路径系数时，仍是对每个因变量逐一计算。所以图表看似对多个因变量同时考虑，但在计算对某一个因变量的影响或关系时，都忽略了其他因变量的存在及其影响。第二，容许自变量和因变量含测量误差。态度、行为等变量，往往含有误差，也不能简单地用单一指标测量。结构方程分析容许自变量和因变量均含测量误差。变量也可用多个指标测量。用传统方法计算的潜变量间相关系数与用结构方程分析计算的潜变量间相关系数，可能相差很大。第三，同时估计因子结构和因子关系。假设要了解潜变量之间的相关程度，每个潜变量用多个指标或题目测量，一个常用的做法是先用因子分析计算每个潜变量（即因子）与题目的关系（即因子负荷），进而得到因子得分，作为潜变量的观测值，然后再计算因子得分，作为潜变量之间的相关系数。这是两个独立的步骤。在结构方程中，这两步同时进行，即因子与题目之间的关系和因子与因子之间的关系同时考虑。第四，容许更大弹性的测量模型。传统上，只容许每一题目

（指标）从属于单一因子，但结构方程分析容许更加复杂的模型。例如，我们用英语书写的数学试题，去测量学生的数学能力，则测验得分（指标）既从属于数学因子，也从属于英语因子（因为得分也反映英语能力）。传统因子分析难以处理一个指标从属多个因子或者考虑高阶因子等有比较复杂的从属关系的模型。第五，估计整个模型的拟合程度。在传统路径分析中，只能估计每一路径（变量间关系）的强弱。在结构方程分析中，除了上述参数的估计外，还可以计算不同模型对同一个样本数据的整体拟合程度，从而判断哪一个模型更接近数据所呈现的关系（程开明，2006）。

由于结构方程模型具有以上五个特点，因此可以得出，结构方程在数据分析方面的三点优势。第一，它可以立体、多层次地展现驱动力分析。这种多层次的因果关系更加符合真实的人类思维形式，而这是传统回归分析无法做到的。结构方程模型根据不同属性的抽象程度将属性分成多层面进行分析。第二，结构方程模型分析可以将无法直接测量的属性纳入分析，如消费者忠诚度。这样就可以将数据分析的范围扩大，尤其适合一些比较抽象的归纳性的属性。第三，结构方程模型分析可以将各属性之间的因果关系量化，使它们能在同一个层面进行对比，同时也可以使用同一个模型对各细分市场或各竞争对手进行比较。

为了解决研究问题和验证研究假设，1988 年，安德森和格佰姆（Anderson & Gerbing）提出结构方程模型检验的两步法。按照安德森和格伯姆提出的两步法，第一步对测量模型进行验证性因子分析（confirmatory factor analysis），第二步对多变量间交互关系（inter-variable relationship）的定量研究。

由于心理、教育、社会等概念难以被直接准确测量，这些相关变量（如智力、学习动机、家庭社会经济地位等）被称为潜变量（latent variable）。因此只能用一些外显指标（observable indicators），去间接测量这些潜变量。传统的统计方法不能有效处理这些潜变量，而结构方程模型则能同时处理潜变量及其指标。传统的线性回归分析容许因变量存在测量误差，但是要假设自变量是没有误差的。

结构方程模型评价指标有很多，一般评价构想模型是否得到了观测数据的支持，有三类拟合指标：（1）绝对拟合指标，如 χ^2 拟合优度检验、近似均方根误差（RMSEA）、标准化均方根残差（SRMSR），拟合优度指数（GFI），调整后的拟合优度指数（AGFI），比较拟合指数（CFI）等；（2）相对拟合指标，如规范拟合指数（NFI），不规范拟合指数（NNFI）；（3）省俭度，如省俭规范拟合指数（PNFI），省俭拟合优度指数（PGFI）等（见表2-1）。

表2-1　　　　　　　　　　结构方程模型拟合指标一览

指数名称	性质	拟合成功建议值	样本容量影响	模型节俭评估
χ^2拟合优度检验（χ^2 goodness-of-fit test）	绝对拟合指数	$p>0.05$	受影响很大	无法评估
拟合优度指数（GFI）	绝对拟合指数	$p>0.90$	受影响	无法评估
调整后的拟合优度指数（AGFI）	绝对拟合指数	$p>0.80$ 模型可接受 $p>0.90$ 模型拟合优良	受影响	可以评估
近似均方根误差（RMSEA）	绝对拟合指数	$p<0.05$ （$p<0.08$ 可接受）	受影响	可以评估
标准化均方根残差（SRMSR）	绝对拟合指数	$p<0.05$ （$p<0.08$ 可接受）	受影响	可以评估
比较拟合指数（CFI）	相对拟合指数	$p>0.90$	不易受影响	无法评估
规范拟合指数（NFI）	相对拟合指数	$p>0.90$	样本容量小时严重低估	无法评估
不规范拟合指数（NNFI）	相对拟合指数	$p>0.90$	样本容量小时一般低估	无法评估
省俭规范拟合指数（PNFI）/省俭拟合优度指数（PGFI）	节俭调整指数	p 越接近1越好	同时受样本容量和估计的参数比率影响	奖励简约模型

与传统的 χ^2 检验相反，结构方程模型希望得到的是不显著的 χ^2。χ^2 越小，表示观测数据与模型拟合得越好。由于 χ^2 与样本大小有关，因此不直接作为评价模型的指标，而用 χ^2/df 来进行衡量。χ^2/df 值越接近0，观测数据与模型拟合得越好。一般认为，$\chi^2/df<3$，模型较好；$\chi^2/df<5$，观测数据与模型基本拟合，模型可以接受；$\chi^2/df>5$，表示观测数据与模型拟合得不好，模型不好；若 $\chi^2/df>10$，表示观测数据与模型不能拟合，模型很差。但由于 χ^2 与样本量密切相关，当样本较大时，χ^2/df 也会受到影响。因此多采用RMSEA、SRMSR等综合性拟合指标对观测数据与构想模型的支持情况进行评价。

RMSEA 和 SRMSR 的取值范围均在 0~1。越接近于 0，表示观测数据与模型拟合得越好。按照通用标准：RMSEA < 0.08，观测数据与模型拟合度可以接受；RMSEA < 0.05，观测数据与模型良好拟合。SRMSR < 0.08，观测数据与模型拟合度可以接受；SRMSR < 0.05，观测数据与模型良好拟合。

其他几个拟合指标：GFI、AGFI、CFI、NFI、NNFI 等的取值范围也在 0~1。越接近 1，表示模型拟合得越好；GFI、AGFI、CFI、NFI、NNFI 等 > 0.90，则认为模型得到较好拟合。上述指标都是观测数据对模型绝对拟合程度的描述。在对模型进行比较时，还用到 PGFI、PNFI 等反映模型省俭度的指标。PGFI 和 PNFI 越接近 1 越好，但对其接近程度无具体的统一标准。

结构方程模型理论认为，模型评价是一个复杂的问题，在进行模型评定时，不同拟合指标评定的侧重点不同。因此，一般认为，对于一个模型的好坏，不能以一个，而应以多个指标进行综合多方面的评价。

2.2.2.4 实验研究法

实验研究是指经过精心的设计，高度控制某些条件，并通过操纵某些因素，来研究变量之间因果关系的方法。作为定量研究的一种特定类型，实验研究相较于其他定量研究方法更能直接地体现实证主义的背景和原理。

在实验研究中，进行严谨周密的实验设计必不可少，通常包括前实验设计、真实验设计、准实验设计、单一被试设计和多变量实验设计五种模式。

（1）前测实验设计（pre-experimental design）是一种简单的实验设计方法，通常用于研究的初步阶段，帮助探索变量之间的潜在关系或验证实验操作的可行性。它通常缺乏随机分组和对照组的设置，研究者对一个实验组进行处理后观察其结果。这种设计的实施快速且易于操作，能够为后续更复杂的研究提供参考。然而，由于对无关变量的控制较弱且缺乏严格的实验对照，前实验设计难以有效排除混淆因素，因此不能可靠地验证因果关系。常见的形式包括单组后测设计（如仅对一组参与者施加处理后进行测量）和单组前后测设计（在处理前后分别对同一组进行测量以比较变化），尽管易于实施，但推论的有效性较低，适合用于初步探索而非严谨的因果推断。

（2）真实验设计（true experimental design）是实验研究中最为严格和科学的一种设计方法，用于确定因变量的变化是否由自变量的操控引起。它以随机分组、实验组与对照组的明确划分以及对无关变量的严格控制为特点，从而确保实验结果的内部效度和因果推断的可靠性。在真实验设计中，研究者会随机将被试分配到不同的实验条件（如实验组和对照组），对实验组施加处理，而对照组则不接受该实验条件或接受另一种不同的处理，随后通过比较两组的结果来推断自变量的作用。真实验设计的经典形式包括前后测对照组设计（实验组和对照组都在处理前后进行测量）、仅后测对照组设计（仅在处理后进行测量），以及多组实验设计（研究多个自变量或水平的影响）。这种设计方法对混淆变量的控制最为严格，能够实现较高的因果推断效度，但由于其严格的控制条件和复杂的实施流程，通常需要较大的样本量、精确的实验操作以及适当的实验环境，因此实施成本较高，适用于验证性研究和对因果关系有明确需求的科学探索。

（3）准实验设计（quasi-experimental design）是一种介于真实验设计和非实验研究之间的研究方法，广泛应用于无法完全实现随机分组或严格实验控制的实际研究场景中。它通常在真实情境下进行实验，通过设置实验组和对照组，并施加特定处理后观察其对因变量的影响。与真实验设计不同的是，准实验设计无法实现完全随机分组，这可能导致实验组与对照组在初始状态上存在差异，从而影响因果推断的内部效度。为了弥补这一不足，准实验设计通常采用多种技术，如前测后测、配对样本或统计控制等方式，尽可能减少无关变量的干扰。常见的准实验设计形式包括非等组前后测设计（对实验组和对照组在处理前后进行测量并比较变化）、时间序列设计（多次测量一个群体的行为变化以观察趋势）和回归不连续设计（基于特定的分组标准研究干预效果）。尽管其因果推断效度不及真实验设计，但准实验设计具有较强的生态效度，能够在现实环境中获取有意义的研究结果，是在复杂社会情境中研究干预效果的有力工具。

（4）单一被试设计（single-subject design）是一种以个体为研究对象、通过反复测量来考察干预或处理对个体行为或状态影响的实验设计方法。它常用于小样本或个体差异较大的研究中，尤其适合于教育学、心理学、行为科学和临床干预领域。单一被试设计的核心是通过个体的多次测量，在不同条件下观察行为的变化，从而推断自变量的作用，而不依赖于大样本统计推断。该设计通常包括基线阶段（baseline phase）和干预阶段（intervention phase），研究者首先在基线阶段记录被试的行为特征，作为干预前的参照，随后在干预阶段引入处理，并通过反复测量比较基线和干预阶段的差异。经典的单一被试设计包括 AB 设计（基线—干预两阶段）、ABA 设计（基线—干预—回撤三阶段）和 ABAB 设计（基线与干预交替出现两次），其中回撤设计能够更清晰地验证处理效果是否由干预引起。

单一被试设计的优势在于能够深入分析个体的行为变化，灵活性高，适合于难以获取大样本的情境。同时，它通过多次测量增强了实验的可靠性。然而，因其样本量小，结果的推广性（外部效度）有限，并且对干预效果的明显性要求较高。尽管如此，这种设计依然是研究个体干预效果及变化规律的重要方法，尤其在个体化研究需求强烈的领域中具有重要价值。

（5）多变量实验设计（multivariate experimental design）是一种研究多个自变量或多个因变量之间关系的实验方法，旨在同时考察多个因素对研究对象的综合影响，以及变量之间的交互作用。与传统的单变量实验设计相比，多变量实验设计能够更全面地反映复杂系统中的多重因果关系，因此在管理学、心理学、市场营销和社会科学等领域得到了广泛应用。

在多变量实验设计中，研究者可以操控多个自变量，观察它们对一个或多个因变量的独立作用以及交互作用。常见的设计类型包括多因素实验设计（研究多个自变量，如 2×2 设计表示两个自变量，每个自变量有两个水平）、多因变量实验设计（同时考察多个因变量的变化）以及多因素与多因变量的混合设计（同时操控多个自变量并测量多个因变量）。此外，高阶交互作用（如三因子交互）也可以通过多变量实验设计进行分析。多变量实验设计的优势在于能够高效地研究复杂情境下变量间的交互作用，并减少实验次数和资源浪费。然而，其实施过程也较为复杂，对研究者提出了更高的要求，包括实验设计的合理性、样本量的计算、统计分析方法的选择（如多元方差分析或结构方程建模）以及结果的科学解释。

在管理学研究中，实验研究具有如下优点：第一，实验研究可以严谨地检验自变量与因变量的因果关系。因为实验研究可以通过对其他条件的控制使自变量发挥的作用独立出来以判断自变量与因变量之间有多大程度的因果关系。第二，实验研究方法可控性较强。为了验证变量之间的因果关系，实验研究需要对其他因素进行严格的控制，以确保实验研究得出的因果关系比较干净。第三，实验研究的可重复检验性较强。因为实验研究设计的过程通常都会有比较清晰的交代，这就为实验研究的复制提供了可能，有助于进一步检验研究结论的有效性。但实验研究方法也存在着一定的不足，例如，研究结论往往都是在较为理想的情况下得出的，而现实情况往往错综复杂，因此实验研究的外部效度问题常常受到质疑。尽管如此，作为检验因果关系最为严谨的方法，实验研究在管理学研究中仍然得到了大量运用。

近年来，实验研究方法在旅游领域中的应用越来越广泛。在旅游幸福研究领域，学者们开始用实验方法深入地剖析旅游活动与幸福感的内在规律，从而进一步拓展与深化现有研究。例如，粟等（Su et al.，2021）采用实验法验证了旅游活动类型对于旅游体验分享类型的影响，其中实现幸福感和享乐幸福感是产生这一影响的双路径中介机制，并且当考虑旅游者外出旅游的社交情境时，实现幸福感与享乐幸福感在不同的旅游活动类型中均能相互转化，且转化的方向因社交情境的变化而不同。有学者通过两个实验探索不同类型的环境体验与主观幸福感的关系时发现，相较于城市公园，国家公园产生了更高的主观幸福感，感知恢复在其中发挥了中介作用（Zhang et al.，2023）。吕兴洋等（2023）采用三个现场实验验证了过往旅游经历对老年人心理的疗愈作用，研究表明回忆过往旅游经历一方面可以通过提升积极情绪增强老年人当下幸福感；另一方面可以通过提升存在意义感增强老年人回溯幸福感，对老年心理具有疗愈作用，并且相较于回忆过往生活经历，回忆过往旅游经历的治愈效果更好。

2.2.2.5 二手数据法

本书中部分研究也用到二手数据法（secondary data analysis），即利用他人已收集和整理好的数据进行研究分析的一种方法。二手数据通常由政府机构、学术机构、商业组织或其他研究者收集并公开，用于满足研究需求、辅助决策或验证理论假设。与一手数据法相比，二手数据法不需要研究者亲自设计研究或进行数据采集，而是基于现有数据展开分析，从而节省时间和资源（苏敬勤，2013）。

二手数据的获取来源非常广泛且多样化，涵盖了从政府机构到私人组织的多个领域，每种来源都有其独特的特点和应用场景。首先，政府和公共机构是二手数据最为常见的来源之一，它们通常提供权威性高、覆盖范围广的数据。例如，人口普查数据、经济统计数据、社会发展报告、环境监测数据等，皆由政府部门定期收集和发布。这些数据可信度高且适用范围广，适合用于研究人口分布、经济增长、政策效果等领域。国际组织如联合国、世界银行和国际货币基金组织也会提供全球范围的数据资源，特别适合跨文化和国际比较研究。其次，学术数据库是研究人员获取二手数据的重要工具，通常包含经过严格审核的研究数据和调查数据。例如，校际社会科学数据共享联盟（ICPSR）和皮尤研究中心（Pew Research Center）等平台提供的社会调查数据，能够支持社会学、心理学和政治学等学科的理论验证和实证分析。再次，学术期刊数据库如 Web of Science（WOS）、中国知网（CNKI），也常包含研究者用于验证理论或开发模型的原始数据，这些数据经过整理后常被用作二手数据使用。商业和市场数据是二手数据的另一大重要来源，尤其是在市场营销和消费者行为研究中。这类数据由市场研究公司或企业提供，例如尼尔森（Nielsen）、欧睿国际（Euromonitor）或 IRI 数据公司，它们提供消费者购买行为、品牌偏好、广告效果等详细信息。商业数据往往价格较高，但其细致的分类和高商业价值使其成为营销领域的重要资源。此外，企业的内部数据（如销售记录和客户反馈）在某些研究中也具有重要意义。此外，开放数据平台近年来成为研究者获取数据的便捷渠道。例如，谷歌数据集搜索（Google Dataset Search）、卡歌网（Kaggle）和其他开放数据平台提供了大量来自多领域的数据集，包括社会科学、环境科学、技术研究等。这些平台降低了数据获取的门槛，方便研究者快速找到符合需求的数据集，同时也促进了数据的共享和再利用。最后，社交媒体和在线平台提供的用户生成数据也是一个重要的二手数据来源。通过平台如微博、推特（Twitter）、脸书（Facebook）或猫途鹰（TripAdvisor），研究者可以获取用户的文本、图片、视频等非结构化数据。这类数据适合用于情感分析、趋势预测和行为模式研究，尤其是在旅游、营销和传播学领域。社交媒体数据的实时性和丰富性使其成为研究热点，但研究者需要处理数据的伦理和隐私问题。

  作为学术研究和实践应用中常用的工具，二手数据法具有如下优点：第一，二手数据法能够显著节省时间和成本。研究者不需要从头开始收集数据，避免了数据采集的时间和资源投入，尤其对于大规模的调查或长期研究来说，使用二手数据能够显著提高研究效率。这意味着研究者可以专注于数据分析和理论构建，而不必耗费大量的时间和资金进行数据采集。第二，二手数据法通常能提供大样本和广泛的覆盖范围。二手数据集多由政府、国际组织或大型市场研究机构收集，覆盖了广泛的地区、群体和时间段。例如，人口普查数据、全国性经济统计数据等通常具有较大的样本量，能够为研究提供广泛的代表性，提高研究结果的外部效度。此外，二手数据法使得研究者能够获取以前难以采集的数据，特别是在研究需要历史数据或长期趋势的情况下，二手数据无疑是最好的选择。第三，二手数据法能够支持回顾性研究。许多社会现象和经济趋势是逐渐发展的，而二手数据往往涵盖了这些长时间跨度的数据，使研究者可以进行纵向分析，研究特定现象的发展轨迹和历史演变。例如，研究者可以通过历史经济数据、健康记录等数据分析某一现象随时间的变化，了解其原因和趋势，这对于探索社会现象的长期发展模式具有重要意义。第四，二手数据法还能够提供多维度的数据支持。许多二手数据集涉及多个维度的变量，如人口数据、社会经济指标、环境数据等，能够支持多变量分析，使得研究者能够从多角度分析研究问题。这种多维度的数据结构有助于建立更全面的理论模型，探索多个因素之间的关系和交互作用。

在应用二手数据进行研究分析时，研究者需要特别注意数据的适用性、质量、来源、时效性和伦理问题。首先，数据的适用性是关键，研究者必须确保二手数据与研究问题和目标相符，避免因数据不匹配而导致结论的偏差。其次，数据质量必须经过严格评估，研究者需要检查数据的准确性、完整性和一致性，确保没有测量误差或缺失值，否则可能会影响研究的有效性。此外，数据来源的可靠性也至关重要，研究者应选择来自政府、学术机构或权威市场研究公司的数据，避免使用未经验证或来源不明确的数据。时效性也是一个不容忽视的因素，尤其在快速变化的领域（如科技、经济等），过时的数据可能无法准确反映当前的趋势或实际情况。最后，伦理问题不可忽视，使用二手数据时，研究者应尊重数据的隐私性和保密性，特别是在涉及个人信息和敏感数据时，确保符合相关法律法规和伦理规范。总之，二手数据法虽具备许多优势，但在使用时，研究者必须谨慎处理上述问题，以确保研究结果的可靠性和科学性。

第3章 个体视角下的环境责任行为

在旅游业迅猛发展的背景下，旅游活动对生态环境的影响日益凸显。在此形势下，聚焦于个体视角的旅游者环境责任行为研究，已成为学术界与产业界关注的重点议题，这对推动旅游业可持续发展具有重要的理论和实践意义。个体视角的研究着重剖析旅游者在旅游过程中的行为决策机制及其环境责任担当，通过深入分析旅游者个体的认知、态度和行为，揭示其环境责任行为的内在动因。通过深度分析相关文献发现，现有研究主要基于规范激活理论和计划行为理论，从个体层面系统探究了旅游者环境责任行为的影响因素及其作用机制，并构建了相应的理论整合模型，为理解和引导旅游者环境责任行为提供了重要的理论支撑。

本章从个体视角出发，对旅游者环境责任行为的理论与实证研究进行了系统梳理与分析。理论部分主要基于现有文献，梳理相关理论在个体层面的起源、发展及关键变量，对规范激活理论和计划行为理论的核心概念展开阐释；实证部分则通过实证研究，揭示个体层面影响因素与行为之间的作用机制，探讨结果意识等变量在个体层面如何影响旅游者的环境态度和环境责任行为。旨在助力读者深入理解个体旅游者环境责任行为的本质，为后续从个体视角开展的相关研究与旅游管理实践提供理论依据和实践指导。

3.1 个体内在信念规范对旅游者环境责任行为的影响因素及作用机制

在全球环境变化和可持续发展目标日益受到关注的背景下，旅游业的环境责任问题成为学界和业界共同关注的焦点。旅游业不仅是全球经济的重要组成部分，同时也对生态环境产生深远影响。旅游者在旅游活动中的行为选择直接影响旅游目的地的环境质量，因此，研究旅游者的环境责任行为具有重要的理论和实践意义。近年来，环境心理学、行为经济学和社会心理学等学科的研究表明，个体的环境责任行为受到多重因素的影响，包括个体的信念、态度、规范意识和感知行为控制等因素（Ajzen，1991；Schwartz，1977；Stern，2000）。现有的理论框架主要包括规范激活理论（norm activation model）、计划行为理论（theory of planned behavior）和价值观—信念—规范理论（value - belief - norm theory）等。规范激活理论强调个体的道德责任感和内在规范在亲环境行为中的作用（Schwartz，1977），而计划行为理论则聚焦于个体对环境行为的态度、主观规范和行为控制感知（Ajzen，1991）。此外，价值观—信念—规范理论通过整合环境价值观、信念和个人规范的作用，进一步阐释了个体如何通过内在道德规范驱动环境行为（Stern，2000）。这些理论为理解个体的环境责任行为提供了宝贵的理论视角。

尽管现有研究在解释环境责任行为方面取得了重要进展，但仍存在若干不足，尤其是在旅游者群体的研究上。首先，研究大多聚焦于企业与组织管理层面（如企业制度、企业员工等），而针对旅游者群体的研究仍较为有限（沈弋、徐光华、王正艳，2014；田虹和姜春源，2021）。然而，旅游目的地的可持续发展高度依赖于对环境的有效保护，旅游者的环境责任行为在其中发挥着至关重要的作用。研究表明，旅游者在旅游活动中的环境责任行为可能与其日常生活中的行为存在显著差异。例如，在旅游情境下，个体可能因"外部归因"偏差而低估自身的环境责任（Venhoeven，Bolderdijk & Steg，2013）。因此，从旅游情境的独特性出发，深入探讨旅游者环境责任行为的形成机制具有重要的理论和实践价值。其次，尽管现有研究分别采用不同理论框架来解释旅游者环境责任行为的影响机制，但这些研究大多是基于单一理论视角展开，缺乏对不同理论的系统整合，尚未形成统一的理论框架来全面解析旅游者环境责任行为的驱动因素及作用机制。

鉴于本节研究的重要性及现有研究的不足，本书将基于计划行为理论以及规范激活理论等，综合性构建整合研究框架，以系统探讨个体视角下旅游者环境责任行为的影响因素及其作用机制。本书拟构建的整合模型将为个体视角下旅游者环境责任行为的影响机制提出四个可行的理论路径，基于实证研究方法，通过问卷调查收集数据，并采用结构方程模型进行分析，从而分别探明结果意识、行为信念、规范信念和控制信念等旅游者心理因素对其环境责任行为影响作用机制。本书将深化对个体视角下旅游者环境责任行为的理论认知，同时也能为政府、旅游企业和目的地管理者提供实证依据，以制定更有效的环境管理政策和行为引导策略，推动旅游业的可持续发展。

3.1.1 文献综述与概念界定

3.1.1.1 结果意识

结果意识的概念来源于规范激活理论，施瓦茨（Schwartz，1977）基于利他主义视角的研究发现个体实施利他行为的动力来自其内在价值体系，助人行为的动力是内部价值观和规范的激活所形成的道德义务感（个体规范）。施瓦茨认为结果意识和责任归因是个人规范激活的两个前提条件，个人规范进一步影响行为意向。结果意识代表个体对自己行为后果严重性的意识程度。责任归属代表个体对于不良行为后果的责任感，有些人在发生不良后果时会将责任归咎于自身，而有些人会将这些责任推卸给其他人或其他某些原因。个人规范是特定情境下个体实施行为的自我期望，是被内化的社会规范，是个体内在的道德义务感。

作为一种个人特质，结果意识（awareness of consequences）指的是个体在决策过程中意识到他人行为潜在后果的一种倾向。这些潜在后果可能是身体上的，也可能是心理上的；可能是抽象的（如会受到伤害），也可能是具体的（如会危及获得加薪的机会）；可能是显而易见的（如会导致手臂摔伤），也可能是较为隐蔽的（如削弱自信心，使其更容易接受他人的看法）。通常结果意识较高的人会了解行为可能造成的广泛和特定的后果，并在做决策时考虑到受影响者的感受。在施瓦茨的规范激活理论中，结果意识指的是个体在多大程度上意识到，如果自己未能采取某种特定的亲社会行为，可能会对他人或其他事物造成负面影响。亲环境行为被认为是亲社会行为，因为亲环境行为也需要人们使其他人受益，而通常在这些行为中没有直接的个人利益（De Groot & Steg，2009）。

结果意识不需要准确感知他人品质的移情能力，一个人如果对自己潜在的行为如何影响他人有了强烈的意识，即使他的感知是错误的，他也有可能激活道德规范。像主观同情一样，交流涉及分享那些可能受到影响的人的主观经验。然而，它的不同之处在于，交流并不一定反映出对社会对象的友好倾向。例如，施虐狂可能清楚自己的行为对他人带来的潜在后果，但他对他人的感情可能是中立的，甚至是敌对的。

在亲环境行为相关的研究中，研究者指出了结果意识的调节作用：只有当个体结果意识强烈的时候，个人规范才会影响他们的垃圾回收行为，结果意识越薄弱，个人规范对具体回收行为的预测力越低。而另外的研究者们则认为结果意识、责任归属与个人规范对个体行为意愿及行为的影响是顺序性的。其中，结果意识是责任归属的前因变量，责任归属是个人规范的前因变量，最终个人规范影响亲社会意向和行为（Chen & Tung，2014；Steg & De Groot，2009）。戴蒙德和卡什亚普（Diamond & Kashyap，1997）在研究中调查了246名校友向母校捐赠的行为，发现校友们对于捐赠的义务感知直接影响了他们的捐赠意愿以及实际的捐赠行为，而结果意识与责任意识对意愿和行为的影响受到个人规范的中介作用。斯蒂格和格鲁特（Steg & De Groot，2009）通过问卷研究，在五种不同行为情境下探讨规范激活模型中各变量之间的关系，五种情境分别是节能政策的接受度、减少私家车使用、出于保护健康目的参与集体行动、抗议建立美沙酮服务站以及献血行为（其中前两种为环保情境）。研究结果表明，仅少数情境下出现变量间的调节作用，且并不具有一致性；而在多数情境下，中介效应得到了验证，责任归属部分中介了结果意识与个人规范的关系，结果意识仍然直接影响个人规范，同时个人规范部分中介了责任归属与亲社会行为意愿的关系，因此责任归属直接或间接与亲社会行为相关。可见，个体对不良后果的意识先于其对责任归属以及个人规范的感知，因而为了促进个体亲社会行为的发生，在关注责任归属或个人规范之前，通过相关政策提升个体的结果意识才是最有效的干预手段。后来，德·格鲁特和斯蒂格（De Groot & Steg，2010）在实验情境下，通过结果意识等变量的操纵，再次验证了先前的结论。

现有文献对于结果意识的测量，大多是在斯蒂格等（Steg et al.，2009）的基础上，根据亲环境行为的具体研究背景进行修改来得到合适的测量量表（De Groot & Steg，2009；De Groot & Steg，2010；Steg et al.，2005）。斯蒂格等（2009）设计出的问卷包含"旅游产业会导致环境污染、气候变化和自然资源枯竭"、"旅游产业可能对陆地和环境造成巨大影响"、"旅游产业会导致环境恶化（如客房、餐饮等排放的废水）"和"旅游产业的保护环境实践活动有助于减少环境退化"四个项目。

3.1.1.2 行为信念

信念是人们根据原有的认识，对某种行为、思想、事物等产生判断并决定是否付诸行动的一种内核活动，是指个体认为某种预期为真的可能性。个体在决定执行或采取行为之前，会产生大量的与行为相关的信念，在计划行为理论中，这些信念可分为行为信念、规范信念和控制信念，分别决定行为态度、主观规范和感知行为控制。2001年，阿米蒂奇和康纳（Armitage & Conner）对这三类信念与其对应的因素之间的相关性进行了研究，认为行为信念解释了行为态度25%的方差变化，规范信念解释了主观规范25%的方差变化，控制信念解释了感知行为控制25%的方差变化。然而，除了这三类信念之外，其他如年龄、性别、经验、智力、人格等内部因素，以及文化背景、语境、信息等外部因素，也会对个体的行为产生影响。不过，这些因素并非直接作用于行为态度、主观规范和感知行为控制，而是通过影响个体所持有的信念来间接发挥作用。最终，这些因素会通过信念的中介作用，影响个体的行为意向。在个体的众多信念中，并非所有信念都能被研究者捕捉到。在特定的环境和时间下，只有少部分信念能够被研究者识别和测量。计划行为理论将这些能够被捕捉到的信念称为突显信念。突显信念是计划行为理论中各影响因素——行为态度、主观规范和感知行为控制——的基本认知与情绪基础。可测量的突显信念是计划行为理论调查研究中极为重要的指标，为研究者提供了一个有效的切入点，以深入探究个体行为背后的复杂心理机制。

3.1.1.3 规范信念

规范信念（normative beliefs）是指个体对社会行为的适当性的自我调节信念，是个体对于是否接受某种行为的自我认知。它是一种社会认知图式，即个体相信大部分的人都认为其应该采取某些行为。关于规范信念，现有研究从个体行为的可接受性和出现频率两个角度给予了不同的定义：描述性规范信念（descriptive normative beliefs）以个体行为出现频率为出发点，指在日常学习和生活中出现的典型行为；指令性规范信念（injunctive normative beliefs）是个体关于某种行为可接受与否、正确与否的经验认知，能作用于个体的情绪反应，激发个体认知系统中相应行为模式的提取和应用，帮助管理个体行为，规范性信念广泛存在于多种社会行为中。

个人自觉指的是个体对自己参与环境责任行为的主观认同，以及从事个人或组织性环保活动的意愿。其中，群体支持的强度是一个重要的参考因素，支持的操作性定义包括：信息性的支持，如提供参考书籍或人力上的支援；意见上的支持，如提供建议或评论；情感上的支持，如微笑、鼓励和赞许。本书引用班贝克（Bamberg，2003）的研究报告，共设计成三个问题项目，分别为"在旅游中，您的家人（亲戚）认为您应该保护环境""在旅游中，您的朋友认为您应该保护环境"以及"在旅游中，您的同事认为您应该保护环境"。

3.1.1.4 控制信念

最早对控制信念进行界定和分类的是美国心理学家罗特（Rotter，1966），他在20世纪60年代提出了"控制点"（locus of control）的概念，来说明人们对生活事件发生的可控性及控制因素的不同看法：那些相信自己能够控制行动后果的人被称为"内控者"。他们认为事情成败取决于自己的努力；而那些"外控"信念较强的个体则认为自己无法控制事情的成功与失败，起决定作用的是运气、机遇或者有势力的他人等外部因素。罗特的"控制点"理论强调的只是"初级控制"（primary control），即个体无论依靠自己还是求助他人或期望机遇，其控制目标都是要改变外部世界（如他人、环境和事件）来满足自身需要。20世纪80年代后，研究者逐渐认识到，面对生活事件人们除了初级控制之外，还可能将努力控制的目标指向自己，通过改变自身的认知、情绪或者行为来应对事件对自己的影响（Rothbaum，Weisz & Snyder，1982）。因此，他们在原来的初级控制的基础上又提出了"二级控制"的概念。二级控制（secondary control）指个体通过调整自身的认知、情绪和行为以适应外部世界及外界对自身的影响，可进一步划分为认知控制（尽量通过合理的认知解释，看到事件的积极意义）和情感控制（情感控制指从情感体验上接受现实及影响）。新加坡学者还编制了相应的工具——初级控制和二级控制量表（primary and secondary control scale，PSCS）来测量控制信念（Chany，Chua & Toh，1997）。该量表被认为更适合测量亚洲文化中个体的控制信念，因为在很多学者看来，亚洲文化不强调自治，而看重对环境的理解和适应。最近，我国学者根据中国文化背景对该量表进行了修订并进一步将初级控制明确划分为直接控制（通过自己的能力和努力直接应对事件）和间接控制（通过寻求他人或外界的帮助来解决问题）。因此，控制信念量表中文版共包括四个维度：直接控制、间接控制、认知控制和情感控制，目前该量表已经被用于测量我国普通高中与职业高中学生的这四种控制信念（辛自强、赵献梓和郭素然，2008）。在提出控制点概念不久，罗特（Rotter，1971）又提出人际信任概念，即个体可以相信他人或团体的言辞、诺言、口头或书面的陈述的信念。他将人际信任看作一种对非特定他人的普遍信任，因此将其看作类似于人格特质的特性。有关中国人人际信任水平的研究表明，中国人的信任度较高，但自1993年到2002年都处于不断下降的趋势中。

控制信念（control beliefs）是一种认知反应，是个体对应激事件的可控性及对控制因素的理解，正如认知发展理论所言，社会情境引发的情绪认知会作为一种信息源决定并重构主体认知反应。其次，个体控制信念是行为保持的内在因素。此外，学者在发展认知理论时发现，主体对某社会活动的元信念是决定其投入状态的先行因素。(1) 控制信念是一种任务价值信念。期望—价值动机理论认为，人们对某社会行为任务价值的认知水平，可有效预测个体对该行为的投入程度。也就是说，当个体感知到某行为具有较高的任务价值时，便会表现出更积极的参与态度，更好地投入和体验。(2) 控制信念是一种行为意志决策，能够指导意愿并决定主体的行为方式。换言之，青少年对某行为的控制信念越强，越会努力投入该行为活动中。据此推测，控制信念对行为投入具有重要的促进功效。个人对于可能促进或阻碍行为执行的因素信念的主观评量（Ajzen，2002），为了解受访游客对于从事环境保育行动所拥有资源、机会与阻碍多寡的主观评量，本书引用班贝克（Bamberg，2003）、通格莱等（Tonglet et al.，2004）、胡贝尔、赫雷曼和布劳恩斯坦（Huber，Herrmann & Braunstein，2000）的研究报告。

3.1.1.5 环境态度

目前环境态度的公认定义是指"个体对与环境有关的活动和问题所持有的信念、情感及行为意图的集合"（Schultz et al.，2004）。在已有文献中，除了"环境态度"这一概念外，还有"环境关心"（environmental concern）、"环境世界观"（environmental worldview）等概念。

我们可以从"环境"和"态度"的概念出发来理解环境态度的定义。根据环境法,"环境"是指影响人类生存和发展的自然因素的总体,它可以是天然的,也可以是经过人工改造形成的。"态度"是社会心理学的一个概念术语,是主体对某件事物所持赞成或者反对的心理观念,这种观念对主体的行为方式存在一定程度的影响。学者们由于研究领域各异,对于环境态度的定义也有不同解释。科尔穆斯(Kollmuss,2002)将环境态度定义为环境行为主体对某种环境行为所持有的立场和一般倾向,环境态度在某种程度上具有评估和预测环境行为的作用。而目前环境态度最广为接受和使用的定义是,个体对环境问题和相关活动所持有的观念、情感和行为意图。

环境态度虽然能够预测环境行为,但是预测效果为低到中等。主要是因为两种方法上的不足:一是测量不在一个水平上。对环境态度的测量处在一般水平上,而对环境行为的测量则是针对具体的环境行为。二是缺少对影响环境行为的情境因素的考虑。针对以上两种方法的不足,研究者提出了两种不同的观点。一种观点认为测量针对具体环境行为的态度来取代一般环境态度。但此观点行不通。因为一般态度具有不受情境改变的功能,受到了心理学的高度重视,所以会用它来同时预测多种行为,而具体环境态度不具有这样的功能(Bamberg & Möser,2007)。另一种观点认为情境因素影响着环境态度与环境行为的关系。这种观点得到了一些研究的支持,如计划行为理论。理论认为行为意向直接作用于行为,行为态度、主观规范和知觉行为控制是决定行为意向的三个主要变量。这一理论框架为人们理解环境态度和环境行为的关系提供了一个新的视角:态度不是行为的直接决定因素,而是间接地影响着行为。但是该模型用于解释环境态度和环境行为关系时同样存在着问题,模型中的态度仅仅是针对某种具体行为的态度,而以往环境态度的测量结果都是指人们对环境问题一般的态度。

国内外学者在各项环境行为研究过程中都会针对主题、具体研究对象设计一套指标体系,大部分学者采用李克特量表,设计相应问题进行问卷调研或面对面采访的方法测评受访者的环境态度。国外学者关于环境态度测量方法的研究,可分为两个类别。第一,论证、引用或者改进新生态范式量表(NEP)。继邓拉普(Dunlap)设计出 NEP 量表之后几十年内,国外学者相继引用该量表,针对不同国家和地区、不同民族和种族,以及不同人口特征的对象进行了信度和效度的检验,且检验结果都在学者研究的可接受范围内。国外还有其他学者根据研究领域的特殊性,使用其他具体的环境论点来测试受访者的环境态度。第二，根据研究对象的特殊性，重新设计环境态度测量量表，将环境态度视为影响生态行为的强大因子（Kaiser et al., 1999），通过因子分析方法将环境态度分为环境知识、环境价值观以及生态行为倾向三个维度，研究设计了28个题项，包括10个环境知识测量项目，7个环境价值测量项目和11个生态行为倾向测量项目，结果证明个体环境态度对环境行为有高百分比的预测作用。

国内对环境态度测量方法研究相对较晚，学者们在研究中一般使用李克特五级量表来测量研究对象的环境态度，测量内容也分为两类。第一类，引用或者参考NEP量表。余晓婷（2015）在研究中国台湾人民环境行为驱动因素时，采用邓拉普的NEP量表测量法，将环境态度分为"人类中心"和"生态中心"两个维度。李燕琴（2009）在构建生态旅游者培育模型的研究中，在测量游客环境态度的研究中借鉴了卢萨尔（Luzar）的改进的新生态范式尺度。程占红和牛莉芹（2016）以芦芽山自然保护区游客为研究对象，研究持有不同环境态度的旅游者对景区管理方式的接受程度。该研究在借鉴卢萨尔所构建的"新生态范式尺度"的基础上，结合研究区域实际情况，构建了有关生态平衡、人与自然和谐相处等相关论点的10个指标项，以衡量游客的环境态度，并且将游客划分为严格环保型、一般环保型、偶尔环保型和自然享受型四种类型。第二类，根据研究主题的特殊性，采用李克特五级量表的计算方法，重新定义研究对象的环境态度，将其划分为不同的维度。例如，祁秋寅等（2009）在自然遗产地游客环境态度与环境行为倾向的相关性研究中，结合九寨沟的实际情况，设计了11个有关生态环境保护问题，并采用李克特五级量表测量游客的环境态度，通过因子分析将态度归因于环境情感、环境责任、环境认知和环境道德四个维度。彭晓玲（2010）以湖南武陵源景区为案例地，探索了游客的环境态度对其环境行为的影响。考虑到案例地的自然遗产属性以及地处拥有独特民族文化的湘西，作者从承担环境责任、人与生态的关系、游客行为意愿和居民福祉的角度出发设计了15道环境态度测量题目，通过聚类分析将不同环境态度的游客分为生态观光、严格生态旅游和一般生态旅游三种类型。

最常用的环境态度测量量表之一是马洛尼和沃德（Maloney & Ward, 1973）的生态量表（Dunlap & Jones, 2002）。马洛尼和沃德提出了一个基于经典三个方面态度理论的量表，用以区分情感、认知和交往反应（Rosenberg & Hovland，1960）。此量表中，态度的情感方面涉及对环境状态的情感反应（如恐惧、愤怒或希望）。态度的认知元素指的是对实际存在的环境问题的理性洞察，而"对话面"则反映了整体行动趋势（相对于具体行为而言）。许多研究人员强调态度的可评估性，其中，情感部分是一个主要因素——"态度表达激情和恨，吸引力和厌恶，喜欢和不喜欢"（Eagly & Chaiken, 1998）。遵循相容性原则（Ajzen & Fishbein, 1977），一般态度和行为之间的相关性相对较弱（Bamberg, 2003）。

3.1.1.6 主观规范

主观规范是指个人对于是否采取某项特定行为所感受到的社会压力，即在预测他人行为时，那些对个人的行为决策具有影响力的个人或团体对于个人是否采取某项特定行为所发挥的影响作用的大小。主观规范受到规范信念和顺从动机的影响。主观规范的测量项目包括指令性规范和描述性规范。

自计划行为理论提出以来，其在行为预测和干预领域的广泛应用获得了诸多肯定，但也引发了众多研究者的质疑与讨论。这些质疑促使学者们不断对其进行深入研究，从而丰富和拓展了该理论的内涵。有学者认为计划行为理论中对主观规范的定义不能很好地反映社会对个人的影响（Sheeran & Orbell, 1999），指出主观规范的定义有待重新考证。也有研究发现，将示范性规范引入到主观规范对行为意向的关系研究后，明显提高了理论的解释力（Rivis & Sheeran, 2003）。许多学者研究发现知觉行为控制的测量项目分布在两个因素上，反映内部控制信念和外部控制信念，但是部分学者提出将知觉行为控制拆分为两个部分并没有理论依据，甚至会导致理论的退步（Rhodes & Courneya, 2003）。另有一些学者尝试在理论模型中新增变量，通过分析发现行为经验对行为意向以及行为存在直接影响（Conner & Armitage, 1998），其他学者的研究也支持经验对行为意向以及行为存在直接影响（Bamberg & Ajzen, 2003）。

为了了解受访游客对其执行环境保护行为的认同程度以及他们认为自觉重要的参考群体的影响，本书引用韩等（Han et al., 2016）的研究量表并加以本土化修改，设计成三个主观规范问题题项，分别为"对您很重要的人多数都认为您应该采取环境责任旅行""对您很重要的人多数都希望您采取环境责任旅行""那些您认为意见重要的人希望您采取环境责任旅行行为"。问卷设计采用李克特七级量表为衡量工具，受访者选择的分数选项分别为7、6、5、4、3、2、1，选项可以作为值标记，借以了解游客自觉重要的参考群体对环境责任行为的认同程度。在本书中，主观规范量表的内部一致性系数α为0.913。

3.1.1.7 责任归因

责任归因是指"对不亲社会行为的负面后果的责任感"（De Groot & Steg，2009）。对后果的意识可以定义为"人们意识到不采取亲社会行为，而忽视对他人或其他重要价值造成不利后果的程度"（Steg & De Groot，2010）。在规范激活框架内，个人对后果的认识建立了责任归因，责任归因会进一步影响个人规范，同时，个人规范反过来决定了亲社会的意图或行为（即后果意识→责任归因→个人规范→亲环境意图或行为）（Onwezen et al.，2013；Schwartz，1977；Stern et al.，1999）。

在测量责任归因时，哈兰等（Harland et al.，2007）用了如下两个题项："未随手关闭水龙头的人应当为自己的行为对环境造成的后果负责"和"未随手关闭水龙头的人不必为自己的行为后果负责"。韩等（Han et al.，2016）设计了三项关于旅游者责任归因的量表题项，分别是："每位旅游者应该部分对旅游业导致的环境问题负责""每位旅游者应共同对旅游导致的环境恶化负责"和"每位旅游者必须对旅游产生的环境问题负责"。其关于旅游者责任归因这一构念的组合信度为0.945，大于福尔纳尔和拉克尔（Fornell & Larcker，1981）提出的指示可靠性的阈值，确保了责任归因构念中三个题项的内部一致性（Hair et al.，1998）。因此，本书选择了韩等（2016）设计的关于旅游者责任归因的三道量表题项。

3.1.1.8 道德规范

施瓦茨（Schwartz，1977）所提出的NAM模型从理论层面揭示了道德规范对某一特定行为的影响。NAM模型被广泛应用在利他性行为、亲社会行为、亲环境行为等领域，历经40余年，至今热度不减。施瓦茨认为个人规范（personal norm）是指个体在参与亲社会行为过程中所感知到的道德责任。阿耶兹（Ajzen，1991）将道德规范定义为个体在实施或拒绝实施某一特定行为时所感知到的道德责任。胡兵等（2014）认为个人规范可等同于道德规范，并将其定义为游客在节约资源、减少碳排放、保护环境等方面表现出的道德感与责任感。张玉玲等（2014）将个人规范定义为实施或减少某一特殊行动的道德规范。这些研究表明，道德规范、个人规范及感知道德责任三者的概念内涵是高度一致的。基于此，在出境旅游情境下，道德规范是指出境游客在决策是否实施文明旅游行为时所感知到的责任感与道德感。相比主观规范而言，道德规范反映的是个体给自己的压力，是一种基于道德判断的内化价值观（Yazdanpanah & Forouzani，2015），是个体对某一特定行为本质好坏的信念（Fornara et al.，2016）。除了NAM模型，斯特恩所提出的价值观—信念—规范理论（value belief norm theory，VBN）也揭示了道德规范对某一特定行为的影响，并已得到实证检验（Fornara et al.，2016；Van et al.，2014）为一个潜在的拓展变量，阿耶兹（Ajzen，1991）认为道德规范将会与主观规范、行为态度及感知行为控制一样，能影响行为意向。事实上，在TPB拓展模型中，已有不少研究证实：道德规范是驱动个体行为的有效预测变量。具体而言，道德规范对某一特定行为意向的驱动作用，主要涉及城市公园保护费支付意向（López-Mosquera，2016）、有机食品购买意向（Yazdanpanah & Forouzani，2015）、绿色能源使用意向（Fornara，2016）、循环利用行为意向（Botetzagias，2015）、电子垃圾回收意向（Dixit，2016）等方面。

3.1.1.9 感知行为控制

邱宏亮（2017）综合已有研究，在出境旅游背景下定义感知行为控制（perceived behavioral control）为出境游客所感知到的实施文明旅游行为的难易程度，即当旅游者感知行为控制程度越高，其实施文明旅游行为的感知难度越低。卡夫等（Kraft et al.，2005）提出感知行为控制的意思是指一个人所感知到的对达成某一行为的容易与困难的程度，其包含行动执行主体内部与外部两个方面的感知因素，其中内部因素主要指技能、知识、信息识别与获取能力等；外部的感知因素主要涉及时间、与他人的合作、成本等方面。消费者具备越低的感知行为控制，则表明消费者所感知到的不可控因素越多，实现某种行为也就越困难，反之亦然。巴戈齐等（Bagozzi et al.，2003）则将感知行为控制描述为"决策者对执行决策制定过程中所选择的行为的控制感"。在目标导向理论中，感知行为控制反映了个体参与特定行为的原因（Perugini & Bagozzi，2001，2004）。阿耶兹（Ajzen，1991）将感知行为控制变量引入到了传统的合理行为理论中,认为行为意向不仅受到行为态度和主观规范的影响,还同时受到来自非意愿控制的变量,即感知行为控制的影响。

3.1.2 研究假设与研究模型

3.1.2.1 旅游者结果意识与责任归因的关系

规范激活理论自施瓦茨在1977年提出后就得到广泛运用,该理论认为结果意识、责任归因和个人规范是影响人的行为的主要方面,其中,结果意识是指个体对不实施某一行为可能会带来的不良后果的认知,责任归因是指个体认为其对不实施某一行为所造成的不良后果负有责任,个人规范是指个体对自身责任与义务的认知。在国外,埃布雷奥(Ebreo,2003)等运用规范激活理论对美国伊利诺伊州居民的废物减少行为进行了分析,数据显示责任归因及其与个人规范的互动是受访者废物减少行为的重要预测因素。班贝克(Bamberg,2007)等通过规范激活模型对德国居民的公共交通使用行为进行了预测,得出个人规范是居民公共交通使用意图的重要预测因子。在国内,吕荣胜等(2016)基于规范激活理论研究了公众的节能行为,得出不节能危害的后果认知和责任归因可正向影响公众的节能个人规范,并在此基础上激发公众实施节能行为。张琰等(2017)在规范激活理论的基础上对航空旅行者碳补偿支付意愿的影响因素进行了分析,结果表明,责任意识可正向影响航空旅行者环保个人规范,并进一步提升其碳补偿支付意愿。郑君君等(2017)基于规范激活理论对公众环保参与行为的影响因素进行研究,得出责任归因和后果意识可激活公众的个人规范进而增强公众对环保的参与程度。由此,提出如下假设:

H1:结果意识对旅游者责任归因有显著正向影响。

3.1.2.2 旅游者行为信念与责任归因、环境态度的关系

斯特恩(Stern,2000)综合斯特恩(Stern,1994)提出的价值理论、施瓦茨(Schwartz,1970)提出的规范—激活理论(norm activation)、邓拉普和范·利尔(Dunlap & Van Liere,1978)提出的新环境范式理论(new environment paradigm,NEP),提出了价值观—信念—规范理论(value belief norm theory，VBN），构建了与环境相关的价值观、信念和个人规范依次对环境行为产生响应的顺序因果模型，从包括利己、利他和生态三类一般价值观出发，依次通过由 NEP、负面行为后果认知、降低后果威胁能力感知构成的信念，从而激活个体规范，产生实施亲环境行为的责任感，最终导致不同类型个体环境行为的发生。该研究首次明确了环境价值观的类型和作用，拓宽了环境行为的研究视野，并在诸多后续研究中得到了验证（Nordlund & Garvill，2003；Scherbaum et al.，2008；Steg et al.，2005）。在行为信念对责任归因的影响关系中，姬旺华等（2014）在大学生助人意愿中研究了公共社会信念与责任归因的关系，证实了个人公正信念可以通过责任归因影响大学生助人意愿；喻丰和许丽颖（2019）在道德责任归因的论述中认为人们对自由意志的信念会显著影响其对道德责任的判断，如果人们对自由意志抱有极大的信念，相信自己和他人能够自由地选择行为，那么行为后果所带来的道德责任自然也就毋庸置疑。

计划行为理论认为个人行为意向由三个重要因素所共同决定：一是属于个人内在因素，采取某项行为的态度；二是属于个人外在因素，影响个人采取某项行为的主观规范；三是属于时间与机会因素，即个体对完成某行为难易程度的知觉行为控制。除此之外，阿耶兹（Ajzen，1991，2002）认为人类行为受行为信念（behavioral beliefs，BB）、规范信念（normative beliefs，NB）与控制信念（control beliefs，CB）所影响。其中，行为信念能产生个体对行为的态度；规范信念会导致个体的主观规范；而控制信念则形成个体的行为控制知觉（perceived belief control，PBC）。个体在决定行为意向时会获取相关的行为信念，这些信念是行为态度、主观规范和知觉行为控制的认知基础。态度是心理学理论中的一个重要的概念，态度分为个体对行为所持有的态度和对标的物所持有的态度，对标的物所持的态度与行为之间并无直接的关系，因此计划行为理论中的行为态度是指个体对某一行为本身所持有的态度受到行为信念的影响。由此，提出以下假设：

H2：行为信念对旅游者责任归因有显著正向影响。

H3：行为信念对旅游者环境态度有显著正向影响。

3.1.2.3 旅游者规范信念与道德规范、主观规范的关系

美国学者菲什拜因（Fishbein）和阿耶兹（Ajzen）于 1975 年提出了理性

行为理论,其目的是用来解释和预测用户接受某种技术的行为过程。TRA 理论认为:行为意向受态度和主观规范两个方面正向影响,决定了实际行动,主观规范受规范信念的影响。主观规范属于社会心理学的范畴,从心理学的角度,群体中的意见领袖或群体中多数人的行为和态度,会对群体中的个体产生一种心理上的压力,进而影响其行为,这种心理上的压力就被称为"主观规范"。根据 TRA 理论,主观规范是指人们对于是否进行某项行为的社会压力认知,是指人们感受到的外界环境的行为标准、规范和期望,并以顺从这些压力或期望为其行为准则。菲什拜因认为,主观规范是指个体对参考群体期望其行为决策方式的整体性认知。旅游者主观规范受规范信念和顺从动机的影响,其中规范信念是指个体预期到旅游者重要参考群体对其是否执行某项行为的期望。由此,提出如下假设:

H4:规范信念对旅游者道德规范有显著正向影响。

H5:规范信念对旅游者主观规范有显著正向影响。

3.1.2.4 旅游者控制信念与感知行为控制的关系

最早对控制信念进行界定和分类的是美国心理学家罗特(Rotter,1966),他在 20 世纪 60 年代提出了"控制点"(locus of control)概念来说明人们对生活事件发生的可控性及控制因素的不同看法。那些相信自己能够控制行动后果的人被称为"内控者",他们认为事情成败取决于自己的努力;而那些"外控"信念较强的个体则认为自己无法控制事情的成功与失败,起决定作用的是运气、机遇或者他人等外部因素。罗特的"控制点"理论主要强调"初级控制"(primary control),即个体无论是依靠自己还是求助他人、期望机遇,其控制目标都是要改变外部世界(如他人、环境和事件)来满足自身需要。20 世纪 80 年代,罗斯鲍姆、韦斯和斯奈德(Rothbaum, Weisz & Snyder, 1982)逐渐认识到,面对生活事件,人们除了初级控制之外,还可能将努力控制的目标转向自己,通过改变自身的认知、情绪或者行为来应对事件对自己的影响。因此,他们在初级控制的基础上又提出了"二级控制"(secondary control)的概念。二级控制指个体通过调整自身的认知、情绪和行为以适应外部世界及外界对自身的影响,可进一步划分为认知控制和情感控制,认知控制即通过合理的认知解释尽量看到事件的积极意义,情感控制指从情感体验上接受现实及其影响。

巴戈齐等（2003）将感知行为控制描述为"决策者对执行决策制定过程中所选择的行为的控制感知"。在目标导向理论中，感知行为控制反映了个体参与特定行为的原因（Perugini & Bagozzi，2001，2004）。阿耶兹（1991；2002）认为个体的控制信念将用于形成个体感知行为控制（perceived behavioral control，PBC）。他将个体的控制信念与其感知行为控制联系起来，并提出感知行为控制由控制信念和知觉强度共同决定，其中知觉强度是个体感知到这些因素对行为的影响程度。由此，提出如下假设：

H6：控制信念对旅游者感知行为控制有显著正向影响。

3.1.2.5 旅游者责任归因与道德规范的关系

基于上述对道德规范理论的研究基础，朱贻庭（2002）表示道德规范是对人们的道德行为和道德关系的普遍规律的反映和概括，是社会规范的一种形式，是从一定社会或阶级利益出发，用以调整人与人之间利益关系的行为准则，也是判断、评价人们行为善恶的标准。道德规范在人们社会生活的实践中逐步形成，是社会发展的客观要求和人们主观认识相统一的产物。高兆明（2009）表示，在伦理学中，道德责任有两个方面的理解：其一，职责义务担当。行为主体应当履行道德义务和职责，旨在揭示自由意志行为者应当做些什么。此意义上的责任概念与义务概念大致相当。其二，行为后果担当。自由意志行为主体对自身行为及其结果负责，旨在揭示自由意志行为者应当且在何种意义上对自己行为及其结果负责。应当做什么与对行为后果的评价，构成了道德责任概念的两个不同方面（Ajzen，1991；Chen，2014；胡兵等，2014）。由此，提出如下假设：

H7：责任归因对旅游者道德规范有显著正向影响。

3.1.2.6 旅游者道德规范与环境态度的关系

许多关于道德规范的研究为道德规范在各种环境下与亲环境决策和行为关系的重要性提供了有力的支持（Han，2015；Steg & De Groot，2010；Zhang et al.，2013）。同时，多项研究共同证实道德规范与亲环境意图或行为密切相关，且验证了对后果的认识和责任归因调节了道德规范与亲社会意图或行为之间的关系（De Groot & Steg，2009；Hunecke et al.，2001；Steg & De Groot，2010；Zhang et al.，2013）。该研究发现在概念上与施瓦茨（1977）的原始观点保持一致。许多学者断言,当一个人高度意识到不按社会行为的负面后果以及当其对不良后果负有高度责任时,道德规范与亲社会意图或行为之间的关系就特别牢固(De Groot & Steg,2009;Schwartz,1977;Schwartz & Howard,1981)。另外,当个人对道德后果和行为后果的了解不多,承担责任的程度较低时,从道德规范到亲社会意图和行为的联系的强度往往会较低(De Groot & Steg,2009;Schwartz,1977)。因此,道德规范被认为是有利于环境的决策和行为过程的中心概念(Hunecke et al.,2001)。胡内克等(Hunecke et al.,2001)发现,道德规范会促使个体在出行方式选择中采取更具生态意识的行为。有学者在节能行为研究中发现个人规范对节能行为产生积极影响(Zhang et al.,2013)。斯特格和德·格鲁特(Steg & De Groot,2010)研究了亲社会意图的形成。他们发现,一个人的道德规范有助于激发其亲社会行为的意愿。同样,德·格鲁特和斯特格(De Groot & Steg,2009)指出,个人的亲社会意愿是个人规范的重要功能。邱宏亮(2016)通过实证研究发现了道德规范正向影响行为态度。因此,我们可以推断出旅游者道德规范会正向影响其环境态度。由此,提出如下假设:

H8:道德规范对旅游者环境态度有显著正向影响。

3.1.2.7 道德规范与感知行为控制的关系

感知行为控制是个体执行某行为时感知到的难易程度。邱宏亮(2017)基于计划行为理论视角,引入道德规范与地方依恋,构建了出境游客文明旅游行为意向影响机制模型。他以出境游客为研究样本,运用结构方程模型方法探讨了主观规范、行为态度、感知行为控制、道德规范及地方依恋对文明旅游行为意向的具体影响。经过实证检验,其研究结果表明了感知行为控制以及道德规范均通过行为态度间接影响出境游客文明旅游行为意向。韩等(Han et al.,2016)的研究也表明了旅游者道德规范与其感知行为控制共同作用于旅游者的行为意图。在其提出的理论框架中,感知行为控制被假定为欲望的直接预测者,道德规范被认为是预期的情绪和意图的决定因素。因此,我们可以推断出旅游者道德规范会正向影响其感知行为控制。由此,提出如下假设:

H9:道德规范对旅游者感知行为控制有显著正向影响。

3.1.2.8 旅游者道德规范与旅游者环境责任行为的关系

基于道德规范的改进计划行为理论是基于理性判断的个体行为决策理论，即个体行为决策者通过权衡收益与成本得失来确定是否实施某一特定行为。将计划行为理论应用在旅游者环境责任行为的基本研究假设是，出境游客在出境旅游情境下总是基于理性判断的决策选择。但是，正如阿耶兹所言，TPB 模型并不是完美的，在一些具体特定情境下的个体行为决策研究还需要引入其他特定因素加以补充与完善。事实上，个体行为决策过程是由多元动机共同驱动的，而不仅仅基于理性人假设驱动。一方面，鉴于环境责任行为是一种利他性行为，是一种典型的亲环境行为，且考虑到个体行为决策者是依据自身所实施的环境行为是否正确来评估自身环境行为决策，而不是依据权衡收益与成本的得失来确定，那么，旅游者环境责任行为意向决策过程应该被归类到道德范畴而不是经济范畴。可见，在社会人假设前提下，道德规范是驱动出境游客文明旅游行为意向的另一个潜在预测变量。另一方面，有关亲环境行为影响因素的探讨上，李新秀等（2010）认为具体情景下的行为环境态度能够更加准确地预测环境行为。值得注意的是，不同于 TPB 理论中的行为态度，环境态度指的是人们对环境问题的一般态度。这一理论框架为人们理解环境态度和环境行为的关系提供了一个新的视角：态度不是行为的直接决定因素，而是间接影响着行为。因此我们认为环境态度是驱动行为意向的有效预测变量，可以解释与预测行为意向。基于此，将道德规范与环境态度一并纳入 TPB 模型中，对 TPB 模型进行了旅游者环境责任行为情境下的拓展与改进。

阿耶兹（Ajzen，1991）将道德规范定义为个体在实施或拒绝实施某一特定行为时所感知到的道德责任。道德规范作为特殊的文化原则，是要求人们在日常生活中遵循的一种行为准则，对个人的日常行为方式具有潜移默化的引导与约束作用（张玉玲等，2014）。作为一个潜在的拓展变量，阿耶兹（Ajzen，2000）认为道德规范将会与主观规范、行为态度及感知行为控制一样，能影响行为意向。事实上，在 TPB 拓展模型中，已有不少研究证实：道德规范是驱动个体行为的有效预测变量（邱宏亮等，2017；张玉玲等，2014）。具体而言，道德规范对某一特定行为意向的驱动作用，主要涉及城市公园保护费支付意向、绿色酒店消费意向、有机食品购买意向、绿色能源使用意向、循环利用行为意向、资源节约与碳减排行为意向和电子垃圾返还意向等方面。由此，提出如下假设：

H10：道德规范对旅游者环境责任行为有显著正向影响。

3.1.2.9 环境态度与旅游者环境责任行为的关系

计划行为理论是理性行为理论的派生理论，是由阿耶兹（Ajzen，1985）提出的用来解释个人行为决策过程。周玲强等（2014）将行为态度定义为游客对实施文明旅游行为的积极、正向的评价；段文婷和江光荣（2008）则表示行为态度即个体对执行某特定行为喜爱或不喜爱程度的评估。

为了提升理性行为理论的预测能力，阿耶兹在此基础上引入了感知行为控制，进而正式提出了计划行为理论。计划行为理论的理论源头可以追溯到菲什拜因（Fishbein，1963）的多属性态度理论（theory of multiattribute attitude），该理论认为行为态度决定行为意向，预期的行为结果及结果评估又决定行为态度。后来，菲什拜因和阿耶兹（Fishbein & Ajzen，1975）发展了多属性态度理论，提出理性行为理论（theory of reasoned action），理性行为理论认为行为意向是决定行为的直接因素，受行为态度和主观规范的影响。

胡兵等（2014）为揭示旅游者参与低碳旅游意愿的驱动因素和形成机制，检验了低碳旅游情境下行为态度、主观规范和自我效能感对低碳旅游意愿的影响效应，并通过对 512 份样本数据进行结构方程模型分析发现，行为态度和自我效能感对低碳旅游意愿存在正向显著影响，尤其是行为态度的影响力更强烈。韩等（Han et al.，2010）在顾客访问绿色酒店意图中发现，态度对前往绿色酒店住宿的意图产生了积极影响。李（Lee，2015）在调查影响年轻人环保行为信念的研究中发现，年轻人的环保行为信念研究非常适合标准计划行为理论模型的研究。其中，态度、描述性主观规范和对控制的看法做出了独立的贡献。

以上大量关于计划行为理论的相关研究，为人们理解环境态度和环境行为的关系提供了一个新的视角：环境态度是驱动行为意向的有效预测变量，可以解释与预测行为意向。由此，提出如下假设：

H11：环境态度对旅游者环境责任行为有显著正向影响。

3.1.2.10 主观规范与旅游者环境责任行为的关系

主观规范是指个人对于是否采取某项特定行为所感受到的社会压力，即在预测他人行为时，对个人的行为决策具有影响力的个人或团体对于个人是否采取某项特定行为所发挥的影响作用的大小。根据计划行为理论分析框架，主观规范是驱动行为意向的有效预测变量，可以解释与预测行为意向（Ajzen，1991）。希兰和奥贝尔（Sheeran & Orbell，1999）认为计划行为理论中对主观规范的定义不能很好地反映社会对个人的影响，指出主观规范的定义有待重新考证。里维斯和希兰（Rivis & Sheeran，2003）研究发现，将示范性规范引入到主观规范对行为意向的关系研究后，明显提高了计划行为理论的解释力。

邓新明（2012）认为，在有关主观规范与行为态度的关系探讨上，不管是认知失调理论，还是说服理论，都能从理论层面有效解释主观规范对行为态度的影响作用。石晓宁（2013）以杭州居民乡村旅游行为意向为例，证实了个人的主观规范对低碳旅游行为意向有正向显著影响；周玲强等（2014）以西溪湿地为例，实证结果表明：主观规范是驱动行为态度的有效影响因素。由此，提出如下假设：

H12：主观规范对旅游者环境责任行为有显著正向影响。

3.1.2.11 责任归因与旅游者环境责任行为的关系

责任归因会诱导亲环境行为的个人义务，同时个人对环境问题的负面后果的关注对主观规范、感知的行为控制和信念结构有直接影响。对环保型酒店的研究进一步表明，那些意识到环境问题严重性的顾客对绿色消费活动持支持态度，他们在进行绿色消费时会感知到社会压力，并且比那些不太关心环境问题的人更容易感觉到购买绿色产品的便利性。综上所述，个人的责任归因可能会影响其行为规范。即使计划行为的理论在对理性行为的解释上已经有足够的说服力，但加入价值观、结果意识、责任归因和行为规范变量对整个模型的稳健性和解释力都有较大的提高。旅游者行为意向受责任归因、行为态度和感知行为控制直接正向影响；责任感知是基于执行某一行为产生的后果感知，为避免这一后果而采取相应行动或在结果发生时主动承担相应责任。

针对旅游者环境责任行为，责任归因是指旅游者认为其对不实施责任环境行为可能会造成的农业环境问题负有责任，旅游者对不实施亲环境行为的责任归属是其亲环境个人规范形成的前提条件，旅游者对不实施亲环境行为的结果意识越明确，对不实施亲环境行为产生的消极后果的责任归属越强烈，其亲环境个人规范形成的可能性越大，当旅游者的亲环境个人规范被激活后，不采取亲环境行为将可能会使其产生愧疚或自责等负面情绪，进而促使人们在旅行过程中实施亲环境行为。由此，提出如下假设：

H13：责任归因对旅游者环境责任行为有显著正向影响。

3.1.2.12 感知行为控制与旅游者环境责任行为的关系

凯泽（Kaiser，2003）探讨了计划行为理论是否必须放弃感知行为控制对行为有直接影响的观念，通过来自895名瑞士居民的横断面调查数据，借助结构方程模型对假设进行了检验。研究结果表明，感知行为控制是个人绩效的重要直接指标。

卡夫等（Kraft et al.，2005）提出感知行为控制是指一个人所感知到的达成某一行为的难易程度，其包含行动执行主体内部与外部两个方面的感知因素，其中内部因素主要指技能、知识、信息识别与获取能力等；外部的感知因素主要涉及时间、与他人的合作、成本等方面。消费者的感知行为控制越低，则表明消费者所感知到的不可控因素越多，实现某种行为也就越困难，反之亦然。巴戈齐等（Bagozzi et al.，2003）则将感知行为控制描述为"决策者对执行决策制定过程中所选择的行为的控制感"。在目标导向理论中，感知行为控制反映了个体参与特定行为的原因（Perugini & Bagozzi，2001，2004）。

作为人类行为的一种，旅游者环境责任行为的概念最初源于环境心理学的环境责任行为概念。学者们采取多种方法来描述环境责任行为（Lee，2013）。西维克和亨格福德（Sivek & Hungerford，1990）认为，环境责任行为是个人或群体为了解决和传达环境问题而表现出来的行为。在环境科学中，除了环境责任行为外，还有一些与环境责任行为十分相似的概念，包括亲环境行为、环境友好行为、环保行为、生态行为、可持续行为等。众多学者从不同角度给出了旅游者环境责任行为的定义。李等（Lee et al.，2013）将旅游者环境责任行为定义为个体或者群体为了促进自然资源可持续利用，或减少自然资源利用而采取的系列措施；贾衍菊和林德荣（2015）认为环境责任行为是个体或者群体为环境可持续利用所采取的任何行动；粟和斯万森（Su & Swanson，2017）将其定义为旅游者在旅游体验中所表现的减少环境负面影响、促进环境保护的系列行为；还有学者将其定义为旅游者在休闲或旅游活动中，针对目的地或者景区所实施的减少环境负面影响、促进环境保护的一系列行为（柳红波，2016）。

对旅游者环境责任行为进行研究的最终目的是服务于旅游业的可持续发展。因此，针对旅游者环境责任行为的驱动因素，通过改变驱动因素去引导旅游者的环境责任行为就具有重要的意义。阿耶兹（Ajzen，1985）通过梳理大量文献发现，一个高水平的感知行为控制将会导致更为强烈的行为意向。邱宏亮（2017）进一步在出境旅游情景下进行相关研究，证实了旅游者感知行为控制程度越高，其实施文明旅游行为的感知难度越低，越易产生旅游者环境责任行为。由此，提出如下假设：

H14：感知行为控制对旅游者环境责任行为有显著正向影响。

本节的研究理论模型整理如图3-1所示。

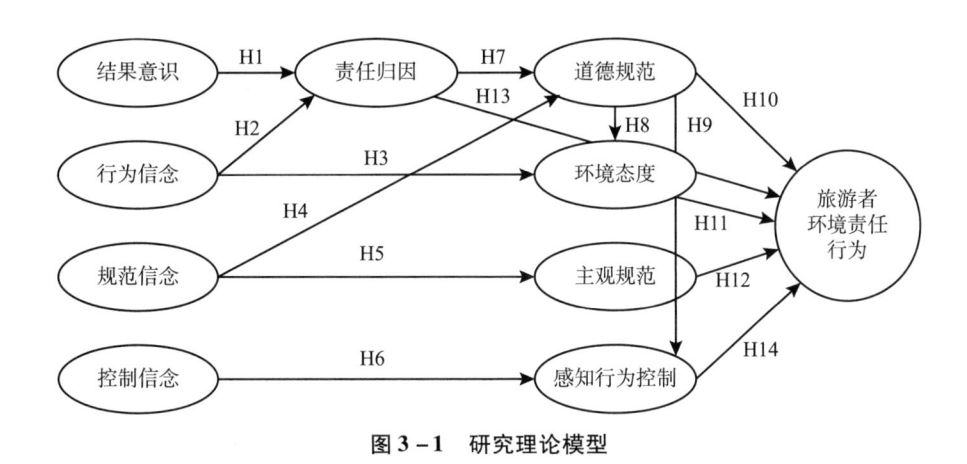

图3-1 研究理论模型

3.1.3 研究设计与研究流程

3.1.3.1 构念测量

对相关变量的精确测量需结合具体研究情境选取合适的测量工具。在本节中，调查问卷涵盖三个主要部分：第一部分聚焦于信念构造的评估项目；第二部分包含预测因素构造（如态度、主观规范和感知的行为控制）以及访问意向测量；第三部分则是参与调查人员的人口统计信息。

对于结果意识的测量，主要参考韩等（Han et al., 2016）的研究设计。考虑到本书研究的旅游情境与游轮旅游情境存在差异，对其针对游轮旅游情境下的题项进行了适当调整，最终形成包含四个题项的量表。行为信念、规范信念以及控制信念的测量量表来源于在绿色酒店情境下开发的量表（Han, Hsu & Sheu, 2010），经检验，该量表在可靠性和清晰度方面表现良好，本节直接参照其进行测量。责任归因的测量借鉴了德·格鲁特、斯泰格和迪克（De Groot, Steg & Dicke, 2007）的测量方法，形成了包含三个题项的量表。道德规范的测量则借鉴韩和黄（Han & Hwang, 2015）的研究方法，共包含三个题项，如"旅游中，您觉得您有义务采取旅游环境责任行为"。环境态度的测量，采用布洛克等（Block et al., 2014）开发的量表，包含四个题项。主观规范以及感知行为控制的测量，参考韩等（Han et al., 2016）的测量方式，各自包含三个题项。旅游者环境责任行为的测量，间接采用哈维茨和迪芒什（Havitz & Dimanche, 1997）的测量方法，量表共包含三个题项。上述所有测量均采用李克特七级量表进行评估，"1"表示非常不同意，"7"表示非常同意，分值越高，表明被调查者越认同该题项。

为确保量表在措辞和内容上的准确性，本书采用反向翻译法进行检验。具体流程为：首先用英语编制问卷，然后由一位精通英语和中文的人员将其译为中文，再由第三位双语人士将中文版本重新翻译成英语。通过两轮反向翻译过程，保证翻译的准确性和等效性。

为保证量表的有效性，先选取了50名有过丰富旅游经历的人员进行试点研究。参与试点研究的人员预先经过筛选，确保其具备多样的旅游体验。预实验过程中，参与者提出了一些建议，帮助部分量表项目的措辞进行了微调。运用SPSS 22.0软件进行信度分析，通过检验克隆巴赫系数（Cronbach's α）和项目总数统计量，对原始问题进行筛选优化，旨在构建一份简洁有效的问卷，减轻被调查者的负担，提高其参与积极性。经测试，各构念量表均达到可接受的信度水平。在问卷定稿前，邀请了三位旅游行业专家和四位旅游领域资深教师对问卷进行审查，根据他们的建议对措辞进行了细微调整，直至无进一步修改意见后，确定最终问卷版本，如表3-1所示。

表 3-1　　　　　　　　　　　　　　变量测量表

题项编号	题项描述
AC	结果意识
AC1	（1）旅游产业会导致环境污染、气候变化、自然资源枯竭
AC2	（2）旅游产业可能对陆地和环境造成巨大影响
AC3	（3）旅游产业会导致环境恶化（如客房、餐饮等排放的废水）
AC4	（4）旅游产业的保护环境实践活动有助于减少环境退化
BB	行为信念
BB1	（1）您认为我们应该保护我们的环境
BB2	（2）您认为保护环境的行为更有社会责任感
BB3	（3）您认为在旅游中应该推行环保措施
BB4	（4）您认为环保行为减少了开支
NB	规范信念
NB1	（1）在旅游中，您的家人（亲戚）认为您应该保护环境
NB2	（2）在旅游中，您的朋友认为您应该保护环境
NB3	（3）在旅游中，您的同事认为您应该保护环境
CB	控制信念
CB1	（1）旅游中保护环境是昂贵的
CB2	（2）旅游中保护环境花费时间和精力
CB3	（3）旅游地的环境保护设施位置应便捷，以方便寻找
CB4	（4）为鼓励保护环境，旅游地或相关机构应支付相应费用
EB	环境态度
EB1	（1）您认为保护岳麓山自然环境是一种积极行为
EB2	（2）您认为保护岳麓山自然环境是一种有价值的行为
EB3	（3）您认为保护岳麓山自然环境是一种有益行为
EB4	（4）您认为保护岳麓山自然环境是一种必要行为
SN	主观规范
SN1	（1）对您很重要的人多数都认为您应该采取环境责任旅行
SN2	（2）对您很重要的人多数认为都希望您采取环境责任旅行
SN3	（3）那些意见对您很有价值的人希望您采取环境责任旅行
AR	责任归因
AR1	（1）每位旅游者应该部分对旅游业导致的环境问题负责
AR2	（2）每位旅游者应共同对旅游导致的环境恶化负责
AR3	（3）每位旅游者必须对旅游产生的环境问题负责

续表

题项编号	题项描述
MN	道德规范
MN1	（1）旅游中，您觉得您有义务采取旅游环境责任行为
MN2	（2）不管别人怎么做，您认为您应当采取旅游环境责任行为
MN3	（3）为实现可持续发展，您认为旅游环境责任行为非常重要
PBC	感知行为控制
PBC1	（1）旅游中，是否选择环境责任行为完全由您自己决定
PBC2	（2）只要您想要，您可以在未来旅游中进行环境责任行为
PBC3	（3）未来旅游中，您有资源、时间和机会进行环境责任行为
ERB	旅游者环境责任行为
ERB1	（1）您将遵守相关规定，不对岳麓山环境造成破坏
ERB2	（2）对任何环境污染或破坏行为，您将向管理处报告
ERB3	（3）当您看到垃圾或树枝时，您将其丢进垃圾桶
ERB4	（4）如果岳麓山有清洁环境的参与活动，您愿意参加
ERB5	（5）您将说服同伴保护岳麓山自然环境
ERB6	（6）在旅途中，您努力不破坏岳麓山的动物和植物

3.1.3.2 数据收集

数据收集于 2018 年 9 月 16 日至 10 月 15 日，地点选取在出口的三个游客休息区。这些休息区人流量大且游客来源广泛，能较好地涵盖不同特征的旅游人群。该地区以丰富的旅游资源吸引着大量游客，为本书研究提供了多样化的样本来源。

研究得到了相关管理部门的支持，管理部门协助联系了休息区的工作人员，工作人员同意配合此次数据收集工作。由两名经过专业培训的研究人员负责具体的数据收集过程。

研究人员在休息区内接触潜在的调查对象，询问其是否愿意完成一份简短的问卷调查。若得到肯定答复，研究人员会进一步询问被调查者是否熟悉旅游相关环境、是否有过旅游经历。休息区内为受访者提供了舒适的座位，方便其填写问卷。被调查者完全基于自愿原则参与，且不收集其姓名和联系信息，以充分保护他们的隐私。在受访者完成问卷后，研究人员会仔细检查问卷的完成度。完成的问卷仅用于此次研究，不会用于任何商业用途。调查在每天上午9点至晚上9点随机选取受访者，以确保不同时段的游客都有机会参与。

在两个月的数据收集期内，研究人员共发放问卷600份，最终回收487份有效问卷，有效回收率为81.2%。

样本人口学特征方面，年龄分布较为分散。其中，18~24岁年龄段占比最大，其次为25~44岁年龄段。性别比例上，男性占44.8%，女性占55.2%，男女比例相对均衡。文化程度以大专或本科为主，占比超过50%，高中或中专学历次之。家庭人均月收入方面，1999元及以下占比最多，4000~4999元次之。观光次数上，5次及以上的人数最多，1次的人数为142人。总体而言，样本人口学特征具有良好的代表性，能够满足研究实证部分对数据的要求。具体如表3-2所示。

表3-2　　　　　　　　　受访者的人口统计学信息

变量	样本量	占比（%）	变量	样本量	占比（%）
性别			年龄		
女性	269	55.2	18~24岁	226	46.4
男性	218	44.8	25~44岁	148	30.4
受教育程度			45~64岁	86	17.7
初中及以下	33	6.8	65岁及以上	27	5.5
高中或中专	100	20.5	月收入		
大专或本科	307	63.0	1999元及以下	195	40.0
研究生	47	9.7	2000~2999元	47	9.7
访问次数			3000~3999元	84	17.2
1次	142	29.2	4000~4999元	82	16.8
2次	57	11.7	5000元及以上	79	16.2
3次	52	10.7			
4次	56	11.5			
5次及以上	180	37.0			

3.1.4　数据分析与结果

3.1.4.1　变量描述性统计分析

通过对样本各个测量题项的描述性统计分析，对样本量表测量数据有个基本的认识。描述性统计分析主要包括每个测量题项的最大值、最小值、均值和标准差等（见表3-3）。

表3-3　　　　　　　　　　　样本描述性统计分析

潜变量	测量题项	样本量	最大值	最小值	均值	标准差	偏度	峰度
结果意识（AC）	AC1	487	1	7	4.78	1.677	-0.579	-0.531
	AC2	487	1	7	4.85	1.617	0.575	-0.369
	AC3	487	1	7	4.99	1.548	-0.581	-0.328
	AC4	487	1	7	5.41	1.443	-0.941	-0.440
行为信念（BB）	BB1	487	1	7	5.63	1.531	-1.017	1.099
	BB2	487	1	7	5.46	1.300	-0.836	1.058
	BB3	487	1	7	5.21	1.159	-0.455	0.179
	BB4	487	1	7	5.60	1.192	-0.956	1.178
规范信念（NB）	NB1	487	1	7	5.72	1.299	-1.128	1.257
	NB2	487	1	7	5.81	1.204	-1.095	1.183
	NB3	487	1	7	5.78	1.255	-1.122	1.179
控制信念（CB）	CB1	487	1	7	5.41	1.075	-0.605	0.975
	CB2	487	1	7	5.46	1.075	-0.660	1.046
	CB3	487	1	7	5.90	1.115	-1.008	1.221
	CB4	487	1	7	5.85	1.125	-1.031	1.451
责任归因（AR）	AR1	487	1	7	5.64	1.280	-1.149	1.321
	AR2	487	1	7	5.62	1.337	-0.925	0.582
	AR3	487	1	7	5.61	1.338	-1.004	0.794
道德规范（MN）	MN1	487	1	7	6.02	1.176	-1.757	3.958
	MN2	487	1	7	6.11	1.067	-1.525	3.228
	MN3	487	1	7	6.21	1.028	-1.732	3.989
环境态度（EB）	EB1	487	1	7	5.28	1.209	-0.810	0.827
	EB2	487	1	7	5.31	1.214	-0.695	0.515
	EB3	487	1	7	5.31	1.217	-0.658	0.497
	EB4	487	1	7	5.31	1.178	-0.643	0.604
主观规范（SN）	SN1	487	1	7	5.72	1.186	-1.137	1.603
	SN2	487	1	7	5.72	1.172	-0.986	1.304
	SN3	487	1	7	5.80	1.183	-1.204	1.706

续表

潜变量	测量题项	样本量	最大值	最小值	均值	标准差	偏度	峰度
感知行为控制（PBC）	PBC	487	1	7	5.66	1.055	1.055	1.481
	PBC	487	1	7	5.87	1.089	1.089	1.990
	PBC	487	1	7	5.86	1.035	1.035	1.517
环境责任行为（TERB）	TERB1	487	1	7	6.11	1.020	-1.459	2.966
	TERB2	487	1	7	5.46	1.263	-0.605	0.001
	TERB3	487	1	7	5.57	1.260	-0.720	0.221
	TERB4	487	1	7	5.66	1.247	-0.869	0.481
	TERB5	487	1	7	5.84	1.167	-1.053	1.259
	TERB6	487	1	7	6.11	1.051	-1.381	2.449

由描述性统计分析结果可知，所有结构变量的测量题项最小值为1，最大值为7，所有变量的测量题项的均值均大于3，说明被调查者对这些测量题项的评价均高于一般评价。

3.1.4.2 信度分析

使用Cronbach's α系数和组合信度对理论模型各潜变量进行信度检验，通过SPSS 15.0的统计分析，得到每个样本的CITC值、删除题项后的Cronbach's α系数和潜变量Cronbach's α系数（见表3-4）。由表3-4可知，通过前测对题项进行净化处理后，34个测量题项的CITC值均在0.70以上，且所有潜变量的Cronbach's α系数均大于0.800，其中，大部分潜变量的Cronbach's α系数大于0.900，远远大于0.700的标准。根据福尔纳尔（Fornell）和拉克尔（Larcker）提出的信度检验标准（Fornell & Larcker, 1981），该结果表明，本节理论模型中各潜变量的测量具有良好的信度。

表3-4　　　　　　　　　　信度检验结果

潜变量	测量题项	CITC值	删除该项后的Cronbach's α系数	Cronbach's α系数
结果意识（AC）	AC1	0.824	0.866	0.906
	AC2	0.864	0.851	

续表

潜变量	测量题项	CITC 值	删除该项后的 Cronbach's α 系数	Cronbach's α 系数
结果意识（AC）	AC3	0.804	0.874	0.906
	AC4	0.672	0.918	
行为信念（BB）	BB1	0.748	0.881	0.900
	BB2	0.817	0.856	
	BB3	0.769	0.769	
	BB4	0.772	0.772	
规范信念（NB）	NB1	0.829	0.943	0.937
	NB2	0.912	0.878	
	NB3	0.873	0.906	
控制信念（CB）	CB1	0.723	0.847	0.877
	CB2	0.780	0.825	
	CB3	0.705	0.854	
	CB4	0.733	0.843	
责任归因（AR）	AR1	0.790	0.914	0.917
	AR2	0.873	0.846	
	AR3	0.835	0.878	
道德规范（MN）	MN1	0.777	0.887	0.901
	MN2	0.856	0.814	
	MN3	0.787	0.873	
环境态度（EB）	EB1	0.762	0.884	0.904
	EB2	0.823	0.861	
	EB3	0.798	0.871	
	EB4	0.753	0.887	
主观规范（SN）	SN1	0.830	0.872	0.913
	SN2	0.857	0.850	
	SN3	0.791	0.904	
感知行为控制（PBC）	PBC1	0.709	0.860	0.872
	PBC2	0.792	0.784	
	PBC3	0.764	0.811	
环境责任行为（TERB）	TERB1	0.610	0.883	0.888
	TERB2	0.712	0.868	
	TERB3	0.754	0.861	

续表

潜变量	测量题项	CITC 值	删除该项后的 Cronbach's α 系数	Cronbach's α 系数
环境责任行为（TERB）	TERB4	0.765	0.859	0.888
	TERB5	0.765	0.859	
	TERB6	0.625	0.881	

3.1.4.3 探索性因子分析

效度研究用于分析研究项是否合理且有意义，效度分析使用因子分析这种数据分析方法进行研究，分别通过 KMO 值、共同度、方差解释率值、因子载荷系数值等指标进行综合分析，以验证出数据的效度水平情况。由表 3-5 可知，所有研究项对应的共同度值均高于 0.6，说明研究项信息可以被有效提取。另外，KMO 值为 0.929，大于 0.6，意味着数据具有效度。另外，10 个因子的旋转后方差解释率值分别是 9.415%、9.396%、8.935%、8.844%、8.239%、7.851%、7.141%、7.065%、6.719% 和 5.913%，旋转后累积方差解释率为 79.518% > 50%。意味着研究项的信息量可以被有效提取出来。

3.1.4.4 验证性因子分析

根据数据评估效度的要求，这里对数据进行效度检验，包括聚合效度和区分效度。聚合效度和区分效度是通过测量模型实现的，此外，通过测量模型还可以进行组合效度检验。在上述借助 Cronbach's α 系数进行信度检验的基础上，对量表进行进一步信度检验。

拟合指数。根据胡和本特勒（Hu & Bentler, 1999）提供的标准，该测量模型是可以接受的。模型的拟合指数 $\chi^2/df = 2.096$，小于 3，$\chi^2 = 1219.971$；RMSEA = 0.047，小于 0.05，模型拟合较好；GFI = 0.870，处于 0~1 之间，可以接受；AGFI = 0.843，NFI = 0.917，大于 0.9，可以接受；RFI = 0.905，IFI = 0.955，TLI = 0.948，CFI = 0.955 均接近 1，说明模型表示拟合良好，是一个可以接受的模型。

效度检验。验证性因子分析如表 3-6 所示。

表 3-5　探索性因子分析

潜变量	因子载荷系数											共同度
	因子1	因子2	因子3	因子4	因子5	因子6	因子7	因子8	因子9	因子10	
AC1	0.136	-0.085	0.057	**0.881**	0.061	0.089	0.023	0.052	0.066	0.131	0.842
AC2	0.104	-0.023	0.036	**0.909**	0.025	0.109	0.05	0.033	0.094	0.078	0.871
AC3	0.107	0.001	-0.013	**0.873**	0.055	0.099	0.074	0.031	0.046	0.076	0.802
AC4	-0.017	0.266	0.101	**0.766**	0.116	0.166	0.127	0.022	0.013	0.021	0.727
BB1	0.067	0.195	0.242	0.106	**0.747**	0.158	0.051	0.154	0.133	0.119	0.753
BB2	0.213	0.155	0.264	0.078	**0.776**	0.110	0.098	0.166	0.111	0.112	0.821
BB3	0.211	0.014	0.253	0.049	**0.763**	0.180	0.065	0.148	0.106	0.117	0.777
BB4	0.213	0.130	0.215	0.089	**0.731**	0.187	0.072	0.145	0.145	0.181	0.766
NB1	0.101	0.142	0.149	0.029	0.228	0.145	0.066	**0.795**	0.242	0.176	0.853
NB2	0.106	0.140	0.234	0.064	0.179	0.174	0.069	**0.827**	0.260	0.118	0.922
NB3	0.091	0.170	0.216	0.067	0.175	0.172	0.079	**0.825**	0.220	0.098	0.894
CB1	0.180	-0.012	0.137	0.166	0.190	**0.773**	0.121	0.100	0.081	0.161	0.77
CB2	0.155	0.038	0.192	0.222	0.145	**0.773**	0.146	0.142	0.098	0.167	0.809
CB3	0.008	0.365	0.159	0.072	0.101	**0.722**	0.022	0.172	0.132	0.123	0.757
CB4	0.050	0.235	0.164	0.134	0.174	**0.746**	0.134	0.107	0.151	0.027	0.742
EB1	0.113	0.163	**0.775**	0.019	0.211	0.155	0.017	0.174	0.062	0.106	0.754
EB2	0.092	0.095	**0.848**	0.032	0.161	0.169	0.030	0.141	0.101	0.109	0.836
EB3	0.084	0.173	**0.809**	0.059	0.194	0.138	0.118	0.146	0.089	0.048	0.797

续表

潜变量	因子载荷系数										共同度
	因子1	因子2	因子3	因子4	因子5	因子6	因子7	因子8	因子9	因子10	
EB4	0.153	0.070	**0.770**	0.083	0.276	0.113	0.144	0.079	0.099	0.067	0.758
SN1	0.139	0.203	0.117	0.122	0.144	0.115	0.178	0.240	**0.789**	0.127	0.851
SN2	0.177	0.197	0.126	0.096	0.156	0.144	0.158	0.252	**0.791**	0.150	0.877
SN3	0.109	0.171	0.132	0.064	0.170	0.190	0.149	0.256	**0.761**	0.134	0.811
AR1	0.169	0.202	0.080	0.089	0.069	0.135	**0.810**	0.083	0.182	0.097	0.812
AR2	0.238	0.185	0.099	0.118	0.067	0.105	**0.860**	0.049	0.104	0.115	0.896
AR3	0.230	0.129	0.094	0.080	0.090	0.115	**0.863**	0.059	0.122	0.051	0.871
MN1	0.161	**0.718**	0.148	0.046	0.138	0.080	0.144	0.064	0.238	0.263	0.742
MN2	0.177	**0.751**	0.197	0.032	0.160	0.132	0.146	0.083	0.219	0.231	0.807
MN3	0.149	**0.781**	0.136	−0.026	0.093	0.158	0.139	0.154	0.166	0.168	0.784
PBC1	0.058	0.130	0.122	0.184	0.160	0.184	0.089	0.142	0.067	**0.814**	0.824
PBC2	0.078	0.382	0.126	0.152	0.164	0.155	0.104	0.151	0.196	**0.706**	0.813
PBC3	0.136	0.343	0.116	0.074	0.203	0.134	0.125	0.120	0.203	**0.709**	0.789
ERB1	**0.454**	0.541	0.085	0.047	0.071	0.177	0.169	0.115	0.017	0.130	0.603
ERB2	**0.818**	0.033	0.104	0.137	0.131	0.057	0.158	0.097	0.116	0.070	0.772
ERB3	**0.812**	0.131	0.121	0.131	0.169	0.107	0.123	0.044	0.068	0.05	0.772
ERB4	**0.808**	0.203	0.111	0.063	0.105	0.086	0.146	0.036	0.133	0.025	0.769
ERB5	**0.681**	0.370	0.072	0.037	0.216	0.047	0.211	0.059	0.091	0.098	0.722

续表

潜变量	因子载荷系数										共同度
	因子1	因子2	因子3	因子4	因子5	因子6	因子7	因子8	因子9	因子10	
ERB6	**0.452**	0.574	0.09	0.059	0.08	0.12	0.204	0.217	−0.007	0.02	0.655
特征根值（旋转前）	13.881	2.978	2.816	2.142	1.665	1.561	1.362	1.236	0.916	0.865	—
方差解释率%（旋转前）	37.515	8.049	7.611	5.790	4.501	4.218	3.682	3.340	2.475	2.337	—
累积方差解释率%（旋转前）	37.515	45.564	53.176	58.966	63.467	67.685	71.367	74.707	77.182	79.520	—
特征根值（旋转后）	3.484	3.476	3.306	3.272	3.049	2.905	2.642	2.614	2.486	2.188	—
方差解释率%（旋转后）	9.415	9.396	8.935	8.844	8.239	7.851	7.141	7.065	6.719	5.913	—
累积方差解释率%（旋转后）	9.415	18.811	27.746	36.590	44.829	52.680	59.821	66.886	73.605	79.518	—
KMO值	0.929										
巴特球形值	14370.438										
df	666										
p值	0										

表 3-6　测量模型分析

潜变量	测量量表	标准因子载荷	t	CR	AVE	Cronbach's α
结果意识（AC）	AC1	0.894	24.848	0.9083	0.7146	0.906
	AC2	0.934	26.736			
	AC3	0.838	22.435			
	AC4	0.696	17.181			
行为信念（BB）	BB1	0.801	20.752	0.9005	0.6938	0.900
	BB2	0.877	23.892			
	BB3	0.820	21.476			
	BB4	0.832	21.976			
规范信念（NB）	NB1	0.858	23.513	0.9401	0.8399	0.937
	NB2	0.968	28.827			
	NB3	0.920	26.356			
控制信念（CB）	CB1	0.832	21.584	0.8675	0.6236	0.877
	CB2	0.905	24.473			
	CB3	0.686	16.459			
	CB4	0.716	17.461			
责任归因（AR）	AR1	0.832	22.159	0.9047	0.7906	0.917
	AR2	0.943	27.060			
	AR3	0.889	24.542			
道德规范（MN）	MN1	0.836	22.828	0.9058	0.7627	0.901
	MN2	0.931	26.398			
	MN3	0.850	22.828			
环境态度（EB）	EB1	0.820	21.489	0.9047	0.7037	0.904
	EB2	0.873	23.683			
	EB3	0.851	22.734			
	EB4	0.810	21.099			
主观规范（SN）	SN1	0.887	24.440	0.9149	0.7822	0.913
	SN2	0.926	26.233			
	SN3	0.838	22.379			
感知行为控制（PBC）	PBC1	0.755	18.872	0.8733	0.6977	0.872
	PBC2	0.889	23.992			
	PBC3	0.856	22.632			

续表

潜变量	测量量表	标准因子载荷	t	CR	AVE	Cronbach's α
旅游者环境责任行为（TERB）	TERB1	0.682	16.422	0.8848	0.5629	0.888
	TERB2	0.707	17.150			
	TERB3	0.750	18.637			
	TERB4	0.798	20.434			
	TERB5	0.843	22.204			
	TERB6	0.709	17.310			

(1) 聚合效度检验。

聚合效度指各测量题项对潜变量测量的有效性，即测量题项在多大程度上对潜变量进行了测量，可通过测量题项的因子载荷和潜变量平均提取方差来评价，当潜变量测量题项的因子载荷大于0.500，潜变量平均提取方差大于0.500时，聚合效度即满足（Anderson & Gerbing, 1988）。由表3-6可知，各个测量题项的因子载荷在0.682~0.968，均远远大于0.500，说明聚合效度得到满足。相应的 t 统计量在16.422~28.827，具有统计学意义（$P = 0.001$）。同时AVE的值在0.5629~0.8399，远远超过0.50的检验标准，说明从AVE值的角度来看，同样满足聚合效度的要求。

(2) 区分效度检验。

区分效度指不同潜变量之间的差别，可通过比较平均提取方差的平方根和潜变量之间的相关系数来检验，当前者大于后者时，区分效度即满足（Fornell & Larcker, 1981）。由表3-7可知，AVE的平方根在0.750~0.916之间，各个构念之间的相关系数在0.138~0.695之间（AVE的平方根显示在矩阵的对角线上；构念之间的相关系数为对角线数据以外的数据）。可知，前者均大于后者，从而区分效度得到满足。

表3-7　　　　　　　　　　相关系数和平均提取方差

变量	AC	BB	NB	CB	AR	MN	EB	SN	PBC	TERB
AC	0.845									
BB	0.245	0.833								
NB	0.191	0.556	0.916							

续表

变量	AC	BB	NB	CB	AR	MN	EB	SN	PBC	TERB
CB	0.404	0.550	0.492	0.790						
AR	0.246	0.352	0.302	0.412	0.889					
MN	0.138	0.499	0.470	0.448	0.480	0.873				
EB	0.174	0.654	0.527	0.507	0.322	0.470	0.839			
SN	0.264	0.527	0.655	0.481	0.464	0.576	0.433	0.884		
PBC	0.312	0.563	0.504	0.519	0.415	0.695	0.443	0.583	0.884	
TERB	0.248	0.552	0.400	0.400	0.585	0.647	0.421	0.495	0.496	0.750

3.1.4.5 结构模型分析

拟合指数。结构模型的拟合指数为：$\chi^2/\mathrm{df} = 2.334$，$\chi^2 = 1412.195$，RMSEA $= 0.052$，GFI $= 0.857$，AGFI $= 0.834$，NFI $= 0.904$，RFI $= 0.895$，IFI $= 0.943$，TLI $= 0.937$，CFI $= 0.943$。对照胡和本特勒（1999）提出的标准，所有拟合指数均达到相应标准，从而说明数据与模型拟合得较好，是一个可以接受的模型。

假设检验结果。结构模型分析结果如表 3-8 所示。由表 3-8 可知，结果意识对影响旅游者责任归因的路径系数为 0.180，在 0.001 的显著水平上显著，H1 得到验证；行为信念对旅游者责任归因和环境态度的路径系数分别为 0.358 和 0.574，在 0.001 的显著水平上显著，H2 和 H3 得到验证；规范信念对道德规范和主观规范的路径系数分别为 0.384 和 0.702，在 0.001 的水平上显著，H4 和 H5 得到检验；控制信念对感知行为控制路径系数为 0.227，在 0.001 的显著水平上显著，H6 得到验证。

表 3-8 假设检验结果

研究假设	路径名称	标准化系数	t 值	标准误差	假设检验结果
H1：结果意识对旅游者责任归因有显著正向影响	λ_{21}	0.180***	3.608	0.050	支持
H2：行为信念对旅游者责任归因有显著正向影响	λ_{31}	0.358***	6.882	0.052	支持
H3：行为信念对旅游者环境态度有显著正向影响	λ_{41}	0.574***	11.873	0.048	支持
H4：规范信念对旅游者道德规范有显著正向影响	λ_{51}	0.384***	8.870	0.043	支持

续表

研究假设	路径名称	标准化系数	t 值	标准误差	假设检验结果
H5：规范信念对旅游者主观规范有显著正向影响	λ_{61}	0.702***	14.764	0.048	支持
H6：控制信念对旅游者感知行为控制有显著正向影响	λ_{71}	0.227***	6.782	0.033	支持
H7：责任归因对旅游者道德规范有显著正向影响	β_{11}	0.338***	8.288	0.041	支持
H8：道德规范对旅游者环境态度有显著正向影响	λ_{81}	0.189***	4.334	0.044	支持
H9：道德规范对旅游者感知行为控制有显著正向影响	λ_{91}	0.469***	11.817	0.040	支持
H10：道德规范对旅游者环境责任行为有显著正向影响	β_{21}	0.271***	5.967	0.045	支持
H11：环境态度对旅游者环境责任行为有显著正向影响	β_{31}	0.076***	2.467	0.031	支持
H12：主观规范对旅游者环境责任行为有显著正向影响	β_{41}	0.049***	1.839	0.027	支持
H13：责任归因对旅游者环境责任行为有显著正向影响	β_{51}	0.211***	6.859	0.031	支持
H14：感知行为控制对旅游者环境责任行为有显著正向影响	β_{61}	-0.003	-0.057	0.050	不支持

注：*** 表示 $p<0.001$。

责任归因对旅游者道德规范的路径系数为 0.338，在 0.001 的显著性水平上显著，H7 得到验证；道德规范对旅游者环境态度和感知行为控制的路径系数分别为 0.189 和 0.469，在 0.001 的显著性水平上显著，H8、H9 得到验证。道德规范、环境态度、主观规范以及责任归因对旅游者环境责任行为的路径系数分别为 0.271、0.076、0.049 及 0.211，在 0.001 的显著性水平上显著，H10、H11、H12 及 H13 得到验证；感知行为控制对旅游者环境责任行为的路径系数为 -0.003，在任何显著性水平上均不显著，H14 没有得到验证，即感知行为控制对旅游者环境责任行为没有显著影响。

模型预测能力。一般而言，被解释变量的 R^2 值为 0.01、0.09 和 0.25，分别代表模型预测能力弱、较弱和强三个等级。由图 3-2 可知，对于旅游者道德规范、环境态度、主观规范、感知行为控制以及旅游者环境责任行为这五个潜变量，对应的 R^2 的值分别为 0.36、0.46、0.45、0.53 以及 0.50。该模型对于所有潜变量的 R^2 的值均大于 0.2，说明模型中绝大部分解释变量对被解释变量的解释能力较强，反映了理论模型中各变量具有稳定的关系，模型较稳定，具有较好的预测能力，从而进一步说明此理论模型十分优秀。

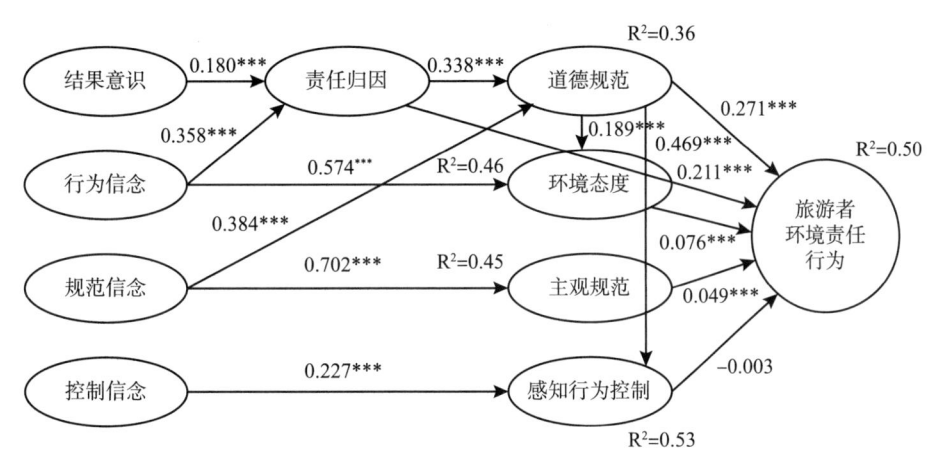

图3-2 实证分析结果

注：*** 表示显著性水平 0.001。

3.1.4.6 竞争模型分析

为了体现模型的影响力，本节研究基于计划行为理论以及规范激活理论分别构建了两个竞争模型，如图3-3和图3-4所示。基于计划行为理论所建立的竞争模型的拟合指数为：$\chi^2/df = 3.085$，$\chi^2 = 971.775$，RMSEA = 0.066，GFI = 0.857，AGFI = 0.828，NFI = 0.906，RFI = 0.893，IFI = 0.933，TLI = 0.925，CFI = 0.933。基于规范激活理论所建立的竞争模型的拟合指数为：$\chi^2/df = 3.411$，$\chi^2 = 330.861$，RMSEA = 0.070，GFI = 0.917，AGFI = 0.883，NFI = 0.942，RFI = 0.929，IFI = 0.959，TLI = 0.948，CFI = 0.958。根据胡和本特勒（1999）提出的标准，竞争模型对数据的整体拟合良好。

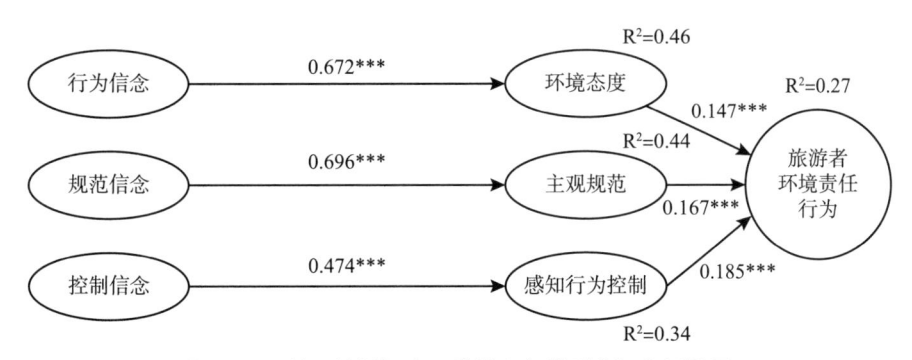

图3-3 基于计划行为理论的竞争模型实证分析结果

注：*** 表示显著性水平 0.001。

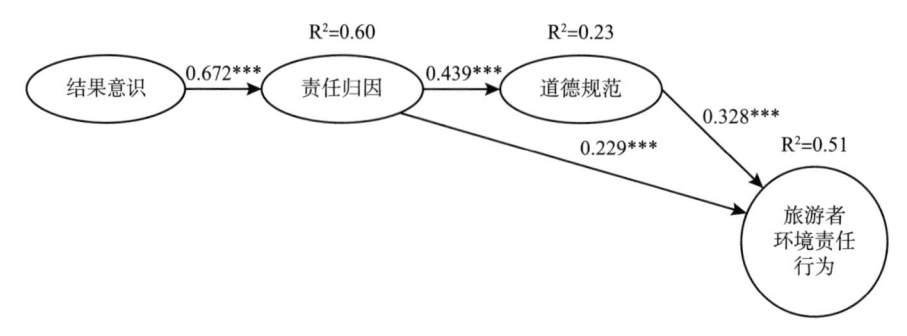

图 3-4 基于规范激活理论的竞争模型实证分析结果

注：*** 表示显著性水平 0.001。

竞争模型路径系数。由图 3-3 可以看出，行为信念显著正向影响旅游者环境态度，路径系数为 0.672，在 0.001 的显著性水平上显著，规范信念在 0.001 的显著性水平上显著正向影响旅游者主观规范，路径系数为 0.696，控制信念在 0.001 的显著性水平上显著正向影响旅游者感知行为控制，系数为 0.474，H3、H5 及 H6 得到验证；环境态度、主观规范与感知行为控制对旅游者环境责任行为的路径系数分别为 0.147、0.167 和 0.185，在 0.001 的显著性水平上显著。此外，在模型中，环境态度、主观规范、感知行为控制及旅游者环境责任行为的 R^2 值分别为 0.46、0.44、0.34 及 0.27，均大于 0.25。综上可知，基于计划行为理论构建的竞争模型具有良好的模型预测力和解释力度。

同样，基于图 3-4 可以看出，结果意识在 0.001 的显著性水平上显著正向影响责任归因，路径系数为 0.672，H1 得到验证；责任归因在 0.001 的显著性水平上显著正向影响旅游者道德规范及其环境责任行为，路径系数分别为 0.229 及 0.439，H7 和 H8 得到验证；道德规范显著正向影响旅游者环境责任行为，路径系数为 0.328，在 0.001 的显著性水平上显著，H10 得到验证。此外，该竞争模型中，责任归因、道德规范以及旅游者环境责任行为三个潜变量的 R^2 值分别为 0.60、0.23 及 0.51，均大于 0.20。综上可知，基于规范激活理论构建的竞争模型具有良好的模型预测力和解释力度。

结构模型和竞争模型比较分析。为了判断理论模型和竞争模型哪一个与调查数据拟合得更好，本书对研究涉及的结构模型和竞争模型同样进行了卡方差异检验（Chi-square difference test），并比较理论模型和竞争模型的拟合指数和对被解释变量的解释力度。

卡方差异检验结果显示（见表3-9）理论模型和竞争模型之间估算的卡方差异得分均不存在显著差异，其中基于计划行为理论的竞争模型与理论模型之间的值为 $\Delta\chi^2(36)=48$，$P=0.087$；基于规范激活理论的竞争模型与理论模型之间的值为 $\Delta\chi^2(42)=48$，$P=0.234$，即模型在统计学上不存在显著差异。

表3-9 结构模型和竞争模型的拟合指数比较

模型	指数							
	χ^2/df	RMSEA	GFI	NFI	RFI	IFI	TLI	CFI
	≤ 5.0	≤ 0.08	≥ 0.900	≥ 0.900	≥ 0.900	≥ 0.900	≥ 0.900	≥ 0.900
理论模型	2.334	0.052	0.857	0.904	0.895	0.943	0.937	0.943
计划行为理论竞争模型	3.085	0.066	0.857	0.906	0.893	0.933	0.925	0.933
规范激活理论竞争模型	3.411	0.070	0.917	0.942	0.929	0.959	0.948	0.958

表3-9展示了两种模型对于被解释变量的解释程度，理论模型相较于竞争模型展现出优越的预测能力。理论模型对于最终的被解释变量旅游者环境责任行为的 R^2 值0.50，高于基于计划行为理论所建立的竞争模型的解释力度（竞争模型 $R^2=0.27$），即从模型解释力的角度来看，理论模型优于竞争模型。由此，可以看出在计划行为理论的基础上引入规范激活理论来探究旅游者环境责任行为的影响机制是合理的。

3.2 研究结论与讨论

本节探究了旅游者个人规范、责任归因对旅游者行为的影响。结果表明旅游者个人规范，包括结果意识、行为意念、规范信念以及控制信念，是影响旅游者环境态度及行为的重要前因变量。其中，结果意识正向影响旅游者的责任归因（$\lambda_{21}=0.180$，$p<0.01$），也就是说有较高结果意识的旅游者会倾向于认为自己应当对旅游地的生态环境负责，同时更高程度的旅游者责任归因会正向影响旅游者的道德规范（$\beta_{11}=0.338$，$p<0.01$），而道德规范会促使旅游者实施环境责任行为（$\beta_{21}=0.271$，$p<0.01$）。这与厄布芮等（Ebreo et al., 2003）等根据规范激活理论开展研究得出的结果一致，即结果意识与责任归属之间的互动是旅游者实施环境责任行为的重要预测因素。

行为意念对于旅游者责任归因（$\lambda_{31} = 0.358$，$p < 0.01$）和环境态度（$\lambda_{41} = 0.574$，$p < 0.01$）均具有显著的正向影响。规范信念对旅游者道德规范（$\lambda_{51} = 0.384$，$p < 0.01$）和主观规范（$\lambda_{61} = 0.702$，$p < 0.01$）产生显著的正向影响。此外，控制信念正向影响旅游者感知行为控制（$\lambda_{71} = 0.227$，$p < 0.01$）。也就是说个人规范（结果意识、行为意念、规范信念以及控制信念）显著正向影响（直接/间接）旅游者的环境态度和行为。这与阿耶兹（Ajzen, 1991, 2000）的研究结果相一致，即人类的行为受行为信念、规范信念与控制信念所影响。其中，行为信念会影响个体的行为态度，即旅游者的责任归因和环境态度，规范信念会影响个体的主观规范，在本模型中包括道德规范和主观规范；而控制信念则会影响旅游者的行为控制知觉。旅游者在决定行为意向时会获取相关的行为信念，这些信念是行为态度、主观规范和知觉行为控制的认知基础。此外，旅游者的道德规范显著正向影响其环境态度（$\lambda_{81} = 0.189$，$p < 0.01$）和感知行为控制（$\lambda_{91} = 0.469$，$p < 0.01$）。最后，实证结果也显示，旅游者的道德规范（$\beta_{21} = 0.271$，$p < 0.01$）、环境态度（$\beta_{31} = 0.076$，$p < 0.01$）以及主观规范（$\beta_{41} = 0.049$，$p < 0.01$）对于旅游者的环境责任行为均具有显著的正向影响。此外，旅游者责任归因对其环境责任行为也产生显著的积极影响（$\beta_{51} = 0.211$，$p < 0.01$），这一基于 TPB 模型的研究结果一致，道德规范、环境态度和主观规范是驱动旅游者环境责任行为的有效预测变量。具体而言，主要涉及城市公园保护费支付意向（López-Mosquera, 2016）、绿色酒店消费意向（Chen & Tung, 2014）、有机食品购买意向（Yazdanpanah & Forouzani, 2015）、绿色能源使用意向（Fornara et al., 2016）、循环利用行为意向（Botetzagias, Dima & Malesios, 2015）、电子垃圾回收意向（Dixit & Badgaiyan, 2016）等方面。此外，克洛克纳（Klöckner, 2013）采用元分析技术证实主观规范是影响道德规范的重要预测变量。但是旅游者感知行为控制对其环境责任行为的影响并不显著。

整体来看，基于两个理论所构建的整合模型主要有以下四条完整的影响路径。第一，结果意识通过影响责任归因进一步影响旅游者的道德规范，道德规范直接或者是通过影响环境态度间接影响旅游者环境责任行为，从而提高旅游者实施环境责任行为的意愿。这说明道德规范和环境态度在其中起到了双重驱动作用。第二，行为信念则通过影响责任归因以及环境态度最终作用于旅游者环境责任行为。第三，规范信念通过影响道德规范和主观规范来影响旅游者环境责任行为。第四，控制信念通过影响感知行为控制来影响旅游者环境责任行为。本书基于计划行为理论视角，并引入规范激活理论进行拓展阐述，来考察旅游者环境责任行为的影响机理，旨在对中国情境下旅游者环境责任行为实施意愿进行预测和解释。结果表明，将规范激活理论纳入计划行为理论中用来解释旅游者环境责任行为是合理的，相较于计划行为理论中行为信念、规范信念及控制信念这三个关键变量，道德规范是驱动旅游者文明旅游行为意愿的最重要因素，这再一次说明引入道德规范这一新变量所构建的扩展模型是对传统计划行为模型的有效改进。道德规范变量的引入，畅通了环境态度、感知行为控制以及环境责任行为之间的关系路径，也就是说，基于计划行为理论和规范激活理论的整合模型能够提升计划行为理论对旅游者行为态度和环境责任行为的解释力度。

第 4 章　群体视角下的旅游者环境责任行为

在可持续旅游发展的进程中，旅游者的环境责任行为（ERB）是平衡生态保护与旅游体验的关键，但传统研究往往局限于个体层面的心理或情境因素，对群体动态的复杂影响关注不足。本章从群体互动视角出发，揭示旅游同伴和内外群体对旅游者环境责任行为的塑造机制，突破单一维度的分析框架。通过探讨群体规模、凝聚力、道德推脱以及社会规范等核心变量，本章不仅为理解旅游者越轨行为的传播路径提供了新的理论解释，更通过识别高风险群体行为特征和干预边界条件，为旅游目的地管理组织（Destination Management Organizations，DMOs）的精细化治理提供了科学依据，对减少旅游活动中的环境破坏、推动可持续旅游实践具有重要现实意义。

本章首先聚焦于旅游同伴对旅游者环境责任行为的影响机制。研究发现，旅游者在共享空间中容易受到其他游客越轨行为的"逆向传染效应"驱动，即观察到他人破坏环境的行为会显著增加自身实施同类行为的可能性。值得注意的是，旅游同伴的特性在此过程中发挥关键调节作用：大规模群体可能因责任分散效应削弱个体对越轨行为的负罪感，而高凝聚力的同伴群体则通过强化群体规范约束力抑制行为偏差。更深层的机制揭示，道德推脱在"他人越轨行为→自身越轨行为"的链条中承担中介角色——当个体目睹他人违反环境规范时，倾向于通过"责任转移"或"后果淡化"等心理机制合理化自身行为，从而突破道德底线。这一发现为 DMOs 识别易受群体影响的高风险游客提供了理论工具，例如，针对大规模散客群体设计即时行为提醒机制，或通过增强小群体凝聚力构建内部监督网络。

此外，本章通过划分当地居民（内群体）与旅游者（外群体），揭示了群体身份对越轨行为反应的差异化逻辑。研究发现，当地居民对内群体成员的越轨行为表现出显著的"内群体偏爱效应",即更倾向于宽容其他居民的环境破坏行为,将其归因为偶然失误或外部压力;相反,对旅游者同类行为则触发"黑羊效应",表现为更高的惩罚意愿和更严厉的道德评判,这种对立反应源于社会认同理论中的群体归属差异。研究还发现,宽容与惩罚意愿在群体越轨行为与居民行为意向间存在并行中介作用,且规范强度在此过程中具有调节效应:当社会规范强度较高时,居民对内群体越轨行为的宽容意愿下降,但对旅游者的惩罚意愿进一步增强,这提示 DMOs 需根据目的地规范条件设计差异化策略。例如,在生态敏感区域(强规范环境)应强化对旅游者的行为约束,而在社区主导型景区(弱规范环境)则需激活居民的内群体监督功能,通过构建"居民—游客"行为共治机制实现环境责任行为的双向促进。

综合来看,本章通过双重群体视角构建了旅游者环境责任行为的动态解释框架,既揭示了旅游同伴通过逆向传染与道德推脱引发的行为扩散风险,也阐明了内外群体互动中社会规范与认同机制的复杂作用。实践层面,研究建议 DMOs 建立群体行为监测系统,识别高风险旅游群体特征(如低凝聚力散客团),开发基于同伴教育的规范强化工具,同时制定差异化的居民与游客管理政策。

4.1 旅游同伴对旅游者环境责任行为的作用机制

旅游环境中的高度匿名性促使旅游者摒弃社会规范和行为准则的束缚,从而诱发越轨行为(Bhati & Pearce, 2016; McKercher & Bauer, 2003; Wen et al., 2018; Ying & Wen, 2019)。旅游者越轨行为与一系列负面后果紧密相连:不仅破坏了旅游者之间的互动体验以及旅游者与本地居民之间的和谐关系(Aslan & Kozak, 2012),还阻碍了旅游业的健康发展(Li & Chen, 2019)。旅游者经常因其他旅游者的不良行为而备受困扰,如在公共场所吸烟、随地吐痰或乱扔垃圾等(Kozak & Martin, 2012; Volgger & Huang, 2019)。此外,还可能发生言语冲突甚至是肢体冲突(Tsaur, Cheng & Hong, 2019)。这些不良互动不仅增加了目的地额外经济成本和资源损耗(Bhati & Pearce, 2016),还可能引发负面媒体报道(Sharma, 2020; Zhang, Pearce & Chen,

2019)。然而,旅游的流动性特征往往使旅游者能够逃避惩罚(Li & Chen, 2019)。总体而言,管理旅游者越轨行为对于目的地的可持续发展至关重要(Li & Chen, 2017)。

目前尚不清楚究竟是哪些生物学、心理、社会、经济和环境特征(Bhati & Pearce, 2016)促使旅游者产生越轨行为(Chien & Ritchie, 2018; Li & Chen, 2017)。道德行为往往受到特定情境因素的影响(Bandura, 1991),因此,探讨其他消费者的存在如何影响个体行为显得尤为重要(Huang & Wang, 2014; Wu, Moore & Fitzsimons, 2019)。在旅游市场中,"其他消费者"通常包括旅游者的同伴(内部群体成员)和其他旅行者(外部群体成员)(Adam, Taale & Adongo, 2020; Su, Cheng & Swanson, 2020)。根据社会传染效应(Plé & Demangeot, 2020),旅游者和同伴进入旅游环境,并且看到其他旅游者的越轨行为时,很有可能产生类似行为。休闲旅游者们有时认为,相较于日常生活,旅行期间所受的约束较少,状态更加自由(Eiser & Ford, 1995)。其他旅游者越轨行为不仅会强化个体对旅游者角色的认知,还会弱化对正常角色的认知——然而,具体而言,其他旅游者的越轨行为如何影响个体的越轨行为仍需进一步研究(Fombelle et al., 2020)。

社会作用力理论认为,他人影响的效果取决于他们的力量和数量(Latané, 1981)。在旅游同伴群体中,力量体现为群体的凝聚力,数量则反映群体的规模(Su, Cheng & Huang, 2020; Xu, 2018)。旅游同伴能够充当旅游者角色与日常角色之间的桥梁。当来自其他成员的关注减少时(Wu et al., 2019),个体在更大的群体中会感知到更高程度的匿名性,并强化其旅游者角色的认知(Huang & Wang, 2014)。而在凝聚力更强的群体中,个体通常表现得更加冒险,并更倾向于表达真实感受(Richins, 1980; Yarnal, 2004)。因此,越轨行为在社会传染中的影响可能因旅游群体的特性而有所不同。从内群体与外群体视角出发,探究旅游者越轨行为的内在机制具有重要意义。

本节内容对旅游环境责任行为研究做出了以下贡献。首先,确认了其他旅游者越轨行为对旅游者自身越轨行为的传染效应(逆向传染效应)。其次,基于其他旅游者和旅游同伴共享旅游空间的特性,本节研究深入分析了旅游同伴(即同伴群体规模和凝聚力)的边界作用。这一分析有助于目的地管理组织(DMOs)更好地识别不同旅行群体的行为特征,从而更有效地管控旅游者的越轨行为。最后，本节探讨了道德推脱在其他旅游者越轨行为、旅游同伴特性与旅游者越轨行为之间的中介作用。道德推脱不仅是其他旅游者越轨行为的结果（Tickle & von Essen, 2020），也是驱动旅游者越轨行为的重要因素（He & Harris, 2014）。通过揭示道德推脱的中介机制，本节为遏制旅游者越轨行为提供了重要的理论基础与实践指导。

4.1.1 研究假设与研究模型

4.1.1.1 旅游者越轨行为

旅游者越轨行为指的是导致财产损失或破坏的各类行为，包括制造噪声、乱扔垃圾、涂鸦、不尊重自然景观，以及为拍摄照片攀爬雕塑或树木等（Li & Chen, 2017; Uriely, Ram & Malach – Pines, 2011）。旅游者越轨行为的成因主要涉及企业或员工行为引发的冲突、旅游者自身特质以及外部机会因素（Fombelle et al., 2020）。例如，当酒店员工提供低质量服务时可能诱发旅游者的越轨行为（Hu, Lai & King, 2020）。雅吉尔和卢里亚（Yagil & Luria, 2014）指出，当旅游者感知服务提供者能力不足时，可能通过越轨行为进行报复，以重新校正其预期的"情景脚本"；相反，优质的物理环境与社会服务氛围则被证实能够有效减少机场内的旅游者越轨行为（Taheri et al., 2020）。此外，旅游者的个性特征（如对金钱权力或虚荣的感知）与越轨行为呈显著正相关（Li & Chen, 2017）。机会主义（如酒店客房的空间隔离和缺乏监控设施），也被发现会显著加剧越轨行为（Lugosi, 2019）。值得注意的是，部分旅游者甚至将越轨行为视为其旅行过程中难忘且真实的体验组成部分（Apostolidis & Haeussler, 2018; Melvin, Winklhofer & McCabe, 2020）。

4.1.1.2 其他旅游者越轨行为

本节对旅游者同伴与其他旅游者进行了明确的概念区分。其中，其他旅游者越轨行为指外群体的越轨行为。越轨行为具有社会传染性：消费者的越轨行为可能引发员工的越轨行为，如提高说话音量（Van Jaarsveld, Walker & Skarlicki, 2010）。在共享汽车等使用型服务场景中，前一位顾客的越轨行为会促进后续顾客的越轨行为（Schaefers et al., 2016）。与此同时，考虑到旅游情境下的高匿名性增加了旅游者逃避惩罚的可能性，旅游者越轨行为更可能表现出传染效应，而非逆向传染效应（Plé & Demangeot，2020）。

此外，消费者行为还受到参照群体的显著影响（Bearden & Etzel，1982）。根据期望—价值模型，当个体感知到其参照群体支持某种行为时，他们更倾向于表现出该行为（Ajzen & Fishbein，1973）。在旅游目的地情境中，旅游者的参照群体从原本的家庭成员转变为具有空间接近性的其他旅游者（Miao & Wei，2013）。因此，其他旅游者的越轨行为会向旅游者传递该行为是可接受的信号（Liu，Wu & Che，2019）。由此，提出如下假设：

H1：看见（vs. 未看见）其他旅游者越轨行为，旅游者会产生更高程度的越轨行为意向。

4.1.1.3 道德推脱

道德推脱是指个体根据周围的活动或事件激活或抑制自我调节的过程（Sharma，2020）。这一概念包含八种认知机制：道德合理化、委婉措辞（语言净化）、有利比较、责任转移、责任分散、后果扭曲、非人化以及归因责备（Bandura，1999）。通过对不道德行为的损害程度或原因进行认知重构（Detert，Treviño & Sweitzer，2008），个体能够为自己的行为找到合理化依据，从而避免内疚感或自责（Hinrichs et al.，2012）。

肯尼、卡什和博尔格（Kenny，Kashy & Bolger，1998）指出，当自变量与中介变量之间的路径显著，同时中介变量与因变量之间的路径也显著时，说明存在中介效应。当个体进入一个不洁环境时，可能会激活道德推脱（即后果扭曲），认为在此环境中乱丢垃圾对环境的危害较小（Cialdini，Reno & Kallgren，1990）。此外，看到其他旅游者的越轨行为可能会导致旅游者忽视既定的道德准则，从而引发道德推脱（Lovelock，2014；Tickle & von Essen，2020）。

旅游者还可能通过有利比较为自身的越轨行为辩解，如认为其行为的后果相较于酒店服务失误而言要轻微得多（He & Harris，2014）。夏尔玛（Sharma，2020）在解释黑色旅游中的越轨行为时提到道德推脱，指出旅游者在此过程中通常会减轻对自身行为的责任感。本节推测当看见其他旅游者越轨行为时，旅游者会抑制自我调节资源（即激活道德推脱），如合理化越轨行为，进而产生类似行为。由此，提出如下假设：

H2：道德推脱中介其他旅游者越轨行为对旅游者越轨行为意向的影响。

4.1.1.4 同伴群体规模

同伴群体规模指的是旅游同伴的数量。同伴群体的大小会影响旅游者的决策效率（Marcevova, Coles & Shaw, 2010）、支出（Kolyesnikova & Dodd, 2008）以及对体验质量的评价（Du, Fan & Feng, 2014）。此外，群体规模还会影响被观察者的行为，即所谓的观众效应：当个体认为自己在被他人看见时，他们往往更倾向于作出亲社会的选择（Cañigueral & Hamilton, 2019）。相较于大群体，小群体中的成员更难以在拥挤的人群中隐匿自己（Jackson & Latané, 1981）。例如，在小群体中，酒庄旅游者比大群体旅游者体验到更高的感恩和责任感（Kolyesnikova & Dodd, 2008）。然而，当面临其他顾客的越轨行为时，以享乐消费为动机的小群体成员更容易受负面情绪影响（Huang & Wang, 2014）。同样的，在小群体中，追求享乐的旅游者目睹其他旅游者的越轨行为时会效仿；但若无人越轨，成员的责任共担意识将促使大家遵守规范。

社会作用力理论指出，群体内成员（如旅行同伴）对个体行为的影响大于群体外成员（如其他旅游者）（Cracco & Brass, 2018; Huang et al., 2014）。随着群体规模的增大，群体成员的匿名性增强，个体感受到的关注减少（Wu, Moore & Fitzsimons, 2019），这会使群体成员的亲社会行为降低（Rutkowski, Gruder & Romer, 1983）。古贺（Kugihara, 2001）发现，在紧急情况下，大群体比小群体更容易出现越轨倾向。此外，在大群体中，有限的群体支持（Mueller, 2012）可能会降低旅游者的体验价值和满意度（Su, Cheng & Huang, 2020）。因此，旅游者可能会被诱发通过越轨行为来弥补其体验缺失，无论他们是否目睹了其他旅游者的越轨行为（Taheri et al., 2020）。由此，提出如下假设：

H3：同伴群体规模调节其他旅游者越轨行为对旅游者越轨行为意向的影响，即在小群体中，该效应显著，而在大群体中，该效应不显著。

由于大群体中的高度匿名性，成员往往更容易通过道德推脱来解释和合理化他们的越轨行为，而不受他人越轨行为的影响（Rutkowski, Gruder & Romer, 1983）。然而，在小群体中，责任感的分担会抑制道德推脱，除非其他旅游者的行为表明越轨行为是可以接受的，从而促使旅游者产生道德推脱

的心理（Liu, Wu & Che, 2019）。由此, 提出如下假设:

H4: 道德推脱中介同伴群体规模和其他旅游者越轨行为的交互效应对旅游者越轨行为意向的影响。

4.1.1.5 同伴群体凝聚力

同伴群体凝聚力反映了一个群体对其成员（如旅游同伴）的吸引力程度（Forsyth, 2000）。同伴群体凝聚力会影响旅游者对服务质量的感知以及价格敏感度, 从而导致差异化的满意度和消费选择（Jeong, Crompton & Hyun, 2019; Xu, 2018）。在低凝聚力群体中, 旅游者为了进行形象管理, 通常在餐厅服务失败时表现出较低的抱怨意向（Huang et al., 2014）, 因为利他行为和遵守社会规范有助于传递个体的良好声誉（Cañigueral & Hamilton, 2019）。与高凝聚力群体相比, 低凝聚力群体通常合作较弱（Carlson & Zmud, 1999）, 并且更容易受到群体外成员（即其他旅游者）的影响。当旅游者在低凝聚力群体中看见其他旅游者的越轨行为时, 更容易发生越轨行为; 若未看到越轨行为, 出于形象管理的需求, 非越轨行为则会占主导地位。

高凝聚力群体往往表现出更显著的群际偏见效应, 即成员倾向于对内群体给予更积极的评价（Hewstone, Rubin & Willis, 2002; Petersen, Dietz & Frey, 2004）。因此, 内群体的凝聚力对个体行为的影响大于外群体的影响。高凝聚力有助于旅游者沉浸在旅游情境中, 强化旅游者角色感知并弱化日常角色的限制, 因此, 无论是否看到其他旅游者的越轨行为, 较强的旅游者角色感知都有可能导致越轨行为的出现（Lin et al., 2019; Melvin, Winklhofer & McCabe, 2020）在这种情况下, 形象管理的需求会下降（Huang & Wang, 2014）, 而越轨倾向则会增加（Huang et al., 2014）。与此同时, 随着群体凝聚力的增强, 旅游者对其他成员的关怀责任也会增加（Zhu et al., 2020）。由此, 提出如下假设:

H5: 同伴群体凝聚力调节其他旅游者越轨行为对旅游者越轨行为意向的影响, 即在低凝聚力群体中, 该效应显著, 而在高凝聚力群体中, 该效应不显著。

此外, 在低凝聚力群体中, 形象管理需求需要依赖自我调节资源（即道德推脱机制被抑制）来控制越轨行为（von Dreden & Binnewies, 2017）。当其他旅游者暗示越轨行为是可以被接受时, 低凝聚力群体成员会停止启用自我调节资源（即道德推脱机制被激活），此时越轨行为可能随之发生。而在高凝聚力群体中，无论外部群体的越轨行为如何，成员更倾向于关注自身行为，并且在形象管理中较少依赖自我调节资源（Huang & Wang, 2014）。因此，提出如下假设：

H6：道德推脱中介同伴群体凝聚力和其他旅游者越轨行为的交互效应对旅游者越轨行为意向的影响。

本节的理论模型整理如图 4-1 所示。

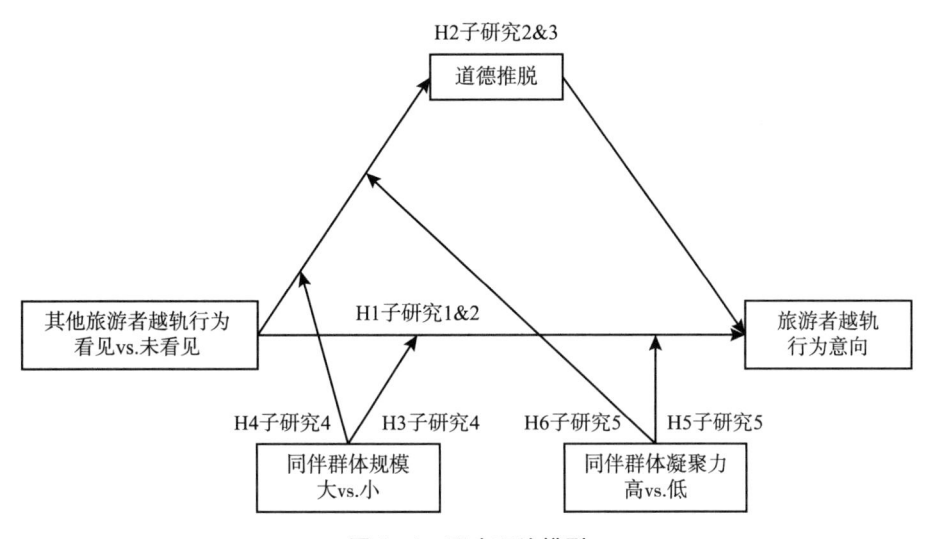

图 4-1 研究理论模型

为了检验上述假设，本节设计了一个问卷调查和四个情境实验。在子研究 1 中，采用了在线调查方式，旨在测试是否看见其他旅游者越轨行为会影响旅游者的越轨行为（H1）。由于采用了回顾性调查方法，子研究 1 的因变量是旅游者的越轨行为（而非行为意向）。在子研究 2 至子研究 5 中，进行了四个情境实验。这一方法适用于与道德相关的行为研究，主要基于以下三点原因：(1) 能有效减轻记忆越轨和合理化的影响（Boukis et al., 2020）；(2) 能够实现对核心变量的最佳控制，并最大限度减少环境干扰（Cai, Lu & Gursoy, 2018）；(3) 能够减少操控越轨行为所带来的伦理问题（Miao, Mattila & Mount, 2011）。具体而言，在子研究 2 中，通过操纵其他旅游者的越轨行为，旨在：(a) 检验看见这种行为是否会影响旅游者的越轨行为意向（H1）。(b) 探讨道德推脱是否在旅游者观察性越轨行为与自身越轨行为意向之间起到中介作用（H2）。在子研究3中，控制社会期望效应的影响，且操纵其他旅游者的越轨行为，进一步检验道德推脱在这一过程中是否发挥中介作用（H2），并排除其他潜在的中介机制。作为边界条件的检验，子研究4（操纵其他旅游者越轨行为与同伴群体规模）和子研究5（操纵其他旅游者越轨行为与同伴群体凝聚力）探讨了在大规模群体（H3）和高凝聚力群体（H5）中，其他旅游者越轨行为对旅游者越轨行为意向的影响是否有所减弱，同时也考察了道德推脱在这一影响中的中介作用（H4和H6）。

4.1.2 子研究1

子研究1旨在探讨其他旅游者的越轨行为对个体旅游者越轨行为的影响。李和陈（Li & Chen，2017）通过中国某热门搜索引擎识别了39种旅游越轨行为，并从中筛选出排名前10的行为。为进一步明确这些行为中常见的旅游越轨行为，研究团队于2020年8月至9月开展了13次半结构化电话访谈，访谈内容围绕常见的旅游越轨行为展开（如"您目睹过哪些旅游越轨行为？"）。旅游者受访者通过滚雪球抽样法招募，此外，还通过便利抽样法对3名旅游从业者进行了访谈（如"您经常看到哪些旅游越轨行为？"）。16名受访者中，女性占13人，旅游者大多为来自不同高校的硕士、博士研究生或教师，旅游从业者均来自同一家公司。所有访谈均进行了录音，访谈时长为1小时至1.5小时。通过内容分析，识别了三种常见的旅游越轨行为，包括在旅游过程中乱扔垃圾、踩踏草坪抄近路以及攀爬雕塑拍照。这三种行为同样位列李和陈（2017）所归纳的前10种越轨行为之中。最终，这些行为被纳入子研究1的问卷内容中。

4.1.2.1 研究设计

样本通过营销研究公司提供的在线调查平台采用定额抽样方法进行平衡分布，同时为参与者提供少量金钱奖励（Schaefers et al.，2016）。2021年6月，共有200名来自在线调查平台"见数"（Credamo）的受访者参与了本次调查，参与者获得了象征性的报酬（约合0.18美元）。其中，男性占比44.5%，女性占比55.5%；16.5%的受访者年龄为18~25岁，72.0%为26~35岁，10.0%为36~45岁（见表4-1）。

表 4–1　　子研究 1 参与者的人口统计学信息

变量	样本量	占比（%）
性别		
女性	111	55.5
男性	89	44.5
月收入		
小于 300 美元	8	4.0
301~800 美元	41	20.5
801~1200 美元	53	26.5
1201~1500 美元	55	27.5
1501 美元及以上	43	21.5
年龄		
18~25 岁	33	16.5
26~35 岁	144	72.0
36~45 岁	20	10.0
46 岁及以上	3	1.5
文化程度		
高中以下	3	1.0
高中或职高	10	5.0
大专或本科	178	89.0
硕士及以上	10	5.0

首先，本节研究要求参与者回忆其近期的一次旅游经历，并描述旅行时间、目的地类型及旅游同伴类型。随后，参与者针对其他旅游者的三种越轨行为完成了三项评估："其他旅游者乱扔垃圾"、"其他旅游者踩踏草坪抄近路"和"其他旅游者攀爬雕塑拍照"（Cronbach's $\alpha = 0.857$）。此外，参与者还就自身的越轨行为完成了三项评估："我乱扔垃圾"、"我踩踏草坪抄近路"和"我攀爬雕塑拍照"（Cronbach's $\alpha = 0.711$）。上述六项评估均改编自李和陈（2017），并采用李克特七级量表评分（1 = 非常不同意，7 = 非常同意）。参与者同时填写了其人口统计信息。在后续分析中，所有题目均以其平均得分进行计算。

由于所有评估题目最初均为英文编写，研究团队首先由一名双语学者将其翻译为中文，并邀请四位旅游者及旅游行业从业者对题目措辞进行验证。

随后，另一名不熟悉原始题目内容的双语学者将题目反向翻译为英文。最后，两位以英语为母语的学者对题目的概念等效性进行了审查，以确保翻译的准确性和一致性。

4.1.2.2 结果与讨论

为了检验假设 H1，子研究 1 采用分层回归分析构建了两个模型。模型 1 将与旅游相关的变量和个体相关的变量作为自变量（即控制变量），包括出游时间、目的地类型（人文型与自然型）、旅游同伴类型（家人、朋友或其他）、性别和年龄（Chapple, Vaske & Worthen, 2014; Hughes et al., 2008; Kim & Jang, 2014; Line, Hanks & Miao, 2018; Sharma & Klein, 2020），并将旅游者越轨行为作为因变量。在模型 1 的基础上，模型 2 新增了其他旅游者越轨行为作为自变量。德宾沃森值（Durbin – Watson）统计量为 2.219，表明残差相互独立（Bires & Raj, 2020）。

分析结果表明，出游时间、目的地类型、旅游同伴类型、性别和年龄显著影响旅游者的越轨行为（$F = 2.09$, $p < 0.1$），并解释了 6.1% 的行为方差。在控制了这些变量后，模型 2 的解释力显著提升至 19.8%（$\Delta F = 32.82$, $p < 0.001$）。此外，其他旅游者越轨行为对旅游者越轨行为具有显著的正向影响（$F = 6.78$, $p < 0.001$; $b = 0.19$, $p < 0.001$）。综上所述，H1 得到了验证（见表 4 – 2）。

表 4 – 2　　　　　　　旅游者越轨行为的方差解释模型概览

变量	模型 1 B	模型 1 T	模型 2 B	模型 2 T
控制变量				
出游时间	0.16	1.98**	0.12	1.56
目的地类型（vs. 人文）	-0.27	-2.23**	-0.24	-2.16**
旅游同伴类型（vs. 其他）				
家人	-0.12	-.82	-0.10	-0.69
朋友	0.06	0.39	0.09	0.63
性别（vs. 男性）	-0.02	-0.16	0.03	0.27
年龄	-0.10	-1.00	-0.03	-0.36

续表

变量	模型1 B	模型1 T	模型2 B	模型2 T
因变量				
其他旅游者—旅游者越轨行为			0.19	5.73***
R^2	0.061		0.198	
调整 R^2	0.032		0.169	
ΔR^2	0.061		0.137	
F	2.09*		6.78***	
ΔF	2.09**		32.82***	

注：(1) 因变量：其他旅游者越轨行为；(2) *（$p<0.1$）、**（$p<0.05$）、***（$p<0.001$）。

4.1.3 子研究2

子研究1表明，社会传染效应适用于其他旅游者越轨行为。子研究2旨在验证其他旅游者越轨行为对旅游者越轨行为意向的影响，并揭示其内在机制。子研究2采用了与子研究1相同的三种旅游者越轨行为作为研究内容。

4.1.3.1 研究设计

子研究2于2020年10月开展，共有100名旅游者参与，并获得约0.30美元的报酬，最终收集到85份有效问卷。样本中，男性占28.2%，女性占71.8%。在年龄分布上，18~25岁占28.2%，26~35岁占64.7%（见表4-3）。参与者为来自两个旅行团的自由行旅游者，旅行目的地为中国湖南省邵阳市的著名旅游景点——崀山。

表4-3　　子研究2参与者的人口统计学信息

变量	样本量	占比（%）
性别		
女性	61	71.8
男性	24	28.2
月收入		
小于300美元	17	20.0

续表

变量	样本量	占比（%）
301~800美元	25	29.4
801~1200美元	25	29.4
1201~1500美元	7	8.2
1501美元及以上	11	12.9
年龄		
18~25岁	24	28.2
26~35岁	55	64.7
36~45岁	1	1.2
46岁及以上	5	5.9
文化程度		
高中以下	4	14.7
高中或职高	1	1.2
大专或本科	44	51.8
硕士及以上	36	42.4

子研究2采用单因素组间设计（其他旅游者越轨行为：看见 vs. 未看见）。在实验场景中，参与者分别被安排到看见或未看见其他旅游者乱扔垃圾、踩踏草坪抄近路、攀爬雕塑拍照的情境。实验在旅游者乘坐大巴从一个景点前往另一个景点的途中进行，每位旅游者收到一份装在信封中的问卷。经过培训的导游向参与者说明，本次实验匿名开展（不会收集任何个人身份信息），并要求参与者在完成问卷前不要相互交流。为了避免参与者猜测研究目的，参与者被分配到不同的实验情境：看见其他旅游者越轨行为的组（n=45）和未看见其他旅游者越轨行为的组（n=40）。

在阅读实验情境后，参与者需完成一份包含四个部分的问卷。第一，使用已有研究（Yi, Gong & Lee, 2013）提出的两项李克特七级量表测试情境的真实性："在现实生活中，这样的场景可能会发生"和"我能轻松想象自己置身于这种情境中"（1=非常不同意，7=非常同意）。结果显示，参与者对情境的真实性有较高的认同感（$M=5.04$，$SD=1.68$），并能够较好地想象自己处于该情境中（$M=5.15$，$SD=1.63$）。

第二，借鉴了已有研究成果（Chen, Chen & Sheldon, 2016; Moore, Detert, Treviño, Baker & Mayer, 2012; Wu, Font & Liu, 2021）中所提到的方法，改编了四个题项，构建了旅游者道德推脱的测量（例如，"为了方便，偶尔进行乱扔垃圾、踩踏草坪抄近路和攀爬雕塑拍照等行为是可以接受的"；Cronbach's α=0.704；1=非常不同意，7=非常同意）。此外，采用李和陈（2017）改编的三项题项测量旅游者越轨行为意向："我会乱扔垃圾"、"我会踩踏草坪抄近路"和"我会攀爬雕塑拍照"（Cronbach's α=0.712；1=非常不同意，7=非常同意）。在后续分析中，使用这些题项的平均得分。

第三，使用改编自舍费尔斯等（Schaefers et al., 2016）的量表进行操纵检验："我认为其他旅游者没有负责任地对待目的地"（1=非常不同意，7=非常同意）。

第四，收集了参与者的人口统计学信息。

4.1.3.2 结果与讨论

研究结果表明，参与者对其他旅游者越轨行为的操纵（看见 vs. 未看见）作出了准确反应（$M_{看见}=5.87$，$SD_{看见}=1.44$ vs. $M_{未看见}=3.70$，$SD_{未看见}=2.39$；$F(1, 83)=26.31$，$p<0.001$，partial $\eta^2=0.241$）。

在控制性别和年龄的影响后（Chapple, Vaske & Worthen, 2014; Hughes et al., 2008），使用单因素协方差分析（ANCOVA），以旅游者越轨行为意向作为因变量，其他旅游者越轨行为作为自变量。结果表明，相较于未看见此类行为的参与者（$M=2.18$，$SD=1.36$；$F(1, 81)=12.46$，$p=0.001$，partial $\eta^2=0.133$），看见其他旅游者越轨行为的参与者（$M=3.11$，$SD=1.29$）表现出显著更强的越轨行为意向。因此，H1得到了支持。

在标准化所有连续变量并控制性别和年龄的影响后，利用Bootstrap进行中介分析，采用5000次重复抽样，设置95%的置信区间（CI）（Hayes, 2013）。PROCESS模型4揭示了道德推脱在看见其他旅游者越轨行为与旅游者越轨行为意向之间的中介作用（$b=0.11$，$SE=0.04$；95% CI=[0.04, 0.18]）。看见其他旅游者越轨行为对旅游者越轨行为意向的直接效应不显著（$b=0.06$，$SE=0.04$；95% CI=[-0.01, 0.14]）。通常，CI包括零意味着效应不显著。道德推脱完全中介了看见其他旅游者越轨行为对旅游者越轨行为意向的主效应（见图4-2）。因此，H2得到了支持。

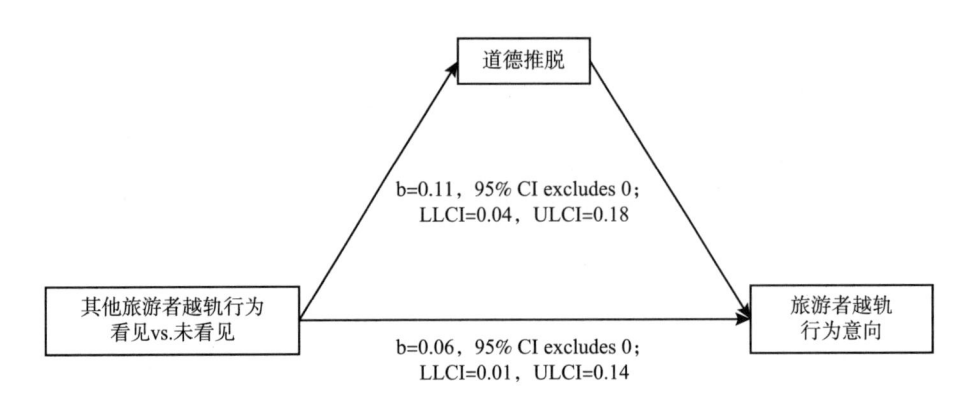

```
                    道德推脱
             ↗               ↘
   b=0.11, 95% CI excludes 0;
   LLCI=0.04, ULCI=0.18

其他旅游者越轨行为                    旅游者越轨
看见vs.未看见   ────────────────→    行为意向
         b=0.06, 95% CI excludes 0;
         LLCI=0.01, ULCI=0.14
```

Note：CI=Confidence interval；LLCI=Lower limit of confidence interval；
ULCI=Upper limit of confidence interval

图 4-2 道德推脱的中介作用

4.1.4 子研究 3

子研究 2 展示了其他旅游者越轨行为的社会传染效应，并确认旅游者的道德推脱在其他旅游者越轨行为对旅游者越轨行为意向的影响中起到了中介作用。然而，道德意识也可能在其他旅游者越轨行为的社会传染效应中发挥中介作用（He & Harris，2014）。在控制社会期望效应的前提下，研究 3 旨在排除其他可能的中介机制。

4.1.4.1 研究设计

2020 年 10 月，共 143 名注册营销实验室的工作人员（88 名男性，$M_{年龄}$ = 23.49，SD = 3.44）参与了该子研究，并获得约 0.15 美元的报酬。营销实验室由中国多所高校联合运营，参与者包括学生、教师和工作人员。该子研究通过在线实验解决在实际情境中操纵旅游者越轨行为所面临的挑战及伦理问题（Miao，Mattila & Mount，2011），同时也降低了参与者与研究者面对面互动的可能性，从而尽可能减少这种互动对参与者实际越轨行为意向的影响（Cai，Lu & Gursoy，2018）。

子研究 3 采用了单因素被试间设计（其他旅游者越轨行为：看见 vs. 未看见）。参与者被随机分配至看见（n = 71）或未看见（n = 72）其他旅游者越轨行为的情境中。为了控制社会期望效应，李和陈（Li & Chen，2017）以及何和哈里斯（He & Harris，2014）在情境设计中使用了第三人称表达。因此，子研究 3 中的情境描述了虚拟角色"小明"看见或未看见其他旅游者乱丢垃圾、踩草坪抄近路和爬上雕塑拍照的行为。参与者被要求推测小明是否会模仿并进行类似的越轨行为。

在阅读完情境描述后，参与者填写了一份包含四部分内容的问卷。第一，使用易等（Yi et al., 2013）的一项题目检验情境的真实性："在现实生活中，这种情境可能发生"（1 = 强烈不同意，7 = 强烈同意）。结果显示，参与者普遍认为情境具有较高的真实性（M = 5.48，SD = 1.54）。第二，四项道德推脱的测量项与子研究 2 相似，Cronbach's α 系数为 0.810（1 = 强烈不同意，7 = 强烈同意）。旅游者越轨行为意向采用李和陈（2017）改编的三项题目进行测量："我认为小明会乱丢垃圾"、"我认为小明会踩草坪抄近路"和"我认为小明会爬上雕塑拍照"（Cronbach's α = 0.929；1 = 强烈不同意，7 = 强烈同意）。后续分析使用了这些项的平均得分。个体的道德意识则通过雷诺兹（Reynolds, 2006）改编的一个题目进行测量："这个情境中有非常重要的伦理方面"（1 = 强烈不同意，7 = 强烈同意）。第三，进行了操纵检验。第四，收集了参与者的基本信息（如年龄和性别等）。

4.1.4.2 结果与讨论

参与者对旅游者越轨行为（看见 vs. 未看见）的操纵结果符合预期 [$M_{看见}$ = 4.26，SD = 2.20 vs. $M_{未看见}$ = 3.47，SD = 2.08；$F(1, 141)$ = 4.92，p = 0.028，partial η^2 = 0.034]。

接着，本节研究进行了单因素协方差分析（ANCOVA），控制了性别和年龄的影响（Chapple, Vaske & Worthen, 2014；Hughes et al., 2008）。因变量为旅游者越轨行为意向，自变量为其他旅游者的越轨行为。结果显示，看见越轨行为的参与者（M = 4.72，SD = 1.77）相较于未看见此类行为的参与者（M = 3.71，SD = 1.83）具有显著更强的越轨行为意向 [$F(1, 139)$ = 9.11，p = 0.003，partial η^2 = 0.061]。因此，H1 得到了支持。

在对所有连续变量进行标准化并控制性别和年龄的影响后，本节研究通过 5000 次重复抽样及 95% 置信区间进行平行中介分析（Hayes, 2013）。在 PROCESS 模型 4 中，道德推脱与道德意识作为中介变量，中介了越轨行为对越轨行为意向的影响。结果验证了预期，仅道德推脱在越轨行为对越轨行为意向的影响中起到了显著的中介作用（道德推脱：b = 0.04，SE = 0.03；95%

CI=[0.0006，0.10]；道德意识：b=0.003，SE=0.01；95% CI=[-0.02，0.03]）。因此，H2 也得到了支持。

4.1.5 子研究 4

子研究 3 提供的证据表明，旅游者的道德推脱在其他旅游者越轨行为对旅游者越轨行为意向的影响中起到了中介作用，并排除了其他可能的中介机制。子研究 4 的目的是扩展这些结果，检验同伴群体规模是否会调节其他旅游者越轨行为对旅游者越轨行为意向的影响。

4.1.5.1 研究设计

子研究 4 的参与者来自中国在线调查面板（Sojump），该面板覆盖全国各地。2020 年 10 月，共有 207 名在线调查面板成员参与了子研究，其中男性占 45.9%，女性占 54.1%，每位参与者获得约 0.45 美元的报酬。在参与者中，约 1/4（21.3%）的年龄在 18～25 岁，53.6% 的参与者年龄在 26～35 岁，19.3% 的参与者年龄在 36～45 岁（见表 4-4）。

表 4-4　　　　　　　　子研究 4 参与者的人口统计学信息

变量	样本量	占比（%）
性别		
女性	112	54.1
男性	95	45.9
月收入		
小于 300 美元	22	10.6
301～800 美元	34	16.4
801～1200 美元	71	34.3
1201～1500 美元	42	20.3
1501 美元及以上	38	18.4
年龄		
18～25 岁	44	21.3
26～35 岁	111	53.6
36～45 岁	40	19.3

续表

变量	样本量	占比（%）
46岁及以上	12	5.8
文化程度		
高中以下	3	1.4
高中或职高	10	4.8
大专或本科	175	84.5
硕士及以上	19	9.2

子研究4采用了2（其他旅游者越轨行为：看见 vs. 未看见）×2（同伴群体规模：大 vs. 小）的被试间设计。参与者通过在线调查面板随机分配至四个情境之一：看见其他旅游者越轨行为并与大群体同行（n = 51）、看见其他旅游者越轨行为并与小群体同行（n = 53）、未看见其他旅游者越轨行为并与大群体同行（n = 51）、未看见其他旅游者越轨行为并与小群体同行（n = 52）。其他旅游者越轨行为的情境描述与子研究2中的一致。同伴群体规模的区分依据已有研究（Huang & Wang, 2014; Wu, Moore & Fitzsimons, 2019; Su, Cheng & Huang, 2020），"小群体"由两位成员组成，而"大群体"包含12位成员。

参与者阅读情境后，需填写一份五部分的问卷。情境真实性检验结果显示，参与者认为该情境具有较高的真实性（$M = 5.65$，SD = 1.24），并能够设想自己置身于该情境中（$M = 5.72$，SD = 1.37）。四个道德推脱量表的Cronbach's α 系数为0.704，关于旅游者越轨行为意向的三项测量项的Cronbach's α 系数为0.81。本节研究还对越轨行为和同伴群体规模进行了操纵检验。同伴群体规模的操纵通过改编自已有研究的一项题目进行测量："我的同伴群体规模很大"（1 = 强烈不同意，7 = 强烈同意）（Du, Fan & Feng, 2014）。规范性影响易感性的测量改编自沙玛和克莱因（Sharma & Klein, 2020）的四项题目（例如，"做某事时，我通常会做我认为别人会赞同的事"；Cronbach's α = 0.703；1 = 强烈不同意，7 = 强烈同意）。后续分析中使用了各项测量的平均得分。最后，收集了参与者的人口学信息。

4.1.5.2 结果与讨论

感知到其他旅游者越轨行为进行的2（越轨行为：看见 vs. 未看见）×2

（同伴群体规模：大 vs. 小）被试间方差分析（ANOVA）结果显示，看见其他旅游者越轨行为显著影响旅游者越轨行为意向 [$M_{看见}$ = 6.12, $SD_{看见}$ = 1.23 vs. $M_{未看见}$ = 2.74, $SD_{未看见}$ = 1.79; $F(1, 203)$ = 286.01, $p < 0.001$, partial η^2 = 0.585]。此外，对感知同伴群体规模的 2（越轨行为：看见 vs. 未看见）× 2（同伴群体规模：大 vs. 小）被试间方差分析显示，感知群体规模显著影响旅游者越轨行为意向 [$M_{大群体}$ = 5.36, $SD_{大群体}$ = 1.38 vs. $M_{小群体}$ = 2.87, $SD_{小群体}$ = 1.26; $F(1, 203)$ = 184.18, $p < 0.001$, partial η^2 = 0.476]。参与者通过了越轨行为（看见 vs. 未看见）和同伴群体规模（大 vs. 小）的操纵检验。

在控制了个体对规范性影响易感性、性别和年龄的影响（Chapple, Vaske & Worthen, 2014; Hughes et al., 2008; Sharma & Klein, 2020）后，进行了 2×2 协方差分析（ANCOVA），以旅游者越轨行为意向为因变量，越轨行为和同伴群体规模为自变量。结果显示，旅游者越轨行为意向的交互效应显著 [$F(1, 200)$ = 17.59, $p < 0.001$, partial η2 = 0.081]。研究还进行了两项单因素协方差分析，以确认同伴群体规模的调节效应方向。在大群体条件下，看见或未看见越轨行为的参与者之间的差异不显著 [$M_{看见}$ = 3.26, $SD_{看见}$ = 1.45 vs. $M_{未看见}$ = 3.57, $SD_{未看见}$ = 1.45; $F(1, 97)$ = 1.36, $p > 0.05$, partial η^2 = 0.014]。在小群体条件下，看见越轨行为的参与者在越轨行为意向上显著高于未看见的参与者 [$M_{看见}$ = 3.39, $SD_{看见}$ = 1.58 vs. $M_{未看见}$ = 1.97, $SD_{未看见}$ = 1.06; $F(1, 100)$ = 25.49, $p < 0.001$, partial η^2 = 0.203]（见图 4-3）。因此，H3 得到了支持。

在对所有连续变量进行标准化，并控制个体对规范性影响的易感性、性别和年龄后，使用 5000 次重复抽样和 95% 置信区间，通过 Bootstrap 进行调节中介分析（Hayes, 2013）。在 PROCESS 模型 8 中，同伴群体规模作为调节变量，调节其他旅游者越轨行为对旅游者越轨行为意向的影响。道德推脱作为中介变量。调节中介效应显著（b = 0.17, SE = 0.05; 95% CI = [0.08, 0.28]）。将中介分析分解到不同的团体规模条件下，结果显示这种中介效应在小群体条件下显著（b = 0.13, SE = 0.03; 95% CI = [0.06, 0.19]），但在大群体条件下不显著（b = 0.05, SE = 0.04; 95% CI = [-0.12, 0.03]）。因此，H4 得到了支持。

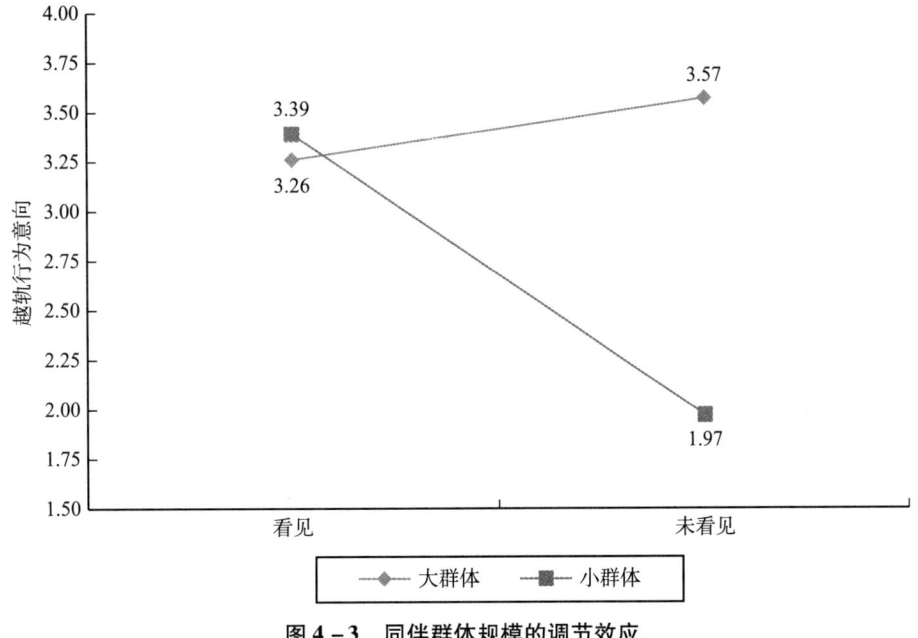

图 4-3 同伴群体规模的调节效应

4.1.6 子研究 5

子研究 5 旨在检验同伴群体凝聚力是否在其他旅游者越轨行为对旅游者越轨行为意向的影响中起到调节作用。与子研究 4 类似，参与者来自中国的在线调查面板（Sojump）。

4.1.6.1 研究设计

子研究 5 于 2020 年 10 月邀请了 217 名在线调查面板工作人员参与（男性 50.7%，女性 49.3%），每位参与者获得约 0.45 美元的报酬。参与者的年龄分布为：27.2% 在 18~25 岁，46.5% 在 26~35 岁，19.4% 在 36~45 岁（见表 4-5）。

表 4-5　　　　子研究 5 参与者的人口统计学信息

变量	样本量	占比（%）
性别		
女性	107	49.3
男性	110	50.7

续表

变量	样本量	占比（％）
月收入		
小于300美元	31	14.3
301~800美元	42	19.4
801~1200美元	68	31.3
1201~1500美元	40	18.4
1501美元及以上	36	16.6
年龄		
18~25岁	59	27.2
26~35岁	101	46.5
36~45岁	42	19.4
46岁及以上	15	6.9
文化程度		
高中以下	6	2.8
高中或职高	15	6.9
大专或本科	184	84.8
硕士及以上	12	5.5

该子研究采用了2（其他旅游者越轨行为：看见 vs. 未看见）×2（同伴群体凝聚力：高 vs. 低）之间组设计。参与者通过在线调查面板被随机分配到四种情境之一：与高凝聚力同伴群体一起看见其他旅游者越轨行为（n=53）、与低凝聚力同伴群体一起看见其他旅游者越轨行为（n=55）、与高凝聚力同伴群体一起但未看见其他旅游者越轨行为（n=54）或与低凝聚力同伴群体一起但未看见其他旅游者越轨行为（n=55）。其他旅游者越轨行为的描述与子研究1中相同。同伴群体凝聚力的定义参考了周等（Zhou et al., 2014）以及程等（Cheng et al., 2013）的研究：例如，彼此熟识多年的两位好朋友（高凝聚力群体）与相识不足半个月的两位新同事（低凝聚力群体）。

在阅读完情境描述后，参与者被要求填写一份包含五个部分的问卷。情境真实性测试表明，参与者认为该情境具有较高的真实性（$M=5.73$，$SD=1.21$），且能够将自己代入情境中（$M=5.63$，$SD=1.27$）。四个道德推脱项目的Cronbach's α系数为0.706，而关于旅游者越轨行为意向的三个项目的Cronbach's α系数为0.791。后续分析中使用了这些项目的平均分数。此外，本节还检验了其他旅游者越轨行为和同伴群体凝聚力的操纵有效性。群体凝聚力的操纵使用了尤和阿拉维（Yoo & Alavi，2001）中的一项条目："我的群体非常亲密和统一"（1=强烈不同意，7=强烈同意）。本节还评估了参与者对规范性影响的易感性，相关的四个条目 Cronbach's α 系数为 0.71，分析时采用了其平均分数。最后，收集了参与者的人口统计信息（见表4-6）。

4.1.6.2 结果与讨论

对感知其他旅游者越轨行为的 2（其他旅游者越轨行为：看见 vs. 未看见）×2（同伴群体凝聚力：高 vs. 低）之间组方差分析（ANOVA）结果表明，其他旅游者越轨行为显著影响旅游者越轨行为 [$M_{看见}=4.86$，$SD_{看见}=2.11$ vs. $M_{未看见}=2.48$，$SD=1.72$，$F(1, 213)=131.89$，$p<0.001$，partial $\eta^2=0.382$]。此外，对感知同伴群体凝聚力的 2（其他旅游者越轨行为：看见 vs. 未看见）×2（同伴群体凝聚力：高 vs. 低）之间组方差分析显示，群体凝聚力显著影响旅游者越轨行为 [$M_{高凝聚力}=5.41$，$SD_{高凝聚力}=1.41$ vs. $M_{低凝聚力}=4.12$，$SD_{低凝聚力}=1.48$，$F(1, 213)=164.12$，$p<0.001$，partial $\eta^2=0.435$]。参与者对其他旅游者越轨行为（看见 vs. 未看见）和群体凝聚力（高 vs. 低）的操纵反应准确。

在控制了个体对规范性影响的易感性、性别和年龄后（Chapple, Vaske & Worthen, 2014；Hughes et al., 2008；Sharma & Klein, 2020），本节研究进行了 2×2 协方差分析（ANCOVA）。因变量是旅游者越轨行为意向，自变量为其他旅游者越轨行为和同伴群体凝聚力。结果表明，旅游者越轨行为的交互效应显著存在 [$F(1, 210)=29.86$，$p<0.001$，partial $\eta^2=0.125$]。

本节还进行了两次单因素协方差分析（ANCOVA），以确认同伴群体凝聚力的调节效应方向。在高凝聚力群体条件下，看见与未看见其他旅游者越轨行为的参与者之间没有显著差异 [$M_{看见}=3.26$，$SD_{看见}=1.51$ vs. $M_{未看到}=3.30$，$SD_{未看到}=1.43$，$F(1, 102)=0.002$，$p>0.05$，partial $\eta^2<0.001$]。在低凝聚力群体条件下，看见其他旅游者越轨行为的参与者的越轨行为意向显著高于未看见的参与者 [$M_{看见}=3.68$，$SD_{看见}=1.38$ vs. $M_{未看见}=1.89$，$SD_{未看见}=0.84$，$F(1, 105)=69.50$，$p<0.001$，partial $\eta^2=0.398$]（见图4-4）。因此，H5 得到了支持。

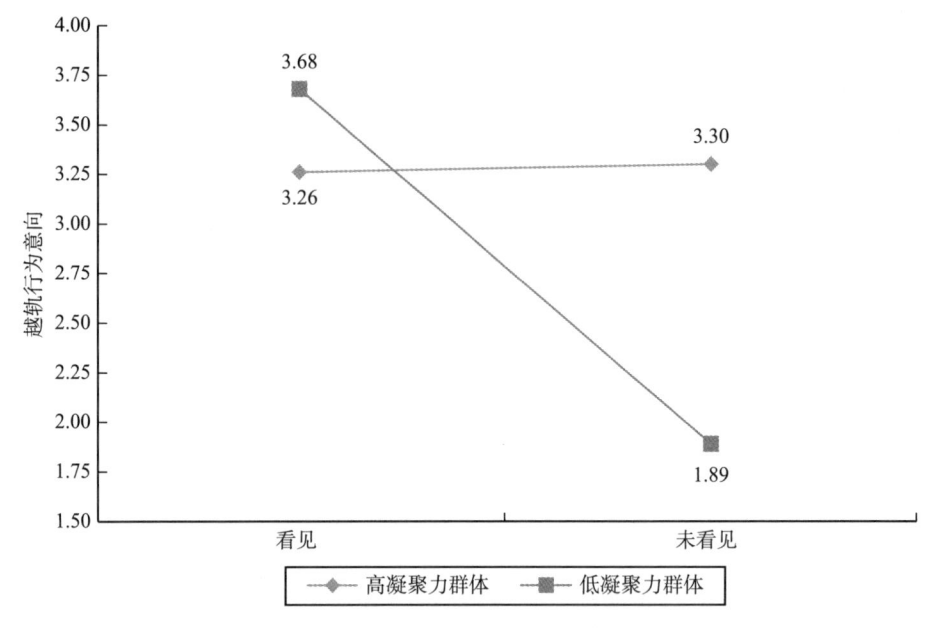

图 4-4 同伴群体凝聚力的调节效应

在对所有连续变量进行标准化，并控制了个体对规范性影响的易感性、性别和年龄后，本节使用5000次重复抽样和95%置信区间进行调节中介分析（Hayes，2013）。在海耶丝（Hayes）的模型8中，同伴群体凝聚力调节了其他旅游者越轨行为对旅游者越轨行为意向的影响，且道德推脱起到了中介作用。调节中介效应显著（b = 0.20，SE = 0.04；95% CI = [0.13，0.27]）。将中介分析拆分为不同群体凝聚力条件下的结果显示，在低凝聚力群体中，中介效应显著（b = 0.19，SE = 0.03；95% CI = [0.13，0.25]），而在高凝聚力群体中未显著。

4.1.7 研究结论与讨论

子研究1和子研究2验证了旅游情境中越轨行为的社会传染效应，并揭示了其他旅游者越轨行为、旅游者道德推脱以及旅游者越轨行为意向之间的关系，同时控制了潜在的混淆变量。具体而言，旅游者的道德推脱在其他旅游者越轨行为对旅游者越轨行为意向的影响中起到了中介作用。子研究3进一步排除了其他可能的中介机制。子研究4和子研究5基于社会作用力理论，探讨了同伴群体特征（即同伴群体规模和同伴群体凝聚力）对其他旅游者越轨行为影响旅游者越轨行为意向的边界条件。子研究 4 的结果表明，随着同伴群体规模的扩大，其他旅游者越轨行为对旅游者越轨行为意向的影响逐渐减弱。此外，其他旅游者越轨行为与旅游群体规模对旅游者越轨行为意向的交互作用受到旅游者道德推脱的中介作用的影响。子研究 5 发现，随着同伴群体凝聚力的增强，其他旅游者越轨行为对旅游者越轨行为意向的影响同样呈现减弱趋势。进一步分析显示，其他旅游者越轨行为与旅游群体凝聚力对旅游者越轨行为意向的交互作用也通过旅游者的道德推脱产生中介作用。

第一，本节拓展了旅游者越轨行为的前因研究，在整合道德推脱的基础上，推进了对旅游者越轨行为形成机制的理解。现有研究发现越轨行为的前因可以分为三类：与公司或员工行为的冲突，消费者特质和机会主义（Fombelle et al.，2020）。研究聚焦于机会主义，验证了旅游者越轨行为的社会传染效应，同时发现了道德推脱的中介作用。就理论而言，越轨行为在消费者之间存在传染的可能性（Plé & Demangeot，2020），但是还缺乏多情境的实证证据（Schaefers et al.，2016），因而通过揭示道德推脱的重要作用，将社会传染效应拓展到了旅游者越轨行为。

第二，本节拓展了"其他顾客"的研究范围，特别是，丰富了旅游情境中"其他顾客"的研究内容。现有研究没有区分其他旅游者和同伴对旅游者的差异性影响（Lin et al.，2019；Wu et al.，2021），通过定义旅游同伴和其他旅游者两个概念，本节区分了旅游情境中的"其他顾客"，并且揭示了其他旅游者越轨行为和旅游同伴群体（群体规模和群体凝聚力）的交互效应对旅游者越轨行为意向的影响。同时，也解释了为什么越轨行为的社会传染效应并不总是适用。此外，通过纳入旅游同伴群体规模和群体凝聚力，本节丰富了社会作用力理论的内涵。

第三，本节揭示了群体层面的因素如何影响旅游者行为，为旅游群体行为研究贡献了新的知识。已有旅游者越轨行为的研究主要聚焦于个体层面因素（Li & Chen，2019），本节研究通过整合社会传染效应和社会作用力理论，从群体层面探索旅游者越轨行为的前因，并进一步构建了包含内群体和外群体的理论框架，识别了内外群体成员主导旅游者越轨行为的条件。同时，考虑到旅游者和他人共享旅游空间，研究结论也可进一步拓展到其他旅游者行为。

总体而言，本节区分了其他旅游者与旅游同伴两个群体，发现并验证了旅游者越轨行为的社会传染效应，在此基础上，探讨了社会传染效应和旅游同伴效应的联合作用，揭示了旅游同伴效应在旅游者越轨行为传染机制中的边界作用。

为了削弱越轨行为的社会传染效应，目的地管理组织应该建立预防和控制机制，如通过简单的标语（"99%的旅游者不会乱扔垃圾"；"99%的旅游者将垃圾扔进了垃圾桶"）助推旅游者文明行为。为了加强高凝聚力群体中旅游者的印象管理倾向，可以使用"你的朋友不希望你这样做"等标语。

为了降低大群体的匿名性，可以邀请旅游者参加环境责任行为的公开签名活动，以提升其承诺水平。同时，工作人员应该扮演"观众"角色，积极地与旅游者进行眼神交流，并致以亲切的问候。此外，也可以通过调整接待设施控制群体规模。

为了激活旅游者的自我调节资源（抑制道德推脱），目的地管理组织应该要强化越轨行为的负面后果，如构建旅游者黑名单，公示越轨行为的处罚。同时，旅游者教育也需要得到重视，如告诫旅游者勿以恶小而为之，可以减少其责任扩散倾向。

4.2 内外群体对旅游者环境责任行为的作用机制

近年来，旅游目的地中旅游者和本地居民的越轨行为引起了越来越多的关注（Chien & Ritchie, 2018；Li & Chen, 2022；Su et al., 2022）。此类行为包括在公共场所吸烟、随地吐痰、涂鸦、不尊重自然景观和乱丢垃圾等（Volgger & Huang, 2019；Su et al., 2022）。这些行为不仅会破坏环境，还可能导致负面媒体报道，从而进一步损害目的地的可持续发展（Peng et al., 2022；Tsaur, Cheng & Hong, 2019；Zhang, Pearce & Chen, 2019）。目的地营销组织必须采取有效的应对策略，以减少此类行为的发生。

现有文献表明，个体对越轨行为的评估在一定程度上取决于行为是由内群体成员还是外群体成员所犯（Goldring & Heiphetz, 2020；Karelaia & Keck, 2013）。研究还表明，旅游目的地的居民将自己视为排除在旅游者之外的内群体成员，因此他们对本地居民和旅游者的态度及行为反应有所不同（Tung, 2019），并且习惯将本地居民称为"我们"，将旅游者称为"他们"（Giles,

Ota & Foley，2013）。旅游者和本地居民之间在语言、社会规范、文化习俗和行为习惯上的差异进一步加强了这种内群体与外群体的区分（Gelfand et al.，2021；Gursoy，Jurowski & Uysal，2002；Ribeiro et al.，2017）。然而，现有研究尚未清楚探讨实施越轨行为的个体在群体中的身份如何影响旅游目的地居民对待越轨行为的态度和行为意向。

关于内群体与外群体成员身份影响的研究有一部分依托于社会认同理论的开展，该理论认为，人们有动机将自己的群体与其他群体区分开来。在某种程度上，他们将内群体成员内化为有意义的自我概念的一部分，这增加了他们对内群体的情感依恋，从而表现出对内群体的偏爱（Ellemers & Haslam，2012；Tajfel et al.，1979）。心理学和社会学研究表明，人们在评价偏离社会规范的个体时，往往会体现出内群体偏爱，即相较于外群体成员，人们对内群体成员的越轨行为更为宽容（Forbes & Stellar，2021）。这种宽容态度与个体的越轨行为意向之间存在显著关联，研究发现，那些对内群体成员越轨行为表现出宽容的人，通常会表现出较高的越轨行为意向，而这种倾向在缺乏宽容态度的人群中则较低（Bernhard，Fischbacher & Fehr，2006；Jetten & Hornsey，2014）。尽管已有研究表明，越轨行为在旅游情境中具有传播效应，但关于人们为何选择宽容或惩罚越轨行为的心理机制却鲜有探讨，而且这些中介机制在现有研究中往往未受到足够关注（Aguiar et al.，2017；Su et al.，2022）。因此，根据社会认同理论，在内群体偏爱的影响下，旅游目的地的居民可能对其内群体成员的越轨行为比对外群体更宽容，而这种宽容可能在越轨行为发生群体类型与目标居民的越轨行为意向之间发挥中介作用。

关于内群体和外群体成员身份影响的研究还有一部分基于规范焦点理论（Cialdini，Kallgren & Reno，1991；McAuliffe & Dunham，2016）。该理论提出了"黑羊效应"概念（Sun et al.，2022；Wang et al.，2016），即人们对违反群体规范的内群体成员的惩罚往往比对相同行为的外群体成员的惩罚更为严厉（Marques & Paez，1994；Sun et al.，2022）。根据规范焦点理论，"黑羊效应"源于维护群体规范和保护社会身份的动机策略（Kutlaca，Becker & Radke，2020）。当内群体成员未能遵守群体规范时，这不仅威胁到群体的积极形象，还会影响群体成员的社会身份（Eidelman & Biernat，2003）。因此，其他群体成员倾向于对内群体成员的越轨行为给予更为严厉的惩罚，以此表明对群体规范的保护和对群体身份的捍卫（Bernhard，Fischbacher & Fehr，2006；

McAuliffe & Dunham, 2016)。已有实证研究证实了"黑羊效应"的存在（Hewig et al., 2011；Kutlaca et al., 2020），且一些研究指出，针对内群体成员的惩罚越严厉，可能在群体内部形成更强的震慑作用，进一步减少越轨行为的发生（Bhati & Pearce, 2016；Li & Chen, 2022）。因此，本节旨在探讨，旅游目的地居民在评估越轨行为时，"黑羊效应"所预测的严厉评价是否依然适用。

尽管前述的内群体偏爱和"黑羊效应"似乎相互矛盾，但已有研究表明，这些效应在不同条件下会表现得更为显著（Aguiar et al., 2017）。例如，一些研究表明，社会规范的强度会影响人们对越轨行为的态度以及其自身实施越轨行为的意向（Gelfand et al., 2011）。在社会规范较松散的环境中，人们倾向于将"情"作为行为规范的核心，这使得内群体偏爱更可能支配他们对越轨行为的评价，这与社会认同理论相一致（Qu, Zhao & Zhao, 2021）。然而，在社会规范较为严密的社会中，规则和规章制度主导着社会互动（Gelfand et al., 2021）。在这样的社会中，人们可能会将"理"置于"情"之上，进而影响他们对内群体成员越轨行为的评价。规范焦点理论表明，居民可能会比对旅游者更严厉地惩罚其他居民的越轨行为，因为内群体成员遵守当地规范有助于提升群体合作（McAuliffe & Dunham, 2016）。因此，本节旨在探讨规范强度的不同水平是否会影响内群体偏爱效应或"黑羊效应"在居民群体中的表现，从而揭示这两种效应的边界条件。

本节通过将本地居民和旅游者分别视为内群体和外群体，定义内群体偏爱效应为当地居民对其他居民越轨行为的宽容意愿高于对旅游者的宽容，定义"黑羊效应"为当地居民对其他居民越轨行为的惩罚意愿高于对旅游者的惩罚。本节探讨了目的地居民如何对内群体成员（其他居民）与外群体成员（旅游者）表现出的相同行为作出反应。本节研究对越轨行为的文献贡献主要体现在以下几个方面。首先，本节揭示了内群体与外群体的越轨行为是否分别引发内群体偏爱效应或"黑羊效应"，并考察了越轨行为的传染效应。其次，本节验证了宽容意愿与惩罚意愿在内群体和外群体越轨行为与当地居民越轨行为意向之间的并行中介作用。再次，本节通过识别规范强度在越轨行为类型与当地居民行为意向之间的调节作用，进一步探讨了社会认同理论和规范焦点理论在旅游情境中的适用边界。最后，本节为目的地营销组织和政策制定者提供了实践性启示，帮助其制定有效策略，减少旅游者与居民的越轨行为，并为目的地营销组织提供了应对不同规范条件下越轨行为的社会规范干预策略。

4.2.1 研究假设与研究模型

4.2.1.1 社会认同理论

社会认同是一个人的自我概念的一部分，源于个体对自己作为一个（或多个）社会群体成员的认识，以及与这种成员身份相关的情感含义（Tajfel，1974）。社会认同理论的提出是为了理解和解释人们何时以及为什么会以这种社会身份来思考、感受和行动（Ellemers，2012）。它提出，个体将自己与某一个维度上相似的人归类为内群体，而将那些在该维度上不同的人归类为外群体（Tajfel & Turner，1986）。在某种程度上，个体将群体成员内化为自我概念的一部分，他们将倾向于积极地看待和评价内群体成员，以实现或维持积极的群体互动和社会关系（Ellemers & Haslam，2012）。因此，该理论的一个核心表现为内群体偏爱（Ellemers & Haslam，2012），即以更积极的眼光看待和评价内群体成员（Tajfel，1974）。具体而言，由于内群体偏爱，人们对内群体有越轨行为表现出比对外群体更高的容忍度（Aguiar et al.，2017；Chattopadhyay et al.，2020）。

根据社会认同理论（Tajfel & Turner，1986），在旅游情境中，旅游地的居民会根据是否为当地人这一标准将其他居民归为内群体，将旅游者归为外群体（Tung，2019）。当内群体或外群体成员出现越轨行为时，本地居民倾向于维持和保护积极的群体社会关系（Ellemers & Haslam，2012）。特别是那些长期生活在同一目的地的本地居民（Su，Chen & Huang，2022），他们往往对内群体成员的越轨行为比对外群体成员的越轨行为更为宽容，这有助于促进后续的内群体互动与合作。基于此，本节提出，在旅游情境中也存在内群体偏爱现象。本节研究将越轨行为的群体类型、宽容意愿、惩罚意愿以及居民的越轨行为意向整合成一个理论模型，旨在根据社会认同理论探讨内群体偏爱在旅游情境中的具体表现。

4.2.1.2 规范焦点理论

群体规范是群体形成、运行和维持的必要条件，也是群体成员认可、遵循和内化的行为准则（Bernhard，Fischbacher & Fehr，2006）。规范焦点理论强调群体规范对个体行为的引导、约束和矫正作用（Cialdini et al.，1991）。群体规范提高了群体成员行为的可预测性，从而促进了群体互动的流畅性和便利性（McAuliffe & Dunham，2016）。此外，学者们提出规范焦点理论可以从期望违反和规范维持动机两个方面很好地解释"黑羊效应"（McAuliffe & Dunham，2016；Wang et al.，2016）。

在"黑羊效应"中，对破坏规范的群体内成员的惩罚比对表现出相同行为的外群体成员的惩罚更为严厉（Marques & Paez，1994）。例如，相较于外群体中的道德败坏者，个体会更严厉、热衷地谴责内群体中的不道德成员（Ashokkumar，Galaif & Swann，2019）。一方面，因为内群体成员的越轨会导致更强的预期违背。群体成员会严厉惩罚"害群之马"，以维持和保护群体凝聚力和群体规范（Wang et al.，2016）。另一方面，内群体的越轨行为会激发其他内群体成员较强的群体规范维持动机，群体成员也会对自私的内群体成员施加严厉的制裁（Bernhard et al.，2006；Shinada，Yamagishi & Ohmura，2004）。

规范在旅游情境中变得越来越重要，许多旅游目的地已经建立了本地规章制度，以限制旅游者和当地居民的越轨行为及其意图（Li & Chen，2019）。根据规范焦点理论，"黑羊效应"的驱动因素可能源自维持群体规范或保护群体声誉的动机。因此，本节研究认为，在旅游情境中，相较于外群体，当地居民可能会对内群体的越轨行为表现出更强的预防或惩罚倾向。然而，关于旅游领域中的"黑羊效应"的研究尚不多见。为填补这一研究空白，本节研究将以规范焦点理论为框架，探讨在旅游情境中，群体规范对个体行为表现的影响是否会导致"黑羊效应"的出现。

4.2.1.3 越轨行为

一些学者将"越轨行为"或"不文明行为"用来描述常见的破坏性行为（Li & Chen，2022；Zhang et al.，2019）。另一些学者则使用"越轨行为"一词指代违反法律或伦理的行为，这些行为与一般社会规范相违背（Karelaia & Keck，2013）。本节研究采用了在旅游领域中广泛使用的"越轨行为"定义，指的是任何违反目的地规范的行为（Harris & Magrizos，2021；Su et al.，2022）。由于旅游环境中的较高匿名性，旅游者往往更容易发生此类越轨行为

(Su et al.，2022)。这些越轨行为具有社会传染效应：旅游者的越轨行为可能引发其他旅游者、旅游从业人员以及当地居民的类似行为，从而对目的地的可持续发展造成长期负面影响（Su et al.，2022; Tsaur et al.，2019）。本节研究通过考察当地居民对内群体（其他居民）与外群体成员（旅游者）越轨行为的反应，深入探讨这些动态关系。

4.2.1.4 不同群体类型越轨行为

以往的研究表明，在评估越轨行为时，越轨行为的群体类型会显著影响评价者的评价（Karelaia & Keck，2013）。群体类型通常根据主观或客观标准进行划分，主要包括虚拟线索（如最小群体范式）、自然线索（如性别、年龄）和社会线索（如国籍、校友身份；Tajfel & Turner，1979; Wang et al.，2016; Weisman, Johnson & Shutts，2015）。与虚拟线索和自然线索相比，社会线索往往能提供更多的社会信息和意义，因此能够有效地激发群体认同感（Wang et al.，2016）。本节研究采用居住地这一社会线索来区分旅游目的地中的人群，将生活在旅游目的地的居民定义为内群体，而来自其他地区的旅游者定义为外群体。类似地，董（Tung，2019）的研究也将居民视为内群体的一部分，将外国旅游者视为外群体。

4.2.1.5 主效应

大量的研究证明，越轨行为具有传染效应。也就是说，如果人们观察到他人的越轨行为，他们会模仿这种行为（Plé & Demangeot，2020）。此外，共同的个人特征，尤其是共同的团体成员身份会增强越轨行为的传染效应（Karelaia & Keck，2013; Kerr et al.，1995）。其原因之一是，人们通常认为内群体成员的越轨行为比外群体成员的越轨行为更具道德性和合理性，从而增强了他们进行类似越轨行为的意图（Goldring & Heiphetz，2020）。

在旅游情境中有研究发现旅游者越轨行为也存在传染效应，并且对于不同群体类型的越轨行为，其传染机制可能有所不同（Su et al.，2022; Tsaur, Cheng & Hong，2019）。根据社会认同理论，个人在某种程度上将群体成员身份内化为自我概念的一部分（Ellemers & Haslam，2012），因此认为内群体的越轨行为比外群体的越轨行为更合理、更普遍（Goldring & Heiphetz，2020），这可能意味着内群体的越轨行为比外群体的越轨行为具有更强的传染效应。

据以上推理，提出如下假设：

H1：与外群体相比，内群体的越轨行为将更有可能增加旅游地居民的越轨行为意向。

不同的人在面对越轨行为时会持有不同的态度，而越轨行为者的身份差异也会影响对其行为的判断（Karelaia & Keck，2013）。当人们目睹越轨行为时，通常会产生两种反应：惩罚或宽容（Ashokkumar et al.，2019）。在亲密关系的背景下，个体在面对不同群体类型的越轨行为时，对内群体成员的越轨行为通常表现出更多的宽容，惩罚意图较低；而对于陌生人的越轨行为，则倾向于表现出更强的惩罚意图（Forbes & Stellar，2021）。此外，内群体成员的负面越轨行为往往会被群体身份带来的正面评价所抵消，从而有效降低惩罚的可能性和强度（McAuliffe & Dunham，2016）。阿布雷姆斯、兰斯利·德·莫拉和特拉瓦利诺（Abrams, Randsley de Moura & Travaglino，2013）也发现，相比外群体领导者的越轨行为，内群体成员对内群体领导者的严重越轨行为表现出较轻的惩罚，甚至可能原谅其越轨行为。换句话说，内群体与外群体的身份差异显著影响个体对越轨行为的宽容或惩罚反应。然而，关于决定人们选择哪种反应的具体机制，目前的研究仍较为有限（Aguiar et al.，2017）。

在旅游情境中，旅游者是旅游地天然的外来群体，旅游地居民是天然的内群体（Tung，2019）。根据社会认同理论，个体可能会对旅游目的地的当地居民身份产生强烈的情感（Ellemers & Haslam，2012）。因此，当地居民可能会对内群体持更为积极的看法，表现出内群体偏爱（Chattopadhyay et al.，2020）。在这种情况下，当地居民对其他居民的越轨行为表现出更多的宽容和较少的惩罚，而对旅游者的越轨行为则相对较为严厉。粟等（Su et al.，2022）对旅游者的研究支持了这一结论，发现旅游者可能会对内群体（如旅游同伴）的越轨行为表现出比对外群体（如其他旅游者）更为宽容的评价。然而，现有研究尚未探讨当地居民对越轨行为及其负面传播效应的反应，而这些反应可能会显著影响旅游目的地的可持续发展（Li & Chen，2022）。根据以上推理，提出如下假设：

H2：旅游地居民对不同群体越轨行为的态度存在差异。

H2a：旅游地居民对内群体成员（vs. 外群体成员）的越轨行为持有更强的宽容意愿。

H2b：旅游地居民对外群体成员（vs. 内群体成员）的越轨行为持有更强的惩罚意愿。

4.2.1.6　中介效应

对越轨行为最常见的反应是宽容意愿或惩罚意愿（Ashokkumar et al., 2019），并且对待越轨行为的反应可以预测个体自我的越轨行为意向（Forbes & Stellar, 2021；Lugosi, 2019）。一系列的研究已经证实，与外群体成员的越轨相比，人们对内群体成员越轨的容忍度更高（Bernhard, Fischbacher & Fehr, 2006；Goldring & Heiphetz, 2020；McAuliffe & Dunham, 2016）。对越轨的容忍会增强越轨行为意向（Bernhard, Fischbacher & Fehr, 2006；Jetten & Hornsey, 2014），而惩罚越轨与较低的越轨行为意向相关（Bhati & Pearce, 2016；Li & Chen, 2022）。无论是内群体还是外群体，越轨行为都具有社会传染效应，但现有研究尚未揭示这一机制的运作方式（Plé & Demangeot, 2020）。因此，本节研究提出对越轨行为的反应（容忍意愿与惩罚意愿）可能在越轨行为的群体类型和旅游地居民越轨行为意向之间起到了中介作用。

根据社会认同理论，源自环境刺激的分类过程会影响个体的判断，并进一步塑造他们的行为（Chattopadhyay et al., 2020）。旅游目的地会根据个体是否为居民（内群体）或旅游者来对群体进行分类，而这些分类会影响居民的行为（Tung, 2019）。因此，本节研究根据社会认同理论（Tajfel & Turner, 1979）推测，当面对内群体成员的越轨行为时，当地居民可能比面对外群体成员的越轨行为时表现出更强的宽容意愿和更弱的惩罚意愿，因此内群体成员的越轨行为会产生社会传染效应，增强其他居民的越轨行为意向，而外群体成员的越轨行为则不会产生这种效应。由此，提出如下假设：

H3：旅游地居民的宽容意愿和惩罚意愿共同中介了越轨行为的群体类型和居民的越轨行为意向之间的关系。

4.2.1.7　调节效应

规范强度被定义为不同人群对违反规范的容忍程度（Gelfand et al., 2011）。盖尔范德等（Gelfand et al., 2021）将规范强度分为严格和宽松两种类型。在严格规范的情境中，越轨行为会受到更严厉的惩罚，而在宽松规范的情境中，居民对越轨行为的容忍度较高（Gelfand et al., 2021）。事实上，不同的旅游目的地有其各自的规范强度，这反过来又塑造了当地居民对越轨行为的态度（Li，Gordon & Gelfand，2017）。根据规范焦点理论，当规范是严格（vs. 宽松）的时候，人们有更强的动机来惩罚内群体的越轨行为，并且更希望确保其他组内成员遵守群体规范（McAuliffe & Dunham，2016；Wang et al.，2016）。因此，当内群体成员出现越轨行为时，会引发较强的期望违背，从而导致比外群体的越轨行为更严厉的惩罚，形成一种促进长期可持续发展的群体保护机制（Eidelman & Biernat，2003）。有研究发现，广告在宽松环境中更多地强调宽容性和规范越轨，而在严格环境中则更注重统一性和遵守规范（Li，Gordon & Gelfand，2017）。

在处理内群体越轨行为时，个体需要根据人际感情和道德进行判断（McAuliffe & Dunham，2016）。而在宽松的环境下，宽松的社会规范产生了关系网络，要求人们在互动中以"情"而不是"理"作为行为规范的核心（Qu，Zhao & Zhao，2021）。因此，根据社会认同理论，人们在宽松的规范下寻求积极的群体互动和社会关系（Ellemers & Haslam，2012）。当地居民更可能对居民的越轨行为表现出更高的宽容度和更低的惩罚意愿。然而，严格的社会规范强调使用规则和条例来管理和维持社会运作（Gelfand et al.，2021）。在这种情况下，基于规范焦点理论，与外群体的越轨行为相比，内群体成员的越轨行为可能引发更强的期望违背以及维持群体规范的动机（Abram，Randsley de Moura & Travaglino，2013）。因此，当地居民可能会更严厉地惩罚内群体成员的越轨行为，而非外群体成员的越轨行为，以维护群体规范和凝聚力。因此，本节提出规范强度可能会调节越轨行为的群体类型与居民对越轨行为反应之间的关系。由此，提出如下假设：

H4：规范强度调节越轨行为的群体类型与居民（宽容或惩罚）意愿之间的关系。

H4a：当规范严格时，旅游地居民对内群体成员（vs. 外群体成员）的越轨行为可能持有较弱的宽容意愿和较强的惩罚意愿。

H4b：当规范宽松时，旅游地居民对内群体成员（vs. 外群体成员）的越轨行为可能持有较强的宽容意愿和较弱的惩罚意愿。

社会规范强度在社会治理中的重要性受到了强烈关注（Gelfand et al.，2021）。具体来说，与文化宽松度高的国家相比，文化紧密度高的国家可以有效减少当地人的越轨行为意向，使公众群体严格遵守社会规范（Gelfand et al., 2021)。此外，在心理学和社会学领域，格尔夫曼、尼希伊和拉弗尔（Gelfand, Nishii & Raver, 2006）揭示了规范强度在个体特征与个体越轨行为之间的调节作用。严格和宽松的社会在个体遵守规范与进行社会越轨行为的意愿上存在差异（Gelfand et al., 2006）。根据社会认同理论，居民对内群体的越轨行为比外群体的越轨行为持有更积极的看法。在宽松的社会规范下，他们可能会认为内群体的越轨行为比外群体的越轨行为更道德、更普遍，从而增加了内群体的传染效应，当居民看到其他居民的越轨行为而不是旅游者的越轨行为时，他们的越轨行为意向会明显增加。相比之下，严格的社会规范增强了居民的规范意识（Gelfand et al., 2021）。因此，当地居民可能会督促他人和自己维护群体规范（Bernhard, Fischbacher & Fehr, 2006；Hewig et al., 2011）。根据规范焦点理论，当其他居民而不是旅游者出现越轨时，居民会经历更强的预期违背，从而有更高的动机来维护规范，减少越轨行为的传染效应。因此，当居民看到其他居民的越轨行为时，他们可能会持有比旅游者更低的越轨行为意向。因此，提出如下假设：

H5：规范强度调节越轨行为的群体类型与居民越轨行为意向之间的关系。

H5a：当规范严格时，旅游地居民在看到内群体成员（vs. 外群体成员）的越轨行为时可能会形成较弱的越轨行为意向。

H5b：当规范宽松时，旅游地居民在看到内群体成员（vs. 外群体成员）的越轨行为时可能会形成较强的越轨行为意向。

本节的理论模型整理如图4-5所示。

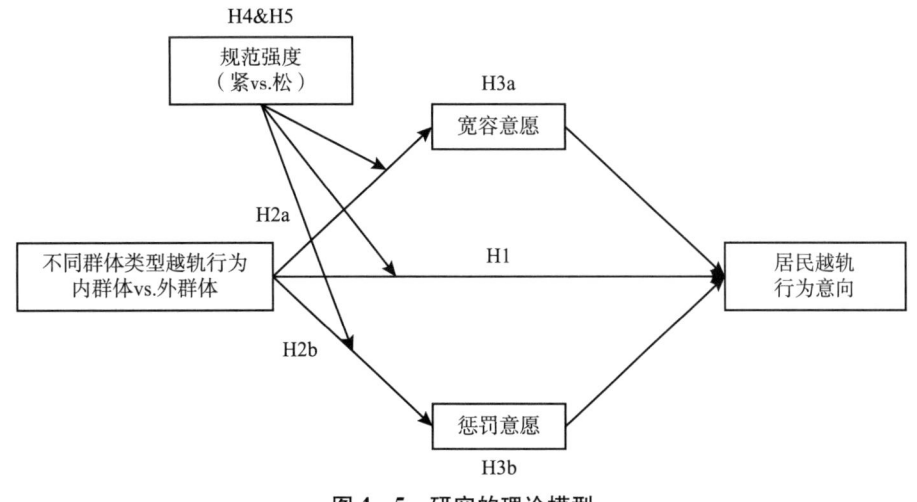

图4-5 研究的理论模型

为验证上述假设，本节将通过二手数据分析和三项情景实验（改编自 Hardeman, Font & Nawijn, 2017）进行测试。所采用的不同方法和数据来源增强了研究结果的稳健性，有效避免了单一方法或数据来源固有的局限性（Su, Jia & Huang, 2022）。首先，子研究 1 通过从短视频分享平台抖音收集二手数据，报告了当地居民对其他居民或旅游者越轨行为的反应，从而验证了 H1 和 H2。其次，子研究 2 采用了一个单因素的被试间设计，探讨了越轨行为的群体类型与当地居民的越轨行为意向之间，通过宽容意愿和惩罚意愿的联合中介效应，验证了 H1、H2 和 H3。最后，子研究 3 采用了 2×2 因子被试间设计，考察了规范强度在越轨行为的群体类型与当地居民宽容意愿、惩罚意愿及越轨行为意向之间的调节效应，从而验证了 H4 和 H5。在子研究 4 中，对子研究 3 进行了重复实验，选取真实旅游目的地的居民参与，以进一步扩展研究结果的外部效度，再次验证了 H4 和 H5。

4.2.2 子研究 1

为了初步了解旅游目的地真实居民对不同群体类型越轨行为的具体态度和行为反应，本节研究开展了二手数据研究，该子研究具有样本量大和高度客观性的优势（Lee & James, 2007）。子研究 1 以短视频分享平台抖音为研究背景。抖音是中国最受欢迎的应用之一，拥有海量的旅游相关短视频，这些视频能吸引大量相关评论，因此，抖音的数据非常适合用于验证 H1 和 H2。

4.2.2.1 研究设计

数据收集过程。鉴于该子研究的目标，采用了目的性抽样方法，收集与越轨行为或不文明行为相关的抖音短视频样本。在抖音平台上以关键词（"越轨行为+居民"、"越轨行为+旅游者"、"不文明行为+居民"或"不文明行为+旅游者"）进行短视频搜索，共收集到 1032 个在半年内发布的抖音短视频（时间范围为 2021 年 12 月 5 日至 2022 年 6 月 5 日）。按照以下标准筛选这些视频：（1）视频中明确展示了一个能被辨识为居民或旅游者的个体的越轨行为；（2）视频清楚标明了事件发生的地点；（3）视频为原创；（4）视频不涉及任何产品或服务的广告；（5）至少有一条评论。应用这些标准后，最终保留了 28 个有效短视频。随后，利用网络爬虫程序收集了这些视频下的评论及其关联的 IP 地址。这些数据被视为公开信息，因为抖音平台的所有用户均可查看。最终，共收集到 28 个短视频下的 2652 条评论。

编码过程。首先对评论者的用户名进行了加密，并将每个短视频下的评论进行了汇总，以确保数据集的匿名性。然后，按照粟、贾和黄（Su, Jia & Huang, 2022）的研究程序，本节研究邀请了两名攻读旅游管理博士的学生，手动对 2652 条评论进行编码，内容包括居民的宽容意愿、惩罚意愿和越轨行为意向。两位编码员接受了严格的培训，按照已有研究（Guchait, Abbott, Lee, Back & Manoharan, 2019；Karelaia & Keck, 2013；Su, Jia & Huang, 2022）提供的维度对评论进行编码。在此过程中，对于与越轨行为无关的评论，或者评论的核心意义不明确、无法理解的评论进行了剔除，最终留下了 1038 条有效评论进行编码。在"宽容意愿"这一编码中，若有此意愿则标记为 1，若无则标记为 0。例如，一条评论"我们不能爬树吗？"被编码为 1。同理，"惩罚意愿"若存在则标记为 1，若无则标记为 0。例如，"直接罚款最有效"这一评论被编码为 1。而"越轨行为意向"若存在则标记为 1，若无则标记为 0。例如，"山上有那么多野花，我也想摘"被编码为 1。两位编码员的编码一致性超过 95%（Makarem & Jae, 2016；Perreault & Leigh, 1989）。对于编码不一致的评论，旅游管理学教授进行了复审编码。

4.2.2.2 结果与讨论

在 550 条回应居民（内群体）越轨行为的评论中，384 条（69.82%）体现了宽容意愿，166 条（30.18%）反映了惩罚意愿，43 条（7.82%）反映了越轨行为的意向。在 488 条回应游客（外群体）越轨行为的评论中，99 条（20.29%）反映了宽容意愿，389 条（79.71%）反映了惩罚意愿，7 条（1.43%）反映了越轨行为的意向。根据卡方检验的研究结果，当地居民在面对不同群体越轨行为时，居民的宽容意愿（$\chi^2_{(1)}=254.976$, $p<0.001$）、惩罚意愿（$\chi^2_{(1)}=254.976$, $p<0.001$）和越轨行为意向（$\chi^2_{(1)}=22.983$, $p<0.001$）存在显著差异，为假设 H1 和 H2 提供了初步依据（见图 4-6）。

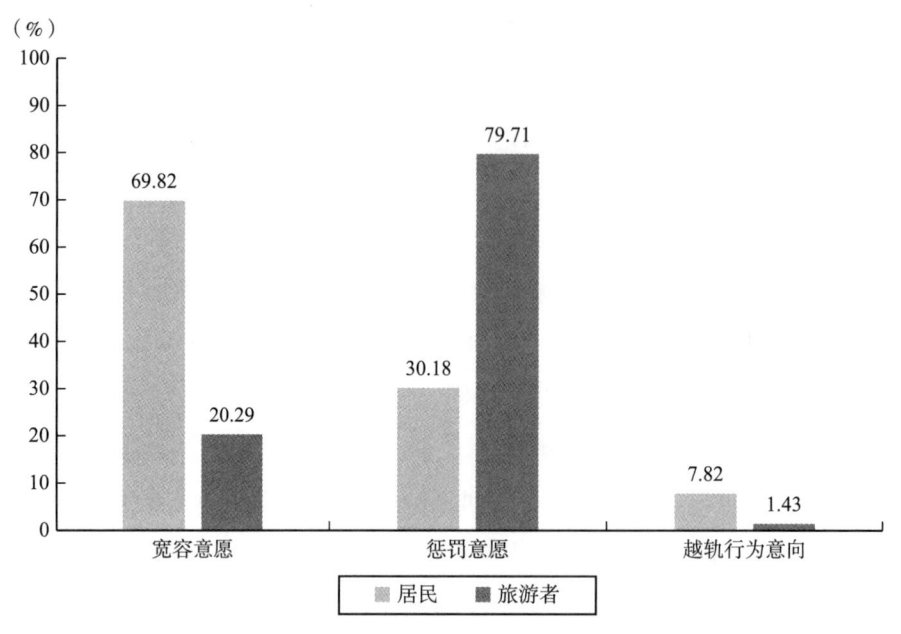

图 4-6 越轨行为群体类型对当地居民宽容意愿、惩罚意愿和越轨行为意向的影响

研究结果为 H1 和 H2 提供了初步证据，即旅游目的地居民中存在内群体偏爱效应。结果显示，与面对旅游者的越轨行为相比，当居民面对其他居民的越轨行为时，居民表现出更强的宽容意愿、更弱的惩罚意愿，并且更倾向于产生自身的越轨行为。这些结果支持了 H1 和 H2。

4.2.3 子研究 2

为了进一步验证 H1 和 H2，并检验 H3，子研究 2 通过情景实验探讨了居民的宽容意愿和惩罚意愿在越轨行为的群体类型与当地居民越轨行为意向之间的主效应及其中介作用。该研究采用了单因子组间设计（内群体 vs. 外群体），为线上情景实验，以克服在实际情境中操控越轨行为可能带来的伦理问题和操作困难（Miao，Mattila & Mount，2011），同时减少了面对面互动，降低了社会期望效应（Su et al.，2022）。

4.2.3.1 预实验设计

预实验旨在检查参与者是否能够区分情境实验材料中的内群体和外群体条件。为了减少评估焦虑和社会期望偏差，研究向受访者保证没有正确或错误的答案,并明确要求他们诚实作答(Su et al., 2022)。

为了控制社会期望,李和陈(2017)以及苏、贾和黄(2022)在情境设计中使用了第三人称。研究在实验材料中创建了小美这一虚构人物,以此作为刺激材料的角色。同时,根据巴利特、吴和德·德鲁(Balliet, Wu & De Dreu, 2014)的研究结论,内群体和外群体的概念是通过比较产生的。即,当内群体和外群体在同一情境中同时显现时,它们之间的差异会更加明显。因此,在实验材料中,本节设计了内群体和外群体成员在同一情境中均发生越轨行为的情境。

本次预实验通过中国知名在线调查平台 Credamo 进行。利用该平台从其用户数据库中随机抽取样本,并通过电子邮件邀请参与者参与研究。Credamo 的用户点击邮件中的链接后,会被随机分配到一个实验条件(内群体 vs. 外群体)。共招募60名参与者(80.0%女性,20.0%男性,其中43.3%的参与者年龄在18~25岁)参与预实验。参与者首先被要求仔细阅读分配到的情境材料。然后,他们回答了关于情境真实性的问题,并评估了关键变量的量表。情境真实性的评估问题改编自已有研究(Yi, Gong & Lee, 2013),包括:"现实生活中这种情景可能发生吗?"和"对我来说,理解给定材料中的情境没有困难"(1 = 强烈不同意,7 = 强烈同意)。为了进行操纵检验,参与者被要求评估以下两个陈述的同意程度:"与旅游者相比,小李一家属于小美的内群体/外群体。"和"与小李一家相比,旅游者属于小美的外群体/内群体。"(1 = 强烈不同意,7 = 强烈同意)。随后,参与者回答了基本的人口统计学问题。最后,完成问卷的参与者通过 Credamo 平台获得了小额金钱补偿。

4.2.3.2 预实验结果与讨论

情境真实性测试的结果表明,大多数参与者认为情境具有真实性,并且能够很好地理解该情境($M_{真实性}$ = 6.18,SD = 0.97,t = 17.52,p < 0.001;$M_{可理解性}$ = 5.82,SD = 0.81,t = 17.31,p < 0.001)。此外,大多数参与者认为小美是当地居民(M = 6.53,SD = 0.54,t = 36.63,p < 0.001),并且能够正确理解小美与小李一家及旅游者之间的关系(M = 5.93,SD = 0.63,t = 23.61,p < 0.001)。绝大多数参与者也通过了反向题项(M = 2.15,SD = 0.80,t = 17.94,p < 0.001)。因此,这些结果表明,参与者能够区分情境材料中的内群体和外群体,说明实验情境成功地操控了越轨行为的群体类型。

4.2.3.3 正式实验设计

2022年5月,共有100名受访者通过Credamo参与了主实验。问卷的分发和回收程序与预实验相同。每位参与者仅参与一次调查,因此在主实验中排除了参与过预实验的受访者。在去除无效问卷后,共收集到88份有效问卷(n=45,内群体组;n=43,外群体组)。在这88名参与者中,53.4%为女性,46.6%为男性,45.5%的参与者年龄在26~35岁(见表4-6)。参与者被要求根据情境阅读并进行想象,并填写包含四个部分的问卷。为了确保参与者能够准确理解所有量表,采用了正式的回译过程(Brislin, 1970; Tyupa, 2011)。首先,情境真实性测试显示参与者认为该情境是真实且易于理解的($M_{真实性}$ = 5.89, SD = 0.92, t = 19.34, p < 0.001; $M_{可理解性}$ = 6.33, SD = 1.16, t = 18.81, p < 0.001)。其次,越轨行为群体类型的操纵(内群体 vs. 外群体)是成功的。具体而言,参与者对越轨行为的群体类型(M = 6.53, SD = 0.66, t = 36.02, p < 0.001)和群体关系(M = 5.95, SD = 0.97, t = 18.91, p < 0.001)的理解得分高于中位值4;而反向项目的得分低于中位值4(M = 2.09, SD = 1.23, t = 14.58, p < 0.001)。最后,参与者的宽容意愿(包括三项内容;Guchait et al., 2019; Lv et al., 2021; Cronbach's α = 0.784)和惩罚意愿(包括三项内容;Karelaia & Keck, 2013; Cronbach's α = 0.707)通过采用前人研究的量表进行测量。因变量——越轨行为意向(Su et al., 2022; Cronbach's α = 0.887)通过三项内容进行测量。接着,研究对道德态度进行了控制(包括三项内容;Wang & Lin, 2018; Cronbach's α = 0.741)。所有测量均使用李克特七级量表评分(1 = 强烈不同意,7 = 强烈同意)。最后,受访者被要求回答一些人口统计学问题。

表4-6　　　　　　　　　子研究2参与者的人口统计学信息

变量	样本量	占比(%)
性别		
女性	47	53.4
男性	41	46.6
月收入		
小于2000元	26	29.5

续表

变量	样本量	占比（%）
2000~4999 元	20	22.7
5000~7999 元	10	11.4
8000~9999 元	27	30.7
10000 元及以上	5	5.7
年龄		
18~25 岁	39	44.3
26~35 岁	40	45.5
36~45 岁	6	6.8
46 岁及以上	3	3.4
文化程度		
高中以下	0	0.0
高中或职高	4	4.6
大专或本科	69	78.4
硕士及以上	15	17.0

4.2.3.4 正式结果与讨论

为了验证主效应，进行了单因素方差分析。在假设检验之前，根据 G×Power 3.1（Faul, Erdfelder, Buchner et al., 2009）计算了数据分析所需的样本量。对于效应量（f）为 0.4，显著性水平为 0.05，统计功效值为 0.8，组别数量为 2 的情况下，所需的总样本量为 52。因此，本节的样本量具备统计检验的功效。

接下来，将越轨行为的群体类型作为自变量（编码为内群体=1，外群体=0），越轨行为意向、宽容意愿和惩罚意愿作为因变量，分别进行分析。道德态度、性别和年龄作为控制变量，纳入协变量分析。结果显示，旅游地居民的越轨行为意向在内群体产生越轨行为时显著高于外群体越轨行为（$M_{内群体}=2.80$，SD=1.16；$M_{外群体}=1.98$，SD=0.79；$F(1, 87)=19.36$，$p<0.001$，partial $\eta^2=0.189$），因此假设 H1 得到验证。此外，当地居民对内群体越轨行为的宽容意愿显著高于外群体（$M_{内群体}=3.27$，SD=0.91；$M_{外群体}=2.46$，SD=0.85；$F(1, 87)=21.72$，$p<0.001$，partial $\eta^2=$

0.207),而对内群体越轨行为的惩罚意愿显著低于外群体($M_{内群体}$ = 4.67,SD = 0.94;$M_{外群体}$ = 5.36,SD = 0.80;$F(1, 87)$ = 15.64,$p<0.001$,partial η^2 = 0.159)(见图4-7和图4-8)。因此,H2得到验证。

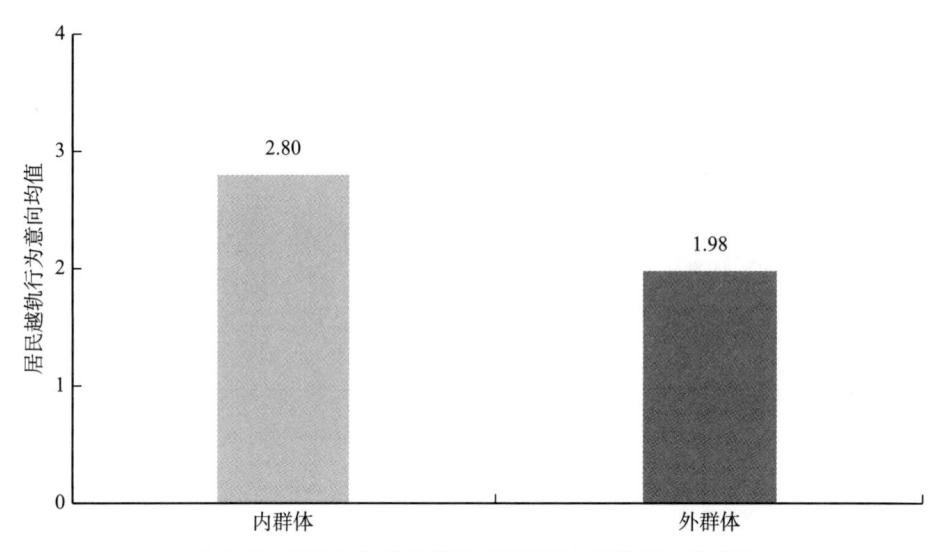

图4-7 越轨行为群体类型对居民越轨行为意向的影响

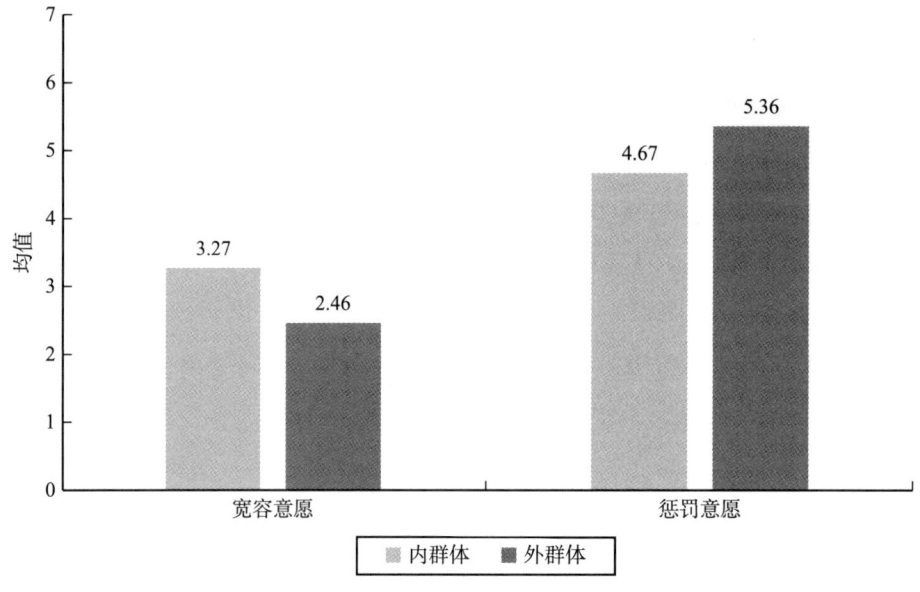

图4-8 越轨行为群体类型对居民宽容意愿和惩罚意愿的影响

旅游地居民宽容意愿和惩罚意愿的中介效应检验。本节研究采用海耶斯

（2013）提出的 Bootstrap 方法，选取 PROCESS 模型 4，置信区间设置为 95%，通过自助采样（Bootstrap）重复 5000 次。结果显示越轨行为的群体类型对居民的越轨行为意向的直接影响不显著（b=0.23，SE=0.18；95% CI=[−0.12，0.58]）。居民的宽容意愿（b=0.44，SE=0.15；95% CI=[0.19，0.77]）和惩罚意愿（b=0.20，SE=0.11；95% CI=[0.14，0.46]）的中介效应都是显著的。此外，如图 4−9 所示，宽容意愿起到了积极的中介作用，而惩罚意愿起到了消极中介作用，即 H3 得到验证。

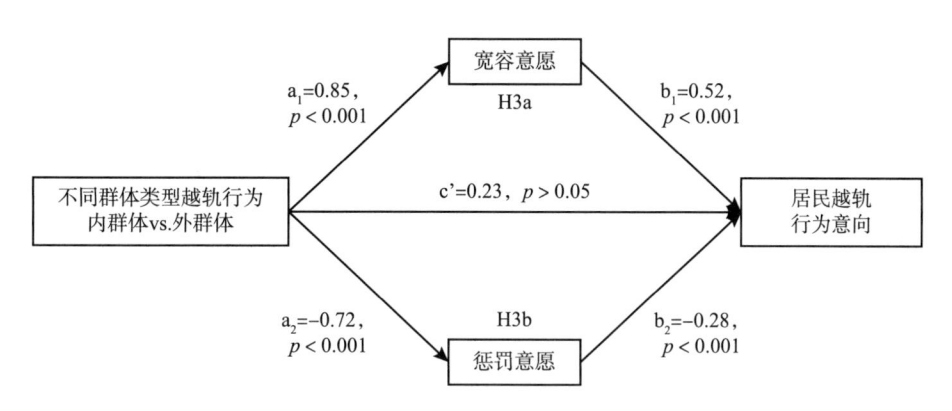

图 4−9 宽容意愿和惩罚意愿的中介作用

与子研究 1 相比，子研究 2 通过情景实验再次验证了主效应，并进一步检验了居民宽容意愿和惩罚意愿在越轨行为群体类型与居民越轨行为意向之间的中介效应（H1、H2 和 H3）。子研究 2 表明，旅游目的地的居民存在内群体偏爱效应，并且内群体的越轨行为对居民的影响比外群体更强，即 H1、H2 和 H3 得到了支持。子研究 3 将探讨规范强度在越轨行为群体类型与居民宽容意愿、惩罚意愿及越轨行为意向之间关系中的调节作用，旨在探索内群体偏爱效应与"黑羊效应"的边界条件（H4 和 H5）。

4.2.4 子研究 3

子研究 3 旨在评估规范强度对居民容忍意愿、惩罚意愿和越轨行为意向的调节作用（检验 H4 和 H5）。采用了 2（内群体 vs. 外群体越轨行为）×2（严格规范 vs. 宽松规范）因子间实验设计。

4.2.4.1 预实验设计

预实验旨在检验参与者是否能够识别规范强度的描述。

子研究 3 的刺激材料在子研究 2 的基础上，加入了关于规范强度的描述（改编自 Gelfand et al., 2021）。此外，本节研究在刺激材料中使用了第三人称（小美，一个虚构角色）来避免社会期望效应的影响。

通过社交媒体平台微信招募了 40 名参与者（65.0% 为女性，35.0% 为男性，75.0% 为 18~25 岁）。本节研究在微信平台发布了邀请信息，并附上问卷链接。点击链接的参与者被随机分配到两个实验条件之一（严格规范 vs. 宽松规范）。在阅读场景描述后，参与者被要求评估场景的真实性和所在城市 A 的规范强度。规范强度通过三项李克特七级量表进行测量（1 = 强烈不同意，7 = 强烈同意），该量表改编自格尔夫曼等（Gelfand et al., 2021）。

4.2.4.2 预实验结果与讨论

结果显示，大多数参与者在加入规范强度描述后，认为材料具有真实性和可理解性（$M_{真实性} = 5.70$，SD = 1.22，$t = 8.79$，$p < 0.001$；$M_{可理解性} = 6.43$，SD = 0.68，$t = 22.72$，$p < 0.001$），并且能够正确区分不同的规范强度（$M_{严格} = 5.87$，SD = 0.79；$M_{宽松} = 3.58$，SD = 1.15；$t = 7.30$，$p < 0.001$）。因此，规范强度通过操纵检验。

4.2.4.3 正式实验设计

2022 年 5 月，研究通过 Credamo 招募了 200 名被试。为了防止跨实验的潜在携带效应（Koschate - Fischer & Schandelmeier, 2014），曾参与子研究 2 的受试者被排除在子研究 3 之外。参与者被随机分配到四个实验条件中的一个。去除无效问卷后，共收集到 184 份有效答卷（$n_{内群体且严格规范} = 44$，$n_{内群体且宽松规范} = 45$，$n_{外群体且严格规范} = 50$，$n_{外群体且宽松规范} = 45$；70.1% 为女性，29.9% 为男性，45.6% 年龄在 26~35 岁；见表 4 - 7）。首先，参与者被要求阅读并设想在呈现的情境中他们的感受。随后，参与者被要求评估材料的真实性和可理解性（$M_{真实性} = 5.91$，SD = 0.77，$t = 33.68$，$p < 0.001$；$M_{可理解性} = 6.31$，SD = 0.89，$t = 35.40$，$p < 0.001$；均大于中位数值 4）。其次，越轨行

为群体类型(内群体 vs. 外群体)的操作是成功的($M_{群体类型}$ = 6.42,SD = 0.73,t = 45.18,p < 0.001;$M_{群体关系}$ = 5.95,SD = 0.80,t = 33.16,p < 0.001;$M_{反向}$ = 2.05,SD = 0.85,t = 30.91,p < 0.001,显著低于中位数值4),规范强度(改编自 Gelfand et al.,2021;Cronbach's α = 0.825)也通过操纵性检验($M_{严格}$ = 5.94,SD = 0.69;$M_{宽松}$ = 3.34,SD = 1.14;t = 19.45,p < 0.001)。最后,参与者的宽容意愿(Cronbach's α = 0.919)、惩罚意愿(Cronbach's α = 0.878)、越轨行为意向(Cronbach's α = 0.957)和道德态度(Cronbach's α = 0.759)与研究 2 中的测量方式相同。接下来,受试者还需回答人口统计学问题。

表 4-7　　　　　　　　子研究 3 参与者的人口统计学信息

变量	样本量	占比(%)
性别		
女性	129	70.1
男性	55	29.9
月收入		
小于 2000 元	51	27.7
2000~4999 元	37	20.1
5000~7999 元	25	13.6
8000~9999 元	49	26.6
10000 元及以上	22	12.0
年龄		
18~25 岁	66	35.9
26~35 岁	84	45.6
36~45 岁	22	12.0
46 岁及以上	12	6.5
文化程度		
高中以下	2	1.1
高中或职高	10	5.4
大专或本科	148	80.4
硕士及以上	24	13.1

4.2.4.4 正式实验结果与讨论

进行 2×2 方差分析以验证规范强度的调节效应。根据 G×Power 3.1 (Faul et al., 2009) 计算了数据分析所需的样本量,并选择了方差分析方法。对于效应量 (f) 为 0.4, 显著性水平为 0.05, 统计功效为 0.8, 组别数为 4, 总样本量要求为 73。因此,研究样本量 184 具有足够的统计检验功效。越轨行为的群体类型(编码为内群体=1,外群体=0)和规范强度(编码为严格规范=1,宽松规范=0)作为自变量,居民的宽容意愿、惩罚意愿和越轨行为意向作为因变量,性别、年龄作为协变量。结果显示规范强度对越轨行为的群体类型与居民的宽容意愿 ($F(1, 183) = 14.17$, $p < 0.001$, partial $\eta^2 = 0.074$)、惩罚意愿 ($F(1, 183) = 21.78$, $p < 0.001$, partial $\eta^2 = 0.110$) 和越轨行为意向 ($F(1, 183) = 18.35$, $p < 0.001$, partial $\eta^2 = 0.094$) 之间的关系分别存在交互效应。进一步确定调节作用的方向,当社会规范宽松时,旅游地居民对内群体越轨行为(vs. 外群体)持有更强的宽容意愿 ($M_{内群体} = 4.68$, SD = 1.30; $M_{外群体} = 3.93$, SD = 1.61; $F(1, 89) = 8.06$, $p = 0.006$, partial $\eta^2 = 0.087$) 和更弱的惩罚意愿 ($M_{内群体} = 3.21$, SD = 1.19; $M_{外群体} = 4.18$, SD = 1.44; $F(1, 89) = 14.29$, $p < 0.001$, partial $\eta^2 = 0.144$)。并且内群体的越轨行为(vs. 外群体)更能增强旅游地居民的越轨行为意向 ($M_{内群体} = 4.59$, SD = 1.44; $M_{外群体} = 3.71$, SD = 1.51; $F(1, 89) = 9.84$, $p = 0.002$, partial $\eta^2 = 0.104$)。当社会规范严格时,旅游地居民对内群体越轨行为(vs. 外群体)持有更弱的宽容意愿 ($M_{内群体} = 2.25$, SD = 0.63; $M_{外群体} = 2.75$, SD = 0.94; $F(1, 93) = 5.73$, $p = 0.019$, partial $\eta^2 = 0.060$) 和更强的惩罚意愿 ($M_{内群体} = 5.59$, SD = 0.69; $M_{外群体} = 5.12$, SD = 0.77; $F(1, 93) = 6.45$, $p = 0.013$, partial $\eta^2 = 0.068$),并且表现出更弱的越轨行为意向 ($M_{内群体} = 1.54$, SD = 0.50; $M_{外群体} = 2.07$, SD = 0.89; $F(1, 93) = 8.89$, $p = 0.004$, partial $\eta^2 = 0.091$)。因此 H4(见图 4-10)和 H5(见图 4-11)得到验证。

子研究 3 揭示了规范强度(严格规范 vs. 宽松规范)在越轨行为的群体类型与居民的越轨行为意向之间关系中的调节作用,支持了 H4 和 H5。子研究 3 探讨了旅游越轨情境下内群体偏爱和"黑羊效应"的边界条件。

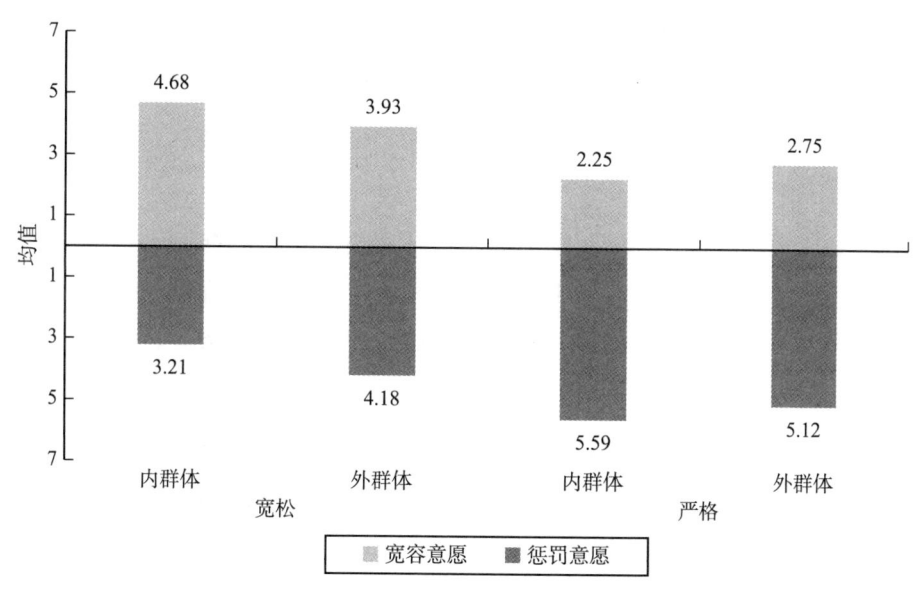

图4-10 规范强度在越轨行为的群体类型与居民宽容意愿和惩罚意愿之间的调节效应

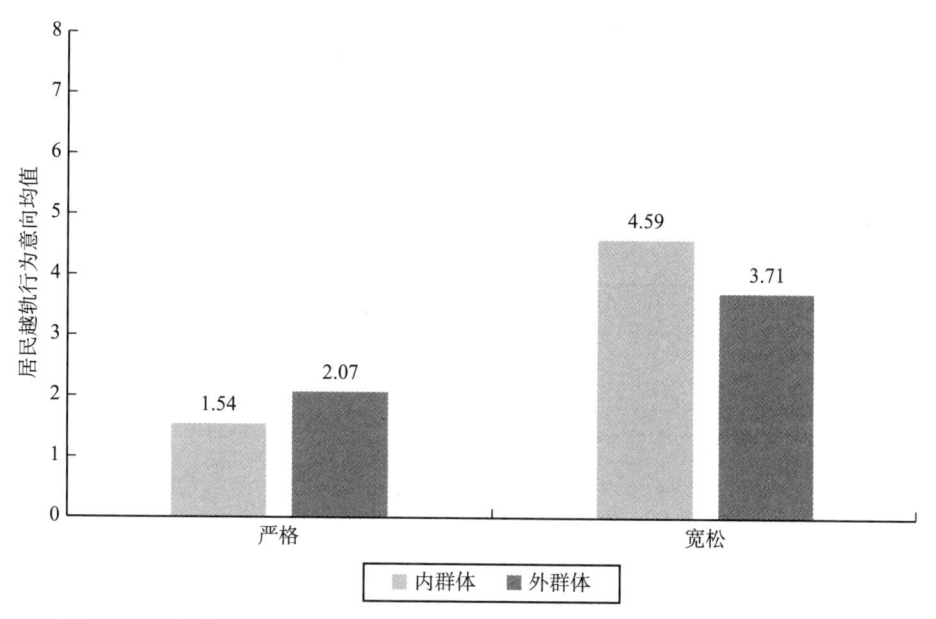

图4-11 规范强度在越轨行为的群体类型与居民越轨行为意向之间的调节效应

4.2.5 子研究4

由于子研究3中的参与者不一定是实际居住在旅游目的地的居民,因此可能缺乏对旅游目的地实际情况的充分了解,影响研究结果。为了克服这一不足，子研究4招募了旅游目的地的真实居民，复现了子研究3的程序（检验H4和H5），进一步提高了研究结论的外部效度。

4.2.5.1 研究设计

该子研究于2022年5月在中国湖北省的热门旅游目的地宜昌市进行。宜昌市以长江三峡的起点而闻名，并且拥有丰富的自然和文化旅游景点。通过个人社交网络招募了几位当地居民作为志愿者调查员。这些调查员接受了有关招募其他居民的培训，然后通过自己的联系网络与其他当地居民进行联络。调查员告知其他居民，参与是匿名的，并通过解答参与者的问题来协助完成整个问卷填写过程。问卷与子研究3中的问卷相同，参与者被要求设想自己处于问卷中所描述的情境中。最后，参与研究的当地居民会获得一定的金钱补偿作为激励。调查员共分发并回收了150份问卷，去除无效答案后，获得了143份有效回应（$n_{内群体且严格规范}$ = 32 vs. $n_{内群体且宽松规范}$ = 38 vs. $n_{外群体且严格规范}$ = 34 vs. $n_{外群体且宽松规范}$ = 39）。在143名参与者中，51.0%为女性，49.0%为男性，33.6%年龄在26~35岁。表4-8提供了有关参与者的更多详细信息。

表4-8　　　　　　　　　子研究4参与者的人口统计学信息

变量	样本量	占比（%）
性别		
女性	73	51.0
男性	70	49.0
月收入		
小于2000元	32	22.4
2000~4999元	44	30.8
5000~7999元	44	30.8
8000~9999元	19	13.3
10000元及以上	4	2.8
年龄		
18~25岁	19	13.3
26~35岁	48	33.6

续表

变量	样本量	占比（%）
36~45 岁	37	25.9
46 岁及以上	39	27.3
文化程度		
高中以下	33	23.1
高中或职高	45	31.5
大专或本科	59	41.2
硕士及以上	6	4.2

首先，情境真实性测试表明，居民认为情境是现实且易于理解的（$M_{真实性}=5.50$，SD = 0.86，$t=21.03$，$p<0.001$；$M_{可理解性}=5.69$，SD = 1.04，$t=19.30$，$p<0.001$；两者均大于中位数 4）。其次，群体类型的越轨行为（$M_{群体类型}=5.91$，SD = 0.96，$t=23.88$，$p<0.001$；$M_{群体关系}=5.45$，SD = 1.05，$t=16.55$，$p<0.001$；$M_{反向}=2.50$，SD = 1.12，$t=16.07$，$p<0.001$）和规范强度（Cronbach's α = 0.811）均通过操纵检验（$M_{严格}=5.87$，SD = 0.69；$M_{宽松}=3.71$，SD = 1.34；$t=12.16$，$p<0.001$）。再次，居民的宽容意愿（Cronbach's α = 0.887）、惩罚意愿（Cronbach's α = 0.869）、越轨行为（Cronbach's α = 0.927）和道德态度（Cronbach's α = 0.777）与子研究 3 中的测量方式相同。最后，收集了居民的人口统计信息，量表的均值用于后续分析。

4.2.5.2 研究结果与讨论

根据 G×Power 3.1（Faul et al.，2009）在子研究 3 中进行的样本量计算，本章的样本量（143>73）具有统计检验效能。采用 2×2 的方差分析，将群体类型的越轨行为（编码为内群体 = 1，外群体 = 0）和规范强度（编码为严格 = 1，宽松 = 0）作为自变量，将居民的宽容意愿、惩罚意愿和越轨行为意向作为因变量，并将道德态度、性别和年龄作为协变量进行分析。结果显示，规范强度对越轨行为的群体类型与居民的宽容意愿（$F(1,142)=13.81$，$p<0.001$，partial $\eta^2=0.092$）、惩罚意愿（$F(1,142)=18.95$，$p<0.001$，partial $\eta^2=0.122$）和越轨行为意向（$F(1,142)=25.47$，$p<0.001$， partial η^2 =0.158)之间的关系分别存在交互效应。进一步确定调节作用的方向，当社会规范宽容时，旅游地居民对内群体越轨行为（vs. 外群体）持有更强的宽容意愿（$M_{内群体}$ =4.60，SD =1.47；$M_{外群体}$ =3.58，SD =1.61；$F(1,76)$ =7.48，p =0.008，partial η^2 =0.094）和更弱的惩罚意愿（$M_{内群体}$ =3.39，SD =1.27；$M_{外群体}$ =4.52，SD =1.33；$F(1,76)$ =10.95，p =0.001，partial η^2 =0.132）。并且内群体的越轨行为（vs. 外群体）更能增强旅游地居民的越轨行为意向（$M_{内群体}$ =4.44，SD =1.46；$M_{外群体}$ =2.93，SD =1.43；$F(1,76)$ =16.70，p <0.001，partial η^2 =0.188）。当社会规范严格时，旅游地居民对内群体越轨行为（vs. 外群体）持有更弱的宽容意愿（$M_{内群体}$ =2.44，SD =0.80；$M_{外群体}$ =2.98，SD =0.84；$F(1,65)$ =5.93，p =0.018，partial η^2 =0.089）和更强的惩罚意愿（$M_{内群体}$ =5.36，SD =0.91；$M_{外群体}$ =4.85，SD =0.73；$F(1,65)$ =5.55，p =0.022，partial η^2 =0.083），并且表现出更弱的越轨行为意向（$M_{内群体}$ =1.72，SD =0.45；$M_{外群体}$ =2.21，SD =0.93；$F(1,65)$ =6.55，p =0.013，partial η^2 =0.097）。因此 H4（见图 4-12）和 H5（见图 4-13）再次得到验证。

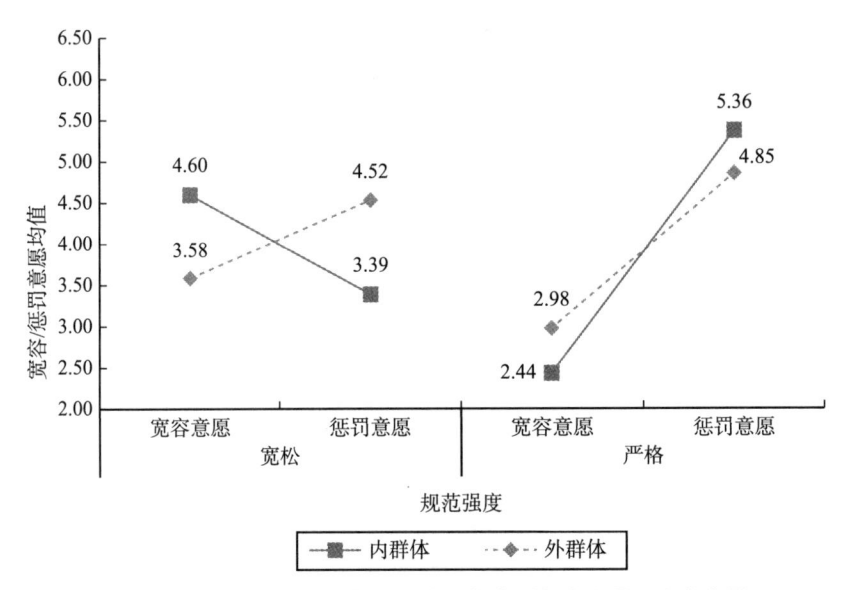

图 4-12 规范强度在越轨行为的群体类型与真实居民宽容意愿和惩罚意愿之间的调节效应

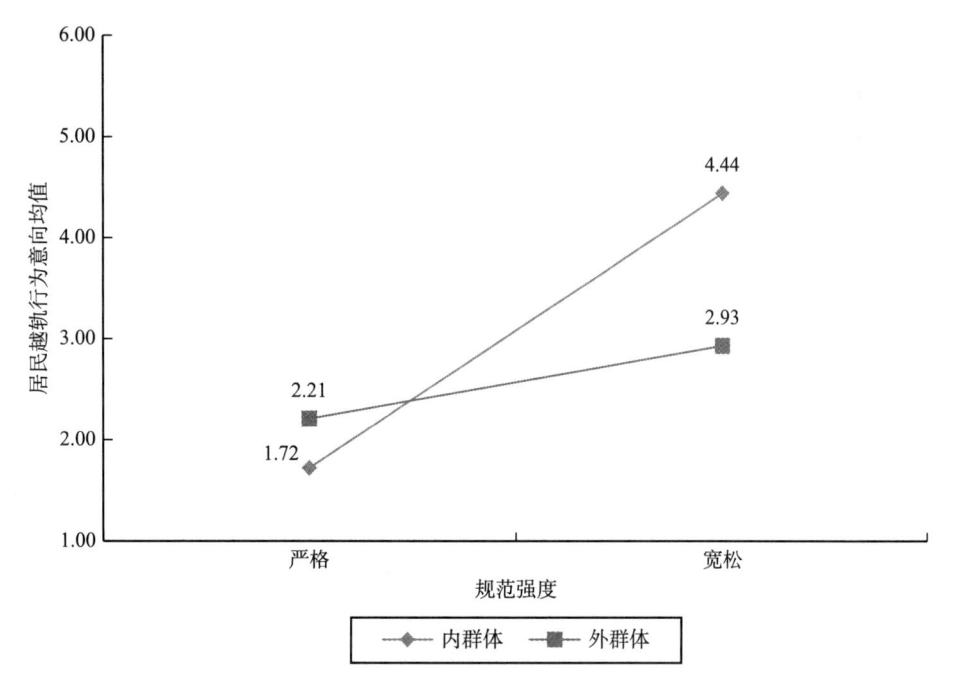

图 4-13　规范强度在越轨行为的群体类型与真实居民越轨行为意向之间的调节效应

子研究 4 进一步验证了 H4 和 H5。通过招募真实的旅游目的地居民作为实验参与者，确认了子研究 3 的结果，进一步支持了 H4 和 H5，同时提高了样本的代表性以及研究结果的科学性和外部效度。

4.2.6　研究结论与讨论

本章结合社会认同理论和规范焦点理论，采用混合研究方法探讨了越轨行为的群体类型对当地居民宽容意愿、惩罚意愿和越轨行为意向的影响。子研究 1 和子研究 2 的结果表明，在面对内群体（vs. 外群体）越轨行为时，当地居民表现出更强的宽容意愿、更低的惩罚意愿和更高的越轨行为意向。这些发现支持了 H1 和 H2。此外，子研究 3 表明，宽容意愿和惩罚意愿在越轨行为群体类型与当地居民越轨行为意向之间起到共同的中介作用，验证了 H3。子研究 3 和子研究 4 发现，规范强度调节了越轨行为群体类型对当地居民宽容意愿、惩罚意愿和越轨行为意向的影响。具体而言，在规范严格的情况下，"黑羊效应"出现，相比外群体的越轨行为，当地居民对内群体的越轨行为表现出更强的惩罚意愿、更弱的宽容意愿和更低的越轨行为意向；而在规范宽松的情况下，内群体偏爱占主导地位，当地居民面对内群体（vs. 外群体）的越轨行为时，表现出更低的惩罚意愿、更高的宽容意愿和更多的越轨行为意图。因此，H4 和 H5 得到了支持。

第一，本章从旅游地居民的角度验证了越轨行为的传染效应受到越轨行为的群体类型影响。越轨行为的社会传染效应在群体内的传染强于群体间。同时，本章在一般旅游情境下验证了内群体偏爱现象，证实了旅游地居民对待不同群体类型的越轨行为时存在内群体偏爱现象，丰富了越轨行为的研究文献，拓展了社会认同理论的应用语境。

第二，本章探讨了旅游情境下越轨行为的群体类型对旅游地居民越轨行为意向影响的中间作用机制。具体而言，本章基于社会认同理论（Tajfel & Turner，1979），将宽容意愿和惩罚意愿作为越轨行为的群体类型与居民越轨行为意向之间的中介变量（Ashokkumar et al.，2019），并得到了验证。本章阐明了越轨行为的群体类型对居民自身越轨行为意向影响的中间机制，丰富和拓展了旅游情境下越轨行为传染效应的中间机制研究。

第三，本章通过引入规范强度作为调节变量，调和了内群体偏爱和"黑羊效应"的矛盾研究结果，并解释了社会认同理论和规范焦点理论在旅游情境下的作用边界。具体来说，根据社会认同理论（Tajfel，1974），居民可能会对其他居民表现出内群体偏爱，然而，根据规范焦点理论（McAuliffe & Dunham，2016），居民可能会表现出"黑羊效应"，表现为更强烈地谴责内群体的越轨行为。虽然这两种理论分别解释了两种相互矛盾的现象，但本章的结果表明，内群体偏爱和"黑羊效应"的显著性取决于规范强度这一边界条件。在规范宽松的情况下，居民在互动过程中以"情感"而非"法理"作为行为规范的核心（Qu et al.，2021），表现出内群体偏爱。而在规范严格的条件下，人们更加强调管理和维持社会高效运作的规则和规范（Gelfand et al.，2021），因此"黑羊效应"开始发挥作用，群体内成员的越轨行为将受到更严厉的惩罚以维护群体规范，保障内群体之间的高效合作。因此，本章调和了内群体偏爱和"黑羊效应"之间的矛盾，深化了对社会认同理论和规范焦点理论作用边界的认识。

同时，本章对目的地营销组织实施应对策略以减少当地居民的越轨行为，实现旅游目的地的可持续发展具有现实意义。具体而言，当社会规范较为宽松时，旅游地居民对内群体成员（vs. 外群体成员）的越轨行为的容忍意愿更强，惩罚意愿更弱，从而增加了旅游地居民自身的越轨行为意愿。为了防止这种越轨行为在居民中的传染效应，旅游目的地管理组织和决策者应该通过实施社会规范干预计划来加强社会规范。例如，旅游目的地管理组织可以举办社区会议，让居民探索和讨论他们生活中的社会规范，并提供社会规范手册，帮助他们规范自己的行为。同时，旅游目的地管理组织还可以给予鼓励和奖励，以表彰那些积极遵守规范的居民，并鼓励其他人效仿（Su et al.，2022）。并且，旅游地的政策制定者可以通过引入对越轨行为的惩罚，如罚款或参与社区服务，来强化社会规范。

当旅游地规范比较严格时，旅游目的地管理组织应该更加注重防止外群体（即旅游者）的越轨行为。旅游目的地管理组织可以通过设置宣传标语和横幅、发送旅游地欢迎短信等方式积极地向旅游者介绍目的地社会规范，并提醒旅游者需要遵守当地的规范（Su et al.，2022）。同时，旅游目的地管理组织可以在当地居民中招募志愿者，对旅游者的越轨行为进行规劝和制止。

第 5 章 目的地视角下的旅游者环境责任行为

近几十年来，随着我国旅游业的快速发展和目的地环境保护意识的不断增强，旅游者环境责任行为逐渐成为学术界和实践领域关注的热点问题。旅游目的地作为旅游活动的重要载体，其资源禀赋、管理策略和文化特性对旅游者环境责任行为的形成和发展具有重要影响。根据《中华人民共和国文化和旅游部 2023 年文化和旅游发展统计公报》，截至 2023 年末，全国共有 A 级景区 15721 个，各级旅游景区数量持续增长，为旅游活动的开展提供了丰富的资源支持，也对环境保护提出了更高要求。

本章从目的地视角出发，系统梳理旅游者环境责任行为的研究成果，旨在探讨目的地因素对旅游者环境责任行为的影响路径和作用机制。本章从目的地的社会责任、声誉与服务公平三个方面对研究进行归纳和分析，进一步探析了宏观、中观和微观层面因素对旅游者环境责任行为的综合影响，尝试构建以目的地为中心的旅游者环境责任行为理论框架，为提升目的地的可持续发展能力和推动旅游者环境责任行为提供科学依据与实践指导。

5.1 旅游地社会责任对旅游者环境责任行为的影响机制

以旅游业为基础的活动可能会对目的地产生负面影响。首先，寻求促进旅游业并从中获利的组织可能会通过过度拥挤、废物产生、野生动物资源枯竭、植被破坏、人权问题和不公平的贸易行为从事导致环境退化的活动。其次，游客本身可能会通过收集动植物标本、扰乱野生动物栖息地和污染等活动对环境产生不利影响。无论这些行为是由于不知情还是公然无视，最终结果对旅游目的地的长期健康都不利。因此，如何限制或消除这些不良行为应该是研究人员和从业者共同关注的重要问题。

在全球范围内，可持续的商业实践越来越受到企业及其利益相关者的关注（Sheldon & Park，2011）。社会责任是一个伦理框架，表明一个实体，无论是组织还是个人，都有义务为整个社会的利益而行动。适用于企业的社会责任被称为企业社会责任（CSR）。根据科特勒和李（Kotler & Lee，2008），企业社会责任是"通过可自由支配的商业实践和企业资源的贡献来改善社区福祉的承诺"。企业社会责任文献在传统上只关注企业作为一个独立实体的责任。这种观点虽然涵盖了公司对其经营所在社区和环境的责任，但却忽视了在类似旅游目的地等场景中，相关实体之间社会责任行为所产生的集体影响。在旅游业，负责任的商业行为至关重要（Sheldon & Park，2011），因为旅游目的地的发展严重依赖于环境和文化资源，需要对开发和维护资源负责，以实现可持续发展。

尽管个人或公司的行为在特定目的地可能微不足道，但综合影响是巨大的。旅游目的地可以定义为地理位置，包括游客抵达和停留所需的所有服务和基础设施，同时提供体验机会（Buhalis，2000）。为了在旅游市场上脱颖而出，目的地应该像一个实体一样进行管理（Inversini，Cantoni & Buhalis，2009）。旅游目的地"是一个整体结构"（Um & Crompton，1990），游客在形成行为意图时可能会依赖于整体目的地形象感知（Papadimitriou，Kaplanidou & Apostolopoulou，2015）。正是所有利益相关者的集体行为决定了旅游业发展对目的地的总体影响，而游客感知到的总体影响反过来又塑造了他们的态度，并可能影响他们对参与支持行为的支持或反对。因此，本节研究认为，从总体目的地的角度审视基于社会责任的举措非常重要。目的地社会责任（DSR）包括保护和改善整个目的地的社会和环境利益的利益相关者活动，以及单个组织的经济利益。

实现旅游目的地的可持续发展在一定程度上是由与目的地相关的组织参与社会责任行为以及获得到访游客的支持以对环境负责的方式行事所驱动的。罗曼尼和格拉皮（Romani & Grappi，2014）认为，对社会负责的项目可以影响其他次要结果。这些结果可能与该组织采取的举措所解决的社会问题有关。例如，游客可能会采取更环保的行为，作为目的地可持续发展努力的次要结果。现有研究需要更好地了解这些次要的社会结果（Bhattacharya & Sen，

2004a，2004b）。正如任何基于人类社区的集体活动一样，在不同的目的地没有"一刀切"的方法，可能会有不同的问题和优先事项来影响行动。在这项特别的研究中，目的地是一个美丽的自然景区，点缀着许多独特的历史遗迹。保持目的地的环境质量需要减少旅游业对环境的负面影响。因此，本节强调了对环境的主要关注，因为专注于环境和文化资源的目的地无法在退化的环境中茁壮成长。

目前没有研究探讨DSR与游客对环境负责的行为之间的关系。本节使用刺激—有机体—反应（S-O-R）框架（Mehrabian & Russell，1974）来更好地理解这种关系。许多行为是由精神状态驱动的，而精神状态有时会受到与特定刺激的关联方式的影响。S-O-R模型有助于解释客户收到的刺激（S）、他们对刺激的感受（O）以及他们随后的反应或态度（R）之间的关系。

旅游消费是一种情感体验（Su & Hsu，2013）。有研究指出："与其他产品和服务不同，旅游业向旅行者出售兴奋、未知体验和发现感"（Rittichainuwat，Qu & Mongkhonvanit，2006）。本节考察了旅游环境中积极和消极情绪对环境责任行为的直接影响，并探讨了它们在DSR和环境责任行为之间的中介作用。之前的研究主要关注企业社会责任情绪反应的经济结果，包括客户忠诚度（Perez & Rodriguez del Bosque，2015）、积极的口碑和对负面信息的抵制（Xie，Bagozzi & Grønhaug，2015）。本章通过考察旅游消费者对感知的DSR而非CSR的情绪反应，拓宽了先前的研究，并调查了对环境负责的行为。

情绪对个体行为的影响可能受到身份认同的影响（Perez，García de los Salmones & Rodriguez del Bosque，2013）。当个体试图与能够满足其自我定义需求的对象建立认同时，身份认同就可能对关系产生影响。当产品是无形的时候，如目的地的营销，身份识别可能会产生特别显著的影响（Ahearne，Battacharaya & Gruen，2005）。身份认同在客户—企业背景下的营销中越来越受到关注（Bhattacharya & Sen，2003；Keh & Xie，2009），尽管有人指出，目前积极和消极情绪对身份认同的影响仍缺乏深入探讨（Wegge，Schuh & van Dick，2012）。如果游客认同目的地，那么在更广泛的旅游目的地背景下考察身份认同结构的作用也很重要。

过往研究已经确定了过去的经历对游客重游决定的影响的一些关键差异（McKercher & Wong，2004；Rittichainuwat et al.，2006；Li，Cheng，Kim & Petrick，2008；Morais & Lin，2010），旅游特征（Reid & Reid，1993；Lau &

McKercher, 2004; McKercher & Wong, 2004), 动机 (Oppermann, 1997; Fluker & Turner, 2000; Lau & McKercher, 2004; Fuchs & Reichel, 2011; Hsu, Wang & Huang, 2014), 满意度 (McKercher & Wong, 2004)、风险感知 (Fuchs & Reichel, 2011) 和信息利用 (Reid & Reid, 1993; McKercher & Wong, 2004)。在制定营销和管理策略时, 识别初次游客与重游游客之间的潜在差异具有重要参考价值。本节研究对首次和再次前往目的地的游客进行了比较分析。

本节以刺激—有机体—反应为理论框架, 探讨了 DSR 与环境责任行为之间的关系。本节提出, DSR 对环境责任行为的影响是由积极情绪、消极情绪和对目的地的认同所介导的。本节还研究了访问频率的潜在调节作用 (即首次访问相对于重复访问)。下一节概述了刺激生物反应 (S-O-R) 框架、研究中使用的核心概念和提出的假设, 然后是研究方法。接下来, 本节将介绍测量和数据分析。最后, 对结果和管理意义进行了讨论, 还提供了研究局限性和进一步的研究方向。

5.1.1 研究假设与研究模型

5.1.1.1 旅游地社会责任

(1) 旅游地社会责任的定义。

随着社会经济的不断进步, 人们的旅游机会日益增多, 旅游活动越发受到大众青睐, 其影响力也越发显著, 但同时也引发了诸多社会问题。随着人们越来越关注旅游目的地的责任行为, 旅游目的地社会责任的研究逐渐成为一个热门的学术课题。社会责任的研究可追溯到鲍恩 (Bowen) 于 20 世纪 50 年代撰写的《商人的社会责任》(*Social Responsibilities of the Businessman*) 一书, 随着旅游影响力的逐渐扩大, 社会责任的研究范围也逐渐扩展到旅游领域。在已有的研究中, 研究人员的焦点集中于旅游企业或旅游酒店的社会责任, 科尔斯等 (Coles et al., 2013) 认为, 与其他经济活动中成熟而有经验的知识体系相比, 旅游企业社会责任的专门研究还处于起步阶段, 提出将责任作为旅游管理的一种方法。加赖·塔马洪和丰特 (Garay Tamajón & Font, 2013) 等学者回顾了旅游和社会责任的相关研究, 认为旅游社会责任研究之所以困难，是因为"旅游"和"社会责任"这两个术语难以定义，并提出建立专业、兼容、详细的概念体系是必要的。加赖·塔马洪和丰特（Garay Tamajón & Font，2012）认为，旅游社会责任是从责任的角度认真考虑旅游对利益相关者的影响，使旅游成为公司的最终决策策略，给利益相关者带来有益而无害的影响。随着对旅游企业的研究日益深入，研究人员将研究视角投入旅游目的地的社会责任行为，厘清旅游目的地的社会责任与可持续发展之间的关系，并希望增强企业社会责任在竞争优势中的作用。当前的旅游目的地社会责任的概念主要有以下两个方面：一是社会责任是指旅游目的地在管理旅游目的地过程中的行为，其行为超越了经济目标和法律义务，充分考虑对环境和周围社区的影响，满足利益相关方的需求，并对不同的利益相关方负责。二是一些学者把旅游目的地和组织进行比较，他们认为旅游目的地的社会责任基于利益相关者，利益相关者最大限度地增加经济、社会和环境效益并减少负面影响。这种责任涵盖多个方面，包括经济责任、社会责任和环境责任等。

旅游地社会责任，本质上是旅游地活动对环境、旅游者、员工、社区、利益相关和其他外围社会公众所产生的影响负责，其目的是最小化经济、环境和社区的负面影响，为当地居民创造更大的经济利益，改善他们的工作条件，增加就业机会，增加社区居民参与影响他们生活的决策机会，保护自然环境资源，保持旅游地生态的多样性，保持文化的敏感性，使游客和目的地居民之间相互尊重，并建立当地居民的自豪感和信心，提高他们的主观幸福感。因此，旅游地社会责任将有利于增强旅游积极影响，并有效降低旅游消极影响。

在前人研究成果的基础上，本节从整体角度提出旅游目的地社会责任的概念：旅游目的地社会责任是指在旅游目的地管理过程中，最大限度地实现经济与社会效益，同时尽量减少对环境的负面影响，所承担的一种综合性责任。其核心在于尽可能维护包括游客、社区居民、员工、投资者、政府、供应商与竞争者等在内的各类利益相关者的权益，协调公共福利与经济发展的关系。旅游地社会责任主要包括五个方面：经济责任、社会责任、环境责任、利益相关者责任和道德责任。

（2）旅游地社会责任的维度。

在测量维度上，有学者将社会责任作为研究旅游目的地企业的一个单一维度（Kang et al.，2010）。此外，还有一些学者根据企业社会责任的研究结果将旅游企业的社会责任划分为不同的维度。埃琳娜和西尔维亚（Elena & Silvia，2014）等在平衡计分卡模型的基础上，采用比较分析法建立了企业社会责任指标。库库斯塔、麦和陈（Kucukusta，Mak & Chen，2013）从旅游者的角度出发，基于中国香港的五星级和四星级酒店，总结出社会责任的五个维度：社区、政策、使命和愿景、劳动力和环境。马特维和阿塞诺娃（Matev & Assenova，2012）以保加利亚 25 家酒店为研究案例，制定了企业社会责任评估量表，包括酒店人力资源管理、职业安全与健康、消费者满意度以及经济和社会指标。伯德（Byrd，2009）引用了 KLD 企业社会责任衡量方法，并认为旅游目的地的企业社会责任具体包括五个方面：员工关系、产品质量、社区关系、环境问题和多样性问题，这种方法在目前的研究中仍存在争议。有研究在对酒店管理者的调查中，将企业社会责任作为道德行为的一个维度，但是在企业社会责任的研究中，企业道德行为是企业社会责任的一个方面（Gu & Ryan，2011）。苏志平（2010）基于 AHP 方法构建了旅游企业社会责任的评价体系，此体系涵盖诚信运营、行业标准认证、财政绩效、环境保护、员工利益、社会责任管理和社会公益七个指标。高建芳（2007）基于利益相关者理论，运用卡罗尔利益相关者/责任矩阵的相关研究，构建了模糊层次评价模型。李武武和王晶（2013）基于 25 家旅游上市公司持续六年的数据，基于利益相关者理论，建立了包括供应商、股东、债权人、员工、消费者及政府权益的六维社会责任评价指标体系，研究旅游企业社会责任同运营绩效之间的关系。目前的研究中，对旅游企业社会责任的研究较多，有关旅游地社会责任维度的研究极少，形成旅游地社会责任的评价和研究模型对推动这一研究的深入和发展具有重要意义。

（3）旅游地社会责任的相关研究。

李和许（Lee & Heo，2009）基于利益相关者的理论，通过实证研究检验了在企业社会责任活动和企业价值关系中，顾客满意度起中介作用，证实了在旅游者的态度和行为中，旅游地社会责任的实现程度具有重要影响。加西亚－罗德里格斯和德尔玛·阿玛斯－克鲁兹（García‐Rodríguez & del Mar Armas‐Cruz，2007）通过定性方法研究了旅游地社会责任对旅游者忠诚的影响，并研究了旅游者对旅游地社会责任的感知/认同、旅游地声誉在这一影响中的中介作用。粟路军和黄福才（2012）从整个旅游地视角出发，建立了旅游地社会责任、旅游地声誉、旅游者—旅游地认同与旅游者忠诚之间的关系模型，并以厦门市旅游者为例开展了实证研究。沈鹏熠（2012）构建了旅游地社会责任对目的地形象和游客忠诚影响的模型，证实了在目的地形象和游客忠诚形成中，旅游地社会责任发挥了非常重要的作用。何学欢等（2017）基于社会交换理论和利益相关者理论，构建了旅游地社会责任、旅游影响（积极影响和消极影响）、社区满意度和居民生活质量的关系模型，并以凤凰古城居民为对象进行实证检验。粟路军和唐彬礼（2020）从信息框架视角出发，构建了旅游地社会责任信息框架对旅游者幸福感的影响模型，并通过实证研究探明了积极在前（vs. 消极在前）的旅游地社会责任信息框架对旅游者自豪感和幸福感的影响更显著，且旅游者自豪感在其中起中介作用。王纯阳和冯芷菁（2021）基于开平碉楼与村落的实证研究，发现制度压力通过遗产旅游地社会责任对治理绩效产生正向影响，强调了制度环境对遗产旅游地治理绩效的重要作用。程卫进等（2022）以岳麓山风景名胜区为例，发现旅游地社会责任通过地方依赖和地方认同对游客的环境责任行为产生正向影响，揭示了地方依恋在其中的中介作用。

5.1.1.2 旅游目的地形象

（1）旅游目的地形象的定义。

关于旅游目的地形象的概念早已有之，但至今还没有明确的一致的界定。美国学者J. D. 哈特（J. D. Hunt，1971）首次分析了形象的因素在旅游目的地规划建设中的实际意义，成为旅游目的地形象研究领域的开端。他认为旅游目的地形象（Tourism Destination Image）是旅游者对于自己非长久居住地所持有的一种印象；罗森和邦德-博维（Lawson & Bond-Bovy，1977）不但分析了旅游目的地的认知形象，而且把情感形象也纳入其形象中，他指出旅游目的地形象实际上就是旅游者个人对旅游地的综合印象的表述；克朗普顿（Crompton，1979）认为旅游目的地形象是对各种具体事物的感知总和；埃伯哈赫和巴特勒（Embacher & Buttle，1989）认为旅游者在旅行后对旅游目的地产生的认知和情感在对其评价中起到非常重要的作用；法基耶和克朗普顿（Fakeye & Crompton，1991）通过研究表明旅游者会从整体印象中甄选出符合预期的印象来表述旅游目的地形象；金（Kim，2003）则认为旅游目的地形象是旅游者对于旅游目的地各种看法、观念、印象等的综合概述。综合西方学者对旅游目的地形象的定义，可归纳如下特征：第一，旅游目的地形象是旅游者个体对旅游目的地的印象;第二,这种印象是旅游者的主观感知,并和旅游目的地有某些联系;第三,旅游目的地形象反映的是旅游目的地综合状况。

国内学者张建忠把旅游形象定义为旅游者对旅游目的地内各种资源状况等方面的整体印象;李蕾蕾(2000)把旅游目的地形象定义为游客对旅游目的地的各种信息综合处理后得到的结果;谢朝武和黄远水(2001)提出旅游目的地形象是游客通过各种媒体等宣传途径取得的旅游地多种条件的集聚;邓明艳(2004)认为旅游目的地形象是旅游者真实体验旅游目的地后的总体印象,这种印象有可能会受到网络、电视等媒介的影响;廖卫华(2005)认为旅游目的地形象是旅游目的地的各种特征在旅游者心中所汇集的各因素总和。伴随着学科的发展和研究的深入,"Tourism Destination Image"的内涵已不足以被"旅游目的地形象"这一定义所阐释,因此,越来越多的学者对其内涵也在不断的丰富当中,涌现了诸多其他概念。毛端谦(2006)提出把"Tourism Destination Image"译为"旅游目的地映象"更为合适,表示个人对特定旅游目的地的主观认知和情感所形成的印象等;庄志民(2007)从研究实践的角度出发,认为将"Image"翻译为"意象"更为恰当;白凯(2009)也同意庄志民的看法,认为"意象"更加完备地表述了旅游者对旅游目的地多种信息的凝结,更加接近于"Tourism Destination Image"概念的本质。近年来,关于"旅游目的地意象"的研究和"旅游目的地形象"的研究有合流的趋势,因此,这方面的大量研究受到了诸多学者的重视。白凯(2008)详尽分析了旅游目的地符号与隐喻之间的联系;刘建峰(2009)以一种独特的视角具体分析了旅游目的地意象的结构的形成;肖亮和赵黎明(2009)则采用内容分析法对旅游目的地意象进行研究;汪芳(2009)从地方感的视角出发进而对旅游目的地意象分析;田逢军(2009)系统并且全面地研究了特定旅游目的地意象。概括而言,大多数研究是从消费者心理活动的角度来定义旅游目的地形象。国内学者对"Image"不同的意译也是一个不断深化研究的过程,有助于推动对 Tourism Destination Image(TDI)的深入理解。本章研究的是旅游目的地形象各个具体维度与其他变量之间的关系,所以对"旅游目的地形象"这一概念不做过多的阐述。

(2)旅游目的地形象的维度。

冈恩(Gunn,1972)首次提出把旅游目的地形象分为感官形象(organic

image）和诱导形象（induced image）；法基耶（1991）发展了冈恩的观点，认为旅游目的地形象由原始、诱发和复合三种层次组成，原始形象来源于较长时间的信息积累，诱发形象来源于旅游宣传等活动的影响作用，复合形象是旅游者进行实际体验后，与原始形象和诱发形象结合而形成的一种比较复杂的形象；艾克特纳和里奇（Echtner & Ritchie，1993）认为目的地形象应该是个体与整体相互关联的两部分，并且每个部分都有其自己的特性。加特纳（Gartner，1994）认为旅游目的地形象是由感知形象、情感形象和意动形象三个不同等级组成的；巴洛格鲁和麦克利里（Baloglu & McCleary，1999）在加特纳的研究基础上把旅游目的地形象分为认知形象、情感形象和总体形象，都是旅游者对于旅游目的地的认知形象和情感形象的整合结果。

（3）旅游目的地形象的相关研究。

梅奥（Mayo，1981）指出旅游者出游行为的选择受到旅游目的地形象的特色性和营销力的影响；卡兰顿等（Calantone et al.，1989）指出，旅游目的地的营销管理人员不仅要了解旅游者对旅游目的地的印象，而且需要掌握竞争对手的旅游地形象，这样才能够取长补短，制定符合市场的营销策略；科特勒和巴里奇（Kotler & Barich，1991）的研究结果表明，只有了解旅游者对于旅游地形象和旅游地服务后，旅游目的地的市场营销才能顺利地开展实施；萨莱（Salalh，2000）的研究结果表明，旅游目的地营销要给旅游市场提供有吸引力的旅游目的地形象。早期，李蕾蕾（1995）认为旅游者除了自己感知到的旅游目的地形象还有包括价格和距离等都是影响旅游者做出选择的考量因素；黎洁（1998）对旅游目的地形象进行了详尽的研究，包括概念及旅游目的地形象的组成结构，包括社会经济情况、基础设施情况和人文、自然资源状况等；王磊、刘洪涛和赵西萍（1999）认为发射形象和接受形象共同组成了旅游目的地形象。随着旅游目的地形象研究深度和广度扩展，旅游目的地形象的研究也层出不穷。卞显红（2005）通过研究发现旅游目的地形象与旅游者满意度和旅游者行为之间有一定的联系；刘睿文（2006）通过研究证实了时间在旅游目的地形象感知中的效应；张宏梅（2006）则分析了距离因素的作用；李宏（2007）对旅游目的地形象测量的内容与工具进行了研究；杨永德和白丽明（2007）则对旅游目的地形象概念体系进行了深入辨析。王维胜等（2024）从短视频视角丰富了旅游目的地形象与游客行为意愿关系的研究内容，为网红旅游目的地营销提供了理论参考和实践指导。

5.1.1.3　旅游目的地认同

（1）旅游目的地认同的定义。

20世纪50年代后期，西方社会心理学的研究人员首先开始探索"认同"（identification）的概念。社会心理学中的身份研究主要讨论和解释了人们与组织或群体认同的原因，以及"认同"对人们的态度和行为的影响。随着"认同"概念的研究不断深入，形成了社会认同理论。社会认同理论认为，一个人的自我定义不仅是对个人特征和属性的准确概括，而且是对与个人有关的社会身份的一种认识。随后的研究中，社会认同理论被广泛接受，并形成了"组织认同"的概念。"组织认同"是个人与组织之间深刻而有意义的情感承诺。当组织成员对特定组织或团体具有认同感时，则意味着该成员已与该组织或团体建立了相应的联系，并试图根据组织的特性和身份来定义和表达自我形象。巴尔莫（Balmer，2008）认为，"组织认同"是一种由有形与无形要素共同构成的表达形式，它使得企业在本质上具备独特性。这种认同通过企业创始人及其领导人的行为、企业传统和企业环境得以形成，其核心在于员工价值观的整合。组织认同和社会认同具有一致性，可解释消费者、企业员工和其他利益相关者的个人认同组织的过程。通过对个人属性和企业属性的重叠来研究认同的范围，这也被推广到顾客对企业的认同当中，即顾客认同。马林和鲁伊斯（Marin & Ruiz，2007）认为，在企业品牌/声誉情境下，顾客认同就是在个人价值观和感知到的组织形象之间的契合性。根据社会认同理论、组织认同概念和顾客认同概念，本章沿用了粟路军（2013）等对旅游目的地认同的概念，将旅游目的地认同定义为旅游地某一方面或某些方面符合旅游者的自我身份表达和自我强化的需要，对旅游地产生强烈的情感依赖和承诺，从而与旅游地建立持久关系，并将其自身视为旅游地的密切利益相关者的心理依恋现象。

（2）旅游目的地认同的维度。

地方认同主要从两个方面构建：外向和内在。在外向方面，人们使用地方作为向别人表达自己特性的符号：戈夫曼（Goffman，1965）认为在个人认同上，生命历程独特的结构可以区别自我和他人；在社会认同上，个人具有的某种群体的特征划分了其社会类别。欧文（Irwin，1986）认为，在个人认同方面，居所作为长期生活的地方，不仅能保护自我，还作为个人认同的来源。哈蒙（Hummon，1993）认为地方的文化意象（cultural images）被用来充实自我的概念，城市人常用久经世故、政治意识、忍耐心、自由精神来描述他们自己，中产阶级的居住环境彰显了他们独特的个性，这也是社会认同的一个重要体现。费隆纳（Félonneau，2004）认为，许多研究都证明了社会地位能通过地方现实来体现，如住宅的内部装饰，周边景观风格或大都市中的生态符号等。在内在方面，地方认同的研究更多从情感方面进行探讨，爱德华（Edward，2009）研究了人们如何对某地点形成情感依恋，这种地方认同常有一种"在家"（being at home）的舒适、熟悉、真实、自我的感觉。

（3）旅游目的地认同的相关研究。

博纳伊乌托等（Bonaiuto et al.，1996）围绕地方认同和国家认同如何塑造个体对当地国家级海滩环境污染的认知，研究了地方认同和自然环境评估之间的关系，通过调查生活在南英格兰海岸的六个度假胜地的 347 名居民表明与那些依恋程度较低的人相比，对城镇或国家有强烈依恋的参与者更倾向于支持保护当地的国家海滩。白凯（2010）通过建立起游客对地方认同与对地方的忠诚度之间的联系，发现地方认同对游客忠诚有显著的正向影响。赵宏杰等（2013）将地方认同分为六个维度，研究了前往中国台湾自由行游客的地方认同和休闲效益的关系，结果显示游客对台湾旅游环境的认同度很高。邱慧等（2012）分析了游客和居民的认同感之间的差异，游客更重视与地方之间的互动，而居民更关注的是"环境"和"自我"两个方面，当地居民更加认同他们特定的区域文化。有学者通过构建结构方程模型，发现游客地方认同通过游客满意度间接影响环境友好行为，游客满意度在这一影响中起到重要的中介作用，并且地方认同随着时间的推移增加了游客重游旅游目的地的可能（Ramkissoon，Smith & Weiler，2013）。田青（2015）认为地方认同受到游客的职业、宗教信仰、旅游动机等因素的影响，并将旅游者地方认同分为宗教文化认同、社会认同和内在自我认同。特利里和阿玛拉（Tlili & Amara，2016）研究了情感体验、地方认同与旅游满意度之间的关系，将情感体验分为快乐、爱和惊奇三个维度。研究结果验证了地方认同对旅游满意度有正向影响。戴维斯（Davis，2016）运用半结构访谈法研究了如何基于游客的旅游经历和地方认同构建旅游节庆环境。结果发现，如果游客曾经参与过节庆活动，并对该地具有一定的认同感，那么他们更有可能营造出一种积极、和谐的节日氛围。

5.1.1.4 旅游发展

(1) 旅游发展的含义。

现有文献对旅游发展的认识存在较大差异（Ridderstaat et al., 2016a, 2016b），主要包括旅游经济内涵和旅游影响内涵两种界定。一方面，许多研究长期将旅游发展等同于旅游经济发展（Burns & Novelli, 2008），认为旅游发展是一种经济发展战略（Yang & Ge, 2016），或经济增长工具（Uysal et al., 2016）。特别是在旅游能促进经济增长的假说提出以后，许多研究将旅游发展直接理解为旅游经济发展。另一方面，许多研究将旅游发展和旅游发展产生的影响等同起来，认为旅游发展是旅游发展过程中对目的地带来的经济、社会、文化等各方面的影响。通过对经济学、管理学等学科相关文献的系统梳理，同时结合旅游业情境，参考世界旅游组织（UNWTO, 2001）对可持续旅游发展的定义，以及旅游经济发展等的内涵，本书初步将旅游发展定义为：旅游地通过一系列管理策略和计划等主观措施，促使当地经济、社会文化和环境等方面，产生连续不断的变化的过程。旅游发展具有如下特征。

①持续性：旅游发展是一个连续不断的变化过程，既有量的变化，又有质的变化，是旅游地的不断更新，因而具有持续性。

②阶段性：由于旅游发展是一个连续不断的过程，在整个发展过程中，其表现出若干个连续的阶段，不同的阶段表现出区别于其他阶段的典型特征，因而具有阶段性。

③动态性：旅游发展产生的结果包括积极影响和消极影响，而积极影响和消极影响可以相互转换，因而具有动态性。

④多维性：当前研究大多将旅游发展等同于旅游经济发展，仅仅关注结果的一个方面，本书认为旅游发展包括旅游发展管理、旅游发展专业化、旅游社区服务和旅游发展公平四个部分，因而具有多维性。

(2) 旅游发展的测量。

由于对旅游发展内涵认识上存在较大差异，导致研究者采用不同的测量指标对旅游发展进行测量。一方面，基于对旅游发展经济内涵的认知，许多研究使用经济指标来测量旅游发展，且普遍采用单个的经济指标，如金（Kim, 2002）仅采用人均旅游支出来测量旅游发展，里德等（Ridderstaat et al., 2016）仅采用旅游收入来测量旅游发展。仅有少数研究采用多个经济指标来测量旅游发展，如扎曼等（Zaman et al.，2016）使用入境人数、旅游收入和国际旅游支出三个经济指标来测量旅游发展。克罗伊斯等（Croes et al.，2018）采用旅游创造的就业岗位、入境人数、旅游收入和旅游地居民人均GDP四个经济指标来测量旅游发展。另一方面，基于对旅游发展影响内涵的认知，许多研究使用旅游发展产生的影响来测量旅游发展。如阿尔梅达-加西亚等（Almeida-García et al.，2016）利用旅游发展产生的经济、环境和社会文化三个方面的影响来测量旅游发展。卡法什波尔等（Kafashpor et al.，2018）使用旅游发展带来的社会、文化、环境、社会经济及宏观经济五个方面的旅游影响来测量旅游发展。

（3）旅游发展的相关研究。

旅游发展的相关研究应用较广泛，如徐红罡等（2006）研究了城市旅游情境下旅游发展的因素，并分为一般因素和城市特有因素，实证结果表明旅游产业集群、城市商业网络等城市特有因素对城市旅游发展存在重大影响。威尔森等（Wilson et al.，2001）总结了乡村旅游情境下影响旅游发展的10大因素，即旅游产品、社区领导、地方政府支持、政企合作、发展基金、旅游规划、乡村旅游企业家之间的合作、科学技术、旅游机构和社区支持，且发现乡村旅游企业家之间的合作对乡村旅游发展产生关键影响。杨等（Yang et al.，2016）研究了在岛屿旅游情境下，将岛屿旅游发展影响因素分为原始因素（旅游资源）、内生因素（旅游运输、社会经济）及外生因素（旅游企业、客源市场）三大类，发现原始因素（旅游资源）是推动岛屿旅游发展的原动力。总体来看，旅游发展已在各个不同情境下进行了广泛探讨。在旅游发展产生的结果方面，现有研究主要从经济、社会文化和环境三个方面探讨旅游发展产生的客观结果，且每一个方面都存在正向结果和负向结果两种类型。其中，旅游发展产生的经济结果最早受到研究者的关注，正向的经济结果包括：外汇收入、就业机会、外部投资、消费刺激和税收收益；负向的经济结果包括：旅游地商品和服务价格上涨、生活成本增加、通货膨胀及对旅游业的过度依赖。在旅游发展产生的社会文化结果方面，正向的社会文化结果包括：娱乐休闲设施和文化活动的增加、提供历史文化展览和文化交流以及增加娱乐机会；负向的社会文化结果包括：犯罪、公物破坏和性骚扰。在旅游发展产生的环境结果方面，大部分研究主要探讨了旅游发展产生的负向环境结果，如野生环境破坏、森林砍伐、交通拥挤、水污染、空气和噪声污染等。也有少量研究发现旅游发展也可以产生正向环境结果，如有助于提高旅游地公园和休闲场地的质量。随着研究的深入，研究者发现除了上述客观结果，旅游发展也能产生主观结果，如对旅游地居民情感和生活质量产生影响。因此，旅游发展在旅游地社会责任、旅游者环境责任行为的研究中，有不可忽视的作用。

5.1.1.5 重游意愿

（1）重游意愿的定义。

"重游意愿"（Revisit intention）来源于营销领域的"消费者重购"。在市场营销领域，安德森和沙利文（Anderson & Sullivan，1993）发现以更大价值去吸引来自竞争对手的新客户是非常不容易的。海伍德（Haywood，1989）发现，吸引一个新游客所需的营销费用是一个重游者五倍。欧曼（Oppermann，1997）认为，重游游客对成熟旅游地获得市场份额的重要性越来越突出，吸引一个重游游客比吸引初游游客更容易、有效。随着体验消费的不断发展，学者们也逐渐重视旅游领域中重游游客对旅游目的地的意义：不断降低营销费用以获得更大的市场份额。

关于重游意愿的概念，贝克等（Baker et al.，2000）认为重游意愿是一种可能性，指游客重返旅游目的地再次参与和体验旅游活动的可能性。科尔和斯科特（Cole & Scott，2004）认为重游意愿是游客的一种计划行为，指的是游客计划再次访问同一旅游目的地。陈海波（2010）认为，重游意愿是旅游者已经对某个旅游地、旅游项目、旅游产品有过一次或以上到访、参与或购买经历之后，在未来某一时间愿意再次到访、参与或购买的一种主观意愿。综上所述，重游意愿是指：游客到访某旅游地或参与某项旅游活动后，由于对该目的地有重游的兴趣和可能性，愿意频繁重游，在未来某一时间段游客想再次到访某旅游地或参与的意愿，并在同类型旅游目的地中会优先考虑到此地旅游。重游意愿通常可用重游游客数与总游客数之比来对旅游地的生命周期阶段进行评价，提高重游游客数量所占比重是促进旅游地的可持续发展的有力举措。吉特尔森和克朗普顿（Gitelson & Crompton，1984）较早对重游意愿进行了研究，研究结果显示，游客对旅游目的地首次游憩体验的满意是其产生重游意愿的必要条件。

吉特尔森和克朗普顿（1984）最早对重游意愿进行了研究，他们意识到海滩、度假地和主题公园的开发在很大程度上依赖重游游客。吉特和菲尔普斯（Gyte & Phelps，1989）在调查中发现一些来自英国的游客表达了再次访问西班牙的两个旅游胜地的想法。巴洛格鲁和埃里克森（Baloglu & Erickson，1998）的一项研究发现了两种不同的现象，一些地中海国际游客倾向于在旅行后下一次去新的目的地，但是一些游客说他们将在以后的某个时间再次返回参观旧的旅游地。重游游客的重要性逐渐吸引了研究者的注意，他们开始用游客的"重游意愿"对游客的"重游行为"进行预测。贝克等（Baker et al.，2000）认为，当游客有着强烈重游的意愿时，他们将会有很大的可能在未来的某一时间发生重游行为。

（2）重游意愿的相关研究。

在已有研究中，对重游意愿的影响因素探讨较多。乌姆（Um，2006）发现，满意度对重游意愿既具有直接影响作用也具有作为中介变量的影响作用。白凯和郭生伟（2010）在主题景区的研究中，认为整体旅游形象是主题景区游客重游的主要原因。潘红（2015）在对杭州西湖旅游目的地形象的研究中发现情感形象和总体形象对旅游者行为意图有显著的正向作用，但认知形象影响不明显。刘力和吴慧（2010）在对九华山韩国团体旅游者的研究中发现佛教朝拜动机和休息放松动机会影响旅游者的重游意向。毛小岗和宋金平（2011）发现并不是所有的旅游动机都会使旅游者产生重游意向。郭安禧等（2018）通过对500名团队游客进行问卷调查，发现学习、实体和经济价值对重游意向具有差异化作用。丁风芹等（2015）在周庄的研究中发现满意度不仅直接影响重游意愿，而且还可成为旅游偏好和地方依恋对重游意愿产生影响的中介变量。张琪（2015）发现，嵩山少林寺游客的休闲动机和声望动机对重游意愿有正向影响，但声望、新奇和放松这三个动机不存在影响。孙瑾瑾和李勇泉（2018）基于游客视角在文创旅游地的研究中发现，旅游动机是影响游客重游意愿的重要因素之一。

（3）初游者和重游者。

早期有关旅游忠诚度的研究中，试图通过比较初游者和重游者来确定旅游者行为特征。研究表明，初游者和重游者在动机、参与旅游目的地活动、旅游花费和对旅游目的地属性感知上存在显著差异。相对于初游者，重游者的动机是放松、加强家庭（朋友和其他旅游者）之间的社会关系，较少追求新奇和旅游体验。他们重游熟悉旅游地是因为：①避免在陌生目的地可能产生的不满意体验，从而降低旅游风险；②情感依恋；③在以往的旅行中未能充分体验，期待弥补遗漏；④与重要他人从自己过去的旅行中分享满意的体验。在出游特征上，与初游者相比，重游者访问的目的地和景点更少，在有限的活动中实现情感和体验分享。而且，他们每日的旅游花费较少，但在整个旅游过程中花费较多。对于节庆属性的感知，初游者和重游者之间也存在区别。相对于重游者，初游者更强调具体节庆属性（如停车和服务），他们的满意度与节庆本身有关。

5.1.1.6 旅游者环境责任行为

（1）相关概念。

①旅游者责任。

旅游者的责任主要体现在旅游环境保护和经济文化发展两个方面。旅游环境保护责任的内容可以概括为两个方面：第一，尊重和保护旅游生态系统。人类作为地球上的高级生物，虽然掌握食物链和世界的顶端且主导着世界的发展和走向，但无论能力有多高，人类仍旧是社会生态系统的一部分。因此，作为世界主导的人类应对其生存的社会生态环境给予必要的尊重和保护，在遵循自然规律的前提下进行生产和生活活动。对于游客来说也是如此，游客和旅游目的地共同构成一个小型或微型的生态系统，其中游客需要充分尊重旅游景点，保护其自然生态环境，这是游客的基本责任和义务。第二，尊重和保护旅游目的地的文化生态。先前研究提出保护旅游目的地的社会和自然生态，这就是对原始生态的保护。文化生态的保护体现了对人类文明历史和遗产的尊重。在数万年的发展历程中，人类始终能够以多种方式保护、传承和创新古代文化遗产，这种能力正是推动人类社会不断发展和进步的重要动力。因此，不管风景名胜区的历史长短，其所承载的文化生态都必须得到充分的尊重和保护。特别是在少数民族地区，文化生态尤为脆弱且独特，游客不仅应持有尊重的态度，还应该具备基本的文化知识和学习能力，以促进文化的理解、交流与可持续发展。

另外，对旅游经济和文化发展负有责任。旅游业的兴起并非完全出于满足公共娱乐的需要，而是肩负着发展区域经济和文化的重要责任，因此，旅游经济和文化的发展责任是旅游环境责任制的重要组成部分。这包括两个方面的内容：第一，促进旅游景区和区域经济的发展。旅游景点的辐射驱动能力与其受欢迎程度,与地理位置和历史文化有着重要的关系。周围的旅游景点可以带动包括旅行社、饮食服务、住宿服务、运输服务和物流服务等行业的共同发展。旅游业的兴起不仅可以提高当地居民的经济收入,而且可以提高风景名胜区的就业率,从而实现当地经济的稳定发展和改善。第二,促进旅游目的地传统文化的传承和发展。旅游目的地文化体系涵盖习俗、建筑风格、当地风俗、当地民俗文化和地方方言等非物质文化,对于游客而言,首先需要确保在旅游过程中尊重和了解当地的风土人情和当地的风俗习惯,同时注意规范自己的行为,尽量减少个人行为对当地文化生态的负面影响,游览结束后可以用记录、复制或以口头转播的形式推广文化旅游目的地。

②旅游者行为。

旅游者行为是旅游者在旅游过程中对旅游目的地、旅游时间、旅游目的和旅游方式的选择特征,以及与之紧密相关的旅游意识、旅游效应和旅游需求特征。它以游客对旅游目的地环境的感知为基础,反映出旅游流主体在生理和心理变化上的外在表现。这种行为不仅包括对环境信息的感应、判断和选择,还受到游客主观因素的影响,如地域背景、社会阶层、年龄结构、知识水平与个人偏好等,强调人的"感知"(感应 Perception 和认知 Cognition)到"行为"对环境变化和分布规律的影响。旅游者行为在研究对象上不仅包括现实旅游者还包括潜在旅游者;在研究方法上需要借助哲学、社会学、经济学、心理学、管理学和数学等多个学科的相关理论进行交叉分析。

③地方依恋。

地方依恋即指个人与居住环境之间一种积极的情感联系。2010 年,斯坎内尔等(Scannell et al.,2010)提出了地方依恋的三维框架理论。该理论提出的初衷有两个:一是试图将众多杂乱的地方依恋定义归入到一个简单的三维框架中;二是以往有关地方依恋解释的框架和模型存在一定的局限性。该理论的主要观点是:地方依恋是一个包含人、心理过程和地方三个维度的框架。该框架中人的维度是指地方中有关个人或群体的定义,即谁对地方依恋,这种依恋是基于个体还是群体赋予地方的意义;心理过程维度包括地方依恋的情感、认知和行为成分,即人们处于地方依恋时所经历的情绪、认知和行为过程;地方维度强调依恋地方的特征,分为社会水平和物理水平,用于说明人们依恋哪些地方以及这些地方具有的特征。

(2) 旅游者环境责任行为的定义。

旅游者环境责任行为也可称为环境友好行为或环境亲善行为，是指游客为了保护旅游生态环境而产生的一系列行为。在对环境责任行为的初步研究中，学者主要研究旅游环境、旅游服务、旅游环境的恢复和景区管理等过程，但随着研究的深入，学者们发现了其中的实质内容。旅游者在旅游过程中的环境动机行为逐年不同，如处理自己的垃圾袋、绿色旅行、捐赠、参加公共环境保护活动以及阻止他人破坏旅游生态环境行为等。因此，上述现象促使学者们开始关注游客自身在环境责任行为中的作用，因此，对游客环境责任行为的研究已经展开。在旅游者环境责任行为以影响游客为研究对象之初，主要涵盖旅游者的环境意识，旅游者的环境态度，旅游者的动机以及旅游者的行为特征等，后期随着游客行为研究的环境责任跨学科特征日益明显，一个旅游学科的学者视角对社会学、心理学和旅游学进行了综合研究，更多的游客从系统环境责任行为的主观方面入手，主要涵盖了旅游认知度、参与度、感知价值和旅游满意度。

旅游者环境责任行为的概念来自环境心理学的环境责任行为概念，学者们采取多种方法来描述环境责任行为（Lee et al., 2013）。西维克和亨格福德（Sivek & Hungerford, 1990）认为，环境责任行为是个人或群体为了解决和传达环境问题而表现出来的行为。在环境科学中，除了环境责任行为外，还有一些与环境责任行为十分相似的概念，包括亲环境行为、环境友好行为、环保行为、生态行为和可持续行为等。针对环境责任行为，李等（Lee et al., 2013）将其定义为个体或者群体为了促进自然资源可持续利用，或减少自然资源利用而采取的措施系列；还有学者将环境责任行为定义为个体或者是群体为环境可持续利用所采取的任何行动（贾衍菊和林德荣，2015）。对于旅游者环境负责行为的定义，粟和斯万森（Su & Swanson, 2017）将其定义为旅游者在旅游体验中所表现的减少环境负面影响、促进环境保护的系列行为；还有学者将其定义为旅游者在休闲/旅游活动中，针对目的地或者景区所实施的减少环境负面影响、促进环境保护的一系列行为（柳红波，2016）。米勒等（Miller et al., 2015）将亲环境行为定义为个体所表现出的环境保护或人类活动负面影响最小化的行为。可持续行为（sustainable behavior），指个人基于可持续发展的考虑而采取的行为或做出的选择（Meijers & Stapel, 2011）；绿色消费行为（green consumer behavior），指消费者选择、购买绿色产品的行为

（Huang et al.，2014）。在旅游学文献中，大多沿用其他学科有关环境责任行为的概念，少有研究对旅游者环境责任行为进行专门界定，只有李等（Lee et al.，2013）在相关研究的基础上，将旅游者环境责任行为定义为旅游者努力减少对环境的影响，有助于为环境保护作出努力，且在旅游活动过程中，不干扰旅游地生态系统和生物圈。

环境责任行为包括一系列定义广泛的行为，并经常与其他术语互换使用，如亲环境行为、绿色行为、环境友好行为、环境意识行为和生态友好行为（Kiatkawsin & Han，2017；Miller，Merrilees & Coghlan，2015；Tsarenko et al.，2013）。环境责任行为是一种环境保护机制，旅游者的环境责任行为是一种减少或避免资源环境遭到破坏的旅游行为（Chiu，Lee & Chen，2014；Su，Swanson & Chen，2018）。旅游者的环境责任行为一直是近年来研究的热点，学者们对如何提高旅游者的环境责任行为进行了大量的探索研究工作。在这些研究中，环境责任行为被认为是个人尽自己最大的努力保护环境，并采取实际行动解决环境问题的行为（Schultz，2000；Stern，2000）。李（Lee，2011）则认为环境责任行为是旅游者在旅游体验过程中，在不影响目的地环境的前提下，努力将对生态环境的影响降到最低，并致力于环境保护的行为。

科特雷尔和格拉费尔（Cottrell & Graefe，1997）的对环境责任行为的定义为，环境责任行为包括环境关注、行为承诺和生态知识。基于此，斯特恩（Stern，2000）进一步补充道，消费者通过在公共领域的非主动环境保护意识和在私人领域中积极的环境保护意识来表现环境行为。环境责任行为也可以被视为有助于环境保护或促进他人环境保护行为的活动（Cottrell，2003；Lee，2011）。岩田（Iwata，2001）表示消费者的环境责任行为可以通过节能和废物回收活动反映其承诺程度。

（3）旅游者环境责任行为的形成机制。

旅游者环境责任行为形成机制是该领域研究的核心和热点，大部分该领域的研究成果主要集中于该主题，因为只有厘清其形成机理才能更好地找到提升旅游者环境责任行为的措施，指导旅游地发展实践。在探讨旅游者环境责任行为的形成机制上，研究者需要开展两个方面的工作：一是建立起相应的分析框架；二是在分析框架基础上，选择相应的影响因素，并分析它们之间的关系。

建立旅游者环境责任行为分析框架是探讨其形成机理的前提。从现有文献看，主要基于理性行为理论和计划行为理论来构建旅游者环境责任行为分析框架。理性行为理论是由美国学者菲什拜因和阿耶兹提出，目的在于分析个人态度如何影响其行为，探讨基于认知信息的态度形成过程。它假定人是理性的，个人会综合分析各种信息、评估自身行为的意义和后果之后再采取某一行为。理性行为理论认为个体的行为在某种程度上可以由其行为意向来推断，而个体的行为意向又由对行为的态度和主观准则两大方面来决定。个体的行为意向是个体打算从事某一特定行为的量度，而态度是人们对从事某一目标行为所持有的正面或负面的情感，它是由对行为结果的主要信念以及对这种结果重要程度的估计所决定的。主观规范（亦称主观准则）指的是个体对重要他人希望其采取某种行为的感知程度，其受两个因素影响：一是个体对他人期望的信任程度；二是其遵从他人意见的动机水平。这些因素结合起来，便产生了行为意向，进而引发行为改变。理性行为理论是一个通用模型，它提出任何因素只能通过态度和主观准则来间接地影响使用行为，这使得人们对合理的行为产生一个清晰的认识。在理性行为理论的基础上，阿耶兹（Ajzen，1985）引入感知行为控制变量作为与态度和主观准则并列的影响行为意向的第三大方面，并将该理论定义为计划行为理论。计划行为理论认为，行为意向除了由态度和主观准则决定之外，还会受到感知行为控制的影响。感知行为控制是个人对其所从事的行为进行控制的感知程度，由控制信念和感知促进因素共同决定。控制信念是人们对其所具有的能力、资源和机会的感知，而感知促进因素是人们对这些资源的重要程度的估计。由于理性行为理论和计划行为理论较好地反映了行为产生的阶段及过程，因此成为学者们分析旅游者环境责任行为形成机理的有效工具和框架，对科学认识旅游者环境责任行为的形成机理具有重要意义。

（4）旅游者环境责任行为的测量。

对旅游者环境责任行为进行准确测量是认识其本质的重要前提。一些研究者以在校大学生、瑞士司机、美国居民等作为样本，对环境责任行为进行了评估，开发了相应的量表（Smith – Sebasto & Costa，1995；Kaiser，1998；Stern et al.，1999）。然而，对于以旅游者为样本来开发旅游者环境责任行为量表的研究还相当缺乏（Lee et al.，2013）。以前的研究已经形成了单一维度量表来测量环境责任行为，而这些测量工具主要针对特定研究情境和目的，如住宿中的决定行为（Chao & La，2011）、了解荒野地保护的投票倾向

（Vaske & Donnelly，1999）、评价公共交通（Carrus，Passafaro & Bonnes，2008）等。凯泽（Kaiser，1998）发展的单一维度的生态行为量表具有广泛影响。同时，一些学者也针对一般研究情境开发了单一维度量表。

除了单一维度测量方法外，许多研究也采用多维度方法来测量环境责任行为。其中，最具代表性和影响力的是史密斯-萨贝托和戴科斯塔（Smith-Sebasto & D'Costa，1995），他们将环境责任行为划分为六个维度，即教育行为、公民行为、金融行为、合法行为、肢体行为和说服行为。凯泽（1998）在此基础上指出，生态行为应该包括节约能源、机动性和交通、避免产生废物、消费主义、回收、可替代性以及与保护相关的社会行为。然而，相对于史密斯-萨贝托和戴科斯塔（1995）的工作，凯泽（1998）提出的生态行为概念没有包括教育行为、说服行为和合法行为等维度。斯特恩（Stern，1999）等提出的环境显著行为包括消费者行为、自愿做出牺牲和环境公民行为。因为斯特恩（1999）等研究的理论框架来自环保主义，因而他们的环境显著行为主要关注公民和金融行为而对教育行为、肢体行为、合法行为和说服行为在环境显著行为中没有进行测量。在旅游学文献中，学者们广泛采取史密斯-萨贝托和戴科斯塔（1995）提出的评价个人环境责任行为方法来测量旅游者环境责任行为，且大多数采取单一维度。

在现有旅游学文献中，只有李等（2013）在社区旅游情境下，开发出了旅游者环境责任行为量表。他们基于史密斯-萨贝托和戴科斯塔（1995）研究成果认为旅游者环境责任行为既包括日常生活活动中的环境行为，也包括在旅游地活动中的环境行为。因此，他们开发的旅游地社会责任行为量表中包括通用环境责任行为和特定地点环境责任行为，其中，通用环境责任行为包括公民行为、教育行为、金融行为、合法行为、肢体行为和说服行为六个维度，特定地点环境责任行为包括可持续行为、亲环境行为和环境友好行为三个维度，这三个维度反映了旅游者环境责任行为在减少环境有害行为、保护当地环境、避免干扰当地生态系统、尊重当地文化等方面的作用（Lee et al.，2013）。通过对社区旅游者调查，李等最终形成了包含24个题项的旅游者环境责任行为量表（Lee et al.，2013）。

（5）旅游者环境责任行为的相关研究。

旅游目的地良好的自然环境可以帮助旅游地吸引大量的游客，这会带动旅游地的进一步发展，尤其是经济发展，这种关系导致一些学者已经开始关注旅游产业的绿色发展（Han et al., 2018; Su & Swanson, 2017）。旅游业的绿色研究通常侧重于经济增长和环境成本之间的和谐关系。具体来说，绿色旅游的重点是在正常提供旅游活动的同时，最大限度地减少对自然环境的破坏并保护自然环境。众多学者研究了各个利益相关者在旅游环境中的作用，包括游客（Cheng & Wu, 2015; Chiu et al., 2014; Han & Hyun, 2017; Su & Swanson, 2017）、员工（Su & Swanson, 2017）以及目的地居民等（Su, Huang & Joanna, 2018）。粟和斯万森（Su & Swanson, 2017）提出，各个利益相关者中，需要特别关注旅游者的环境责任行为，因为游客可能是对目的地环境产生最重要影响的利益相关者。

　　对旅游者环境责任行为进行研究的最终目的是服务于旅游业的可持续发展。因此，针对旅游者环境责任行为的驱动因素，通过改变驱动因素去引导旅游者的环境责任行为就具有重要的意义。旅游者环境责任行为驱动因素起始于国外环境责任行为驱动因素研究，国内学者孙岩和武春友（2007）将环境行为研究范式归类为基于社会心理学和环境教育学的研究范式，将环境行为影响变量归类为态度变量、个性变量、认知变量和情境变量；此外，大量研究表明，旅游者环境责任行为与其社会经济属性相关。具有不同属性特征的旅游者，其环保意识和环保行为的偏好有很大差异。旅游者的性别、年龄、收入、学历等个体特征对其是否实施环境责任行为有着决定性的作用。很多文献研究发现，关心生态的消费者具有以下人口学特征：年轻、接受过高等教育、较高收入阶层和较高经济社会地位（Singh, 2009）。科特雷尔（Cottrell, 2003）指出，个体的收入、年龄、教育以及政治地位能够显著影响其环境关注度以及环境知识。此外，龚文娟和雷俊（2007）研究发现，中国城市居民环境关系及环境友好型行为存在性别差异。旅游者的地方依恋影响旅游者的环境责任行为，当个体具有较高的环境程度的依恋时，会倾向于表现出更强的环保意愿，并在个体内部形成环境保护承诺，并积极主动地实施环境责任行为（贾衍菊和林德荣，2015）。瓦斯克和科布林（2001）的研究进一步明确了地方依恋中的地方认同和地方依赖对旅游者的环境责任行为具有显著的积极影响。阿克塞尔罗德和莱曼（Axelrod & Lehman, 1993）提出并检验了游客体验会通过影响游客情绪进一步导致旅游者的亲环境行为。基尔等（Kil et al., 2014）的研究表明登山者的休憩动机以及环境态度会影响登山者的环境责任行为，即个体的旅游动机及环境态度会共同作用于旅游者的环境责任行为。

5.1.1.7 消费情绪

（1）消费情绪的定义。

对消费情绪的界定，学界尚未形成统一认识。有学者认为，顾客对产品的感知过程，就是一系列的情感，如高兴、兴奋、生气和悲伤等的反应过程（Havlena & Holbrook, 1986）。伊扎德（Izard, 1977）表示情绪反应可以进行分组和分类，如积极情绪（兴奋、愉快和放松）和消极情绪（生气、失望和后悔）；普鲁奇克（Plutchik, 1980）则表示情绪可以映射到不同的情感维度，如愉快、不愉快、平静、兴奋。不同于伊扎德等（Izard et al., 1974）提出了观测情感的测量模型——PAD 情感模型（pleasure – arousability – dominance, PAD），它是一种心理模型，采用双极 PAD 量表结构来测量情绪对环境刺激的反应。该模型认为情感具有愉悦度、激活度和优势度三个维度，其中 P 代表愉悦度（pleasure-displeasure），表示个体情感状态的正负特性；A 代表激活度（arousal-nonarousal），表示个体的神经生理激活水平；D 代表优势度（dominance-submissiveness），表示个体对情景和他人的控制状态。虽然双极量表结构应用非常普遍（Russell, 1983），但韦斯特布鲁克（Westbrook, 1987）提出了单极评估，并指明单级评估能够避免双极评估中出现的问题，即单极评估允许"矛盾心理（愉快和不愉快状态的共同发生）以及既没有愉快也没有不愉快状态的发生"。单极观点受到张和南坤（Jang & Namkung, 2009）的青睐，因为它可以同时测度顾客的快乐和不快乐。韦斯特布鲁克和奥利弗（Westbrook & Olive, 1991）认为消费情绪是指消费者在产品的使用与消费体验过程中的一系列情感反应，它要么用来描述情感体验和表达的具体分类，如高兴、生气、害怕等，或情感类型的潜在结构维度，如高兴/不高兴，放松/行动，或谨慎/兴奋。由于对消费情绪认识还未统一，导致对消费情绪的分类还存在较大争议，有些学者认为消费情绪是一个概念的两个方向，即由不愉快过渡到愉快，因此不区分正面消费情绪和负面消费情绪（Baker et al., 1992）；另一些学者认为，正面消费情绪和负面消费情绪是两个独立概念，是消费情绪的两个方面，应该区分开来（Wirtz et al., 2000）。米塔尔（Mittal, 1998）、韩和巴克（Han & Back, 2006）均认为仅存在两种消费情绪，即积极情感和消极情感。本章研究认为，消费情绪是旅游者在对旅游产品和服务等旅游活动过程中的一系列情感反应，这种情感反应可以是正面的，也可以是负面的，将消费情绪划分为正面消费情绪与负面消费情绪两个方面更具合理性。

(2) 消费情绪的测量。

在消费行为领域，学者们通过不同的情感分析框架，在探究其适当性的同时，探究新的和更加全面的消费情绪分类。具体有以下几种测量方法：

①基础情绪法（fundamental emotions）。

一些研究者试图通过采用普通的情绪元素来表征复杂多变的情感类型，这一领域具有代表性的人物是普鲁奇克（1980）和伊扎德（1977）。普鲁奇克革新了传统的复杂情绪观，提出8种基本情绪：恐惧、生气、愉快、悲伤、接受、厌恶、期待和惊喜。伊扎德通过对面部表情进行观察研究，认为情绪包括兴趣、愉悦、惊奇、悲伤、生气、厌恶、蔑视、恐惧、羞怯和内疚10个部分，还专门设计了DES量表对这10种情绪进行测验。

② PAD 测量法。

营销学者梅拉比安和拉塞尔（Mehrabian & Russell, 1974）从动态环境出发，探索情绪变化，与其他研究方法不同，PAD（pleasure-arousal-dominance）测量法专注于研究情绪如何随外部环境刺激而发生变化。

③二分法。

现有的文献研究中，一些学者为了区别复杂的情感表征，提出了消费感情二分法，即积极情感和消极情感，这种方法在学术研究的不同情境中得到了普遍的运用，并得到了多次实证研究的支持。粟路军和黄福才（2011）在其研究中将消费情绪分为正面（PE）和负面（NE）情感，采用幸福、愉快、轻松、生气、失望和后悔来计量，并通过相关实证研究测量各种情感类型。事实上，从具体的情感状态到高等级的情感维度，存在从属、层级和相关关系。拉罗斯和斯廷坎普（Laros & Steenkamp, 2005）提出并验证了消费情绪的三层结构框架，其最高或者是最抽象的层次仍然为正面或者是负面情感的基本分类。从文献分析的结果来看，这种通过区分正面和负面情感维度来测量消费者情感的方式为绝大多数学者所接受和使用。

(3) 消费情绪的相关研究。

消费情绪代表了顾客对服务产品的感受。服务类产品的特点是员工和顾客之间的频繁互动（Lewis & McCann, 2004）。研究表明，一线员工的行为和表现会显著影响顾客的情绪（Mattila & Enz，2002）。使用伊扎德（1977）设计的差异情绪量表（Differential Emotional Scale，DES），张和南坤（2009）在餐厅环境中测量顾客的积极和消极情绪，他们的研究表明，积极和消极情绪都能调节感知产品、氛围和服务质量与消费者行为意图之间的关系。巴斯基和纳什（Barsky & Nash，2002）表明，消费情绪会显著影响顾客选择酒店的决定。因此，许多酒店提供商已开始设计服务以积极影响客人的情绪（Jang & Namkung，2009）。服务过程中的各种属性如流程、环境、一线服务都会影响客户的情绪产生以回应积极或者消极的消费体验（Havlena & Holbrook，1986）。关于消费者情绪的进一步研究指出，消费者的积极情绪和消极情绪的影响是非对称的（Mittal et al.，1998；Phillips & Baumgartner，2002）。尽管存在这样的争论，有关客户满意度和消费者情绪的研究均表明，积极/消极情绪对客户满意度有着显著正向/负向的影响（Han & Back，2006；Han & Jeong，2013）。尤其是在休闲服务业中，消费情绪已成为客户满意度的核心要素之一（Burns & Neisner，2006；Lepp & Gibson，2008）。

本书根据伊扎德（Izard，1977）对情绪的分类，将旅游情绪的测量分为两个不连续的测量维度：积极情绪和消极情绪。该旅游情绪测量方法在自然文化遗产旅游和城市旅游背景下已被证明具有可接受的可靠性和有效性（Su et al.，2014；Su & Hsu，2013）。

粟和徐（Su & Hsu，2013）已在自然文化遗产旅游背景中验证了此次调查问卷中情绪维度量表，并提供了可接受水平的可靠性和有效性检验。粟和徐（Su & Hsu，2013）以市场营销和旅游相关文献中的认知评价理论和公平理论为基础，在认知—情感—行为框架下探索研究旅游体验对总体满意度和行为意向的内在影响。认知评价理论是由德西（Deci）和瑞安（Ryan）在1985年提出的，又称为自我决定论，是指人对客观事件、事物的看法和评判。他们认为控制行为的外部强化无视个人的自我决定，使人们把自己的行为认知归结于是由外部所决定的，因此导致内在动机的降低，使本来具有内在兴趣的活动必须依靠外在奖励才能维持的行为。外部强化对于本身具有固有兴奋性的活动不仅是多余的，而且是有害的。公平理论表示，人的工作积极性不仅与个人实际报酬多少有关，而且与人们对报酬的分配是否感到公平更为密切。人们总会自觉或不自觉地将自己付出的劳动代价及其所得到的报酬与他人进行比较，并对公平与否做出判断。公平感直接影响职工的工作动机和行为。因此，从某种意义来讲，动机的激发过程实际上是人与人进行比较，作出公平与否的判断，并给予指导行为的过程。简单来说，即个人对自己的收支比例与他人或自己的过去进行比较并期待是公平的，若不公平则会产生消极情绪进而降低工作积极性。基于认知评价理论和公平理论，粟和徐（2013）的研究结果表明，服务公平是消费情绪（正面或负面）的先行因素，而消费情绪反过来又影响自然遗产旅游的满意度和行为意向。其中，积极和消极的情绪都会对旅游者的满意度产生重大影响。同时，突出的游客消费情绪的中介作用值得旅游研究者们的注意。

粟等（Su et al., 2014）已在城市旅游背景中验证了此次调查问卷中情绪维度量表，并提供了可接受水平的可靠性和有效性检验。粟等（Su et al., 2014）研究提出了一个概念性的旅游者行为模型，该模型是将消费情绪和信任确定为感知服务公平性和行为意向（即重游意愿和口碑推荐）之间的关键中介变量。运用结构方程模型，通过对厦门541名游客进行问卷调查，实证检验该概念性旅游者行为模型。研究结果证实了消费情绪和信任的中介作用，这意味着旅游行为意向的形成过程既是一个情感体验过程，也是旅游者与目的地服务提供者之间关系的建立过程。通过理解感知服务公平与行为意向之间的关系，城市管理者、目的地旅游管理者和旅游产品及服务提供商可以制定更加有效的营销策略来增强游客的忠诚度、重游意愿和口碑推荐的意向。

5.1.1.8 旅游地社会责任与消费情绪

法雷尔和特温宁-伍德（Farrell & Twining - Ward, 2004）指出，可持续性寻求"无限期地改善和维持人类福祉，而不损害人类赖以生存的生命支持系统"。因此，"可持续旅游业需要所有旅游业的集体自觉努力……在其日常工作中优先考虑环境和社会问题"。当产品本身就是物理和社会环境时，参与对社会负责的行动尤为重要。因此本章研究侧重的是游客对目的地社会责任行为的看法，而不是个人接待服务提供者的看法。

旅游目的地的可持续管理应在环境、社会和经济三个方面实现平衡，以体现对社会的全面责任。在环境层面，指"包括自然和人为成分的物理环境"（Mihalic, 2000）。DSR要求相关利益攸关方继续致力于促进经济发展，同时提高社区和整个社会的生活质量。卡西姆（Kasim, 2006）认为，旅游业具有深远的负面影响，必须加以缓解，这不仅有利于自然和社会环境，也有利于旅游业本身的可持续性。DSR 是实现可持续性的一种手段，基于目的地的组织有责任以最符合其环境和整个社会利益的方式行事。

从事社会责任活动的旅游组织可以通过这些活动本身，直接为社会带来利益，也可通过其商业表现间接实现社会价值（Kasim，2006）。尽管不同组织参与企业社会责任活动的原因有所不同，但通常被视为获得竞争优势的一种方式。正如丰特等（Font et al.，2012）所指出的，"可持续性语言和姿态的使用有助于公司创造一个对外同时也对内有效的形象，而在企业社会责任方面，这一形象往往体现为一个充满关心和关爱的公司"。本章研究将目的地社会责任作为游客对整个目的地所承担的社会责任的一种感知，以九寨沟村作为社会责任在目的地层面的例子，这个以生态为基础的遗产地强调为就业机会招募当地居民，包括鼓励居民参加目的地战略发展，并通过利润分享机制将旅游收益回馈社区。九寨沟村以旅游业为基础的企业也联合起来，创建旨在保护环境的标准做法。

环境心理学家认为行为是由人们的感觉或情绪调节的（Donovan & Rossiter，1982；Mehrabian & Russell，1974）。感知产生情感上的再行动反过来又促进了与接近相关的行为或引发了与回避相关的行为。情感是"一种心理准备状态，它来自对事件或思想的认知评估，并可能导致确认或处理情绪的具体行动，这取决于情绪的性质和对拥有情绪的人的意义"（Bagozzi, Gopinath & Nyer，1999）。消费情绪是指消费者与消费经历相关的情绪反应（Westbrook & Oliver，1991）。阿贝尔森等（Abelson et al.，1982）指出，情感体验有两个基本独立的维度，分别对应积极和消极的影响。这些情感维度中的每一个都可以对行为反应产生独特的影响（Jang & Namkung，2009）。

游客可通过访问前的信息搜索、与他人之间的口碑交流、目的地官方传播或实际访问目的地时的体验等过程中，获取关于旅游目的地在社会责任方面所作努力的相关知识。游客可能会把一个旅游目的地对社会责任问题的关注理解为促进他们自身的道德利益。因此，游客可以通过将目的地的举措视为对自身道德价值的认同与支持，从而获得象征性的利益，帮助满足他们对自我完善和个人独特性的心理需求（Bhattacharya & Sen，2003）。因此，游客往往会将目的地的社会责任举措理解为对社会整体目标的贡献，并可以产生积极的情绪（Romani, Grappi & Bagozzi，2013）。由此，提出如下假设：

H1：感知旅游地社会责任对积极情绪有直接的积极影响。

H2：感知旅游地社会责任对消极情绪有直接的积极影响。

5.1.1.9 旅游地社会责任与旅游目的地认同

社会认同理论表明，在阐明自我意识时，人们通常会超越个人身份发展社会身份（Tajfel & Turner，1985）。社会认同被定义为"个体自我概念的一部分，源于个体对自己在一个团体（或多个团体）中的成员身份的了解，以及该成员身份所具有的价值和情感意义"（Tajfel，1978）。在发展社会认同的过程中，人们被鼓励去获得并保持积极的自我概念。实际上，一个人对自己的理解是基于他们所属的群体（Tajfel & Turner，1979；Turner et al.，1987）。因此，认同一个群体是一种获得或保持积极的社会认同的方式，因此也是一种积极的自我概念（Tajfel & Turner，1979）。

社会认同理论被用来调查一个人对一个组织的同一性或归属感的看法（Ashforth & Mael，1989；Bergami & Bagozzi，2000；Dutton, Dukerich & Harquail，1994；Mael & Ashforth，1992），介于公司和客户之间（Ahearne et al.，2005；Bhattacharya & Sen，2003）及其客户与品牌之间（Elliott & Wattanasuwan，1998；Hughes & Ahearne，2010；McCracken，1988）。认为自己和一个群体具有相同定义属性的人对该群体更忠诚（Mael & Ashforth，1992），并参与更多的公民行为（Bergami & Bagozzi，2000）。当人们的关键自我定义需求得到满足时，就会产生强烈的认同（Bhattacharya & Sen，2003）。

旅游目的地为游客提供了功能性和象征性的双重价值（Ekinci & Hosany，2006；Morgan, Pritchard & Piggott，2002）。类似于品牌认同研究中的观点，学者们（d'Astous & Boujbel，2007；Ekinci, SirakayaTurk & Preciado，2013）指出游客往往希望确认某一目的地是否契合自身的自我意识。外部形象在促成认同方面起着重要作用（Ahearne et al.，2005），本节认为通过强调目的地身份的吸引力，游客对目的地社会责任的感知可能有助于其身份认同的建构。当目的地被视为从事对社会负责的活动时，它们的形象可以得到提升。人们认同被积极看待的群体，以满足他们对自我独特性和自我提升的需求（Bhattacharya & Sen，2003），从而获得或保持积极的社会认同，本节预测同样的机制也适用于与特定目的地建立情感联系的游客。由此，提出如下假设：

H3：感知旅游地社会责任对旅游目的地认同有直接的积极影响。

5.1.1.10 消费情绪与旅游目的地认同

社会认同理论提出了"认同"过程的三个阶段：认知阶段（即组织成员从认知层面上倾向于在组织中定义自我）、情感阶段（即突出个人所经历的情感联结的感受）和评价阶段（即分配给组织内成员的价值感）。基于社会认同理论之于认同的三阶段模型，学者们将"认同"这一概念多维化。其中，认知维度仅描述了团队意识和作为组织成员的自我分类，而评价维度和情感维度涉及自豪感和作为组织成员所带来的价值感。因此，品牌认同这一概念被定义为消费者对自己与品牌归属感的理解、感受与评估。人类与环境的关系一般从环境心理学角度考察，涉及众多相关概念，如地方依恋、地方认同、地方依赖以及地方归属感等。环境心理学家已经证实地方归属感是作为组织成员的一种认同来源，地方归属感被定义为"对一个特定地方的归属感觉，就好像它是自己的家"，由于地方归属感与组织归属感都可为个体带来舒适和安全感，因此这两个概念在此意义上是相似的。基于社会认同理论和环境心理学相关研究，本书中旅游地品牌认同这一概念以消费者品牌认同的定义作为理论基础，也借鉴了环境心理学中地方认同的概念体系。本书将旅游地品牌认同定义为：旅游者对某一特定旅游目的地品牌归属感的认知、感受和评估的一系列心理状态和过程，旅游者通过对旅游目的地品牌的认同以表达自己的社会身份和对旅游地的归属。

通常消费者会因相同的价值观、相似的个性特征、相同的目标或者个人需求的满足等因素与企业产生情感认同。同样，作为消费者的旅游者，会通过主观认知来比较旅游地的特性与自我个性来建立自身与旅游地之间的一种情感状态。随着旅游市场的日益成熟，旅游产品之间的差异化也越来越小，以产品特征来吸引旅游者的时代在慢慢消退，而旅游者对旅游地的认同则是其持续发展的竞争力。如果旅游者认为某一旅游地的社会责任行为是有意义的、吸引人的，且与其自身的特性或者期望获得的特性一致，那么旅游者就会增强对该旅游地的认同感。当这种认同感上升到一定程度时，旅游者会更加关注该旅游地，因此，通过旅游者对某旅游地认同的中介变量，旅游者会增加对旅游地的支持度。其具体的行为表现为在该旅游地积极消费或者重游旅游地、积极主动传播旅游地正面信息等。这些有助于增强旅游地竞争优势，对旅游地来讲是一种不断积累的无形资产。

情感是消费体验中不可或缺的元素（Babin, Darden & Babin, 1998; Lee et al., 2008）。积极情绪扩建理论指出，积极情绪有助于个体构建利于自身发展的各项资源，从而产生积极的心理和行动表现，包括以正面态度评价外界事物，如研究发现消费者在获得较高的积极情绪后对其观看的广告会产生更加积极的评价。积极情绪使人们获取积极行为激活倾向，扩建理论指出，积极情绪促进个体产生积极的思维和行为，带来正向的行为结果，有益于他人、组织及社会。积极的情绪通常表现为热情、活力和警觉（Kelley & Hoffman, 1997），而消极的情绪则涉及如愤怒、蔑视、厌恶、内疚、恐惧和紧张等不愉快的心理状态（Lee et al., 2011）。布莱德和泰勒（Blader & Tyler, 2009）以及泰勒和布莱德（Tyler & Blader, 2000, 2003）指出，个体被群体成员对待的方式会影响个体对该群体的认同。一般来说，积极的判断会导致对一个群体的积极情绪和更强烈的归属感，而经历消极情绪的人倾向于体验不太渴望属于一个群体（Forgas, Bower & Moylan, 1990）。霍洛韦、塔克和霍恩斯坦（Holloway, Tucker & Hornstein, 1977）证实，经历积极情绪的人比表现出消极情绪的人更能认同社会群体。韦格等（Wegge et al., 2012）在组织中发现了类似的结果，当人们表现出积极情绪时，认同度较高，而当他们表现出消极情绪时，认同度较低。基于已证明情绪与组织和社会群体认同之间联系的研究，由此，提出如下假设：

H4：积极情绪对旅游地认同有积极影响。

H5：消极情绪对旅游地认同有消极影响。

5.1.1.11 消费情绪与环境责任行为

科特雷尔和格雷费（Cottrell & Graefe, 1997）认为，环境责任行为包括环境关注、承诺和生态知识，对环境负责的行动有助于资源保护和环境保护或促进自然环境的可持续发展（Cottrell, 2003; Lee, 2011）。环境责任行为可以通过环境行动主义、公共领域的非行动主义行为和私人领域的环境主义（Stern, 2000）来表达，反映在各种行为中，包括废物回收和能源管理（Iwata, 2001）。游客可以通过参与减少或避免破坏环境的行为来对环境负责（Chiu, Lee & Chen, 2014）。根据李等（Lee et al., 2012）的说法，游客在旅游过程中尽可能减少潜在的不良环境影响并致力于环境保护时，会表现出对环境负责的行为。当前的研究特别关注游客的绿色行为，尤其是"敏感的自然和文化遗产地区"易受到"资产掠夺"和"市场异化"的威胁，即这些景点的吸引力因环境退化而降低（Mitchell，2006）。因此，如何在确保环境质量的前提下，以可持续方式长期管理游客活动，已成为此类旅游目的地面临的核心挑战，因为环境质量对旅游目的地保持竞争力至关重要（Inskeep，1991）。

人们做什么和如何做在一定程度上取决于他们的情绪（Donovan & Rossiter，1982；Mehrabian & Russell，1974；Nyer，1997；Westbrook，1987）。消费情绪被发现在影响消费者行为方面起着关键作用，如回购和口碑推荐（Gracia, Bakker & Grau，2011；Han & Jeong，2013；Han, Back & Barrett，2009；Lee et al.，2010）。罗马尼等（Romani et al.，2013）发现，积极的情绪与积极的倡导行为有着密切的联系。由此，提出如下假设：

H6：积极情绪对环境责任行为有积极影响。

H7：消极情绪对环境责任行为有消极影响。

5.1.1.12　旅游目的地认同与环境责任行为

一个人和一个地方之间的联系被称为地方依恋（Florek，2011；Jorgensen & Stedman，2001）。地方依恋被认为是环境责任行为的良好预测因素（Cheng & Wu，2015；Halpenny，2010；Hines, Hungerford & Tomera，1987），发生在游客和目的地之间（Carr，2002；Harrison, Burgess & Clark，1998；Pooley & O'Connor，2000）。人们渴望一种依恋感和积极的自尊感，实现这些感觉的一种方式是与某些计划联系起来。因此，地方认同是一个人自我认同的重要方面（Lalli，1992；Proshansky, Fabian & Kaminoff，1983；Stedman，2002）。由此，提出如下假设：

H8：旅游目的地认同对环境责任行为有直接的积极影响。

5.1.1.13　消费情绪与旅游目的地认同

先前的实证研究认为，消费情绪可以在感知和行为之间起到中介作用（Gracia et al.，2011；Han & Jeong，2013；Kim & Moon，2009；Lee et al.，2008；Namkung & Jang，2010；Walsh et al.，2011）。在模型中，DSR通过激发对目的地的信心，激发积极的情绪，进而引发相应的行为，起到刺激作用。基于刺激—机体—反应框架和先前的经验发现，由此，提出如下假设：

H9：积极情绪在旅游地社会责任与环境责任行为中有中介影响。

H10：消极情绪在旅游地社会责任与环境责任行为中有中介影响。

尽管目前没有专门探讨旅游目的地认同潜在中介作用的研究，但已有学者尝试构建其他形式的模型构造。巴塔查里亚和森（Bhattacharya & Sen, 2003）认为，顾客—公司认同在身份吸引力对各种客户行为的影响之间起到了调节作用，包括（公司忠诚度、主动宣传企业、推荐新客户、负面信息以及对公司提出更高的要求）。洪和杨（Hong & Yang, 2009）发现了顾客—公司认同在组织声誉和客户正面口碑之间的中介作用。库恩泽尔和霍利迪（Kuenzel & Halliday, 2008）发现，品牌认同完全中介了声誉和口碑推荐以及品牌回购的影响。在企业对企业的背景下，柯赫和谢（Keh & Xie, 2009）证实，顾客—公司认同会调节企业声誉对目标追求意图的影响。马丁内斯等（Martínez et al., 2013）在研究好客环境背景下指出，企业社会责任通过顾客—公司认同的中介机制，间接影响顾客的忠诚行为。由此，提出如下假设：

H11：旅游地认同对旅游地社会责任与环境责任行为有调节影响。

5.1.1.14 访问频率的调节作用

为了让旅游目的地的管理者更深刻地理解旅游目的地认同，最重要的是要识别初游者和重游者之间的潜在差异（Jin, Lee & Lee, 2015；Lau & McKercher, 2004；Oppermann, 1997）。法基耶和克朗普顿（Fakeye & Crompton, 1991）认为，初游者倾向于根据外部信息（如朋友和亲戚）来评估目的地。重游者是对目的地有所了解的游客，他们的期望是基于之前的经历（McKercher & Wong, 2004；Morais & Lin, 2010；Reid & Reid, 1993）。游客对目的地的熟悉程度可以降低与他们的旅行决策相关的感知风险（Gursoy & McCleary, 2004）。此外，与重游者相反，初游者使用相对大量的风险降低策略，重游者依靠自己的经验和对目的地的熟悉程度来降低风险（Fuchs & Reichel, 2011）。具备较高社会责任的旅游目的地，有助于减少初游者所感觉到的一些风险。由此推断，与重游者相比，初游者的游客感知到的旅游目的地社会责任对他们的情感和目的地认同会产生更大的影响。由此，提出如下假设：

H12：旅游地社会责任对初游者积极情绪的影响比重游者更大。

H13：旅游地社会责任对初游者消极情绪的影响比重游者更大。

H14：初游者的旅游地社会责任对旅游地认同的影响大于重游者。

依恋是表述"个体与重要人间强烈情感联结"的心理学概念。地方依恋描述的是一种特殊的人地关系，是普遍存在的人与特定场所之间的正向性情感联结，个体在开展活动时会产生对空间环境及其他要素的依赖。已有研究表明，人们除了会对惯常居住地产生地方依恋外，还会对特殊的旅游情境产生依恋情感。本书认为民宿游客地方依恋是游客在民宿住宿过程中对民宿场景、设施、服务等要素感知后形成的影响其将来行为的情感联结。一旦旅游者对民宿形成地方依恋，这种正向的社会情感联结就会促使他们重复购买或向他人推荐民宿。关于民宿游客地方依恋的测量与维度划分，主要采用威廉姆斯（Williams）等提出的地方依赖和地方认同二维结构，地方依赖是旅游者对民宿建筑风格、内部装饰、相关设施、服务、氛围环境等相关的功能性满足。地方认同是旅游者结合自身感知、态度、偏好、价值判断和行为倾向等对民宿产生的归属感和认同感。

全球化环境问题引发学界对人地关系的讨论：段（Tuan，1990）首先提出恋地情结以表征"人与地方间存在的某种依恋关系"；瑞夫（Relph，1997）在此基础上提出了地方感概念模型，引起国外环境心理学、游憩地理学等领域的广泛关注；地方依恋概念最早由威廉姆斯和罗根巴克（Williams & Roggenbuck，1989）提出，之后国外地方依恋研究开始出现在社会、人类、休闲、旅游等学科领域。相比之下，国内地方依恋研究起步较晚，黄向等（2006）首次将国外相关理论引入中国，并从游憩行为角度构建地方依恋的研究框架。随后国内学者陆续展开对地方依恋基础理论的探究，如朱竑和刘博（2011）对地方感、地方依恋与地方认同概念内涵的辨析；以及探讨地方依恋影响因素及效应的实证研究，主要集中于旅游领域。地方依恋是人与特定地方间的情感联结，这个特定地方可以是家、目的地，或建筑，其本质是积极的人地关系，这种关系能带来正向的情感结果、更积极的付费态度、更强烈的环保意愿以及更高的忠诚度。

莫拉伊斯和林（Morais & Lin，2010）将旅游目的地依恋（包括身份认同和依赖）概念化为一种关系结构，它代表与目的地的情感和认知联系。他们的发现表明，初游者可能更关心旅游目的地属性和处理关于这些属性的信息（即认知方面），而重游者更关注旅游目的地的心理意义（即情感方面），这对本书的研究有很大启示，相对于初游者，情绪对重游者的影响可能更大。由此，提出如下假设：

H15：重游者的积极情绪对旅游地认同的影响大于初游者。

H16：重游者的消极情绪对旅游地认同的影响大于初游者。

H17：重游者的积极情绪对环境责任行为的影响大于初游者。

H18：重游者的消极情绪对环境责任行为的影响大于初游者。

重游者对旅游目的地有些熟悉，并且很可能对之前游览的经历感到满意（Fuchs & Reichel，2011）。相对于初游者，重游者能够更好地与目的地建立关系（McKercher & Wong，2004）。随着访问频率的增加，游客可能与目的地建立更深层次的关系，因为"重游者从目的地的情感或心理意义上获得更大的影响"（Jin et al.，2015）。因此预测，与初游者相比，重游者对环境责任行为的效果更大，由此，提出如下假设：

H19：重游者的旅游地认同对环境责任行为的影响大于初游者。

表5-1对以上假设作出汇总。

表5-1　　　　　　　　　　　　假设汇总

假设序号	假设内容
H1	感知旅游地社会责任对积极情绪有直接的积极影响
H2	感知旅游地社会责任对消极情绪有直接的积极影响
H3	感知旅游地社会责任对旅游目的地认同有直接的积极影响
H4	积极情绪对旅游地认同有积极影响
H5	消极情绪对旅游地认同有消极影响
H6	积极情绪对环境责任行为有积极影响
H7	消极情绪对环境责任行为有消极影响
H8	旅游目的地认同对环境责任行为有直接的积极影响
H9	积极情绪在旅游地社会责任与环境责任行为中有中介影响
H10	消极情绪在旅游地社会责任与环境责任行为中有中介影响
H11	旅游地认同对旅游地社会责任与环境责任行为有调节影响
H12	旅游地社会责任对初游者积极情绪的影响比重游者更大
H13	旅游地社会责任对初游者消极情绪的影响比重游者更大
H14	初游者的旅游地社会责任对旅游地认同的影响大于重游者
H15	重游者的积极情绪对旅游地认同的影响大于初游者
H16	重游者的消极情绪对旅游地认同的影响大于初游者

续表

假设序号	假设内容
H17	重游者的积极情绪对环境责任行为的影响大于初游者
H18	重游者的消极情绪对环境责任行为的影响大于初游者
H19	重游者的旅游地认同对环境责任行为的影响大于初游者

本节的理论模型整理如图 5-1 所示。

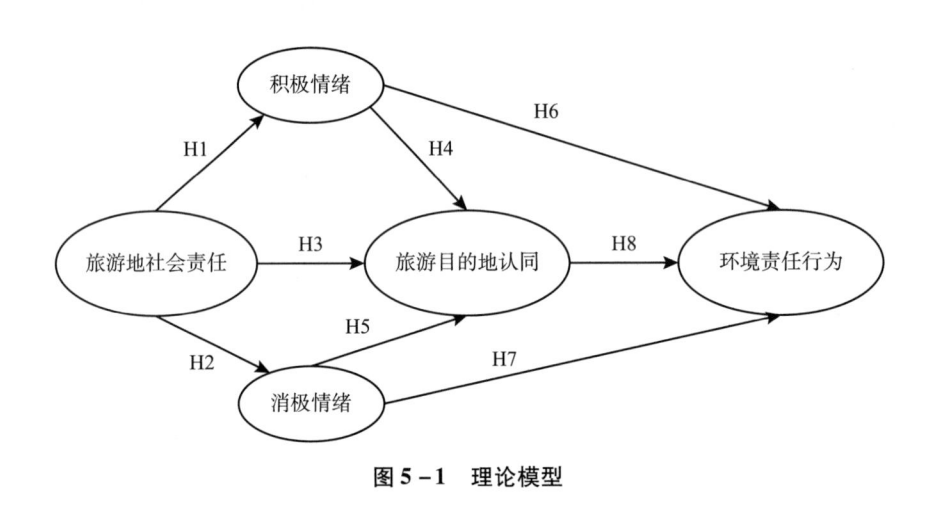

图 5-1 理论模型

5.1.2 研究设计与研究流程

5.1.2.1 构念测量

本节使用的所有结构都用多项李克特七级量表进行评估，量表两端分别为"强烈不同意（1）"和"强烈同意（7）"。旅游地社会责任措施包含来自企业社会责任研究的五个项目（Lee et al., 2012; Su et al., 2014; Walsh & Bartikowski, 2013）。根据伊扎德（1977）的情绪分类，测量游客情绪的项目包括两个维度：积极（兴奋、快乐和放松）和消极（愤怒、无聊和烦恼）情绪，采用的组织识别量表（Keh & Xie, 2009; So et al., 2013）的三项量表已在以往的旅游研究中证明了可接受的信度和效度（Su & Hsu, 2013; Su, Hsu & Marshall, 2014）。旅游目的地认同是通过调整完善的（Mael & Ashforth, 1992）。对于对环境负责的行为测量，从史密斯-萨斯特罗和达科斯塔

(Smith‐Sebasto & D'Costa's，1995）以及塔帕（Thapa，2010）的工作中改编了六个项目。这些项目以前也在旅游环境中证明了良好的信度和效度（Cheng，Wu & Huang，2013；Chiu et al.，2014）。

在目前的研究中，对环境责任行为相对的定量研究相对较少，因此可以借鉴的量表不多。在旅游地社会责任的量表中，参照李等（Lee et al.，2012），粟等（Su et al.，2014）和沃尔什和巴里科夫斯基（Walsh & Bartikowski，2013）的研究成果，通过询问被调查者对岳麓山旅游目的地服务提供商和企业在以下方面的看法，包括：是否对环境负责、是否回馈当地社区、是否成功创造并有效利用旅游收入、是否善待利益相关者、是否行为合乎道德以及是否遵守法律义务，共计六个问题，以衡量其履行社会责任的情况。在消费情绪方面，参考柯赫和谢（Keh & Xie，2009）和索等（So et al.，2013）的研究成果，询问"我在岳麓山的经历让我感觉激动/快乐/放松（积极情绪测量）""我在岳麓山的经历让我感觉愤怒/无聊/烦恼（消极情绪测量）"。在旅游目的地认同方面，参考梅尔和阿什福思（Mael & Ashforth，1992）的量表，共设置了"我对别人对岳麓山的看法很感兴趣""当有人赞美岳麓山时，感觉就像是一种个人的赞美""当有人批评岳麓山时，我会感到尴尬"3个问题。在环境责任行为方面，参考史密斯和达科斯塔（1995）和塔帕（2010）的量表，设置了"我遵守规则，以免损害岳麓山的环境""我向相关目的地管理部门报告岳麓山的任何环境污染或破坏""当我在岳麓山看到垃圾和碎片时，我把它们扔进了垃圾桶""如果岳麓山有环境改善活动，我愿意参加""我试图说服其他人保护岳麓山的自然环境""在游览岳麓山时，我尽量不破坏动植物"共六个问题。通过对数据收集适用性的考量，对量表信度和效度的测试以及保证翻译质量的前提下，本节的量表如表5-2所示。

表5-2　　　　　　　　　　　　变量测量

题项编号	题项描述
DSR	旅游地社会责任
DSR1	（1）在岳麓山旅游发展中努力承担保护环境的责任
DSR2	（2）在岳麓山旅游发展中努力使当地居民生活得更好
DSR3	（3）在岳麓山旅游发展中取得了良好的经济效益
DSR4	（4）在岳麓山旅游发展中公平对待当地居民、旅游者等

续表

题项编号	题项描述
DSR5	(5) 在岳麓山旅游发展中自觉遵守相关法律法规等
PE	积极情绪
PE1	(1) 兴奋的
PE2	(2) 愉快的
PE3	(3) 轻松的
NA	消极情绪
NA1	(1) 生气的
NA2	(2) 失望的
NA3	(3) 后悔的
DI	旅游目的地认同
DI1	(1) 您对别人对岳麓山的看法很感兴趣
DI2	(2) 岳麓山的成功就是您的成功
DI3	(3) 当有人赞美岳麓山时，感觉就像是一种个人的赞美
DI4	(4) 当有人批评岳麓山时，您会感到尴尬
ERB	环境责任行为
ERB1	(1) 您将遵守相关规定，不对岳麓山环境造成破坏
ERB2	(2) 对任何环境污染或破坏行为，您将向管理处报告
ERB3	(3) 当您看到垃圾或树枝时，您将其丢进垃圾桶
ERB4	(4) 如果岳麓山有清洁环境的参与活动，您愿意参加
ERB5	(5) 您将说服同伴保护岳麓山自然环境
ERB6	(6) 在旅途中，您努力不破坏岳麓山的动物和植物

5.1.2.2 数据收集

本节的数据来自中国湖南省长沙市岳麓山的游客。岳麓山位于长沙市湘江西岸，2012年被列为国家AAAAA级风景名胜区。该旅游胜地以其优美的风景以及儒家文化、道教和佛教的历史渊源而闻名，每年都会吸引大量来自世界各地的人前来观光旅游。在本节研究中，共有6名研究人员收集数据。参与数据收集的所有实地研究人员都接受过培训，了解了当前研究的目标和数据收集目的地的背景信息，并就如何礼貌地请求潜在响应者参与研究给出了指导。数据收集研究人员都穿着匹配的制服，制服上有一所地方大学的标志。由两个实地研究人员组成的小组被分配到岳麓山三个不同的出口或休息区，在一天的不同时间轮流进行，为期5周。研究人员与刚结束旅游的国内游客进行了接触，向他们提供了调查的口头概述，并询问他们是否愿意填写一份自我管理的问卷。当参与者完成问卷时，调查人员在旁提供任何要求的澄清或解释问题，收集问卷并提供给研究的主要研究者。在调查过程中，游客参与这项研究是自愿的，不需要姓名或联系信息，答案是匿名的。在分发的800份问卷中，有626份被回收，其中539份提供了完整的答复。遗憾的是，未对拒答情况进行记录，因此无法确定有效的回复率。

调查显示，受访者中男性（52.7%）和45岁以下（80.0%）的占比略高，月收入波动范围较广，大多数被调查者报告获得了本科或副学士学位（66.4%），初游者占参与调查游客的31.2%，详细的样本特征如表5-3所示。

表5-3　　　　　　　　　样本人口学特征

变量	样本量	占比（%）	变量	样本量	占比（%）
年龄（岁）			月收入	149	27.6
18~24	203	37.7	2000元以下	91	16.9
25~44	228	42.3	2000~2999元	111	20.6
45~64	84	15.6	3000~4999元	63	11.7
65及以上	24	4.4	5000元及以上	125	23.2
受教育水平			性别		
高中以下	31	5.8	女性	255	47.3
高中或职高	88	16.3	男性	284	52.7
本科或副学士	358	66.4			
研究生	62	11.5			

5.1.3 数据分析与结果

5.1.3.1 描述性统计分析

通过对样本各个测量题项的描述性统计分析，对样本量表测量数据有个基本的认识。描述性统计分析主要包括每个测量题项的最大值、最小值、均值、标准差、偏度和峰度等。由描述性统计分析结果（见表5-4）可知，所有结构变量的测量题项最小值为1，最大值为7，除了消极情绪（NA）变量以外，其他所有变量的测量题项的均值均大于3，说明被调查者对这些测量题项的评价均高于一般评价。

表5-4　　　　　　　　　样本描述性统计分析

潜变量	样本量	最大值	最小值	测量题项	均值	标准差	峰度	偏度
旅游地社会责任（DSR）	539	1	7	DSR1	5.78	1.305	-1.030	0.621
				DSR2	5.63	1.276	-0.692	-0.170
				DSR3	5.55	1.320	-0.783	-0.249
				DSR4	5.61	1.300	-0.812	0.147
				DSR5	5.76	1.300	-1.070	0.706
积极情绪（PE）	539	1	7	PE1	5.26	1.531	-0.614	-0.372
				PE2	5.73	1.300	0.936	0.406
				PE3	5.82	1.291	-1.095	0.845
消极情绪（NA）	539	1	7	NA1	1.53	1.147	2.862	8.564
				NA2	1.58	1.096	2.374	5.754
				NA3	1.50	1.064	2.816	8.511
旅游目的地认同（DI）	539	1	7	DI1	4.82	1.510	-0.356	-0.426
				DI2	4.77	1.443	-0.292	-0.390
				DI3	4.54	1.540	-0.162	-0.588
				DI4	4.87	1.591	-0.414	-0.516
环境责任行为（ERB）	539	1	7	ERB1	6.34	1.052	-1.961	4.425
				ERB2	5.79	1.324	-1.163	1.207
				ERB3	5.86	1.308	-1.156	0.984
				ERB4	5.86	1.273	-1.282	1.801
				ERB5	6.15	1.062	-1.499	2.858
				ERB6	6.38	0.963	-1.988	5.025

5.1.3.2 信度分析

使用Cronbach's alpha系数和组合信度对理论模型各潜变量进行信度检验，通过SPSS15.0的统计分析，得到每个样本的CITC值、删除题项后的Cronbach's alpha系数和潜变量Cronbach's alpha系数如表5-5所示。从表5-5可知，通过前测对题项进行净化处理后，22个测量题项的CITC值均在0.60以上，Cronbach's alpha系数均在0.60以上，说明正式调查收集的数据具有较好的信度。各潜变量的 Cronbach's alpha 系数均大于 0.800，符合大于 0.700 的标准。根据福尔纳尔和拉克尔提出的信度检验标准（Fornell & Larcker, 1981；Nunnally & Bernstein, 1994），该结果表明，本节理论模型中各潜变量的测量具有良好的信度。

表 5-5　样本量表信度初步检验

潜变量	测量题项	CITC 值	删除该项后的 Cronbach's alpha 系数	Cronbach's alpha 系数
旅游地社会责任（DSR）	DSR1	0.770	0.897	0.914
	DSR2	0.820	0.887	
	DSR3	0.726	0.906	
	DSR4	0.795	0.892	
	DSR5	0.791	0.893	
积极情绪（PE）	PE1	0.664	0.802	0.830
	PE2	0.784	0.675	
	PE3	0.637	0.813	
消极情绪（NA）	NA1	0.807	0.912	0.931
	NA2	0.865	0.863	
	NA3	0.845	0.880	
旅游目的地认同（DI）	DI1	0.816	0.943	0.944
	DI2	0.902	0.916	
	DI3	0.873	0.925	
	DI4	0.877	0.924	
环境责任行为（ERB）	ERB1	0.662	0.880	0.891
	ERB2	0.695	0.876	
	ERB3	0.731	0.870	
	ERB4	0.720	0.871	
	ERB5	0.818	0.857	
	ERB6	0.679	0.879	

5.1.3.3　探索性因子分析

效度用于测量题项（定量数据）设计是否合理，通过因子分析方法进行验证；研究人员心中预期变量与题项对应关系；进行因子分析后，因子（即变量，使用因子分析时称因子）与题项对应关系；二者预期基本一致时，则说明具有良好效度水平。效度检验包括聚合效度和区分效度检验两个方面。聚合效度指各测量题项对潜变量测量的有效性，即测量题项在多大程度上对潜变量进行了测量。聚合效度的第一种检验方法是考察各个变量的因子载荷，当潜变量测量题项的因子载荷大于0.40，且在0.01下显著时，聚合效度较好（Fornell & Larcker，1981）。

本节采用探索性因子分析验证量表的聚合效度。探索性因子分析是一项用来找出多元观测变量的本质结构并进行处理降维的技术，因而能将具有错综复杂关系的变量综合为少数几个核心因子。在进行探索性因子分析之前，对变量需要进行巴特利特球体检验以及KMO测度检验。巴特利特球体检验是对各变量相关性进行检验的一种统计方法，相关矩阵中的每个变量均自相关，变量间则不相关。KMO值是用来对变量是否适合进行因子分析的指标，KMO值在0~1。某变量的KMO值如果越接近1，则说明该变量越适合做因子分析，如果KMO值过小，则不适合做因子分析。

由表5-6可知，各个测量题项的因子载荷在0.734~0.933，均远远大于0.500，说明聚合效度得到满足；变量的KMO值大于0.8，巴特利特球形检验统计值为8518.684，自由度为210，显著性概率是0.000，小于0.01，符合研究要求，适合进行因子分析；各潜变量量表均只提取出一个公因子，特征值大于1，上述各测量题项均具有较好的收敛效度，说明共同因子对测量题项有良好的解释意义。

表5-6   探索性因子分析

潜变量	测量题项	因子1	因子2	因子3	因子4	因子5	共同度
旅游地社会责任（DSR）	DSR1	0.144	**0.821**	0.078	-0.115	0.169	0.743
	DSR2	0.175	**0.848**	0.111	-0.114	0.139	0.794
	DSR3	0.196	**0.766**	0.153	-0.015	0.159	0.674
	DSR4	0.111	**0.836**	0.172	0.004	0.175	0.772
	DSR5	0.145	**0.849**	0.125	-0.015	0.098	0.767
积极情绪（PE）	PE1	0.176	0.199	0.247	0.07	**0.783**	0.749
	PE2	0.254	0.237	0.2	-0.099	**0.817**	0.838
	PE3	0.203	0.266	0.119	-0.173	**0.746**	0.713

续表

潜变量	测量题项	因子载荷系数					共同度
		因子1	因子2	因子3	因子4	因子5	
消极情绪（NA）	NA1	−0.121	−0.076	0.013	**0.893**	−0.013	0.819
	NA2	−0.081	−0.069	−0.009	**0.933**	−0.062	0.885
	NA3	−0.072	−0.04	0.022	**0.925**	−0.076	0.868
旅游目的地认同（DI）	DI1	0.14	0.155	**0.839**	0.072	0.212	0.798
	DI2	0.133	0.158	**0.915**	−0.033	0.133	0.899
	DI3	0.145	0.14	**0.907**	−0.001	0.088	0.870
	DI4	0.137	0.136	**0.897**	−0.01	0.133	0.859
环境责任行为（ERB）	ERB1	**0.751**	0.128	0.015	−0.209	0.119	0.638
	ERB2	**0.734**	0.206	0.232	0.051	0.068	0.643
	ERB3	**0.774**	0.111	0.212	0.004	0.138	0.676
	ERB4	**0.773**	0.119	0.192	−0.004	0.112	0.661
	ERB5	**0.857**	0.128	0.099	−0.069	0.164	0.793
	ERB6	**0.776**	0.147	−0.056	−0.172	0.127	0.672
特征根值（旋转前）		7.512	2.949	2.341	2.093	1.237	—
方差解释率（%）（旋转前）		35.770	14.041	11.149	9.966	5.890	—
累积方差解释率（%）（旋转前）		35.770	49.811	60.960	70.926	76.816	—
特征根值（旋转后）		4	3.789	3.52	2.682	2.141	—
方差解释率（%）（旋转后）		19.047	18.042	16.761	12.770	10.196	—
累积方差解释率（%）（旋转后）		19.047	37.089	53.850	66.620	76.816	—
KMO值		0.884					—
巴特利特球形检验统计值		8518.684					—
df		210					—
p值		0					—

5.1.3.4 验证性因子分析

验证性因子分析（CFA）是对社会调查数据进行的一种统计分析，验证性因子分析所要探究的是量表的因素结构模型是否与实际搜集的数据拟合，指标变量是否可以有效作为潜在变量的测量变量的程序。通常使用 χ^2/df、RMR、RMSEA、GFI、AGFI、NFI、RFI、IFI = 0.953、TLI、CFI 等指标对因素结构模型的拟合情况进行衡量。

根据博伦（Bollen，2000）的建议，研究测量模型的评估可以逐个部分进行匹配检验。本节的主要目的是探究旅游地社会责任及其与环境责任行为的关系，以及消费情绪与旅游目的地认同的中介作用与游览频率的调节作用，为检验样本的效度，构建了如图5-2所示的研究测量模型。

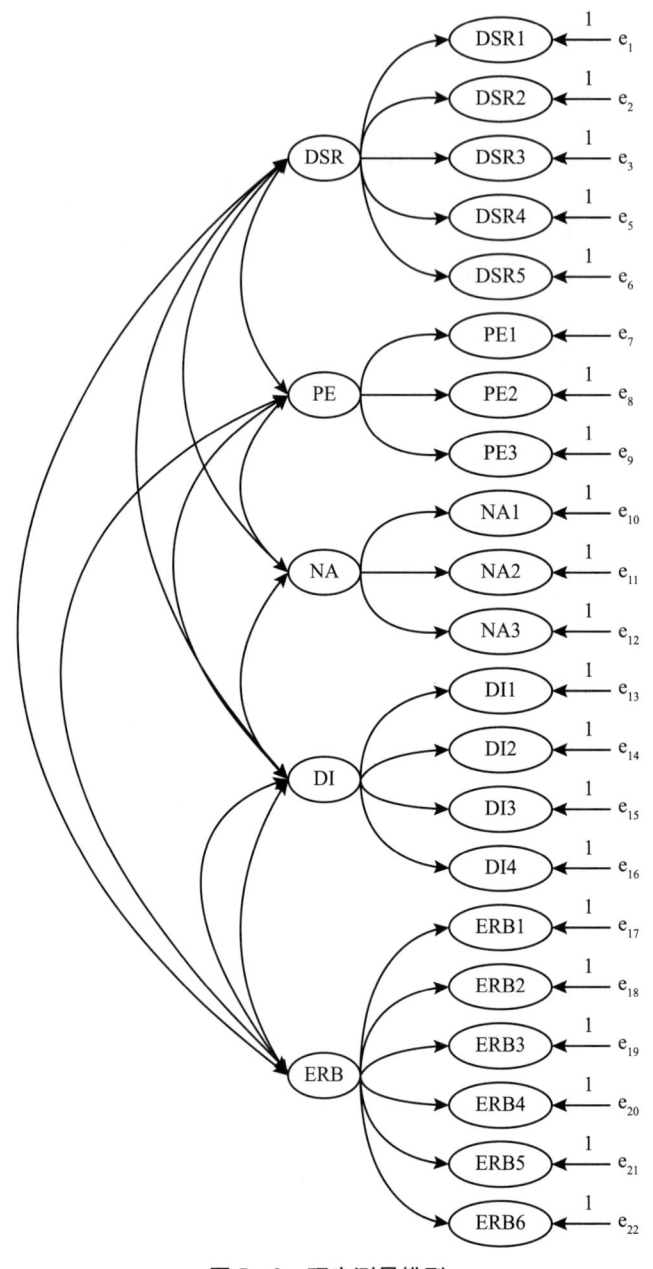

图 5-2 研究测量模型

第5章 | 目的地视角下的旅游者环境责任行为

根据胡和本特勒（Hu & Bentler，1999）提供的标准，该测量模型是可以接受的。$\chi^2/df=3.379$，小于5，RMR=0.077和RMSEA=0.066，小于0.08的标准。GFI、NFI、IFI、TLI和CFI均大于0.90，并且AGFI=0.873。根据胡和本特勒（1999）提出的标准，该测量模型拟合程度良好（见表5-7）。Cronbach's alpha系数处于0.830~0.944。复合系数处于0.844~0.945，符合福尔纳尔和拉克尔（1981）提出的内部一致性要求。

表5-7　　　　　　　　　　　验证性因子分析结果

潜变量	测量题项	数值	SD	标准载荷化	t值	CR	AVE	Cronbach's alpha系数
旅游地社会责任（DSR）	DSR1	5.78	1.30	0.823	22.832	0.896	0.683	0.914
	DSR2	5.63	1.27	0.869	24.850			
	DSR3	5.55	1.32	0.770	20.639			
	DSR4	5.61	1.30	0.840	23.539			
	DSR5	5.76	1.30	0.825	22.892			
积极情绪（PE）	PE1	5.26	1.53	0.754	19.418	0.844	0.645	0.830
	PE2	5.73	1.30	0.910	25.134			
	PE3	5.82	1.29	0.734	18.750			
消极情绪（NA）	NA1	1.53	1.14	0.868	24.996	0.924	0.882	0.931
	NA2	1.58	1.09	0.931	27.972			
	NA3	1.50	1.06	0.918	27.340			
旅游目的地认同（DI）	DI1	5.08	1.59	0.843	24.011	0.945	0.812	0.944
	DI2	4.89	1.61	0.941	28.876			
	DI3	4.96	1.64	0.915	27.485			
	DI4	5.06	1.57	0.903	26.857			
环境责任行为（ERB）	ERB1	6.34	1.05			0.886	0.610	0.880
	ERB2	5.79	1.32	0.742	19.415			
	ERB3	5.86	1.30	0.797	21.484			
	ERB4	5.86	1.27	0.799	21.561			
	ERB5	6.15	1.06	0.873	24.701			
	ERB6	6.38	0.96	0.680	17.244			

一般而言，如果各个测量指标与测量模型的因子载荷系数在0.5~0.95，

便可以接受,如果因子载荷系数低于0.5或高于0.95,则需要删除此项测量指标,然后再重新进行其他测量指标的验证,最终必须达到各个指标的因子载荷系数都能满足心理学测量要求,从而提高研究结果的说服力。如表5-7所示,因子标准载荷化在0.680~0.941,达到了心理学技术测量要求和标准,说明测量模型中的各个测量指标均能较好地集合到潜变量上,研究测量模型具有较好的聚合效度,能科学有效地反映感知风险所应用具有的内涵,满足研究要求。相应的 t 统计量在17.244~28.876,在0.001时具有统计学意义。

区分效度指不同潜变量之间的差别,可通过比较平均提取方差的平方根和潜变量之间的相关系数来检验,当前者大于后者时,区分效度即满足(Fornell & Larcker, 1981)。由表5-8可知,潜在构念的平均提取方差(AVE)处于0.610~0.882。AVE的平方根在0.781~0.906,各个构念之间的相关系数在-0.175~0.533(提取的平均方差(AVE)的平方根显示在矩阵的对角线上;构念之间的相关系数为对角线数据以外的数据)。可知,前者均大于后者,从而区分效度得到满足(Fornell & Larcker, 1981)。

表5-8　　　　　　　　　　相关系数和平均方差

潜变量	1	2	3	4	5
DSR	0.826				
PE	0.533	0.803			
NA	-0.164	-0.200	0.906		
DI	0.367	0.448	-0.030	0.901	
ERB	0.414	0.508	-0.175	0.369	0.781

5.1.3.5　结构模型分析

(1) 拟合指数。

与胡和本特勒(1999)提出的数值相比,本节所有的拟合指数均达到相应标准,所提出的模型与数据的总体拟合是可以接受的($\chi^2/df = 3.446$,RMSEA = 0.067,GFI = 0.901,AGFI = 0.872,NFI = 0.932,RFI = 0.921,IFI = 0.951,TLI = 0.942,CFI = 0.951)。

(2) 假设检验结果。

结构模型分析结果如表5-9所示。从表5-9可知,积极情绪、消极情绪、旅游目的地认同对旅游地社会责任的路径系数为 0.545、-0.171、0.180，在 0.001 的显著性水平下显著，H1、H2 和 H3 得到了验证。积极的情绪会显著影响旅游目的地认同（$\beta_{42}=0.365$，$p<0.001$）和环境责任行为（$\beta_{52}=0.423$，$p<0.001$），H4 和 H6 得到了验证。消极情绪不会显著影响游客目的地识别（$\beta_{43}=0.068$，$p>0.1$），但确实会影响环境责任行为（$\beta_{53}=-0.094$，$p<0.05$）。H5 不支持，但 H7 验证通过。最后，研究结果为旅游目的地认同和环境责任行为之间的关系提供了支持（$\beta_{54}=0.178$，$p<0.001$），所以 H8 被证实（见表 5-9 和图 5-3）。

表 5-9　　　　　　　　结构模型评估指标和假设检验结果

假设关系	路径名称	标准路径负荷测试	t 值	标准误	假设测试结果
H1：旅游地社会责任→积极情绪	λ_{21}	0.545***	11.040	0.057	支持
H2：旅游地社会责任→消极情绪	λ_{31}	-0.171***	3.708	0.046	支持
H3：旅游地社会责任→旅游目的地认同	λ_{41}	0.180***	3.418	0.071	支持
H4：积极情绪→旅游目的地认同	β_{42}	0.365***	6.610	0.064	支持
H5：消极情绪→旅游目的地认同	β_{43}	0.068	1.628	0.056	不支持
H6：积极情绪→环境责任行为	β_{52}	0.423***	7.826	0.045	支持
H7：消极情绪→环境责任行为	β_{53}	-0.094*	2.281	0.041	支持
H8：旅游目的地认同→环境责任行为	β_{54}	0.178***	3.725	0.035	支持

注：* 表示显著性水平 $p<0.05$；*** 表示显著性水平 $p<0.001$。

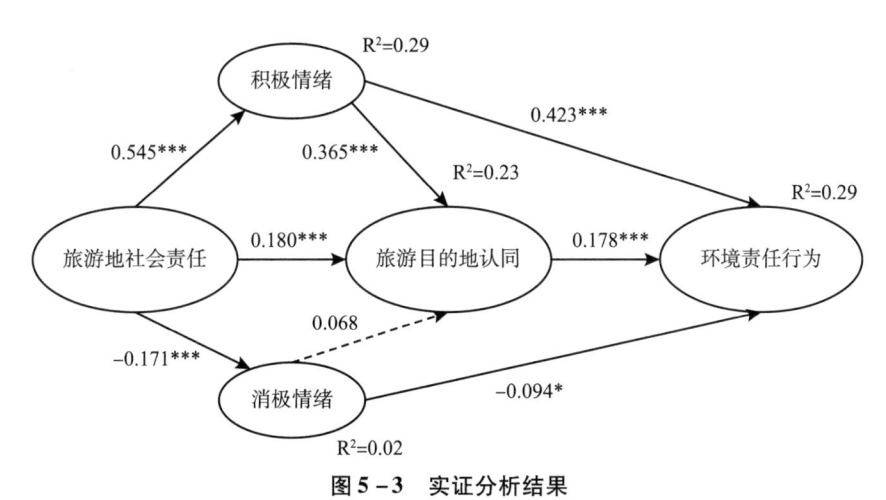

图 5-3　实证分析结果

注：*、*** 分别表示显著性水平 0.05、0.001。

(3) 模型预测能力。

科恩（Cohen，1988）提出，被解释变量的 R^2 值可以用作阈值来证明预测能力，R^2 值为 0.01、0.09 和 0.25 分别代表模型预测能力弱、较弱和强 3 个等级。该模型解释了积极情绪、环境责任行为和旅游目的地认同的变异率分别为 29.7%、29.6% 和 23.3%。这些结果表明模型中捕捉到了对内生变量的巨大影响。然而，消极情绪的解释方差相对较低（2.9%）。这说明模型中绝大部分解释变量对被解释变量的解释能力较强，反映了理论模型中各变量具有稳定的关系，模型较稳定，具有较好的预测能力，从而进一步说明理论模型是一个十分优秀的模型。

5.1.3.6 中介效应分析

为了测试消费情绪（积极和消极）和旅游目的地认同在旅游地社会责任和环境责任行为之间的潜在中介作用，利用 Amos21.0 进行了约瑟（Jose，2013）建议的引导程序。引导样本的数量设置为 2000，置信度为 95%。遵循马齐和莱德曼（Macho & Ledermann，2011），获得了直接、间接和总效应，以及相应的 p 值和置信区间（见表 5-10）。旅游地社会责任分别通过积极情绪、消极情绪和旅游目的地认同对环境责任行为产生显著的间接影响。因此，H9、H10 和 H11 得到验证。

表 5-10　　　　　　　　　　　中介测试：引导分析

中介假设路径	间接影响	下限95% BC	上限95% BC	p 值
H9：旅游地社会责任→积极情绪→环境责任行为	0.212	0.137	0.291	0.001
H10：旅游地社会责任→消极情绪→环境责任行为	0.018	0.000	0.045	0.049
H11：旅游地社会责任/旅游目的地认同→环境责任行为	0.093	0.047	0.147	0.001

5.1.3.7 调节效应分析

当前研究的一个重要目标是测试访问旅游目的地频率的潜在调节作用，回复者被分成两组：初游者（共 212 人）和重游者（共 327 人）。利用 Amos21.0 中的多组比较分析方法，导入了两组数据并设置了不同的条件（即无约束模型、测量权重模型、结构权重模型、结构残差模型和测量残差模型)。表5-11提供了所有测试模型的拟合优度指数,并检查了无约束模型和约束模型之间的差异(见表5-12),发现了统计学上显著的差异($p<0.01$),这表明旅游频率在所提出的模型中确实起到了调节作用。

表5-11 所有测试模型的拟合优度指数

模型	λ^2	df	λ^2/df	GFI	TLI	CFI	IFI	RMSEA
不受拘束的	864.45	2324	2.668	0.863	0.923	0.934	0.935	0.056
测量权重	897.92	9340	2.641	0.858	0.924	0.932	0.932	0.055
结构权重	908.23	4348	2.610	0.857	0.926	0.932	0.932	0.055
结构残差	917.70	7352	2.607	0.857	0.926	0.931	0.931	0.055
测量残差	970.56	9372	2.609	0.850	0.926	0.927	0.927	0.055

表5-12 检验模型与竞争模型比较

模型	f	λ^2	p 值	NFIDelta-1	IFIDelta-2	RFIrho-1	TLIrho-2
测量权重	16	33.477	0.006	0.004	0.004	-0.001	-0.001
结构权重	24	43.783	0.008	0.005	0.005	-0.003	-0.003
结构残差	28	53.256	0.003	0.006	0.006	-0.003	-0.003
测量残差	48	106.118	0.000	0.012	0.013	-0.003	-0.003

为了确定初游者和重游者之间是否有路径不同,检查了两个样本之间相似路径差异的临界自由基比率(CRD)、每组的标准路径载荷、T 值(p 值)和 CRD 值(p 值),如表5-13所示。研究结果表明,旅游地社会责任对积极情绪和消极情绪的影响没有显著差异,因为 CRD 低于1.96 的阈值,p 值高于0.05(Steenkamp & Baumgartner, 1995)。然而,研究发现,对于初游者($\lambda_{41}=0.267$,$p<0.05$)来说,重游者($\lambda_{41}=0.143$,$p<0.05$)目的地社会责任对旅游目的地认同的影响更大。在积极情绪对旅游目的地认同中,初游者的影响($\beta_{42}=0.356$,$p<0.001$)显著(CRD = 2.916,$p<0.05$)低于重游者($\beta_{42}=0.380$,$p<0.001$)。消极情绪在对旅游目的地认同中,初游者和重游者旅游产生的影响也不同(CRD = 5.586,$p<0.05$)。

本节没有发现访问旅游频率可以缓和积极情绪对环境负责任的行为

（$\beta_{\text{First}} = 0.396$，$\beta_{\text{Repeat}} = 0.431$）的关系，但在消极情绪环境责任行为的关系中，重游者（$\beta_{53} = -0.139$，$p < 0.05$）相对于初游者（$\beta_{53} = -0.014$，$p > 0.05$）的影响更大，两者的贝塔系数（CRD = 4.162，$p < 0.05$）表现出显著差异。最后，旅游目的地认同的旅游频率对环境责任行为关系没有调节作用，因此，H12、H13、H17 和 H19 未通过验证，H14、H15、H16 和 H18 通过了验证。

表 5-13　　　　　　　　初游者和重游者之间的路径系数比较

	假设路径	标准路径负载	t 值	p 值	CRD	p 值	假设检验结果
H12	初游者旅游地社会责任→初游者积极情绪	0.631	8.835	$p < 0.001$	1.795	$p > 0.05$	不支持
	重游者旅游地社会责任→重游者积极情绪	0.497	8.345	$p < 0.001$			
H13	初游者旅游地社会责任→初游者消极情绪	-0.211	-2.879	$p < 0.05$	0.743	$p > 0.05$	不支持
	重游者旅游地社会责任→重游者消极情绪	-0.153	2.610	$p < 0.05$			
H14	初游者旅游地社会责任→初游者旅游目的地认同	0.267	2.949	$p < 0.05$	4.444	$p < 0.05$	支持
	重游者旅游地社会责任→重游者旅游目的地认同	0.143	2.234	$p < 0.05$			
H15	初游者积极情绪→初游者旅游目的地认同	0.356	3.816	$p < 0.001$	2.916	$p < 0.05$	支持
	重游者积极情绪→重游者旅游目的地认同	0.380	5.697	$p < 0.001$			
H16	初游者消极情绪→初游者旅游目的地认同	0.156	2.422	$p < 0.05$	5.586	$p < 0.05$	支持
	重游者消极情绪→重游者旅游目的地认同	-0.002	-0.043	$p > 0.05$			
H17	初游者积极情绪→初游者环境责任行为	0.396	4.532	$p < 0.001$	1.163	$p > 0.05$	不支持
	重游者积极情绪→重游者环境责任行为	0.431	6.585	$p < 0.001$			

续表

假设路径		标准路径负载	t值	p值	CRD	p值	假设检验结果
H18	初游者消极情绪→初游者环境责任行为	-0.014	-0.212	$p>0.05$	4.162	$p<0.05$	支持
	重游者消极情绪→重游者环境责任行为	-0.139	-2.674	$p<0.05$			
H19	初游者旅游目的地认同→初游者环境责任行为	0.235	2.913	$p<0.05$	1.238	$p>0.05$	不支持
	重游者旅游目的地认同→重游者环境责任行为	0.163	2.732	$p<0.05$			

5.1.4 研究结论与讨论

在目前的旅游者行为的理论研究成果中，国内外学术界的研究集中于宏观、系统的层面进行整体性研究，且绝大部分研究成果所选择的研究方法为规范研究。本节突破了传统研究范式的局限性，从微观层面对旅游者环境责任行为的影响因素进行了深入研究和分析，拓展了旅游者旅游行为研究的外延，有利于旅游者行为理论研究体系的不断完善和发展。

本节将旅游者情绪、重游次数引入旅游者环境责任行为研究，发现积极情绪、消极情绪和目的地的认同显著影响游客的环境责任行为，并且进一步发现，相对于重游者，DSR对首次旅游者目的地识别的影响更大，为环境责任行为驱动因素的研究提供了新思路和新视角。

在以往的研究中，研究者没有抓住社会责任活动的全部影响，并且系统地低估了这些活动的真正社会回报。本节通过调查，了解旅游地社会责任是如何通过消费情绪（积极和消极）和旅游目的地认同影响环境责任行为的，以及这些关系因访问频率有何不同，不仅呼应了以前的相关研究，还为社会责任的相关理论提供了新的见解，以对社会责任的相关理论提供更好解释的机制。

本节不仅需要基于旅游目的地环境、旅游目的地管理者和营销者等外部环境因素层面对环境责任行为进行研究，而且还需要从旅游者旅游情绪、目的地认同等内在主观层面对旅游者的环境责任行为进行系统分析。在上述两个层面的研究过程中仅依靠管理学和旅游学的相关理论无法完成对其系统的剖析，因此，需要多学科理论的交叉融合研究，综合心理学、社会学、经济学以及旅游管理等多学科知识进行交叉研究，在推进旅游管理理论体系不断完善的同时，还有可能创造出新的交叉学科和研究方向，从而不断拓展社会科学理论研究的外延。

本节利用刺激—有机体—反应（SOR）框架，提出并检验了一个综合模型，该模型调查了以消费情绪（积极情绪和消极情绪）为调节变量、旅游目的地认同为中介变量的中国旅游者旅游地社会责任与环境责任行为之间的关系。本研究首先对SOR分析框架在旅游者环境责任行为中的测度进行了解释：刺激（S）为感知旅游地社会责任；机体（O）为消费情绪和旅游目的地认同；反应（R）为环境责任行为，并进一步论证了消费情绪的调节作用和旅游目的地认同的中介作用。过去的研究表明，以往的旅游经历可能会影响构造之间的关系，因此本节还研究了游览频率对提出的模型的潜在调节作用。研究中选取了中国5A级景区岳麓山作为案例研究地进行调查，共收集539份有效问卷，数据分析结果表明：消费情绪和旅游目的地认同确实可以调节旅游地社会责任和环境责任行为的影响，但仅发现积极情绪会显著影响旅游目的地认同。

本节通过调查旅游地社会责任是如何通过消费情绪和旅游目的地认同影响环境责任行为以及这些关系如何因访问频率而不同，从而为旅游文献做出贡献。研究结果不仅揭示了旅游地社会责任的次级社会结果，还为旅游领域的相关文献提供了有益的补充（Bhattacharya & Sen，2004；Romani & Grapi，2014），为社会责任活动的有效性提供更好的解释机制（Bhattacharya & Sen，2004b；Romani & Grappi，2014）。研究结果支持S-O-R模型，但表明关系可能更加复杂，因为机体变量可能会起到调节刺激反应关系的作用，还必须考虑S-O-R框架之外的调节因子。

先前在服务/接待/旅游领域的研究已经利用S-O-R框架来关注顾客/游客忠诚行为（Dewitt, Nguyen & Marshall，2008；Jang & Namkung，2009；Chebat & Slusarczyk，2005；Lee et al.，2008；Namkung & Jang，2010；Su & Hsu，2013）。本节包括一项以前没有通过S-O-R框架进行调查的反应：旅游者的环境责任行为是旅游目的地基于社会责任所作努力的二次回馈，研究结果表明，增加对社会责任的投资可以提供额外的次要社会回报。

巴戈齐等（Bagozzi et al., 1999）证明，情绪是顾客在评估认知刺激时的一种间接反应。有人指出，旅游消费主要可以被视为一种情感体验（Su & Hsu, 2013）。然而，以前的社会责任文献主要集中在认知方面，而很大程度上忽略了情感（Romani & Grappi, 2014）。研究表明，旅游地社会责任可以增强游客的积极情绪和对目的地的认同，并对消极情绪有统计学意义的直接负面影响。

情感是人类生存的重要组成部分。本节认为，更好地理解情绪如何与识别过程联系起来是很重要的，但目前没有研究调查消费情绪和游客对目的地的认同之间的联系，本节为旅游背景下情绪与旅游目的地认同过程之间的关系提供了实证支持。结果表明，积极情绪可能会增加顾客对目的地的认同，但消极情绪可能不会产生类似的负面影响。

本节通过调查环境责任行为作为感知社会责任的次要社会结果，为理论做出了贡献。以前的文献没有捕捉到社会责任活动的全部影响，并且系统地低估了这些活动的真正社会回报。结果表明，积极情绪、消极情绪和对目的地的认同显著影响游客的环境责任行为。综合考虑情感和认同的中介作用，确定了旅游地社会责任影响环境责任行为的四条途径：（1）旅游地社会责任→积极情感→环境责任行为；（2）旅游地社会责任→消极情绪→环境责任行为；（3）旅游地社会责任→旅游目的地认同→环境责任行为；（4）旅游地社会责任→积极情绪→旅游目的地认同→环境责任行为。

目前的研究发现，相对于重游者，旅游地社会责任对初游者旅游目的地认同的影响更大，原因可能是初游者对目的地缺乏经验。由于对目的地不太熟悉，游客在最初与目的地建立关系时，更多地依赖于对旅游地社会责任作为重要信息的认知。研究结果还表明，积极情绪和消极情绪对旅游旅游目的地的识别有较强的影响，消极情绪对重游者的环境责任行为有较强的影响，相对于初游者来说一种解释可能是初游者更关心目的地属性，而重游者可能更关注目的地在心理和情感方面的影响。这与法基耶和克朗普顿（1991）的观点相一致，他们发现初游者倾向于根据外部信息来评估目的地，而重游者更多的是通过他们的情感体验来评估目的地。莫赖斯和林（2010）也证明了重游者更注重心理意义，而初游者更注重认知属性。然而，游览历史的调节作用并不支持旅游地社会责任对情绪（积极和消极）的预测效果，也不支持积极情绪和对环境责任行为的认同。

5.2 旅游地声誉对旅游者环境责任行为的影响机制

当今世界正面临着前所未有的环境挑战，如全球变暖、空气污染和生态系统退化等，这些问题威胁着地球和人类的健康与福祉（Su et al.，2025；Xu et al.，2023）。旅游业的快速发展往往带来不利的环境影响，例如，由于旅行者的休闲活动和住宿需求而增加的温室气体排放（Dwyer et al.，2010；Gössling & Schumacher，2010）。由于旅游业高度依赖于目的地的环境，包括自然和文化吸引力（Kiatkawsin & Han，2017；Su & Swanson，2017），因此旅游的负面影响可能会严重影响目的地的可持续发展（Sheldon & Park，2011；Su，Huang & Pearce，2018；Qiu et al.，2023）。

游客无论是有意还是无意，都可能对环境造成破坏。如由于人类活动导致种子的迁移（Pickering & Mount，2010）、干扰野生动物（Ballantyne，Packer & Falk，2011；Ballantyne，Packer & Sutherland，2011）、污染活动（Logar，2010；Teh & Cabanban，2007），以及过度拥挤（Dickinson & Robbins，2008；Poitras & Getz，2006）。旅游学者和从业者关注的一个关键问题是如何限制旅游对环境的负面影响。因此，了解促使环境责任行为发展的主要因素具有重要意义。

为了阐明环境责任行为（ERB）的重要性，研究者采用了多种理论来理解旅游者 ERB 背后的机制，包括计划行为理论（Chen & Tung，2014；Han，2015；Han & Kim，2010）、价值—信念—规范理论（Han，2015；Kiatkawsin & Han，2017）、目标导向行为理论（Han，Jae & Hwang，2016；Han & Yoon，2015；Song et al.，2012）、地方依恋理论（Cheng & Wu，2015；Cheng，Wu & Huang，2013），以及对上述理论的整合（Han et al.，2016；Kiatkawsin & Han，2017）。

通常，基于计划行为理论的研究集中于旅游者的特质或社会因素作为旅游者环境责任行为的前因变量，而忽略了目的地因素（如目的地管理与服务）。为了弥补这一空白，本节采用刺激—机体—反应（S-O-R）框架（Mehrabian & Russell，1974）来探究目的地因素对旅游者环境责任行为的影响。该框架认为，当个体接触到刺激时，会引发一种内在状态（即情绪）。

随后，这种内在状态对个体的行为产生影响。在旅游环境责任行为的语境中，外部刺激可能会促使旅游者对整体旅游体验形成主观判断，而这种判断和感知会引发情绪反应。同样的情境中，不同的游客由于评价差异可能产生正面或负面的情绪（Ma et al.，2013；Su & Hsu，2013）。随后，这些情绪会引发行为反应，消费者决定继续支持或避免某一产品或服务。旅行中产生正面情绪的游客更可能遵循社会规范采取积极行为，而经历负面情绪的游客则更可能产生回避行为（Jang & Namkung，2009；Su & Hsu，2013）。

许多先前的研究表明，S-O-R框架在预测消费者行为（如客户忠诚度）时具有相关性（Jang & Namkung，2009；Mazaheri，Richard & Laroche，2010；Mummalaneni，2005）。近年来，市场营销和旅游学者运用S-O-R框架来探索旅游者行为的形成过程，并确认了该框架在揭示情感体验在多种旅游场景中对旅游者行为形成过程中的作用（Jang & Namkung，2009；Su & Hsu，2013；Su，Hsu & Marshall，2014）。

声誉在与S-O-R相关的旅游者行为模型中起着重要的刺激作用，研究发现它会影响顾客对企业产品或服务质量的感知（Devine & Halpern，2001）。事实上，仅凭声誉就可以作为一种市场验证的信息（Hansen，Samuelsen & Silseth，2008），传递企业产品质量的信号（Rose & Thomsen，2004）。研究发现目的地声誉对旅游者目的地选择具有重要意义，旅游网站的声誉与消费者增加口碑传播和重游意图的可能性之间存在关系（Prayogo & Kusumawardhani，2017；Wang，Tran & Tran，2017）。而口碑反过来又被证明对旅游者的旅行意图和行为有影响（Abubakar & Ilkan，2016；Jalilvand & Samiei，2012；Yeoh，Othman & Ahmad，2013）。因此，在旅游行业中，环境友好型声誉变得愈发重要（Han & Kim，2010；Han & Yoon，2015）。

情感是旅行者旅游消费体验的重要组成部分（Su & Hsu，2013）。同样，旅游者的满意度在激发其未来行为意图方面也具有重要意义（Su et al.，2014；Su & Hsu，2013）。正如里提查因瓦特、瞿和蒙坤万尼特（Rittichainuwat，Qu & Mongkhonvanit，2006）指出的：与其他产品和服务不同，旅游向旅行者出售的是兴奋感、未知的体验和探索的乐趣。

许多旅游研究中对情绪反应与消费者行为之间的连接机制探讨并不充分。从信息处理的角度来看，情绪反应（无论是正面情绪还是负面情绪）和消费者行为在大脑中被处理为信息输入和响应输出（Baumgartner，Sujan & Bettman，1992）。如果无法充分理解输入与输出之间的桥梁，关于情绪与行为意图之间关系的理论可能会部分或完全不准确（Manthiou et al.，2014）。

基于情感处理机制，情绪反应会在记忆中留下深刻的情感痕迹或"标记"（Cohen & Areni，1991），进而引导后续的消费者行为（Manthiou et al.，2014）。脚本理论被用于更好地描述记忆在信息处理中的连接作用。具体来说，脚本被视为情感体验的知识结构，这些脚本存储在消费者的记忆中，当被激活时，可以促进对未来行为的解释和形成（Bozinoff & Roth，1983；Delamere & Hinch，1994；Manthiou et al.，2014）。

在记忆的不同组成部分中，回忆尤其与旅游研究相关，其目标是为每位游客创造持久且愉悦的记忆（Manthiou et al.，2014；Tung & Ritchie，2011a，2011b）。因此，考虑到回忆的重要性，本节关注游客情绪体验对其旅游回忆的影响。基于脚本理论，本节探讨了游客的回忆在信息处理中的作用，以及其在消费情绪、游客满意度与旅游者环境责任行为（ERB）之间的桥梁作用。

综上所述，本节旨在探讨旅游地环保声誉对旅游者环境责任行为（ERB）的影响机制。基于 S－O－R 框架和脚本理论，本节构建了一个整合模型，将目的地环保声誉作为外部刺激，情绪体验（消费情绪）作为有机体，游客满意度和回忆以及旅游者环境责任行为作为响应。值得注意的是，游客的回忆被引入模型，作为 S－O－R 框架与脚本理论之间的连接。

本节在学术理论和实践方面的贡献体现在以下三个方面：将目的地环保声誉作为刺激，情绪体验（正面与负面情绪）作为机体，将游客满意度和环境责任行为作为 S－O－R 框架中的响应结果。这一模型扩展了以往关于旅游者环境责任行为的文献。进一步整合了 S－O－R 框架与脚本理论，构建了一个以记忆回忆为 S－O－R 框架与脚本理论连接点的整合模型，从而强化了这两种理论的适用性与解释力。本节基于 S－O－R 框架探索了一个竞争模型，并通过实证比较结果揭示了游客回忆的关键作用。具体而言，游客的回忆深刻体现了他们的参与度，并提供了一个全新的视角，以更好地理解游客的环境责任行为。本节成功探索了新的理论框架与渠道，揭示了旅游者环境责任行为的前因及其影响机制。从更广泛的意义上看，本书提出的模型可以用于改进现有的消费者行为理论和分析框架，为如何将行为心理学中的 S－O－R 模型与社会认知研究中的脚本理论等元素相结合提供了建议。

5.2.1 研究假设与研究模型

5.2.1.1 目的地生态友好声誉

管理学、经济学、社会学和营销学等学科的学术著作对企业声誉相关问题及影响都有一定深入的研究（Brown, Cowles & Tuten, 1996; Keh & Xie, 2009）。对企业声誉相关文献研读后发现，"即使一篇文献或一本书明确地属于企业声誉的范畴，并使用了该术语，但其作者往往没有提供该术语的正式定义"（Barnett, Jermier & Lafferty, 2006, p.29）。巴内特等（Barnett et al., 2006）发现了对企业声誉的三种不同定义：声誉作为存在于人们脑海中的意识、声誉作为企业评估中的一项指标以及声誉作为一项企业无形资产。具体地说，声誉作为存在于人们脑海中的意识，"包括那些涉及企业声誉的术语或使用相关语言的定义，这些术语或语言表明观察者或利益相关者对一家公司的普遍认识"（Barnett, Jermier & Lafferty, 2006）。声誉作为企业评估中的一项指标"指观察者或利益相关者参与了对公司状态的评估"（Barnett, Jermier & Lafferty, 2006）。符合第二种声誉的定义取决于是否存在可观察的价值评估或声誉判断。最后一种，声誉作为一项企业的无形资产，对公司而言具有重要价值，这一种定义来自对金融领域术语的引用（Barnett, Jermier & Lafferty, 2006）。

在总结了以上关于企业声誉的解读后，巴内特等（Barnett et al., 2006）给出了新的企业声誉的定义，企业声誉应该被看作是"观察者对企业的整体判断，其依据是对企业长期经历的财务状况、所处社会背景以及企业内部环境的综合影响"。他们强调，企业声誉的概念应该从单纯的意识形态转变为包含各种形式的整体判断。

根据信号理论，企业声誉经常与组织的信誉联系在一起（Casaló, Flavián & Guinalíu, 2007）。消费者对产品的态度是建立在其感知质量的基础上的，这些态度可能来自对产品的直接体验、来自其他消费者的评价和媒体传递的信息、抑或是来自产品制造商的背景信息（Helm, Garnefeld & Tolsdorf, 2009）。如果公司拥有良好的声誉，那么潜在客户很可能对公司的产品持积极态度（Walsh, Dinnie & Wiedmann, 2006）。也就是说，正面的企业声誉降低了消费者选择商店或品牌的认知努力（Dowling，2006）。企业的整体声誉是综合了对企业与一系列利益相关者群体（如员工、供应商、客户、银行、审计人员等）的各种因素后的整体评估（Chang，2013；Helm，Garnefeld & Tolsdorf，2009）。同时也有学者认为，声誉是一种刺激，客户因声誉而产生对公司的信心，而信心水平取决于客户对企业声誉的绝对感知以及通过与同类企业进行对比后的相对感知（Chang，2013；Loureiro & Kastenholz，2011）。

近年来，环境可持续性问题已引起许多消费者的注意。尼尔森公司（Nielson Company）进行的一项在线调查显示（Anonymous，2015），近三分之二（66%）的消费者表示，他们愿意因企业的社会责任感（如企业关心社会和环境影响并做出一定贡献）而支付一定的溢价。不仅如此，根据韩和金（Han & Kim，2010）以及韩和尹（Han & Yoon，2015）的研究，对酒店业来说，环境友好的声誉也变得越来越重要，因为酒店管理者们希望开发绿色消费者这一目标群体。因此，绿色酒店声誉被认为是其中的一个关键因素。

本节考虑了目的地的生态友好声誉，即对目的地生态环境的综合评价。生态友好声誉的建设对企业来说十分有利（Norheim-Hansen，2015）。在建设生态友好声誉的过程中，企业可以通过设立重复使用制度、回收制度以及改进企业管理流程以支持环境保护工作并提高组织绩效（Hart & Ahuja，1996）。此外，有研究表明，环境绩效有助于为客户创造新的、有价值的产品和服务（Aragón-Correa & Sharma，2003）。

通过对目的地生态友好声誉相关文献的研读，本节选取并改编了来自李等（2010）以及托马斯（2011）文献中的三个题项，用于测度目的地生态友好声誉。相关量表中题项的可靠性和有效性已在绿色酒店的消费背景中得以验证（Han & Yoon，2015）。

李等（Lee et al.，2010）研究了影响旅游目的地绿色酒店品牌形象的相关影响因素，同时对拥有良好品牌形象的绿色酒店与旅游者行为意向之间的关系也进行了相关探索工作。其研究工作对本节研究及问卷调研工作有较大帮助。李等（2010）表示，随着公众对环境问题的日益关注，绿色管理正迅速成为提升酒店竞争优势的战略性工具之一。绿色管理，是将环境保护理念完全融入企业的经营管理中，它涉及企业管理的各个层次、各个领域、各个方面和各个过程，要求在企业管理的每一个环节都要考虑环保，体现绿色经营理念。因此，李等（Lee et al.，2010）研究探讨了如何运用顾客认知、顾客情感和酒店整体形象的概念来发展绿色酒店的品牌形象。该研究基于对416名酒店用户的调查，研究了绿色酒店形象对旅游者行为意向（即重游意向、向他人推荐的意向和支付额外费用的意愿）的影响。研究结果表明，认知图像成分（即价值和质量属性）可以促使旅游者对绿色酒店的情感和整体形象产生积极评价。同时，酒店的情感形象也被发现积极影响绿色酒店的整体形象，并且绿色酒店的整体形象反过来也会有助于促进旅游者行为意向（即重游意向、向他人推荐的意向和支付额外费用的意愿）。

托马斯（Thomas，2011）则是通过探索学生对教育机构忠诚度的影响因素，发现了教育机构的声誉通过中介变量（如学生满意度）正向作用于学生对教育机构的忠诚度。其研究工作对本书及问卷调研工作有较大帮助。托马斯表示忠诚的学生群体是教育机构竞争优势的来源，因此学生的忠诚度是每个教育机构经营者都十分重视的主要管理目标之一。为了探索各个变量之间的关系，托马斯通过建立实证模型，将学生忠诚度、学生满意度以及学生对教育机构声誉的感知联系起来。通过调查研究发现，学生的满意度是学生忠诚度的主要驱动力，教育机构声誉也通过中介变量学生满意度对学生忠诚度产生积极影响。

此次调查问卷中目的地生态友好声誉维度量表已在韩和尹（Han & Yoon，2015）对绿色酒店的客户消费研究中得以验证，并提供了可接受水平的可靠性和有效性检验。韩和尹表示由于越来越多的消费者倾向于购买环保产品，因此开展绿色管理对酒店经营变得越来越重要。为了研究客人在选择绿色管理酒店时的意向形成机制，韩和尹希望通过整合基本变量如环境保护意识、感知有效性、生态友好行为和声誉等，用以解释客户的生态友好行为，从而扩展目标导向行为模型（Model of Goal-directed Behavior，MGB）。目标导向行为，即指个体由强烈的动机所驱使，希望达成某一目标的行为。经过对调查量表的检测表明，研究变量具有令人满意的信度和效度。结构建模的结果表明，韩和尹所提出的理论框架具有很强的预测旅游者选择绿色管理酒店意图的能力，能够准确地解释顾客的环保购买行为，在酒店顾客决策形成中起重要作用。

5.2.1.2 游客满意度

(1) 游客满意度的定义。

满意度是一种感觉状态。科特勒和阿姆斯特朗（Kotler & Armstrong, 1996）认为满意度是人们将结果与原先的标准对比之后产生的一种感觉。比特纳和泽希尔姆（Bitner & Zeithaml, 2003）认为满意度是产品在多大程度上满足了客户的需求。奥维耶多-加西亚等（Oviedo-García et al., 2016）将满意度定义为客户将产品性能与某些购买前的标准进行比较后所产生的一种愉悦的满足感。奥利弗（Oliver, 1980）认为满意是期望与消费经历不一致时所产生的一种情感状态，并以此为基础构建了顾客忠诚模型。对顾客满意的界定，学术界普遍认同奥利弗（Oliver, 1997）的定义：顾客满意是顾客的需要得到满足之后的心理状态，是顾客对产品和服务满足自己的需要程度的判断。游客满意度概念来自顾客满意。贝克和克朗普顿（Baker & Crompton, 2000）将旅游满意度定义为旅游体验后的个人情绪状态。据此，将游客满意度界定为，旅游者将其旅游体验与原先的预期进行比较后的满足程度。许多研究表明，满意度对行为倾向产生直接影响，而服务质量和感知价值等服务感知变量是满意度的前因变量（Mohr & Bitner, 1995; Spreng et al., 1996）。

在服务语境中，满意度的普遍定义是"满意度即客户的需求得到满足后产生的愉悦感，是客户对产品或服务的事前期望与实际使用产品或服务后所得到实际感受的一种心理状态"（Oliver, 1981）。安德森等（Anderson et al., 1994）则认为，总体满意度是指"基于对一件商品或服务的购买和消费整体体验的一种综合评价。"斯旺和康姆斯（Swan & Combs, 1976）表示满意度是一种购后态度，它反映了消费者对购物体验、产品性能评估以及感知消费氛围的综合态度（Bramwell, 1998; Ringel & Finkelstein, 1991; Ross & Iso-Ahola, 1991）。此外，满意度还与目的地选择、旅游产品消费和游客重游意愿相关（Kozak & Remmington, 2000; Alegre & Juaneda, 2006）。满意度被视为先前的预期与对消费体验的感知之间的比较产物，在预期没有得到满足的情况下，消费者会对产品产生不满情绪（Oliver, 1980）。因此，满意度被视为消费者感知消费体验后产生积极情绪的程度（Rust & Oliver, 1994）。当感知到的产品性能达到或超过旅游者的期望时，旅游者就会感到满意，从而产生满足感。然而，当消费者将预期和结果进行比较后产生负面评价时，旅游者的不愉快就产生了（Reisinger & Turner，2003）。

（2）游客满意度的测量。

在旅游学研究中，亨特（Hunt，1983）指出"满意度不是体验的愉悦性，而是与经验评价相比较的结果"。因此，针对满意度测量的核心纽带是不一致理论（Pizam & Milman，1993；Bake & Crompton，2000；Yüksel & Yüksel，2007；Lee et al.，2005；Um et al.，2006），即当旅游者将旅游过程中的实际感知与他们的期望相比较时即会产生满意度。如果旅游者实际感知到的绩效大于期望，旅游者将满意；相反，如果感知的绩效小于期望，就会产生不满意（Yüksel & Yüksel，2007）。这一理论的局限性是由于期望的不确定性，当期望下降时，满意的可能性会上升（Spreng et al.，1996）；而且，期望这个概念相对于体验性服务，如旅游，意义较小。另一个局限是期望本质上是动态的，服务体验可能在服务接触过程中不断变化，这常常发展于旅游和酒店服务中（Yüksel & Yüksel，2007）。因此，期望是否直接导致满意或不满意还没有一致答案（Petrick，2004）。此外，一些研究者指出，在旅游研究中，绩效测量而不是期望不一致是决定未来行为的更关键理论（Baloglu et al.，2004；Cronin & Taylor，1992；Danaher & Arwiler，1996；Kozak & Remmington，2000）。因此，满意或不满意能用绩效来测量（Krishman & Gronhaug，1979），对它的操纵能力是获得竞争优势的一个重要源泉（Peters，1994）。

游客满意度可以划分为旅游者具体属性满意和旅游者总体满意，这种区分是重要且必要的。在具体属性满意度的测量中，游客满意度通过旅游者对每一个旅游目的地属性的评价来进行测量，这种满意度测量被当作目的地绩效的质量评价，旅游者不仅对他们的旅游体验满意，还对在目的地所接受的服务满意。总体满意度是指目的地每一服务接触的满意度函数，是指旅游者对旅游地的总体满意程度，是在旅游地具体属性满意的基础上对旅游地服务所作出的总体评价。因此，使用一个单一的总体满意度测量方法可能比使用期望不一致理论效果更好（Anderson et al.，1994；Baloglu et al.，2004；Williams，1989）。

（3）游客满意度的相关研究。

游客的满意度和行为意图对于旅游目的地的成功及其营销策略的规划都至关重要（Eusébio & Vieira，2013）。在旅游业中，满意度会带动目的地的推荐，并增加再次访问的可能性（Castellanos – Verdugo et al.，2016）。因此，对旅游满意度的研究具有重要的意义。根据研究内容，目前国内外学者关于游客满意度的研究主要分为以下两类：一类研究关注游客满意度的影响因素研究；另一类研究关注游客满意度与游后行为之间的关系。

文献梳理的结果表明，旅游者的满意度主要受游客自身的属性、出游动机、出游情绪等主观因素的影响，以及旅游地硬件设施和软件设施等客观因素的影响。例如，贾巴尔等（Jaapar et al.，2017）通过建立结构方程模型，检验了游客旅游动机和旅游满意度之间的关系。吕兴洋等（2014）研究指出，旅游者权力对游客满意度具有积极影响。汤澍和张维亚（2014）发现景区的整体形象正向影响游憩者的满意度。毛小岗等（2013）以北京公园为例得出结论，可达程度、感知质量以及感知价值影响了居民的游憩满意度。此外，现有的旅游文献已经将感知价值确定为影响游客满意度的重要先决条件（Bajs，2015），尹等（Yoon et al.，2010）通过研究指出了感知价值—旅游满意度—出游意愿之间的影响路径。

同时，游客满意度是游客忠诚度、出游意向、重游意愿以及推荐意愿的重要前因变量。如贝克和克朗普顿（Baker & Crompton，2000）通过结构方程模型构建了游客感知价值、满意度、忠诚度和购买行为模型，发现满意对出游意向具有正面影响。近年来，大量学者以满意度为中介变量，研究了其他变量和游客忠诚以及重游意愿之间的关系，例如，粟路军和黄福才（2011）的研究表明服务公平间接通过满意度影响忠诚度和重游意愿。刘春燕等（2014）通过实证分析，旅游者地方感的情感依恋维度通过满意度对旅游者忠诚度发挥间接影响。

在本节中，游客满意度被定义为对目的地所提供的旅游体验的总体满意度。游客满意度是非常具有参考意义的一项指标，任何主要以提供旅游服务体验的利益相关者都应该引起重视，如游客住店服务、野营服务、主题公园中相关体验服务、度假村中的相关体验服务或其他旅游服务。在实践中，游客满意度可以作为对游客旅游体验的总体评估指标之一。本节中的满意度构建基于布朗等（Brown et al.，1996）研究工作中使用的三个题项进行测量。同样，可以在中国自然文化遗产旅游和城市旅游环境中找到可接受的可靠性和有效性支持（Su & Hsu，2013；Su et al.，2014）。

布朗等（Brown et al.，1996）通过调查研究作为关系工具的服务补救的影响以及在某些交易中服务补救在提高消费者满意度方面得到的广泛认同，为服务补救知识的增长做出贡献。服务补救概念最早由哈特（Hart）等于1990年提出的。服务补救是服务企业在对顾客提供服务出现失败和错误的情况下，对顾客的不满和抱怨当即做出的补救性反应。其目的是通过这种反应弥补过错，挽回顾客，重新建立顾客满意和忠诚。当企业提供了令顾客不满的服务后，这种不满能给顾客留下很深的记忆，但随即采取的服务补救会给顾客留下更深的印象。服务补救矛盾论就指出，那些经历了服务失败后又得到满意解决的顾客，比那些没有经历过服务失败的顾客有更强的再购买意愿。首先布朗等（Brown et al.，1996）概述了服务补救相关概念的演变，随后介绍了服务补救在第三产业中发挥的重要且独特的作用。将服务一致性和可靠性的概念与服务补救的概念进行比较，可以检验在实验环境中测试的假设陈述。具体而言，其研究结果表明虽然服务补救会导致接触满意，但服务补救不会显著影响总体满意、旅游目的地形象和旅游者未来期望。比特纳（Bitner，1997）将服务业中的顾客满意分为接触满意和总体满意，接触满意是指顾客对非连续服务接触的满意或不满意，而总体满意是指顾客基于对特定组织的全部服务接触和经历的总体满意或不满意。服务接触的满意度积累会产生对服务接触的总体质量评价，接触满意对总体满意和服务质量产生直接作用继而通过总体满意间接影响顾客忠诚。

5.2.1.3 游客回忆

游客回忆，是消费者旅游体验的另一个结果。通过回忆曾经的旅游体验，旅游者关于旅游体验的相关情绪将会被重新唤醒（Arora & Singer，2006；Rubin & Kozin，1984；Zeithaml，Bitner & Gremler，2012）。塔拉里科和鲁宾（Talarico & Rubin，2003）表示事件的情感影响越强，消费者在消费体验之后越有可能回忆起当时的经历。旅游目的地消费体验中包含的任意一个要素都可能成为体验者情绪唤醒的线索，从而影响消费者事后回忆旅游体验的可能性。

此次调查问卷中游客回忆维度的题项参考借鉴了鲁宾等（Rubin et al.，2003）的研究工作，通过对量表的调整修改选定了四个题项来测量游客回忆。鲁宾等在实验室中以大学生为研究对象探寻自传体记忆（自传体记忆即个人复杂生活事件的混合记忆，与记忆的自我体验紧密相连）、情绪与回忆等之间的关系。研究结果发现满意度对自传记忆有影响，并且发现游客回忆是自传记忆的核心。研究还表示，游客会因他们过去令人满意的旅行经历而产生积极情绪以及满意度，且积极情绪可以因再现记忆而被重新唤醒。再现记忆即回忆，是人们过去经历过的事物以形象或概念的形式在头脑中重新出现的过程，通常回忆会以联想为基础（Bettman，1979）。

5.2.1.4 目的地生态友好声誉与消费情绪

海德（Heider）于1946年提出了认知一致性理论，假设人趋向于对客体产生一致的认知和行为，并且人们对与之相关的客体会产生类似的积极或消极态度以达到认知一致性。当认知失调时，人们会出现不适感，并试图去减缓因认知失调而产生的不适感。通常，人们会选择性地寻找、接收支持其认知的一致性信息或避免、忽视与其认知不一致的信息以减少失调。

根据一致性理论的观点，在旅游产品服务的市场营销中，如果消费者对产品持肯定评价，而营销宣传中受消费者喜爱或信任的宣传媒介（如明星和主流媒体）也持肯定评价，那么消费者与产品宣传媒介观点是一致的。宣传媒介对产品的态度具有坚定消费者对产品态度的作用；在另一种情况下，如果消费者对产品持否定的态度，而受其喜爱或信任的宣传媒介对产品的态度是肯定的。那么这种不一致会使消费者产生认知失调。在这种情况下，消费者消除认知失调的方法有三种：第一，降低对宣传媒介的积极评价；第二，假设自己不是真正厌恶该产品；第三，改变自己对该产品的已有的消极评价。其中，后两种方法对旅游产品的营销是有利的。

从实践的角度来看，认知一致性理论的核心就是要利用信息源影响消费者。贝当古（Bettencourt，1997）认为将信号理论与认知一致性理论联系起来，公司凭借良好声誉将会影响消费者对公司的忠诚感和行为意图。不仅如此，多位学者已证实消费者对公司的认同和承诺受到公司声誉的正向影响（Bartikowski & Walsh，2011；Keh & Xie，2009），这些可以被视为消费者对公司的情感反应。贝内特和加布里埃尔（Bennett & Gabriel，2001）也都支持这一观点，他们以英国的3个港口及其客户——144家船舶公司为例，调查分析港口的企业声誉（以财富声誉指数衡量）与供应商信任、相关合作以及买方承诺之间的关系。研究结果发现，港口的企业声誉显著影响了船舶公司与特定港口建立情感纽带的意愿，并在供应商信任对情感纽带的影响中扮演了类似调节变量的角色。因此,当消费者感知到积极的企业声誉时,他们将会对企业形成情感纽带和承诺。

目的地生态友好声誉代表了旅游者对于目的地生态管理的整体价值评估。目的地生态友好声誉作为企业声誉的一个组成部分,它源于旅游者的过往旅游相关体验,包含对目的地生态环境保护工作的整体评判、估值及意见建议。

根据信号理论,由于旅游者与目的地之间存在着信息不对称,因此目的地传递给旅游者的信号将在旅游者选择目的地的过程中起重要作用。因此,对于具有生态友好声誉的旅游目的地来说,若其向目标群体游客发送比其竞争对手更强大的信号,其目标游客将更有可能选择具有更强信号的旅游目的地。因此,若一个旅游目的地在旅游者中具有一个积极的生态友好的声誉,则标志着目的地在其生态环境保护以及宣传推广方面的工作做得很好,这将满足旅游者对生态旅游产品和服务的需求(Han & Kim, 2010;Han & Yoon, 2015)。

根据认知一致性理论(Heider, 1946;Osgood & Tannenbaum, 1955),良好的目的地生态友好声誉认知将触发游客的积极情绪并消除(或减少)他们的消极情绪以达到认知一致性。因此,可以考虑目的地生态友好声誉对增强游客积极情绪和减少可能的消极情绪的积极影响。由此,提出如下假设:

H1:目的地生态友好声誉显著正向影响游客积极情绪。

H2:目的地生态友好声誉显著负向影响游客消极情绪。

5.2.1.5 目的地生态友好声誉与游客满意度

虽然在现有的旅游和酒店相关文献中,目的地声誉与旅游满意度少有关联,但在市场营销领域,关于企业声誉对客户满意度的积极影响评估已有大量相关研究。

例如,在连锁餐厅背景下,郑(Chang, 2013)通过调查感知信任、感知价值、客户满意度和企业声誉之间的因果关系,以了解客户如何逐渐提升对餐厅的忠诚度。根据调查结果分析得出,企业声誉在感知信任和感知价值的中介作用下生成客户对企业的忠诚度,感知信任和感知价值这两个因素是其研究模型中重要的中介变量。基于模型总效应的比较,另一个重要的发现是,感知信任通过客户满意度影响客户忠诚度,并且具有比感知价值更强的效果。因此,基于以上感知信任、感知价值、客户满意度以及企业声誉之间的联系,餐厅经营者可以通过提供创意菜品和优质服务来提高其食客的感知价值以及客户满意度,从而提升客户对企业声誉的正向态度并逐渐培养客户的忠诚度。在航空运输背景中,辛斯(Zins,2001)表示服务质量和顾客满意度是解释顾客忠诚的一个强有力的说明性成分并积极影响企业声誉。

具有良好企业声誉的公司将促使游客对相关产品及服务的质量产生更高的期望以及满意度(Chang,2013)。沃尔什等(Walsh et al.,2006)通过结构方程模型在分析客户感知到的企业声誉和客户满意度与客户意图之间的相关关系时,发现企业声誉与客户满意度之间存在很强的相关性。赫尔姆等(Helm et al.,2009)调查了企业声誉与满意度之间因果关系的相关线索,结果显示由于产品质量影响满意度,企业声誉管理是建立在产品质量的基础上。郑(Chang,2013)在连锁餐厅的研究中确认了声誉与客户满意度之间的正向影响关系。洛雷罗和卡斯滕霍尔茨(Loureiro & Kastenholz,2011)则通过研究乡村旅游中的民宿企业,发现游客满意度以及民宿企业的声誉是决定游客忠诚度的重要因素,并验证了企业声誉对客户满意度产生了积极影响,该研究结果有助于乡村旅游中民宿企业更有针对性地实施有效的关系营销策略。

目的地生态友好声誉代表了游客对旅游目的地的整体综合评估,显示其生态环境保护工作大体上是"好"或"坏"。此外,由于目的地生态友好声誉类似于旅游目的地的"企业声誉",它同企业声誉一样,源于旅游者的过往经验,包含了游客对目的地生态环境保护的评估、判断和意见。因此,根据信号理论,由于旅游者与目的地之间存在着信息不对称,因此目的地传递给旅游者的信号将在旅游者选择目的地的过程中起重要作用。因此,对于具有生态友好声誉的旅游目的地来说,若其向目标群体游客发送比其竞争对手更强大的信号,其目标游客将更有可能选择具有更强信号的旅游目的地。因此,若一个旅游目的地在旅游者中具有一个积极的生态友好的声誉,则标志着目的地在其生态环境保护以及宣传推广方面的工作做得很好,这将满足旅游者对生态旅游产品和服务的需求(Han & Kim,2010;Han & Yoon,2015)。因此,可以推测目的地生态友好声誉可能提升游客满意度。基于以上讨论,提出如下假设:

H3:目的地生态友好声誉显著正向影响游客满意度。

5.2.1.6 消费情感与游客满意度

许多学者开展了情绪对满意度影响的相关研究。例如,奥利弗和威斯特布鲁克（Oliver & Westbrook，1993）发现消费者对于商品或服务品质方面的满意程度、消费者对于商品或服务品质方面的不满意程度、期望失验、积极情绪和消极情绪都会对总体满意度产生影响。在餐厅环境中，拉达希等（Ladhari et al.，2008）发现了影响客户满意度的三个前因变量：积极情绪，感知服务质量和消极情绪。在他们的研究中，积极情绪对顾客的影响更大，消极情绪对客户满意度的影响弱于积极情绪；食客的积极或消极情绪将调节客户的感知服务质量对食客满意度的影响。此外，维茨、马蒂拉和谭（Wirtz，Mattila & Tan，2000）引入了一个新的调节变量"目标—觉醒水平"（Target-arousal level）以加强人们对于情绪唤醒作用在满意度评估过程中的理解。研究证实了消费者情绪与消费者满意度之间的关系。具体而言，积极的消费者情绪对消费者满意度产生了积极影响，而负面消费者情绪则负向影响消费者满意度。

同时，粟和徐（Su & Hsu，2013）以市场营销和旅游相关文献中的认知评价理论和公平理论为基础，在认知—情感—行为框架下探索研究旅游体验对总体满意度和行为意向的内在影响。认知评价理论是由迪西和瑞安在1985年提出的，又称为自我决定论，是指人对客观事件、事物的看法和评判。他们认为控制行为的外部强化无视个人的自我决定，促使人们把自己的行为认知为是由外部所决定的，因此导致内在动机的降低，使本来具有内在兴趣的活动必须依靠外在奖励才能维持的行为。外部强化对于本身具有固有兴奋性的活动不仅是多余的，而且是有害的。公平理论表示，人的工作积极性不仅与个人实际报酬多少有关，而且与人们对报酬的分配是否感到公平更为密切。人们总会自觉或不自觉地将自己付出的劳动代价及其所得到的报酬与他人进行比较，并对公平与否做出判断。公平感直接影响职工的工作动机和行为。因此，从某种意义来讲，动机的激发过程实际上是人与人进行比较，做出公平与否的判断，并据以指导行为的过程。简单来说，即个人对自己的收支比例与他人或自己的过去进行比较并期待是公平的，若不公平则会导致个体产生消极情绪进而降低工作积极性。

基于认知评价理论和公平理论，粟和徐（Su & Hsu，2013）的研究结果表明，服务公平是消费情绪的先行因素，而消费情绪反过来又影响自然遗产旅游的满意度和行为意向。其中，积极和消极的情绪都会对旅游者的满意度产生重大影响。同时，突出的游客消费情绪的中介作用值得旅游研究者们的注意。近年来，虽然服务业一直强调情感反应的重要性，但对于具有民族特色的风味餐厅消费情境下的消费情绪是如何诱发的，以及这种情绪如何在顾客满意判断中发挥作用，目前相关的实证研究相对较少。因此，宋和瞿（Song & Qu, 2017）采用结构方程建模分析方法，旨在探讨风味餐厅消费的两种基本价值观对顾客满意度的影响在正向和负向情绪的调节上存在的差异机制。研究结果表明，实用性价值直接和间接地影响消费情绪和顾客满意度，而享乐性价值仅通过积极情绪间接地影响顾客满意度。由此可知，并非每一种感知到的享乐性价值都能带来顾客满意，除非顾客从这种价值中体验到积极的情绪从而影响满意度。因此，对于风味餐厅经营者来说，注重顾客的消费情绪的引导将十分有助于提升餐厅的顾客满意度。基于以上讨论，提出如下假设：

H4：积极情绪显著正向影响游客满意度。

H5：消极情绪显著负向影响游客满意度。

5.2.1.7 消费情绪与回忆

记忆涉及消费者对信息的编码、学习、分类和知识化的过程（Johar, Maheswaran & Peracchio, 2006）。一次重大事件的经历往往会对一个人的记忆产生显著而持久的影响（Kyle, Graefe & Manning, 2005）。关于记忆的分类方法多种多样。例如，鲍尔（Bower, 1970）认为人类拥有短期记忆和长期记忆。短期记忆的信息留存时间相当有限。在未经复述的条件下，大部分信息在短期记忆中保持的时间很短，通常在 5~20 秒，最长不超过 1 分钟。短期记忆有时也被称为电话号码式记忆，如同人们查到电话号码后立刻拨号，当通话结束，号码也就随即忘掉。从生物学的角度来讲，短期记忆是神经连接的暂时性强化，而通过巩固后可变为长期记忆；与短期记忆相比，长期记忆是能够保持几天到几年的记忆。长期记忆对信息的储存时间较长，信息储存的容量也较大。而贝特曼（Bettman, 1979）基于检索信息的来源，将记忆分为再认记忆和再现记忆。再认记忆是提取信息的一种形式，也是测量记忆保持的一种方法。具体来讲，伴随有干扰性刺激物的呈现，原先学习过的刺激物呈现在学习者的面前时，学习者须识别出原先学习过的刺激物。再认的速度和精确程度主要取决于识记的巩固程度和起干扰作用的刺激与学习过的刺激的相似程度。再现记忆即回忆，是人们过去经历过的事物以形象或概念的形式在头脑中重新出现的过程，通常回忆会以联想为基础。

多位学者发现并证实，在情绪产生之后，伴随情绪产生的记忆将留存在大脑中（Arora & Singer，2006；Rubin & Kozin，1984；Zeithaml et al.，2012）。尽管引起情绪和情感的事件已经过去，但情绪和情感的体验可保存在记忆中。在一定条件下，这种情绪和情感又会重新被体验到。例如，当旅游者回想起第一次参加的蹦极体验时，当时的情绪和情感也会再现，他好像再一次体验到了紧张、刺激与兴奋。在回忆过程中，只要相关的元素浮现，相应的情绪、情感就会出现。因情绪而产生的记忆使人印象深刻且具有情境性等特点。因此，因情绪而产生的记忆往往较其他记忆更为牢固（Kensinger & Corkin，2003）。有时经历的事实已有所遗忘，但激动或沮丧的情绪依然留在记忆中。同时，情绪也被证明是记忆储存的关键动力，同时也会影响记忆和信息处理（Kuhl，1986）。

情绪刺激，包括积极和消极，都会产生具有强烈记忆力的事件（Dewhurst & Parry，2000；Kensinger & Corkin，2003；Kim，2014）。德赫斯特和帕里（Dewhurst & Parry，2000）通过两个实验研究了情绪刺激对认知记忆中回忆经验的影响。实验结果表明，积极的情绪刺激相较于消极的情绪刺激更容易使人产生记忆反应。而肯辛格和科金（Kensinger & Corkin，2003）在对比研究个体对于中性词汇与负面词汇的记忆能力时发现，人们更加容易记住负面信息而非中性信息。由于情绪对回忆的重要影响，且回忆在旅游消费环境中尤为重要，旅游活动的目的即为希望给游客留下值得珍藏一生的深入人心的美好回忆（Tung & Ritchie，2011a）。因此，金（Kim，2014）研究探索了有助于旅游者形成难忘旅游体验（Memorable Tourism Experiences，MTEs）的目的地属性，并开发了一份测量难忘旅游体验的决定因素量表（包含10个维度：当地文化、当地活动、酒店、基础设施、环境管理、易达性、服务质量、地理位置、地方依赖和上层建筑），旨在指导旅游产品提供商在竞争激烈的旅游市场中为游客提供难忘的旅游体验以占据市场有利地位。

塔拉里科和鲁宾（Talarico & Rubin，2003）调查记录了多名杜克大学的学生在第一次听到"9·11"恐怖袭击时的记忆和最近的日常事件的记忆。随后在1周、6周以及32周后对学生们的记忆进行再次测试。调查结果发现，记忆的生动度和准确性的评分只在日常记忆中下降。根据调查记录显示，关于暴恐事件的记忆伴有明显的消极情绪而对于日常事件的记忆情绪大多为中性的。这也佐证了肯辛格和科金（Kensinger & Corkin，2003）的研究，他们在对比研究个体对于中性词汇与负面词汇的记忆能力时发现，人们更加容易记住负面信息而非中性信息。因此，强烈的积极或消极情绪就像是消费者心理回忆的触发开关，如果说"结果"是记忆，那么情绪即是"原因"。

在分析情绪对消费者行为影响的重要性时，科恩和阿雷尼（Cohen & Areni，1991）讨论了消费者在体验相关产品时如何产生情感，以及相关情感在产品评估中发挥的作用。相较于传统的"走马观花"式观光旅游，现今体验式旅游更加受到消费者的青睐，旅游者的情感体验也更加丰富。徐林强等（2006）定义体验式旅游是一种预先设计并组织的、游客需要主动投入时间和精力参与的、对环境影响小且附加值高的旅游方式。游客通过与旅游产品间的互动获得畅爽的旅游体验，实现自我价值。人们开展旅游活动大多是为了扩展个人视野，感受不同的生活体验或者获取个人生活范围以外的信息。而体验式旅游的重点是为游客带来一种异于其本身生活的体验，如为城市人提供乡村生活的体验；为游客带来不同地域，或者是不同年代生活的体验等。在体验式旅游消费的背景下，因异于其本身生活的体验而产生的满意或不满意的情绪将使游客产生强烈印象，进而形成强烈的记忆（Kozak，2001；Thomsen & Hansen，2009）。

一次旅行经历为情绪的产生和分享提供了充足的时间和空间，这意味着令人印象深刻的积极情绪可以促进记忆的产生，游客可通过回忆不断回味。同样地，旅途中的消极情绪也将产生记忆并留存于人们的大脑中。基于以上讨论，提出如下假设：

H6：积极情绪显著正向影响游客回忆。

H7：消极情绪显著负向影响游客回忆。

5.2.1.8 消费情感与环境责任行为

消费者体验（consumer experience）以及消费者反应（consumer reaction）或多或少都受到情绪的驱使（Babin，Darden & Babin，1998；Lee et al.，2008；Su et al.，2017）。在消费者体验过程中，尽管主角是消费者本身，但主导这一过程的则是提供产品服务的供应商。因为消费者体验是否愉悦将很大程度上取决于产品服务的供应商提供的产品内容是否符合消费者的期望。消费者反应是指消费过程中消费者对来自商业环境和个体自身的各种刺激所形成的心理活动及行为表现。环境心理学家们认为，情绪状态会引导人们走向特定的目标和行动（Donovan & Rossiter，1982；Mehrabian & Russell，1974）。不同环境中产生的情绪线索将引发人体的接近或回避行为（Mehrabian & Russell，1974）。而物理环境、情绪和反应是刺激—机体—反应框架的组成部分，这使其成为当前研究的有用理论工具。本节假设游客因旅游体验而产生的消费情绪将影响他们的行为。

许多研究者指出，人们做什么以及如何做是由他们的情感或情绪决定（Donovan & Rossiter，1982；Mehrabian & Russell，1974），情绪对各种行为都有着显著影响（Nyer，1997）。韦斯特布鲁克（Westbrook，1987）研究了消费者对产品体验和消费体验的情感反应，以及它们与购后行为方面的关系。在对车主和有线电视用户进行的单独实地研究中，研究结果显示消费者因产品体验以及消费体验而产生的情感反应与卖家导向的消费者投诉行为直接相关。

罗曼尼、格拉皮和巴戈齐（Romani，Grappi & Bagozzi，2013）将感恩的积极情绪视为企业社会责任（corporate social responsibility）与积极倡导行为（positive advocacy behavior）之间的中介变量，从而展示体验情绪（experienced emotions）如何影响消费者活动。此外，根据伊扎德（1977）以及张和南坤（Jang & Namkung，2009）的研究工作，情绪在感知质量（产品，环境氛围和服务）和行为的影响中发挥着中介作用。张和南坤为了填补对餐馆质量综合评价的空缺，基于刺激—机体—反应框架并通过利用结构方程模型来进行相关研究工作。调研结果表明，餐厅氛围和服务质量是增强积极情绪的刺激因素，而产品属性，如食物质量，则起到缓解消极情绪反应的作用。不仅如此，积极情绪还调节着餐厅氛围和服务质量与未来行为意图之间的关系。

基于此，消费情绪通过延长游客停留时间和口碑推荐等方式在为公司创造利润方面发挥着至关重要的作用。格雷西亚等（Gracia et al.，2011）对120家西班牙餐馆的586名酒店顾客和571名餐馆顾客的样本进行研究，其结果表明顾客对酒店或餐馆的好感是影响顾客忠诚度的一大要素。顾客忠诚度培养模型（model of developing loyalty）可以概括为一个过程，从顾客对服务质量的良好评价开始——继续保持对公司的积极态度——最终导致顾客忠诚行为，其中顾客忠诚行为包括重复购买和推荐。韩和郑（Han & Jeong，2013）为了提高对高档餐厅消费者的情感体验（customers emotional experience）评价的有效性，对现有的情绪量表进行了改进和修正。通过对324名高档餐厅消费者的调查研究，结果证实了其改进后的消费者情绪测量方法在高档餐厅情境中具有令人满意的信度、效度和适用性。其将更好地指导高档餐厅经营者通过多方面引导消费者的正向情绪以最优的成本为公司创造更多的利润。

巴兰特尼和帕克（Ballantyne & Packer, 2011）证明了在生态目的地开展旅游相关活动，游客将更加全面地学习大自然的相关知识并实地观察因人类活动而遭到破坏的大自然，从而让游客意识到自然环境的脆弱性。在这个过程中，游客不仅收获了生态环境知识，也度过了一段愉快的旅行时光。这表明，通过学习是可以改变游客的态度和行为意图的。因此，可以推断出目的地游客的情感体验会影响他们的环境责任行为。当旅行体验产生积极情绪时，会导致环境责任行为增加。反之，当旅行经历产生消极情绪时，会导致环境责任行为减少。基于以上讨论，提出如下假设：

H8：积极情绪显著正向影响旅游者环境责任行为。

H9：消极情绪显著负向影响旅游者环境责任行为。

5.2.1.9 游客满意度与环境责任行为

传统旅游所表现出的环境问题，如旅游目的地环境污染、温室效应等，促使人们对旅游活动开展而引起的问题进行进一步的思考。因此，当生态旅游一经提出，立即得到了世界范围内的响应。生态旅游（ecotourism）是由国际自然保护联盟（IUCN）特别顾问谢贝洛斯·拉斯喀瑞（Ceballos - Laskurain）于1983年首次提出。生态旅游是以有特色的生态环境为主要景观的旅游，是指以可持续发展为理念，以保护生态环境为前提，以统筹人与自然和谐发展为准则，并依托良好的自然生态环境和独特的人文生态系统，采取生态友好方式，开展生态体验、生态教育、生态认知并获得心身愉悦的旅游方式。奥拉姆斯（Orams, 1995）回顾了生态旅游的多种定义，建议旅游目的地管理者设法将"生态旅游体验"从简单的享受和满意转变为对生态环境更深入的了解学习，从而在为旅游者提供良好的生态旅游体验的同时，促使旅游者环境保护意识的崛起并最终促使旅游者环境责任行为的产生。奥拉姆斯（1995）指出，生态旅游的游客满意度取决于旅游经历，如果游客对经历感到满意，就可能会改变其行为，从而实现真正的生态旅游。

鲍威尔和哈姆（Powell & Ham, 2008）通过调查研究加拉帕戈斯国家公园中的游客行为，以验证生态旅游支持者们提出的在自然环境保护区内提供生态环境解说，可以帮助减轻旅游业以及人类活动对环境的负面影响，并建立一个支持环境保护和社会进步的积极群体。调查结果显示，在生态旅游体验过程中，精心设计的生态环境解说可以增强游客对保护区的认识，正向影响游客对保护区面临的资源管理相关问题的支持，以及提升旅游者环境责任行为意向和对慈善保护的支持态度。邱等（Chiu et al., 2014）以台江国家公园生态区的旅游者为研究对象，探讨参与生态旅游的旅游者的环境责任行为。邱等（2014）提出了一个行为模型，在该模型中，感知价值、游客满意度和对生态旅游体验的活动参与共同塑造了游客对环境负责的行为。不同于其他将对环境责任行为视为一般特征的研究，该项研究探讨了旅游者的环境责任行为水平是否会因生态旅游体验而发生变化。研究共获得 328 份有效问卷，并使用偏最小二乘法进行分析。结果表明，感知价值、游客满意度和生态旅游体验的活动参与能够促进旅游者的环境责任行为。其中，感知价值直接影响旅游者环境责任行为，游客满意度和生态旅游体验的活动参与在行为模型中起到部分中介作用。因此，提高游客对生态旅游活动的价值认知是这一系列步骤中的第一步，这些步骤将通过提高生态旅游者的活动参与度和游客满意度来加强其环境责任行为。总体而言，游客满意度可以很好地促进旅游者环境责任行为，并且游客满意度在感知价值与环境责任行为之间起到部分中介作用。由此，提出如下假设：

H10：游客满意度显著正向影响旅游者环境责任行为。

5.2.1.10　游客满意度与回忆

旅游体验（tourism experience）是旅游个体通过与外部世界取得联系，从而改变并调整其心理状态结构的过程（谢彦君，1999，2004）。从性质上看，旅游体验类似于一种"镜像体验"，透过旅游目的地这面镜子，旅游者在凝视"他者"的同时，也在提升自我认知。从结构上看，旅游体验具有多重层次结构：从时间结构上看，旅游体验包括预期体验、现场体验和追忆体验，呈现阶段性特征，并随着时间的流逝而不断地升华，进而演化成人们生活经验和精神世界的一部分；从深度结构上看，旅游体验呈现具有一定的层次性，基本上可分为感官体验、身体体验、情感体验、精神体验和心灵体验五个层次，越是深度的旅游体验，越能让游客感到旅游的意义；从强度结构上看，旅游体验通常可分解为一般性体验和高峰性体验两个层面，越是能达到高峰性的体验，越能使游客感到旅游的价值。旅游体验的核心是游客满意度与游客回忆，但在现有研究中，很少有直接研究它们之间关系的相关研究成果。

游客满意与否的评价一般源于期望失验理论（Expectancy Disconfirmation Theory）。期望失验理论，即欲消费之前形成期望，经由期望与知觉绩效的比较产生不一致的结果，此不一致的结果即称为"失验"（Disconfirmation）。因此期望水平成为顾客的比较标准，而与知觉绩效比较后的差距大小、方向形成满意与否的评价（Bearden & Teel，1983）。具体来说，当实际绩效等于期望时，则无失验产生；当实际绩效大于期望时，会产生正面的失验；当实际绩效小于期望时，则产生负面的失验。因此，在旅游领域中，旅游产品服务供应商为消费者提供超出预期的产品或服务将创造令人满意的消费者体验（Churchill & Surprenant，1982）。正面的失验是难忘经历产生的重要的触发条件（Tung & Ritchie，2011a）。尽管特里安塔菲利杜和西奥姆科斯（Triantafillidou & Siomkos，2014）没有验证满意度对回忆的直接影响，但他们发现满意度对怀旧情绪和再体验意愿产生积极影响。

唐和里奇（Tung & Ritchie，2011a）表示，兴奋感使满意度更为显著，创造出值得被长久珍藏的深刻的享受感，成为记忆中的一个里程碑。在一项定性研究中，钱德拉拉尔和瓦伦苏埃拉（Chandralal & Valenzuela，2013）发现，当旅游者对旅游体验感到满意时，他们会倾向于记住此次旅游活动。此外，罗宾和科辛（1984）在对大学生的自传体记忆进行相关调查研究后发现，更清晰的记忆往往伴随着更令人惊讶、更加情绪化的记忆，这表明情绪对记忆的情绪度有较大影响。随后，罗宾等（2003）继续进行相关研究，在实验室中以大学生为研究对象探寻自传体记忆、情绪与回忆等之间的关系。研究结果发现满意度对自传记忆有影响，并且发现游客回忆是自传记忆的核心。他们还表示，游客会因他们过去令人满意的旅行经历而产生的积极情绪以及满意度，可以因记忆再现而重新唤醒。基于以上讨论，提出如下假设：

H11：游客满意度显著正向影响游客回忆。

5.2.1.11 回忆与环境责任行为

尽管此前的研究没有提供实证证据支持游客记忆对其环境责任行为的影

响,但有研究显示记忆会影响消费者的重游行为。例如,李等(2009)的研究旨在捕捉基础质量维度以区分初游者和重游者,进而更具有针对性地培养游客的假日旅游忠诚度。分析了初游者和重游者,在质量维度和忠诚度之间的结构性关系。结构方程模型表明,节日和便利的交通设施对重游者有影响,而节日特色美食、旅游地纪念品、节日本身和便利的交通设施对初游者有影响。具体来说,重游者在节日价值和便利的交通设施价值上表现出比初游者更强的关系。另外,初游者比第二次来的重游者在特色美食价值和纪念品价值上的联系更紧密。这种区别使重游者的价值忠诚关系比初游者更强。这些发现有助于理解假日旅游参与者的行为,从而为研究人员和旅游目的地管理者提供了关于节日纪念品、美食节等相关活动的参考建议,以促进重游者的忠诚度。

现今,相较于传统的"走马观花"式观光旅游,体验式旅游更加受到消费者的青睐,旅游者的情感体验也更加丰富。徐林强等(2006)定义体验式旅游是一种预先设计并组织的、游客需要主动投入时间和精力参与的,对环境影响小、附加值高的旅游方式,游客通过与旅游产品间的互动,获得畅爽的旅游体验,实现自我价值。人们开展旅游活动大多是为了拓展个人视野,感受不同的生活体验或者获取个人生活范围以外的信息。而体验式旅游的重点即是为游客带来一种异于其本身生活的体验,比如为城市人提供乡村生活的体验;为游客带来不同地域,或者是不同年代生活的体验等。在体验式旅游消费的背景下,因异于其本身生活的体验而产生的满意或不满意的情绪将使游客产生强烈印象,进而形成强烈的记忆(Kozak,2001;Thomsen & Hansen,2009)。因此,1998年,派因(Pine)和吉尔摩(Gilmore)首先在《体验经济时代来临》(*Welcome to the Experience Economy*)一书中提出了体验经济(experience economy)一词,将体验与一种经济形式联系起来。而曼图欧等(Manthiou et al.,2014)即采用派因和吉尔摩(Pine & Gilmore,1998)的体验经济概念,确定了节假日旅游参与者体验的四个潜在维度——教育、娱乐、美学和逃避主义,同时考察了这些体验维度对节假日旅游参与者的记忆生动度和忠诚度的影响。数据来源于对338名VEISHEA(爱荷华州立大学校园节)参加者的在线调查问卷,采用验证性因素分析、回归分析和结构方程模型来分析数据结果。调查结果表明,节日体验对记忆的生动度有积极的影响,进而正向影响节假日旅游参与者的忠诚度。体验经济的每个维度都显著影响记忆的生动度，而忠诚度只受娱乐和美学维度的影响。同时，曼图欧等（2014）还表示节假日旅游中记忆的有效性将提高游客的兴趣，增强未来的重游意愿。由于游客理想的节假日体验环境是节假日旅游行业竞争优势的重要来源，因此，了解节假日旅游参与者的经历对于节假日旅游的组织者来说是非常必要的，其中节假日旅游参与者的经历可以充当旅游者未来行为的预测器，从而为节假日旅游组织者提供更多的决策信息。根据以上调查结果可知，实践过程中节假日旅游营销人员应根据体验经济的四个维度来设计相关节日活动，为节假日旅游参与者提供难忘的体验产品和服务。

再比如维尔茨等（Wirtz et al., 2003）的研究表示，游客在某目的地曾经有过愉快的旅行记忆时，游客更有可能重新回访目的地，并且期待拥有同样愉快的旅行经历。基于目的地导向记忆（Destination-oriented Memories）、个人导向记忆（Personally-oriented Memories）和社会导向记忆（Socially-oriented Memories），摩根和徐（Morgan & Xu, 2009）阐述了游客曾经的难忘旅行经历将对未来的旅行意愿产生重大影响。基于上述讨论，本节认为游客记忆将正向影响其环境责任行为。当游客在目的地体验到与保护环境相关的愉快记忆时，他们更有可能表现出环境责任行为来保护目的地环境和其他类似的环境。因此，提出如下假设：

H12：回忆显著正向影响旅游者环境责任行为。

本节的理论模型整理如图 5 – 4 所示。

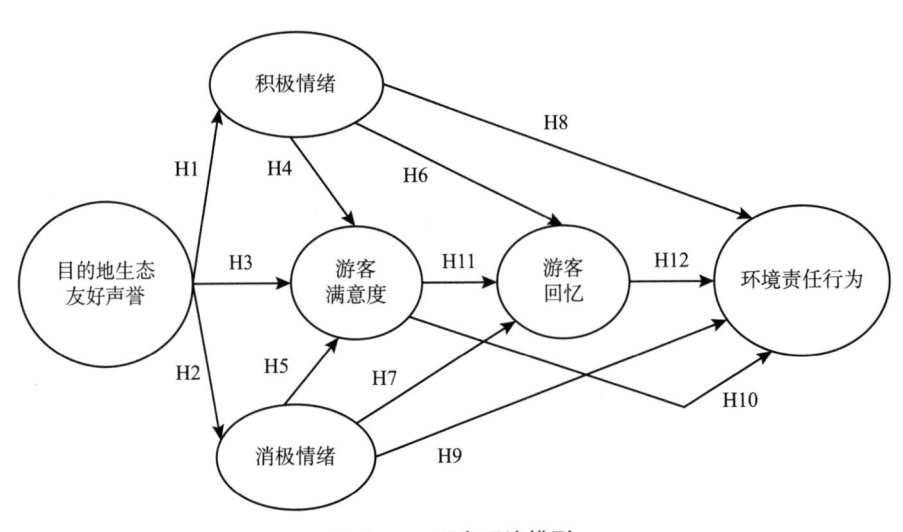

图 5 – 4　研究理论模型

5.2.2 研究设计与研究流程

由于旅游者环境责任行为对旅游目的地可持续发展至关重要。因此，本节基于刺激—机体—反应框架构建了一个整合模型，通过实证研究的方式以证明可感知的目的地生态友好声誉可作为刺激；消费情绪可作为机体以及旅游满意度、游客回忆、旅游者环境责任行为可作为反应。值得注意的是，游客回忆在此 S-O-R 框架中是作为规范行为的形成机制，并且规范行为作为脚本理论和消费者反应的范式，将行为心理学和认知心理学的要素连接在一个整合模型中。

5.2.2.1 构念测量

本节调查问卷所使用的题项主要来源于相关文献资料，问卷共分为五个维度，分别为：目的地生态友好声誉维度、情绪维度（积极情绪或消极情绪）、游客满意度维度、游客回忆维度以及环境责任行为维度，如表 5-14 所示。

表 5-14　　　　　　　　　　变量测量

题项编号	题项描述
DER	目的地生态友好声誉
DER1	（1）岳麓山旅游区在生态环境方面具有良好声誉
DER2	（2）岳麓山旅游区具有积极的生态友好声誉
DER3	（3）岳麓山旅游区在绿色、生态发展方面具有良好声誉
PE	积极情绪
PE1	（1）兴奋的
PE2	（2）愉快的
PE3	（3）轻松的
NA	消极情绪
NA1	（1）生气的
NA2	（2）失望的
NA3	（3）后悔的
TS	游客满意度
TS1	（1）总体来说，您对本次旅游还是非常满意的

续表

题项编号	题项描述
TS2	(2) 与预期相比,您对本次旅游各方面还是满意的
TS3	(3) 与理想状况相比,您对本次旅游活动还是满意的
TR	游客回忆
TR1	(1) 您回想起本次旅游时,您好像重温当时的旅游体验
TR2	(2) 您不仅经历了本次旅游,而且记得旅途中的美好体验
TR3	(3) 当您回忆本次旅游时,您仿佛又回到了当时的情景中
TR4	(4) 您相信自己记得本次岳麓山之旅中所发生的相关细节
ERB	环境责任行为
ERB1	(1) 您将遵守相关规定,不对岳麓山环境造成破坏
ERB2	(2) 对任何环境污染或破坏行为,您将向管理处报告
ERB3	(3) 当您看到垃圾或树枝时,您将其丢进垃圾桶
ERB4	(4) 如果岳麓山有清洁环境的参与活动,您愿意参加
ERB5	(5) 您将说服同伴保护岳麓山自然环境
ERB6	(6) 在旅途中,您努力不破坏岳麓山的动物和植物

5.2.2.2 数据收集

此次调查问卷数据于 2016 年 9 月至 10 月期间收集,调查员们在岳麓山出口附近的三个游客休息区进行了旅游问卷调查。本次调查共发放了 600 份问卷,其中回收 566 份,在收回的问卷中,存在 44 份由于答案不完整而被剔除的问卷,最终回收有效问卷 522 份(有效回收率为 92.23%)用于后续数据分析。

表 5-15 展示了此次调查样本的社会经济和人口特征概况,可知此次调查对象的性别比例较为均衡,分别为男性 274 人(52.5%)和女性 248 人(47.5%)。同时受访者大多相对年轻,18~24 岁占比 35.1%,25~44 岁占比 31.8%,因此,18~44 岁的调查对象占总调查对象的 66.9%。从文化程度的维度来看,大多数受访者接受过良好教育,其中大专或本科文化程度以上受访者占比为 71.1%,拥有研究生学位的受访者占到总体的 10%。调查对象月收入分布较为离散。同时,通过受访者出游岳麓山景区次数的调查结果可以观测到,第一次出游岳麓山的受访者(占比 39.3%)与游览岳麓山 5 次及以上的受访者(占比 32.4%)明显高于其余三组。

表 5-15　　　　　　　　受访者的人口统计学信息

变量	样本量	占比（%）	变量	样本量	占比（%）
性别			月收入		
男性	274	52.5	少于 2000 元	211	40.4
女性	248	47.5	2000～2999 元	52	10.0
年龄			3000～3999 元	89	17.0
18～24 岁	183	35.1	4000～4999 元	65	12.5
25～44 岁	166	31.8	5000 元及以上	105	20.1
45～64 岁	116	22.2	出游岳麓山景区次数		
65 岁及以上	57	10.9	1 次	205	39.3
受教育水平			2 次	52	10.0
初中及以下	34	6.5	3 次	50	9.6
高中或中专	91	17.4	4 次	46	8.8
大专或本科	345	66.1	5 次及以上	169	32.4
研究生	52	10.0			

5.2.3　数据分析与结果

5.2.3.1　描述性统计分析

通过对样本量表各个测量题项的描述性统计分析，对样本量表测量数据有基本的认识，描述统计分析主要包括每个测量题项的最小值、最大值、均值和标准差等。本书调查样本的量表测量题项的描述性统计分析结果如表 5-16 所示。

表 5-16　　　　　　　　样本描述性统计分析

潜变量	样本量	最大值	最小值	测量题项	均值	标准差	偏度	峰度
目的地生态友好声誉（DER）	522	7	1	DER1	5.47	1.223	-0.567	-0.132
				DER2	5.49	1.221	-0.625	0.089
				DER3	5.55	1.201	-0.573	-0.089
积极情绪（PE）	522	7	1	PE1	5.13	1.367	-0.361	-0.501
				PE2	5.53	1.250	-0.702	0.119
				PE3	5.68	1.258	-0.946	0.791

续表

潜变量	样本量	最大值	最小值	测量题项	均值	标准差	偏度	峰度
消极情绪（NE）	522	7	1	NE1	1.96	1.506	1.594	1.512
				NE2	2.05	1.553	1.486	1.186
				NE3	1.95	1.546	1.686	1.782
游客满意度（TS）	522	7	1	TS1	5.47	1.295	-0.887	0.740
				TS2	5.34	1.245	-0.706	0.538
				TS3	5.31	1.314	-0.748	0.494
游客回忆（TR）	522	7	1	TR1	4.99	1.465	-0.528	-0.111
				TR2	5.20	1.370	-0.701	0.126
				TR3	5.12	1.400	-0.646	0.119
				TR4	5.00	1.460	-0.486	-0.294
环境责任行为（ERB）	522	7	1	ERB1	6.23	1.178	-1.834	3.495
				ERB2	5.34	1.457	-0.659	-0.140
				ERB3	5.54	1.410	-0.806	0.079
				ERB4	5.46	1.414	-0.781	0.075
				ERB5	5.79	1.256	-1.030	0.752
				ERB6	6.30	1.057	-1.898	4.275

本次调查问卷中量表范围从"非常不同意"（1）到"非常同意"（7）。除消极情绪外，所有测量题项的均值均大于4，说明被调查者对这些测量题项的评价均高于一般评价。

5.2.3.2 信度分析

使用Cronbach's alpha系数和组合信度（composite construct reliability）对理论模型进行信度检验。根据表5-17测量模型实证检验结果表明，量表的Cronbach's alpha系数为0.857~0.949，皆远远超过建议的0.700可接受值。同时，构念的组合信度为0.866~0.949，大于福内尔和拉克尔（Fornell & Larcker, 1981）提出的指示可靠性的阈值，确保了每个构念的多个项目的内部一致性（Hair et al., 1998）。

表 5-17　　样本量表信度初步检验

潜变量	测量题项	CITC 值	删除该项后的 Cronbach's α 系数	Cronbach's α 系数
目的地生态友好声誉（DER）	DER1	0.831	0.913	0.928
	DER2	0.865	0.886	
	DER3	0.862	0.888	
积极情绪（PE）	PE1	0.678	0.854	0.857
	PE2	0.806	0.730	
	PE3	0.714	0.814	
消极情绪（NE）	NE1	0.879	0.935	0.949
	NE2	0.904	0.915	
	NE3	0.893	0.924	
游客满意度（TS）	TS1	0.829	0.906	0.925
	TS2	0.864	0.879	
	TS3	0.849	0.890	
游客回忆（TR）	TR1	0.773	0.899	0.914
	TR2	0.846	0.874	
	TR3	0.838	0.876	
	TR4	0.760	0.904	
环境责任行为（ERB）	ERB1	0.607	1.178	0.870
	ERB2	0.688	0.858	
	ERB3	0.699	0.845	
	ERB4	0.679	0.843	
	ERB5	0.757	0.846	
	ERB6	0.606	0.833	

5.2.3.3 探索性因子分析

由表 5-18 可知，各个测量题项的因子载荷在 0.571~0.924，均远远大于 0.500，说明效度得到满足；变量的 KMO 值等于 0.897，大于 0.8，巴特利特球形检验统计值为 8270.284，自由度为 231，显著性概率是 0.000，小于 0.01，符合研究要求，适合进行因子分析；各潜变量量表均只提取出一个公因子，特征值大于 1，上述各测量题项均具有较好的收敛效度，说明共同因子对测量题项有良好的解释意义。

表 5-18　　　　　　　　　　　探索性因子分析

潜变量	测量题项	因子载荷系数					共同度
		因子1	因子2	因子3	因子4	因子5	
目的地生态友好声誉（DER）	DER1	0.166	0.227	-0.154	**0.833**	0.19	0.832
	DER2	0.143	0.218	-0.092	**0.855**	0.243	0.866
	DER3	0.121	0.256	-0.062	**0.859**	0.203	0.864
积极情绪（PE）	PE1	0.183	0.276	0.036	0.259	**0.610**	0.551
	PE2	0.206	0.151	-0.119	0.291	**0.703**	0.658
	PE3	0.115	-0.005	0.062	-0.075	**0.571**	0.349
消极情绪（NE）	NE1	-0.115	-0.015	**0.921**	-0.047	-0.081	0.871
	NE2	-0.129	-0.023	**0.924**	-0.075	-0.076	0.882
	NE3	-0.09	0.007	**0.924**	-0.154	-0.066	0.890
游客满意度满意（TS）	TS1	0.247	0.284	-0.283	0.36	0.609	**0.722**
	TS2	0.167	0.294	-0.223	0.289	0.69	**0.724**
	TS3	0.149	0.32	-0.244	0.331	0.618	**0.675**
旅游者回忆（TR）	TR1	0.157	**0.823**	0.006	0.151	0.193	0.762
	TR2	0.215	**0.852**	-0.058	0.169	0.192	0.841
	TR3	0.194	**0.848**	-0.029	0.211	0.194	0.84
	TR4	0.285	**0.752**	0.017	0.259	0.149	0.736
消极情绪（NE）	ERB1	**0.605**	0.125	-0.313	0.033	0.182	0.513
	ERB2	**0.736**	0.156	0.011	0.116	0.182	0.613
	ERB3	**0.792**	0.077	0.028	0.14	0.179	0.686
	ERB4	**0.734**	0.226	-0.051	0.096	0.08	0.608
	ERB5	**0.790**	0.18	-0.064	0.149	0.097	0.692
	ERB6	**0.665**	0.124	-0.235	0.02	0.151	0.535
特征根值（旋转前）		8.482	2.674	2.109	1.336	1.111	—
方差解释率（%）（旋转前）		38.553	12.154	9.587	6.071	5.050	—
累积方差解释率（%）（旋转前）		38.553	50.707	60.294	66.365	71.415	—
特征根值（旋转后）		3.63	3.367	2.965	2.902	2.846	—
方差解释率（%）（旋转后）		16.499	15.306	13.479	13.193	12.939	—
累积方差解释率（%）（旋转后）		16.499	31.805	45.284	58.476	71.415	—
KMO 值		0.897					—
巴特利特球形检验统计值		8270.284					—
df		231					—
p 值		0					—

5.2.3.4 测量模型

为了检验样本的效度,本章构建测量模型(Confirmatory Factor Analysis, CFA),如图 5-5 所示。

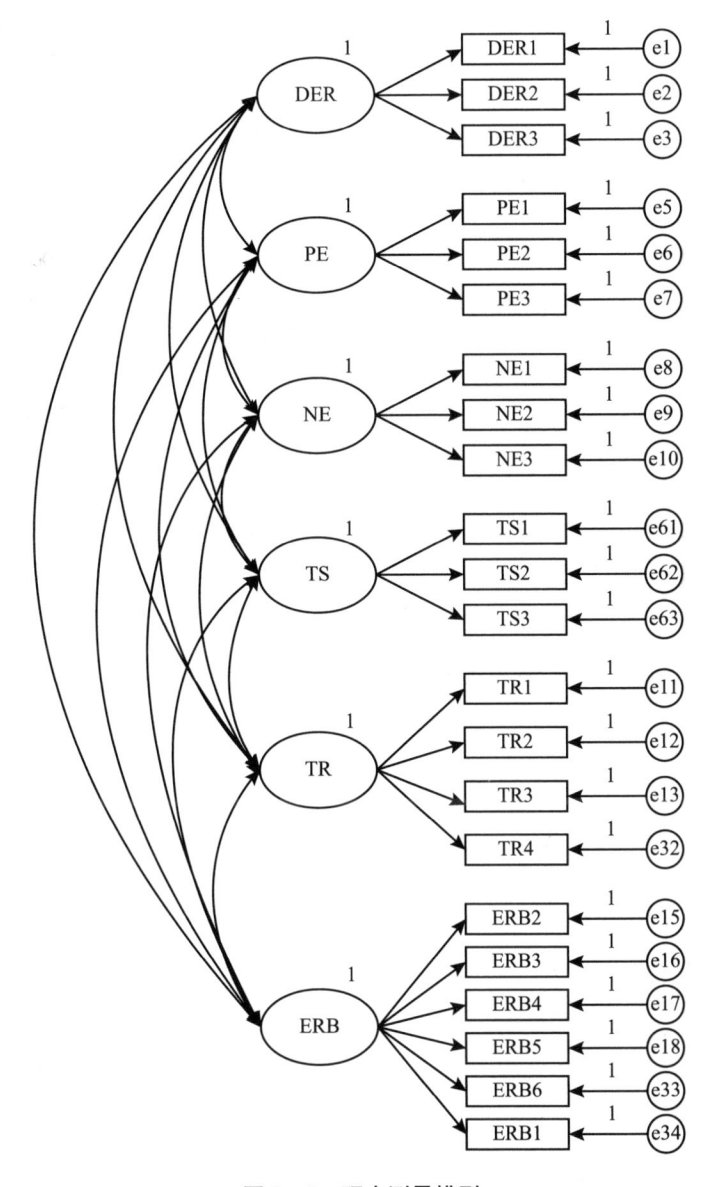

图 5-5 研究测量模型

根据数据评估效度的要求,这里对数据进行效度检验,包括聚合效度和区分效度,聚合效度和区分效度通过测量模型实现。此外,通过测量模型还可以进行组合效度检验。在前面 Cronbach's alpha 系数进行信度检验的基础上,对量表进行进一步信度检验。

(1) 拟合优度度量模型。

根据胡和本特勒(Hu & Bentler,1999)提供的标准,该测量模型是可以接受的。模型的拟合指数 $\chi^2/df = 3.069$,不超过 5 的宽松可接受上限,表明该模型是可以接受的。此外,$\chi^2 = 1219.971$;RMSEA = 0.063,小于 0.05,模型拟合较好;GFI = 0.902,介于 0~1,可以接受;AGFI = 0.871,NFI = 0.936,大于 0.9,可以接受;RFI = 0.905,IFI = 0.956,TLI = 0.947,CFI = 0.956 均接近 1,说明模型表示拟合良好,是一个可以接受的模型。

(2) 聚合效度。

聚合效度指各测量题项对潜变量测量的有效性,即测量题项在多大程度上对潜变量进行了测量,可通过测量题项的因子载荷和潜变量平均提取方差来评价,当潜变量测量题项的因子载荷大于 0.500,潜变量平均提取方差大于 0.500 时,聚合效度即满足(Anderson & Gerbing,1988)。由表 5-19 可知,各个测量题项的标准载荷化在 0.639~0.944,均远远大于 0.500,说明聚合效度得到满足。相应的 t 统计量在 15.534~28.519,具有统计学意义($p = 0.001$)。同时 AVE 的值在 0.534~0.861,远远超过 0.50 的检验标准,说明从 AVE 值的角度来看,同样满足聚合效度的要求。

表 5-19　　　　　　　　　　　测量模型分析

潜变量	测量题项	标准载荷化	t 值	CR	AVE 值	Cronbach's alpha
目的地生态友好声誉(DER)	DER1	0.872	24.746	0.926	0.812	0.928
	DER2	0.921	27.059			
	DER3	0.911	26.593			
积极情绪(PE)	PE1	0.758	19.555	0.866	0.684	0.857
	PE2	0.911	25.562			
	PE3	0.805	21.28			
消极情绪(NE)	NE1	0.909	26.715	0.949	0.861	0.949
	NE2	0.944	28.519			
	NE3	0.930	27.769			

续表

潜变量	测量题项	标准载荷化	t 值	CR	AVE 值	Cronbach's alpha
游客满意度（TS）	TS1	0.935	26.929	0.910	0.771	0.925
	TS2	0.857	23.488			
	TS3	0.840	22.718			
游客回忆（TR）	TR1	0.819	22.355	0.916	0.732	0.914
	TR2	0.899	25.934			
	TR3	0.891	25.529			
	TR4	0.811	22.003			
环境责任行为（ERB）	ERB1	0.646	15.755	0.872	0.534	0.870
	ERB2	0.749	19.208			
	ERB3	0.756	19.468			
	ERB4	0.753	19.352			
	ERB5	0.827	22.190			
	ERB6	0.639	15.534			

（3）区分效度。

所有构念提取的 AVE 值处于 0.534～0.861，大于 0.50 的最小值标准，因此从 AVE 值的角度来看，模型具有良好的聚合效度（Fornell & Larcker, 1981）。同时，也可以通过比较平均提取方差与构念之间的相关系数来检验区分效度。福内尔和拉克尔（Fornell & Larcker, 1981）表示，如果 AVE 值大于任意一对构念之间相关系数的平方，则满足区分效度。如表 5-20 所示，所有相关系数均小于 AVE 值的平方根，因此该模型具有良好的区分效度。

表 5-20　　　　　　　　　　　相关系数和平均提取方差

潜变量	目的地生态友好声誉（DER）	积极情绪（PE）	消极情绪（NE）	游客满意度（TS）	游客回忆（TR）	环境责任行为（ERB）
目的地生态友好声誉（DER）	0.901					
积极情绪（PE）	0.601	0.827				
消极情绪（NE）	-0.234	-0.269	0.927			

续表

潜变量	目的地生态友好声誉（DER）	积极情绪（PE）	消极情绪（NE）	游客满意度（TS）	游客回忆（TR）	环境责任行为（ERB）
游客满意度（TS）	0.662	0.691	−0.357	0.878		
游客回忆（TR）	0.573	0.552	−0.113	0.598	0.856	
环境责任行为（ERB）	0.453	0.499	−0.272	0.565	0.551	0.731

5.2.3.5 结构模型分析

接下来的部分将探讨结构模型整体的拟合度，并对提出的12个假设相关的数据验证。

（1）拟合优度。

根据宽松的经验法则，结构模型的拟合指数为5或更低（Wheaton et al., 1977），相对更保守的经验法则是3或更低（Johnson, Kotz & Balakrishnan, 1994）。本章结构模型的拟合指数显示为：$\chi^2/\mathrm{df}=2.721$，因此，可以得出结构模型的拟合度良好。同时，RMSEA = 0.057 < 0.08；GFI = 0.913，NFI = 0.942，RFI = 0.932，IFI = 0.963，TLI = 0.956，CFI = 0.963，均大于0.900的可解释值，并且 AGFI = 0.887 > 0.800。因此，根据胡和本特勒（1999）提出的标准，调查收集的数据与模型整体都拟合良好。

（2）假设检验。

表5-21展示了本节提出的结构模型的假设检验结果。目的地生态友好声誉对积极情绪（$\lambda_{21}=0.614$，$p<0.001$），消极情绪（$\lambda_{31}=-0.241$，$p<0.001$）和游客满意度（$\lambda_{41}=0.367$，$p<0.01$）的路径系数皆在0.001的显著性水平下显著，即表明假设H1、H2和H3得到验证。同时可以得到，目的地生态友好声誉是消费情绪（积极或消极）和游客满意度的重要影响因素。

积极情绪和消极情绪对游客满意度的路径系数分别为0.413和−0.155，在0.001的显著性水平下显著，即假设H4和H5得到验证；同时，积极情绪和消极情绪还分别显著影响游客回忆（$\beta_{52}=0.241$，$p<0.001$；$\beta_{53}=-0.111$，$p<0.01$）和旅游者环境责任行为（$\beta_{62}=0.161$，$p<0.01$；$\beta_{63}=-0.111$，$p<$

0.01），因此，假设 H6、H7、H8 和 H9 得以验证；游客满意度对游客回忆和环境责任行为的影响都很显著（$\beta_{54} = 0.477$，$p < 0.001$；$\beta_{64} = 0.193$，$p < 0.01$），印证并支持了假设 H10 和 H11。同时考察游客回忆和环境责任行为之间的关系发现，游客回忆对旅游者环境责任行为的路径系数为 0.342，并在 0.001 的显著性水平下显著，因此假设 H12 也得以验证。

表 5-21　　　　　　　　　　　假设检验结果

假设关系	路径名称	标准路径负荷测试	t 值	标准误	假设测试结果
H1：目的地生态友好声誉→积极情绪	λ_{21}	0.614***	12.452	0.052	支持
H2：目的地生态友好声誉→消极情绪	λ_{31}	-0.241***	-5.227	0.063	支持
H3：目的地生态友好声誉→游客满意度	λ_{41}	0.367**	7.664	0.056	支持
H4：积极情绪→游客满意度	β_{42}	0.413***	8.369	0.055	支持
H5：消极情绪→游客满意度	β_{43}	-0.155***	-4.472	0.030	支持
H6：积极情绪→游客回忆	β_{52}	0.241***	4.227	0.065	支持
H7：消极情绪→游客回忆	β_{53}	-0.111**	-2.780	0.035	支持
H8：积极情绪→环境责任行为	β_{62}	0.161**	2.648	0.041	支持
H9：消极情绪→环境责任行为	β_{63}	-0.111**	-2.603	0.022	支持
H10：游客满意度→游客回忆	β_{54}	0.477***	7.982	0.062	支持
H11：游客满意度→环境责任行为	β_{64}	0.193**	2.878	0.040	支持
H12：游客回忆→环境责任行为	β_{65}	0.342***	5.799	0.034	支持

注：** 有统计学意义（$p < 0.01$）；*** 有统计学意义（$p < 0.001$）。

（3）模型预测能力。

一般而言，被解释变量的 R^2 值为 0.01、0.09 和 0.25 分别代表模型预测能力弱、较弱和强三个等级。图 5-6 展示了结构模型的实证分析结果。游客满意度、游客回忆、环境责任行为和积极情绪四个潜变量所对应的 R^2 值分别为 0.563、0.411、0.397 和 0.377。除消极情绪的可释差异（Explained variance）相对较低以外（0.058），其余潜变量的 R^2 值均大于 0.25，说明模型中解释变量对被解释变量的解释能力较强，并展现了理论模型中的各变量之间的稳定关系，这表明理论模型具有良好的预测能力。

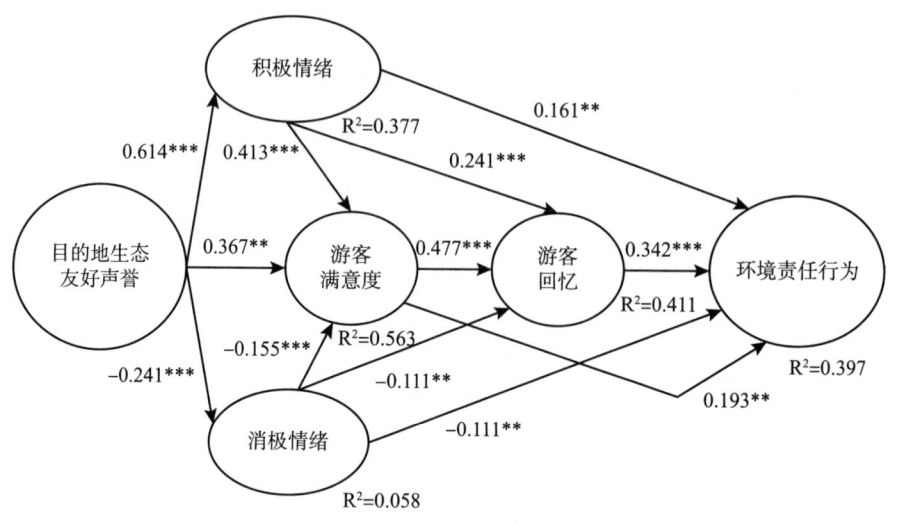

图5-6 结构模型的实证分析结果

注：**、***分别表示显著性水平0.01、0.001。

5.2.3.6 竞争模型分析

为了进一步证明模型的影响力，在进行当前研究的过程中，本章的研究同时构建了一个竞争模型。竞争模型包括典型 S-O-R 框架中的三个关键组件，同时还包含游客回忆变量（来自脚本理论）。对于可接受的 χ^2/df 值，宽松的经验法则是 5 或更低（Wheaton et al.，1977），相对更保守的经验法则是 3 或更低（Johnson et al.，1994）。竞争模型的拟合指数为：$\chi^2/df=3.728$，小于 5 的宽松经验法则。RMSEA = 0.072 < 0.08；GFI = 0.902，NFI = 0.935，RFI = 0.922，IFI = 0.952，TLI = 0.942，CFI = 0.952，均大于 0.900，并且 AGFI = 0.868 > 0.800。根据胡和本特勒（1999）提出的标准，竞争模型与数据整体拟合良好。

如图 5-7 所示，目的地生态友好声誉对积极情绪、消极情绪和游客满意度的路径系数分别为 0.606、-0.242 和 0.360，分别在 0.001、0.001 和 0.01 的显著性水平下显著，即竞争模型中假设 H1、H2 以及 H3 得到验证；此外，积极情绪和消极情绪对游客满意度的路径系数分别为 0.419 和 -0.154，在 0.001 的显著性水平下显著，即竞争模型中假设 H4 和 H5 得到验证；同时积极情绪和消极情绪对旅游者环境责任行为的路径系数分别为 0.241 和 -0.091，分别在 0.001 的显著性水平下显著以及在 0.01 的显著性水平下显著，即竞争模型中假设 H8 和 H9 得到验证；同时，游客满意度对环境责任行为的路径系数为 0.357，在 0.001 的显著性水平下显著。不仅如此，竞争模型中游客满意度、积极情绪和环境责任行为的 R^2 值分别为 0.558、0.367 和 0.333，消极情绪的 R^2 值为 0.058，除消极情绪外其他潜变量的 R^2 值均大于 0.25。

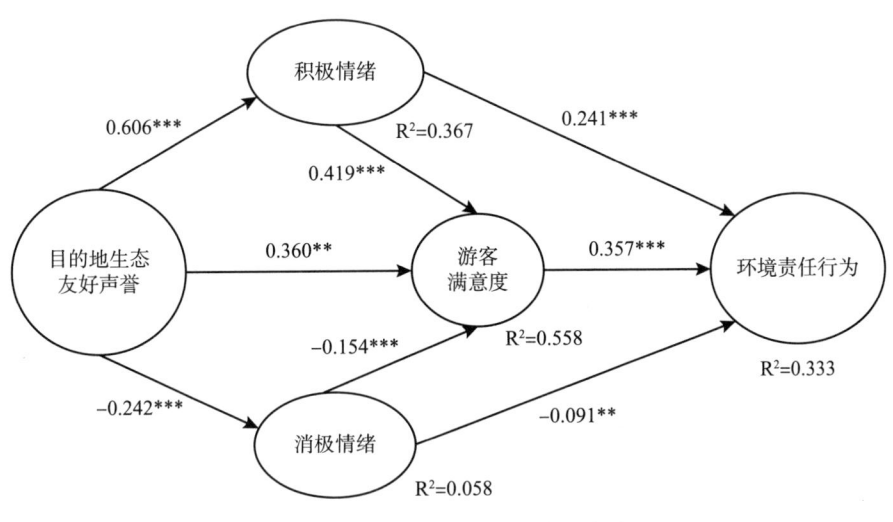

图 5-7 竞争模型的实证分析结果

注：**、*** 分别表示显著性水平 0.01、0.001。

综上所述，竞争模型显示出较好的解释力与预测能力，是预测旅游者环境责任行为的合理备择模型。

5.2.3.7 结构模型和竞争模型比较分析

为了判断理论模型和竞争模型哪一个与调查数据能更好拟合，对此进行卡方差异检验（Chi-square difference test），并比较理论模型和竞争模型的拟合指数和对被解释变量的解释力度。

卡方检验（Chi-square test）即指统计样本的实际观测值与理论推断值之间的偏离程度，实际观测值与理论推断值之间的偏离程度决定卡方值的大小。如果卡方值越大，二者偏差程度越大；反之，二者偏差越小；若两个值完全相等时，卡方值就为 0，表明理论值完全符合。卡方差异检验是用以检验理论模型的性能与竞争模型的性能之间是否存在显著差异，以判断选择更加拟合数据的模型。本章进行卡方差异检验，结果显示理论模型和竞争模型之间估算的卡方差异得分是显著的（$\Delta\chi^2(70) = 185.852$，$p < 0.001$），这揭示了这两个模型在统计学上存在显著差异。

如表5-22展示了模型的拟合优度指数。理论模型的每个拟合指数都比竞争模型更好，因此，至少从拟合指数角度来看，理论模型相较于竞争模型与数据更为拟合。

表5-22　　　　　　　　结构模型和竞争模型的拟合指数比较

模型	指数							
	χ^2/df	RMSEA	GFI	NFI	RFI	IFI	TLI	CFI
	≤5.00	≤0.08	≥0.900	≥0.900	≥0.900	≥0.900	≥0.900	≥0.900
理论模型	2.721	0.057	0.913	0.942	0.932	0.963	0.956	0.963
竞争模型	3.728	0.072	0.902	0.935	0.922	0.952	0.942	0.952

表5-23展示了两种模型对于被解释变量的解释程度，理论模型相较于竞争模型展现出优越的预测能力。理论模型对游客满意度、环境责任行为和积极情绪的R^2值分别为0.563、0.397以及0.377，皆优于竞争模型（游客满意度的$R^2 = 0.558$，环境责任行为的$R^2 = 0.333$，积极情绪的$R^2 = 0.367$）。因此，可以得出从模型解释力的角度来看，理论模型比竞争模型更好。

表5-23　　　　　　　　理论模型与竞争模型的解释力比较

模型	构念				
	积极情绪	消极情绪	游客满意度	游客回忆	环境责任行为
理论模型	0.377	0.058	0.563	0.411	0.397
竞争模型	0.367	0.058	0.558	—	0.333

5.2.3.8　中介效应分析

为了进一步研究目的地生态友好声誉对环境责任行为的影响机制，利用Bootstrap法来分析情绪、游客满意度和游客回忆的中介效应（Jose，2013）。

本节利用Bootstrap方法进行中介效应检验（样本量选择2000，95%置信区间），将对以下几个个体效应进行中介效应检验：DER→PE→ERB；DER→NE→ERB；DER→TS→ERB；DER→PE→TS→ERB；DER→NE→TS→ERB；

DER→PE→TR→ERB；DER→NE→TR→ERB；DER→TS→TR→ERB；DER→PE→TS→TR→ERB；DER→NE→TS→TR→ERB，结果如表5-24所示。

表5-24　　　　　　　　　　中介效应检验的实证结果

路径	间接效应	95%置信区间下限	95%置信区间上限
DER→PE→ERB	0.0989	0.0068	0.2328
DER→NE→ERB	0.0268	0.0754	0.0001
DER→TS→ERB	0.0708	0.0010	0.1771
DER→PE→TS→ERB	0.0489	0.0007	0.1352
DER→NE→TS→ERB	0.0072	0.0003	0.0039
DER→PE→TR→ERB	0.0506	0.0126	0.1223
DER→NE→TR→ERB	0.0091	0.0030	0.0124
DER→TS→TR→ERB	0.0599	0.0194	0.1305
DER→PE→TS→TR→ERB	0.0414	0.0126	0.0097
DER→NE→TS→TR→ERB	0.0061	0.0060	0.0029

研究发现零值不包含在这个区间里，表明个体效应具有统计显著性，同时也说明目的地生态友好声誉对环境责任行为的影响是由积极情绪、消极情绪、游客满意度以及游客回忆作为中介变量介导的。此外，统计上显著的多中介路径表明，目的地生态友好声誉对环境责任行为的影响首先是由情绪（积极或消极）介导，其次是由游客满意度介导，最后是由游客回忆介导。这些中介分析结果共同证明了目的地生态友好声誉对环境责任行为的影响机制。

5.2.4　研究结论与讨论

根据对现有相关文献的回顾，本节首次构建了一个将脚本理论融入旅游消费环境中的S-O-R框架的整合模型。本节为基于S-O-R框架和脚本理论的综合旅游行为模型提供了实证支持，其中游客回忆作为连接S-O-R框架和脚本理论之间的桥梁。此外，随着目的地旅游业的快速发展，目的地管理组织（DMOs）也面临着越来越严重的环境问题（Cheng & Wu, 2015; Han, 2015）。因此，探寻旅游环境责任行为的关键决定因素和相关的形成机制变得更加重要（Cheng & Wu, 2015）。本书即以相关文献的回顾学习为基石，以实证研究为砖瓦，探寻旅游者环境责任行为的形成机理。

旅游消费是一种体验形式，并且情感体验对形成行为至关重要（Su & Hsu，2013）。因此，了解游客的情感体验如何影响旅游者环境责任行为将有助于制定营销战略以及市场细分等工作。通过实证研究证实，目的地生态友好声誉可能引发情绪反应，进而引起游客回忆和环境责任行为。且根据结构路径分析的结果，理论模型对旅游者环境责任行为具有很强的预测能力。由于现有文献缺乏对旅游者环境责任行为理论的相关研究，本书为旅游者环境责任行为的形成机制提供了一定参考意见。

本节的实证结果表明，目的地生态友好声誉在激发旅游者情感体验方面起着重要的环境触发作用。具体而言，目的地生态友好声誉可以增加旅游者的积极情绪和满意度，并减少游客的消极情绪。这些结果与之前的观点一致，即考虑到游客追求拥有良好声誉的自然生态环境以满足其旅游体验需求（Chan & Baum，2007；Chiu et al.，2014）。因此，目的地生态友好声誉可以成为当地旅游宣传工作中的重点之一，被游客感知和体验从而影响旅游者的情感体验和环境责任行为。

在本节中，情绪体验（正面和消极情绪、满意度）的重要作用愈加凸显。积极情绪对游客满意度有正向影响，消极情绪对游客满意度有负向影响，此结论与逻辑和文献一致。例如，粟和徐（2013）证明了消费情绪（积极和消极）在中国自然文化遗产旅游背景中对满意度的影响。积极情绪比消极情绪对回忆的影响更强，验证支持了此前的相关研究（Wagenaar，1986；White，1982）。并且，愉快的回忆要比不愉快的回忆更容易引起游客回忆。此外，本节验证了消费情绪直接影响旅游者环境责任行为，扩展了以往证明消费情绪可以影响消费者忠诚行为以及消费者意图的相关理论研究（Han & Jeong，2013；Jang & Namkung，2009；Romani et al.，2013；Westbrook，1987）。

通过研究还发现游客满意度也起着重要作用，因为它对游客回忆和旅游者环境责任行为都有重要影响。具体来说，对体验满意的游客更有可能回忆起旅行经历并采取行动支持环境保护。在此之前，较为普遍的研究是在证实满意度是忠诚行为以及意图的重要前提（Su & Hsu，2013；Su, Swanson & Chen，2016）。而本节研究的发现建立在这些研究的基础之上，验证了游客满意度也可以改善旅游者环境责任行为的观点。

关于游客回忆与旅游者环境责任行为之间的关系，研究发现游客回忆对旅游者环境责任行为产生积极影响。之前的研究已经证明了游客回忆在旅游体验中的作用（Manthiou et al., 2014; Morgan & Xu, 2009; Tung & Ritchie, 2011a, 2011b），许多学者将消费者的记忆看作重游的前提，其研究结果展现了消费者记忆对消费者重游意愿的影响（Lee et al., 2009; Manthiou et al., 2014; Wirtz et al., 2003）。本节则在此基础上进一步支持了游客回忆的作用，发现了游客回忆也可以提高旅游者的环境责任行为水平。

考虑到情绪体验（积极和消极情绪、满意度）、游客回忆和旅游者环境责任行为之间的路径关系，以及中介分析的实证结果，得出游客回忆在情绪体验和环境责任行为之间具有部分中介作用。这与董和里奇（Tung & Ritchie, 2011a）通过定性研究的结果一致。董和里奇（2011a）指出，游客回忆在整个体验过程中都具有中介作用。本节采用与之不同的研究方法，通过定量方法进一步证实了游客回忆在体验过程中的中介作用，并且通过中介效应分析和对竞争模型的探索进一步阐明了这一点。在理论模型中游客回忆（基于脚本理论中脚本生成过程的变量）作为理解旅游者环境责任行为的关键要素，并且游客回忆也作为桥梁连接了 S-O-R 框架和脚本理论。

综上所述，本节的重要理论贡献是提出了一个通过以游客回忆为桥梁整合 S-O-R 框架和脚本理论的整合模型，并用该模型解释了旅游者环境责任行为的形成机制。总体而言，新的整合模型通过应用 S-O-R 框架，展示了旅游者环境责任行为作为脚本生成的结果以及其形成机制及过程。可以把中间阶段（情感体验以及满意度产生游客回忆）看作旅游者环境责任行为的意向形成的关键过程。

5.3 服务公平对旅游者环境责任行为的影响机制

随着全球环境问题日益严重，推动可持续旅游发展已成为全球旅游业的重要目标。在这一背景下，旅游者的环境责任行为作为提升旅游可持续性的关键组成部分，逐渐成为学术界和业界关注的焦点。环境责任行为是指旅游者在旅游活动中采取的有助于环境保护的行动，如资源节约、减少污染、保护生态环境等。这些行为不仅有助于减轻旅游业对环境的负面影响，也是实现旅游地可持续发展的基础。然而，尽管环境责任行为的意义日渐明确，影响这一行为的内在机制仍然值得深入探讨。特别是旅游者在当地的服务体验，作为他们与旅游地互动的重要组成部分，可能对其环境责任行为产生重要影响（Ballantyne & Packer，2011）。因此，探讨旅游地服务对旅游者环境责任行为的影响对于推动旅游地可持续发展具有深远影响。

现有研究表明，旅游者的服务体验及其对服务公平的感知可能在其中起到至关重要的作用。服务公平是指顾客在接受服务时，对服务过程中的分配结果、公平程序及互动方式的评价。根据克莱默（Clemmer，1988）对服务公平的研究，服务公平主要包括结果公平、程序公平和交互公平。结果公平指顾客对获得服务的结果与付出之间公平性的评估；程序公平则侧重于顾客对服务过程及其决策方式的公平感知；交互公平则关注顾客在服务过程中与服务提供者的互动是否公正和尊重。在旅游服务中，服务公平感知直接影响旅游者的情感反应，进而影响其满意度和行为意图（Blodgett et al.，1997）。

除了服务公平，服务质量作为旅游者体验的重要因素，同样在推动环境责任行为中扮演着关键角色。服务质量通常指顾客对服务提供过程中各个环节（如服务的可靠性、响应性、保证性和同理心）的总体感知（Parasuraman et al.，1988）。研究表明，较高的服务质量能够提升顾客的满意度，进而激发其积极的情感反应，而这些情感反应又可能促使顾客采取更加积极的环保行为（Jones，Hillier & Comfort，2016）。在旅游领域，旅游者若感受到优质服务，往往会更倾向于对旅游目的地表现出更高的责任感，愿意采取保护环境的行为，以表达对高质量服务的回报。因此，服务质量不仅对旅游者的满意度有直接影响，也可能通过情感反应间接影响其环境责任行为。

在旅游领域，服务公平与服务质量的感知不仅能够提升旅游者的满意度和忠诚度，还能够在更深层次上影响旅游者的行为选择。已有研究表明，旅游者的环境责任行为与其情感体验密切相关。当旅游者感知到高水平的服务公平和服务质量时，通常会产生积极的情感反应，增强其对旅游目的地的信任与忠诚，从而更愿意采取环保行为（Jones，Hillier & Comfort，2016；Seiders & Berry，1998）。相反，低水平的服务公平感知和服务质量感知可能激发旅游者的消极情绪，如愤怒、失望等，进而减少其参与环境责任行为的可能性（Smith，1998）。因此，探讨服务质量与服务公平对旅游者环境责任行为的双重影响，尤其是通过情感反应的中介作用，具有重要的学术价值与实践意义。

5.3.1 研究假设与研究模型

5.3.1.1 服务公平

(1) 服务公平的定义。

公平性定义来自公平感知。公平感知是消费者对一个交易结果或过程是否合理的、可接受的和公正的判断（Bolton et al.，2003）。而对公平感知的研究来源于社会交换的早期研究工作（Gielissen et al.，2008）。公平是对结果、程序和交互公正的信仰，对结果、程序、交互不公正的信念将导致人们产生不公平的感觉（Bolton，2003）。1960年，美国社会心理学家亚当斯提出公平理论，解释了人们为什么需要公平，认为公平是人类的基本心理需要。在社会交换关系中，交换的双方不但会比较自己在交换过程中的得失，而且会对自己比较对象的得失进行比较，人们对他人对待自己公平程度的看法是他们决定自己是否与他人建立关系的一个重要参考依据。如果自己与比较对象的得失之比相当，则感觉公平，否则感觉不公平。随后，营销学研究者提出"服务公平"概念。服务公平是顾客对企业提供服务的公平程度感知，当顾客经历与他们认同的公平标准相冲突时，顾客就会做出服务公平判断，并影响其与企业的关系。

在公平文献中，"公平"与"公正"术语一般交错使用。感知公平可以提升一个企业声望与信赖感，进而转化为竞争优势（Morgan & Hunt，1994）。服务公平性起源于人类的公平需求。1988年，克莱默在其博士论文中，应用公平性理论研究服务性企业与顾客的关系，首次提出服务公平概念。她对快餐店、高级餐馆、医院、银行等服务性企业进行研究发现，公平性理论在服务性企业中使用也是可行的，并发现，服务公平性包括结果公平、程序公平和交互公平三个维度（Clemmer，1988）。格林伯克将互动公平划分为人际公平和信息公平，认为服务公平包含四个相互独立的维度。这一理论已被科尔克特等学者证实，当前已得到学界的广泛认可。其中，结果公平是指顾客对资源分配的公平程度的判断，程序公平是指服务企业决策程序和决策方法的公平程度，人际公平是指顾客在服务过程中感知到的被尊重的程度，信息公平是指顾客可获得服务相关信息和知识的程度。此后，服务公平性研究引起了许多学者的重视，取得了大量成果。赛德斯和贝瑞（Seiders & Berry, 1998）将感知到的服务公平性定义为"消费者对企业服务行为公平程度的感知"。它反映了一种心理契约，在这种契约中，消费者期望服务公司在满足他们需求的同时能够公平地对待他们。根据这些研究成果，将服务公平定义为顾客在接受服务性企业的服务时所感知到的企业及其员工对待自己的态度和行为的公平程度。

根据服务公平的定义，旅游者对旅游地服务公平的感知是指旅游者在接受相应的服务后，对旅游地提供服务的公平程度感知。旅游者对于在旅游地接受公平的服务是其在旅游活动中的一种基本需求。根据服务质量的定义，旅游者对旅游地服务质量的感知是旅游者在旅游地接受相应的服务后，与其期望相比较后的结果，是旅游者对旅游地所提供服务的认知。

（2）服务公平的测量和维度。

通过回顾以往学者关于服务公平的维度研究，国内外学者将服务公平的维度划为三维度（结果公平、交互公平和程序公平）和四维度（结果公平、交互公平、程序公平和信息公平），具体内容如表5-25所示。

表5-25　　　　　　　　　　服务公平维度划分

构成维度	构成维度概念定义	行业	文献来源
三维度	结果公平性是顾客对服务结果公平性的主观判断。程序公平性是服务方式和过程的公平感知。人际交往带来交互公平性	中高档宾馆的餐厅	温碧燕和汪纯孝（2002）
	信息归属于程序公平，主要包括对服务内容和服务程序的说明	宾馆、银行、医院	韩小芸和汪纯孝（2003）
	结果公平是顾客对于所获得的结果与其投入进行对比后形成的公平性感知。程序公平是服务过程中程序、标准的公平感知。交互公平是人际的对待关系	餐馆	Jooyeon Ha & Shawn Jang（2009）
四维度	信息公平是企业向顾客解释其服务内容和过程。交往公平性是服务人员在服务过程中看待或对待自己的感受。程序公平是顾客对决策方法与程度的公平性的判断。结果公平是顾客对代价或利益的分配结果公平程度的感知和判断	IT行业	Christopher（2007）
	信息公平是服务企业对服务内容和程序的解释程度。人际公平是服务过程中人际对待方式。程序公平是对决策程序及结果获取的过程的感知。结果公平是对情感和经济结果的公平性感知	网络环境下的服务	Turel，Yuan & Connelly（2008）
	信息公平性是以恰当的沟通方式和恰当时机向顾客提供可靠和完整的信息	银行	张圣亮和何苗（2008）

三维度的分类是美国学者克莱默（1988）认为顾客从交互、程度和结果三个方面来判断和评估交易双方的公平性。金等（Kim et al., 2009）以旅店行业为研究背景，基于三维度论来研究服务公平对服务补救满意度、信任和行为意向的影响，认为："结果公平是对在团体之间协商决定后所获得结果的公平性感知。交互公平是人际交往之间的对待方式的公平性感知和信息的解释和沟通。程序公平是在其过程中对服务的程序、标准的公平性感知。"

杰弗里等（Jeffrey et al., 1997）以零售业务为研究背景，采用服务公平的三维度论来研究服务公平对顾客抱怨及其行为的影响关系。温碧燕和汪纯孝（2002）认为服务公平包括交往公平、程序公平和结果公平。韩小芸和谢礼珊（2007）、曹礼和（2008）和吴茂英（2008）等学者进行相关实证研究也采用服务公平的三维度分类。随着组织公平理论的发展，信息公平在组织公平的研究中受到重视，部分学者在服务公平的研究中重视信息公平对顾客满意和行为意向的影响，并将信息公平作为服务公平的维度，认为信息公平指员工的知情权和对待员工是否诚信。如果企业提供了虚假欺骗的信息和不尊重其知情权，从而影响员工的工作积极性和情绪。科尔奎特（Colquitt, 2001）认为服务公平包括信息公平、交互公平、程序公平和结果公平。康纳利和加拉格尔（Connelly & Gallagher, 2004）认为服务公平（信息公平、交互公平和程序公平）会影响员工的工作情绪和态度。克里斯托弗（Christopher, 2007）指出，服务公平包括交互公平、程序公平、结果公平和信息公平，其中信息公平性对服务质量感知的影响最显著。张艳清和张秀娟（2007）回顾以往文献，提出服务公平包括交互公平、程序公平、结果公平和信息公平。

结果公平是顾客对企业提供服务分配结果的公平感知。张艳清和张秀娟（2007）认为结果公平是指顾客对资源分配和结果交换的公平性感知。利文撒尔（Leventhal, 1980）认为结果公平的原则是符合平等和需要，其中符合需要是交换双方所需获得的回报，平等是指双方所付出的与回报是对等的。哈里（Harry, 1976）采用17项指标测量结果公平，而我国多数学者只采用横平、平等、符合需要三个指标。

程序公平是指顾客对服务性企业提供服务过程的公平性的主观判断评价。古德温和罗斯（Goodwin & Ross, 1992）认为程序公平是侧重对结果分配的程序的客观公正性以及顾客利益的程度。利文撒尔（1980）指出判断和评价程序是否公平的六个原则：决策程序是否一致性、决策者是否有偏见、决策过程是否出现错误、决策者能否及时纠正错误、决策信息是否准确无误、决策是否兼顾到各方利益和决策是否具有准则。克莱默（1993）认为顾客评价和判断服务程序的公平性是从等待服务的时间、服务程序、服务的效率、服务的承诺、服务差错率等六个方面进行的。

交互公平，是指对过程的实施或执行的感知公正性。比斯（Bies，1988）首次提出交互公平的概念。布罗杰特等（Blodgett et al.，1993）指出，互动公平是个体的行为应该尊重对方和得体。史密斯和博尔顿（Smith & Bolton，1998）指出，顾客应该从服务人员是否能理解顾客要求、是否欺骗顾客、是否会关心顾客的利益等方面来评估交互的公平性。张秀娟（2007）指出交往公平性是顾客对服务人员在服务过程中如何对待或看待自己的感知，强调服务人员和顾客交互过程中的行为和态度的公平性感知。谢礼珊（2007）将交互公平性概括为服务人员热情、关心、诚实、友好和无偏见等。综上，交互公平可以从礼貌、尊重、真诚和理解四个指标来衡量。

信息公平是广义的交互公平中分离出来的独立概念。张艳清和张秀娟（2007）认为信息公平是服务性企业向顾客耐心、详细地解释企业服务内容和过程。格林博格（Greenberg，1988）指出与没有得到解释的员工相比，在获得负面结果后，得到合理解释的员工更容易认为决策过程是公平的。科尔奎特（2001）等学者运用元分析（meta-analytic）对服务公平研究文献进行研究，表明服务公平分为信息公平、交往公平、程序公平和结果公平四个维度，衡量信息公平的指标有是否符合需要、是否公正无偏、是否详细、是否合理，以及是否及时。

（3）服务公平的相关研究。

从现有的文献看，服务公平的研究成果主要集中于两个方面：一是研究补救性服务公平性问题；二是研究常规服务中的公平性问题。大部分研究发现，在服务消费过程中，无论是补救性服务公平性还是常规服务公平性，服务公平性对服务质量、感知价值、满意度、忠诚行为等具有显著影响。

在常规情境的研究下，塞德斯和拜里（Seiders & Berry，1998）指出由于无形服务的特点，顾客会考虑交易是否存在风险，在服务的过程中更多关注服务公平性，细微的服务失误也很可能让顾客觉得受到不公平待遇，从而引发不满情绪。不满的顾客会将其不满的经历告知他人，企业可能会失去很多消费者的青睐。现有研究通过在不同的情境下引入服务公平作为前因变量，证实了服务公平对消费者的行为态度具有显著影响。公平判断影响了顾客对满意度、服务质量和重购意向的判断（Oliver & Swan，1989）。布罗杰特等（1993）认为，顾客的程序公平和负面口碑、重购意向之间有很强的相关关系。随后，他们把研究进行了进一步的扩展，认为感知公平的三个维度程序公平、分配公平和互动公平每个维度都独立地对口碑和重购意向有显著性的影响，并且互动公平相比其他两维度来说，对顾客行为意向有更大的影响（Blodgett, Hill & Tax, 1997）。克莱默和施耐德（Celmmer & Schneide, 1996）发现三种公平维度程序性感知公平、结果性感知公平和互动性感知公平各自对顾客的重购意向有正面贡献作用。其他的一些研究则分别从一个或两个维度研究了公平与重购意向的关系，虽然这些研究没有同时研究三种公平维度与重购意向的关系，但所有的结果都支持特定的公平维度与重购意向存在正相关关系。温碧燕和汪纯孝（2002）认为服务公平性对服务质量有显著的关系。粟路军和黄福才（2010）提出以服务质量为中介变量，服务公平与顾客忠诚之间的关系影响。

在补救服务公平性的研究中，公平理论的运用十分重要。公平理论从社会交换理论的基础发展而来，如果将服务补救看作一次特殊的交换过程，经历服务补救后的所得会对顾客因服务失误所遭受的损失进行补偿，顾客对损失和补偿的评价是一种主观的感觉，补偿是否有效地弥补了损失，是否让顾客满意，也是顾客主观上做出的判断，公平理论可以作为研究服务补救的理论基础，将公平理论运用到对服务补救的研究中具有科学性。

已有的服务研究文献（Bies & Moag, 1986；Goodwin & Ross, 1990；Clemmer, 1993；Tyler, 1994；Sparks & Callan, 1997；严浩仁, 2009），认为顾客满意度不仅基于服务补救的最终结果，而且还受制于达到结果的补救程序和服务补救过程中企业与顾客之间的互动关系。由于服务的无形性和一线员工的关键角色，企业需要关注服务补救程序及其互动效应，而非仅仅关注服务补救结果（Clemmer & Schneider, 1996）。温碧燕和岑成德（2004）提出以"补救服务公平性"的概念来测量顾客对服务补救的公平感知。对补救服务公平性的研究主要从顾客认知角度探讨顾客对补救服务质量的评价，及其对顾客满意度和行为意向的影响。温碧燕和岑成德（2004）还探讨了补救服务公平性和顾客消费情感对顾客与企业关系的影响，认为补救服务公平性与顾客满意度、再购意向和口头宣传都有直接或间接的作用。杜建刚、马婧和王鹏（2012）在对服务补救策略的研究中认为，对补救过程的公平感知是顾客评估服务补救效果的重要因素，如果服务提供者的补救没有改变顾客心中的不公平感，顾客就可能失去对服务提供者的信任，离开原服务商甚至还会带来大量的负面口碑。在服务业中，服务失误是不可避免的，服务提供者要想保持竞争力就不得不进行服务补救，要想取得优质的补救效果，就要有针对性地使用有限资源。针对顾客的抱怨和消极情绪，服务人员应当鼓励顾客适当抱怨并寻求赔偿，使得企业在服务失败后能够获得机会来补救以及和顾客维持长期关系（Hart, Heskett & Sasser, 1990）。补救过程的公平感知有助于顾客对企业服务做出良好的评价（Smith & Bolton, 1998; Tax, 1998）。

许多研究不仅考虑了补救服务公平本身的重要性，还进一步分析补救服务公平性各维度的重要性，但从相关研究结论看，分歧明显多于共识。克莱默和施耐德（1996）通过采用对过去不满意经历的自我报告调查方法，对快餐、银行和酒店顾客进行调查，发现结果公平是顾客满意度最重要的决定因素，其次是程序公平和交互公平。卡拉特佩（Karatepe, 2006）通过自我追溯报告过去不满意经历的方法对酒店顾客进行研究并发现，结果公平、程序公平和交互公平影响抱怨满意度和抱怨忠诚度，其中交互公平对抱怨满意度的影响最强。有学者通过问卷调查方法对高星级酒店顾客进行研究，发现服务公平性三维度对顾客满意度均具有显著影响，其中结果公平影响最强，交互公平次之，程序公平最小（Kim & Moon, 2009）。塔克斯等（Tax et al., 1998）通过截面调查回顾员工对过往评价方法的抱怨，采用"员工即顾客"的视角进行研究，发现交互公平、结果公平和程序公平都会影响抱怨满意度，而交互公平对满意度的影响最强。

5.3.1.2 服务质量

（1）服务质量的定义。

自从商业的成功与提供高水平的服务联系起来之后，大量研究开始关注各种环境中顾客如何评价服务质量。服务质量是营销学的核心概念之一，许多学者用不同的方式对服务质量进行定义。格罗诺罗斯（Grönroos, 1982）定义服务质量为一个评价过程的结果，该结果基于顾客对他的期望服务和他接受的服务进行比较。换句话讲，用期望服务来测量感知服务，服务质量是顾客比较以前接受服务经历和他的期望服务的结果。威科夫（Wyckoff，1984）从企业的角度定义服务质量，认为服务质量体现为满足客户需求的精益求精程度，以及对该过程中变异的控制能力。谢尔登（Sherden，1988）将服务质量定义为顾客在交易过程中与特定服务人员的关系。尽管服务质量的实际水平依赖服务人员和顾客关系，但管理者必须确保顾客经历符合他们的期望。

泽希尔姆（Zeithaml，1988）认为"感知服务质量是消费者对整个优势或卓越的判断"。罗斯特和皮特斯（Roest & Pieters，1997）认为服务质量构念应该把重点放在顾客对购后阶段的判断上。这两种观点表明对感知服务的评价在购物体验形成中完成。帕拉素拉曼等（Parasuraman et al.，1985）也提出了服务质量概念，认为服务质量是顾客对服务整体优势或卓越程度的判断，是相对于竞争对手的产品或服务所形成的一种整体判断或态度，是顾客基于其期望服务与实际感知服务之间的比较所形成的结果，它不仅包括服务绩效评价，也包括服务过程的体验。顾客对服务质量的判断，更多体现为顾客对具体属性的认知性反应。服务质量是影响顾客与企业关系、顾客对企业态度和行为的重要因素。帕拉素拉曼等认为在服务传递和交流过程中，消费者和服务人员之间存在五个差距（gap），并且，他们用期望服务和感知服务之间的差距来定义顾客感知服务质量，即"服务质量（Q）=感知服务（P）-期望服务（E）"。

在帕拉素拉曼等（1985）有关服务质量概念的基础上，布雷迪和克罗宁（Brady & Cronin，2001）用整体、灵活的感知来定义服务质量。他们认为，服务质量应基于顾客的综合感知，并可通过以下至少一项维度体现：①组织所提供的技术质量和功能质量；②服务产品、服务提供过程和服务环境；③与服务体验有关的可靠性、响应性、移情性、安全性和有形性。

到目前为止，大多数学者同意服务质量是一种与经历的服务体验有关的态度（Parasuraman et al.，1991；Parasuraman et al.，1988，1994a，1994b；Zeithaml et al.，2002）。因此，顾客通过他们自己的标准来评价服务质量，如过往经历或个人喜好。这种经历—判断现象表明，服务质量不是对服务提供者的评价，而是依靠每个顾客感知绩效的判断。这意味着服务提供者应该考虑通过顾客反馈来提高服务质量。本节认为，顾客对其购买的产品或服务的质量认定与其经历和偏好相关，因此，本书中的服务质量是指顾客基于个人经历与偏好对产品或服务的整体优势的判断。

(2) 服务质量的测量和维度。

作为营销战略的关键元素，营销人员必须对顾客感知到的服务质量进行有效的测量。事实上，在具体的服务情境中，选择合适的测量工具对服务质量进行测量，有利于服务质量的改善和提升。因此，大量的研究均对服务质量的测量进行了讨论。

服务行业具备以下七大属性：安全性、一致性、态度、完整性、条件、可获得性和训练（Sasser, Olsen & Wyckoff, 1978），随后帕拉素拉曼（1985）的一项研究表明，服务具有以下十个维度：有形性（tangibles）、可靠性（reliability）、响应性（responsiveness）、交流、可信性、安全性、权限、礼貌、理解客户和可获得性。后将这十个维度进一步归纳为五个方面，包括：有形性、可靠性、响应性、安全性以及移情性（empathy）。基于这五个维度的视角来分析和测量服务质量，有助于从整体上对服务质量进行测度。由此，形成了被广泛运用的 SERVQUAL 量表，这种测量方法从消费者视角来评价消费者的期望，区别于从服务提供者的视角来评价感知绩效。该量表共包含五个维度，22 个题项。采用李克特七级量表，1 代表完全不同意，7 表示完全同意。

许多研究者将 SERVQUAL 工具应用于酒店环境，且没有进行修改（Armstrong et al., 1997; Tsaur & Lin, 2004）。其他研究对该工具进行了修改，使之更符合酒店服务实际，如克努森等（Knutson et al., 1991）在酒店环境下，通过修改 SERVQUAL 工具，开发了 LODGSERV 工具，结果表明 LODGSERV 也有五个维度。最重要的维度是可靠性，其次是保证性（assurance）、响应性、有形性和移情性。盖蒂和汤普森（Getty & Thompson, 1994）根据 SERVQUAL 量表，开发了 LODGQUAL_I 量表。该量表的维度是有形性、可靠性和"契约"（包括与容量、安全和移情性有关的属性）等。埃金奇、赖利和费夫－肖（Ekinci, Riley & Fife–Schaw, 1998）分析包括两种量表的结合，产生了一个 14 个题项的工具，包括两个维度：有形性和无形性。阿克巴巴（Akbaba, 2006）根据 SERVQUAL 量表，开发出商业酒店服务质量量表。通过实证研究发现，商业酒店服务质量包括五个维度：有形性（tangi-bles）、服务供应的充足性（adequacy in service supply）、理解和关怀（understanding & caring）、保证（assurance）和方便（convenience）。对商业旅游者而言，最看重的是"方便"，其次是"保证""有形性""服务供应的充足性""理解和关怀"。

其他还有些研究不使用 SERVQUAL 模型，如奥贝罗伊和黑尔斯（Oberoi & Hales，1990）提出 54 个有关设施、餐饮、定价和酒店会议活动等方面的题项构成的量表。其中 23 个属性分为三个维度。他们归纳出功能成分（非物理属性）比技术属性更有助于消费者感知总体质量。曹、邱和黄（Tsaur, Chiu & Huang，2002）建立了八个维度：响应性、有形性、膳食服务、区位、可靠性、移情性、声誉和商业服务来测量国际酒店的服务质量，其中响应性和有形性最重要，而膳食服务最不重要。埃金奇和赖利（Ekinci & Riley，2001）提出 35 个题项，划分为七个维度：装饰、清洁、员工行为和态度、结果质量、可达性、及时性和可靠性。在应用 Q 分析和格特曼程序后，只有装饰、员工行为和结果质量有效。埃尔托和瓦纳科雷（Erto & Vanacore，2002）则提出了一种概率的方法来评价饭店服务质量。由此可见，酒店行业在评价和测量服务质量时还存在较大分歧。

（3）服务质量的相关研究。

由于旅游行业的增长且游客变得越来越挑剔和苛刻，旅游服务提供商必须依赖其产品和/或服务的质量进行竞争（Swarbrooke，2001）。服务质量在旅游组织的运营成败中发挥重要作用（Ranjbarian & Pool，2015）。在服务营销文献中，服务质量通常反映出客户对产品或服务的看法和价值判断（Parasuraman et al.，1985）。服务质量被广泛认为是客户满意度和行为意图的先决条件，这反过来又影响组织的盈利能力（Alexandris et al.，2002；Kim et al.，2016；Prentice，2013；Shi et al.，2014；Zeithaml et al.，1996）。一些研究人员，如帕拉素拉曼等（1985）断言，服务质量是顾客通过将感受到的服务与自身原来的预期比较后形成的。优质服务的叠加会不断增强客户的品牌好感度，最终导致顾客对品牌的依恋以及随后的购买行为（Jiang et al.，2018）。一些实证研究还表明，服务质量是感知价值和满意度的前因变量，是形成顾客满意的重要影响因素，并通过感知价值和满意度对行为倾向产生间接影响（Anderson & Sullivan，1993；Gottlieb et al.，1994）。

5.3.1.3 旅游者主观幸福感

（1）旅游者主观幸福感的定义。

主观幸福感经常与生活质量、生活满意度、经验丰富的效用（Dagger &

Sweeney, 2006; Yuan, 2001) 和幸福 (McCabe, Joldersma & Li, 2010) 互换使用。尽管可以将主观幸福感的概念归纳为广义的幸福，但主观幸福感是指一个人的生活是否令人满意以及产生积极的影响 (Diener, 1984)，换句话说，即个体如何评价自己的生活 (Diener, Suh & Oishi, 1997)。迪内 (Diener, 1984) 的研究指出可以使用情感或认知因素，或者是将两者结合使用来对生活进行评估。例如，可以将主观幸福感当作人们对自己生活中重要或者是关键部分的评估结果或者感知。主观幸福感的情感成分涉及一个人对其愉悦（如喜悦）和不愉快（如悲伤）情绪的平衡。在全球范围内，主观幸福感代表了个体对其当前生活状况进行主观评估的整体评估的结果 (Dagger & Sweeney, 2006)。

关于主观幸福感的界定，存在许多不同的定义。其中，迪内等 (Diener et al., 1999) 关于主观幸福感的定义被广泛接受，认为主观幸福感是人们以自身的标准为依据对其生活各领域的满意度进行界定，评价生活质量的满意程度和情感体验。主观幸福感具有三大特性：主观性、整体性以及相对稳定性。主观幸福感是衡量个人整体生活质量的重要综合性心理指标。

旅游者主观幸福感的定义来源于主观幸福感。现有旅游文献对旅游者主观幸福感的定义主要来自社会学和营销学科。旅游的社会属性的主要体现即生活幸福感（粟路军等，2015）。陈晔等 (2017) 采用迪内等 (1999) 对主观幸福感的定义，将其界定为人们对自身生活满意程度的认知评价。亢雄 (2012) 将旅游幸福感定义为"旅游者在旅游活动过程中因体验而生发的积极情感，主要表现为主体需求的满足、参与并沉浸于旅游活动中，同时这些活动对于旅游者有一定积极的价值与意义"。妥艳媜（2015）将旅游者幸福感界定为"个体在旅游过程中体验到的，包括情感、体能、智力以及精神达到某个特定水平而产生的美好感觉，以及由此形成的深度认知"。本节沿用粟等 (Su et al., 2016) 关于旅游者主观幸福感的定义，将旅游者主观幸福感界定为旅游者对其自身生活满意程度的评价。

（2）旅游者主观幸福感的测量。

现有关于旅游者主观幸福感的测量，主要是借鉴社会学和营销学的相关研究成果，分为单一维度测量和多维度测量两种基本方法。单一维度的测量方法是指从整体上测量旅游者总体主观幸福感 (Su et al., 2015; Su et al., 2016; 陈晔等, 2017)。多维度测量是指从多个生活领域来测量旅游者的主观幸福感,如家庭生活、社会生活、社区生活以及休闲生活等(Fritz & Sonnentag,2006)。弗里茨和桑诺特达尔(Fritz & Sonnentag,2006)使用16个指标来测量旅游者幸福感。另有学者使用24个情感和体验题项来捕获老年人总体幸福感(Wei & Sonnentag,2006)。瑟吉等(Sirgy et al.,2011)等用13个领域的主观幸福感来测量旅游者主观幸福感。多尔尼卡尔等(Dolnicar et al.,2012)在对大量主观幸福感进行梳理的基础之上,提取了15个共有的生活领域。在这些生活领域中,休闲生活领域的满意度和对生活满意的重要性受到了休闲和旅游研究者的重视(Sirgy,2011;Dolnicar,2012)。拉因和弗罗斯特(Laing & Frost,2017)采用质性现象学研究方法,构建的模型认为旅游者主观幸福感包括脱离/恢复、自主、掌握/成就、意义、联系/关系和积极情感六个维度。

学者张天问和吴明远采用定性研究方法,通过对网络博客文本分析,从时间维度上将旅游幸福感划分为旅游前美好期待体验、旅游中福乐体验和旅游后温馨回忆体验三个方面;从内容维度上将旅游幸福感划分为享受闲适生活、获得旅游福乐体验、提升积极情绪、减弱不良情绪、感受人际美好和提升人生境界六个方面(张天问和吴明远,2014)。基于主观幸福感理论,黄向(2014)认为旅游体验是旅游情境中的主观幸福感,并将旅游体验划分为孤独体验、成就体验和高峰体验三因子结构。妥艳婧(2015)认为旅游者幸福感由积极情绪、控制感、个人成长、成就体验、社会联结和沉浸体验六个方面构成。

(3)旅游者主观幸福感的相关研究。

近年来,旅游领域的学者开始更加关注旅游业发展的社会成果,如游客的生活质量(Andereck & Nyaupane,2011;Neal et al.,2007)、主观幸福感(Filep,2014)和幸福(Nawijn,2011)。主观幸福感与传统的以财务和增长为导向的旅游业和目的地发展目标并不冲突;相反,它加深了对旅游的服务潜在影响的理解。旅游服务人员,如经理、营销人员和政策制定者可以通过提升旅游者的主观幸福感来对游客的生活产生积极的影响(Andereck & Nyaupane,2011)。安德雷克和尼亚潘(Andereck & Nyaupane,2011)的研究指出,基于旅游过程产生的经历会影响人们的生活质量,并改善主观幸福感(Filep,2014)。纳韦恩(Nawijn,2011)的研究指出,游客在旅行开始的那一天通常会精神振奋,并且与日常的生活相比通常会觉得更加幸福。虽然人们已经意识到旅游经历与主观幸福感之间的关系（Andereck & Nyaupane，2011；Sirgy et al.，2011），但是旅游体验过程中对主观幸福感产生影响的特定影响因素尚未明晰（Neal et al.，2007）。近年来，国内学者对旅游者主观幸福感的研究也取得了显著进展。余润哲等（2022）基于乡村旅游者的动机视角，采用模糊集定性比较分析方法，揭示了乡村旅游者主观幸福感的驱动机制。研究发现，单一动机因素难以构成主观幸福感的充分必要条件，而多种动机因素的组合路径（如兴奋、家庭团聚、乡愁等）对主观幸福感的解释力更强，强调了动机组合对旅游者幸福感的复杂影响。闫昕等（2023）聚焦于红色旅游者，构建了基于具身感知、红色记忆、敬畏情绪和心理韧性的主观幸福感生成机理模型。研究表明，红色记忆在唤起敬畏情绪和心理韧性方面具有重要作用，而敬畏情绪和心理韧性又通过部分中介和链式中介作用影响主观幸福感，揭示了红色旅游情境下主观幸福感的多变量生成路径。余润哲等（2022）进一步探讨了怀旧情感对乡村旅游者主观幸福感和游憩行为意向的影响，基于地方依恋和刺激—机体—反应（S-O-R）理论，发现怀旧情感通过积极情绪体验和地方依赖对主观幸福感产生显著影响，而地方认同的影响不显著，表明旅游者在乡村旅游中的功能依恋对主观幸福感的驱动作用更强。孙佼佼和徐英（2022）从环境契合度的角度，分析了其对旅游者主观幸福感的影响机制，指出环境契合度（尤其是环境资源）对主观幸福感具有显著的正向影响，并通过游憩涉入和地方依恋间接影响主观幸福感，强调了环境因素在提升旅游者主观幸福感中的重要性。

5.3.1.4 服务评价与消费情感

（1）服务公平与消费情感。

在服务接触过程中，顾客常常参与服务产品生产和直接接触的企业操作系统、实践和制度。当顾客访问服务企业时，存在许多服务崩溃的可能性。当关注于服务公平性时，顾客往往会产生强烈的积极或者是消极反应。史密斯（Smith，1998）指出，服务失败会直接导致顾客产生负面情绪（如失望、生气、焦虑和不满等）。塞利（Selye，1988）将负面情绪分为两类：一是激动、愤怒和焦躁，甚至有攻击行为；二是失望、沮丧、抑郁，甚至有自杀行为。谢巴和斯鲁萨尔奇克（Chebat & Slusarczyk，2005）基于前人研究，把情绪分为三组：愤怒/厌恶、惊奇/焦虑和悲伤/顺从。塞德斯和贝里（Seiders &

Berry, 1998) 的研究指出, 当顾客遭受不公平对待时, 典型的反应是惊讶、失望和愤怒, 而这些正是负面情绪的范畴。据认知评价理论, 巴戈齐等 (1999) 指出情感产生于一个人评价与自己幸福感相关的事情的反应。换句话说, 个人评价事件的方式产生于情感, 而不是事件本身。从这个视角出发, 舍费尔和恩纽 (Schoefer & Ennew, 2005) 得出结论, 认为感知公平代表认知评价维度, 这伴随着投诉处理体验, 驱动情感的发生。相类似的, 根据情感控制理论和心理学文献, 谢巴和斯鲁萨尔奇克 (2005) 研究表明情感是消费者处理公平/不公平的方式。米库拉, 谢勒和阿滕施泰特 (Mikula, Scherer & Athenstaedt, 1998) 采用大规模心理实验法且收集 2921 份调研数据, 发现当遭遇不公平对待时, 顾客会产生生气、厌恶、内疚和羞愧等负面情绪, 且负面情绪持续时间较长。格罗斯和吉林德 (Groth & Gillind, 2001) 认为服务企业的排队制度的公平性会直接影响顾客的情绪。郑丹 (2006) 认为, 当遭遇服务失败时, 顾客的积极、消极的消费情绪与期望不一致会作用于顾客满意度。粟路军和黄福才 (2011) 以乡村旅游为例, 对服务公平与顾客情绪和顾客忠诚度的影响进行研究, 认为服务公平直接导致顾客负面消费情绪。德威特等 (Dewitt et al., 2008) 研究也发现感知公平正向影响正面情感, 负向影响负面情感。李等 (2008) 将顾客消费情感划分为正面情感与负面情感两个单极构念, 正面消费情感与负面消费情感虽然可以同时存在, 但也存在此消彼长的动态关系, 即如果顾客消费正面情感多, 则负面情感少, 反之亦然, 正面情感对负面情感具有抑制作用。

陈和陈 (Chen & Chen, 2010) 将服务体验定义为"消费者在消费或使用服务时感受到的主观个人反应和感受"。他们观察到服务体验在旅游文献中被相对忽视, 值得注意的是, 所接收的服务公平性是对服务体验的认知评估, 它指的是客户在评估服务体验的输入 (如时间和价格) 和输出 (如服务公司的产品) 时感知的公平程度。当客户的服务体验与他们的公平标准相冲突, 使得来自服务体验的感知输入与足够的输出产品或体验不相关时, 客户可能会感觉到不公平 (Seiders & Berry, 1998), 并形成对服务公平的负面感知。然而, 如果输入匹配或超过输出的感知值, 就会产生服务公平性的积极感知。服务公平通常与结果 (即分配公平)、过程 (即过程公平) 或人 (即互动公平) 的公平相关联。虽然感知服务公平被认为是一个多维的结构, 但许多研究者在全局水平上衡量这一概念。其基本原理是服务公平指的是客户对交易所涉及的公平程度的总体看法（Dewitt et al., 2008；Seiders & Berry, 1998）。

在营销文献中，服务公平感知被认为是消费者行为意图的重要前提（Blodgett, Granbois & Walters, 1993；Jang & Namkung, 2009）。公平的承诺是任何交易的核心。克沃特尼克和韩（Kwortnik & Han, 2011）对601名中国酒店客人的研究结果揭示了这种结构的跨文化重要性，因为中国受访者在服务公平性的认知方面与西方酒店客人没有太大不同。有研究发现，在中国游客遭遇服务失败后，服务公平感对恢复满意度有显著影响（Li, 2011）。尽管已有研究强调在服务恢复情境中考虑公平感知的重要性，但消费者通常依据既定的内在标准对服务提供情境进行判断。即使在消费者和服务提供商之间没有明显冲突时，公平感知也很重要。考虑到感知服务公平对评估整体服务体验的重要性，探索感知服务公平与旅游环境中由此产生的行为意图之间的联系具有重要研究价值。

服务公平的概念主要是在服务恢复研究和合规管理研究的背景下进行研究的（Aurier & Siadou-Martin, 2007）。贝特曼（Bettman, 1979）用认知来解释消费者的行为意图。后来，情绪被引入来分析其对行为意图的影响（Holbrook & Hirschman, 1982；Peterson, Hoyer & Wilson, 1986）。巴戈齐等（1999）将情感描述为"一种由对事件或思想的认知评估产生的心理准备状态"，并"可能导致个体采取特定的确认或应对行动，这取决于情感的性质和对个体的意义"。认知评估理论表明，特定的情感来自一个人对其所面临的现状的评估，公正通常被认为是个体被他人对待的适当性的评估性判断（Dunn & Schweitzer, 2005；Furby, 1986；Seiders & Berry, 1998；Watson & Pennebaker, 1989）。根据塞德斯和贝里（1998）"当公平成为一个问题时，顾客的反应往往是非常积极或消极的。当顾客认为他们受到不公平待遇时，他们的反应往往是立即的、情绪化的和持久的"。

本书赞同拉扎勒斯（Lazarus, 1991）的观点，认为情感是个人对环境情境认知评价的结果，认知评价对形成情感是必要的，也是充分的。尤其是感知公平似乎代表认知评价维度，它帮助解释旅游者正面情感和负面情感的形成。低水平的感知公平，将产生高水平的旅游者负面情感，如愤怒或生气。相反，高水平的感知公平增加旅游者正面情感的可能性，如高兴、快乐。服务公平性有助于旅游者对正面消费情感体验的实现，有助于负面情感的消除。由此，提出如下结论：

H1a：服务公平对积极情感有显著正向影响。

H1b：服务公平对消极情感有显著负向影响。

(2) 服务质量与消费情感。

根据"认知—情感—行为"理论，消费者对事物的认知会影响他们的情感，进而影响他们的行为。比特纳（Bitner，1992）认为，企业通过对有形因素（如灯光、色彩、温度等）的调节，可以诱发消费者的正面情感。加德纳（Gardner，1983）指出，在服务消费过程中，企业的服务程序、环境、顾客与服务人员之间的交往等都会影响顾客消费情感。

服务质量是服务营销的核心。目前学界较为认同的是帕拉素拉曼等（1985）提出的定义，认为服务质量是顾客对具有普遍水平的服务提供商的服务实际的期望和其对该行业内某一具体企业的实际绩效感知间的差距。本节认为服务质量是指服务能够满足现实和潜在需求特征和特性的总和，是指服务工作能够满足被服务者需求的程度。旅游者对服务质量的评价不仅要考虑服务的结果，而且要涉及服务的过程，服务质量应被旅游者所识别、认可才是质量。

根据 S-O-R 框架，服务质量是外部刺激，而消费情感是个人内部情感状态，服务质量可以激发相应的消费情感（Su et al.，2016）。在旅游消费情境下，服务质量是旅游者对各类旅游企业人员提供相应服务水平的感知评价，会影响旅游者的情感体验（Deng et al.，2013；Jang & Namkung，2009；Mattila & Enz，2002）。已有的研究表明高服务质量与积极的消费情绪显著正相关（Han & Back，2006；Jang & Namkung，2009；Ladhari，2009；Mattila & Enz，2002）。金和文（Kim & Moon，2009）分析了在餐饮环境下，服务对愉悦体验有显著的正向影响。在国际酒店情境下，邓等（Deng et al.，2013）将消费情感整合到美国顾客满意度指数（ACSI）模型中，发现服务质量正向影响顾客积极情感。在温泉旅游情境下，粟等（Su et al.，2016）发现服务质量正向影响积极情感，负向影响消极情感。

游客感知到的高水平服务公平会滋生积极的消费情绪，培养信任，进而提升忠诚度，而感知到的低水平服务公平会滋生贬低忠诚度的消极消费情绪。情绪在调节人际互动的动力中起着至关重要的作用（Lawler，2001）。摩根等（Morgan et al.，2009）在探索"体验经济作为旅游目的地地区管理和营销策略基础的概念"时，观察到行为文学中强调"从消费者决策的理性方面向情感方面"的范式转变。因此,在旅游行为模型中评估消费者行为的认知因素(如服务公平性感知)和影响因素(如情感)是非常重要的。

张和南坤(2009)的研究揭示了餐馆环境中积极情绪和行为意图之间的重要关系。良好的行为意图经常代表客户的忠诚度,这是公司长期可持续发展的关键因素(Chen & Chen, 2010)。游客重游目的地的意愿以及向朋友或亲戚推荐目的地的意愿反映出对目的地的忠诚程度(Chen & Chen, 2010; Chen & Tsai, 2007; Oppermann, 2000)。贝格纳尔韦尔(Bergenwall, 1998)指出,"情绪通常会导致个人的某种行为,也就是说,它们会产生某种后果"。巴戈齐等(1999)认为顾客情绪是决定他们行为的最重要因素。因此,提出如下假设:

H2a:服务质量对积极情感有显著正向影响。

H2b:服务质量对消极情感有显著负向影响。

5.3.1.5 服务评价与旅游者满意度

(1)服务公平与旅游者满意度。

组织行为学文献发现感知组织公平是员工满意的重要驱动因素。麦克法林和斯威尼(McFarlin & Sweeney, 1992)发现分配公平和程序公平是员工满意的重要预测变量,且分配公平的作用更大。马斯特森等(Masterson et al., 2000)发现程序公平和互动公平是员工满意的重要前因变量,且程序公平的作用比互动公平更大。公平理论引入营销学后,许多研究证实感知服务公平是顾客满意的重要驱动因素。近年来,旅游学研究者也证实了感知公平的重要性,如金(Kim, 2016)等证实服务公平的三个维度(即程序公平、分配公平和互动公平)均显著正向影响酒店顾客满意度。类似地,在高尔夫旅游情境下,哈钦森等(Hutchinson et al., 2009)发现服务公平性正向影响旅游者满意度。在遗产地旅游情境下,粟和徐(2013)也证实服务公平是旅游者满意度的重要前因变量。

有关顾客满意度与服务质量的关系及其测量是市场营销研究的重点。在旅游产业中,旅游者满意度和服务质量对其选择旅游目的地产生重要影响而受到目的地营销的重视(Ahmed, 1991)。佩特里克(Petrick, 2004)研究发现服务质量是邮轮旅游者满意度的前因变量。巴宾等(Babin et al., 2005)在研究家庭风格的餐厅顾客时也发现高的服务质量将产生高的顾客满意度。

服务质量已被很多研究证实为重购行为的前因变量（Spreng et al.，1996）。哈特林和琼斯（Hartline & Jones，1996）对酒店顾客研究发现，高服务质量会增加口碑宣传倾向。博尔丁等（Boulding et al.，1993）实证研究发现，顾客感知服务质量越高，企业从他们身上获取的战略意义越大（如产生积极口碑宣传、推荐服务等）。尽管寻找替代物构念被认为是顾客购买行为中顾客满意的一个重要结果变量（Kozak & Remington，2000），但该构念很少在测量旅游者忠诚度中使用。本章认为，既然旅游者经常面临许多替代旅游地可供选择，这使得寻找替代旅游地会在旅游者决策过程中产生重要影响，而旅游者对服务质量的感知将对他们未来的旅游决策产生重要影响（Woodruff，1997），若旅游者对该旅游地的服务质量感知较低，将会寻找替代性的旅游地，反之亦然。

顾客满意度是顾客针对产品或服务的所有购买经验的整体评价，可显示出企业的过去、现在甚至未来的绩效。顾客满意度可被视为是顾客在某些消费经验后，喜欢或不喜欢的程度，是一个以累积经验为基础的整体性态度。高力行（2002）指出顾客满意度作为一个整体的态度，受交易方式、服务表现等的影响。奥利弗和斯旺（Oliver & Swan，1989）提出顾客满意度是顾客根据服务公平性所作出的结论，即消费者在消费过程中都期望寻求最佳化的交易结果，当消费者感知到存在有不公平的现象时，会感到苦恼，进而导致不满意。汪纯孝、韩小芸和温碧燕（2003）指出，服务结果公平性和程序公平性既会直接影响顾客满意感，也会通过顾客感知的服务质量间接地影响顾客满意感。克里斯托弗（Christopher，2007）通过研究同样发现，服务公平是顾客评价满意程度的一个重要方面，对顾客重购意愿有着显著影响。申文果（2008）以旅行社网站为例，指出服务公平不仅能直接影响顾客信任感和满意感，也能间接影响顾客的行为意向。粟路军（2011）等通过建立结构方程模型，探究了服务公平、消费情感与顾客忠诚之间的相互关系。研究表明，服务公平会积极影响正面的消费情感，而正面的消费情感可以提高旅游者的满意度。由此，提出如下假设：

H3：服务公平正向影响旅游者满意度。

（2）服务质量与旅游者满意。

克罗宁和泰勒（Cronin & Taylor，1992）以及特拉布兰奇和博沙夫（Terblanche & Boshoff，2010）在提出的 H-CSI 模型中，客户满意度的第一个决定因素是服务质量，服务质量可以直接积极地影响客户满意度。根据帕拉素拉曼等（1985；1988）的观点，较高的感知服务质量水平可以提高消费者满意度。克罗宁和泰勒（1992）提出，服务质量是消费者满意度的前提。贝克和克朗普顿（Baker & Crompton，2000）将满意度定义为旅游经历后获得的体验质量（游客的情绪状态）。斯普伦（Spreng，1996）等认为游客的满意度是体验质量的结果。

大量的营销文献已将服务质量确定为满足客户满意度的重要先决条件（Fornell et al.，1996；Hellier et al.，2003；Hutchinson et al.，2009）。在旅游学文献中，服务质量与满意度之间的正相关关系也得到了证实（Hutchinson et al.，2009；Su et al.，2017；Su et al.，2015；Su et al.，2016）。例如，在对邮轮乘客的研究中，佩特里克（Petrick，2004）提出服务质量是提高满意度的关键。陈和陈（Chen & Chen，2010）报告说，目的地的体验质量可以显著提高传统游客的满意度。哈钦森等（2009）证实了服务质量对旅游者满意度有显著正向影响；酒店领域的研究表明提供高质量的服务可以确保顾客对酒店的满意度，而且无论是一般服务还是定制服务，服务质量都会显著影响顾客满意度以及消费者感知价值（Tsang & Qu，2000；Getty & Getty，2003）。在遗产旅游情境下，粟等（Su et al.，2017）验证了服务质量是旅游者满意度的重要驱动因素；在城市旅游方面，粟、黄和陈（Su，Huang & Chen，2015）还报告了服务质量与游客满意度之间的显著正相关关系。基于前面提到的已有研究，提出如下假设：

H4：服务质量与旅游者满意度正相关。

5.3.1.6 服务评价与旅游者主观幸福感

（1）服务公平与旅游者主观幸福感。

认知评估是"一个过程，通过这个过程，一个人评估与环境的特定接触是否与其幸福相关"。在旅游环境中，服务过程的认知阶段始于旅游者对其在目的地经历的公平性的认知评估。这种对有经验的服务公平性的评价会导致游客对服务公平性的感知，这种感知会引发一定的情绪，以及游客对旅游活动过程的信任程度。最后，所引发的积极和消极情绪以及信任会导致游客对目的地的未来行为意向。目前关于服务公平性的相关研究还未就服务公平和旅游者满意度的关系进行直接讨论，但是已有的研究结论已经在一定程度上间接证实了二者之间的关系。公平理论引入营销学后，许多研究证实感知服务公平是顾客满意度的重要驱动因素。近年来，旅游学研究者也证实了感知公平的重要性，如金等证实服务公平的三个维度（即程序公平、分配公平和互动公平）均显著正向影响酒店顾客满意度，而感知的满意程度会正向影响旅游者的主观幸福感（Filep，2014；Su et al.，2016）。何学欢等（2018）的研究指出，服务公平会正向影响认同，而认同会进一步积极影响主观幸福感的形成。据此，提出如下假设：

H5：服务公平显著正向影响旅游者主观幸福感。

（2）服务质量与旅游者主观幸福感。

服务质量感知与许多积极的客户态度和行为相关，但是这种关系并不一定是直接的。就目前的研究结果来看，相关文献还尚未就服务质量与旅游者主观幸福感之间的关系进行直接讨论，但是已有大量研究间接证实了二者之间的相关关系。研究表明，顾客满意度和客户认同感将在很大程度上取决于对优质服务质量的感知。何和李（He & Li，2011）的研究指出，顾客感知的服务质量越高，对服务公司的认同感越强。另外，认知—情绪—行为框架也支持服务质量与顾客认同之间的关系，而顾客认同会进一步正向影响旅游者的主观幸福感（Dolnicar et al.，2012）。此外，许多先前的研究表明，服务质量是决定客户满意度的关键因素（Chi & Qu，2008；Cronin et al.，2000；Fornell et al.，1996；Hutchinson et al.，2009），而旅游者的主观满意度会正向影响旅游者的主观幸福感（Filep，2014；Su et al.，2016）。最终，可以推出旅游者感知的服务质量越好，旅游者的主观幸福感越高。据此，提出如下假设：

H6：服务质量显著正向影响旅游者主观幸福感。

5.3.1.7 消费情感与旅游者满意度

在旅游文献中，许多实证研究表明，游客的主要动机是放松、寻求快乐、幻想、兴奋和逃避日常生活（Hanqin & Lam，1999；Kozak，2002；Kim，Borges & Chon，2006；Beh & Bruyere，2007；Park & Yoon，2009）。这些可以被视为情感的表现。因此，在当前的观点中，如果旅游目的地能够引发积极的情绪并同时消除消极的情绪，则可以假设游客将更有可能重访目的地，并将目的地介绍给其他人，包括朋友、亲戚，甚至未知的人（如通过公共博客）。

随着关系营销范式的不断兴起与成熟，消费情感逐渐被引入研究，并被证实对顾客感知和顾客行为等因素有重要影响（粟路军和黄福才，2011）。消费情感是在消费体验中的情感反应集（Westbrook & Oliver，1991），是定义消费体验和消费者反应的关键因素（Lee et al.，2008）。研究表明，消费情感影响消费者感知产品绩效与消费者满意度（Ladhari et al.，2008；Oliver & Westbrook，1993）。满意度指在消费中消费者的实际感知与预期相比较后的心理状态（Oliver，1981）。

情绪对满意度的影响已在多项研究中进行了描述（Westbrook，1987；Liljander & Strandvik，1997；Wirtz & Bateson，1999；Wong，2004；Ladhari，Brun & Morales，2008；Su & Hsu，2013）。拉达希等（Ladhari et al.，2008）在对餐厅服务进行研究后指出，客户满意度取决于三个先决条件：积极情绪、消极情绪以及感知服务质量，并且，负面情绪对客户满意度的影响小于正面情绪的影响。李等（2014）认为满意度可以看作消费所产生的情感反应，即在结束目的地体验之后旅游者的心理结果。越来越多的研究均否定了旅游满意度的纯粹认知观点，这也就加重了旅游者的情绪状态对旅游者满意度的观点（Brunner-Sperdin et al.，2012）。维茨、马蒂拉和坦（Wirtz, Mattila & Tan，2000）的工作证实了消费者情感与消费者满意度之间的联系。具体而言，积极的消费者情绪会对消费者满意度产生积极影响，而消极的消费者情绪会对消费者满意度产生负面影响。韦斯特布鲁克和奥利弗（Westbrook & Oliver，1991）的研究表明，消费过程中的情绪积累会逐渐形成消费者的情感记忆，并最终影响顾客的消费后评价和满意度。韦斯特布鲁克（Westbrook，1987）证实情感反应的积极维度和消极维度与顾客满意度相关。比格和安德鲁（Bigne & Andreu，2004）通过将消费情感划分为不同的维度，表明随着游客惊喜情感的增加，其满意水平和重游意愿会得到提升。韩等（Han et al.，2009）在分析餐馆顾客消费情感、满意度和重访意向的关系时，发现消费情感直接显著影响满意度，并通过满意度间接影响重访倾向。在乡村旅游情境下，粟路军和黄福才（2011）发现，积极情感正向影响旅游者满意度，而消极情感负向影响旅游者满意度。粟和徐（Su & Hsu，2013）考察自然遗产目的地时，发现正面情绪和负面情绪都对游客满意度（方向相反）产生重大影响。宋和瞿（Song & Qu，2017）证实，在民族餐厅消费的背景下，顾客满意度是消费情绪的重要结果。由此，提出如下假设：

H7a：积极情感对旅游者满意度有显著正向影响。

H7b：消极情感对旅游者满意度有显著负向影响。

5.3.1.8 消费者情感与旅游者主观幸福感

目前只有少量研究涉及消费情感和旅游者主观幸福感的研究。瑟吉、克鲁格和李（Sirgy, Kruger & Lee, 2011）在"How Does a Travel Trip Affect Tourists' Life Satisfaction?"（旅行如何影响生活满意度？）一文中研究发现了一个模型，用于描述与旅行具体经历相关的积极和消极影响如何影响游客的整体幸福感（生活满意度）。该模型基于这样一个理论概念，即旅行通过游客体验与最近的旅行相关的积极和消极影响来影响生活满意度，该旅行涉及不同的生活领域（如社会生活、休闲生活、家庭生活、文化生活、健康和安全、爱情生活、工作生活和财务生活）。为了验证该理论模型，瑟吉等（2011）进行了两项研究。第一项研究是定性的，旨在确定各种生活领域中最近旅游经历产生的积极和消极影响的具体来源。第二项研究涉及对264名游客的调查，以实证的方式测试该模型。通过收集的数据，为整个模型提供了支持；这些数据也有助于确定积极和消极影响的具体来源，这些影响对游客的整体幸福感起着重要作用。并且，研究最终得出，旅游经历中的旅游者的满意度，可以进一步提升游客各个生活领域的满意度，而生活满意度可以进一步促进旅游者主观幸福感的提升。因此，瑟吉等（2011）根据研究结果，对旅游经营者提出了具体的管理建议。

麦凯布和约翰逊（McCabe & Johnson, 2013）的研究也指出该结论，他们指出"旅游经历在直接对休闲领域的满意度产生影响的同时，间接提升其他生活领域，如爱情生活、社交生活、家庭生活、精神生活以及工作生活等"。麦凯布和约翰逊（2013）发现关于旅游业与生活质量（QOL）和主观幸福感之间关系的新研究方兴未艾，因此他们开发了一种主观幸福感的测量方法，并报告了一项两步调查的结果，该调查测量了接受财政支持休假的低收入个人（"社会游客"）的幸福感变化。该研究是第一项评估社会游客幸福感的研究。研究结果表明，旅游业有助于增加社会游客的幸福感。在一些领域，包括心理资源、休闲和家庭生活领域，对社会福祉的贡献更大。根据研究结果发现，社会旅游者的主观幸福感水平低于普通人群，故需要进一步研究来比较主流游客中旅游业对主观幸福感的贡献。

柳博米尔斯基、谢尔登和施卡德（Lyubomirsky, Sheldon & Schkade,

2005）表示，对许多人来说，追求幸福是一个重要的目标。然而，令人惊讶的是，很少有科学研究关注如何增加并保持幸福感的问题，这可能是因为遗传决定论和享乐适应的概念所产生的悲观情绪。但是，关于幸福永久增长的可能性出现了乐观的新来源。根据过往有关幸福感的文献，柳博米尔斯基等（Lyubomirsky et al.，2005）提出个体的长期幸福水平由三个主要因素决定：遗传决定的幸福设定点、幸福相关的间接因素以及幸福相关的活动和实践。通过考虑适应和动态过程，可以说明为什么活动类别提供了可持续增加幸福感的最佳机会。最后，讨论了支持该模型的现有研究，包括两个增加幸福感的初步干预措施。

根据拉森和布斯（Larsen & Buss，2002）的说法，遗传决定了一个人50%的主观幸福感。另外的50%中，10%由日常生活决定，剩下的40%来源于个人有目的的活动。旅游活动就是一项有目的的活动，并且追求幸福是许多人的一个重要目标（Lyubomirsky, Sheldon & Schkade，2005）。尼尔、瑟吉和乌萨尔（Neal, Sirgy & Uysal，1999）在"The Role of Satisfaction with Leisure Travel/Tourism Services and Experience in Satisfaction with Leisure Life and Overall Life"（休闲旅游/旅游服务及体验的满意度对休闲生活满意度和整体生活满意度的影响）一文中探讨研究了一种与生活满意度相关的休闲旅行/旅游服务满意度的测量方法。其研究的假设模型是基于生活满意度模型的层次结构。该模型假设总体生活满意度可以通过对主要生活领域（如休闲生活）的满意度来确定。休闲生活领域中的影响垂直扩散到最上层的领域（一般的生活），从而导致生活的满意或不满意。为了验证该假设模型，尼尔等（Neal et al.，1999）对一所重点州立大学的373名旅游服务消费者进行了调查，并根据所得数据通过LISREL分析以测试模型的拟合优度、修改原始模型以使假设模型拟合良好。尼尔等（Neal et al.，1999）的研究结果表明，生活经历将影响一个人如何评估特定的生活领域进而影响其整体生活满意度。尤其是在旅游情境中，旅行/旅游体验将直接影响休闲旅游者的总体生活满意度。

尼尔等（Neal et al.，1999）的研究结果是基于"自下而上"的溢出理论（Diener，1984）。"自下而上"的观点假设一个人的整体生活满意度取决于其在许多生活领域中的满意度，这些满意度可分布在广泛的生活领域，如家庭、友谊、工作、休闲等（Heller, Watson & Ilies，2004；Pavot & Diener，2008）。因此，自下而上理论认为，生活满意度代表了个人对生活中各个方面（领域）满意度的加权平均值。即在一个生活领域中产生的情感将会不断延伸，最终从总体上扩散到生活中，最终影响主观幸福感。由此，提出如下假设：

H8a：积极情感对旅游者主观幸福感有显著正向影响。

H8b：消极情感对旅游者主观幸福感有显著负向影响。

5.3.1.9 消费情感与旅游者环境责任行为

消费者的体验和反应在一定程度上受情绪驱动（Babin, Darden & Babin, 1998; Lee et al., 2008; Su et al., 2017）。环境心理学领域的相关研究进一步支持了这一结论，即情绪状态会引导个体朝特定的目标采取相应的行动（Donovan & Rossiter, 1982; Mehrabian & Russell, 1974）。个体的接近或者是回避行为部分是由于环境中的情绪线索引起的（Mehrabian & Russell, 1974）。根据S-O-R理论的研究指出，物理环境，情绪和反应是S-O-R理论的三要素，旅游者的情绪会影响其行为（Su & Hsu, 2019）。

许多研究人员指出，人们做什么和如何做取决于他们的感觉或情感（Donovan & Rossiter, 1982; Mehrabian & Russell, 1974），而情感对各种行为都有重要影响（Nyer, 1997; Westbrook, 1987）。罗米尼、格拉皮和巴戈齐（Romani, Grappi & Bagozzi, 2013）将感恩的积极情绪视为企业社会责任与积极倡导行为之间的中介，从而表明了有经验的情绪如何影响消费者的活动。此外，基于伊扎德（Izard, 1977）的工作，张和南坤（Jang & Namkung, 2009）的研究得出结论，情绪在感知的质量（产品、氛围和服务）和行为的影响中起中介作用。基于此，通过延长保留期限和口口相传等途径，消费情绪在为企业创造利润中起着至关重要的作用（Gracia, Bakker & Grau, 2011; Han & Jeong, 2013）。巴兰特尼和帕克（Ballantyne & Packer, 2011）证明，游客通过生态目的地与自然环境互动，在制造愉快度假体验的同时，为旅游者了解环境脆弱性提供了机会。在了解目的地环境并学习了相关知识之后，旅游者的态度和意图会发生改变。基于此，可以推断，旅客的情感体验会影响旅游者的环境责任行为。当旅游经历产生积极情绪时，会提升旅游者的环境责任行为。相反，当旅游经历中产生负面情绪时，会降低旅游者的环境责任行为。由此，提出如下假设：

H9a：积极情感对旅游者环境责任行为具有显著正向影响。

H9b：消极情感对旅游者环境责任行为具有显著负向影响。

5.3.1.10 旅游者满意度与主观幸福感

尼尔等（Neal et al.，1999）发现，旅游活动中旅游者满意度在旅游服务满意度对旅游者主观幸福感影响中起中介作用。瑟吉等（Sirgy，2011）也发现旅游者积极和消极记忆影响13个领域的生活满意度，进而影响总体生活满意度。在老年旅游者情境下，金、吴和乌萨尔（Kim, Woo & Uysal, 2015）将旅游者参与和感知价值作为体验满意度的影响因素，进而影响休闲满意度和主观幸福感。同样，在老年旅游者情境下，吴、金和乌萨尔（2016）将旅游动机和旅游限制作为休闲满意度和主观幸福感的前因变量，发现动机正向影响休闲领域满意度，而旅游限制没有影响休闲领域满意度，休闲领域满意度与总体生活满意度相关。在城市旅游情境下，粟、黄和陈（Su, Huang & Chen, 2015）将服务公平和服务质量作为旅游者主观幸福感的前因变量，旅游者满意度作为中介变量。在航空旅游者情境下，金等（Kim et al.，2016）将认知评价、情感评价和感官评价作为旅游者主观幸福感的前因变量，并发现它们正向影响主观幸福感。在温泉旅游情境下，粟等（Su et al.，2016）将服务质量作为前因变量，关系质量（旅游者满意、旅游者认同）作为中介变量，旅游者主观幸福感作为结果变量，实证结论表明旅游者满意度在服务质量对旅游者主观幸福感影响中起完全中介作用，而旅游者认同起部分中介作用。该研究从关系营销视角较好地厘清了旅游者主观幸福感的形成机制。陈等（Chen et al.，2016）检验了假日康复体验、旅游满意度和主观幸福感之间的关系，实证研究结论表明，旅游满意度在假日康复体验对主观幸福感影响中起部分中介作用。在团队旅游情境下，陈晔等（2017）发现团队社会联结在游客互动与主观幸福感的关系中起部分中介作用。在卫生服务机构中，戴格尔和斯威尼（Dagger & Sweeney, 2006）发现，服务满意度会对感知的生活质量产生积极影响。尼尔、瑟吉和乌萨尔（Neal, Sirgy & Uysal, 2004）通过研究旅游服务的作用扩展了他们先前的研究，发现游客对旅游服务和体验的满意度，旅行反思，对旅游阶段的服务方面的满意度以及非休闲生活领域都对整体生活满意度产生影响。据此，提出如下假设：

H10：旅游者满意度对主观幸福感有显著的积极影响。

5.3.1.11 旅游者满意度与环境责任行为

组织行为学文献中，许多研究证实了员工满意度是组织公民行为的重要驱动因素，如陈和赖（Chan & Lai，2017）实证研究发现交流满意度不仅正向影响组织公民行为，并在感知公平（程序公平、分配公平和情感公平）对组织公民行为影响中起中介作用。组织公民行为是指组织正式工作制度要求之外的、有益于组织的行为，即出于个人意愿的、非角色内所要求的行为，如助人行为、运动家道德、公民道德等，与环境责任行为具有一定的相似性，均属于角色外行为，且对社会具有公益性。当旅游地居民对所在社区满意时，其不但可以实施角色内行为，而且会促使其采取角色外行为。因此，可以推断，居民社区满意度会影响居民环境责任行为。

关于旅游者满意度与旅游者环境责任行为的关系已有研究发现游客满意度会影响重新访问目的地的意图（Chen & Chen，2010；Hutchinson et al.，2009；Su & Hsu，2013）并分享积极的口碑（Hutchinson et al.，2009；Su et al.，2015；Su & Hsu，2013）。奥拉姆斯（Orams，1995）回顾了生态旅游的多种定义，建议旅游目的地管理者设法将"生态旅游体验"从简单的享受和满意转变为对生态环境更深入的了解学习，从而在为旅游者提供良好的生态旅游体验的同时，促使旅游者环境保护意识的崛起，并最终促使旅游者环境责任行为的产生。奥拉姆斯（1995）指出生态旅游的游客满意度取决于旅游经历，如果游客对旅游经历感到满意，就可能会改变其行为，从而实现真正的生态旅游。李和莫斯卡尔多（Lee & Moscardo，2005）更具体地针对当前的研究，认为提供满意体验的目的地可能会增加游客从事对环境负责的行为的可能性。戴维斯、黎和科伊（Davis，Le & Coy，2011）等也在生态旅游领域验证了满意度对旅游环境责任行为的驱动性。而程等（Chen et al.，2018）则在关于遗产旅游的研究中发现，满意度对环境责任行为有直接正向影响。韩和金（Han & Kim，2010）在绿色酒店环境中指出，客户满意度会影响绿色酒店客户的决策过程。邱等（2014）对328名生态旅游者进行调查分析，结果发现，游客满意度源自积极的旅行经历，这种经历会引起积极的感受。他们在生态旅游环境中获得的经验发现支持了满意度与游客对环境负责的行为之间的联系。据此，提出如下假设：

H11：旅游者满意度正向影响旅游者环境责任行为。

5.3.1.12 旅游者主观幸福感与旅游者环境责任行为

目前关于旅游者主观幸福感与旅游者环境责任行为的研究还比较少。然而，关于员工幸福感的研究表明，员工的幸福感会影响员工的行为（Danna & Griffin，1999；Larson & Almeida，1999；Hwang & Hyun，2012；Erreygers et al.，2018）。拉森和阿尔梅达（Larson & Almeida，1999）针对家庭成员之间情感传递的相关问题进行了一系列研究。其所有的研究都使用重复的日记或经验取样数据来检查日常的朋友之间和家庭成员之间情绪体验的变化。情绪传播是通过一个家庭成员的个人直接经历的事件或情绪与另一个家庭成员的后续情绪或行为表现出一致的、可预测的关系来评估的。经过一系列的相关研究，拉森和阿尔梅达（1999）认为，这种经验范式为理解家庭和社区生活日常生态中的情感过程提供了一个十分实用的工具。同时他们表示，通过观测人们的日常情绪是可以预测主观情绪或行为的。

埃雷格斯等（Erreygers et al.，2018）指出，幸福感对青少年的网上亲社会行为有积极影响。他们发现，尽管青少年对睡眠的需求在整个青春期都是一样的，但随着年龄的增长，青少年往往会晚睡，睡眠时间也会减少。睡眠不好会对个体和人际功能产生负面影响，包括攻击性倾向的增加。随着青少年的社交生活越来越多地包括通过数字媒体进行的互动，当青少年的睡眠问题增加时，这些互动也可能变得更具攻击性。网络攻击的一种实施方式即网络欺凌。虽然之前的研究已经考察了睡眠中断在线下欺凌中的作用，但睡眠在网络欺凌中的作用还没有得到解决。因此，埃雷格斯等（2018）研究探讨了糟糕的睡眠质量对后续网络欺凌行为的纵向影响。由于睡眠被认为与攻击性有关的途径之一是情感途径，即愤怒情绪，因此测试了一个糟糕的睡眠质量的中介模型，该模型通过愤怒情绪预测网络欺凌。数据来源于13~14岁的青少年关于睡眠质量、愤怒、网络欺凌和数字媒体使用频率并形成自我报告。通过使用结构方程模型和Bootstrap测试，研究结果表明，即使考虑到使用数字媒体和以前的网络欺凌行为的影响，糟糕的睡眠质量确实通过增加愤怒情绪间接地与后来的网络欺凌行为有关。这一发现为将睡眠问题与攻击性联系起来的情感通路提供了支持。由于睡眠问题和愤怒似乎在网络欺凌行为中起着预测作用，因此制定了网络欺凌干预和预防策略的建议，希望通过干预措施对青少年的网上亲社会行为有积极影响。

丹娜和格里芬（Danna & Griffin，1999）指出，行为意图是幸福感的直接结果。工作场所的健康和福祉已经成为主流媒体、面向从业者的杂志和期刊以及越来越多的学术研究期刊的共同主题。丹娜和格里芬（1999）首先回顾了定义健康和幸福的相关文献并讨论了与健康和幸福相关的主要因素，以及当健康和幸福呈现低水平时的不良后果。最后，他们提出了在工作场所改善健康和幸福的常见方法，并指出行为意图是幸福感的直接结果。由此，提出如下假设：

H12：旅游者主观幸福感正向影响旅游者环境责任行为。

本节的理论模型整理如图5-8所示。

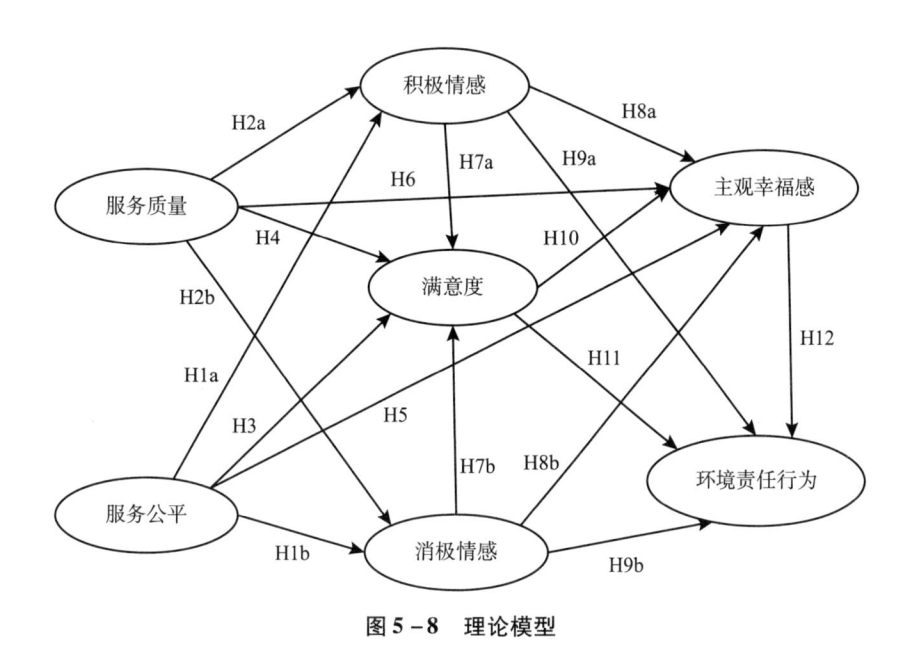

图5-8 理论模型

5.3.2 研究设计与研究流程

5.3.2.1 构念测量

感知服务公平性量表主要参照粟等（Su et al., 2017）的测量方法，包含程序公平性、分配公平性、交互公平性和信息公平性四个维度，该量表在遗产旅游中具有良好的信度和效度。使用赫里埃等（Hellier et al., 2003）的量表来衡量感知服务质量，该量表与SERVOUAL的五个维度一致。该量表在高尔夫旅游中具有良好的信度和效度（Hutchinson et al., 2009）。参照伊扎德（1977）的情感分类，旅游者的情感包括两个方面：积极情感和消极情感。每个情感维度包含三个题项。该量表在旅游情境中显示出良好的信度和效度

(Jang & Namkung, 2009; Su & Hsu, 2013; Su et al., 2014; Su & Swanson, 2017)。使用粟等（Su et al., 2016）的量表来测量旅游者主观幸福感，该量表包含三个题项。对于旅游者满意度的测量，借鉴粟和徐（2013）包含三个题项的量表来测量旅游者的整体满意度。旅游者环境责任行为的量表来自邱（2014）等的研究，该量表包含6个题项。所有的量表均使用李克特七级量表形式来测量，"1"表示非常不同意，"7"表示非常同意，分值越高，代表被调查者越同意该题项。

为了确保最终使用的量表不存在任何的措辞或者是内容错误，遵循以往的方法，使用反向翻译的方法进行检验。该问卷最初使用英语来创建，然后由另一位精通英语和中文的人将其译为中文，再由第三位双语人士重新翻译成英语。这样，经过两轮的反向翻译过程来证明翻译的准确性和等效性。此外，对量表的措辞进行了检验。

首先，为了提高量表项目的内容有效性，进行了详尽的文献综述，以确定针对所关注变量的适当既定措施。其次，三位学者和四位目的地管理员检查了每个问题的适当性、可读性和清晰度。根据收到的反馈，对一些措辞进行了一些修订。然后，对40名中国大学生进行了试点测试。这些学生以前都曾访问过需要收集数据的旅游目的地。初步测试结果表明，所有测得的量表均具有令人满意的可靠性（即 alpha > 0.70），最终得到的量表如表5-26所示。

表5-26　　　　　　　　　　　　　　变量测量

题项编号	题项描述
SF	服务公平
SF1	（1）您认为自己得到了公平对待
SF2	（2）您认为自己得到了正确、及时与诚实的对待
SF3	（3）您认为岳麓山对所有旅游者都是一视同仁的
SF4	（4）您认为岳麓山旅游企业愿意与旅游者分享服务信息
SQ	服务质量
SQ1	（1）服务人员非常友好和有礼貌
SQ2	（2）服务人员能提供快捷的服务
SQ3	（3）服务人员对提供的产品和服务非常了解和熟悉
SQ4	（4）服务人员非常专业化，并能给您信心
SQ5	（5）服务人员能随时提供帮助

续表

题项编号	题项描述
PE	积极情感
PE1	（1）兴奋的
PE2	（2）愉快的
PE3	（3）轻松的
NE	消极情感
NE1	（1）生气的
NE2	（2）失望的
NE3	（3）后悔的
TS	满意度
TS1	（1）总体来说，您对本次旅游还是非常满意的
TS2	（2）与预期相比，您对本次旅游各方面还是满意的
TS3	（3）与理想状况相比，您对本次旅游活动还是满意的
SWB	主观幸福感
SWB1	（1）您对生活的总体满意程度
SWB2	（2）您的生活幸福、满足或愉快程度
SWB3	（3）您生活中各种事情让您感兴趣的程度
TERB	环境责任行为
TERB1	（1）您将遵守相关规定，不对岳麓山环境造成破坏
TERB2	（2）对任何环境污染或破坏行为，您将向管理处报告
TERB3	（3）当您看到垃圾或树枝时，您将其丢进垃圾桶
TERB4	（4）如果岳麓山有清洁环境的参与活动，您愿意参加
TERB5	（5）您将说服同伴保护岳麓山自然环境
TERB6	（6）在旅途中，您努力不破坏岳麓山的动物和植物

5.3.2.2 数据收集

该调查于 2016 年 9 月 16 日至 10 月 15 日在岳麓山出口的三个游客休息区进行。总共分发了 600 份问卷，收回了 536 份有效问卷。调查结束后，将问卷输入 Excel 软件，形成数据库。

样本人口学特征分析如表 5-27 所示，从年龄来看，分布比较分散，其中，年龄在18~24岁的参与者所占的比重最大，其次是25~44岁；从性别来看，男性占50.6%，女性占49.4%，男女比例相对均衡；文化程度以大专或本科为主，占比超过50%，其次是高中或者中专；家庭人均月收入超过5000元以上的占比最多，其次是1999元以下；观光次数1次的样本量达236，观光2次、5次及以上也较多。总体来说，样本人口学特征均具有较好的代表性，能满足实证部分对数据的相关要求。

表5-27　　　　　　　　　　样本人口学特征

变量	样本量	占比（%）	变量	样本量	占比（%）
年龄			月收入		
18~24岁	220	41.0	1999元及以下	144	26.9
25~44岁	175	32.6	2000~2999元	69	12.9
45~64岁	94	17.5	3000~3999元	72	13.4
65岁及以上	47	8.8	4000~4999元	84	15.7
性别			≥5000元	167	31.2
男性	271	50.6	访问次数		
女性	265	49.4	1次	236	44.0
文化程度			2次	100	18.7
初中及以下	37	6.9	3次	65	12.1
高中或中专	91	17.0	4次	45	8.4
大专或本科	354	66.0	5次及以上	90	16.8
研究生	54	10.1			

5.3.3　数据分析与结果

5.3.3.1　描述性统计分析

通过对样本各个测量题项的描述性统计分析，对样本量表测量数据有基本的认识（见表5-28）。描述性统计分析主要包括每个测量题项的最大值、最小值、均值和标准差等。

表 5-28　　样本描述性统计分析

潜变量	测量题项	样本量	最大值	最小值	均值	标准差	偏度	峰度
服务质量（SQ）	SQ1	536	1	7	5.31	1.370	-0.668	0.440
	SQ2				5.22	1.388	-0.788	0.507
	SQ3				5.29	1.429	-0.818	0.472
	SQ4				5.06	1.398	-0.516	0.049
	SQ5				4.95	1.460	-0.358	-0.375
服务公平（SF）	SF1	536	1	7	5.56	1.531	-0.817	0.975
	SF2				5.57	1.300	-0.812	0.990
	SF3				5.62	1.180	-0.917	1.267
	SF4				5.52	1.189	-0.767	1.053
积极情感（PE）	PE1	536	1	7	5.44	1.248	-0.830	0.822
	PE2				5.59	1.226	-1.026	1.319
	PE3				5.61	1.256	-0.958	1.058
消极情感（NE）	NE1	536	1	7	1.90	1.358	1.846	3.193
	NE2				1.95	1.320	1.678	2.559
	NE3				1.90	1.340	1.813	3.032
满意度（TS）	TS1	536	1	7	5.51	1.249	-0.848	0.655
	TS2				5.41	1.193	-0.613	0.241
	TS3				5.48	1.177	-0.769	0.711
主观幸福感（SWB）	SWB1	536	2	7	5.82	1.041	-0.673	-0.038
	SWB2		1	7	5.88	1.054	-0.942	1.201
	SWB3		2	7	5.84	1.065	-0.728	0.151
环境责任行为（TERB）	TERB1	536	2	7	6.41	0.993	-2.047	4.599
	TERB2		2	7	5.96	1.108	-0.937	0.414
	TERB3		1	7	6.05	1.113	-1.419	2.680
	TERB4		1	7	6.01	1.125	-1.244	1.751
	TERB5		1	7	6.12	1.071	-1.465	2.627
	TERB6		2	7	6.43	0.910	-1.972	4.593

由描述性统计分析结果可知，所有结构变量的测量题项最小值为1，最大值为7，除了消极情绪（NE）变量以外，其他所有变量的测量题项的均值均大于3，说明被调查者对这些测量题项的评价均高于一般评价。

5.3.3.2 信度分析

使用 Cronbach's alpha 系数和组合信度对理论模型各潜变量进行信度检验，通过 SPSS15.0 的统计分析，得到每个样本的 CITC 值、删除题项后的 Cronbach's alpha 系数和潜变量 Cronbach's alpha 系数如表 5-29 所示。通过前测对题项进行净化处理后，27 个测量题项的 CITC 值均在 0.70 以上，且所有潜变量的 Cronbach's alpha 系数均大于 0.800，其中，大部分潜变量的 Cronbach's alpha 系数大于 0.900，远远大于 0.700 的标准。根据福内尔和拉克尔提出的信度检验标准（Fornell & Larcker, 1981；Nunnally & Bernstein, 1994），该结果表明，本理论模型中各潜变量的测量具有良好的信度。

表 5-29 样本量表信度初步检验

潜变量	测量题项	CITC 值	删除该项后的 Cronbach's alpha 系数	Cronbach's alpha 系数
服务质量（SQ）	SQ1	0.794	0.909	0.925
	SQ2	0.787	0.911	
	SQ3	0.790	0.910	
	SQ4	0.853	0.897	
	SQ5	0.792	0.910	
服务公平（SF）	SF1	0.815	0.881	0.912
	SF2	0.829	0.876	
	SF3	0.837	0.873	
	SF4	0.722	0.913	
积极情感（PE）	PE1	0.804	0.880	0.909
	PE2	0.858	0.836	
	PE3	0.792	0.891	
消极情感（NE）	NE1	0.873	0.921	0.942
	NE2	0.886	0.911	
	NE3	0.880	0.916	
满意度（TS）	TS1	0.789	0.893	0.908
	TS2	0.846	0.843	
	TS3	0.816	0.869	

续表

潜变量	测量题项	CITC 值	删除该项后的 Cronbach's alpha 系数	Cronbach's alpha 系数
主观幸福感（SWB）	SWB1	0.841	0.868	0.915
	SWB2	0.828	0.879	
	SWB3	0.819	0.887	
环境责任行为（TERB）	TERB1	0.715	0.881	0.898
	TERB2	0.717	0.881	
	TERB3	0.746	0.876	
	TERB4	0.756	0.875	
	TERB5	0.741	0.877	
	TERB6	0.675	0.888	

5.3.3.3 探索性因子分析

由表 5-30 可知，因子与维度对应关系相符，KMO 值为 0.894，高于 0.8，说明量表效度高；所有因子的共同度均高于 0.6，7 个因子的方差解释率值分别是 15.267%、14.702%、11.689%、10.181%、9.416%、9.217% 和 9.098%，旋转后累积方差解释率为 79.570% > 50%。意味着研究项的信息量可以被有效提取出来。

表 5-30　　　　　　　　　　探索性因子分析

项目	因子载荷系数							共同度
	因子1	因子2	因子3	因子4	因子5	因子6	因子7	
SF1	0.194	0.197	**0.829**	-0.027	0.090	0.162	0.118	0.812
SF2	0.198	0.184	**0.841**	-0.016	0.122	0.153	0.080	0.826
SF3	0.147	0.235	**0.847**	-0.039	0.116	0.137	0.079	0.834
SF4	0.102	0.152	**0.796**	-0.040	0.182	0.068	0.094	0.715
SQ1	0.140	**0.829**	0.155	-0.077	0.055	0.128	0.099	0.767
SQ2	0.122	**0.841**	0.102	-0.041	0.007	0.104	0.125	0.761
SQ3	0.008	**0.818**	0.185	-0.041	0.078	0.147	0.151	0.755
SQ4	0.076	**0.883**	0.148	0.024	0.078	0.094	0.116	0.836
SQ5	0.035	**0.821**	0.185	0.033	0.149	0.071	0.170	0.767

续表

项目	因子载荷系数							共同度
	因子1	因子2	因子3	因子4	因子5	因子6	因子7	
PE1	0.135	0.215	0.115	-0.117	0.081	0.143	**0.850**	0.841
PE2	0.111	0.234	0.106	-0.122	0.103	0.242	**0.849**	0.882
PE3	0.109	0.190	0.129	-0.146	0.088	0.189	**0.831**	0.820
NE1	-0.066	-0.041	-0.017	**0.930**	-0.037	-0.048	-0.129	0.891
NE2	-0.061	-0.023	-0.047	**0.934**	-0.033	-0.075	-0.103	0.896
NE3	-0.062	-0.013	-0.033	**0.935**	-0.048	-0.069	-0.089	0.895
TS1	0.179	0.123	0.165	-0.117	0.107	**0.832**	0.181	0.825
TS2	0.123	0.179	0.131	-0.090	0.125	**0.872**	0.170	0.878
TS3	0.086	0.215	0.200	-0.018	0.120	**0.833**	0.217	0.849
SWB1	0.215	0.099	0.174	-0.060	**0.863**	0.123	0.125	0.865
SWB2	0.248	0.081	0.171	-0.055	**0.854**	0.123	0.078	0.851
SWB3	0.233	0.134	0.133	-0.014	**0.859**	0.095	0.061	0.841
ERB1	**0.750**	0.020	0.175	-0.136	0.199	0.097	0.042	0.663
ERB2	**0.795**	0.031	0.111	-0.044	0.054	0.119	0.064	0.669
ERB3	**0.821**	0.090	0.101	0.011	0.066	0.047	0.102	0.710
ERB4	**0.830**	0.066	0.083	0.046	0.081	0.102	0.064	0.722
ERB5	**0.803**	0.126	0.086	-0.020	0.139	0.010	0.070	0.693
ERB6	**0.706**	0.062	0.111	-0.143	0.282	0.061	0.052	0.620
特征根值（旋转前）	8.873	3.300	2.776	1.918	1.781	1.596	1.240	—
方差解释率（%）（旋转前）	32.864	12.223	10.281	7.102	6.596	5.913	4.592	—
累积方差解释率（%）（旋转前）	32.864	45.086	55.367	62.469	69.065	74.978	79.570	—
特征根值（旋转后）	4.122	3.969	3.156	2.749	2.542	2.489	2.456	—
方差解释率（%）（旋转后）	15.267	14.702	11.689	10.181	9.416	9.217	9.098	—
累积方差解释率（%）（旋转后）	15.267	29.969	41.658	51.839	61.255	70.472	79.570	—
KMO值	0.894							—
巴特利特球形检验统计值	11168.225							—
df	351							—
p值	0							—

5.3.3.4 测量模型分析（验证性因子分析）

（1）拟合指数。

根据胡和本特勒（Hu & Bentler，1999）提供的标准，该测量模型是可以接受的。模型的拟合指数 $\chi^2/\mathrm{df} = 2.149$，小于3，$\chi^2 = 651.050$；RMSEA = 0.046，小于0.05，模型拟合较好；GFI = 0.912，处于0~1，可以接受；AGFI = 0.891，NFI = 0.943，大于0.9，可以接受；RFI = 0.934，IFI = 0.969，TLI = 0.963，CFI = 0.96 均接近1，说明模型表示拟合良好，是一个可以接受的模型。

（2）聚合效度检验。

效度检验包括聚合效度检验和区分效度检验两个方面。聚合效度指各测量题项对潜变量测量的有效性，即测量题项在多大程度上对潜变量进行了测量，可通过测量题项的因子载荷和潜变量平均提取方差来评价，当潜变量测量题项的因子载荷大于0.500，潜变量平均提取方差大于0.500时，聚合效度即满足（Anderson & Gerbing，1988）。由表5-31可知，各个测量题项的因子载荷在0.725~0.940，均远远大于0.500，说明聚合效度得到满足。相应的 t 统计量在16.906~35.938，具有统计学意义（$p = 0.001$）。同时AVE的值在0.5956~0.8446，远远超过0.50的检验标准，说明从AVE值的角度来看，同样满足聚合效度的要求。

表5-31　　　　　　　　　　测量模型分析

项目	测量量表	标准因子载荷	t	CR	AVE	Cronbach's alpha 系数
服务公平（SF）	SF1	0.866	20.984	0.9171	0.7353	0.912
	SF2	0.892	21.696			
	SF3	0.889	21.601			
	SF4	0.755				
服务质量（SQ）	SQ1	0.833	23.280	0.9252	0.7124	0.952
	SQ2	0.817	22.600			
	SQ3	0.829	23.112			
	SQ4	0.897	26.242			
	SQ5	0.842	23.669			

续表

项目	测量量表	标准因子载荷	t	CR	AVE	Cronbach's alpha 系数
满意度（TS）	TS1	0.839	25.301	0.9088	0.7688	0.908
	TS2	0.908	28.415			
	TS3	0.882				
积极情感（PE）	PE1	0.854	24.495	0.9103	0.7723	0.909
	PE2	0.940	27.273			
	PE3	0.839				
消极情感（NE）	NE1	0.839	35.037	0.9422	0.8446	0.942
	NE2	0.908				
	NE3	0.882	35.938			
主观幸福感（SWB）	SWB1	0.901		0.9422	0.8446	0.942
	SWB2	0.885	28.633			
	SWB3	0.867	27.681			
旅游者环境责任行为（TERB）	TERB1	0.760		0.8983	0.5956	0.898
	TERB2	0.760	17.813			
	TERB3	0.789	18.585			
	TERB4	0.803	18.940			
	TERB5	0.791	18.639			
	TERB6	0.725	16.906			

（3）区分效度检验。

区分效度指不同潜变量之间的差别，可通过比较平均提取方差的平方根和潜变量之间的相关系数来检验，当前者大于后者时，区分效度即满足（Fornell & Larcker，1981）。由表 5-32 可知，潜在构念的 AVE 处于 0.5956~0.8446。AVE 的平方根在 0.7188~0.9201，各个构念之间的相关系数在 -0.154~0.485（提取的平均方差（AVE）的平方根显示在矩阵的对角线上；构念之间的相关系数为对角线数据以外的数据）。可知，前者均大于后者，从而区分效度得到满足（Fornell & Larcker，1981）。

表 5-32　　　　　　　　　相关系数和平均提取方差

潜变量	SF	SQ	PE	NE	TS	SW	TERB
SF	0.8440						
SQ	0.468	0.8574					
PE	0.463	0.357	0.8788				
NE	-0.087	-0.118	-0.290	0.9201			
TS	0.411	0.446	0.537	-0.204	0.8768		
SWB	0.290	0.422	0.320	-0.144	0.373	0.8844	
TERB	0.244	0.401	0.297	-0.154	0.321	0.485	0.7118

5.3.3.5　结构模型分析

（1）拟合指数。

结构模型的拟合指数为：$\chi^2/df = 2.291$，$\chi^2 = 701.046$，RMSEA = 0.049，GFI = 0.907，AGFI = 0.885，NFI = 0.938，RFI = 0.929，IFI = 0.964，TLI = 0.959，CFI = 0.964。对照标准（Hu & Benter, 1999），所有拟合指数均达到相应标准，从而说明数据与模型拟合得较好，是一个可以接受的模型。

（2）假设检验结果。

结构模型分析结果如表 5-33 所示。由表 5-33 可知，服务公平和服务质量对旅游者积极情感的路径系数为 0.182 和 0.379，在 0.001 的显著性水平下显著，即 H1a 和 H2a 得到验证；而服务公平和服务质量对旅游者积极情感和旅游者消极情感的影响不显著，从而 H1b 和 H2b 没有得到验证。服务公平对旅游者满意和旅游者主观幸福感的路径系数分别为 0.254 和 0.299，在 0.001 的显著性水平下显著，即 H3 和 H5 得到验证。服务质量对旅游者满意度的路径系数为 0.114，在 0.05 的显著性水平下显著，H4 通过验证，而服务质量对旅游者主观幸福感的影响不显著，从而 H6 没有通过验证。积极情感对旅游者满意的路径系数为 0.377，在 0.001 的显著性水平下显著，H7a 通过验证，而消极情感对旅游者满意没有显著影响，故 H7b 没有通过检验。旅游者积极情感、消极情感对旅游者主观幸福感和旅游者环境责任行为的影响均不显著，故 H8a、H8b、H9a 及 H9b 均没有通过假设。旅游者满意度对旅游者主观幸福感的路径系数为 0.163，在 0.001 的显著性水平下显著，H10 得到验证。旅游者满意度对旅游者环境责任行为的路径系数为 0.113，在 0.05 的显著性水平下显著，H11 通过验证。旅游者主观幸福感对旅游者环境责任行为的路径系数为 0.412，在 0.001 的显著性水平下显著，H12 通过验证。

表 5-33　　　　　　　　　　　假设检验结果

假设关系	路径名称	标准化系数	t 值	标准误	假设检验结果
H1a：服务公平对积极情感有显著正向影响	λ_{21}	0.182***	3.736	0.057	支持
H1b：服务公平对消极情感有显著负向影响	λ_{31}	-0.100	-1.873	0.073	不支持
H2a：服务质量对积极情感有显著正向影响	λ_{41}	0.379***	7.563	0.053	支持
H2b：服务质量对消极情感有显著负向影响	λ_{51}	-0.048	-0.912	0.065	不支持
H3：服务公平正向影响旅游者满意度	λ_{61}	0.254***	5.396	0.054	支持
H4：服务质量与旅游者满意度正相关	λ_{71}	0.114*	2.354	0.050	不支持
H5：服务公平显著正向影响旅游者主观幸福感	λ_{81}	0.299***	5.627	0.055	支持
H6：服务质量显著正向影响旅游者主观幸福感	λ_{91}	0.036	0.690	0.049	不支持
H7a：积极情感对旅游者满意度有显著正向影响	β_{11}	0.377***	7.993	0.046	支持
H7b：消极情感对旅游者满意度有显著负向影响	β_{21}	-0.063	-1.612	0.033	不支持
H8a：积极情感对旅游者主观幸福感有显著正向影响	β_{31}	0.096	1.777	0.048	不支持
H8b：消极情感对旅游者主观幸福感有显著负向影响	β_{41}	-0.046	-1.084	0.032	不支持
H9a：积极情感对旅游者环境责任行为具有显著正向影响	β_{51}	0.093	1.820	0.037	不支持
H9b：消极情感对旅游者环境责任行为具有显著负向影响	β_{61}	-0.047	-1.114	0.026	不支持
H10：旅游者满意度对主观幸福感有显著的积极影响	β_{71}	0.163**	2.958	0.050	支持
H11：旅游者满意度正向影响旅游者环境责任行为	β_{81}	0.113*	2.125	0.039	支持
H12：旅游者主观幸福感正向影响旅游者环境责任行为	β_{91}	0.412***	8.352	0.040	支持

注：** 有统计学表示（$p<0.01$）；*** 有统计学意义（$p<0.001$）。

（3）模型预测能力。

一般而言，被解释变量的 R^2 值为 0.01、0.09 和 0.25 分别代表模型预测能力弱、较弱和强三个等级。从图5-9可知,旅游者满意度、积极情感、消极情感、主观幸福感以及旅游者环境责任行为五个潜变量对应的R^2的值分别为0.37、0.24、0.02、0.23、0.27,除消极情感模型预测力较低之外,其他潜变量的R^2的值均大于0.2,说明模型中绝大部分解释变量对被解释变量的解释能力较强,反映了理论模型中各变量具有稳定的关系,模型较稳定,具有较好的预测能力,从而进一步说明该理论模型是一个十分优秀的模型。

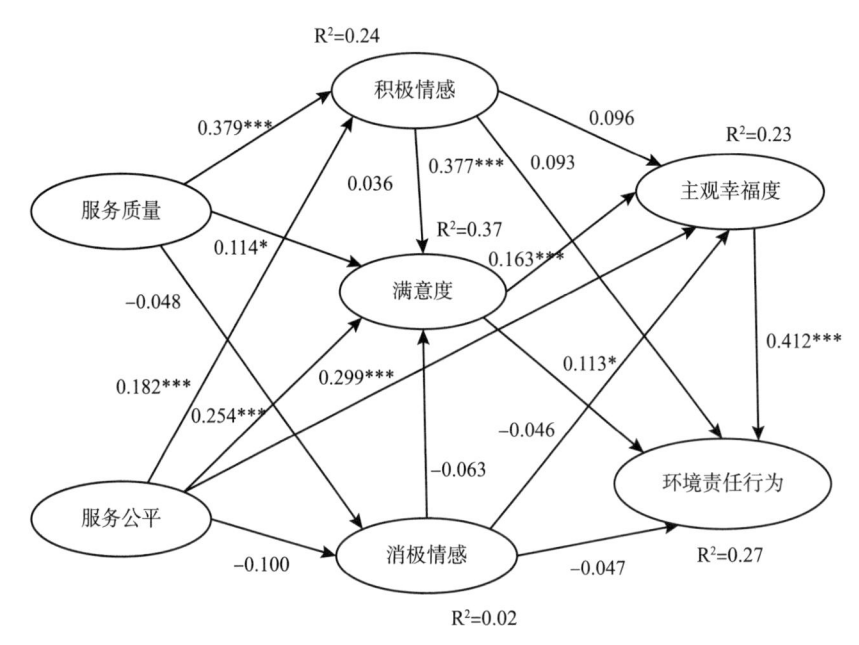

图5-9 实证分析结果

注：*、*** 分别表示显著性水平0.05、0.001。

5.3.3.6 竞争模型分析

（1）拟合指数。

为了体现模型的影响力,本节在认知评价理论等相关理论的基础上建立了竞争模型。竞争模型的拟合指数为：$\chi^2/df=2.547$，$\chi^2=611.269$，RMSEA = 0.054，GFI = 0.909，AGFI = 0.887，NFI = 0.939，RFI = 0.929，IFI = 0.962，TLI = 0.956，CFI = 0.962。根据胡和本特勒（1999）提出的标准,竞争模型对数据的整体拟合良好。

(2) 假设检验结果。

从表5-34可以看出,服务公平显著正向影响旅游者的积极情绪 (λ_{21} = 0.184, $p<0.001$),服务质量对积极情感也产生显著的正向影响 (λ_{41} = 0.379, $p<0.001$);服务公平正向影响旅游者满意度 (λ_{61} = 0.258, $p<0.001$),服务质量对旅游者满意度也产生正向影响 (λ_{71} = 0.114, $p<0.05$);积极情感对旅游者满意度有显著正向影响 (β_{11} = 0.376, $p<0.001$),积极情感对旅游者环境责任行为具有显著正向影响 (β_{51} = 0.233, $p<0.05$)。

表5-34　　　　　　　　　　　　假设检验结果

研究假设	变量之间的关系	路径名称	标准化系数	t值	标准误	假设检验结果
H1a	服务公平对积极情感有显著正向影响	λ_{21}	0.184***	3.780	0.057	支持
H1b	服务公平对消极情感有显著负向影响	λ_{31}	-0.100	-1.883	0.073	不支持
H2a	服务质量对积极情感有显著正向影响	λ_{41}	0.379***	7.563	0.053	支持
H2b	服务质量对消极情感有显著负向影响	λ_{51}	-0.048	-0.911	0.065	不支持
H3	服务公平正向影响旅游者满意度	λ_{61}	0.258***	5.469	0.054	支持
H4	服务质量与旅游者满意度正相关	λ_{71}	0.114*	2.360	0.050	不支持
H7a	积极情感对旅游者满意度有显著正向影响	β_{11}	0.376***	7.957	0.046	支持
H7b	消极情感对旅游者满意度有显著负向影响	β_{21}	-0.062	-1.611	0.033	不支持
H9a	积极情感对旅游者环境责任行为具有显著正向影响	β_{51}	0.233*	2.889	0.039	支持
H9b	消极情感对旅游者环境责任行为具有显著负向影响	β_{61}	-0.063	-1.406	0.027	不支持
H11	旅游者满意度正向影响旅游者环境责任行为	β_{81}	0.158*	4.176	0.040	支持

注：** 有统计学意义 ($p<0.01$)；*** 有统计学意义 ($p<0.001$)。

(3) 模型解释能力。

由图5-10可知,该模型对于旅游者满意度、积极情感、消极情感以及旅游者环境责任行为的 R^2 值分别为0.37、0.24、0.02及0.13,所解释的负面情绪的变化相对较低, R^2 值为0.02。基于竞争模型的拟合指数、路径系数以及模型解释力,从整体上来说,竞争模型也是预测旅游者环境责任行为的良好模型。

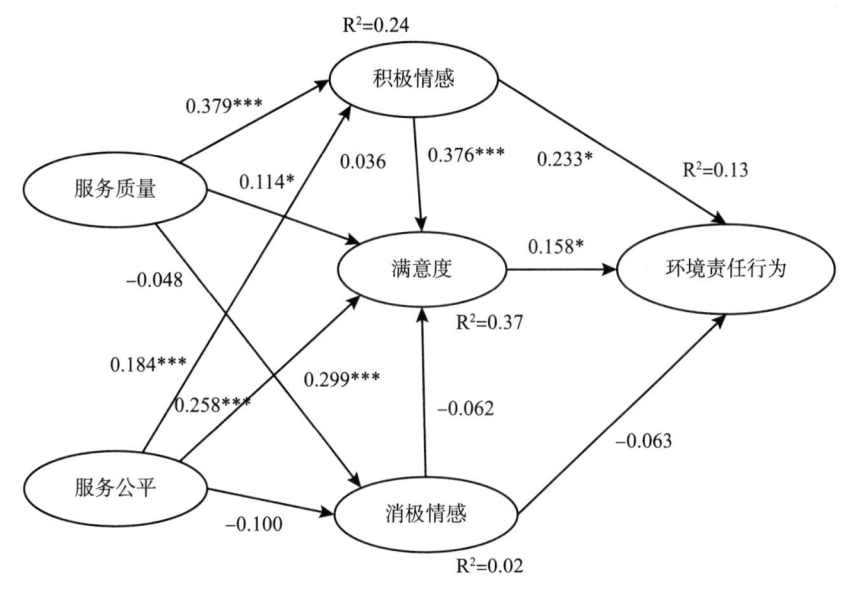

图 5-10 竞争模型实证分析结果

注：*、*** 分别表示显著性水平 0.05、0.001。

5.3.3.7 结构模型和竞争模型比较分析

为了判断理论模型和竞争模型之间哪个模型更好，对两个模型的拟合指数和对被解释变量的解释力度进行了比较。

（1）模型拟合指数比较分析。

进行卡方检验以检测两个模型的差别，表 5-35 结果显示，理论模型和竞争模型之间的估计卡方差得分不存在显著差异（$\Delta\chi^2(64) = 80.00$，$p = 0.086$），这表明这两个模型之间不存在统计学上的显著差异。

表 5-35 拟合指数比较

模型	指数								
	χ^2/df	RMSEA	GFI	AGFI	NFI	RFI	IFI	TLI	CFI
	≤5.00	≤0.08	≥0.9	≥0.8	≥0.9	≥0.9	≥0.9	≥0.9	≥0.9
结构模型	2.291	0.049	0.907	0.885	0.938	0.929	0.964	0.959	0.964
竞争模型	2.547	0.054	0.909	0.887	0.939	0.929	0.962	0.956	0.962

（2）模型解释力度比较。

根据表 5-36 可以看出，结构模型对于被解释变量的解释程度（积极情

绪 $R^2 = 0.24$，消极情绪 $R^2 = 0.02$，旅游者满意度 $R^2 = 0.37$，旅游者环境责任行为 $R^2 = 0.27$），优于竞争模型（积极情绪 $R^2 = 0.24$，消极情绪 $R^2 = 0.02$，旅游者满意度 $R^2 = 0.37$，旅游者环境责任行为 $R^2 = 0.13$）的解释力度，因此，可以从模型解释力度的角度得出结构模型优于竞争模型的结论。

表5-36　　　　　　　　　结构模型与竞争模型解释力比较

模型	构念			
	积极情绪	消极情绪	满意度	环境责任行为
结构模型	0.24	0.02	0.37	0.27
竞争模型	0.24	0.02	0.37	0.13

5.3.4　研究结论与讨论

本节探究了中国游客的服务质量、服务公平感知如何通过消费情绪和旅游者满意度影响旅游者的主观幸福感及其社会责任行为。实证分析的结果表明，服务公平显著正向影响旅游者的积极情绪（$\lambda_{21} = 0.182$，$p < 0.01$），而对负面情绪没有显著影响。对这一结果的解释是，根据感知公平理论，高水平的感知公平增加旅游者正面情感的可能性，如高兴和快乐。服务公平性有助于旅游者对正面消费情感体验的实现。而对于负面情绪的影响之所以不显著，是由于当消费者感知公平时，能够有效抑制负面情绪的产生（Dewitt et al.，2008）。对服务质量与旅游者消费情感的研究结果表明，服务质量对于积极情绪的积极影响显著（$\lambda_{41} = 0.379$，$p < 0.01$），而对于消极情感的抑制作用不显著。根据S-O-R框架，服务质量是外部刺激，而消费情感是个人内部情感状态，服务质量可以激发相应的消费情感，因此，服务质量会显著影响旅游者的积极情绪，这与粟等（2016）的研究结果一致。调查结果表明，服务公平性和服务质量分别对积极情绪产生积极影响。但是对负面情绪不会产生负面影响。该研究结论与朴和尹（Park & Yoon，2009）的研究结论相一致，支持和验证了旅游者参与符合旅游的本质属性——追求愉悦，即旅游者更加倾向于关注积极的情感体验。因此，服务公平和服务质量会对积极的消费情感产生更大的促进作用。上述研究结论与之前研究的结论一致，即消费者或者旅游者对于服务的评估是消费者情绪的重要影响因素（Han &

Back, 2006; Jang & Namkung, 2009; Ladhari, 2009; Deng, Yeh & Sung, 2013; Namkung & Jang, 2010; Su & Hsu, 2013; Su et al., 2014, 2016; Su & Swanson, 2017)。

关于服务质量、服务公平与旅游者满意度的实证结果显示，服务质量正向影响旅游者满意度（$\lambda_{71}=0.114$，$p<0.05$），服务公平正向影响旅游者满意度（$\lambda_{61}=0.254$，$p<0.01$）。此外，服务公平正向积极影响旅游者主观幸福感（$\lambda_{81}=0.299$，$p<0.01$），而服务质量对旅游者主观幸福感的影响不显著。对比可以看出，服务公平对于旅游者满意度和旅游者主观幸福感的影响程度远远超过服务质量。这一研究结果与粟等（Su et al., 2016）的研究结果相似。获得尊重和较高的社会地位是中国游客的重要动机（Hanqin & Lam, 1999; Su et al., 2016）。因此，服务公平性是旅游者获得期望的尊重或期望的社会地位的重要来源。所以，感知到的服务公平比感知到的服务质量对旅游者满意度和主观幸福感的影响更大。

目的地旅游服务（如服务公平和服务质量）会影响个人的情绪并影响游客满意度，这反过来又会影响游客的SWB。另外，旅游服务可能会直接影响SWB（Neal, Sirgy & Uysal, 1999）。尼尔等（1999）发现，对旅游服务的不同方面的满意度在决定对旅行/旅游总体的满意度中起着重要的作用，目前的研究在很大程度上支持了这种观点。研究证实了游客满意度对游客SWB的正向直接影响（$\beta=0.339$，$p<0.001$）。

研究结果与以前的研究类似（Namkung & Jang, 2010; Su & Hsu, 2013; Su et al., 2016）。可能有两个原因。首先，负面情绪可能与中国文化中"面子保护"的重要性有关（Su et al., 2016）。"面子保护"是指为了避免让他人感到尴尬而遵循的某些社交行为。具体而言，当一个人或其他人的举动被他人公开和否定地判定为不符合其社会地位对其要求时，就会发生社会尴尬（Hoare, Butcher & O'Brien, 2011）。在中国文化中，形象尤为重要（Hoare & Butcher, 2008; Hoare et al., 2011）。因此，避免因表现出负面情绪而可能发生的对抗和冲突对于保护面子很重要。例如，有学者提出，由于害怕丢脸，亚洲人比非亚洲人更少抱怨（Ngai et al., 2007）。此外，作为保持和谐的一种方式，发现中国客户在服务质量不佳时会采用更多非对抗性的投诉方法（Ekiz & Au, 2011; Mattila & Patterson, 2004）。负面消费情绪对游客特定行为的作用值得未来研究。其次，这可能取决于游客的动机。先前的研究已经证实,放松、兴奋和其他积极的情感体验是重要的旅游动机(Park & Yoon,2009; Wu & Pearce, 2017)。因此,游客可以珍视和追求积极的情感。因此,与负面情绪相比,正面情绪具有更重要的地位,并且对其行为的影响更大。

克朗普顿(Crompton, 1979)指出,目的地服务可以作为满足游客的社会心理需求的一种媒介。旅游业可以在社会和心理上发挥作用,帮助人们恢复在日常生活中可能逐渐失衡的心理状态与生活节奏(Crompton, 1979)。这意味着,游客可以通过旅游局提供的旅游服务来提升自身的SWB。

5.4 整合模型下多层次因素对旅游者环境责任行为的影响机制

地球环境持续面临严重的挑战,包括空气污染、生态系统退化和全球变暖(Citaristi, 2022)。这些环境问题对人类和地球的健康与福祉构成了严重威胁(Xu et al., 2023)。作为一种重要的休闲活动,旅游已被认定为通过不环保的交通方式(如航空旅行、私家车)、住宿资源的过度使用(如水和能源浪费)、对自然资源的施压(如乱丢垃圾、噪声污染)和不环保购物(如过度消费、一次性产品消费)等行为对环境产生负面影响的主要因素(He et al., 2022; Li et al., 2023a, 2023b; Qiu et al., 2023)。旅游者环境责任行为(ERB),即"在旅游体验过程中采取行动以最小化潜在的负面环境影响,并致力于环境保护"(Su & Swanson, 2017),有助于资源保护、环境保护、景观保存、可持续旅游发展和提升旅游体验(Gupta et al., 2022; Wang et al., 2022)。总体而言,促进旅游者环保行为具有显著减少旅游行业负面环境影响的潜力(He et al., 2022)。

先前的研究考察了旅游者环境责任行为的驱动因素,包括与旅游者相关的因素(如价值观、意识和情感)、与东道主相关的因素(如服务质量和真诚)、以及旅游者与东道主之间的互动因素(如共创)(Chiu et al., 2014; Confente & Scarpi, 2021; Gupta et al., 2022; He et al., 2022; Kim & Thapa, 2018; Li et al., 2021; Qiu et al., 2023; Tu & Ma, 2022; Wang et al., 2022)。部分学者在微观层面上研究了与个人特征和偏好有关的旅游者环境责任行为前因(Akaka et al., 2022; Baumann et al., 2019; Li et al., 2023a;

Winzar et al.，2022）。其他研究则探讨了更广泛的因素对旅游者环境责任行为的影响，包括中观层面因素（如目的地的环境社会责任、解说提示和目的地形象）和宏观层面因素（如天气模式、加强的法规和空气污染）（He et al.，2022；Li et al.，2023a；Liu et al.，2024）。本节基于李等（2023a）的分析框架，通过开发和检验模型，探讨了宏观、中观和微观层面因素对旅游者环境责任行为的综合影响。宏观层面因素是指塑造个人行为的广泛社会力量，如文化（Akaka et al.，2022；Baumann et al.，2019；Leonidou et al.，2010）和价值观（Han，2015）。中观层面因素则是指介于个体（即微观层面）和社会（即宏观层面）之间的中介因素（Cattani et al.，2017）。中观层面因素包括基于目的地的元素（He et al.，2018；Su & Swanson，2017；Su et al.，2024），如目的地的环境质量和相关政策（Li et al.，2021；Liu et al.，2019）。

本节探讨了每个层次的两个因素：宏观层面的集体主义和生态价值观，中观层面的环境质量和环境政策，微观层面的环境知识和环境意识。此外，还考察了环境态度在研究的前因与旅游者环境责任行为之间的中介作用（Chaihanchanchai & Anantachart，2023）。环境态度被定义为对环境保护的积极或消极评价或情感（Chaihanchanchai & Anantachart，2023）。

5.4.1　研究假设与研究模型

5.4.1.1　宏观—中观—微观分析框架

宏观—中观—微观分析框架为系统探究现象成因提供了全面视角（Cattani et al.，2017；Li et al.，2023a；Winzar et al.，2022）。该框架综合考量宏观、中观和微观层面因素对个体行为的影响，有助于深入理解复杂行为（Winzar et al.，2022）。例如，威扎尔等（Winzar et al.，2022）运用此框架研究实践扩散过程，高等（Gao et al.，2022）借助其剖析目标网络的潜在机制。宏观层面涵盖社会、文化和制度等塑造消费模式的广泛因素（Cattani et al.，2017；Li et al.，2023a）；中观层面关注公司/组织层面市场中消费者、营销人员和中介机构之间的相互作用（Cattani et al.，2017；Li et al.，2023a）；微观层面则聚焦个体，探究行为背后的心理、认知和情感过程（Cattani et al.，2017；Li et al.，2023a）。

5.4.1.2 宏观层面的文化因素

文化作为宏观因素的关键组成部分，对个人行为有着深远影响（Akaka et al.，2022；Baumann et al.，2019；Leonidou et al.，2010）。文化塑造了社会的信仰和价值观，并有助于主导社会范式（Kilbourne & Pickett，2008；Kilbourne et al.，2002）。先前研究发现，文化直接影响个人从事环境相关行为的可能性（Khan & Fatma，2021）。虽然有许多文化因素可以调查，但之前被确定为激励人们从事环境积极行为的两个因素是集体主义（Jang et al.，2015）和生态价值观（Gupta et al.，2022；Lee et al.，2021；Lee & Jan，2015）。集体主义强调个人与其大家庭和社会之间的紧密联系（Rojas-Méndez & Davies，2024），并促进相互依存、群体成功和归属感（Hofstede，2011）。生态价值观则反映了环境对个人生活的重要性（Lee et al.，2021），并作为个人对生态系统福祉信念的指导原则（Gupta et al.，2022）。本节检测了宏观层面的文化因素——集体主义和生态价值观。

集体主义是一种文化维度，重视群体的和谐与凝聚力，而不是个人的独特性与自主性（Rojas-Méndez & Davies，2024）。相比之下，个人主义强调个人成就和目标，使一个人有别于他人（Khan & Fatma，2021）。集体主义者更有可能关心其内部成员的福利，并与他们合作以实现共同目标（Kim & Choi，2005）。他们也倾向于更关心自己的社会角色和义务，以及他们的行为对整个社会的影响（Laroche et al.，2001）。例如，正如麦卡蒂和舒尔姆（McCarty & Shrum，2001）认为的那样，集体主义取向往往会导致个人放弃个人动机（如回收不便），而倾向于有利于集体利益的行为（如保持共享环境的清洁）。因此，集体主义文化可能更重视环境责任行为，因为他们理解这种行为有益于集体福祉。结果表明，具有更多集体主义倾向的个体将环境责任行为视为保护和改善旅游环境的一种方式，从而产生更有利的环境态度和行为。

H1：集体主义正向影响游客环境态度。

H2：集体主义正向影响游客环境责任行为。

价值观代表了一种文化的基本信念，它可以指导态度和激励行动（Stern，2000；Zhang et al.，2014）。一种流行的价值观分类来源于德·格鲁特和斯特洛（De Groot & Steg，2007，2008），他们将价值观分为三个维度：生态价值观（即对生态系统福祉的重视）、自我中心价值观（即对个人福祉的重视）和利他价值观（即对他人福祉的重视）。生态价值观反映了自然和环境对个人生活的重要性，并引导个人采取有利于生态系统福祉的行动（Lee et al.，2021）。具有较强生态价值观的游客对环境更加关注（Gupta et al.，2022），更有可能采取环保行为，如回收利用，使用绿色交通工具，参与节能活动（Lee & Jan，2015；Schultz et al.，2005）。具有较强生态价值观的游客也倾向于表达更多的环境关注（Stern，2000；Zhang et al.，2014）并参与环保行动（Han，2015）。

H3：生态价值观正向影响游客的环境态度。

H4：生态价值观正向影响游客环境责任行为。

5.4.1.3 中观目的地因素

中观层面的因素介于宏观社会因素和微观个体因素之间（Cattani et al.，2017）。在旅游情境中，目的地是游客开展活动的重要场所，使其能够脱离日常家庭环境（He et al.，2018；Su & Swanson，2017；Su et al.，2024）。已有研究表明，目的地特征会影响游客环境责任行为（He et al.，2022；Kim & Thapa，2018；Liu et al.，2019；Su & Swanson，2017）。虽然多个目的地属性可以塑造游客的环境责任行为，但现有的研究主要集中在旅游地社会责任（He et al.，2022；Lee et al.，2021；Su & Swanson，2017），服务质量（He et al.，2022），旅游目的地关系质量（He et al.，2018），旅游目的地互动（Tu & Ma，2022；Wang et al.，2022）和目的地来源可信度（Qiu et al.，2022）。旅游地是旅游活动的主要地点（Su et al.，2024），需要调查其他目的地因素，以提高对游客执行环境负责行为的理解。

破窗理论（Wilson & Kelling，1982）假设环境线索传达了特定环境中对行为的规范性期望（Lang et al.，2010）。在旅游情境下，目的地的环境状况主要取决于两个关键因素：环境质量和政策实施（Birdir et al.，2013；Zhang et al.，2014）。环境质量塑造了游客对目的地整体生态友好性的感知，而政策则传递了环境保护的优先性（Liu et al.，2019）。破窗理论的前提表明，更高的环境质量感知和强有力的政策信号会通过传达此类行为违反规范的信息，从而抑制游客做出环境破坏的行为（Liu et al.，2019）。基于这一理论基础，本章考察了感知目的地环境质量和政策对游客环境责任行为的影响。

一个地方的环境条件会向游客传递情境信号，表明什么是可接受的和规范的行为（Lang et al.，2010）。因此，环境的质量可能会影响个人对可接受的行为的认知。例如，刘等（Liu et al.，2019）研究说明，游客感知到更高水平的环境质量可以产生更积极的环境保护态度。环境也可以增强个人在目的地所感知到的价值，从而导致他们以环保的方式与目的地互动（Liu et al.，2019；Scannell & Gifford，2010）。环境宜人的目的地更有可能受到重视和保护（Salnikova et al.，2022；Sokolova et al.，2023；Uzzell et al.，2002）。由此，提出以下假设：

H5：环境质量正向影响游客的环境态度。

H6：环境质量正向影响游客环境责任行为。

环境政策代表了以互利的方式管理自然环境与人类活动之间关系的战略承诺（Schönherr et al.，2023；Sharma et al.，2021）。这些政策概括了指导目的地可持续发展议程的环境原则、基本原理和哲学（Sakshi，Cerchione & Bansal，2020）。例如，作为目的地生态实践的总体框架，环境政策可以推动当地能源使用和废物管理的改善（Parpairi，2017），同时也塑造个人的节能行为（Yue et al.，2013）。环境政策可以作为激励工具，加强游客的环保态度和生态行为意愿（Wan et al.，2014）。通过传递目的地对可持续性的优先关注，环境政策在理论上可以增加游客与目的地绿色倡议保持一致的行动动机。基于先前的研究结果，本章认为，当游客了解目的地的环境政策时，他们会在旅游期间形成更积极的环保态度，并更倾向于参与环境责任行为（ERB）。由此，提出以下假设：

H7：环境政策正向影响游客的环境态度。

H8：环境政策正向影响游客环境责任行为。

5.4.1.4 微观层面的个人因素

在旅游情境中，游客的个人特征属于微观层面因素，在很大程度上影响其环境责任行为（ERB）（He et al.，2022；Su & Swanson，2017；Wu et al.，2022；Xiong et al.，2023）。现有文献已经对环境责任行为与环境关注、规范、敏感性以及地方依恋等个人因素之间的关系展开了探讨（Cheng & Wu，2015；Confente & Scarpi，2021；Wu et al.，2022）。随着研究的深入，熊等（Xiong et al.，2023）呼吁进一步对微观层面的因素进行探究。近年来，社交媒体对生态问题的广泛报道，使中国民众的环境知识和意识均有所提升（Shah et al.，2021）。并且，此前的研究（Cheng & Wu，2015）已证实，环境知识和意识是游客环境责任行为的潜在预测因素。从理论角度来看，知识和意识能够从根本上塑造个体对某一对象的态度和行为（Shah et al.，2021）。因此，基于这样的实践和理论基础，本章旨在深入探讨游客的环境知识和意识对其环境态度以及参与环境责任行为的影响。

环境知识指的是个体对与生态系统相关的事实、概念和关联的一般性理解（Shah et al.，2021）。以往研究发现，相较于环境知识匮乏的个体，拥有丰富环境知识的人往往更积极地投身于各类积极的环境相关行为（Cheng & Wu，2015；Llewellyn，2021；Shah et al.，2021）。具有较高环境知识水平的人，对环境更具信心，也更倾向于重视、保护和关注环境（Cheng & Wu，2015）。例如，有研究表明，对生态问题了解更多的消费者，购买绿色产品的意愿更为强烈（Chaihanchanchai & Anantachart，2023）。环境知识丰富的游客更清楚地认识到可持续性的重要性，这会激发他们对环境保护更积极的情感和想法，并在旅行中更多地参与环境责任行为（Levine & Strube，2012；Liu et al.，2020）。基于上述理论和实践依据，提出以下假设：

H9：环境知识正向影响游客的环境态度。

H10：环境知识正向影响游客环境责任行为。

环境意识体现为游客对环境问题及其对自身和他人影响的理解与欣赏程度（Blok et al.，2015）。对环境威胁以及潜在负面个人后果有更清晰认知的人，往往对环境更为关心，并且会采取更具责任感的行动来保护环境（Blok et al.，2015；Darvishmotevali & Altinay，2022）。因此，更强的环境意识会促使个体产生更强的亲环境承诺（Ahmad et al.，2020），进而提升其对绿色产品的购买意愿和支付意愿（Xu et al.，2020）。在旅游情境下，已有研究表明，较高（vs. 较低）的环境意识能够培养游客对可持续发展更积极的态度，同时也会增加他们参与环境责任行为的意愿（Confente & Scarpi，2021；Shah et al.，2021）。由此，提出如下假设：

H11：环境意识正向影响游客的环境态度。

H12：环境意识正向影响游客环境责任行为。

从认知一致性理论的角度来看，个体具有避免态度和行为不一致的内在动机（Chaxel & Han，2018）。当个体的态度和行为不一致时，会产生紧张感，为了缓解这种紧张，个体会努力寻求态度和后续行为之间的一致性（Joosten et al.，2014；Su et al.，2024）。因此，当个体关心自然环境时，他们更有可能采取保护该环境的行为。具有积极环境态度的游客，更倾向于通过实际行动来践行这种态度，以此增加自身态度和行为的一致性，减少不一致带来的紧张感（Chaihanchanchai & Anantachart，2023；Chen & Tung，2014；Lin & Lee，2020）。例如，这类游客在旅游过程中会更倾向于购买绿色产品、主动寻找可回收设施、优先选择公共交通工具以及尽量减少浪费（Chaihanchanchai & Anantachart，2023；Chen & Tung，2014；Han，2015）。由此，提出如下假设：

H13：环境态度正向影响游客环境责任行为。

本节的理论模型整理如图 5-11 所示。

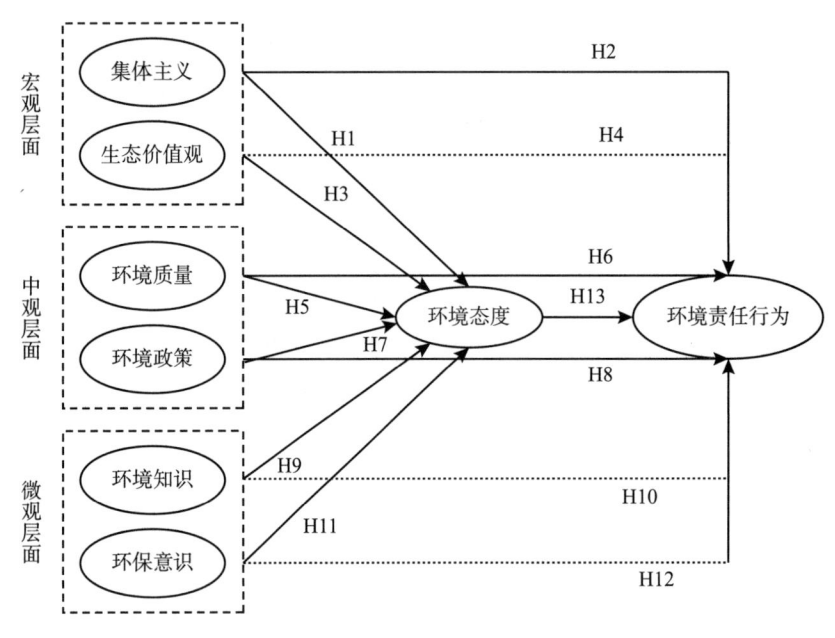

图 5-11 研究的理论模型

5.4.2 研究设计与研究流程

5.4.2.1 构念测量

本节选用了一系列成熟的量表来测量各个变量（见表 5-37）。集体主义测量采用莱奥尼杜等（Leonidou et al.，2010）的四个维度；生态价值观的测量运用韩等（Han et al.，2015）的四个项目；环境质量量表参考粟等（Su et al.，2019）的四个项目；三维度环境政策量表依据宋等（Song et al.，2012）的方法；环境知识采用三个维度测量（Cheng & Wu，2015）；环境意识采用五个维度测量（Blok et al.，2015）；环境态度采用三个维度测量（Chaxel & Han，2018）；环境责任行为采用粟等（Su et al.，2020）的六个维度的量表。所有量表项目均采用李克特七级量表回答选项（1 = 强烈不同意，7 = 强烈同意），以确保能准确测量被试对各变量的态度和行为倾向。

表5–37　　　　　　　　　　　　　变量测量

题项编号	题项描述
CV	集体主义
CV1	（1）您为一个团体的目标而努力工作，即使这不会导致个人的认可
CV2	（2）您做的事情对团体中的大多数人都有好处，即使这意味着您将得到更少的帮助
CV3	（3）您乐于帮助需要帮助的人
CV4	（4）您积极参加团体活动
BV	生态价值观
BV1	（1）您将防止污染
BV2	（2）您将尊重地球
BV3	（3）您将与大自然和谐相处
BV4	（4）您将保护环境
EQ	环境质量
EQ1	（1）总体来说，该目的地自然环境舒适
EQ2	（2）该目的地垃圾少，干净，卫生条件好
EQ3	（3）该目的地空气和水清澈，植被覆盖率高
EQ4	（4）该目的地的建筑与自然环境和谐一致
EP	环境政策
EP1	（1）该目的地建立了有效的环境保护制度和环境解说制度
EP2	（2）该目的地环境教育的推广使游客遵守环境保护法规
EP3	（3）该目的地制定了环保法规，对游客的环保相关行为进行严格管理

续表

题项编号	题项描述
EQ	环境知识
EQ1	(1) 您知道维持生态平衡可促进可持续发展
EQ2	(2) 您知道为了下一代,我们应该保护自然资源
EQ3	(3) 您知道维持物种多样性可平衡生态
EA	环境意识
EA1	(1) 环境污染影响您的健康
EA2	(2) 环境问题对您孩子的未来构成风险
EA3	(3) 您担心环境问题
EA4	(4) 环境问题对您的生活产生影响
EA5	(5) 不考虑环境的人试图逃避责任
ET	环境态度
ET1	(1) 您认为保护环境是一种积极的行为
ET2	(2) 您认为保护环境是一种有价值的行为
ET3	(3) 您认为保护环境是一种有益的行为
TERB	环境责任行为
TERB1	(1) 您将遵守相关规定,不对环境造成破坏
TERB2	(2) 对任何环境污染或破坏行为,您将向管理处报告
TERB3	(3) 当您看到垃圾或树枝时,您将其丢进垃圾桶
TERB4	(4) 如果有清洁环境的参与活动,您愿意参加
TERB5	(5) 您将说服同伴保护岳麓山自然环境
TERB6	(6) 在旅途中,您努力不破坏岳麓山的动物和植物

在正式调查之前,为确保问卷项目的有效性,邀请3位酒店和旅游研究领域的学者以及4位旅游目的地管理者对问卷进行审查。同时,在中国酒店管理专业的本科生中进行预测（n=40）。结果显示所有测量量表的信度、聚合效度和区分效度均达到可接受水平。Cronbach's alpha 系数处于0.923~0.966,超过了足够内部一致性的阈值（Fornell & Larcker, 1981）；组合信度处于0.926~0.972,表明信度良好；各个测量题项的因子载荷均高于0.626（$p<0.001$）,潜变量平均提取方差（AVE）值为0.723~0.896,超过0.500,

说明聚合效度得到满足（Anderson & Gerbing, 1988; Fornell & Larcker, 1981; Hair et al., 1998）。AVE 的平方根值为 0.850~0.930，超过了各个构念之间的相关系数（0.096~0.762），从而使区分效度得到满足（Fornell & Larcker, 1981）。一系列检验确保了研究中所使用的测量工具能够准确测量相应变量，为后续研究奠定了基础。研究量表如表 5-37 所示。

5.4.2.2 数据收集

本节以中国长沙岳麓山的游客为调查对象（n=700），在游客到达岳麓山的某个景点（爱晚亭、岳麓书院、观光长廊和东南门等）时，与他们进行接触并邀请其参与研究。具体负责问卷发放和收集工作的是一个由 15 名本科生组成的团队。这些本科生在参与工作前，接受了调查员的专业培训，并在初级调查员的严格监督下开展工作。为确保调查的全面性和随机性，调查收集者被平均分成三个小组。每个小组在为期四周的时间里，按照预先制定的轮换时间表，在一天中的不同时间以及一周的不同日子，分别被分配到指定的一个地点进行问卷的发放与收集。在数据收集期间，调查团队尽可能接触所有成年访客，旨在给予每个人平等参与的机会。

对于潜在的参与者，首先要求他们证明自己成年中国游客的身份。在被正式征集参与研究之前，调查人员会向符合条件的个人提供调查的口头概述，确保他们对研究内容有初步的了解。当受访者同意完成问卷时，调查人员会明确告知他们拥有随时退出的权利，以保障其权益。在整个招募过程中，调查收集者接受了友好沟通方面的培训，始终保持客观和中立的立场，避免使用任何说服或影响受访者的策略。特别需要指出的是，参与者被告知问卷是匿名的，且收集到的数据仅用于学术研究，不存在任何商业赞助目的。这样的收集程序，其目的在于获取尽可能公正且具有代表性的数据，以便得到准确且具有推广价值的研究结果。

本次共分发了 700 份问卷，最终回收 626 份。在回收的问卷中，有 102 份因内容不完整而被丢弃，剩余的 524 份问卷用于后续分析（见表 5-38）。该样本在性别分布上较为均匀，且具有一定的特征：74.3% 的游客年龄在 18~44 岁，属于略年轻的群体；65.8% 的游客具有本科或硕士学位，整体教育水平较高。

表 5-38　　　　　　　　　　样本人口学特征

变量	样本量	占比（%）	变量	样本量	占比（%）
年龄			月收入		
18~24 岁	210	40.1	少于 2000 元	134	25.6
25~44 岁	179	34.2	2000~2999 元	72	13.7
45~64 岁	105	20.0	3000~3999 元	67	12.8
65 岁及以上	30	5.7	4000~4999 元	95	18.1
性别			5000 元及以上	156	29.8
男性	262	50.0	受教育水平		
女性	262	50.0	高中以下	24	4.6
			高中或中专	83	15.8
			本科或大专	345	65.8
			研究生	72	13.7

5.4.3　数据分析与结果

5.4.3.1　描述性统计分析

采用 SPSS 21.0 进行描述性分析，运用结构方程模型（SEM）分析潜在构念，并使用 Harman 单因素检验来进行共同方法偏差检验（Podsakoff et al., 2003）。结果显示，提取特征值大于 1 的 8 个因子，解释方差为 80.436%，表明数据的解释力较好，研究项的信息量可以被有效提取出来。

5.4.3.2　测量模型分析

根据胡和本特勒（1999）的模型评价标准，测量模型的拟合指标可接受（$\chi^2/df = 2.775$；RMSEA = 0.058；NFI = 0.917；RFI = 0.906；IFI = 0.946；TLI = 0.938；CFI = 0.945；GFI = 0.864；AGFI = 0.837）。Cronbach's alpha 系数范围为 0.907~0.937，组合信度范围为 0.909~0.938。如表 5-39 和表 5-40 所示，各个测量题项的因子载荷均高于 0.686（$p < 0.001$），所有构念的 AVE 均在 0.500 以上（范围：0.666~0.801），表明聚合效度良好。相关系数为 0.059~0.598，AVE 的平方根为 0.816~0.895，满足区分效度标准（Fornell & Larcker, 1981）。这说明研究中所使用的测量模型能够较好地拟合数据，测量结果可靠。

表 5-39 测量模型分析

潜变量	测量量表	标准因子载荷	t 值	CR	AVE	Cronbach's alpha 系数
集体主义（CV）	CV1	0.902	26.099	0.914	0.728	0.913
	CV2	0.899	25.996			
	CV3	0.825	22.649			
	CV4	0.781	20.887			
生物圈价值（BV）	BV1	0.865	24.613	0.938	0.792	0.937
	BV2	0.933	27.952			
	BV3	0.917	27.143			
	BV4	0.843	23.616			
环境质量（EQ）	EQ1	0.832	22.824	0.909	0.713	0.907
	EQ2	0.836	23.023			
	EQ3	0.893	25.556			
	EQ4	0.816	22.152			
环境政策（EP）	EP1	0.856	23.992	0.924	0.801	0.923
	EP2	0.921	26.959			
	EP3	0.908	26.321			
环境知识（EK）	EK1	0.889	25.459	0.920	0.794	0.920
	EK2	0.897	25.805			
	EK3	0.887	25.338			
环境意识（EA）	EA1	0.889	25.559	0.918	0.690	0.917
	EA2	0.904	26.289			
	EA3	0.767	20.345			
	EA4	0.817	22.351			
	EA5	0.771	20.519			
环境态度（ET）	ET1	0.872	24.950	0.931	0.772	0.929
	ET2	0.939	28.247			
	ET3	0.886	25.595			
	ET4	0.814	22.360			
旅游者环境责任行为（TERB）	TERB1	0.782	20.954	0.923	0.666	0.922
	TERB2	0.824	22.680			
	TERB3	0.845	23.600			
	TERB4	0.870	24.728			
	TERB5	0.876	24.994			
	TERB6	0.686	17.461			

表 5-40　　　　　　　　　　　相关系数和平均提取方差

编号	CV	BV	EQ	EP	EK	EA	ET	TERB
CV	0.853							
BV	0.373*	0.891						
EQ	0.529*	0.377*	0.845					
EP	0.358*	0.189*	0.480*	0.895				
EK	0.402*	0.535*	0.280*	0.059	0.891			
EA	0.465*	0.420*	0.397*	0.258*	0.490*	0.831		
ET	0.522*	0.566*	0.511*	0.197*	0.598*	0.560*	0.879	
TERB	0.510*	0.330*	0.548*	0.400*	0.297*	0.357*	0.464*	0.816

注：*、*** 分别表示显著性水平 0.05 和 0.001。

5.4.3.3 结构方程模型分析

结构模型的拟合指数为：$\chi^2/df = 2.753$，RMSEA = 0.058，GFI = 0.864，AGFI = 0.837，NFI = 0.917，RFI = 0.906，IFI = 0.946，TLI = 0.938，CFI = 0.945。所有拟合指数均达到相应标准，从而说明数据与模型拟合得较好，是一个可以接受的模型。

结构模型分析结果如表 5-41 所示。集体主义（$\lambda_{71} = 0.195$，$p < 0.001$）、生态价值观（$\lambda_{72} = 0.207$，$p < 0.001$）、环境质量（$\lambda_{73} = 0.222$，$p < 0.001$）、环境政策（$\lambda_{74} = 0.083$，$p < 0.05$）、环境知识（$\lambda_{75} = 0.259$，$p < 0.001$）和环境意识（$\lambda_{76} = 0.188$，$p < 0.001$）对环境态度的影响均具有统计学意义，支持 H1、H3、H5、H7、H9 和 H11。集体主义（$\lambda_{81} = 0.207$，$p < 0.001$）、环境质量（$\lambda_{83} = 0.266$，$p < 0.001$）和环境政策（$\lambda_{84} = 0.161$，$p < 0.001$）正向影响游客环境责任行为，支持 H2、H6 和 H8。生态价值观（$\lambda_{82} = 0.020$，$p > 0.05$）、环境知识（$\lambda_{85} = 0.025$，$p > 0.05$）和环境意识（$\lambda_{86} = 0.007$，$p > 0.05$）对游客环境责任行为的路径系数均不显著。H4、H10、H12 未得到支持。环境态度对环境责任行为有显著影响（$\beta_{87} = 0.153$，$p < 0.05$）。H13 得到支持。

表 5-41　　　　　　　　　　　假设检验结果

假设关系	路径名称	标准化系数	t 值	标准误	假设检验结果
H1：集体主义正向影响游客环境态度	λ_{71}	0.195***	4.458	0.040	支持

续表

假设关系	路径名称	标准化系数	t 值	标准误	假设检验结果
H3：生态价值观正向影响游客的环境态度	λ_{72}	0.207***	5.003	0.045	支持
H5：环境质量正向影响游客的环境态度	λ_{73}	0.222***	4.953	0.042	支持
H7：环境政策正向影响游客的环境态度	λ_{74}	0.083*	2.150	0.024	支持
H9：环境知识正向影响游客的环境态度	λ_{75}	0.259***	5.856	0.046	支持
H11：环境意识正向影响游客的环境态度	λ_{76}	0.188***	4.407	0.044	支持
H2：集体主义正向影响游客环境责任行为	λ_{81}	0.207***	3.923	0.051	支持
H4：生态价值观正向影响游客环境责任行为	λ_{82}	0.020	0.396	0.057	不支持
H6：环境质量正向影响游客环境责任行为	λ_{83}	0.266***	4.821	0.055	支持
H8：环境政策正向影响游客环境责任行为	λ_{84}	0.161***	3.502	0.031	支持
H10：环境知识正向影响游客环境责任行为	λ_{85}	0.025	0.462	0.059	不支持
H12：环境意识正向影响游客环境责任行为	λ_{86}	0.007	0.147	0.055	不支持
H13：环境态度正向影响游客环境责任行为	β_{87}	0.153*	2.481	0.065	支持

注：*、*** 分别表示显著性水平 0.05 和 0.001。

经检验的模型（见图 5-12）分别解释了 58.3% 和 40.3% 的环境态度和环境责任行为方差。科恩（Cohen，1988）认为，这些发现表明该模型具有良好的解释力，所调查的关系是稳定的。

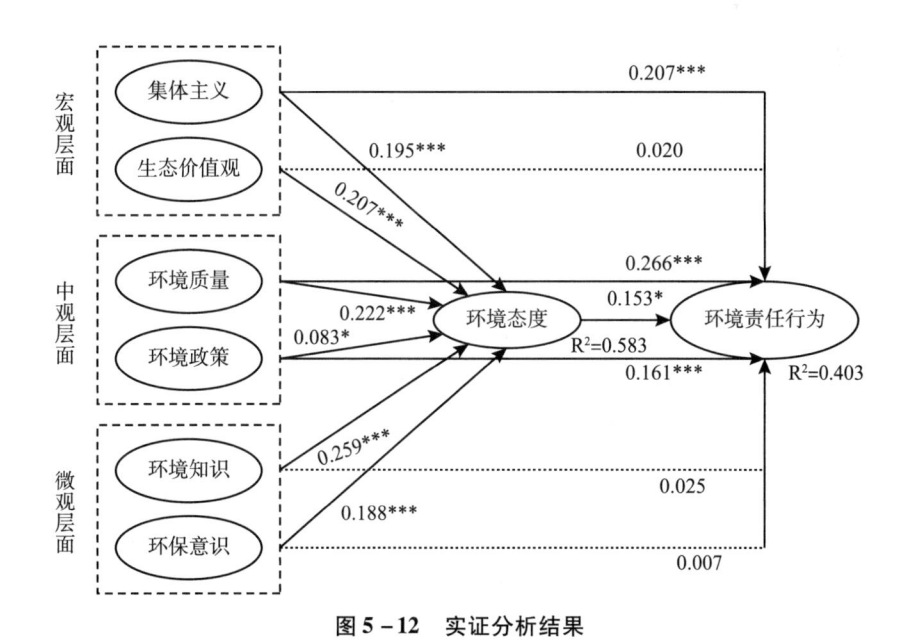

图 5-12 实证分析结果

注：*、*** 分别表示显著性水平 0.05、0.001。

表 5-42 提供了直接效应、间接效应和总效应的实证结果。研究结果表明,环境质量对环境责任行为的直接效应最大,其次是集体主义和环境政策。环境知识通过环境态度对环境责任行为的间接效应最大。总体而言,环境态度在所研究的前因变量对环境责任行为的影响中起到了部分或完全的中介作用。

表 5-42　　　　　　　　　　中介效应检验的实证结果

路径	直接效应	间接效应	总效应
CV→EA	0.195***	—	0.195***
CV→ERB	0.207***	0.030*	0.237***
BV→ET	0.207***	—	0.207***
BV→ERB	0.020	0.032*	0.051*
EQ→ET	0.222***	—	0.222***
EQ→ERB	0.266***	0.034*	0.300***
EP→ET	0.083*	—	0.083*
EP→ERB	0.161***	0.013*	0.174***
EK→ET	0.259***	—	0.259***
EK→ERB	0.025	0.040*	0.064*
EA→ET	0.188***	—	0.188***
EA→ERB	0.007	0.029*	0.036*
ET→ERB	0.153*	—	0.153*

注：*、*** 分别表示显著性水平 0.05 和 0.001。

5.4.4　研究结论与讨论

在旅游可持续发展备受关注的当下,本节构建并提出了一个综合模型,旨在全面考察宏观、中观和微观因素对游客环境责任行为的影响。为验证该模型,研究人员选择了一个具有重要历史和环境意义的热门旅游目的地,对游客开展了一项调查研究。研究结果显示,宏观文化因素中的集体主义和生态价值观、中观目的地因素里的环境质量和环境政策,以及微观个人因素中的环境知识和环境意识,都在影响游客环境责任行为的过程中发挥了作用,它们均能直接或间接地增强游客的环境责任行为。具体来看,集体主义、环境质量和环境政策这三个因素,不仅直接促进了游客形成积极的环境态度,还对旅游环境责任行为起到了直接的推动作用。而生态价值观、环境知识以及环境意识，则是通过环境态度的中介作用，间接地改善了游客的环境责任行为。这意味着，当游客的环境态度受到这些因素的正向影响而变得更加积极时，他们更有可能在旅游过程中展现出环境责任行为。这些研究结果有助于更深入地了解游客环境责任行为的影响因素和潜在机制，并为制定有针对性的促进游客环境责任行为的策略提供有价值的见解。

本节基于李等（Li et al.，2023a）提出的分析框架，全面且系统地从宏观（文化）、中观（目的地）和微观（个体）三个层面考察了游客环境责任行为的前因。尽管已有众多研究（Chiu et al.，2014；Confente & Scarpi，2021；Gupta et al.，2022）对旅游环境责任行为前因进行过探索，但本书提供了一个更为完整的三维理论框架，全面审视旅游环境责任行为的潜在前因。研究发现，集体主义和目的地因素对游客环境责任行为存在直接影响，而生态价值观和个人因素则通过环境态度对游客环境责任行为产生间接影响。通过清晰阐述这些宏观、中观和微观的影响途径，构建了一个用于模拟文化、目的地和个人等前因如何影响游客环境责任行为的理论框架。

本节考察了中观目的地因素（环境质量和政策）在塑造游客环境责任行为中的作用。此前研究表明，环境质量能促进对可持续发展实践的积极评价和行为，政策可能调节意识与行为之间的联系（Liu et al.，2019；Scannell & Gifford，2010），而本书进一步证实了目的地因素对游客的环境态度和环境责任行为有显著影响，这一成果补充了现有关于游客和目的地因素的研究。此外，本书验证了环境态度在传递宏观、中观和微观前因对游客环境责任行为影响中的中介作用，发现生态价值观对环境责任行为的影响由态度中介，但这种间接效应并未在集体主义中出现，环境态度并未中介目的地因素的影响，却完全中介了个人因素对环境责任行为的影响，这表明环境态度可作为某些文化和个人层面前因的中介机制，通过检验其在宏观、中观和微观因素中的中介作用，有助于理解环境态度对游客环境责任行为的多维影响。

第6章 旅游者环境责任行为的治理机制

在当今全球旅游业迅速发展的背景下，旅游者环境责任行为的治理机制研究显得尤为重要。随着旅游活动的日益频繁，旅游对环境的影响也日益显著，如何有效治理旅游者的环境责任行为，已成为旅游业可持续发展的重要议题。本章旨在通过本书研究的视角，探讨旅游者环境责任行为的治理机制，通过多层次的治理策略，促进旅游者在旅游过程中自觉履行环境责任，从而实现旅游业的绿色发展与生态保护的双赢局面。

本章首先从管理启示入手，探讨了旅游者在环境责任行为中的自律机制。自律机制强调旅游者内在的道德约束与环保意识，通过提升旅游者的环保认知与责任感，促使其在旅游过程中自觉减少对环境的负面影响。其次，本章分析了旅游企业在引导与示范机制中的作用。旅游企业作为旅游活动的重要参与者，通过制定环保政策、提供绿色产品与服务，能够有效引导旅游者践行环境责任行为。同时，政府行政管理部门的监管机制也是不可或缺的一环。政府通过法律法规的制定与执行，确保旅游企业与旅游者在环境责任行为中的合规性，从而形成有效的监管体系。

综上所述，本章通过多层次、多维度的分析，系统探讨了旅游者环境责任行为的治理机制。通过自律、引导、监管等多重机制的协同作用，旅游者的环境责任行为将得到有效治理，从而推动旅游业的可持续发展。

6.1 旅游者——自律机制

6.1.1 建立旅游者环境责任意识强化机制

本书认为，旅游者环境责任行为的缺失不仅破坏了旅游地的环境质量，也损害了国家形象,严重制约了旅游地的可持续发展。因此,建立旅游者环境责任行为的自律机制成为推动旅游者环境责任行为的重要抓手。然而,当前阻碍旅游者环境责任行为的主要原因在于旅游者对自身应承担的环境责任认识不足,导致环境责任意识薄弱,进而阻碍了自律机制的建立。

因此,强化旅游者环境责任意识的机制建设,首先,应当重视对旅游者环境责任意识的渗透式教育。通过无差别、无缝隙、多形式的环境保护公益宣传与引导,帮助旅游者辨别旅游环境责任行为中的是非,进而激发其环境责任意识,逐步引导并规范其环境责任行为。其次,可以利用微博等自媒体平台,通过在线互动和交流,进一步宣传和推广旅游者环境责任行为的规范,借助经验分享和社会互动不断增强旅游者的环境责任意识。最后,在环境责任行为规范学习与环境责任意识培养的基础上,逐步引导旅游者将环境责任意识和行为日常化、生活化,将环境责任行为与旅游活动有机融合,推动其在旅游活动的全过程中得以贯彻实施。通过这一系列措施,共同推动旅游地生态环境的可持续发展。

6.1.2 健全旅游者环境责任行为激励约束机制

由于旅游者主动采取环境责任行为的意愿和主动性普遍不足,为了提高旅游者实施环境责任行为的可能性,并减少非环境责任行为的发生,旅游景区及相关管理机构应在强化旅游者环境责任意识的基础上,建立相应的激励体系,并完善旅游者环境责任行为的激励约束机制,鼓励、引导并协助旅游者树立自我规制的环境责任行为自律意识。

具体而言,为了提高旅游者的环境责任行为参与度,首先可以呼吁旅游者参与《旅游者履行环境责任倡议书》的编制工作。旅游者的参与不仅会直接对服务质量、公平性以及旅游地认同等认知要素产生正向影响,而且还将进一步提升旅游者的情感体验。通过增强旅游者的参与感,他们将获得积极的情感体验,而这种正向的情感体验将进一步推动其采取环境责任行为。

此外,鼓励旅游地社区居民成立旅游环境保护公益团体,积极宣传和推广环境责任知识,在旅游地营造人人参与、共同保护环境的良好氛围。同时,建立旅游者环境责任行为"黑名单"机制,将不服从劝阻和管理以及多次出现非环境责任行为的旅游者信息录入不良旅游者数据库,并纳入环境责任行为"黑名单"。对于"黑名单"中的旅游者,可在一定时间内限制其进入该旅游地,以此形成一定的威慑力。

最后,建立旅游地环境责任信息披露机制,定期公布各类主体在履行环境责任方面的情况,鼓励公众对旅游地环境责任事务进行监督。这将促使旅游者、旅游企业以及旅游地社区共同承担环境责任,共同推动旅游地生态环境的可持续发展。

6.1.3 完善旅游者环境责任德性培育机制

旅游者环境不当行为对旅游地生态环境造成了严重的消极影响,而社会公德缺失是旅游者环境不当行为的重要诱因。因此,加强旅游者社会公德教育,提升其环境责任德性,是进一步完善环境责任德行培育机制的关键途径。

旅游者环境责任德性培育机制的完善主要体现在以下三个方面:(1)发挥政府管理部门的监管作用。政府应通过出台相关政策,如旅游者环境责任行为准则等,提醒旅游者树立绿色消费观念和绿色消费方式。此举不仅能够规范旅游者的行为,还能提升其环保意识,进而推动旅游者积极参与环境保护行动。(2)发挥旅游企业的引导作用。旅游企业应在显著位置设置环境保护标识,提醒旅游者履行环境责任行为。同时,企业可以通过创建绿色旅游饭店等措施,塑造环境友好型企业形象,并通过这种正向示范效应,鼓励旅游者主动承担环境责任行为。例如,岳麓山国家风景名胜区的岳麓山景区管理处要求目的地及所有运营组织统一配色方案、徽标和标牌,与游客保持一致的沟通,并为小型企业提供补贴以支持这一环保举措,从视觉层面强化旅游者的环境责任意识,引导其积极实施环境责任行为。(3)发挥旅游地社区居民的示范作用。旅游地管理者应将社区居民视为旅游地可持续发展链条中的重要环节,注重培养社区居民的环境责任意识。通过鼓励居民学习环境保护知识并参与环保行动,借助社区的环保氛围,唤起游客的环境责任意识,促使他们主动参与旅游地的环境保护行动。通过这三个方面的努力,能够有效推动旅游者环境责任行为的自觉实施,从而促进旅游地生态环境的可持续发展。

6.1.4 树立旅游者环境责任行为榜样宣传机制

树立旅游者环境责任行为榜样是提升旅游者环保行为的有效管理策略。通过借助社会心理学中的从众效应和名人效应，树立环境责任行为的标杆，可以在旅游群体中营造出强烈的环保氛围，从而激励更多旅游者自觉遵守环境责任规范。此举不仅有助于增强旅游者的环保意识，还能促进旅游地生态环境的保护与可持续发展，具有深远的现实意义和长远价值。通过榜样的示范作用，旅游者能够更清晰地认识到自己的行为对环境的影响，并通过自发的环保行为推动绿色旅游的发展。

为实现这一目标，具体的实施措施可以包括几个方面。首先，定期开展"环保旅游者"评选活动，通过景区官网、社交媒体平台等渠道征集环保行为事迹，评选出积极践行环境责任的旅游者，并对他们进行公开表彰，授予"绿色旅行大使"等荣誉称号，同时给予物质奖励，如景区门票或纪念品等。这种表彰和奖励不仅能增强榜样的荣誉感，还能激励其他旅游者积极参与到环保行为中来。其次，可以在景区内设置"环保榜样展示墙"，通过图文、视频等形式展示环保榜样的事迹，让旅游者在游览过程中潜移默化地接受环保理念。此外，利用微博、微信、抖音等社交媒体平台，广泛传播环保榜样的故事，扩大榜样的社会影响力，增强宣传的覆盖范围。再次，组织环保榜样与普通旅游者的互动活动，如环保主题沙龙和经验分享会等，让榜样亲自讲述环保行为的心得与收获，这样可以激发更多旅游者的参与热情。景区还可以设置"榜样互动角"，为旅游者提供与环保榜样面对面交流的机会，进一步增强榜样环保行为的吸引力和感染力。最后，邀请环保榜样或名人作为环保宣传大使，参与景区的环保主题活动（如生态徒步、清洁行动等），通过榜样的亲身示范，带动更多旅游者参与其中。通过设计"跟随榜样行动"的打卡活动，鼓励旅游者模仿榜样的环保行为，并在社交媒体上分享打卡记录，保持环保宣传的持续性和新鲜感。

通过树立旅游者环境责任行为榜样宣传机制，能够最大限度地发挥榜样的示范效应，引导旅游者自觉践行环保行为，从而为旅游地的生态环境保护和可持续发展贡献力量。这一机制不仅能够提高旅游者的环保意识，也能推动社会责任感的进一步强化，成为绿色旅游发展的重要推动力。

6.2 旅游企业——引导与示范机制

6.2.1 全面提升服务质量

本书的研究结论表明，服务质量对旅游者的积极情绪和满意度具有重要的直接影响，并通过满意度间接影响旅游者的环境责任行为。因此，旅游企业在提供服务过程中，应注重全面提升服务质量，不仅要满足旅游者的标准化需求，还要充分考虑其个性化需求，从而促进其环境责任行为的自觉实施。

首先，在标准化服务方面，旅游企业应严格按照国家、行业或地方相关标准提供服务，并确保服务人员具备高水平的专业技能。为此，企业应对服务人员进行系统的技能培训，提高其服务能力、沟通技巧和营销能力，增强其服务意识和质量观念，从而确保每位旅游者都能享受到优质的基础服务体验。这一过程的核心目标是提高服务的一致性和可靠性，确保旅游者的基本需求得到满足，进而提升其满意度。

其次，在个性化服务方面，旅游企业应深入分析各细分市场旅游者的个性化需求特征，包括其兴趣爱好、偏好和期望等。基于这些分析，企业应设计并提供定制化的旅游产品，以满足不同旅游者的独特需求。通过创新性地推出个性化的服务项目，旅游企业不仅能够提升旅游者的满意度，还能促进其形成积极的环境责任行为。例如，针对生态旅游者，企业可以提供绿色旅游项目或环保主题活动，增强旅游者的环境责任感。

最后，旅游企业应重视服务失误的补救问题。服务失误可能严重影响旅游者的情绪，增加负面评价，甚至导致投诉，影响旅游者的整体体验。因此，旅游企业不仅要注重"一次服务"的质量，还应树立"二次服务"的理念。在服务失误发生时，企业应及时采取有效的补救措施，化解游客的负面情绪，减少游客的不满情绪，进而提升其整体体验质量。通过这种方式，企业不仅能够修复负面影响，还能通过积极的服务补救提升游客的忠诚度和满意度。

综上所述，提升服务质量是旅游企业提高旅游者满意度和环境责任行为的关键途径。通过加强标准化服务、提供个性化服务和重视服务失误补救，旅游企业能够有效提升旅游者的整体体验，进而促进其积极参与环境责任行为，推动旅游地的可持续发展。

6.2.2 切实落实服务公平

旅游活动的广泛性和复杂性决定了服务接触贯穿整个旅游过程中的每个环节，任何一个接触点的偏差都可能导致旅游者产生服务不公平的感知。本书的研究结果表明，服务公平对旅游者满意度和主观幸福感有着积极的影响，并且通过满意度间接正向影响旅游者的环境责任行为。尤其值得注意的是，服务公平对旅游者满意度和主观幸福感的影响程度，远远超出了服务质量的作用。

根据感知公平理论，服务公平性在旅游体验中的作用不可小觑。高水平的服务公平不仅能够帮助旅游者形成积极的情感体验，还能有效抑制负面情绪的产生。感知到公平的旅游者更容易产生正面的消费情感，他们对旅游活动的整体评价更为满意，且更有可能积极承担环境责任行为。然而，当旅游者感知到不公平的对待时，他们的反应往往是快速、情绪化且持久的，这不仅会加剧负面情绪的产生，还会严重影响旅游者的满意度，进一步削弱其环境责任行为的意愿。因此，服务公平的感知对于旅游者的整体体验和行为导向具有深远的影响。

从服务公平的角度出发，旅游企业对服务公平的理解不应仅停留在服务结果的整体满意度上，而应进一步扩展到服务流程的优化。这种优化涉及多个层面，包括对服务态度、服务细节、服务灵活性和人性化的持续改进，同时确保信息沟通的真实性和准确性。具体而言，旅游企业应注重以下四个方面。

（1）结果公平：确保每个旅游者都能获得与其期望相符的服务结果。旅游者在对服务结果感知公平时，能够增强对旅游企业的信任感，提升满意度，并愿意继续选择该目的地进行旅游。

（2）程序公平：旅游企业需要在服务流程上确保公平性，避免服务过程中任何环节的歧视或不公。优化服务流程，确保服务提供的顺畅性和透明度，使旅游者在每个步骤中都能感受到公平和尊重，从而减少因流程复杂或不透明而产生的不满情绪。

(3) 交互公平：旅游服务过程中，服务人员与旅游者之间的互动非常重要。服务人员应以友好、耐心和尊重的态度与旅游者进行沟通，避免出现态度生硬或不耐烦的行为，确保每一位旅游者在交互过程中都能感受到公平和关怀。这种良好的互动能够大大提升旅游者的情感体验，增强其对旅游服务的满意度。

(4) 信息公平：信息的传递必须真实、准确且及时。在旅游服务中，信息不对称或信息误导可能会导致旅游者的不满，进而影响其整体满意度。企业应确保旅游者在任何时候都能获得充分的、透明的服务信息，尤其是在价格、服务内容和优惠活动等方面，从而消除不必要的误解和疑虑。

总之，服务公平不仅是对旅游者服务结果的满足，更是对旅游服务全过程的公平性保障。旅游企业应从结果公平、程序公平、交互公平和信息公平四个方面着手，持续优化和改进服务流程，确保服务的一致性和透明性。这种全方位的公平保障能够有效提升旅游者的满意度，增强其对旅游企业的信任感，并促使其在旅游过程中更积极地参与到环境责任行为中，从而推动旅游活动的可持续发展。因此，旅游企业在提升服务质量的同时，也应高度重视服务公平的建设，这将对提升旅游者的整体体验和增强环境责任行为起到至关重要的作用。

6.2.3 重视旅游者情感体验

随着旅游市场的不断发展，旅游者行为的驱动力也发生了显著变化。过去，旅游吸引力主要依赖于目的地的自然景观和文化资源，而如今，游客对情感体验的需求日益强烈。尤其是度假旅游的兴起，使得游客不仅关注目的地的景观资源，更加看重能够提供深度情感体验的旅游产品和服务。这种转变意味着，旅游市场的竞争已逐渐从"旅游吸引力"的争夺，转向了"旅游体验质量"的比拼。因此，旅游企业和景区需要更加关注游客的情感需求，才能有效提升游客的目的地认同感与整体满意度。

本书通过刺激—有机体—反应（S-O-R）分析框架，深入探讨了旅游者情感体验、目的地认同与环境责任行为之间的关系。研究结果表明，积极情绪在旅游行为的形成中起着至关重要的作用。积极情绪不仅显著增强游客对目的地的认同感，还能进一步促进其环境责任行为的践行。相反，尽管消极情绪不会直接影响游客的目的地认同感,但却会显著影响其环境责任行为,特别是在重游意向的情境下,消极情绪可能会削弱游客的目的地认同感,并降低其环境责任行为的积极性。

基于这些发现,本书进一步探讨了服务质量、服务公平性以及旅游地的社会责任和生态友好声誉在提升游客情感体验中的关键作用。良好的服务质量和公平的服务流程能够显著促进积极情感体验,进而增强游客的认同感与满意度。而旅游地的生态友好声誉不仅能提升游客的认同感,还能有效减少消极情绪的产生,帮助提升游客的忠诚度。因此,情感体验的提升不仅依赖于积极情绪的培养,还需要与服务质量及生态友好形象的打造相辅相成,二者共同作用,推动游客环境责任行为的践行。

从管理角度来看,旅游企业和景区应从多个维度着手,全面提升游客的情感体验,并促进其环境责任行为的形成。

首先,提升服务质量是最直接的途径。旅游企业应通过标准化管理和个性化服务创新,确保游客在各个接触点上都能获得高质量的体验。高质量的服务能够显著增强游客的积极情感体验,从而提升他们对目的地的认同感。在此过程中,注重服务公平性尤为重要,确保每位游客在享受服务时都能感受到平等与尊重,从而消除因服务不公所引发的负面情绪,进一步优化情感体验。

其次,旅游地的社会责任感和生态友好形象同样是提升游客情感体验的重要因素。研究表明,良好的生态友好声誉不仅能增强游客的认同感,还能显著减少消极情绪的产生。因此,旅游地企业应积极履行社会责任,尤其在环保和可持续发展方面加大投入,塑造绿色、环保的品牌形象。这样的形象不仅能提升游客的情感联结,还能吸引具有环保意识的游客,进而增强游客的忠诚度。

此外,旅游企业还应注重情感体验的全程管理,确保游客在整个旅程中的每一环节都能享受到愉悦和舒适的体验。通过优化旅游服务流程,减少游客在旅程中可能遇到的负面情境,可以有效降低消极情绪的发生。同时,借助大数据和智能技术,旅游企业可以精准把握游客的情感需求,提供个性化的服务,从而进一步提升游客的满意度和情感体验。

最后,旅游企业和景区应将情感体验与环境责任行为紧密结合,将其作为核心竞争力之一。通过提升游客的情感体验,不仅能增强其对目的地的认同感，还能激发其主动践行环境责任行为，如参与环保活动、减少浪费等，从而推动旅游业的可持续发展。因此，旅游企业应深刻认识到，良好的情感体验不仅能提升游客的整体满意度，还能增强游客的环境责任感，为目的地的长期发展奠定坚实基础。

6.2.4 制订旅游地声誉管理计划

近年来，随着社交媒体平台用户分享旅游相关内容的迅猛增长，旅游目的地的负面新闻以及正面新闻（如退耕还林、成功举办重要赛事等）能够迅速传播并引起广泛关注，这为旅游目的地的管理带来了前所未有的挑战与机遇。本书的实证研究结果表明，旅游目的地的生态友好声誉在激发旅游者情感体验方面起到了关键的环境触发作用。具体而言，良好的生态友好声誉不仅能够增强旅游者的积极情绪和满意度，还能有效减少其消极情绪。研究进一步表明，旅游者往往倾向于选择具有良好生态声誉的旅游目的地，以此满足其对自然环境和旅游体验的需求，这一需求与旅游者寻求积极情感体验的目标不谋而合。

更为深入地研究揭示了旅游者的环境责任行为与旅游目的地在履行社会责任方面的相互作用。研究结果表明，增加对社会责任的投资不仅能为旅游目的地带来更多的社会回报，还能为旅游者创造额外的间接益处。因此，旅游目的地的生态友好声誉不仅是提升旅游者满意度的关键因素之一，也是目的地宣传工作中应予重视的核心内容之一。在生态友好声誉管理过程中，旅游目的地的管理机构应充分利用旅游类社交媒体平台实时跟踪并分析目的地的声誉评价，以便及时回应公众的反馈和舆论变化。

此外，景区管理者应清楚认识到，旅游目的地的生态友好声誉对游客行为的深远影响，特别是在促进旅游者环境责任行为方面具有重要作用。积极参与社会责任活动，不仅能够提升旅游目的地的社会形象，还能激发游客参与环保行为，从而为旅游企业和目的地创造更多的社会价值和经济效益。因此，旅游企业应有针对性地制定声誉管理计划，并将其纳入旅游地长期发展战略，确保可持续的声誉管理。尤其是在多个旅游企业共同运营的背景下，景区和旅游地企业应建立有效的社会责任协同合作机制，以避免个别企业的负面行为对整个目的地形象和声誉造成不利影响。

总之，旅游目的地的生态友好声誉不仅影响旅游者的情感体验和行为，还对旅游目的地的社会责任履行和长远发展具有重要意义。因此，旅游管理者应在构建和维护生态友好声誉方面付出更多的努力，将其作为提升旅游目的地竞争力和可持续发展的核心要素。通过强化与旅游企业之间的协作与合作，形成良好的声誉管理体系，能够有效提升游客的满意度和环境责任行为，最终推动旅游地的社会、经济与环境效益的协调发展。

6.2.5 持续关注旅游者满意度

旅游者满意度是衡量旅游者情感体验的核心指标，它对旅游者的重游意向、游客回忆、忠诚行为以及环境责任行为具有至关重要的影响。提升游客满意度是一个系统性、渐进性的过程，要求旅游目的地在生态环境、社会环境、行业服务质量和公共服务等方面进行全面治理和协调。通过持续关注和动态监控旅游者满意度，旅游企业可以为营销战略的制定、客源市场的细分和产品优化等提供有力的数据支持。

本书的研究发现，服务质量、服务公平以及旅游目的地的生态友好声誉通过旅游者满意度对旅游者环境责任行为产生间接影响。旅游者满意度在这一影响中发挥了重要的中介作用。此外，基于S-O-R框架和脚本理论的综合旅游行为模型进一步表明，旅游者满意度通过游客回忆对环境责任行为产生重要影响。具体而言，获得令人满意体验的游客更有可能回忆起他们的旅行经历，并因此采取行动支持环境保护。与先前的研究一致，本书的研究结果证实，游客满意度不仅是忠诚行为和重游意图的重要前提，也是促使旅游者表现出环境责任行为的关键因素。

值得注意的是，旅游者满意度的核心构成不仅仅依赖于旅游目的地宏观层面的自然与人文环境体验、城市治理水平和公共设施等因素，更在于旅游过程无数细节中传递出的真诚服务、精益求精的品质追求和触手可及的温暖关怀。旅游企业和景区应充分认识到这一点，充分发挥每一个细节的作用，以提升游客的情感体验和整体满意度。

因此，旅游企业和景区必须建立并完善旅游者满意度的调查体系，采用多种方式（如抽样调查、现场访谈、社交媒体互动等）实时、定期跟踪并分析旅游者的满意度动态变化。通过对调查和反馈结果的深入分析，旅游地管理者能够及时识别出影响游客满意度的关键因素，从而有针对性地进行改进和优化。尤其是在提升旅游产品和服务质量方面，景区应不断创新和优化其旅游产品，及时更新服务内容，满足游客日益增长的需求。与此同时，对于游客的不满情绪、投诉以及对服务质量的负面反馈，旅游地企业必须给予高度重视，通过持续改进服务质量、完善公共服务体系、推动旅游者与当地居民的良性互动等措施，构建提升旅游者满意度的长效机制。

在这一过程中，景区和旅游地企业应意识到，旅游者满意度不仅仅关乎短期的商业利益，更直接影响到游客的重游意图、忠诚度以及环境责任行为。因此，建立有效的满意度管理体系，持续优化游客体验，将有助于提升目的地的整体竞争力和可持续发展能力。通过全面的满意度提升措施，旅游目的地能够更好地激发游客的环境责任感和社会责任行为，为目的地的生态环境保护和可持续发展贡献力量。

6.2.6 增强互动监督和降低旅游者匿名性

旅游群体的规模和凝聚力对越轨行为的社会传染效应有着显著影响。尤其在大规模的游客群体中，游客的匿名性增强，社会监督的效能减弱，个体更容易受到他人越轨行为的影响。为了有效减少越轨行为，企业需要在游客流动管理和互动监督两方面采取精细化策略，既减少游客的匿名性，又加强游客的自我约束意识，从而提升游客行为的规范性和景区管理的整体效能。

首先，企业应通过科学规划景区接待设施和游客流动管理来减少大规模游客群体中的匿名性。合理设定游客团队人数上限，避免超大规模团体的聚集，有助于增强游客之间的互动和社会监督。例如，景区可以实施分批次入园的措施，将游客按时间段或区域进行分流，以缓解人群拥挤，提升游客之间的直接互动频率，从而促进群体内的自我监督。更小的游客群体能够增强游客之间的行为关注和规范遵守意识，减少不文明行为的发生。

其次，景区还应采用分区式管理模式，将游客引导至不同区域进行活动，从而减少拥挤带来的管理难度，增加游客对自身行为的关注度。每个区域可以根据游客需求设置不同的功能，如文化展示区、自然景观区、娱乐休闲区等，进一步优化游客流动，使其在游览过程中能自觉遵守行为规范。这不仅能够有效提升游客的行为自我约束力，还能够增强游客在景区内的归属感和责任感。

再次，为了进一步强化游客的自我约束意识，企业应增加工作人员的互动监督，利用非正式的互动方式引导游客遵守行为规范。研究表明，游客在被观察的情况下更倾向于遵守社会规范。因此，景区工作人员应积极扮演"观察者"角色，通过眼神交流、微笑致意等方式与游客建立情感联系，提升游客的自我约束意识。例如，当游客进入某些高风险区域或进行某些特殊活动时，工作人员应主动提醒游客注意安全、保持秩序，增加游客对行为规范的关注和遵守。

最后，景区可以招募"文明旅游志愿者"，这些志愿者可以是导游或当地居民，他们不仅提供日常的游客引导服务，还通过友好的言语和行为引导游客自觉遵守社会规范。志愿者的存在能够增强游客的行为监督层次，通过身边人的行为示范和直接互动，形成群体内的监督效应。此外，景区还可以利用社交媒体和游客反馈机制，实时收集游客行为数据，及时调整行为引导策略，以应对潜在的管理问题。

通过以上措施，景区企业能够在减少游客匿名性和加强互动监督的基础上，提升游客的行为规范性，减少越轨行为的发生。这样的管理策略不仅能够优化游客体验，还能够促进景区的可持续发展，为其他景区管理提供借鉴与参考。

6.2.7 增强企业社会责任信息传递能力

目的地社会责任（Destination Social Responsibility，DSR）通过构建目的地的道德形象（如生态保护承诺、社区共融实践等），显著影响游客情感认同与可持续行为意向。研究表明，清晰的 DSR 信息传递能有效引导首次游玩游客建立责任认知，而重游者则通过情感联结强化行为忠诚。这种差异化影响要求旅游企业采取精准的 DSR 实施策略，将责任实践深度融入目的地可持续发展框架。

首先，企业需建立三级协同机制实现 DSR 的系统性嵌入：在战略层面，将环保行动（如碳足迹管理）与公平定价体系同地方 DSR 目标耦合，避免短期逐利行为破坏目的地声誉资本；在运营场景层面，通过客房节水提示、票务系统碳补偿选项等触点设计，将可持续理念植入服务全流程；在体验价值层面，开发环境教育工坊、文化遗产保护志愿项目等参与式活动，将游客的享乐需求（如新奇感、成就感）转化为责任行为驱动力。

其次，为提升DSR实践的可信度，企业需构建动态化信任机制：定期发布经第三方审计的可持续发展报告，重点披露资源使用效率、社区受益比例等关键指标；运用AR技术可视化展示生态保护成效（如珊瑚礁修复进度全景导览），增强游客感知真实性；联合目的地管理机构建立DSR认证标准，通过统一标识系统降低游客信息甄别成本。

最后，针对游客群体特征制定差异化实施路径：对首次游玩游客强化认知引导，在预订环节嵌入DSR信息触点（如行程单标注碳排量）；对重游游客深化情感联结，通过会员体系积分奖励环保行为（如重复使用毛巾兑换景点特权）；设立"负责任旅行者"社群，利用UGC内容（如游客环保实践短视频）激发群体示范效应。

此类整合策略不仅能提升游客环境行为转化率，更能通过责任品牌溢价创造长期竞争优势。在全球可持续旅游认证体系加速完善的背景下，DSR实践已从伦理选择进阶为战略必需。前瞻性布局DSR不仅是企业履行社会责任的体现，更是赢得政策支持与消费者信任的关键杠杆，最终实现商业价值与社会价值的协同增长。

6.3 政府行政管理部门——监管机制

6.3.1 实施差异化管理与分层治理机制

在旅游目的地的管理中，社会规范的有效治理对于减少越轨行为、维护社会秩序及促进可持续发展至关重要。旅游目的地的管理应根据群体差异（游客与居民）以及社会规范的强度来实施差异化的管理策略。

对于居民群体，尤其是在社会规范较松散的情况下，政府应着重强化居民的环境责任意识，以提升其对社会规范的认同感。可以通过组织社区会议、公众论坛等方式，引导居民共同明确环境责任行为的边界，形成共识。此外，政府应通过正向激励机制，如设立"绿色社区"奖励计划，激励居民践行环保行为，并通过荣誉称号或经济奖励鼓励示范效应。结合法律手段，提高违规成本，对乱丢垃圾、破坏生态环境等行为实施罚款或社区服务处罚，增强社会规范的约束力。

对于游客群体，在社会规范较严格的情况下，政府应重点加强游客对目的地规范的认知和遵守意愿。可以通过多渠道传播社会规范信息，如在机场、车站、酒店和景区入口设置电子屏幕、宣传手册等，确保游客了解当地规范。结合数字化手段，在游客进入景区时通过短信提醒，加强信息的传播。同时，应建立志愿者引导机制，在景区及公共场所安排志愿者，友好提醒游客遵守规范，并增强游客对规范的尊重。政府还可设立游客行为监督和反馈机制，鼓励居民和旅游从业者举报不文明行为，并对严重违规游客采取限制措施，如纳入"不文明游客名单"。

综上所述，旅游目的地的管理策略应根据不同群体（如游客与居民）及社会规范的强度采取差异化管理。在较松散的社会规范环境下，重点强化居民的环境责任意识，而在较严格的社会规范环境下，则应加强游客的引导和规范遵守。通过这些管理策略，可以有效减少越轨行为并提升旅游目的地的可持续发展水平。

6.3.2 建立引导游客文明行为的社会规范机制

研究发现，游客的越轨行为在旅游情境中具有显著的社会传染效应，尤其是在社会规范较为松散的情况下，游客更容易受到其他游客行为的影响，并通过道德推脱来合理化自身的不当行为。这种现象不仅对旅游目的地的环境和秩序造成了负面影响，也对当地居民的行为产生了潜在的感染作用。为了减少游客越轨行为的社会传染效应，并增强游客的环境责任意识，政府应当构建一套有效的社会规范管理机制，以引导游客的行为，确保旅游目的地的可持续发展。

在此背景下，政府可以采取行为助推策略来强化正向社会规范，促使游客自觉遵守景区规矩。例如，在景区内设置引导性标语，如"99%的游客都会自觉维护景区环境"或"你的朋友希望你遵守公共秩序"，通过游客的从众心理推动其遵循社会规范。此外，利用数字化手段，如在景区入口、公共设施区域及景区内通过LED屏幕或语音播报提醒游客遵守规范，增强游客对环境责任行为的认知，这不仅能有效提高游客的责任感，还能增强他们对景区环境保护的参与意识。

与此同时，政府还需建立更严格的游客管理和约束机制，以减少游客的道德推脱心理，从而提高其行为责任感。例如，构建游客黑名单制度，将严重违规行为（如乱丢垃圾、破坏公共设施等）纳入游客的信用记录，并在景区入口或官方网站上进行公示，以起到警示作用。此外，设置惩罚措施，如罚款、社区服务或禁止再次入园等，能够有效提高违规成本，促使游客自觉遵守规范，避免因从众心理和责任推卸而产生的越轨行为。

为了进一步减少大群体中的匿名性，政府可以推行游客环境责任的公开承诺机制，增强个体责任感。具体措施包括在景区设立"文明旅游签名墙"，鼓励游客在入园时签署环境保护承诺书，或通过社交媒体平台发起"文明旅行挑战"，让游客在公共场合表达对环境保护的承诺。这种方式能够减少游客的责任扩散现象，提升其对行为后果的认知，从而激励其在旅游过程中自我约束，降低越轨行为的发生率。

综上所述，通过行为助推、严格管理、公开承诺等手段，政府能够有效地减少游客的越轨行为，推动社会规范的有效实施，并提升旅游目的地的可持续发展水平。这不仅有助于改善旅游环境，也有助于促进旅游者的社会责任感，增强他们对旅游目的地生态环境保护的认同与参与，进而促进旅游产业的健康发展。

6.3.3 建立旅游地环境问题柔性治理机制

当前，旅游行政管理部门通过道德约束和法律手段采取单一、粗暴、机械化的方式解决旅游环境问题，这种僵化模式已难以应对景区环境治理日益复杂的新挑战。作为旅游环境责任行为的主体，旅游者在环境责任行为的实施中起着至关重要的作用。因此，探索旅游者主动承担环境责任、践行环境责任行为的有效途径，已成为破解旅游目的地生态环境困境、推动旅游地可持续发展的关键所在。本书的研究结论表明，旅游者的旅游地认同感不仅对游客满意度、游客回忆、重游意愿等商业价值产生显著影响，而且对旅游者环境责任行为也具有重要的促进作用。

因此，旅游目的地的管理部门应当转变传统的治理思路，摒弃以往仅仅依赖道德约束和法律手段的管理模式，转向更加注重增强旅游者情感体验与旅游地认同的治理方式。具体而言，旅游者不应仅仅被视为追求经济利益的游客，而应被视为与目的地命运息息相关的共同体成员。通过增强旅游者对目的地的情感认同，激发他们主动践行环境责任的积极性，为游客提供参与环境保护的机会和平台，可以有效促进旅游者自发承担环境责任，推动旅游地生态环境的改善与可持续发展。

地方认同感是旅游者对旅游目的地"地方意义"的自我认同。积极培育旅游者的地方认同感，不仅有助于提升旅游者的环境责任行为，还能从共同体的角度为景区的可持续发展和营销策略制定提供有力支持。例如，本书中的岳麓山国家风景名胜区是一个成功的案例。岳麓山景区管理处通过麓枫志愿者团队每年组织开展"岳麓山护绿"活动，积极吸引周边学生、游客以及社会各界人士参与景区的志愿公益活动。这些活动包括清理垃圾、认养公益林以及担任"禁烟、禁狗、禁车"行动劝导员等。

通过这些志愿活动，岳麓山景区不仅营造了浓厚的环境保护氛围，还通过本地居民的积极参与，传播环境责任意识，并借此影响外来游客。这种本地居民与游客之间的互动，有助于唤起游客的环境责任意识，并激发其环保行动。同时，游客对当地的地方认同感也在这些活动中得到了增强，进而影响到他们对旅游地的情感归属和环境责任行为。随着游客与本地居民的认知差异不断缩小，游客的环境责任意识逐步得到强化，而非环境责任的行为意识则逐步弱化。

志愿公益活动的成功开展培养了大批主动践行环境责任行为的旅游者，不仅有效改善了景区的环境质量，还为推动景区的生态环境治理和生态修复提供了强有力的支持。这一实践证明，通过培养旅游者的地方认同感和增强其环境责任感，可以有效推动旅游目的地的可持续发展，并为景区管理提供新的思路和策略。

6.3.4 健全旅游地环境责任的行政规制机制

政府行政管理部门在旅游地环境责任的行政规制中应发挥主导作用，形成以政府行政手段为主、市场手段调节为辅的规制机制。一方面，应加强政府的行政管理。由于旅游地环境问题常常伴随显著的负向外部性，政府必须在旅游地环境治理中发挥主导作用,及时纠正和解决因市场失灵导致的消极影响,这些影响往往无法通过市场自身机制消除。因此,强化旅游环境质量标准、旅游环境规划、旅游环保责任评估等制度建设,是旅游地环境治理中的关键环节。

具体而言,政府行政管理部门应重视旅游行业相关环境质量标准的制定与修订,确保旅游业环境治理有法可依;在制定旅游环境规划时,应坚持多规合一的原则,并狠抓落实旅游业环境责任主体的环境责任;应厘清旅游环境不文明行为的主体与内涵,解决旅游不文明行为边界模糊的问题;此外,还应搭建旅游地环境责任监督管理平台,构建政府、旅游企业、旅游者和当地居民参与的多主体监督管理体系。

另一方面,应注重市场手段的调节作用,弥补政府在旅游地环境责任行政规制中存在的短板。政府行政管理部门应充分利用生态补偿、旅游环境税等市场调节机制。对于生态环境脆弱的旅游区,应构建以社区居民为主要补偿对象,涵盖政府、旅游者和旅游企业等各方主体的旅游地生态补偿机制。同时,应向因旅游活动对环境造成消极影响的旅游企业和旅游者征收旅游环境税,以减轻旅游地的生态环境负担。这一机制能够有效缓解旅游活动对生态环境的压力,并促进各方共同承担环境责任。

6.3.5 完善旅游地环境治理的综合执法机制

旅游产业的广泛性和复杂性使得相关支撑产业相互交织,形成了长链条和多层次的产业生态。这不仅带来了经济上的繁荣,也使旅游环境的执法和监管工作面临诸多挑战。旅游地环境执法涉及的部门多样,包括旅游、环保、国土、住建、城管、农业、林业、水利和海洋等多个职能部门,各部门的职能和责任往往存在交叉和重叠。由于缺乏明确的职责划分,这种多头管理和分散执法的局面进一步加剧了旅游地环境治理的复杂性,尤其在跨部门和跨区域的协调上,常常难以形成有效的合力。

此外,旅游地各行政执法部门之间权责划分不清,执法范围模糊,导致了环境治理的常态化执法机制难以建立。多头执法和分头治理的弊端使得各部门的行动往往缺乏协调,无法形成系统化的监管和治理体系。这种碎片化的执法体制不仅削弱了各项环保措施的执行力度,也使旅游地环境治理效果大打折扣。尤其在面临跨部门、跨区域的综合治理时，缺乏统一的协调机制和明确的行动方案，进一步限制了环境保护措施的实施。

为了有效解决这一问题，旅游地需要深化行政执法体制改革，着力建立一个多方协调配合的综合执法机制。在这一过程中，首先，应理顺旅游地环境治理的综合行政执法管理机制，明确各部门的职能和责任范围，确保执法主体之间的分工清晰，避免重复执法和责任空白。其次，应将重点放在环境责任行为的监控与防治上，特别是旅游企业、旅游者和当地居民在环境保护方面的责任。通过建立健全的信息共享和执法预警机制，各行政执法部门之间可以实现信息的快速交换与共享，及时掌握环境治理的动态情况。

此外，各部门应当在加强信息沟通的基础上，达成执法共识，形成协同作战的执法合力。这不仅能够提升各部门之间的协调性，还能有效推动综合治理工作的顺利开展。通过这一机制的创新，能够最大限度地提升旅游地环境保护的执行效果，并有效引导旅游企业、旅游者及社区居民履行各自的环境责任，从而为旅游地的可持续发展奠定更加坚实的基础。

6.3.6 持续推进旅游目的地责任机制建设

DSR 通过塑造目的地的道德形象与声誉（如环保承诺和社区关怀等），对游客的消费情绪与目的地认同感产生深远影响，进而促使其采取积极的环境友好行为（如维护清洁、保护生态、劝说他人保护环境等）。研究表明，DSR 不仅是一种伦理实践，更通过激发游客的积极情感和归属感，推动可持续行为的实施。这一效应在不同类型的游客中存在差异：首次游玩游客更依赖清晰传递的 DSR 信息来建立对目的地的早期认同，而重游游客则通过情感联结来增强对目的地的忠诚度。然而，目的地整体 DSR 感知可能因少数企业的不当行为而遭受损害，这凸显了利益相关者协同合作与统一品牌管理的至关重要性。

为了有效应对这一挑战，目的地管理者应将 DSR 纳入长期战略规划，精心设计并实施系统性的品牌营销策略，提升公众对 DSR 活动的认知与参与度。这一策略应通过统一视觉标识和品牌形象，在各类服务接触点中提供一致的 DSR 信息体验，从而增强目的地的道德信誉与品牌价值。同时，管理者应考虑采取针对性措施，如补贴和支持中小企业落实社会责任，确保这些企业的行为与目的地的社会责任目标一致，避免个别企业的不当行为损害整体目的地形象。

为了减少局部负面事件对目的地声誉的冲击，管理者还需建立健全的监督机制，及时发现并解决潜在风险，避免个别事件对目的地形象的广泛影响。此外，市场细分策略也至关重要，尤其是针对首次游玩游客，管理者应加大DSR信息的传播力度，帮助他们尽早了解并认同目的地的社会责任承诺，从而促成情感联结，增强游客的归属感与忠诚度。而对于重游游客，除了继续加强DSR信息的传递外，还应注重通过深层次的情感联结来强化游客对目的地的长期认同感。

最后，目的地管理者应与各利益相关者紧密合作，共同构建一个统一的"责任共同体"。通过协同营销和价值观统一，增强社会责任感，能够有效提升游客的认同感，并防范个别企业行为引发的系统性信任危机。例如，借鉴岳麓山的合作模式，将社会责任融入品牌形象与营销实践，不仅能够增强目的地的整体吸引力，还能保障其长期可持续发展。

第7章 旅游者环境责任行为未来研究方向

随着旅游活动的大众化和常态化，旅游已经成为人们生活的一部分，对人们的生产生活产生了深远影响。但是旅游业的快速发展往往带来不利的环境影响，进一步影响目的地的可持续发展。为实现旅游地可持续发展，促进旅游者环境责任行为是旅游地管理的最佳实践。基于旅游者环境责任行为领域的研究现状，本书已从个体、群体和目的地视角出发，运用消费情绪、满意度等相关概念，对旅游者环境责任行为的基础理论和影响机制等进行了较为深入的探讨。然而，面临文旅融合、数字化发展等新业态、新形势和新挑战，未来该领域仍有一些重要问题有待深入研究。本章基于现有研究成果，总结现有研究的局限，并且结合旅游业最新实践，提出旅游者环境责任行为的未来研究方向，以期形成旅游者环境责任行为研究理论体系，更好地指导旅游业发展。

7.1 研究局限

7.1.1 研究对象的区域性局限与跨文化验证需求

本书研究多以岳麓山旅游者为主要研究对象，这一选择在确保研究深度和针对性的同时，也可能带来研究结果的区域性局限。岳麓山作为具有独特文化底蕴和地理特征的旅游目的地，其游客的环境责任行为可能受到特定情境因素的影响，这些因素在其他类型的旅游目的地中可能并不存在或表现不同。因此，为了提升结论的普适性和理论贡献，未来的研究亟须在更广泛的地理和文化背景下进行验证。

具体而言，未来研究可以从以下三个维度展开：首先，在地理空间维度上，可以选择不同类型的旅游目的地进行比较研究，如自然景观型与文化遗址型、城市型与乡村型、沿海型与内陆型等旅游地。这种对比研究不仅能够揭示环境责任行为的空间异质性，还能深入探讨地理环境特征对旅游者环境意识的影响机制。其次，在文化维度上，建议选取具有显著文化差异的旅游目的地进行研究，包括不同民族文化背景（如少数民族聚居区）、不同宗教文化影响地区（如佛教、伊斯兰教等宗教圣地），以及不同国家文化背景（如东西方文化差异显著的旅游地）。这种跨文化比较研究有助于揭示文化价值观、社会规范等深层次因素对环境责任行为的影响。最后，在社会经济维度上，选择处于不同发展阶段、具有不同经济特征的旅游目的地进行比较。例如，可以对比研究发达地区与欠发达地区、资源型城市与创新型城市等不同类型旅游地的环境责任行为差异。这种研究设计不仅能够验证理论模型在不同社会经济条件下的适用性，还能为制定差异化的旅游环境管理政策提供理论依据。

7.1.2 纵向追踪与行为持续性的动态研究拓展

本书所进行的研究大多采用横截面数据，只能捕捉某一时间点的静态信息，难以反映旅游者环境责任行为的动态变化过程。这种研究设计无法回答一个关键问题：首先，旅游者的环境责任行为是否会随着时间的推移而发生变化？其次，研究对时间维度的关注不足，未能深入探讨环境责任行为的持续性特征。再次，研究更多关注环境责任行为的即时形成机制，而对行为的长期维持机制缺乏深入探讨。这导致难以理解为什么有些旅游者的环境责任行为能够持续，而另一些则快速消退。最后，关于旅游体验的记忆如何影响后续环境责任行为，现有研究尚未形成系统的理论解释，特别是对记忆强度、记忆内容与行为持续性之间的关系缺乏深入分析。

基于这些不足，未来的研究应当着重从以下四个方面进行拓展：首先，应当加强对环境责任行为动态演变过程的追踪研究，重点关注旅游者在不同时间节点的行为变化特征。例如，可以考察旅游结束后的短期（1个月内）、中期（3~6个月）和长期（1年以上）三个阶段中，环境责任行为的变化轨迹及其影响因素。其次，需要深入探讨时间因素对环境责任行为的影响机制，特别是研究旅游体验的记忆效应如何随时间推移而发生变化，以及这种变化如何影响行为的持续性。再次，应当关注环境责任行为的衰减规律，研究在什么条件下旅游者的环境责任行为会减弱或消失，以及如何通过干预措施维持行为的持续性。最后，建议探讨环境责任行为从旅游场景向日常生活场景迁移的过程，研究这种迁移效应的时间特征和影响因素。通过这些拓展，可以更全面地理解环境责任行为的动态特征，为旅游目的地的环境管理提供更有价值的理论依据。

7.1.3 环境责任行为的多维测度与理论深化

本书对旅游者环境责任行为的测度进行了初步探索，为理解旅游者的环境行为提供了重要基础。然而，受研究范围和测量工具的限制，本书的测量题项可能未能完全涵盖环境责任行为的所有重要维度。例如，现有测量主要聚焦于旅游者在目的地的具体环境行为，而对环境态度、环境价值观等深层次心理因素的考察相对不足。此外，本书的研究更多关注一般性的环境责任行为，对旅游情境下特有的环境责任行为（如对当地生态系统的保护行为、对文化遗产的尊重行为等）的测量仍需进一步完善。

基于本书研究的这些局限性，未来的研究可以从以下两个方面进行拓展：一方面，应当加强对环境责任行为多维性的探讨。环境责任行为不仅包括具体的环境保护行动，还涉及认知、情感等多个层面。未来的研究可以深入探讨这些不同维度之间的关系，如环境知识如何影响环境态度，进而影响环境行为。另一方面，建议关注环境责任行为的情境特异性。旅游情境下的环境责任行为可能具有不同于日常生活的特点，未来的研究可以着重探讨旅游者在目的地的特有环境行为，如对当地生态系统的保护行为、对文化遗产的尊重行为等。

在理论深化方面，未来的研究应当着重探讨以下三个关键问题：第一，个人环境责任行为与集体环境责任行为之间的关系如何？是否存在从个人行为到集体行为的转化机制？第二，短期环境责任行为与长期环境责任行为之间是否存在差异？如何促进短期行为向长期行为的转化？第三，不同文化背景下的旅游者环境责任行为是否存在显著差异？这些差异如何影响环境责任行为的形成和维持？

通过多个维度的测度和理论深化，不仅能够更全面地理解旅游者环境责任行为的复杂本质，还能为旅游目的地的环境管理提供更精细化的理论指导。这种深入的研究将有助于制定更有针对性的环境教育方案和行为干预策略，从而更有效地促进旅游者的环境责任行为。

7.1.4 数智化技术与多学科方法的创新整合

本书研究采用了结构方程模型、访谈法、问卷调查法、实验法等多种定性与定量方法，为探讨游客环境责任行为提供了多维度的分析视角。然而，这些方法在捕捉游客行为的动态变化和复杂性方面仍存在一定局限。例如，问卷调查和访谈法主要依赖受访者的自我报告，可能受到社会期望偏差的影响；而实验法虽然能够控制变量，但往往难以完全模拟真实的旅游场景。此外，现有研究方法多侧重于静态分析，难以全面反映游客环境责任行为的动态演变过程。

基于这些局限，未来的研究可以在研究方法上进行以下创新和整合：首先，可以引入经济学计量方法，特别是使用真实面板数据，探讨游客环境责任行为的动态变化及其影响因素。面板数据模型能够同时捕捉个体差异和时间变化，有助于分析游客行为的长期趋势与短期波动。例如，可以通过追踪同一批游客在不同时间点的环境行为，揭示环境责任行为的形成机制和变化规律。其次，建议采用混合研究方法，将定量分析与质性研究相结合。通过大规模问卷调查获取可比较的量化数据，同时辅以深度访谈、参与观察等质性研究方法，深入理解游客环境责任行为形成的深层动因。

在技术应用方面，未来的研究可以充分利用数智化技术，提升数据采集和分析的精度。例如，可以借助自然语言处理技术对社交媒体和旅游评论区进行情感分析，探讨游客在网络平台上的情感倾向，进而理解其对环境责任行为的态度变化。此外，结合生理学指标（如眼动追踪和心率监测），研究可以进一步探讨游客在接收到环保信息时的认知和情感反应，分析这些反应如何影响其环境责任行为。生理数据可以更直观地揭示游客在决策过程中潜在的生理和心理机制，为深入理解环境责任行为的形成过程提供新的视角。

通过整合多学科方法和数智化技术，未来的研究将能够更全面、精确地捕捉游客环境责任行为的复杂性和动态性。这种创新性的研究方法不仅能够深化对环境责任行为形成机制的理解，还能为制定更有效的环保干预措施提供科学依据，从而促进游客在旅游活动中更积极地参与环境保护行动。

综上所述，本书提出的理论模型为旅游者环境责任行为的研究提供了创新性的视角和深刻的洞察，但也面临一定的局限性。未来的研究应扩展到不同类型的旅游目的地，涵盖具有不同文化背景、社会规范和地理特征的地区，以验证模型的普适性和跨文化适用性。同时，纵向数据收集方法可以进一步考察游客长期行为的变化过程，并探讨时间因素、个人特征和文化氛围等变量的调节作用，以增强对环境责任行为持久性的理解。此外，未来研究应致力于更加全面的环境责任行为测量，探索行为的多维性，特别是个人与集体行为、短期与长期行为之间的关系，从而为旅游管理实践提供更具操作性的理论指导。在方法创新方面，引入计量经济学方法和数智化技术，如自然语言处理和生理学指标监测，将有助于更精准地捕捉游客的行为和情感反应，为环保干预措施的制定提供科学依据。综合这些创新思路，未来的研究不仅有助于深化对环境责任行为动因的理解，还能为生态友好型旅游目的地的可持续发展提供有力支持。

7.2 未来研究方向

7.2.1 文旅融合发展对旅游者环境责任行为的影响研究

党的二十大科学研判国际国内形势，立足中国文化和旅游产业的发展实际，着眼中国式现代化建设的宏伟目标，明确提出"坚持以文塑旅、以旅彰文，推进文化和旅游深度融合发展"的方针。文旅融合不是文化和旅游的简单组合，而是文化、旅游产业及相关要素之间相互渗透、交叉重组，逐步突破原有的产业边界或要素领域，使产业边界收缩、模糊或消失，彼此交融、共生共赢所形成的新的文旅产品业态和产业体系（张朝枝和朱敏敏，2020；张圆刚等，2022）。文旅融合不仅是文化与旅游产业的有机结合，更是文化传播与旅游发展深度互动的重要途径,一方面,提升游客的旅游体验,促进文化的传承与弘扬;另一方面,通过参与和体验当地的文化活动,游客在潜移默化中形成对文化和环境的认同,这种认同不仅加强了个体的文化自觉,也培养了他们的社会责任感与环保意识,建立起旅游者与目的地环境之间的情感联系,增强地方依恋感,推动文明旅游的实践。因此,文旅融合发展的新模式,意味着旅游产业的重构,促使旅游者环境责任行为的内涵更加复杂,相关理论亟待更新,同时,文旅融合发展对旅游者环境责任行为的影响机制仍是黑箱,有待未来探索。因此,未来研究可以从以下三个方面探讨文旅融合发展对旅游者环境责任行为的影响。

7.2.1.1 文旅融合发展下的旅游者环境责任行为基础理论研究

文旅融合发展推动文旅产业转型升级,更好地满足旅游者的体验需求,其通过文旅产业供给侧的升级,更好地匹配了需求侧旅游者的消费,实现了良性互动,进而促进了旅游者环境责任行为。由于文旅融合发展推动旅游要素的优化重构,通过游中场景的文化化、文化的场景化等方面的模式创新,促使旅游者的体验内容发生新的变化,满足游客多元化体验需求,帮助游客获得精神价值,进而推动旅游者环境责任行为也可能产生变化。因此,未来研究需系统阐释文旅融合发展模式下的旅游者环境责任行为的基础理论,包括概念、内涵、特征、结构维度、测量体系等诸多问题。

未来研究应对"文旅融合背景下的环境责任行为"进行清晰界定,明确其内涵及其与传统旅游者环境责任行为的异同;进一步梳理文旅融合背景下旅游者环境责任行为的内涵和特征,如情感驱动、多元化行为和情境依赖等方面。文旅融合下旅游者环境责任行为的结构维度同样值得深入探讨。未来研究应从多维度的角度构建文旅融合背景下的环境责任行为模型,具体包括认知维度、情感维度、社会规范维度和行为维度,并系统地构建一套科学的测量工具,以全面评估文旅融合背景下游客的环境责任行为。

7.2.1.2 文旅融合发展对旅游者环境责任行为的影响机制研究

文旅融合发展通过资源整合和体验优化,为旅游者环境责任行为提供了新的驱动路径。从宏观层面来看,文旅融合推动了文化与自然资源的有效整合和空间优化,优化文旅产业结构,提升旅游者的环境责任意识和行为意图。

从微观层面来看，文旅融合产品（如非遗体验和生态文化主题线路）通过强化旅游者的情感共鸣、价值认同等路径，进一步引导旅游者环境责任行为。与此同时，文旅融合背景下的旅游者环境责任行为驱动还涉及复杂的心理机制，如态度改变、情感共鸣和社会规范的作用。

未来研究需深入探讨文旅融合发展对旅游者环境责任行为（TERB）的驱动机制，重点关注不同文旅融合产品类型（如文化遗产旅游、生态旅游等）对 TERB 的差异化影响，以及旅游者个体特征（如年龄、文化背景、环境态度等）在行为驱动中的作用。同时，厘清文旅融合发展驱动 TERB 的边界条件，如目的地类型、社会文化环境及政策支持等因素的调节作用。未来研究进一步探索如何通过优化文旅融合产品设计、强化环境教育、推动社区参与及政策引导等方式，促进旅游者环境责任行为的形成。此外，研究方法上可结合定量与定性分析，并借助大数据、虚拟现实等新技术，从跨学科视角揭示文旅融合发展对 TERB 的复杂影响机制，为文旅融合的可持续发展提供理论支持和实践指导。

7.2.1.3 中国文化背景下的旅游者环境责任行为理论研究

旅游者环境责任行为的现有相关研究主要基于西方理论框架展开分析，如理性行为理论（TRA）、计划行为理论（TBP）、场所依恋理论（PAT）等，而旅游者环境责任行为是一个高度情境化变量，且深受文化影响。中国是典型的东方文化国家，集体主义思想明显，集体主义的一致性规范和从众心理可能会影响人们的行为，与西方的个人主义思想差异显著。

在我国传统哲学思想中，道家的尊重、顺应自然客观规律，儒家的"人之初，性本善"等思想深刻地影响着人们的行为，特别是"天人合一"哲学理念反映了我国先辈们在很早就具有环境责任行为思想，主张人依赖自然且尊重自然，实现人与自然的和谐统一。基于中国文化背景和传统哲学思想，将儒家思想的"仁、和、义、信"、道家思想的"人法地、地法天、天法道、道法自然"等中国典型传统哲学思想及从众心理、一致性规范、关系、面子、信用等典型中国文化元素的变量加入形成机理模型中，构建具有中国文化特色和哲学思想、原汁原味的旅游者环境责任行为形成机理模型，并在中国旅游者调查的基础上进行实证研究，最终形成独具中国文化特色的旅游者环境责任行为理论。因此，未来研究要以我国传统哲学思想以及人居环境思想等为理论基础，构建根植于中国传统文化背景的旅游者环境责任行为模型，形成相应的理论体系。

7.2.2 数智技术对旅游者环境责任行为的影响研究

以人工智能（AI）、增强现实（AR）及虚拟现实（VR）为代表的数字技术日益改变着人们生活的方方面面（陈晓红等，2022），深刻改变着旅游产业（妥艳媜和秦蓓蓓，2023）。一方面，VR 旅游、云直播、服务机器人等旅游数字技术的成熟应用，促使旅游更加便捷（孙盼盼和林志斌，2023）；有助于通过数字化进行内容教育，增强旅游者环境意识、优化行为选择。另一方面，数据隐私和安全、数字不平等、种族偏见等伦理问题不断凸显（妥艳媜和秦蓓蓓，2023），过度的技术依赖也可能导致旅游者责任弱化。因此，数智技术对旅游者环境责任行为的影响极为复杂，未来有必要从以下方面展开研究，以厘清数智技术对旅游者幸福感的影响。

7.2.2.1 数智技术对旅游者环境责任行为影响的双刃剑效应研究

随着数智技术在旅游业中的广泛应用，其对旅游者环境责任行为的影响呈现显著的"双刃剑"效应。数智技术通过提升旅游服务和产品设计的创新性和可持续性，能够有效促进旅游者的环境保护意识与行为优化。以 VR 技术为例，通过沉浸式的生态体验，游客可以身临其境地感受自然环境的美丽与脆弱，进而唤起对环境的尊重和敬畏感。这种虚拟体验不仅具有教育意义，还能够激发旅游者的环保意识，促使其在实际旅游活动中做出更具环境责任的决策。AI 技术也为个性化绿色旅游推荐提供了新的途径。通过分析游客的历史行为和偏好，AI 能够向游客推荐低碳旅行路线、环保住宿选择等，这种定制化的服务能够有效引导旅游者做出更加绿色的消费决策。此外，碳足迹计算工具和实时反馈系统的引入也为旅游者提供了更多的环保行为激励的技术支撑。通过实时追踪游客的环境影响并提供即时反馈，帮助旅游者量化其旅游活动对环境的影响，如碳排放、能源消耗等，进一步强化其环境责任感。这种可视化的数据反馈使得旅游者能够直观感受到自身行为对环境的影响，从而更加积极地进行环保决策。

然而，数智技术在推动环境责任行为的同时，也伴随一系列负面效应。

隐私泄露、数据安全风险以及数字鸿沟等问题的逐渐凸显，可能会削弱旅游者对数智技术的信任，并在一定程度上降低其主动参与环境保护的意愿。例如，过度依赖碳补偿或环保技术服务可能导致"道德许可效应"，即旅游者认为通过技术服务弥补环境责任后，便可以忽视自身应承担的环境保护义务。这种心态可能使得旅游者对环保行为的主动性产生松懈，甚至减少其自身行为中的环保实践。因此，未来研究应关注如何在促进数智技术对环境责任行为正向影响的同时，避免其对旅游者行为主动性的削弱。尤其是如何避免"技术替代"对游客环保责任心的消解，分析不同技术手段对环境责任行为的心理机制，并探索技术干预的边界条件，确保数智技术的正面作用能够持续并有效地驱动游客的环保行为。

7.2.2.2 数智技术对旅游者责任行为内生动力与外部激励的影响研究

数智技术在引导旅游者环境责任行为时，不仅能够通过内生动力路径，也能通过外部激励机制发挥作用。内生动力主要指技术如何激发旅游者的内在动机，促使其自发地进行环境责任行为。例如，虚拟现实技术通过展示生态破坏的视觉效果，或者模拟环保行为对环境的积极影响，可以激发游客的情感共鸣，进而促使其在实际旅游中做出自觉的环保行为。旅游者在沉浸式的虚拟环境中感受到自然的脆弱性和生态环境的威胁，从而更有可能在现实中采取更加负责任的行为，如减少浪费、选择环保产品等。从外部激励的角度来看，数智技术通过即时反馈和奖励机制能够有效促进旅游者采取绿色行为。如绿色消费积分、环保优惠折扣等激励措施，通过数字平台的实时反馈，可以刺激游客选择更环保的旅游路线和住宿，并给予相应的奖励。然而，内生动力和外部激励在不同情境下的相对有效性可能会有所不同。比如，在一些情况下，内生动力可能更能激发旅游者的长期环保意识，而外部激励则适用于短期行为改变。因此，未来的研究应深入探讨这两种机制的相对作用，并分析在不同旅游情境下，内生动力和外部激励的交互关系，以更好地设计数智技术的介入策略。未来的研究应关注内生动力和外部激励的相互作用与相辅相成，如何在不同情境下平衡这两种机制，以及如何设计长效的激励机制，成为未来研究的重要方向。

7.2.2.3 数智技术对旅游者环境责任行为群体效应的影响研究

数智技术的普及与应用对不同利益相关主体间的互动关系及其对环境责

任行为的促进或抑制机制研究提供了重要工具。数智技术为不同类型主体间环境责任行为的比较研究提供了新的方法与平台。例如，通过大数据和结构方程模型，可以分析居民和旅游者在环境责任行为驱动因素上的异同。数字互动平台能够连接旅游地居民与旅游者，提升了主客互动的质量与效率，促使旅游地居民的环境责任行为通过示范效应影响旅游者环境责任行为。因此，未来研究需探讨数智化背景下不同利益相关主体及其互动关系对旅游者环境责任行为的影响，揭示数智技术在主客互动中的作用及其对环境责任行为的群体效应优化路径。

随着数智技术的不断发展与应用，旅游者环境责任行为的群体效应也日益受到关注。数智技术不仅影响单个旅游者的行为，还通过促进利益相关主体之间的互动，形成广泛的群体效应。未来的研究可以借助大数据和人工智能技术分析不同利益相关方（如旅游地居民、游客、旅游企业等）在环境责任行为中的异同，并探索群体互动对环境责任行为的影响。数字互动平台和社交媒体的应用，提升了旅游地居民与旅游者之间的互动质量，进而促进了居民环境责任行为对游客环境责任行为的影响。居民作为地方文化和环境的直接守护者，其环境责任行为能够通过示范效应影响游客的行为。数智技术通过增强信息的传播与交流，能够更好地促进这种示范效应的扩大化。此外，数字平台还可以通过社交网络的力量，增强群体对环保行为的共同意识。未来研究应探讨数智化背景下不同利益相关主体的互动模式，以及群体效应对旅游者环境责任行为的推动作用。同时，还应关注技术带来的社会差异，如收入水平、教育水平和文化背景各异的游客对数智技术的接受程度和使用方式的差异，探索如何通过数智技术优化群体效应，实现更广泛的环境责任行为推广。

7.2.3 交叉学科视角下的旅游者环境责任行为研究

旅游研究正从传统学科领域向跨学科方向发展，强调理论创新和方法创新。同时，旅游者环境责任行为涉及多个因素，如心理认知、社会规范、技术手段和经济激励等，传统的单一学科难以全面解释这些行为的形成过程。交叉学科视角整合心理学、社会学、行为经济学、生态学等领域，能够揭示旅游者环境责任行为的多维度影响机制，不仅为学术研究提供新的视角和理论框架，同时有助于在实践中促进旅游者环境责任行为。目前旅游者环境责任行为研究借鉴心理学范式进行了大量研究，但尚未形成系统的理论体系。未来旅游者环境责任行为研究需要采用交叉学科视角，综合运用各学科成果，构建相对独立的旅游视域下的理论框架。具体而言，可从以下几个方面开展。

7.2.3.1 交叉学科视角下的旅游者环境责任行为的基础理论研究

旅游者环境责任行为的研究面临多重因素的交互作用，单一学科的理论体系难以全面解释行为形成的复杂性。因此，开展多学科的理论融合，对摆脱固化的思维，丰富旅游者环境责任行为的研究视角和研究思路具有重要意义。例如，结合地理学的空间理论视角进行常住地与旅游地二元环境下的旅游者环境责任行为形成机制对比分析，探索地理空间对环境责任认知和行为的影响。结合环境科学的唤醒理论、环境应激理论和环境负荷理论，分析环境因素对旅游者环境责任行为的影响机制。应用行为经济学的前景理论视角分析旅游者环境责任行为的行为决策等，同时也要加强对资源保存理论、自我决定理论和情绪评价理论等理论的应用，或是从后悔、内疚、愤怒等消极情感视角进行深入探究。这些多学科理论的融合可以提供更为立体的视角，为研究者理解旅游者环境责任行为提供多维度的理论支持。未来的研究应突破单一学科的局限，采用跨学科融合的方式，推动理论的创新发展，构建更加系统和全面的理论框架。

7.2.3.2 交叉学科视角下的旅途全过程旅游者环境责任行为动态机制研究

旅游是一个连续动态的过程，在时间维度上经历游前、游中、游后三个阶段，在空间维度上涉及惯常环境下的生活世界与非惯常环境的旅游世界的转化（张凌云，2008），因此旅游者环境责任行为研究需要考虑时空阶段性。当前的研究大多数仅集中在旅游者环境责任行为的某一阶段或静态影响因素的分析，忽略了行为的动态发展过程，导致结论的片面性和局限性。因此，未来的研究应更加关注旅游过程中的时空变化规律，分析旅游者环境责任行为在不同时空条件下的演变。具体来说，旅游者环境责任行为的启动、形成、发展和维持都是一个动态过程，在不同阶段具有不同的特征和驱动力。例如，在游前阶段，游客的行为受到目的地信息、旅游准备活动等因素的影响，而在游中阶段，游客会在旅游体验中直接受到环境压力和文化交流的影响。游后阶段则主要与游客的回忆、情感共鸣以及社会传播效应相关。未来研究需要结合社会学与伦理学视角，关注文化背景和群体互动对旅游者环境责任行为的影响；运用经济学、地理学等相关学科的客观指标，动态分析不同时空条件下旅游者环境责任行为的变化特征及影响因素；结合生态监测数据与旅游者行为数据，评估旅游活动对生态系统的动态影响。例如，通过遥感技术监测旅游地的环境变化，结合游客的行为数据，可以揭示游客的环境责任行为在不同旅游阶段对生态环境的长期影响。综合这些时空因素，研究能够为理解旅游者环境责任行为的动态演变提供更加全面的视角。

7.2.3.3 交叉学科视角下的旅游者环境责任行为的研究方法

旅游者环境责任行为的研究涉及复杂的行为模式和多元的影响因素，因此需要采用多方法融合的研究策略。针对旅游者环境责任行为的不同研究问题，应选择匹配的研究方法，发挥各学科方法的优势，进行综合分析。在概念界定和理论构建上，可以运用社会科学中的田野调查和其他质性研究方法，通过深入的访谈、参与观察等方式，探索旅游者环境责任行为的动机和行为模式。这一方法有助于发现旅游者在不同文化和环境背景下的行为特征，从而构建出更具现实针对性的理论模型。在总体评价方面，可以借助经济学的宏观指标进行二手数据分析，通过大数据、统计学等方法分析旅游者环境责任行为的整体趋势和区域差异。此外，心理学和管理学的问卷调查和实验研究能够帮助分析个体层面的行为决策过程，验证不同因素（如情感、认知、社会规范等）对行为的影响。为了更全面地评估旅游者环境责任行为的动态特征，未来研究应引入纵向跟踪调查、生长曲线模型等纵向研究方法，这将有助于揭示旅游全过程中不同时期游客行为的变化规律及其驱动因素。此外，未来研究应在现有理论和实证基础上，增加多学科研究方法的应用，推动定性和定量相结合的混合研究，结合心理学、社会学、地理学、经济学等学科的研究成果，采用混合研究方法，能够更全面、准确地揭示旅游者环境责任行为的形成过程与动态变化，进而为相关政策的制定和实践操作提供理论依据，为旅游情境下的环境责任行为研究奠定更加扎实的方法体系和研究范式，使"量"的探讨和"质"的揭示并重，进一步提高研究深度。

7.2.4 不同文化背景下的旅游者环境责任行为对比研究

文化作为影响个体价值观与行为的关键因素，在旅游者环境责任行为研究中占据重要地位。不同文化背景塑造了各异的价值体系、道德观念与行为准则，个体越强烈地认同超越自身利益的价值观，他们就越有可能从事亲环境行为，进而使旅游者在面对旅游环境问题时，展现出不同的环境责任行为模式（Steg & Vlek，2009）。当前，旅游领域对环境责任行为的研究，在跨文化层面的深度与广度仍有待拓展，有必要对不同文化背景下的旅游者环境责任行为展开系统对比研究。

7.2.4.1 东西方文化差异视角下的旅游者环境责任行为研究

东方文化与西方文化在价值观、思维方式等方面存在显著差异，这些差异深刻影响着旅游者的环境责任行为。东方文化强调集体主义、和谐共生，注重个体与自然、社会的协调统一。例如，中国传统文化中的"天人合一"思想，强调人与自然的和谐相处，这种观念深深植根于东方人的心中。在旅游活动中，东方文化背景下的旅游者，受这种传统观念影响，可能更倾向于主动参与保护旅游地生态环境的活动。他们会自觉爱护景区的一草一木，遵循景区的环保规定，尽量减少对自然环境的破坏。

西方文化则多秉持个人主义，更强调个人利益与自由发展。西方人的行为决策往往以个人为中心，在旅游过程中，他们或许更看重个人在旅游过程中的体验。其环境责任行为可能更多地基于个人对环境问题的认知和道德判断。当他们认识到环境问题的严重性，并且认为自己的行为能够对环境产生积极影响时，才会采取相应的环保行动。

未来研究可通过实证调查，对比分析东西方旅游者在旅游活动中资源节约、环境保护等具体行为的差异。例如，在酒店住宿时，观察东西方游客对一次性用品的使用情况，以及对水电资源的节约程度。通过问卷调查的方式，了解他们对旅游地环境保护的态度和意愿，探究文化价值观在其中的内在影响机制。

7.2.4.2 不同宗教文化影响下的旅游者环境责任行为研究

宗教作为文化的重要组成部分，蕴含着丰富的生态伦理思想。不同宗教对人与自然的关系有着独特的阐释，这深刻影响着信众的行为方式。

以佛教为例，其倡导的"慈悲为怀""不杀生"等教义，促使佛教信众在旅游过程中对动植物的保护意识较强。当佛教信众前往自然景区旅游时，他们会尊重当地的生态环境，不会随意采摘花草或伤害动物。在一些佛教圣地，信众们还会积极参与放生等保护动物的活动。此外，佛教的"缘起论"强调众生平等，直接影响了东南亚佛教国家游客的环保实践。泰国清迈的寺庙旅游区监测显示，佛教徒游客的垃圾分类准确率高达92%，而非佛教徒仅为67%。藏传佛教朝圣者严格遵循"转山"传统中"不伤害生灵"的戒律，形成独特的生态保护模式。基督教则强调人类对自然的管理责任，在一定程度上影响着信众对旅游环境的保护行为。基督教认为人类是上帝创造的，有责任管理和保护好自然万物。因此，基督教信众在旅游过程中，可能会更注重对旅游地环境的维护，遵守当地的环保法规。

未来研究可聚焦于不同宗教文化背景的旅游者，分析其在旅游地的环境责任行为表现。通过实地观察、访谈等方法，了解他们在旅游过程中的具体行为，挖掘宗教教义、仪式等对其行为的引导与约束作用。这不仅有助于深入理解宗教文化对旅游者环境责任行为的影响，还能为旅游地针对不同宗教信仰游客制定差异化的环保策略提供理论依据。

7.2.4.3 主流文化群体与亚文化群体的旅游者环境责任行为对比研究

在社会文化体系中，主流文化代表着社会的核心价值观与行为规范，而亚文化群体则具有独特的文化特征与价值观念。随着旅游市场的多元化发展，各类亚文化群体在旅游活动中的活跃度不断提高，如青年背包客文化群体、生态旅游爱好者群体等。

亚文化群体通过价值重构形成特色环保实践。青年背包客群体发展出"负责任的流浪"（responsible wandering）伦理，沙发客（couchsurfing）平台数据显示，其会员的碳足迹比普通游客低37%。生态旅游爱好者创建的"无痕山林"（leave no trace）运动，已发展出七大核心准则，他们通常具有较高的环保意识，在旅游过程中更注重生态保护实践。他们会选择生态友好型的旅游目的地，支持当地的环保项目，并且在旅游过程中尽量减少对环境的负面影响。例如，他们会选择徒步、骑行等低碳出行方式，自带环保餐具，减少一次性用品的使用。而主流文化群体中的部分游客，可能在旅游时对环境问题的关注度相对较低。他们更注重旅游的娱乐性和舒适性，对旅游地的环境破坏问题可能缺乏足够的重视。

未来研究可对主流文化与亚文化群体的旅游者环境责任行为进行对比，剖析不同文化氛围下影响其行为的关键因素。通过市场调研、数据分析等手段，了解不同群体的旅游行为特点和环保意识水平，为旅游市场细分与环保宣传推广提供参考。旅游企业可以根据不同群体的特点，制定针对性的营销策略和环保措施，提高游客的环保意识和参与度。

对不同文化背景下的旅游者环境责任行为展开系统对比研究，具有重要的理论和实践意义。通过深入探究文化因素对旅游者行为的影响，能够丰富旅游行为学的理论体系，为旅游可持续发展提供理论支持。在实践层面，有助于旅游地和旅游企业制定更加科学合理的环保政策和营销策略，促进旅游业的健康发展。未来，随着全球化的深入发展和旅游市场的不断变化，不同文化背景下的旅游者环境责任行为研究将具有更广阔的研究空间和应用前景。

7.2.5 低碳背景下旅游者环境责任行为未来研究

在全球应对气候变化、积极倡导低碳发展的大背景下，旅游业作为碳排放的重要领域之一，对促使旅游者践行环境责任行为、实现低碳旅游具有重要意义。旅游业的蓬勃发展在为人们带来丰富体验的同时，也带来了不容忽视的环境问题，碳排放便是其中的关键。据相关研究表明，旅游活动中的交通、住宿、餐饮等环节均会产生大量碳排放，这对全球气候变暖产生了推动作用。因此，推动低碳旅游发展刻不容缓，为达成这一目标，未来可从以下几个方面对旅游者环境责任行为展开深入研究。

7.2.5.1 低碳旅游认知与旅游者环境责任行为的关系研究

目前，旅游者对低碳旅游的认知程度参差不齐。在一些旅游市场调研中发现，部分游客对低碳旅游的概念仅仅停留在模糊的印象层面，对其真正意义及实现方式缺乏清晰的了解。例如，在对某热门旅游景区游客的随机访谈中，超过半数游客表示知道低碳旅游这个词，但对于如何在旅游中践行低碳，如选择何种交通方式更低碳、住宿时怎样减少能源消耗等具体问题，却知之甚少。

这种认知差异可能直接影响旅游者在旅游过程中的环境责任行为选择。一些对低碳旅游认知不足的游客，在选择旅游交通时，可能会优先考虑出行的便捷性和舒适性，而忽视碳排放问题，倾向于选择高能耗的交通工具，如长途飞行或自驾大排量汽车。而那些对低碳旅游有深入认知的游客，则更有可能选择高铁、新能源汽车等低碳出行方式。

未来研究应深入探讨旅游者对低碳旅游的认知水平与他们实际采取的低碳行为之间的关联。通过问卷调查、实地观察等方法收集数据，运用统计分析工具，分析认知形成的影响因素。旅游宣传在其中起着关键作用，不同形式的宣传，如社交媒体宣传、景区实地宣传等，对游客认知的影响程度不同。教育水平也是重要因素，一般来说，受教育程度较高的游客可能更容易接受低碳旅游理念，也更有能力理解和践行低碳行为。个人价值观同样不可忽视，具有环保价值观的游客，会更主动地将低碳理念融入旅游行为中。

通过深入分析这些影响因素，能够为制定有针对性的低碳旅游宣传教育策略提供依据。例如，针对不同教育水平的游客群体，设计不同深度和形式的宣传内容；对于环保价值观较强的游客，可开展更具深度的环保活动，增强他们的参与感和责任感，从而提高旅游者的低碳意识，促进其环境责任行为的产生。

7.2.5.2 激励机制对低碳背景下旅游者环境责任行为的影响研究

为鼓励旅游者在旅游过程中采取低碳、环保的行为，建立有效的经济激励机制在对亲环境行为的鼓励中至关重要（Kollmuss & Agyeman, 2002）。现有激励措施，如景区的绿色消费折扣、低碳旅游奖励计划等，在实践中取得了一定成效。例如，某景区推出了绿色消费折扣活动，对使用环保餐具、选择低碳住宿的游客给予一定的门票折扣，活动期间，景区内一次性餐具的使用量明显减少，游客选择低碳住宿的比例有所上升。

但这些激励措施仍存在方式单一、效果不持久等问题。仅依靠经济折扣的方式，难以长期吸引所有游客参与低碳旅游。而且，不同游客对经济激励的敏感程度不同，一些高消费能力的游客可能对小额的折扣并不在意。

未来研究可通过实验研究、案例分析等方法，探索多样化的激励机制。精神激励是一个值得深入研究的方向，如对积极践行低碳旅游的游客给予荣誉证书、环保勋章等，满足他们的精神需求，提升他们的社会认同感。社会认可激励同样具有潜力，通过社交媒体平台展示低碳旅游榜样游客的行为，让更多游客感受到社会对低碳行为的认可和赞扬，从而激发他们的积极性。

同时，研究不同激励机制在不同文化背景、不同旅游情境下的有效性差异也十分关键。在东方文化背景下，集体荣誉感较强，可能精神激励和社会认可激励的效果会更显著；而在西方文化背景下，个人主义相对突出，可能需要更注重个性化的激励方式。在不同旅游情境中，如城市旅游和乡村旅游，游客对激励机制的反应也可能不同。通过这些研究，为旅游企业、旅游目的地政府制定科学合理的激励政策提供参考，以充分调动旅游者参与低碳旅游的积极性。

7.2.5.3 技术创新对低碳背景下旅游者环境责任行为的促进作用研究

随着科技的快速发展，一系列低碳技术，如新能源交通工具、智能能源管理系统等，逐渐应用于旅游业。新能源交通工具的出现，为旅游者提供了更多低碳出行选择。例如，新能源汽车的普及使旅游者在选择自驾旅游时，更容易实现低碳出行。一些旅游城市还推出了共享新能源汽车服务，方便游客在旅游过程中使用。智能能源管理系统可实时反馈旅游场所的能源消耗情况，引导旅游者主动节约能源。在一些酒店中，安装了智能电表和智能水表，游客可以直观地看到自己的能源使用情况，从而自觉减少不必要的能源浪费。

未来研究应关注新技术在旅游业中的应用情况，分析其对旅游者环境责任行为的影响路径和作用机制。通过对游客使用新能源交通工具的行为数据进行分析，了解他们在选择交通工具时的考虑因素，以及新能源技术如何改变其出行决策。对于智能能源管理系统，研究游客对能源消耗数据的关注程度，以及这种反馈如何影响他们在旅游场所的能源使用行为。

通过这些研究，为旅游行业借助技术创新推动低碳发展提供理论支持。例如，旅游企业可以根据研究结果，优化新能源交通工具的租赁服务，提高服务质量和便捷性，吸引更多游客选择低碳出行；旅游景区可以进一步完善智能能源管理系统，加强对游客的引导和教育，让游客更好地理解能源消耗与环境的关系，从而积极参与低碳旅游实践。

在低碳背景下，对旅游者环境责任行为的未来研究具有深远意义。通过对低碳旅游认知、激励机制和技术创新等方面的深入研究，能够更好地推动低碳旅游发展，促进旅游业的可持续发展，实现经济、社会和环境的协调发展。未来，随着技术的不断进步和人们环保意识的提高，这一领域的研究将不断深入，为旅游业的绿色转型提供更有力的支持。

7.2.6 旅游者环境责任行为的积极后效研究

在旅游业蓬勃发展的当下，旅游者的行为对旅游地乃至整个生态环境和社会经济都有着深远影响。旅游者环境责任行为，即在旅游过程中主动采取的一系列有利于环境保护、资源节约的行为，对旅游地生态环境、社会经济以及旅游者自身发展都具有重要意义。深入探究其积极后效，有助于进一步推动旅游可持续发展。具体可从以下方面展开研究。

7.2.6.1 旅游者环境责任行为对旅游地生态环境改善的影响研究

在旅游活动中，旅游者的行为与旅游地生态环境息息相关。一些旅游胜地曾因游客数量激增，一次性用品过度使用、垃圾随意丢弃等问题，导致当地生态环境面临巨大压力。而当旅游者开始采取环境责任行为，如减少一次性用品的使用、参与景区垃圾清理活动等，情况便逐渐得到改善。

环境责任行为能够直接降低旅游活动对当地生态环境的负面影响。以一次性塑料制品为例，其降解需要漫长的时间，若被大量丢弃在景区，会对土壤和水体造成严重污染。当游客减少使用一次性塑料制品，改用可重复利用的环保用品时，便能极大地减少此类污染。长期来看，这些行为有助于保护旅游地的自然资源，维护生态平衡，提升旅游地的生态环境质量。

未来研究可通过长期监测和对比分析，量化旅游者环境责任行为对旅游地生态环境各项指标的改善程度。在水质方面，可监测水体中的化学需氧量、氮磷含量等指标，观察随着游客环保行为的增加，这些指标是否向好的方向变化。在空气质量方面，分析景区周边空气中的颗粒物浓度、有害气体含量等。对于生物多样性，统计景区内动植物种类和数量的变化。通过这些量化研究，评估不同类型环境责任行为的生态效益，如参与植树造林活动对增加森林覆盖率、改善生态系统稳定性的作用，为旅游地生态环境保护和可持续发展提供科学依据。

7.2.6.2 旅游者环境责任行为对旅游地社会经济发展的促进作用研究

旅游者的环境责任行为不仅有利于生态环境保护，还能对旅游地的社会经济发展产生积极影响（邱宏亮、范钧和赵磊，2018）。以某沿海旅游小镇为例，曾经由于过度开发和游客不文明行为，导致海滩污染严重，游客数量急剧减少，当地经济受到重创。后来，在政府和旅游企业的引导下，游客逐渐增强环保意识，积极参与海滩清洁等环保活动，海滩环境得到明显改善。这不仅吸引了更多游客前来旅游，还带动了当地民宿、餐饮等相关产业的繁荣，许多外出务工的年轻人也纷纷返乡创业，就业机会大幅增加，居民收入显著提高。

当旅游地的生态环境得到有效保护和改善时，会吸引更多游客前来旅游，从而促进当地旅游业的发展，带动相关产业的繁荣，增加就业机会和居民收入。此外，旅游者积极参与环保活动，能够增强与当地居民的互动与交流，促进文化融合，提升旅游地的社会凝聚力。游客与当地居民一起参与环保公益活动，共同为保护旅游地环境出力，这种互动能增进彼此的了解和信任，让游客更好地融入当地文化，也让当地居民对自身文化有更深刻的认同感。

未来研究可通过构建经济模型、案例研究等方法，深入分析旅游者环境责任行为对旅游地经济增长、就业、社会文化发展等方面的具体贡献。利用投入产出模型，分析旅游收入与环保行为之间的关联，评估环保行为带来的经济乘数效应。通过案例研究，详细剖析不同旅游地在游客环保行为增加前后，社会经济各方面的变化，为旅游地制定可持续发展战略提供有力的理论支撑。

7.2.6.3　旅游者环境责任行为对旅游者自身发展的影响研究

参与环境责任行为对旅游者自身的成长和发展具有积极意义。从心理学角度来看，当旅游者在旅游过程中践行环保行为，如在景区内主动进行垃圾分类、爱护文物古迹等，他们内心会产生一种成就感和满足感，这种积极的情感体验有助于提升他们的心理健康水平。而且，通过参与环保活动，旅游者能够结识志同道合的朋友，拓展社交圈子，提升社交能力。

在旅游过程中践行环境责任行为，有助于旅游者增强环保意识，提升社会责任感，培养良好的道德品质和行为习惯。这种积极的行为体验还可能促进旅游者的身心健康，丰富其旅游经历和人生阅历。一位经常参与生态旅游活动的游客表示，在参与环保志愿者活动过程中，他不仅更加了解自然生态系统，还深刻认识到环境保护的重要性，这种体验让他在日常生活中也成为环保的倡导者和践行者。

　　未来研究可运用心理学、社会学等研究方法，探究旅游者环境责任行为对其个人价值观、心理健康、社会交往能力等方面的影响机制。通过问卷调查、心理测试等方式，收集数据并进行分析，了解游客在参与环保行为前后的心理变化和价值观转变。为旅游教育和旅游产品设计提供参考，如开发更多以环保为主题的旅游线路和活动，引导旅游者在旅游活动中实现个人与环境的共同发展。

　　深入研究旅游者环境责任行为的积极后效，无论是对旅游地的生态环境、社会经济，还是对旅游者自身发展都具有重要价值。通过这些研究，能够更好地认识到旅游者环境责任行为的重要性，为推动旅游可持续发展提供更坚实的理论基础和实践指导，让旅游业在发展的同时，实现与生态环境、社会经济以及游客个人发展的和谐共生。随着人们对可持续发展理念的不断深入理解和接受，未来这一领域的研究也将不断拓展和深化，为旅游业的美好未来贡献更多智慧和力量。

参 考 文 献

[1] 白凯,郭生伟.旅游景区共生形象对游客重游意愿及口碑效应影响的实证研究——以西安曲江唐文化主题景区为例[J].旅游学刊,2019,25(1):53-58.

[2] 白凯.旅游目的地意象定位研究述评——基于心理学视角的分析[J].旅游科学,2009,23(2):9-15.

[3] 白凯,孙天宇,谢雪梅.旅游目的地形象的符号隐喻关联研究——以陕西省为例[J].资源科学,2008(8):1184-1190.

[4] 白凯.乡村旅游地场所依赖和游客忠诚度关联研究——以西安市长安区"农家乐"为例[J].人文地理,2010,25(4):120-125.

[5] 卞显红.旅游目的地形象、质量、满意度及其购后行为相互关系研究[J].华东经济管理,2005(1):84-88.

[6] 曹礼和.基于服务公平性的顾客满意感与忠诚感关系——面向武汉酒店业的实证研究[J].湖北经济学院学报,2008,6(3):111-116.

[7] 陈海波.顾客感知价值视角的旅游者重游意愿研究[D].长沙:湖南师范大学,2010.

[8] 陈晓红,李杨扬,宋丽洁,等.数字经济理论体系与研究展望[J].管理世界,2022,38(2):208-224,13-16.

[9] 陈晔,张辉,董蒙露.同行者关乎己?游客间互动对主观幸福感的影响[J].旅游学刊,2017,32(8):14-24.

[10] 程开明.结构方程模型的特点及应用[J].统计与决策,2006,22(10):22-25.

[11] 程励,李珍芳,祁杉.世界遗产旅游者环境责任行为的构成维度及形成逻辑:基于青城山—都江堰世界文化遗产地的实证研究[J].旅游科学,

2024：1-22.

[12] 程卫进，程遂营，刘强．旅游地社会责任、地方依恋对环境责任行为的影响研究——以长沙市岳麓山风景名胜区为例 [J]．地域研究与开发，2022（5）：112-118.

[13] 程卫进，李紫薇，程雨，等．主—客价值共创行为意向的形成机制——基于计划行为理论扩展模型的解释 [J]．资源开发与市场，2022，38（9）：1025-1034.

[14] 程占红，牛莉芹．基于环境认知的生态旅游者对景区管理方式的态度测量 [J]．人文地理，2016（2）：136-144.

[15] 邓明艳．峨眉山旅游形象定位的探讨 [J]．西南民族大学学报，2004，25（4）：177-179.

[16] 邓新明．中国情景下消费者的伦理购买意向研究——基于TPB视角 [J]．南开管理评论，2012（3）：22-32.

[17] 丁风芹，姜洪涛，侯松岩，等．中国传统古村镇游客重游意愿的影响因素及作用机理研究——以周庄为例 [J]．人文地理，2015（6）：146-152.

[18] 杜建刚，范秀成．服务失败情境下面子丢失对顾客抱怨倾向的影响 [J]．管理评论，2012，24（3）：91-99.

[19] 杜建刚，马婧，王鹏．负面情感事件对一线服务人员情绪、满意及承诺的影响——以高交互服务行业为例 [J]．旅游学刊，2012，27（8）：60-67.

[20] 段文婷，江光荣．计划行为理论述评 [J]．心理科学进展，2008（2）：315-320.

[21] 高建芳．旅游企业社会责任评价指标体系研究 [D]．北京：北京林业大学，2007.

[22] 高力行．商业友谊对服务品质，顾客满意与顾客忠诚影响的研究——以汽车修理业与保险业为例 [D]．台中：朝阳科技大学，2002.

[23] 高兆明．道德责任：规范维度与美德维度 [J]．南京师大学报（社会科学版），2009（1）：5-10.

[24] 葛万达，盛光华，龚思羽．消费者绿色价值共创意愿的形成机制——归因理论与互惠理论的视角 [J]．软科学，2020（1）：13-18.

[25] 郭安禧，郭英之，李海军，等. 旅游者感知价值对重游意向影响的实证研究——旅游者满意和风险可能性的作用 [J]. 旅游学刊，2018（1）：63－73.

[26] 国家移民管理局. 国家移民局举行放宽优化过境免签政府新闻发布会 [R/OL]. 国家移民局网站，2024－12－17.

[27] 韩小芸，谢礼珊. 服务公平性对顾客归属感的影响 [J]. 现代管理科学，2007（11）：15－19.

[28] 何学欢，胡东滨，马北玲，等. 旅游地社会责任对居民生活质量的影响机制 [J]. 经济地理，2017（8）：207－215.

[29] 何学欢，胡东滨，粟路军. 境外旅游者环境责任行为研究进展及启示 [J]. 旅游学刊，2017（9）：57－69.

[30] 何学欢，胡东滨，粟路军. 旅游地居民感知公平、关系质量与环境责任行为 [J]. 旅游学刊，2018，33（9）：117－131.

[31] 胡兵，傅云新，熊元斌. 旅游者参与低碳旅游意愿的驱动因素与形成机制：基于计划行为理论的解释 [J]. 商业经济与管理，2014（8）：64－72.

[32] 胡奕欣，李寿涛，陈瑞蕊，等. 近20年来亲环境行为研究进展 [J]. 心理研究，2021（5）：428－438.

[33] 黄向，保继刚，Wall G. 场所依赖：一种游憩行为现象的研究框架 [J]. 旅游学刊，2006，21（9）：19－24.

[34] 黄向. 旅游体验心理结构研究——基于主观幸福感理论 [J]. 暨南学报（哲学社会科学版），2014，36（1）：104－111.

[35] 姬旺华，张兰鸽，寇彧. 公正世界信念对大学生助人意愿的影响：责任归因和帮助代价的作用 [J]. 心理发展与教育，2014（5）：496－503.

[36] 贾衍菊，林德荣. 旅游者环境责任行为：驱动因素与影响机理——基于地方理论的视角 [J]. 中国人口·资源与环境，2015（7）：161－169.

[37] 姜勇. 验证性因素分析及其在心理与教育研究中的应用 [J]. 教育科学研究，1999（3）：88－91.

[38] 亢雄. 旅游幸福及其研究之价值、视角与前景 [J]. 思想战线，2012，38（1）：105－109.

[39] 黎洁. 论旅游目的地形象及其市场营销意义 [J]. 旅游论坛，1998

(1): 17-19.

[40] 李宏. 旅游目的地形象测量的内容与工具研究 [J]. 人文地理, 2007 (2): 48-52.

[41] 李蕾蕾. 旅游点形象定位初探——兼析深圳景点旅游形象 [J]. 旅游学刊, 1995, 10 (3): 29-32.

[42] 李蕾蕾. 旅游目的地形象的空间认知过程与规律 [J]. 地理科学, 2000 (6): 563-568.

[43] 李武武, 王晶. 旅游企业社会责任与经营绩效的相关性研究 [J]. 旅游学刊, 2013, 28 (3): 47-51.

[44] 李新秀, 刘瑞利, 张进辅. 国外环境态度研究述评 [J]. 心理科学, 2010, 33 (6): 1448-1450.

[45] 李燕琴. 生态旅游者识别方法分类与演变 [J]. 宁夏社会科学, 2006 (5): 131-133.

[46] 李志飞. 生活在别处: 旅游者二元行为理论 [J]. 旅游学刊, 2014 (8): 13-14.

[47] 李竹君. 基于规范焦点理论的绿色消费行为研究: 以商超绿色产品销售为例 [D]. 广州: 暨南大学, 2020.

[48] 廖卫华. 旅游地形象构成与测量方法 [J]. 江苏商论, 2005 (1): 140-142.

[49] 刘建峰, 王桂玉, 张晓萍. 基于表征视角的旅游目的地形象内涵及其建构过程解析——以丽江古城为例 [J]. 旅游学刊, 2009, 24 (3): 48-54.

[50] 刘建一, 吴建平. 亲环境行为溢出效应: 类型、机制与影响因素 [J]. 心理研究, 2018, 11 (3): 267-268.

[51] 刘力, 吴慧. 旅游动机及其对游客满意和游后行为意向的影响研究——以九华山韩国团体旅游者为例 [J]. 旅游论坛, 2010, 3 (2): 147-152.

[52] 刘睿文, 吴殿廷, 肖星, 等. 旅游形象认知的时间顺序对旅游目的地形象认知的影响研究——以银川沙湖与榆林红碱淖为例 [J]. 经济地理, 2006 (1): 145-150.

[53] 柳红波. 大学生环境意识与旅游环境责任行为意愿 [J]. 当代青年

研究, 2016 (2): 62-66.

[54] 吕荣胜, 卢会宁, 洪帅. 基于规范激活理论节能行为影响因素研究[J]. 干旱区资源与环境, 2016 (9): 14-18.

[55] 吕宛青, 汪熠杰. 基于心理账户的乡村旅游地居民环境责任行为演化与促进研究[J]. 旅游科学, 2023 (1): 23-42.

[56] 吕兴洋, 刘涛, 谢小凤, 等. 回忆疗愈: 过往旅游经历对老年人不幸福感的治愈作用研究[J]. 旅游学刊, 2023, 38 (6): 74-89.

[57] 马北玲, 粟路军. 旅游地声誉与旅游者忠诚关系研究[J]. 经济地理, 2014, 34 (8): 173-179.

[58] 马克思. 1844年经济学哲学手稿[M]. 北京: 人民出版社, 2000.

[59] 毛端谦, 刘春燕. 旅游目的地映象研究述评[J]. 旅游学刊, 2006 (8): 40-44.

[60] 毛小岗, 宋金平, 冯徽徽, 等. 基于结构方程模型的城市公园居民游憩满意度[J]. 地理研究, 2013, 32 (1): 166-178.

[61] 毛小岗, 宋金平. 旅游动机与旅游者重游意向的关系研究: 基于logistic模型[J]. 人文地理, 2011 (6): 149-154.

[62] 孟昭兰. 情绪心理学[M]. 北京: 北京大学出版社, 2005.

[63] 潘红. 世界文化遗产地杭州西湖旅游目的地形象对游客行为意向影响研究[D]. 芜湖: 安徽师范大学, 2015.

[64] 彭晓玲. 自然遗产地游客环境态度与行为分析——以湖南武陵源风景名胜区为例[J]. 中南林业科技大学学报, 2010 (7): 166-171.

[65] 祁秋寅, 张捷, 杨旸, 等. 自然遗产地游客环境态度与环境行为倾向研究——以九寨沟为例[J]. 旅游学刊, 2009 (11): 41-46.

[66] 邱宏亮. 道德规范与旅游者文明旅游行为意愿——基于TPB的扩展模型[J]. 浙江社会科学, 2016 (3): 96-103, 159.

[67] 邱宏亮, 范钧, 赵磊. 旅游者环境责任行为研究述评与展望[J]. 旅游学刊, 2018, 33 (11): 122-138.

[68] 邱宏亮. 基于TPB拓展模型的出境游客文明旅游行为意向影响机制研究[J]. 旅游学刊, 2017, 32 (6): 75-85.

[69] 邱慧, 周强, 赵宁曦, 等. 旅游者与当地居民的地方感差异分析——以黄山屯溪老街为例[J]. 人文地理, 2012 (6): 151-157.

[70] 申文果. 旅行社网站服务公平性对顾客行为意向的影响研究 [J]. 旅游学刊, 2008, 23 (2): 17-22.

[71] 沈鹏熠. 旅游企业社会责任对目的地形象及游客忠诚的影响研究 [J]. 旅游学刊, 2012, 27 (2): 72-79.

[72] 沈弋, 徐光华, 王正艳. "言行一致"的企业社会责任信息披露——大数据环境下的演化框架 [J]. 会计研究, 2014 (9): 29-36, 96.

[73] 石晓宁. 基于计划行为理论的低碳旅游行为意向影响因素研究 [D]. 广州: 华南理工大学, 2013.

[74] 苏敬勤, 刘静. 案例研究规范性视角下二手数据可靠性研究 [J]. 管理学报, 2013, 10 (10): 1405-1409, 1418.

[75] 苏志平. 基于AHP的旅游企业社会责任评价体系探讨 [J]. 安徽农业科学, 2010, 38 (12): 6573-6575.

[76] 粟路军, 黄福才. 服务公平性对旅游者忠诚的作用机理研究——以武夷山观光旅游者为例 [J]. 旅游科学, 2010, 24 (4): 26-39.

[77] 粟路军, 黄福才. 服务公平性、消费情感与旅游者忠诚关系: 以乡村旅游者为例 [J]. 地理研究, 2011, 30 (3): 463-476.

[78] 粟路军, 黄福才. 服务质量对顾客忠诚的影响——顾客消费情感的中介作用 [J]. 大连理工大学学报 (社会科学版), 2011, 32 (1): 8.

[79] 粟路军, 黄福才. 旅游地社会责任、声誉、认同与旅游者忠诚关系 [J]. 旅游学刊, 2012 (27): 53-64.

[80] 粟路军, 李朝军, 夏军. 旅游属性检验: 理论模型与实证分析 [J]. 旅游研究, 2015, 7 (4): 1-10.

[81] 粟路军, 马北玲. 旅游者——旅游地认同驱动因素及其对忠诚的影响 [J]. 经济地理, 2013, 33 (10): 182-187.

[82] 粟路军, 唐彬礼. "先扬后抑, 还是先抑后扬"? 旅游地社会责任的信息框架效应研究 [J]. 旅游科学, 2020 (6): 86-105.

[83] 孙佼佼, 徐英. 环境契合度对旅游者主观幸福感的影响机制 [J]. 干旱区资源与环境, 2022, 36 (11): 168-174.

[84] 孙瑾瑾, 李勇泉. 游客旅游动机对文创旅游目的地重游意愿的影响——文化接触的中介作用 [J]. 西安建筑科技大学学报 (社会科学版), 2018: 55-62.

[85] 孙盼盼, 林志斌. 数字科技驱动旅游创新发展和居民幸福感提升 [J]. 旅游学刊, 2023, 38 (6): 6-7.

[86] 田逢军, 沙润, 汪忠列. 南昌市旅游地意象分析 [J]. 资源科学, 2009, 31 (6): 1007-1014.

[87] 田虹, 姜春源. 社会责任型人力资源管理对旅游企业员工亲环境行为的影响研究 [J]. 旅游学刊, 2021, 36 (11): 133-144.

[88] 田虹, 田佳卉. 环境变革型领导对员工绿色创造力的作用机制研究 [J]. 管理学报, 2020, 17 (11): 1688-1696.

[89] 田青. 湄洲岛旅游者地方认同研究 [D]. 湖南师范大学, 2015.

[90] 田珊. CEO和CFO任期交错对企业避税的影响研究 [D]. 华南理工大学, 2021.

[91] 妥艳媜. 旅游者幸福感为什么重要? [J]. 旅游学刊, 2015, 30 (11): 16-18.

[92] 妥艳媜, 秦蓓蓓. 人工智能技术赋能旅游者幸福感的现实困境与实现路径 [J]. 旅游学刊, 2023, 38 (6): 3-6.

[93] 汪纯孝, 韩小芸, 温碧燕. 顾客满意感与忠诚感关系的实证研究 [J]. 南开管理评论, 2003 (4): 70-74.

[94] 汪芳, 黄晓辉, 俞曦. 旅游地地方感的游客认知研究 [J]. 地理学报, 2009, 64 (10): 1267-1277.

[95] 王纯阳, 冯芷菁. 制度压力、旅游地社会责任及其治理绩效——基于开平碉楼与村落的实证调查 [J]. 河南师范大学学报 (哲学社会科学版), 2021 (2): 89-94.

[96] 王磊, 刘洪涛, 赵西萍. 旅游目的地的内涵研究 [J]. 西安交通大学学报 (社会科学版), 1999, 19 (1): 25-27.

[97] 王维胜, 周泱宏, 唐承财. 短视频内容特征对旅游目的地形象及游客行为意愿的影响研究——基于积极情绪理论 [J]. 地理与地理信息科学, 2024: 1-10.

[98] 王欣, 邹统钎. 非惯常环境下体验的意义 [J]. 旅游学刊, 2011 (7): 19-23.

[99] 王忠, 李来斌. 文化遗产旅游地社会嵌入对社区居民亲旅游行为影响研究——基于澳门历史城区的实证考察 [J]. 山东大学学报 (哲学社会科

学版），2024（5）：35-46.

[100] 韦庆旺，孙健敏. 对环保行为的心理学解读——规范焦点理论述评［J］. 心理科学进展，2013，21（4）：751.

[101] 温碧燕，岑成德. 补救服务公平性对顾客与企业关系的影响［J］. 中山大学学报（社会科学版），2004（2）：24-30，123.

[102] 温碧燕，汪纯孝. 服务公平性、顾客服务评估和行为意向的关系研究［J］. 中山大学学报（社会科学版），2002（2）：109-116.

[103] 吴茂英. 饭店餐饮顾客感知公平性、消费情感与满意度关系研究［D］. 浙江大学，2008.

[104] 肖亮，赵黎明. 互联网传播的台湾旅游目的地形象——基于两岸相关网站的内容分析［J］. 旅游学刊，2009，24（3）：75-81.

[105] 谢朝武，黄远水. 论旅游地形象策略的参与型组织模式［J］. 旅游学刊，2001（2）：63-67.

[106] 谢礼珊，易婷婷. 不同排队方式顾客感知服务公平性对满意感的影响［J］. 管理科学，2007，20（5）：40-47.

[107] 谢彦君. 基础旅游学（第一版）［M］. 北京：中国旅游出版社，1999：61-63.

[108] 谢彦君. 基础旅游学（第二版）［M］. 北京：中国旅游出版社，2004：73-204.

[109] 辛自强，赵献梓，郭素然. 青少年的控制信念：测量工具及应用［J］. 河北师范大学学报（教育科学版），2008（9）：54-60.

[110] 徐红罡，田美蓉. 城市旅游的增长机制研究［J］. 中山大学学报（自然科学版），2006（3）：95-99.

[111] 徐洪，涂红伟. 道德认同还是道德推脱？——旁观者视角下国家公园游客环境态度与亲环境行为关系研究［J］. 旅游学刊，2023，38（9）：156-168.

[112] 徐林强，黄超超，沈振烨，等. 我国体验式旅游开发初探［J］. 经济地理，2006（S2）：24-27.

[113] 闫昕，晏雄，解长雯，等. 红色旅游者主观幸福感的链式生成机理研究［J］. 干旱区资源与环境，2023（3）：178-185.

[114] 严浩仁. 服务补救的公平要素及其对顾客满意的影响研究［J］.

消费导刊，2009（3）：44-45.

[115] 杨永德，白丽明. 旅游目的地形象概念体系辨析 [J]. 人文地理，2007（5）：94-98.

[116] 余润哲，黄震方，鲍佳琪，等. 怀旧情感下乡村旅游者的主观幸福感与游憩行为意向的影响 [J]. 旅游学刊，2022（7）：107-118.

[117] 余润哲，黄震方，何昭丽，等. 动机视角下乡村旅游者主观幸福感的驱动机制研究——以皖南传统古村落为例 [J]. 旅游科学，2022（6）：90-105.

[118] 余晓婷，吴小根，张玉玲，等. 游客环境责任行为驱动因素研究——以台湾为例 [J]. 旅游学刊，2015（7）：49-59.

[119] 喻丰，许丽颖. 道德责任归因中的变与不变 [J]. 武汉科技大学学报（社会科学版），2019（1）：53-60.

[120] 原华荣. 论人类在本质上的外部性 [J]. 浙江大学学报：人文社会科学版，2014，44（2）：99-110.

[121] 张朝枝，朱敏敏. 文化和旅游融合：多层次关系内涵、挑战与践行路径 [J]. 旅游学刊，2020，35（3）：62-71.

[122] 张宏梅，陆林，章锦河. 感知距离对旅游目的地之形象影响的分析——以五大旅游客源城市游客对苏州周庄旅游形象的感知为例 [J]. 人文地理，2006（5）：25-30.

[123] 张婕，余奇东，陈潜. 森林生态旅游中游客绿色购买行为意愿的形成机制研究 [J]. 林业经济问题，2024，44（2）：186-197.

[124] 张凌云. 旅游学研究的新框架：对非惯常环境下消费者行为和现象的研究 [J]. 旅游学刊，2008（10）：12-16.

[125] 张琪. 基于旅游动机的嵩山少林寺游客重游意愿研究 [J]. 科教文汇，2015（6）：189-190.

[126] 张圣亮，何苗. 银行顾客排队公平性与行为关系实证研究 [J]. 北京邮电大学学报（社会科学版），2008，10（6）：60-65.

[127] 张天问，吴明远. 基于扎根理论的旅游幸福感构成——以互联网旅游博客文本为例 [J]. 旅游学刊，2014，29（10）：51-60.

[128] 张琰，崔枫，吴霜霜，等. 航空旅行者碳补偿支付意愿影响因素研究——基于计划行为理论与规范激活理论的综合研究框架 [J]. 干旱区资

源与环境，2017（11）：9-14.

[129] 张艳清，张秀娟. 服务公平性构成维度综述及未来的研究方向[J]. 经济与社会发展，2007，5（7）：28-30.

[130] 张玉玲，张捷，赵文慧. 居民环境后果认知对保护旅游地环境行为影响研究[J]. 中国人口·资源与环境，2014（7）：149-156.

[131] 张圆刚，郝亚梦，郭英之，等. 共同富裕视域下乡村旅游空间正义：内涵属性与研究框架[J]. 经济地理，2022，42（11）：195-203.

[132] 赵偲琪，刘若婷，胡晓檬. 全人类认同提升亲社会心理和行为及其解释机制[J]. 心理科学进展，2024（10）：1697-1708.

[133] 赵宏杰，吴必虎. 大陆赴台自由行游客地方认同与休闲效益关系研究[J]. 旅游学刊，2013，28（12）：54-63.

[134] 郑君君，李诚志，刘春燕. 公众环保参与行为的影响因素研究[J]. 郑州大学学报（哲学社会科学版），2017（3）：60-65，159.

[135] 中华人民共和国国务院. 国务院关于促进旅游业改革发展的若干意见[R/OL]. 中华人民共和国中央人民政府网站，2014-8-9.

[136] 中华人民共和国国务院. 国务院关于印发"十四五"旅游业发展规划的通知[R/OL]. 中华人民共和国中央人民政府网站，2022-1-20.

[137] 中华人民共和国文化和旅游部. 2024年前三季度国内旅游数据情况[R/OL]. 中华人民共和国文化和旅游部网站，2024-10-21.

[138] 周玲强，李秋成，朱琳. 行为效能、人地情感与旅游者环境负责行为意愿：一个基于计划行为理论的改进模型[J]. 浙江大学学报（人文社会科学版），2014（2）：88-98.

[139] 朱竑，刘博. 地方感、地方依恋与地方认同等概念的辨析及研究启示[J]. 华南师范大学学报（自然科学版），2011（1）：1-8.

[140] 朱贻庭. "卡里斯玛"崇拜与中国古代"德治"[J]. 伦理学研究，2002（1）：67-70，112.

[141] 庄志民. 论旅游意象属性及其构成[J]. 旅游科学，2007（3）：19-26.

[142] Abelson, R. P., Kinder, D. R., Peters, M. D., & Fiske, S. T. (1982). Affective and semantic components in political person perception. *Journal of Personality and Social Psychology*, 42 (4), 619.

[143] Abrams, D., & Hogg, M. A. (1988). Comments on the motivational status of self-esteem in social identity and intergroup discrimination. *European Journal of Social Psychology*, 18 (4), 317 – 334.

[144] Abrams, D., Randsley de Moura, G., & Travaglino, G. A. (2013). A double standard when group members behave badly: Transgression credit to ingroup leaders. *Journal of Personality and Social Psychology*, 105 (5), 799.

[145] Abubakar, A. M., & Ilkan, M. (2016). Impact of online WOM on destination trust and intention to travel: A medical tourism perspective. *Journal of Destination Marketing & Management*, 5 (3), 192 – 201.

[146] Adam, I. (2023). Rational and moral antecedents of tourists' intention to use reusable alternatives to single-use plastics. *Journal of Travel Research*, 62 (5), 949 – 968.

[147] Adam, I., Taale, F., & Adongo, C. A. (2020). Measuring negative tourist-to-tourist interaction: Scale development and validation. *Journal of Travel & Tourism Marketing*, 37 (3), 287 – 301.

[148] Aguiar, T., Campos, M., Pinto, I. R., & Marques, J. M. (2017). Tolerance of effective ingroup deviants as a function of moral disengagement. *International Journal of Social Psychology*, 32 (3), 659 – 678.

[149] Ahearne, M., Bhattacharya, C. B., & Gruen, T. (2005). Antecedents and consequences of customer-company identification: Expanding the role of relationship marketing. *Journal of Applied Psychology*, 90 (3), 574 – 585.

[150] Ahmad, W., Kim, W. G., Anwer, Z., & Zhuang, W. (2020). Schwartz personal values, theory of planned behavior and environmental consciousness: How tourists' visiting intentions towards eco-friendly destinations are shaped? *Journal of Business Research*, 110, 228 – 236.

[151] Ahmed, R. R., Štreimikienė, D., Sulaiman, Y., Asim, J., & Štreimikis, J. (2024). Enhancing competitiveness of green environmental practices and green purchase intentions in Asian markets: Evidence from the extended norm activation model. *Journal of Competitiveness*, 16, 204 – 220.

[152] Ajzen, I., & Fishbein, M. (1977). Attitude-behavior relations: A theoretical analysis and review of empirical research. *Psychological Bulletin*, 84

(5), 888.

[153] Ajzen, I., & Fishbein, M. (2000). Attitudes and the attitude-behavior relation: Reasoned and automatic processes. *European Review of Social Psychology*, 11 (1), 1 - 33.

[154] Ajzen, I., & Fishbein, M. (1980). *Understanding Attitude and Predicting Social Behavior*. Englewood Cliffs, NJ: Prentice - Hall.

[155] Ajzen, I. (1985). From intentions to actions: A theory of planned behavior. In *Action control: From cognition to behavior* (pp. 11 - 39). Berlin, Heidelberg: Springer Berlin Heidelberg.

[156] Ajzen, I., & Madden, T. J. (1986) Prediction of goal-directed behavior: Attitudes, intentions, and perceived behavioral control. *Journal of Experimental Social Psychology*, 22 (5), 453 - 474.

[157] Ajzen, I. (1991) The theory of planned behavior. *Organizational Behavior and Human Decision Processes*, 50, 179 - 211.

[158] Akaka, M. A., Schau, H. J., & Vargo, S. L. (2022). Practice diffusion. *Journal of Consumer Research*, 48 (6), 939 - 969.

[159] Akbaba, A. (2006). Measuring service quality in the hotel industry: A study in a business hotel in Turkey. *International Journal of Hospitality Management*, 25 (2), 170 - 192.

[160] Alegre, J., & Juaneda, C. (2006). Destination loyalty: Consumers' economic behavior. *Annals of Tourism Research*, 33 (3), 684 - 706.

[161] Alessa, L., Bennett, S. M., & Kliskey, A. D. (2003). Effects of knowledge, personal attribution and perception of ecosystem health on depreciative behaviors in the intertidal zone of Pacific Rim National Park and Reserve. *Journal of Environmental Management*, 68 (2), 207 - 218.

[162] Alexandris, K., Dimitriadis, N., & Markata, D. (2002). Can perceptions of service quality predict behavioral intentions? An exploratory study in the hotel sector in Greece. *Managing Service Quality: International Journal*, 12 (4), 224 - 231.

[163] Ali, M., Saeed, M. M. S., Ali, M. M., & Haidar, N. (2011). Determinants of helmet usebehaviour among employed motorcycle riders in Yazd,

Iran based on theory of planned behaviour. *Injury*, 42 (9), 864 – 869.

[164] Almeida – García, F., Pelaez – Fernandez, M. A., Balbuena – Vazquez, A., & Crotes – Macias, R. (2016). Residents' perceptions of tourism development in Benalmadena (Spain). *Tourism Management*, 54, 259 – 274.

[165] Alshurafat, H., Al Shbail, M. O., Masadeh, W. M., Dahmash, F., & Al – Msiedeen, J. M. (2021). Factors affecting online accounting education during the COVID – 19 pandemic: an integrated perspective of social capital theory, the theory of reasoned action and the technology acceptance model. *Education and Information Technologies*, 26 (6), 6995 – 7013.

[166] Andereck, K. L., & Nyaupane, G. P. (2011). Exploring the nature of tourism and quality of life among residents. *Journal of Travel Research*, 50 (3), 248 – 260.

[167] Anderson, E., Fornell, C., & Lehmann, D. (1994). Customer satisfaction, market share, and profitability: Findings from Sweden. *Journal of Marketing*, 58 (3), 53 – 66.

[168] Anderson, E. W., & Sullivan, M. W. (1993). The antecedents and consequences of customer satisfaction for firms. *Marketing Science*, 12 (2), 125 – 143.

[169] Anderson, J. C., & Gerbing, D. W. (1988). Structural equation modeling in practice: A review and recommended two-step approach. *Psychological Bulletin*, 103 (3), 411 – 423.

[170] Andreassen, T. W., & Lindestad, B. (1998). Customer loyalty and complex services: The impact of corporate image on quality, customer satisfaction and loyalty for customers with varying degrees of service expertise. *International of Service Industry Management*, 9 (1), 7 – 23.

[171] Apostolidis, C., & Haeussler, S. (2018). Sea, sand and shadow economy-consumer acceptance of shadow hospitality in Greece. *Hospitality & Society*, 8 (3), 205 – 227.

[172] Aragón – Correa, J. A., & Sharma, S. (2003). A contingent resource-based view of proactive corporate environmental strategy. *Academy of Management Review*, 28 (1), 71 – 88.

[173] Armitage, C. J., & Conner, M. (2001). Efficacy of the theory of plannedbehaviour: A meta-analytic review. *British Journal of Social Psychology*, 40 (4), 471–499.

[174] Armstrong, R., Mok, C., Go, F., & Chan, A. (1997). The importance of cross-cultural expectations in the measurement of service quality perceptions in the hotel industry. *International Journal of Hospitality Management*, 16, 181–190.

[175] Arnold, M. B. (1960). Emotion and personality: Psychological aspects. *New York: Columbia University Press*, 47–103.

[176] Aronson, E., Wilson, T. D., & Sommers, S. R. (2005). *Social psychology*. Pearson Education India.

[177] Arora, R., & Singer, J. (2006). Cognitive and affective service marketing strategies for fine dining restaurant managers. *Journal of Small Business Strategy*, 17 (1), 51–61.

[178] Ashforth, B. E., & Mael, F. (1989). Social identity theory and the organization. *Academy of Management Review*, 14 (1), 20–39.

[179] Ashokkumar, A., Galaif, M., & Swann Jr, W. B. (2019). Tribalism can corrupt: Why people denounce or protect immoral group members. *Journal of Experimental Social Psychology*, 85, 103874.

[180] Aslan, A., & Kozak, M. (2012). Customer deviance in resort hotels: The case of Turkey. *Journal of Hospitality Marketing & Management*, 21 (6), 679–701.

[181] Aurier, P., & Siadou-Martin, B. (2007). Perceived justice and consumption experience evaluations: A qualitative and experimental investigation. *International Journal of Service Industry Management*, 18 (5), 450–471.

[182] Au, W. C. W., Pearl, M. C., & Fiona, C. H. I. (2024). Nudging with colors to promote electric vehicle rentals. *Annals of Tourism Research*, 109, 103843.

[183] Avram, E., & Avasilcai, S. (2014). Business Performance Measurement in Relation to Corporate Social Responsibility: A Conceptual Model Development. *Procedia – Social and Behavioral Sciences*, 109 (8), 1142–1146.

［184］Babin, B. J., Darden, W. R., & Babin, L. A. (1998). Negative emotions in marketing research: Affect or artifact? *Journal of Business Research*, 42 (3), 271–285.

［185］Babin, B. J., Lee, Y. K., Kim, E. J., & Griffin, M. (2005). Modeling consumer satisfaction and word-of-mouth: restaurant patronage in Korea. *Journal of Services Marketing*, 19 (3), 133–139.

［186］Baggett, P. (1975). Memory for explicit and implicit information in picture stories. *Journal of Verbal Learning & Verbal Behavior*, 14 (5), 538–548.

［187］Bagozzi, R. P., Dholakia, U. M., & Basuroy, S. (2003). How effortful decisions get enacted: The motivating role of decision processes, desires, and anticipated emotions. *Journal of Behavioral Decision Making*, 16 (4), 273–295.

［188］Bagozzi, R. P., Gopinath, M., & Nyer, P. U. (1999). The role of emotions in marketing. *Journal of the Academy of Marketing Science*, 27 (2), 184–196.

［189］Bagozzi, R. P. (1986). Principles of marketing management. *Science Research Associates*.

［190］Bajs, I. P. (2015). Tourist perceived value, relationship to satisfaction, and behavioral intentions: The example of the Croatian tourist destination Dubrovnik. *Journal of Travel Research*, 54 (1), 122–134.

［191］Baker, D. A., & Crompton, J. L. (2000). Quality, satisfaction and behavioural intentions. *Annals of Tourism Research*, 27 (3), 425–439.

［192］Baker, J., Grewal, D., & Levy, M. (1992). An experimental approach to making retail store environment decisions. *Journal of Retailing*, 68, 445–460.

［193］Ballantyne, R., Packer, J., & Falk, J. (2011). Visitors' learning for environmental sustainability: Testing short-and long-term impacts of wildlife tourism experiences using structural equation modelling. *Tourism Management*, 32 (6), 1243–1252.

［194］Ballantyne, R., Packer, J., & Sutherland, L. A. (2011). Visitors' memories of wildlife tourism: Implications for the design of powerful interpretive experiences. *Tourism Management*, 32 (4), 770 – 779.

[195] Ballantyne, R., & Packer, J. (2011). Using tourism free-choice learning experiences to promote environmentally sustainable behavior: The role of post-visit 'action resources'. *Environmental Education Research*, 17 (2), 201 – 215.

[196] Balliet, D., Wu, J., & De Dreu, C. K. (2014). Ingroup favoritism in cooperation: a meta-analysis. *Psychological Bulletin*, 140 (6), 1556.

[197] Balmer, J. M. (2008). Identity based views of the corporation: Insights from corporate identity, organisational identity, social identity, visual identity, corporate brand identity and corporate image. *European Journal of Marketing*, 42 (9/10), 879 – 906.

[198] Baloglu S., & Erickson, R. E. (1998). Destination loyalty and switching behavior of travelers: a Markov analysis. *Tourism Analysis*, 2 (2), 119 – 127.

[199] Baloglu, S. & McCleary. K. W. (1999). U. S. international pleasure travelers' images of four Mediterranean destination: A comparison of visitors and non-visitors. *Journal of Travel Research*, 38 (2), 144 – 152.

[200] Baloglu, S., Pekcan, A., Chen, S. L., & Santos, J. (2004). The relationship between destination performance, overall satisfaction, and behavioral intention for distinct segments. *Journal of Quality Assurance in Hospitality & Tourism*, 4 (3 – 4), 149 – 165.

[201] Bamberg, S. (2003). How does environmental concern influence specific environmentally related behaviors? A new answer to an old question. *Journal of Environmental Psychology*, 23 (1), 21 – 32.

[202] Bamberg, S., Hunecke, M., & Blöbaum, A. (2007). Social context, personal norms and the use of public transportation: Two field studies. *Journal of Environmental Psychology*, 27 (3), 190 – 203.

[203] Bamberg, S., & Möser, G. (2007). Twenty years after Hines, Hungerford, and Tomera: A new meta-analysis of psycho-social determinants of pro-environmental behaviour. *Journal of environmental psychology*, 27 (1), 14 – 25.

[204] Bandura, A., Adams, N. E., Hardy, A. B., & Howells, G. N.

(1980). Tests of the generality of self-efficacy theory. *Cognitive Therapy and Research*, 4, 39 – 66.

[205] Bandura, A. (2014). Social cognitive theory of moral thought and action. In *Handbook of Moral Behavior and Development* (pp. 45 – 103). Psychology press.

[206] Bargh, J. A., Chen, M., & Burrows, L. (1996) Automaticity of Social Behavior: Direct Effects of Trait Construct and Stereotype Activation on Action. *Journal of Personality and Social Psychology*, 71, 230 – 244.

[207] Barnett, M. L., Jermier, J. M., & Lafferty, B. A. (2006). Corporate reputation: The definitional landscape. *Corporate Reputation Review*, 9 (1), 26 – 38.

[208] Barr, S., Shaw, G., Coles, T., & Prillwitz, J. (2010). A holiday is a holiday: practicing sustainability, home and away. *Journal of Transport Geography*, 18 (3), 474 – 481.

[209] Barsky, J. D., & Nash, L. (2002). Evoking emotion: affective keys to hotel loyalty. *Cornell Hotel and Restaurant Administration Quarterly*, 43 (1), 39 – 46.

[210] Bartikowski, B., & Walsh, G. (2011). Investigating mediators between corporate reputation and customer citizenship behaviors. *Journal of Business Research*, 64 (1), 39 – 43.

[211] Batson, C. D. (1998). Altruism and prosocial behavior. In *D. T. Gilbert, S. T. Fiske, & L. Gardner (Eds.), Handbook of social psychology.* New York: McGraw – Hill.

[212] Baumann, C., Cherry, M., & Chu, W. (2019). Competitive productivity (CP) at macro-meso-micro levels. *Cross Cultural & Strategic Management*, 26 (2), 118 – 144.

[213] Baumgartner, H., Sujan, M., & Bettman, J. (1992). Autobiographical memories: Affect and consumer information processing. *Journal of Consumer Psychology*, 1 (1), 53 – 82.

[214] Bearden, W. O., & Etzel, M. J. (1982). Reference group influence on product and brand purchase decisions. *Journal of Consumer Research*, 9 (2),

183 – 194.

[215] Bearden, W. O. , & Teel, J. E. (1983). Selected determinants of consumer satisfaction and complaint reports. *Journal of Marketing Research*, 20 (1), 21 – 28.

[216] Beh, A. , & Bruyere, B. L. (2007). Segmentation by visitor motivation in three Kenyan national reserves. *Tourism Management*, 28 (6), 1464 – 1471.

[217] Bem, D. J. (1972). Self-perception theory. *Advances in Experimental Social Psychology*, 6.

[218] Bennett, R. , & Gabriel, H. (2001). Reputation, trust, and supplier commitment: The case of shipping company/seaport relations. *Journal of Business & Industrial Marketing*, 16 (6), 424 – 438.

[219] Bergami, M. , & Bagozzi, R. P. (2000). Self-categorization, affective commitment and group self-esteem as distinct aspects of social identity in the organization. *British Journal of Social Psychology*, 39 (4), 555 – 577.

[220] Bergenwall, M. (1998). *An overview of emotion theory: Incorporating the concept of emotion into service quality research*. Swedish School of Economics and Business Administration.

[221] Berger, I. E. (1997) The demographics of recycling and the structure of environmental behavior. *Environment and Behavior*, 29 (4), 515 – 531.

[222] Bernhard, H. , Fischbacher, U. , & Fehr, E. (2006). Parochial altruism in humans. *Nature*, 442 (7105), 912 – 915.

[223] Bettencourt, L. A. (1997). Customer voluntary performance: Customers as partners in service delivery. *Journal of Retailing*, 73 (3), 383 – 406.

[224] Bettman, J. (1979). Memory factors in consumer choice: A review. *Journal of Marketing*, 43 (2), 37 – 53.

[225] Bettman, J. R. (1979). *An information processing theory of consumer choice*. Addison – Wesley Publishing.

[226] Bhati, A. , & Pearce, P. (2016). Vandalism and tourism settings: An integrative review. *Tourism Management*, 57, 91 – 105.

[227] Bhattacharya, C. B. , & Sen, S. (2004a). Measuring the effective-

ness of corporate social initiatives: A consumer-centric perspective. *Advances in Consumer Research*, 31.

[228] Bhattacharya, C. B., & Sen, S. (2004b). Doing better at doing good: When, why and how consumers respond to corporate social initiatives. *California Management Review*, 47 (1), 9 – 24.

[229] Bhattacharya, C. B., & Sen, S. (2003). Consumer-company identification: A framework for understanding consumers' relationships with companies. *Journal of Marketing*, 67 (2), 76 – 88.

[230] Bies, R. J., & Shapiro, D. L. (1988). Voice and justification: Their influence on procedural fairness judgment. *Academy of Management Journal*, 31, 676 – 685.

[231] Bigne, J. E., & Andreu, L. (2004). Emotions in segmentation: An empirical study. *Annals of Tourism Research*, 31 (3), 682 – 696.

[232] Bilynets, I., Knezevic Cvelbar, L., & Dolnicar, S. (2023). Can publicly visible pro-environmental initiatives improve the organic environmental image of destinations?. *Journal of Sustainable Tourism*, 31 (1), 32 – 46.

[233] Birdir, S., Ünal, Ö., Birdir, K., & Williams, A. T. (2013). Willingness to pay as an economic instrument for coastal tourism management: Cases from Mersin, Turkey. *Tourism Management*, 36, 279 – 283.

[234] Bires, Z., & Raj, S. (2020). Tourism as a pathway to livelihood diversification: Evidence from biosphere reserves, Ethiopia. *Tourism Management*, 81, 104159.

[235] Bitner, M. J. (1992). Servicescapes: The impact of physical surroundings on customers and employees. *Journal of Marketing*, 56, 57 – 71.

[236] Bitner, M. J., & Zeithaml, V. A. (2003). *Service marketing* (3rd ed.). New Delhi: Tata McGraw Hill.

[237] Blader, S. L., & Tyler, T. R. (2009). Testing and extending the group engagement model: Linkages between social identity, procedural justice, economic outcomes, and extra role behavior. *Journal of Applied Psychology*, 94 (2), 445 – 464.

[238] Blake, J., & Davis, K. (1964). Norms, values and sanctions. In

R. E. L. Faris (Ed.). *Handbook of Modem Sociology*. Chicago: Rand McNally, 456-484.

[239] Blodgett, J. G., Granbois, D. H., & Walters, R. G. (1993). The effects of perceived justice on complainants' negative word-of-mouth behavior and repatronage intentions. *Journal of Retailing*, 69 (4), 399-428.

[240] Blodgett, J. G., Hill, D. J., & Tax, S. S. (1997). The effects of distributive, procedural, and interactional justice on post-complaint behavior. *Journal of Retailing*, 73 (2), 55-67.

[241] Blok, V., Wesselink, R., Studynka, O., & Kemp, R. (2015). Encouraging sustainability in the workplace: A survey on the pro-environmental behaviour of university employees. *Journal of Cleaner Production*, 106, 55-67.

[242] Bolger, N., Gilbert, D., Fiske, S., & Lindzey, G. (1998). Data analysis in social psychology. In D. T. Gilbert, S. T. Fiske, & G. Lindzey (Eds.), *The Handbook of Social Psychology*, 1, 233-265.

[243] Bollen, K. A. (2000). Modeling strategies: In search of the holy grail. *Structural Equation Modeling*, 7 (1), 74-81.

[244] Bolton, L. E., Warlop, L., & Alba, J. W. (2003). Consumer perceptions of price (un) fairness. *Journal of Consumer Research*, 29 (4), 474-491.

[245] Bonaiuto, M., Breakwell, G. M., & Cano, I. (1996). Identity processes and environmental threat: The effects of nationalism and local identity upon perception of beach pollution. *Journal of Community & Applied Social Psychology*, 6 (3), 157-175.

[246] Botetzagias, I., Dima, A. F., & Malesios, C. (2015). Extending the theory of planned behavior in the context of recycling: The role of moral norms and of demographic predictors. *Resources, Conservation and Recycling*, 95, 58-67.

[247] Boukis, A., Koritos, C., Daunt, K. L., & Papastathopoulos, A. (2020). Effects of customer incivility on frontline employees and the moderating role of supervisor leadership style. *Tourism Management*, 77, 103997.

[248] Boulding, W., Kalra, A., Staelin, R., & Zeithaml, V. A.

(1993). A dynamic process model of service quality: from expectations to behavioral intentions. *Journal of marketing research*, 30 (1), 7 – 27.

[249] Bower, G. H., Black, J. B., & Turner, T. J. (1979). Scripts in memory for text. *Cognitive Psychology*, 11 (2), 177 – 220.

[250] Bower, G. H. (1975). Cognitive Psychology: An Introduction. *Learning and Cognitive Processes, William R. Estes, ed., Hillsdale, NJ: Erlbaum and Associates.*

[251] Bower, G. H. (1970). Organizational factors in memory. *Cognitive Psychology*, 1 (1), 18 – 46.

[252] Bozinoff, L. (1982). A Script Theoretic Approach to Information Processing: an Energy Conservation Application. *Advances in Consumer Research*, 9 (1), 481 – 486.

[253] Bozinoff, L., & Roth, V. J. (1983). Recognition memory for script activities: An energy conservation application. *Advances in Consumer Research*, 10 (1), 655 – 660.

[254] Brady, M. K., & Cronin, J. J. (2001). Some new thoughts on conceptualizing perceived service quality: A hierarchical approach. *Journal of Marketing*, 65 (3), 34 – 49.

[255] Bramwell, B. (1998). User satisfaction and product development in urban tourism. *Tourism Management*, 19 (1), 35 – 47.

[256] Bratt, C. (1999). Consumers' environmental behavior: generalized, sector-based, or compensatory? *Environment and Behavior*, 31 (1), 28 – 44.

[257] Brislin, R. W. (1970). Back-translation for cross-cultural research. *Journal of Cross-cultural Psychology*, 1 (3), 185 – 216.

[258] Bronner, F., & De Hoog, R. (2018). Conspicuous consumption and the rising importance of experiential purchases. *International Journal of Market Research*, 60 (1), 88 – 103.

[259] Brown, J. T., Cowles, D. L., & Tuten, T. L. (1996). Service recovery: Its value and limitations as a retail strategy. *International Journal of Service Industry Management*, 7 (5), 32 – 46.

[260] Brown, R. (2000). Social identity theory: Past achievements, cur-

rent problems and future challenges. *European Journal of Social Psychology*, 30 (6), 745 – 778.

[261] Brunner – Sperdin, M., Peters, A., & Strobl, A. (2012). It is all about the emotional state: Managing tourists' experiences. *International Journal of Hospitality Management*, 31 (1), 23 – 30.

[262] Buhalis, D. (2000). Marketing the competitive destination of the future. *Tourism Management*, 21 (1), 97 – 116.

[263] Burns, D. J., & Neisner, L. (2006). Customer satisfaction in a retail setting: the contribution of emotion. International. *Journal of Retail and Distribution Management*, 34 (1), 9 – 66.

[264] Burns, P. M., & Novelli, M. (Eds.). (2008). *Tourism Development: Growth, Myths, and Inequalities*. CABI.

[265] Byrd, E. T., Bosley, H. E., & Dronberger, M. G. (2009). Comparisons of Stakeholder Perceptions of Tourism Impacts in Rural Eastern North Carolina. *Tourism Management*, 30 (5), 693 – 703.

[266] Cañigueral, R., & Hamilton, A. F. D. C. (2019). Being watched: Effects of an audience on eye gaze and prosocial behaviour. *Acta Psychologica*, 195, 50 – 63.

[267] Cai, R. R., Lu, L., & Gursoy, D. (2018). Effect of disruptive customer behaviors on others' overall service experience: An appraisal theory perspective. *Tourism Management*, 69, 330 – 344.

[268] Calantone, R. J., Di Benedetto, C. A., Hakam, A., & Bojanic, D. C. (1989). Multiple multinational tourism positioning using correspondence analysis. *Journal of Travel Research*, 28 (2), 25 – 32.

[269] Carlson, J. R., & Zmud, R. W. (1999). Channel expansion theory and the experiential nature of media richness perceptions. *Academy of Management Journal*, 42 (2), 153 – 170.

[270] Carr, A. J. L. (2002). Grass roots and green tape: principles and practices of environmental stewardship. Federation Press.

[271] Carrico, A. R., Vandenbergh, M. P., Stern, P. C., Gardner, G. T., Dietz, T., & Gilligan, J. M. (2010). Energy and climate change: key

lessons for implementing the behavioral wedge. *Journal of Energy & Environmental Law*, 1, 10 – 24.

[272] Casaló, L. V., Flavián, C., & Guinalíu, M. (2007). The influence of satisfaction, perceived reputation and trust on a consumer's commitment to a website. *Journal of Marketing Communications*, 13 (1), 1 – 17.

[273] Castellanos – Verdugo, M., Vega – Vázquez, M., Oviedo – García, M. A., & Orgaz – Agüera, F. (2016). The relevance of psychological factors in the ecotourist experience satisfaction through ecotourist site perceived value. *Journal of Cleaner Production*, 124, 226 – 235.

[274] Cattani, G., Ferriani, S., & Lanza, A. (2017). Deconstructing the outsider puzzle: The legitimation journey of novelty. *Organization Science*, 28 (6), 965 – 992.

[275] Chaihanchanchai, P., & Anantachart, S. (2023). Encouraging green product purchase: Green value and environmental knowledge as moderators of attitude and behavior relationship. *Business Strategy and the Environment*, 32 (1), 289 – 303.

[276] Chandralal, L., & Valenzuela, F. – R. (2013). Exploring memorable tourism experiences: Antecedents and behavioral outcomes. *Journal of Economics, Business and Management*, 1 (2), 177 – 181.

[277] Chang, H. J., Eckman, M., & Yan, R. N. (2011). Application of the Stimulus – Organism – Response model to the retail environment: the role of hedonic motivation in impulse buying behavior. *The International Review of Retail, Distribution and Consumer Research*, 21 (3), 233 – 249.

[278] Chang, K. – C. (2013). How reputation creates loyalty in the restaurant sector. *International Journal of Contemporary Hospitality Management*, 25 (4), 536 – 557.

[279] Chang, W. C., Chua, W. L., & Toh, Y. (1997). The concept of psychological control in the Asian context. *Progress in Asian Social Psychology*, 1, 95 – 117.

[280] Chan, J. K. L., & Baum, T. (2007). Ecotourists' perception of ecotourism experience in Lower Kinabatangan, Sabah, Malaysia. *Journal of Sustainable*

Tourism, 15 (5), 574 - 590.

[281] Chan, K. H., Chong, L. L., & Ng, T. H. (2022). Integrating extended theory of planned behaviour and norm activation model to examine the effects of environmental practices among Malaysian companies. *Journal of Entrepreneurship in Emerging Economies*, 14 (5), 851 - 873.

[282] Chan, M. K. M., Tsang, N. K., & Au, W. C. W. (2022). Effective approaches for encouraging hotel guests' voluntary bedding linen reuse behavior. *International Journal of Hospitality Management*, 101, 103105.

[283] Chan, S. H. J., & Lai, H. Y. I. (2017). Understanding the link between communication satisfaction, perceivedjustice and organizational citizenship behavior. *Journal of business research*, 70, 214 - 223.

[284] Chapple, C., Vaske, J., & Worthen, M. G. (2014). Gender differences in associations with deviant peer groups: Examining individual, interactional, and compositional factors. *Deviant Behavior*, 35 (5), 394 - 411.

[285] Chattopadhyay, P., George, E., Li, J., & Gupta, V. (2020). Geographical dissimilarity and team member influence: Do emotions experienced in the initial team meeting matter? *Academy of Management Journal*, 63 (6), 1807 - 1839.

[286] Chawla, L. (1998). Significant life experiences revisited: A review of research on sources of environmental sensitivity. *Journal of Environmental Education*, 29 (3), 11 - 21.

[287] Chaxel, A. S., & Han, Y. (2018). Benefiting from disagreement: Counterarguing reduces prechoice bias in information evaluation. *Journal of Consumer Psychology*, 28 (1), 115 - 129.

[288] Chebat, J. C., & Slusarczyk, W. (2005). How emotions mediate the effects of perceived justice on loyalty in service recovery situations: An empirical study. *Journal of Business Research*, 58 (5), 664 - 673.

[289] Chen, C. C., Huang, W. J., & Perick, J. F. (2016). Holiday recovery experiences, tourism satisfaction and life satisfaction: Is there a relationship? *Tourism Management*, 53, 140 - 147.

[290] Chen, C. F., & Chen, F. S. (2010). Experience quality, perceived

value, satisfaction and behavioral intentions for heritage tourists. *Tourism Management*, 31 (1), 29 – 35.

[291] Chen, C. F., & Tsai, D. (2007). How destination image and evaluative factors affect behavioral intentions. *Tourism Management*, 28 (4), 1115 – 1122.

[292] Cheng, T. E., Wang, J., Cao, M. M., Zhang, D. J., & Bai, H. X. (2018). The relationships among interpretive service quality, satisfaction, place attachment and environmentally responsible behavior at the cultural heritage sites in Xi'an, China. *Applied Ecology & Environmental Research*, 16 (5).

[293] Cheng, T. M., Wu, H. C., Wang, J. T. M., & Wu, M. R. (2019). Community Participation as a mediating factor on residents' attitudes towards sustainable tourism development and their personal environmentally responsiblebehaviour. *Current Issues in Tourism*, 22 (14), 1764 – 1782.

[294] Cheng, Y. H., Chuang, S. C., Wang, S. M., & Kuo, S. Y. (2013). The effect of companion's gender on impulsive purchasing: the moderating factor of cohesiveness and susceptibility to interpersonal influence. *Journal of Applied Social Psychology*, 43 (1), 227 – 236.

[295] Chen, M., Chen, C. C., & Sheldon, O. J. (2016). Relaxing moral reasoning to win: How organizational identification relates to unethical pro-organizational behavior. *Journal of Applied Psychology*, 101 (8), 1082.

[296] Chen, M. F. (2016). Extending the theory of planned behavior model to explain people's energy savings and carbon reduction behavioral intentions to mitigate climate change in Taiwan-moral obligation matters. *Journal of Cleaner Production*, 112, 1746 – 1753.

[297] Chen, M. F., & Tung, P. J. (2014). Developing an extended theory of planned behavior model to predict consumers' intention to visit green hotels. *International Journal of Hospitality Management*, 36, 221 – 230.

[298] Chen, S. L., & Yeh, G. L. (2002). A study of environmental behaviors and related influential factors. *Chinese Journal of Environmental Education*, 1, 13 – 30.

[299] Chi, C. G. Q., & Qu, H. (2008). Examining the structural rela-

tionships of destination image, tourist satisfaction and destination loyalty: An integrated approach. *Tourism Management*, 29 (4), 624-636.

[300] Chien, P. M., & Ritchie, B. W. (2018). Understanding intergroup conflicts in tourism. *Annals of Tourism Research*, 72, 177-179.

[301] Chiu, Y. T. H., Lee, W. I., & Chen, T. H. (2014). Environmentally responsible behavior in ecotourism: Antecedents and implications. *Tourism Management*, 40, 321-329.

[302] Christopher, L. C. (2007). The FAIRSERV model: Consumer reactions to services based on a multidimensional evaluation of service fairness. *Decision Sciences*, 38 (1), 107-130.

[303] Churchill, G. A., & Surprenant, C. (1982). An investigation into the determinants of customer satisfaction. *Journal of Marketing Research*, 19 (4), 491-504.

[304] Cialdini, R. B., Demaine, L. J., Sagarin, B. J., Barrett, D. W., Rhoads, K., & Winter, P. L. (2006). Managing social norms for persuasive impact. *Social Influence*, 1 (1), 3-15.

[305] Cialdini, R. B., Kallgren, C. A., & Reno, R. R. (1991). A focus theory of normative conduct: A theoretical refinement and reevaluation of the role of norms in human behavior. In M. P. Zanna (Ed.), *Advances in Experimental Social Psychology* (Vol. 24, pp. 201-234). Academic Press.

[306] Cialdini, R. B., Reno, R. R., & Kallgren, C. A. (1990). A focus theory of normative conduct: Recycling the concept of norms to reduce littering in public places. *Journal of Personality and Social Psychology*, 58 (6), 1015.

[307] Citaristi, I. (2022). United Nations Environment Programme—UNEP. In *The Europa directory of international organizations* 2022 (pp. 193-199). Routledge.

[308] Clemmer, E. C., & Schneider, B. (1996). Fair service. In T. A. Swartz, D. E. Bowen, & S. W. Brown (Eds.), *Advances in Service Marketing and Management* (pp. 109-126). JAI Press.

[309] Clemmer, E. C., & Schneider, B. (1993). Managing customer dissatisfaction with waiting: Applying social-psychological theory in a service setting.

Advances in Services and Management, 2 (5), 213 – 229.

[310] Clemmer, E. C. (1988). *The role of fairness in customer satisfaction with services*. University of Maryland, College Park.

[311] Cohen, J. B., & Areni, C. S. (1991). Affect and consumer behavior. *Handbook of Consumer Behavior*, 4 (7), 188 – 240.

[312] Cohen, J., & Cohen, P. (1985). Applied multiple regression/correlation analysis for the behavioral sciences. *Journal of the American Statistical Association*, 80, 227 – 229.

[313] Cohen, J. (1988). Set correlation and contingency tables. *Applied Psychological Measurement*, 12 (4), 425 – 434.

[314] Cohen, J. (1988). *Statistical power analysis for the behavioral sciences (2nd ed.)*. Lawrence Erlbaum Associates.

[315] Coles, T., Fenclova, E., & Dinan, C. (2013). Tourism and Corporate Social Responsibility: A Critical Review and Research Agenda. *Tourism Management Perspectives*, 6, 122 – 141.

[316] Cole, S. T., & Scott, D. (2004). Examining themediating role of experience quality in a model of tourist experiences. *Journal of Travel & Tourism Marketing*, 16 (1), 79 – 90.

[317] Colquitt, J. A. (2001). On the dimensionality of organizational justice: a construct validation of a measure. *Journal of Applied Psychology*, 86 (3), 386.

[318] Confente, I., & Scarpi, D. (2021). Achieving environmentally responsible behavior for tourists and residents: A norm activation theory perspective. *Journal of Travel Research*, 60 (6), 1196 – 1212.

[319] Connelly, C. E., & Gallagher, D. G. (2004). Emerging trends in contingent work research. *Journal of Management*, 30 (6), 959 – 983.

[320] Conner, M., & Armitage, C. J. (1998). Extending the theory of planned behavior: A review and avenues for further research. *Journal of Applied Social Psychology*, 28 (15), 1429 – 1464.

[321] Cordano, M., Welcomer, S., Scherer, R., Pradenas, L., & Parada, V. (2010). Understanding cultural differences in the antecedents of pro-

environmental behavior: A comparative analysis of business students in the United States and Chile. *The Journal of Environmental Education*, 41 (4), 224 – 238.

[322] Cottrell, S. P., & Graefe, A. R. (1997). Testing a conceptual framework of responsible environmental behavior. *The Journal of Environmental Education*, 29 (1), 17 – 27.

[323] Cottrell, S. P. (2003). Influence ofsociodemographics and environmental attitudes on general responsible environmental behavior among recreational boaters. *Environment and Behavior*, 35 (3), 347 – 375.

[324] Cracco, E., & Brass, M. (2018). The role of sensorimotor processes in social group contagion. *Cognitive Psychology*, 103, 23 – 41.

[325] Croes, R., Ridderstaat, J., & van Niekerk, M. (2018). Connecting quality of life, tourism specialization, and economic growth in small island destinations: The case of Malta. *Tourism Management*, 65, 212 – 223.

[326] Crompton, J. L. (1979). An assessment of the image of Mexico as a vacation destination and the influence of geographical location upon the image. *Journal of Travel Research*, 18 (4), 18 – 23.

[327] Cronin, J. J., Jr., Brady, M. K., & Hult, G. T. M. (2000). Assessing the effects of quality, value, and customer satisfaction on consumer behavioral intentions in service environments. *Journal of Retailing*, 76 (2), 193 – 218.

[328] Cronin, J. J., Jr., & Taylor, S. A. (1992). Measuring service quality: A reexamination and extension. *Journal of Marketing*, 56 (3), 55 – 68.

[329] Cuba L, & Hummon DM. (1993). A place to call home: Identification with dwelling, community, and region. *Sociological Quarterly*, 34 (1), 111 – 131.

[330] Dagger, T., & Sweeney, J. C. (2006). The effect of service evaluations on behavioral intentions and quality of life. *Journal of Service Research*, 9 (1), 3 – 18.

[331] Danaher, P. J., & Arweiler, N. (1996). Customer satisfaction in the tourist industry: A case study of visitors to New Zealand. *Journal of Travel Research*, 34 (1), 89 – 93.

[332] Danna, K. & Griffin, R. W. (1999). Health and well-being in the workplace: A review and synthesis of the literature. *Journal of Management*, 25

(3), 357-384.

[333] Darley, J. M., & Latane, B. (1970). Norms and normative behavior: Field studies of social interdependence. *Altruism and Helping Behavior*, 83-102.

[334] Darvishmotevali, M., & Altinay, L. (2022). Green HRM, environmental awareness and green behaviors: The moderating role of servant leadership. *Tourism Management*, 88.

[335] D'Astous, A., & Boujbel, L. (2007). Positioning countries on personality dimension: Scale development and implication for country marketing. *Journal of Business Management*, 60 (3), 231-239.

[336] Davies, G., & Chun, R. (2002). Gaps between the internal and external perceptions of the corporate brand. *Corporate Reputation Review*, 5 (2/3), 144-158.

[337] Davis, A. (2016). Experiential places or places of experience? Place identity and place attachment as mechanisms for creating festival environment. *Tourism Management*, 55, 49-61.

[338] Davis, J. L., Le, B., & Coy, A. E. (2011). Building a model of commitment to the natural environment to predict ecological behavior and willingness to sacrifice. *Journal of Environmental Psychology*, 31 (3), 257-265.

[339] Deci, E. L., & Ryan, R. M. (1985). Conceptualizations of intrinsic motivation and self-determination. *Intrinsic Motivation and Self-determination in Human Behavior*, 11-40.

[340] Deci, E. L., & Ryan, R. M. (2013). *Intrinsic motivation and self-determination in human behavior*. Springer Science & Business Media.

[341] De Freitas, A. J. (2022). *Reach environmentally responsible behaviour in island tourism, in the context of Ecotourism* [Master's thesis, Universidade Catolica Portuguesa (Portugal)].

[342] De Groot, J. I. M., & Steg, L. (2007). Value orientations and environmental beliefs in five countries. *Journal of Cross-Cultural Psychology*, 38, 318-332.

[343] De Groot, J. I. M., & Steg, L. (2008). Value orientations to ex-

plain beliefs related to environmentally significant behavior: How to measure egoistic, altruistic, andbiospheric value orientations. *Environment and Behavior*, 40 (3), 330-354.

[344] De Groot, J. I., & Steg, L. (2010). Morality and nuclear energy: Perceptions of risks and benefits, personal norms, and willingness to take action related to nuclear energy. *Risk Analysis: An International Journal*, 30 (9), 1363-1373.

[345] De Groot, J. I., & Steg, L. (2009). Morality and prosocial behavior: The role of awareness, responsibility, and norms in the norm activation model. *The Journal of Social Psychology*, 149 (4), 425-449.

[346] Delamere, T., & Hinch, T. (1994). Community festivals: Celebration or sellout. *Recreation Canada*, 52 (1), 26-29.

[347] De Leeuw, A., Valois, P., Ajzen, I., & Schmidt, P. (2015). Using the theory of planned behavior to identify key beliefs underlying pro-environmental behavior in high-school students: Implications for educational interventions. *Journal of Environmental Psychology*, 42, 128-138.

[348] Deng, W. J., Yeh, M. L., & Sung, M. L. (2013). A customer satisfaction index model for international tourist hotels: Integrating consumption emotions into the American Customer Satisfaction Index. *International Journal of Hospitality Management*, 35 (1), 133-140.

[349] De Ruyter, K., & Wetzels, M. (2000). With a little help from my fans - Extending models of pro-social behaviour to explain supporters' intentions to buy soccer club shares. *Journal of Economic Psychology*, 21 (4), 387-409.

[350] Detert, J. R., Treviño, L. K., & Sweitzer, V. L. (2008). Moral disengagement in ethical decision making: a study of antecedents and outcomes. *Journal of Applied Psychology*, 93 (2), 374-391.

[351] Devine, I., & Halpern, P. (2001). Implicit claims: The role of corporate reputation in value creation. *Corporate Reputation Review*, 4 (1), 42-49.

[352] Dewhurst, S. A., & Parry, L. A. (2000). Emotionality, distinctiveness, and recollective experience. *European Journal of Cognitive Psychology*, 12 (4), 541-551.

[353] Dewitt, T., Nguyen, D. T., & Marshall, R. (2008). Exploring customer loyalty following service recovery: The mediating effects of trust and emotions. *Journal of Service Research*, 10 (3), 269 – 281.

[354] Dhar, R., & Simonson, I. (1999). Making Complementary Choices in Consumption Episodes: Highlighting versus Balancing. *Journal of Marketing Research*, 36 (1), 29 – 44.

[355] Diamond, W. D., & Kashyap, R. K. (1997). Extending Models of Prosocial Behavior to Explain University Alumni Contributions. *Journal of Applied Social Psychology*, 27 (10), 915 – 927.

[356] Dickinson, J. E., & Robbins, D. (2008). Representations of tourism transport problems in a rural destination. *Tourism Management*, 29, 1110 – 1121.

[357] Diekmann, A., & Preisendörfer, P. (1998). Environmental behavior: Discrepancies between aspirations and reality. *Rationality and Society*, 10 (1), 79 – 102.

[358] Diener, E. (1984). Subjective well-being. *Psychological Bulletin*, 95 (1), 542 – 575.

[359] Diener, E., Suh, E. M., Lucas, R. E., & Smith, H. L. (1999). Subjective well-being: Three decades of progress. *Psychology Bulletin*, 125 (2), 276 – 302.

[360] Diener, E., Suh, E., & Oishi, S. (1997). Recent findings on subjective well-being. *Indian Journal of Clinical Psychology*, 24 (1), 25 – 41.

[361] Dixit, S., & Badgaiyan, A. J. (2016). Towards improved understanding of reverse logistics – Examining mediating role of return intention. *Resources, Conservation and Recycling*, 107, 115 – 128.

[362] Dolnicar, S., Yanamandram, V., & Cliff, K. (2012). The contribution of vacations to quality of life. *Annals of Tourism Research*, 39 (1), 59 – 83.

[363] Dommermuth, W. P. (1965). The shopping matrix and marketing strategy. *Journal of Marketing Research*, 2 (2), 128 – 132.

[364] Dong, X., Geng, L., & Rodríguez Casallas, J. D. (2023). How is cognitive reappraisal related to adolescents' willingness to act on mitigating climate change? The mediating role of climate change risk perception and believed usefulness

of actions. *Environmental Education Research*, 29 (12), 1758 – 1779.

[365] Donovan, R. J., Rossiter, J. R., & Nesdale, A. (1994). Store atmosphere and purchasing behavior. *Journal of Retailing*, 70 (3), 283 – 294.

[366] Donovan, R. J., & Rossiter, J. R. (1982). Store atmosphere: An environmental psychology approach. *Journal of Retailing*, 58 (Spring), 34 – 57.

[367] Dowling, G. (2006). How good corporate reputations create corporate value. *Corporate Reputation Review*, 9 (2), 134 – 143.

[368] Dubé, L., Chebat, J. C., & Morin, S. (1995). The effects of background music on consumers' desire to affiliate in buyer-seller interactions. *Psychology & Marketing*, 12 (4), 305 – 319.

[369] Du, J., Fan, X., & Feng, T. (2014). Group emotional contagion and complaint intentions in group service failure: The role of group size and group familiarity. *Journal of Service Research*, 17 (3), 326 – 338.

[370] Dunlap, R. E., & Jones, R. E. (2002). Environmental concern: Conceptual and measurement issues. *Handbook of Environmental Sociology*, 3 (6), 482 – 524.

[371] Dunlap, R. E., & VanLiere, K. D. (1978). The "new environmental paradigm". *The journal of environmental education*, 9 (4), 10 – 19.

[372] Dunn, J. R., & Schweitzer, M. E. (2005). Feeling and believing: The influence of emotion on trust. *Journal of Personality and Social Psychology*, 88 (5), 736 – 748.

[373] Dutton, J. E., Dukerich, J. M., & Harquail, C. V. (1994). Organizational images and member identification. *Administrative Science Quarterly*, 39 (2), 239 – 263.

[374] Dwyer, L., Forsyth, P., Spurr, R., & Hoque, S. (2010). Estimating the carbon footprint of Australian tourism. *Journal of Sustainable Tourism*, 18 (3), 355 – 376.

[375] Eagly, A. H., & Chaiken, S. (1998). Handbook of Psycholofy: Attitude structure and function. *Red. I. Gilbert, ST Fiske og G. Lindzey. New York: McGraw – Hill*.

[376] Ebreo, A., Vining, J., & Cristancho, S. (2003). Responsibility

for environmental problems and the consequences of waste reduction: A test of the norm-activation model. *Journal of Environmental Systems*, 29 (3), 219 – 244.

[377] Echtner, C. M., & Ritchie, B. (1993). The measurement of destination image: An empirical assessment. *Journal of Travel Research*, 31 (4), 3 – 13.

[378] Edward, R. (2009). A Pragmatic Sense of Place. *Environmental and Architectural Phenomenology*, 20 (3), 24 – 31.

[379] Eidelman, S., & Biernat, M. (2003). Derogating black sheep: Individual or group protection? *Journal of Experimental Social Psychology*, 39 (6), 602 – 609.

[380] Eiser, J. R., & Ford, N. (1995). Sexual relationships on holiday: a case of situational disinhibition? *Journal of Social and Personal Relationships*, 12 (3), 323 – 339.

[381] Ekinci, Y., & Hosany, S. (2006). Destination personality: An application of brand personality to tourism destinations. *Journal of Travel Research*, 45 (2), 127 – 139.

[382] Ekinci, Y., Riley, M., & Fife – Schaw, C. (1998). Which school of thought? The dimensions of resort hotel quality. *International Journal of Contemporary Hospitality Management*, 10 (2), 63 – 67.

[383] Ekinci, Y., & Riley, M. (2001). Validating quality dimensions. *Annals of Tourism Research*, 28 (1), 202 – 223.

[384] Ekinci, Y., Sirakaya – Turk, E., & Preciado, S. (2013). Symbolic consumption of tourism destination brands. *Journal of Business Research*, 66 (6), 711 – 718.

[385] Ekiz, E. H., & Au, N. (2011). Comparing Chinese and American attitudes towards complaining. *International Journal of Contemporary Hospitality Management*, 23 (3), 327 – 343.

[386] Ellemers, N., & Haslam, S. A. (2012). Handbook of theories of social psychology (volume 2). In P. A. M. Van Lange, A. W. Kruglanski, & E. Tory Higgins (Eds.), *Social identity theory* (pp. 379 – 398). Thousand Oaks: Sage Publications Inc.

[387] Ellemers, N. (2012). The group self. *Science*, 336 (6083), 848 – 852.

[388] Elliott, R., & Wattanasuwan, K. (1998). Brands as symbolic resources for the construction of identity. *International Journal of Advertising*, 17 (2), 131 – 144.

[389] Ellsworth, P. C., & Scherer, K. R. (2003). Appraisal processes in emotion. In R. J. Davidson, K. R. Scherer, & H. H. Goldsmith (Eds), Handbook of affective Sciences (pp. 572 – 595). Oxford University Press.

[390] Ellsworth, P. C., & Smith, C. A. (1988). Shades of joy: Patterns of appraisal differentiating pleasant emotions. *Cognition & Emotion*, 2 (4), 301 – 331.

[391] Ellsworth, P. C. (1991). Some implications of cognitive appraisal theories of emotion. *International Review of Studies on Emotion*, 1, 143 – 161.

[392] Embacher, J., & Buttle F. (1989). A Repertory Grid Analysis of Austria's Image as a Summer Vacation Destination. *Journal of Travel Research*, 28 (3), 3 – 23.

[393] Eroglu, S., Machleit, K., Davis, L., & Rosenbloom, B. (2003). Empirical testing of a model of online store atmospherics and shopper responses. *Psychology and Marketing*, 20 (2), 139 – 150.

[394] Erreygers, S., Vandebosch, H., Vranjes, I., Baillien, E., & De Witte, H. (2018). Positive or negative spirals of online behavior? Exploring reciprocal associations between being the actor and the recipient of prosocial and antisocial behavior online. *New Media & Society*, 20 (9), 3437 – 3456.

[395] Erto, P., & Vanacore, A. (2002). A probabilistic approach to measure hotel service quality. *Total Quality Management*, 13 (2), 165 – 174.

[396] Eusébio, C., & Vieira, A. L. (2013). Destination attributes evaluation, satisfaction and behavioural intentions: A structural modelling approach. *International Journal of Tourism Research*, 15 (1), 66 – 80.

[397] Eusébio, C., Vieira, A. L., & Lima, S. (2018). Place attachment, host-tourist interactions, and residents' attitudes towards tourism development: The case of Boa Vista Island in Cape Verde. *Journal of Sustainable Tourism*,

26（6），890－909.

［398］Fakeye, P. C., & Crompton, J. L. (1991). Image Differences between Prospective, First – Time, and Repeat Visitors to the Lower Rio Grande Valley. *Journal of Travel Research*, 30（2），10–16.

［399］Farrell, B. H., & Twining – Ward, L. (2004). Reconceptualizing tourism. *Annals of Tourism Research*, 31（2），274–295.

［400］Farrow, K., Grolleau, G., & Ibanez, L. (2017). Social norms and pro-environmental behavior: A review of the evidence. *Ecological Economics*, 140, 1–13.

［401］Faul, F., Erdfelder, E., Buchner, A., & Lang, A. G. (2009). Statistical power analyses using G∗Power 3.1: Tests for correlation and regression analyses. *Behavior Research Methods*, 41（4），1149–1160.

［402］Filep, S. (2014). Moving beyond subjective well-being: A tourism critique. *Journal of Hospitality & Tourism Research*, 38（2），266–274.

［403］Fishbein, M., & Ajzen, I. (1975). Belief, Attitude, Intention and behavior: An introduction to theory and research. *Reading, MA: Addison – Wesley.*

［404］Fishbein, M. (1963). An investigation of the relationships between beliefs about an object and the attitude toward that object. *Human Relations*, 16（3），233–239.

［405］Félonneau, M. L. (2004). Love and loathing of the city: Urbanophilia and urbanophobia, topological identity and perceived incivilities. *Journal of Environmental Psychology*, 24（1），43–52.

［406］Florek, M. (2011). No place like home: Perspectives on place attachment and impacts on city management. *Journal of Town & City Management*, 1（4），346–354.

［407］Fluker, M. R., & Turner, L. W. (2000). Needs, motivations, and expectations of a commercial whitewater rafting experience. *Journal of Travel Research*, 38（4），380–389.

［408］Fombelle, P. W., Voorhees, C. M., Jenkins, M. R., Sidaoui, K., Benoit, S., Gruber, T., Gustafsson, A., & Abosag, I. (2020). Customer deviance: A framework, prevention strategies, and opportunities for future research. *Journal of Business Research*, 116, 387 – 400.

[409] Fombrun, C. J. (1996). *Reputation: Realizing value from the corporate image*. Boston, MA: Harvard University Press.

[410] Font, X., Walmsley, A., Cogotti, S., McCombes, L., & Hausler, N. (2012). Corporate social responsibility: The disclosure performance gap. *Tourism Management*, 33 (6), 1544 – 1553.

[411] Forbes, R. C., & Stellar, J. E. (2021). When the ones we love misbehave: Exploring moral processes within intimate bonds. *Journal of Personality and Social Psychology*, 122 (1), 16.

[412] Forgas, J. P., Bower, G. H., & Moylan, S. J. (1990). Praise or blame? Affective influences on attributions for achievement. *Journal of Personality and Social Psychology*, 59, 809 – 819.

[413] Fornara, F., Pattitoni, P., Mura, M., & Strazzera, E. (2016). Predicting intention to improve household energy efficiency: The role of value-belief-norm theory, normative and informational influence, and specific attitude. *Journal of Environmental Psychology*, 45, 1 – 10.

[414] Fornell, C., Johnson, M. D., Anderson, E. W., Cha, J., & Bryant, B. E. (1996). The Americancustomer satisfaction index: nature, purpose, and findings. *Journal of Marketing*, 60 (4), 7 – 18.

[415] Fornell, C., & Larcker, D. F. (1981). Evaluating structural equation models with unobservable variables and measurement error. *Journal of Marketing Research*, 18 (1), 39 – 50.

[416] Forsyth, D. R. (2000). One hundred years of group research: Introduction to the special issue. *Group Dynamics: Theory, Research, and Practice*, 4 (1), 3.

[417] Frijda, N. H., Kuipers, P., & Ter Schure, E. (1989). Relations among emotion, appraisal, and emotional action readiness. *Journal of Personality and Social Psychology*, 57 (2), 212.

[418] Fritz, C., & Sonnentag, S. (2006). Recovery, well-being, and performance-related outcomes: The role of workload and vacation experiences. *Jour-

nal of Applied Psychology, 91 (4), 936–945.

[419] Fuchs, G., & Reichel, A. (2011). An exploratory inquiry into destination risk perceptions and risk reduction strategies of first time vs. repeat visitors to a highly volatile destination. *Tourism Management*, 32 (2), 266–276.

[420] Furby, L. (1986). Psychology and justice. In R. L. Cohen (Ed.), *Justice: views from the social sciences*. New York, NY: Plenum Press.

[421] Gao, J., Peng, P., Lu, F., & Claramunt, C. (2022). A multi-scale comparison of tourism attraction networks across China. *Tourism Management*, 90, 104489.

[422] Garay Tamajón, L., & Font, X. (2013). Corporate social responsibility in tourism small and medium enterprises evidence from Europe and Latin America. *Tourism Management Perspectives*, 7, 38–46.

[423] Garay Tamajón, L., & Font, X. (2012). Doing Good to Do Well? Corporate Social Responsibility Reasons, Practices and Impacts in Small and Medium Accommodation Enterprises. *International Journal of Hospitality Management*, 31 (2), 329–337.

[424] Gardner, M. P. (1983). Mood states and consumer behavior: A critical review. *Journal of Consumer Research*, 9 (3), 281–300.

[425] Gartner, W. C. (1994). Image formation process. *Journal of Travel and Tourism Marketing*, 2 (2–3), 191–216.

[426] Gelfand, M. J., Jackson, J. C., Pan, X., et al. (2021). The relationship between cultural tightness-looseness and COVID–19 cases and deaths: A global analysis. *The Lancet Planetary Health*, 5 (3), 135–144.

[427] Gelfand, M. J., Nishii, L. H., & Raver, J. L. (2006). On the nature and importance of cultural tightness-looseness. *Journal of Applied Psychology*, 91 (6), 1225.

[428] Gelfand, M. J., Raver, J. L., Nishii, L., et al. (2011). Differences between tight and loose cultures: A 33–nation study. *Science*, 332 (6033), 1100–1104.

[429] Getty, J. M., & Getty, R. L. (2003). Lodging quality index (LQI): Assessing hotel guests' perceptions of quality delivery. *International Journal of Con-

temporary Hospitality Management, 15 (2), 94 – 104.

[430] Getty, J. M., & Thompson, K. N. (1994). A procedure for scaling perceptions of lodging quality. *Hospitality Research Journal*, 18 (2), 75 – 96.

[431] Gielissen, R., Dutilh, C. E., & Graafland, J. J. (2008). Perceptions of price fairness: An empirical research. *Business & Society*, 47 (3), 370 – 389.

[432] Gifford, R., & Nilsson, A. (2014). Personal and social factors that influence pro-environmental concern and behavior: A review. *International Journal of Psychology*, 49 (3), 141 – 157.

[433] Gilbert, D. T., Fiske, S. T., & Lindzey, G. (Eds.). (1998). The handbook of social psychology (Vol. 1). *Oxford University Press*.

[434] Giles, H., Ota, H., & Foley, M. (2013). Tourism: An intergroup communication model with Russian inflections. *Russian Journal of Communication*, 5 (3), 229 – 243.

[435] Gillingham, K., Kotchen, M. J., Rapson, D. S., & Wagner, G. (2013). The rebound effect is overplayed. *Nature*, 493, 475 – 476.

[436] Gitelson R J, & Crompton J L. (1984). Insights into the repeat vacation phenomenon. *Annals of Tourism Research*, 11 (2), 199 – 217.

[437] Goffman, E. (1963). Stigma: Notes on the Management of Spoiled Identity. Englewood Cliffs, NJ: Prentice – Hall.

[438] Goldring, M. R., & Heiphetz, L. (2020). Sensitivity to ingroup and outgroup norms in the association between commonality and morality. *Journal of Experimental Social Psychology*, 91, 104025.

[439] Goodwin, C., & Ross, L. (1992). Consumer responses to service failure: Influence of procedural and interactional fairness perceptions. *Journal of Business Research*, 25, 149 – 163.

[440] Gottlieb, J. B., Grewal, D., & Brown, S. W. (1994). Consumer satisfaction and perceivedquality, complementary or divergent constructs. *Journal of Applied Psychology*, 79 (6), 875 – 885.

[441] Gouldner, A. W. (1960). The norm of reciprocity: A preliminary statement. *American Sociological Review*, 161 – 178.

[442] Gracia, E., Bakker, A. B., & Grau, R. M. (2011). Positive emotions: The connection between customer quality evaluations and loyalty. *Cornell Hospitality Quarterly*, 54 (2), 458–465.

[443] Graesser, A. C., Gordon, S. E., & Sawyer, J. D. (1979). Recognition memory for typical and atypical actions in scripted activities: Tests of a script pointer + tag hypothesis. *Journal of Verbal Learning and Verbal Behavior*, 18 (3), 319–332.

[444] Graesser, A. C., Woll, S. B., Kowalski, D. J., & Smith, D. A. (1980). Memory for typical and atypical actions in scripted activities. *Journal of Experimental Psychology: Human Learning and Memory*, 6 (5), 503.

[445] Gray, D. B. (1985). *Ecological beliefs and behaviors: Assessment and change*. Westport, CT: Greenwood Press.

[446] Greenberg, J. (1988). Cultivating an image of justice: Looking fair on the job. *Academy of Management Perspectives*, 2 (2), 155–157.

[447] Grönroos, C. (1982). A service quality model and its marketing implication. *Journal of Marketing*, 18, 35–42.

[448] Groth, M., & Gilliland, S. W. (2001). The role of procedural justice in the delivery of services: A study of customers' reactions to waiting. *Journal of Quality Management*, 6 (1), 77–97.

[449] Gössling, S., & Schumacher, K. P. (2010). Implementing carbon neutral destination policies: Issues from the Seychelles. *Journal of Sustainable Tourism*, 18 (3), 377–391.

[450] Guchait, P., Abbott, J. L., Lee, C. K., Back, K. J., & Manoharan, A. (2019). The influence of perceived forgiveness climate on service recovery performance: The mediating effect of psychological safety and organizational fairness. *Journal of Hospitality and Tourism Management*, 40, 94–102.

[451] Gunn, C. A. (1972). Vacationscape: designing tourist regions, Austin, TX: *Bureau of Business Research*, University of Texas.

[452] Gupta, A., Arora, N., Sharma, R., & Mishra, A. (2022). Determinants of tourists' site-specific environmentally responsible behavior: an eco-sensitive zone perspective. *Journal of Travel Research*, 61 (6), 1267–1286.

[453] Gursoy, D., Jurowski, C., & Uysal, M. (2002). Resident attitudes: A structural modeling approach. *Annals of Tourism Research*, 29(1), 79-105.

[454] Gursoy, D., & McCleary, K. W. (2004). An integrative model of tourists' information search behavior. *Annals of Tourism Research*, 31(2), 353-373.

[455] Gyte D M, & Phelps A. (1989). Patterns of destination repeat business: British tourists in Mallorca, Spain. *Journal of Travel Research*, 28(1), 24-28.

[456] Hair, J. F., Anderson, R. E., Tatham, R. L., & Black, W. C. (1998). *Multivariate data analysis*. Englewood Cliffs, NJ: Prentice Hall.

[457] Hair, J. F., Black, W. C., Babin, B. J., Anderson, R. E., & Tatham, R. L. (2010). *Multivariate data analysis* (7th ed.). New Jersey: Pearson Education Inc.

[458] Ha, J., & Jang, S. C. (2009). Perceived justice in service recovery and behavioral intentions: The role of relationship quality. *International Journal of Hospitality Management*, 28(3), 318-327.

[459] Hallak, R., Brown, G., & Lindsay, N. J. (2012). The Place Identity-Performance relationship among tourism entrepreneurs: A structural equation modelling analysis. *Tourism Management*, 33(1), 143-154.

[460] Halpenny, E. (2010). Pro-environmental behaviors and park visitors: The effect of place attachment. *Journal of Environmental Psychology*, 30, 409-421.

[461] Hamalainen, R., Oksanen, K., & Hakkinen, P. (2008). Designing and analyzing collaboration in a scripted game for vocational education. *Computers in Human Behavior*, 24(6), 2496-2506.

[462] Han, H., & Back, K. (2006). Investigating the effects of consumption emotions on customer satisfaction and repeat visit intentions in the lodging industry. *Journal of Hospitality and Leisure Marketing*, 15(3), 5-30.

[463] Han, H., Back, K. J., & Barrett, B. (2009). Influencing factors on restaurant customers' revisit intention: The roles of emotions and switching barriers. *International Journal of Hospitality Management*, 28, 563-572.

[464] Han, H., Hsu, L. T. J., & Sheu, C. (2010). Application of the theory of planned behavior to green hotel choice: Testing the effect of environmental friendly activities. *Tourism Management*, 31 (3), 325 – 334.

[465] Han, H., & Hwang, J. (2015). Norm-based loyalty model (NLM): Investigating delegates' loyalty formation for environmentally responsible conventions. *International Journal of Hospitality Management*, 46, 1 – 14.

[466] Han, H., & Hyun, S. S. (2018). What influences water conservation and towel reuse practices of hotelguests? . *Tourism Management*, 64, 87 – 97.

[467] Han, H., & Jeong, C. (2013). Multi-dimensions of patrons' emotional experiences in upscale restaurants and their role in loyalty formation: Emotion scale improvement. *International Journal of Hospitality Management*, 32, 59 – 70.

[468] Han, H., & Kim, Y. (2010). An investigation of green hotel customers' decision formation: Developing an extended model of the theory of planned behavior. *International Journal of Hospitality Management*, 29 (4), 659 – 668.

[469] Han, H., Lee, J. S., Trang, H. L. T., & Kim, W. (2018). Water conservation and waste reduction management for increasing guest loyalty and green hotel practices. *International Journal of Hospitality Management*, 75, 58 – 66.

[470] Han, H., Lee, M. J., & Hwang, J. (2016). Cruise travelers' environmentally responsible decision-making: An integrative framework of goal-directed behavior and norm activation process. *International Journal of Hospitality Management*, 53, 94 – 105.

[471] Han, H., Meng, B., & Kim, W. (2017). Emerging bicycle tourism and the theory of planned behavior. *Journal of Sustainable Tourism*, 25 (2), 292 – 309.

[472] Han, H. (2015). Travelers' pro-environmental behavior in a green lodging context: Converging value-belief-norm theory and the theory of planned behavior. *Tourism Management*, 47, 164 – 177.

[473] Han, H., & Yoon, H. J. (2015). Hotel customers' environmentally responsible behavioral intentions: Impact of key constructs on decision in green consumerism. *International Journal of Hospitality Management*, 45, 22 – 33.

[474] Hanqin, Z. Q., & Lam, T. (1999). An analysis of mainland Chinese visitors' motivations to visit Hong Kong. *Tourism Management*, 20, 587–594.

[475] Hansen, H., Samuelsen, B. M., & Silseth, P. R. (2008). Customer perceived value in B‑to‑B service relationships: Investigating the importance of corporate reputation. *Industrial Marketing Management*, 37 (2), 206–217.

[476] Han, W., Wang, Y., Zhang, S., & Jiang, Y. (2023). Internalizing social norms to promote pro-environmental behavior: Chinese tourists on social media. *Journal of China Tourism Research*, 19 (3), 443–466.

[477] Haque, E., Sungsuwan, T., & Sanglimsuwan, S. (2021). Can Social Media Be a Tool for Increasing Tourists' Environmentally Responsible Behavior? *Geo Journal of Tourism and Geosites*, 38 (4), 1211–1222.

[478] Hardeman, G., Font, X., & Nawijn, J. (2017). The power of persuasive communication to influence sustainable holiday choices: Appealing to self-benefits and norms. *Tourism Management*, 59, 484–493.

[479] Harland, P., Staats, H., & Wilke, H. A. (2007). Situational and personality factors as direct or personal norm mediated predictors of pro-environmental behavior: Questions derived from norm-activation theory. *Basic and Applied Social Psychology*, 29 (4), 323–334.

[480] Harris, L. C., & Magrizos, S. (2023). "Souvenir shopping is for schmucks!": Exploring tourists' deviant behavior through the items they bring back. *Journal of Travel Research*, 62 (2), 345–361.

[481] Harrison, C. M., Burgess, J., & Clark, J. (1998). Discounted knowledges: Farmers' and residents' understanding of nature conservation goals and policies. *Journal of Environmental Management*, 54 (4), 305–320.

[482] Hart, C. W., Heskett, J. L., & Sasser Jr, W. E. (1990). The profitable art of service recovery. *Harvard Business Review*, 68 (4), 148–156.

[483] Hartline, M. D., & Jones, K. C. (1996). Employee performance cues in a hotel service environment: Influence on perceived service quality, value, and word-of-mouth intentions. *Journal of Business Research*, 35 (3), 207–215.

[484] Hart, S. L., & Ahuja, G. (1996). Does it pay to be green? An empirical examination of relationship between emission reduction and firm performance.

Business Strategy and the Environment, 5, 30 – 37.

［485］Havitz, M. E., & Dimanche, F. (1997). Leisure involvement revisited: Conceptual conundrums and measurement advances. *Journal of Leisure Research*, 29 (3), 245 – 278.

［486］Havlena, W. J., & Holbrook, M. B. (1986). The varieties of consumption experience: comparing two typologies of emotion in consumer behavior. *Journal of Consumer Research*, 13 (3), 394 – 404.

［487］Hayes, A. F. (2013). *Introduction to mediation, moderation, and conditional process analysis: A regression-based approach.* New York: Guilford.

［488］Haywood, K. M. (1989). Managing Word of Mouth Communications. *Journal of Services Marketing*, 3 (2), 55 – 67.

［489］He, H., & Harris, L. (2014). Moral disengagement of hotel guest negative WOM: Moral identity centrality, moral awareness, and anger. *Annals of Tourism Research*, 45, 132 – 151.

［490］He, H., & Li, Y. (2011). CSR and service brand: The mediating effect of brand identification and moderating effect of service quality. *Journal of Business Ethics*, 100, 673 – 688.

［491］Heider, F. (1946). Attitudes and cognitive organization. *Journal of Psychology*, 21 (January), 107 – 112.

［492］Heller, D., Watson, D., & Ilies, R. (2004). The role of person versus situation in life satisfaction: A critical examination. *Psychological Bulletin*, 130 (4), 574 – 600.

［493］Hellier, P. K., Geursen, G. M., Carr, R. A., & Richard, J. A. (2003). Customer repurchase intention: A general structural equation model. *European Journal of Marketing*, 37 (11/12), 1762 – 1800.

［494］Helm, S., Garnefeld, I., & Tolsdorf, J. (2009). Perceived corporate reputation and consumer satisfaction: An experimental exploration of casual relationships. *Australasian Marketing Journal*, 17 (2), 69 – 74.

［495］Hess, R. L. (2008). The impact of firm reputation and failure severity on customers' responses to service failures. *Journal of Services Marketing*, 22 (5), 385 – 398.

[496] Hewei, T., & Youngsook, L. (2022). Factors affecting continuous purchase intention of fashion products on social E-commerce: SOR model and the mediating effect. *Entertainment Computing*, 41, 100474.

[497] Hewig, J., Kretschmer, N., Trippe, R. H., Hecht, H., Coles, M. G., Holroyd, C. B., & Miltner, W. H. (2011). Why humans deviate from rational choice. *Psychophysiology*, 48(4), 507–514.

[498] Hewstone, M., Rubin, M., & Willis, H. (2002). Intergroup bias. *Annual Review of Psychology*, 53(1), 575–604.

[499] He, X., Cheng, J., Swanson, S. R., Su, L., & Hu, D. (2022). The effect of destination employee service quality on tourist environmentally responsible behavior: A moderated mediation model incorporating environmental commitment, destination social responsibility and motive attributions. *Tourism Management*, 90, 104470.

[500] He, X., Hu, D., Swanson, S. R., Su, L., & Chen, X. (2018). Destination perceptions, relationship quality, and tourist environmentally responsible behavior. *Tourism Management Perspectives*, 28, 93–104.

[501] He, X., Su, L., & Swanson, S. R. (2020). The service quality to subjective well-being of Chinese tourists connection: A model with replications. *Current Issues in Tourism*, 23(16), 2076–2092.

[502] He, X., Ye, C., Huang, S., & Su, L. (2024). The "green persuasion effect" of negative messages: How and when message framing influences tourists' environmentally responsible behavior. *Journal of Travel Research*, 1–19.

[503] He, Y., Sun, Y., Zhao, Z., Chen, M., Waygood, E. O. D., & Shu, Y. (2024). Impact of social-psychological factors on low-carbon travel intention: Merging theory of planned behavior and value-belief-norm theory. *Heliyon*, 10(6).

[504] Higham, J., & Carr, A. (2002). Ecotourism visitor experiences in Aotearoa/New Zealand: Challenging the environmental values of visitors in pursuit of pro-environmental behavior. *Journal of Sustainable Tourism*, 10(4), 277–294.

[505] Hinds, J., & Sparks, P. (2008). Engaging with the natural environment: The role of affective connection and identity. *Journal of Environmental Psychology*, 28, 109–120.

[506] Hines, J. M., Hungerford, H. R., & Tomera, A. N. (1987). Analysis and synthesis of research on responsible environmental behavior: A meta-analysis. *Journal of Environmental Education*, 18 (2), 1–8.

[507] Hinrichs, K. T., Wang, L., Hinrichs, A. T., & Romero, E. J. (2012). Moral disengagement through displacement of responsibility: The role of leadership beliefs. *Journal of Applied Social Psychology*, 42 (1), 62–80.

[508] Hoare, R. J., & Butcher, K. (2008). Do Chinese cultural values affect customer satisfaction/loyalty? *International Journal of Contemporary Hospitality Management*, 20 (2), 156–171.

[509] Hoare, R. J., Butcher, K., & O'Brien, D. (2011). Understanding Chinese diners in an overseas context: A cultural perspective. *Journal of Hospitality & Tourism Research*, 35 (3), 358–380.

[510] Hoffman, K. D., & Kelley, S. W. (2000). Perceived justice needs and recovery evaluation: a contingency approach. *European Journal of marketing*, 34 (3/4), 418–433.

[511] Hofstede, G. (2011). Dimensionalizing cultures: The Hofstede model in context. *Online Readings in Psychology and Culture*, 2 (1), 919–2307.

[512] Holbrook, M. B., & Hirschman, E. C. (1982). The experiential aspects of consumption: Consumer fantasies, feelings, and fun. *Journal of Consumer Research*, 9, 132–140.

[513] Holloway, S., Tucker, L., & Hornstein, H. (1977). The effect of social and nonsocial information in interpersonal behavior of males: The news makes news. *Journal of Personality and Social Psychology*, 35, 514–522.

[514] Hong, S. Y., & Yang, S. U. (2009). Effects of reputation, relational satisfaction, and customer-company identification on positive word-of-mouth intentions. *Journal of Public Relations Research*, 21 (4), 381–403.

[515] Howard, J. A. (1977). Consumer behavior: Application of theory. *McGraw Hill*.

[516] Hsu, J. L., Wang, T. C.-T., & Huang, P. Y.-H. (2014). Motivations for first-time and repeat backpackers in Shanghai. *Tourism Management Perspectives*, 12, 57–61.

[517] Huang, M. C. J., Wu, H. C., Chuang, S. C., & Lin, W. H. (2014). Who gets to decide your complaint intentions? The influence of other companions on reaction to service failures. *International Journal of Hospitality Management*, 37, 180–189.

[518] Huang, W. H., & Wang, Y. C. (2014). Situational influences on the evaluation of other-customer failure. *International Journal of Hospitality Management*, 36, 110–119.

[519] Huber, F., Herrmann, A., & Braunstein, C. (2000). Determinants of ecological buying behavior: A nonlinear causality model. *In American Marketing Association. Conference Proceedings* (Vol. 11, p. 347). American Marketing Association.

[520] Hughes, D. E., & Ahearne, M. (2010). Energizing the reseller's sales force: The power of brand identification. *Journal of Marketing*, 74 (4), 81–96.

[521] Hughes, K., Bellis, M. A., Calafat, A., Juan, M., Schnitzer, S., & Anderson, Z. (2008). Predictors of violence in young tourists: a comparative study of British, German and Spanish holidaymakers. *The European Journal of Public Health*, 18 (6), 569–574.

[522] Hughes, K. (2013). Measuring the impact of viewing wildlife: Do positive intentions equate to long-term changes in conservationbehaviour? *Journal of Sustainable Tourism*, 21 (1), 42–59.

[523] Hu, H. H. S., Lai, H. S. H., & King, B. (2020). Restaurant employee service sabotage and customer deviant behaviors: The moderating role of corporate reputation. *Journal of Hospitality & Tourism Research*, 44 (7), 1126–1152.

[524] Huimin, G., & Ryan, C. (2011). Ethics and corporate social responsibility – An analysis of the views of Chinese hotel managers. *International Journal of Hospitality Management*, 30 (4), 875–885.

[525] Hu, J., Xiong, L., Lv, X., & Pu, B. (2021). Sustainable rural tourism: linking residents' environmentally responsible behaviour to tourists' green consumption. *Asia Pacific Journal of Tourism Research*, 26 (8), 879–893.

[526] Hu, L. T., & Bentler, P. M. (1999). Cutoff criteria for fit indexes in covariance structure analysis: Conventional criteria versus new alternatives. *Structural Equation Modeling: a Multidisciplinary Journal*, 6 (1), 1–55.

[527] Hunecke, M., Blöbaum, A., Matthies, E., & Höger, R. (2001). Responsibility and environment: Ecological norm orientation and external factors in the domain of travel mode choice behavior. *Environment and Behavior*, 33 (6), 830–852.

[528] Hungerford, H., & Volk, T. (1990). Changing learner behavior through environmental education. *Journal of Environmental Education*, 21 (3), 8–22.

[529] Hunt, H. K. (1983). *Conceptualization and measurement of consumer satisfaction and dissatisfaction.* Cambridge, MA: Marketing Science Institute.

[530] Hunt, J. D. (1971). *Image—A Factor in Tourism.* Colorado State University.

[531] Hutchinson, J., Lai, F., & Wang, Y. (2009). Understanding the relationships of quality, value, equity, satisfaction, and behavioral intentions among golf travelers. *Tourism Management*, 30, 298–308.

[532] Hwang, J., & Hyun, S. S. (2012). The antecedents and consequences of brand prestige in luxury restaurants. *Asia Pacific Journal of Tourism Research*, 17 (6), 656–683.

[533] Inskeep, E. (1991). Tourism planning: An integrated and sustainable development approach. *Van Nostrand Reinhold.*

[534] Inversini, A., Cantoni, L., & Buhalis, D. (2009). Destinations' information competition and web reputation. *Information Technology & Tourism*, 11 (3), 221–234.

[535] Irwin, A., & Werner, C. (1986). *Home Environments.* New York: Plenum.

[536] Isen, A. M. (1975, April). Positive affect, accessibility of cognitions and helping. In *J. Piliavin (Chair), Current directions in theory on helping behavior. Symposium presented at the meetings of the Eastern Psychological Association, New York.*

[537] Iwata, O. (2001). Attitudinal determinants of environmentally responsible behavior. *Social Behavior and Personality*, 29 (2), 183–190.

[538] Izard, C. E. (1977). *Human emotions*. New York: Plenum.

[539] Jackson, J. M., & Latané, B. (1981). All alone in front of all those people: Stage fright as a function of number and type of co-performers and audience. *Journal of Personality and Social Psychology*, 40 (1), 73.

[540] Jacobsen, G. D., Kotchen, M. J., & Vandenbergh, M. P. (2012). The behavioral response to voluntary provision of an environmental public good: evidence from residential electricity demand. *European Economic Review*, 56, 946–960.

[541] Jalilvand, M. R., & Samiei, N. (2012). The impact of electronic word of mouth on a tourism destination choice: Testing the theory of planned behavior (TPB). *Internet Research: Electronic Networking Applications and Policy*, 22 (5), 591–612.

[542] Jang, S. C., & Namkung, Y. (2009). Perceived quality, emotions and behavioral intentions: Application of an extended Mehrabian–Russell model to restaurants. *Journal of Business Research*, 62, 451–460.

[543] Jang, S. Y., Chung, J. Y., & Kim, Y. G. (2015). Effects of environmentally friendly perceptions on customers' intentions to visit environmentally friendly restaurants: An extended theory of planned behavior. *Asia Pacific Journal of Tourism Research*, 20 (6), 599–618.

[544] Janis, I. L., & Mann, L. (1977). *Decision making*. New York: Free Press.

[545] Jeng, S. P. (2011). The effect of corporate reputations on customer perceptions and cross-buying intentions. *The Service Industries Journal*, 31 (6), 851–862.

[546] Jensen, R. (1992). Reputational spillovers, innovation, licensing and entry. *International Journal of Industrial Organization*, 10, 193–212.

[547] Jeong, J. Y., Crompton, J. L., & Hyun, S. S. (2019). What makes you select a higher price option? Price-quality heuristics, cultures, and travel group compositions. *International Journal of Tourism Research*, 21 (1), 1–10.

[548] Jetten, J., & Hornsey, M. J. (2014). Deviance and dissent in groups. *Annual review of psychology*, 65 (1), 461–485.

[549] Jiang, K., Luk, S. T. K., & Cardinali, S. (2018). The role of pre-consumption experience in perceived value of retailer brands: Consumers' experience from emerging markets. *Journal of Business Research*, 86, 374–385.

[550] Jin, N., Lee, S., & Lee, H. (2015). The effect of experience quality on perceived value, satisfaction, image, and behavioral intention of water park patrons: New versus repeat visitors. *International Journal of Tourism Research*, 17, 82–95.

[551] Johar, G., Maheswaran, D., & Peracchio, L. (2006). Mapping the frontiers: Theoretical advances in consumer research on memory, affect, and persuasion. *Journal of Consumer Research*, 33 (1), 139–149.

[552] Johnson, N. L., Kotz, S., & Balakrishnan, N. (1994). *Continuous univariate distributions*. Volume 2. Hoboken, NJ: John Wiley & Sons.

[553] Joosten, A., VanDijke, M., Van Hiel, A., & De Cremer, D. (2014). Feel good, do-good!? On consistency and compensation in moral self-regulation. *Journal of Business Ethics*, 123, 71–84.

[554] Jorgensen, B. S., & Stedman, R. C. (2001). Sense of place as an attitude: Lake shore owners' attitudes toward their properties. *Journal of Environmental Psychology*, 21 (3), 233–248.

[555] Jose, P. E. (2013). *Doing statistical mediation and moderation*. New York, NY: Guilford Press.

[556] Kafashpor, A., Ganji, S. F. G., Sadeghian, S., & Johnson, L. W. (2018). Perception of tourism development and subjective happiness of resident in Mashhad, Iran. *Asia Pacific Journal of Tourism Research*, 23 (6), 521–531.

[557] Kaiser, F. G. (1998). A general measure of ecological behavior 1. *Journal of Applied Social Psychology*, 28 (5), 395–422.

[558] Kaiser, F. G., & Gutscher, H. (2003). The proposition of a general version of the theory of planned behavior: Predicting ecological behavior 1. *Journal of Applied Social Psychology*, 33 (3), 586–603.

[559] Kallgren, C. A., Reno, R. R., & Cialdini, R. B. (2000). A focus

theory of normative conduct: When norms do and do not affect behavior. *Personality and Social Psychology Bulletin*, 26 (8), 1002 – 1012.

[560] Kang, K. H., Lee, S., & Huh, C. (2010). Impacts of Positive and Negative Corporate Social Responsibility Activities on Company Performance in the Tourism Industry. *International Journal of Hospitality Management*, 29 (1), 72 – 82.

[561] Karatepe, O. M. (2006). Customer complaints and organizational responses: The effects of complainants' perceptions of justice on satisfaction and loyalty. International Journal of Hospitality Management, 25 (1), 69 – 90.

[562] Karelaia, N., & Keck, S. (2013). When deviant leaders are punished more than non-leaders: The role of deviance severity. *Journal of Experimental Social Psychology*, 49 (5), 783 – 796.

[563] Kasim, A. (2006). The need for business environmental and social responsibility in the tourism industry. *International Journal of Hospitality & Tourism Administration*, 7 (1), 1 – 22.

[564] Kassarjian, H. H., & Cohen, J. B. (1965). Cognitive dissonance and consumer behavior: Reactions to the surgeon general's report on smoking and health. *California Management Review*, 8 (1), 55 – 64.

[565] Keh, H. T., & Xie, Y. (2009). Corporate reputation and customer behavioral intentions: The roles of trust, identification and commitment. *Industrial Marketing Management*, 38 (7), 732 – 742.

[566] Kelley, S. W., & Hoffman, K. D. (1997). An investigation of positive effect, prosocial behaviors and service quality. *Journal of Retailing*, 73 (3), 407 – 427.

[567] Kenny, D. A., Kashy, D. A., & Bolger, N. (1998). Data analysis in social psychology. In D. Gilbert, S. Fiske, & G. Lindsey (Eds.), *Handbook of Social Psychology* (4th ed., Vol. 1, pp. 233265). Boston: McGraw – Hill.

[568] Kensinger, E. A., & Corkin, S. (2003). Memory enhancement for emotional words: Are emotional words more vividly remembered than neutral words? *Memory & Cognition*, 31 (8), 1169 – 1180.

[569] Kerr, N. L., Hymes, R. W., Anderson, A. B., & Weathers, J.

E. (1995). Defendant-juror similarity and mock juror judgments. *Law and Human Behavior*, 19, 545 – 567.

[570] Khan, I., & Fatma, M. (2021). Online destination brand experience and authenticity: Does individualism-collectivism orientation matter? *Journal of Destination Marketing & Management*, 20, 100597.

[571] Kiatkawsin, K., & Han, H. (2017). Young travelers' intention to behave pro-environmentally: Merging the value-belief-norm theory and the expectancy theory. *Tourism Management*, 59, 76 – 88.

[572] Kilbourne, W. E., Beckmann, S. C., & Thelen, E. (2002). The role of the dominant social paradigm in environmental attitudes: A multi-national examination. *Journal of Business Research*, 55, 193 – 204.

[573] Kilbourne, W. E., & Pickett, G. (2008). How materialism affects environmental beliefs, concerns, and environmentally responsible behavior. *Journal of Business Research*, 61, 885 – 893.

[574] Kim, A. K., Airey, D., & Szivas, E. (2011). The multiple assessment of interpretation effectiveness: Promoting visitors' environmental attitudes and behavior. *Journal of Travel Research*, 50 (3), 321 – 334.

[575] Kim, H., Borges, M. C., & Chon, J. (2006). Impacts of environmental values on tourism motivation: The case of FICA, Brazil. *Tourism Management*, 27, 957 – 967.

[576] Kim, H. C., Chua, B. L., & Lee, S. (2016). Understanding airline travelers' perceptions of well-being: The role of cognition, emotion, and sensory experiences in airline lounges. *Journal of Travel & Tourism Marketing*, 34 (7), 1213 – 1234.

[577] Kim, H., & Richardson, S. L. (2003). Motion picture impacts on destination images. *Annals of Tourism Research*, 30 (1), 216 – 237.

[578] Kim, H., Woo, E., & Uysal, M. (2015). Tourism experience and quality of life among elderly tourists. *Tourism Management*, 46, 465 – 476.

[579] Kim, J. -H. (2010). Determining the factors affecting the memorable nature of travel experiences. *Journal of Travel & Tourism Marketing*, 27 (8), 780 – 796.

[580] Kim, J. H., & Jang, S. S. (2014). The fading affect bias: Examining changes in affect and behavioral intentions in restaurant service failures and recoveries. *International Journal of Hospitality Management*, 40, 109–119.

[581] Kim, J.-H. (2014). The antecedents of memorable tourism experiences: The development of a scale to measure the destination attributes associated with memorable experiences. *Tourism Management*, 44, 34–45.

[582] Kim, K. (2002). *The effects of tourism impacts upon quality of life of residents in the community* (Doctoral dissertation, Virginia Polytechnic Institute and State University).

[583] Kim, M., & Thapa, B. (2018). Perceived value and flow experience: Application in a nature-based tourism context. *Journal of Destination Marketing & Management*, 8, 373–384.

[584] Kim, T. T., Kim, W. G., & Kim, H. B. (2009). The effects of perceived justice on recovery satisfaction, trust, word-of-mouth, and revisit intention in upscale hotels. *Tourism Management*, 30 (1), 51–62.

[585] Kim, W. G., & Moon, Y. J. (2009). Customers' cognitive, emotional, and actionable response to theservicescape: A test of the moderating effect of the restaurant type. *International Journal of Hospitality Management*, 28, 144–156.

[586] Kim, Y., & Choi, S. M. (2005). Antecedents of green purchased behavior: An examination of collectivism, environmental concern, and PCE. *Advances in Consumer Research*, 32, 592–599.

[587] Kim, Y., & Han, H. (2010). Intention to pay conventional-hotel prices at a green hotel: A modification of the theory of planned behavior. *Journal of Sustainable Tourism*, 18 (8), 997–1014.

[588] Klöckner, C. A. (2013). A comprehensive model of the psychology of environmental behaviour—A meta-analysis. *Global Environmental Change*, 23 (5), 1028–1038.

[589] Knutson, B., Stevens, P., Wullaert, C., & Patton, M. (1991). LODGSERV: A service quality index for the lodging industry. *Hospitality Research Journal*, 14 (7), 277–284.

[590] Kollmuss, A., & Agyeman, J. (2002). Mind the gap: why do people act environmentally and what are the barriers to pro-environmental behavior? *Environmental Education Research*, 8 (3), 239–260.

[591] Kolyesnikova, N., & Dodd, T. H. (2008). Effects of winery visitor group size on gratitude and obligation. *Journal of Travel Research*, 47 (1), 104–112.

[592] Koschate-Fischer, N., & Schandelmeier, S. (2014). A guideline for designing experimental studies in marketing research and a critical discussion of selected problem areas. *Journal of Business Economics*, 84, 793–826.

[593] Kotler, P., & Armstrong, G. (1996). *Principles of marketing*. Prentice-Hall, New Jersey.

[594] Kotler, P, & Barich, H. (1991). A framework for marketing image management. *Sloan Management Review*, 32 (2), 94–104.

[595] Kotler, P., & Lee, N. (2008). *Corporate social responsibility: Doing the most good for your company and your cause*. John Wiley & Sons.

[596] Kozak, M. (2002). Comparative analysis of tourist motivations by nationality and destinations. *Tourism Management*, 23, 221–232.

[597] Kozak, M., & Martin, D. (2012). Tourism life cycle and sustainability analysis: Profit-focused strategies for mature destinations. *Tourism Management*, 33 (1), 188–194.

[598] Kozak, M., & Remmington, M. (2000). Tourist satisfaction with Mallorca, Spain, as an off-season holiday destination. *Journal of Travel Research*, 39 (3), 259–268.

[599] Kozak, M. (2001). Repeaters' behavior at two distinct destinations. *Annals of Tourism Research*, 28 (3), 784–807.

[600] Kraft, P., Rise J., & Sutton, S. (2005). Perceived Difficulty in the Theory of Planned Behavior, Perceived Behavioral Control or Affective Attitude. *British Journal of Social Psychology*, 44 (3), 479–496.

[601] Krebs, D. L. (1970). Altruism: An examination of the concept and a review of the literature. *Psychological Bulletin*, 73 (4), 258.

[602] Krishnan, S., & Gronhaug, K. (1979). A Multi Attribute Approach

to Consumer Satisfaction with a Professional Program. *Refining Concepts and Measures of Consumer Satisfaction and Complaining Behavior*, 86 – 90.

[603] Kucukusta, D., Mak, A., & Chan, X. (2013). Corporate social responsibility practices in four and five-star hotels: Perspectives from Hong Kong visitors. *International Journal of Hospitality Management*, 34, 19 – 30.

[604] Kuenzel, S., & Halliday, V. (2008). Investigating antecedents and consequences of brand identification. *Journal of Product & Brand Management*, 17 (5), 293 – 304.

[605] Kugihara, N. (2001). Effects of aggressive behaviour and group size on collective escape in an emergency: A test between a social identity model and deindividuation theory. *British Journal of Social Psychology*, 40 (4), 575 – 598.

[606] Kuhl, J. (1986). Motivation and information processing. In R. M. Sorrentino & E. T. Higgins (Eds), *Handbook of Motivation and Cognition: Foundations of Social Behavior* (Vol. 1, pp. 404 – 434). Guilford Press.

[607] Kutlaca, M., Becker, J., & Radke, H. (2020). A hero for the outgroup, a black sheep for the ingroup: Societal perceptions of those who confront discrimination. *Journal of Experimental Social Psychology*, 88, 103832.

[608] Kwortnik Jr, R. J., & Han, X. (2011). The influence of guest perceptions of service fairness on lodging loyalty in China. *Cornell Hospitality Quarterly*, 52 (3), 321 – 332.

[609] Kyle, G. T., Graefe, A. R., & Manning, R. (2005). Testing the dimensionality of place attachment in recreational settings. *Environment and Behavior*, 37 (2), 153 – 177.

[610] Lacasse, K. (2016). Don't be satisfied, identify! Strengthening positive spillover by connecting pro-environmental behaviors to an "environmentalist" label. *Journal of Environmental Psychology*, 48, 149 – 158.

[611] Lachman, Roy, Janet, L., & Butterfield, Earl, C. (1979). Cognitive Psychology and Information Processing Hillsdale. *NJ: Lawrence Erlbaum.*

[612] Ladhari, R., Brun, I., & Morales, M. (2008). Determinants of dining satisfaction and post-dining behavioral intentions. *International Journal of Hospitality Management*, 27 (4), 563 – 573.

[613] Ladhari, R. (2009). Service quality, emotional satisfaction, and behavioural intentions: A study in the hotel industry. *Managing Service Quality*, 19 (3), 308–331.

[614] Lai, I. K. W. (2015). The roles of value, satisfaction, and commitment in the effect of servicequality on customer loyalty in Hong Kong-style tea restaurants. *Cornell Hospitality Quarterly*, 56 (1), 118–138.

[615] Laing, J. H., & Frost, W. (2017). Journeys of well-being: Women's travel narratives of transformation and self-discovery in Italy. *Tourism Management*, 62, 110–119.

[616] Lalli, M. (1992). Urban-related identity: Theory, measurement, and empirical findings. *Journal of Environmental Psychology*, 12 (4), 285–303.

[617] Lang, D. L., Salazar, L. F., Crosby, R. A., DiClemente, R. J., Brown, L. K., & Donenberg, G. R. (2010). Neighborhood environment, sexual risk behaviors and acquisition of sexually transmitted infections among adolescents diagnosed with psychological disorders. *American Journal of Community Psychology*, 46, 303–311.

[618] Lanzini, P., & Thøgersen J. (2014). Behavioural spillover in the environmental domain: an intervention study. *Journal of Environmental Psychology*, 40, 381–390.

[619] Laroche, M., Bergeron, B., & Barbaro-Forleo, G. (2001). Targeting consumers who are willing to pay more for environmentally friendly products. *Journal of Consumer Marketing*, 18, 503–520.

[620] Laros, F. J. M., & Steenkamp, J. E. M. (2005). Emotions in consumer behavior: a hierarchical approach. *Journal of Business Research*, 58, 1437–1445.

[621] Larsen, R. J., & Buss, D. M. (2002). *Personality psychology: Domains of knowledge about human behavior*. New York, NY: McGraw-Hill.

[622] Larson, R. W., & Almeida, D. M. (1999). Emotional transmission in the daily lives of families: A new paradigm for studying family process. *Journal of Marriage and the Family*, 5–20.

[623] Latané, B. (1981). The psychology of social impact. *American Psy-*

chologist, 36 (4), 343.

[624] Lau, A. L. S., & McKercher, B. (2004). Exploration versus acquisition: A comparison of first-time and repeat visitors. *Journal of Travel Research*, 42 (3), 279 – 285.

[625] Lauren, N., Fielding, K. S., Smith, L., & Louis, W. R. (2016). You did, so you can and you will: Self-efficacy as a mediator of spillover from easy to more difficult pro-environmental behaviour. *Journal of Environmental Psychology*, 48, 191 – 199.

[626] Lavoie, C. E., Vallerand, R. J., & Verner – Filion, J. (2021). Passion and emotions: The mediating role of cognitive appraisals. *Psychology of Sport and Exercise*, 54, 101907.

[627] Lawler, E. J. (2001). An affect theory of social exchange. *American Journal of Sociology*, 107, 321 – 352.

[628] Lawson, F., & Bond, B. M. (1977). Tourism and Recreational Development. *London: Architectural Press.*

[629] Lazarus, R. S., & Alfert, E. (1964). The short-circuiting of threat. *Journal of Abnormal and Social Psychology*, 69, 195 – 205.

[630] Lazarus, R. S. (1991). *Emotion and adaptation* (Vol. 557). Oxford University Press.

[631] Lazarus, R. S., & Folkman, S. (1987). Transactional theory and research on emotions and coping. *European Journal of Personality*, 1 (3), 141 – 169.

[632] Lazarus, R. S. & Launier, R. (1978). Stress-related transactions between person and environment. In Pervin, L. A. and Lewis, M. (Ed.), *Perspectives in Interactional Psychology*, Plenum, New York, 287 – 327.

[633] Lazarus, R. S., Opton, E. M., Jr, Nomikos, M. S., & Rankin, N. O. (1965). The principle of short-circuiting of threat: further evidence. *Journal of Personality*, 33 (4), 622 – 635.

[634] Lazarus, R. S. (1966). Psychological stress and the coping process. *Mc Graw – Hill.*

[635] Lazarus, R. S. (1978). Stress-related transactions between person and

environment. *Perspectives in interactional psychology*. New York, NY: Plenum.

[636] Lee, J., Hsu, L., Han, H., & Kim, Y. (2010). Understanding how consumers view green hotels: How a hotel's green image can influence behavioral intentions. *Journal of Sustainable Tourism*, 18 (7), 901 – 914.

[637] Lee, J., Lee, C., & Yoon, Y. (2009). Investigating differences in antecedents to value between first-time and repeat festival-goers. *Journal of Travel & Tourism Marketing*, 26 (7), 688 – 702.

[638] Lee, K. J., & Lee, S. Y. (2021). Cognitive appraisal theory, memorable tourism experiences, and family cohesion in rural travel. *Journal of Travel & Tourism Marketing*, 38 (4), 399 – 412.

[639] Lee, P. M., & James, E. H. (2007). She'-e-os: gender effects and investor reactions to the announcements of top executive appointments. *Strategic Management Journal*, 28 (3), 227 – 241.

[640] Lee, S., Ha, S., & Widdows, R. (2011). Consumer responses to high-technology products: Product attributes, cognition, and emotions. *Journal of Business Research*, 64, 1195 – 1200.

[641] Lee, S., Park, H. J., Kim, K. H., & Lee, C. K. (2021). A moderator of destination social responsibility for tourists' pro-environmental behaviors in the VIP model. *Journal of Destination Marketing & Management*, 20, 100610.

[642] Lee, T. H. (2011). How recreation involvement, place attachment and conservation commitment affect environmentally responsible behavior. *Journal of Sustainable Tourism*, 19, 895 – 915.

[643] Lee, T. H., & Jan, F. H. (2015). The effects of recreation experience, environmental attitude, andbiospheric value on the environmentally responsible behavior of nature-based tourists. *Environmental Management*, 56, 193 – 208.

[644] Lee, T. H., Jan, F. H., & Yang, C. C. (2013). Conceptualizing and measuring environmentally responsible behaviors from the perspective of community-based tourists. *Tourism Management*, 36, 454 – 468.

[645] Lee, W. H., & Moscardo, G. (2005). Understanding the impact of ecotourism resort experiencing on tourists' environmental attitudes and behavioral intentions. *Journal of Sustainable Tourism*, 13 (6), 546 – 565.

[646] Lee, Y. K., Kim, Y., Lee, K. H., & Li, D. (2012). The impact of CSR on relationship quality and relationship outcomes: A perspective of service employees. *International Journal of Hospitality Management*, 31, 745–756.

[647] Lee, Y. K., Kim, Y., Son, M. H., & Lee, D. J. (2011). Do emotions play a mediating role in the relationship between owner leadership styles and manager customer orientation, and performance in service environment? *International Journal of Hospitality Management*, 30 (4), 942–952.

[648] Lee, Y. K., Lee, C. K., Lee, S. K., & Babin, B. J. (2008). Festivals capes and patrons' emotions, satisfaction, and loyalty. *Journal of Business Research*, 61, 56–64.

[649] Leonidou, L. C., Leonidou, C. N., & Kvasova, O. (2010). Antecedents and outcomes of consumer environmentally friendly attitudes and behaviour. *Journal of Marketing Management*, 26 (13–14), 1319–1344.

[650] Lepp, A., & Gibson, H. (2008). Sensation seeking and tourism: tourist role, perception of risk and destination choice. *Tourism Management*, 29 (4), 740–750.

[651] Leventhal, G. S. (1980). Beyond fairness: A theory of allocation preferences. *Justice and social interaction*, 3 (1), 167.

[652] Levine, D. S., & Strube, M. J. (2012). Environmental attitude, knowledge, intentions, and behaviors among college students. *Journal of Social Psychology*, 152, 308–326.

[653] Lewis, B. R., & McCann, P. (2004). Service failure and recovery: evidence for the hotel sector. *International Journal of Contemporary Hospitality Management*, 16 (1), 6–17.

[654] Li, H., Li, M., Zou, H., Zhang, Y., & Cao, J. (2023). Urban sensory map: How do tourists "sense" a destinationspatially?. *Tourism Management*, 97, 104723.

[655] Li, J., Coca-Stefaniak, J. A., Nguyen, T. H. H., & Morrison, A. M. (2024). Sustainable tourist behavior: A systematic literature review and research agenda. *Sustainable Development*, 32 (4), 3356–3374.

［656］Liljander, V., & Strandvik, T. (1997). Emotions in service satisfaction. *International Journal of Service Industry Management*, 8 (2), 48 – 69.

［657］Lindsay, P. H., & Norman, D. E. (1977). Human information processing. *New York, NY: Academic Press*.

［658］Line, N. D., Hanks, L., & Miao, L. (2018). Image matters: Incentivizing green tourism behavior. *Journal of Travel Research*, 57 (3), 296 – 309.

［659］Lin, H., Zhang, M., Gursoy, D., & Fu, X. (2019). Impact of tourist-to-tourist interaction on tourism experience: The mediating role of cohesion and intimacy. *Annals of Tourism Research*, 76, 153 – 167.

［660］Lin, Y. H., & Lee, T. H. (2020). How do recreation experiences affect visitors' environmentally responsible behavior? Evidence from recreationists visiting ancient trails in Taiwan. *Journal of Sustainable Tourism*, 28 (5), 705 – 726.

［661］Li, R., Gordon, S., & Gelfand, M. J. (2017). Tightness-looseness: A new framework to understand consumer behavior. *Journal of Consumer Psychology*, 27 (3), 377 – 391.

［662］Li, S., Liu, M., & Wei, M. (2021). Host sincerity and tourist environmentally responsible behavior: The mediating role of tourists' emotional solidarity with hosts. *Journal of Destination Marketing & Management*, 19, 100548.

［663］Li, T., & Chen, Y. (2019). Do regulations always work? The moderate effects of reinforcement sensitivity on deviant tourist behavior intention. *Journal of Travel Research*, 58 (8), 1317 – 1330.

［664］Li, T., & Chen, Y. (2017). The destructive power of money and vanity in deviant tourist behavior. *Tourism Management*, 61, 152 – 160.

［665］Li, T., & Chen, Y. (2022). The obstacle to building a mutual regulation system: Exploring people's intervention intention toward tourists' deviant behavior. *Annals of Tourism Research*, 93, 103377.

［666］Li, T., Liao, C., Law, R., & Zhang, M. (2023). An integrated model of destination attractiveness and tourists' environmentally responsible behavior: the mediating effect of place attachment. *Behavioral Sciences*, 13 (3),

264.

[667] Liu, J., Li, J., Jang, S. S., & Zhao, Y. (2022). Understanding tourists' environmentally responsible behavior at coastal tourism destinations. *Marine Policy*, 143, 105178.

[668] Liu, J., & Liu, J. (2024). EXPRESS: Shame or pride? The effect of emotional appeals on overordering intentions in social dining. *Journal of Hospitality & Tourism Research*, 197–208.

[669] Liu, J., Wu, J. S., & Che, T. (2019). Understanding perceived environment quality in affecting tourists' environmentally responsible behaviors: A broken windows theory perspective. *Tourism Management Perspectives*, 31, 236–244.

[670] Liu, P., Teng, M., & Han, C. (2020). How does environmental knowledge translate into pro-environmental behaviors? The mediating role of environmental attitudes and behavioralintentions. *Science of the Total Environment*, 728, 138126.

[671] Liu, Y., & Geng, S. (2023). A study on the influence mechanism of perceived situational factors on young tourists' pro-environment behaviors: Taking perceived coolness as an example. *Journal of Hospitality and Tourism Management*, 57, 349–363.

[672] Liu, Y., Ning, S., Zhang, M., Font, X., & Zeng, H. (2024). Can anthropomorphic interpretation cues motivate tourists to have civilized behavioral intentions? The roles of meaningful experience and narrative. *Tourism Management*, 103, 104905.

[673] Li, W. (2011). Study of service recovery of travel agency based on customer satisfaction. *International Conference on Economics and Finance Research*, 4 (29), 545–548.

[674] Li, X. R., Cheng, C. K., Kim, H., & Petrick, J. F. (2008). A systematic comparison of firsttime and repeat visitors via a two-phase online survey. *Tourism Management*, 29 (2), 278–293.

[675] Li, X., Xie, D., Zhang, X., & Hou, G. (2023). Study on the influence of residents' well-being on the use of urban parks and emotional recovery

under air pollution environment. *International Journal of Environment and Pollution*, 72 (1), 70 – 85.

[676] Li, Y., & Song, M. (2024). The influence of tourist-environment fit on environmental responsibility behavior: A moderated mediation model. *Forests*, 15 (10), 1726.

[677] Llewellyn, N. (2021). The embodiment of consumer knowledge. *Journal of Consumer Research*, 48 (2), 212 – 234.

[678] Logar, I. (2010). Sustainable tourism management in Crikvenica, Croatia: An assessment of policy instruments. *Tourism Management*, 31 (1), 125 – 135.

[679] Lotfavi, M., Salehi, L., & Monavvarifard, F. (2025). How age and social norms shape tourists' environmentally responsible behavior in forest parks: examination of value types and their variability. *Management of Environmental Quality: An International Journal*.

[680] Loureiro, S. M. C., & Kastenholz, E. (2011). Corporate reputation, satisfaction, delight, and loyalty towards rural lodging units in Portugal. *International Journal of Hospitality Management*, 30 (3), 575 – 583.

[681] Lovelock, B. (2014). The moralization of flying: Cocktails in Seat 33G, famine and pestilence below. *Moral Encounters in Tourism*, 153 – 168.

[682] López – Mosquera, N. (2016). Gender differences, theory of planned behavior and willingness to pay. *Journal of Environmental Psychology*, 45, 165 – 175.

[683] Lu, F., Wang, B., Bi, J., & Guo, W. (2024). Study on the Influence of Host – Guest Interaction on Tourists' Pro – Environment Behavior: Evidence from Taishan National Forest Park in China. *Forests*, 15 (5), 813.

[684] Lugosi, P. (2019). Deviance, deviantbehaviour and hospitality management: Sources, forms and drivers. *Tourism Management*, 74, 81 – 98.

[685] Lu, S., Sun, Z., & Huang, M. (2024). The impact of digital literacy on farmers' pro-environmental behavior: an analysis with the Theory of Planned Behavior. *Frontiers in Sustainable Food Systems*, 8, 1432184.

[686] Lyubomirsky, S., Sheldon, K. M., & Schkade, D. (2005). Pur-

suing happiness: The architecture of sustainable change. *Review of General Psychology*, 9 (2), 111 – 131.

[687] Macho, S., & Ledermann, T. (2011). Estimating, testing, and comparing specific effects instructural equation models: The Phantom model approach. *Psychological Methods*, 16 (1), 34 – 43.

[688] Mael, F., & Ashforth, B. E. (1992). Alumni and their alma mater: A partial test of the reformulated model of organization identification. *Journal of Organizational Behavior*, 13 (2), 103 – 123.

[689] Mahasuweerachai, P. (2024). How to influence restaurant employees' food safety behaviour: an application of the theory of planned behavior and norm activation model. *Journal of Foodservice Business Research*, 27 (2), 173 – 195.

[690] Majeed, M., & Naseer, S. (2021). Is workplace bullying always perceived harmful? The cognitive appraisal theory of stress perspective. *Asia Pacific Journal of Human Resources*, 59 (4), 618 – 644.

[691] Ma, J., Gao, J., Scott, N., & Ding, P. (2013). Customer delight from theme park experience: The antecedents of delight based on cognitive appraisal theory. *Annals of Tourism Research*, 42, 359 – 381.

[692] Makarem, S. C., & Jae, H. (2016). Consumer boycott behavior: An exploratory analysis of twitter feeds. *Journal of Consumer Affairs*, 50 (1), 193 – 223.

[693] Maloney, M. P., & Ward, M. P. (1973). Ecology: Let's hear from the people: An objective scale for the measurement of ecological attitudes and knowledge. *American Psychologist*, 28 (7), 583.

[694] Manthiou, A., Lee, S., Tang, L., & Chiang, L. (2014). The experience economy approach to festival marketing: Vivid memory and attendee loyalty. *Journal of Services Marketing*, 28 (1), 22 – 35.

[695] Marcevova, K., Coles, T., & Shaw, G. (2010). Young holidaymakers in groups: Insights on decision-making and tourist behaviour among university students. *Tourism Recreation Research*, 35 (3), 259 – 268.

[696] Marini, M. M. (1984). Age and sequencing norms in the transition to adulthood. *Social Forces*, 63 (1), 229 – 244.

[697] Marin, L., & Ruiz, S. (2007). "I Need You Too!" Corporate Identity Attractiveness for Consumers and the Role of Social Responsibility. *Journal of Business Ethics*, 71 (3), 245 – 260.

[698] Marques, J. M., & Paez, D. (1994). The 'black sheep effect': Social categorization, rejection of ingroup deviates, and perception of group variability. *European Review of Social Psychology*, 5 (1), 37 – 68.

[699] Martínez, P., & Rodriguez del Bosque, I. (2013). CSR and customer loyalty: The roles of trust, customer identification with the company, and satisfaction. *International Journal of Hospitality Management*, 35, 89 – 99.

[700] Masterson, S. S., Lewis, K., Goldman, B. M., & Taylor, M. S. (2000). Integrating justice and social exchange: The differing effects of fair procedures and treatment on work relationships. *Academy of Management Journal*, 43 (4), 738 – 748.

[701] Mateer, T. J., Melton, T. N., Miller, Z. D., Lawhon, B., Agans, J. P., Lawson, D. F., Brasier, K. J., & Taff, B. D. (2023). The Potential Pro – Environmental Behavior Spillover Effects of Specialization in Environmentally Responsible Outdoor Recreation. *Land*, 12 (11), 1970.

[702] Matev, D., & Assenova, M. (2012). Application of corporate social responsibility approach in Bulgaria to support sustainable tourism development. *Clean Technologies and Environmental Policy*, 14, 1065 – 1073.

[703] Mattila, A. S., & Enz, C. A. (2002). The role of emotions in service encounters. *Journal of Service Research*, 4 (4), 268 – 277.

[704] Mattila, A. S., & Patterson, P. G. (2004). Service recovery and fairness perceptions in collectivist and individualist contexts. *Journal of Service Research*, 6 (4), 336 – 346.

[705] Mayo, E. J, & Jarvis, L. P. (1981). The Psychology of Leisure Travel. *Boston, MA: CBI Publishing*.

[706] Mazaheri, E., Richard, M. O., & Laroche, M. (2010). Investigating the moderating impact of hedonism on online consumer behavior. *Journal of Global Academy of Marketing Science*, 20 (2), 123 – 134.

[707] McAuliffe, K., & Dunham, Y. (2016). Group bias in cooperative

norm enforcement. *Philosophical Transactions of the Royal Society B: Biological Sciences*, 371 (1686), 20150073.

[708] McCabe, S., & Johnson, S. (2013). The happiness factor in tourism: Subjective well-being and social tourism. *Annals of Tourism Research*, 41, 42 – 65.

[709] McCarty, J. A., & Shrum, L. J. (2001). The influence of individualism, collectivism, and locus of control on environmental beliefs and behavior. *Journal of Public Policy & Marketing*, 20 (1), 93 – 104.

[710] McCracken, G. (1988). Culture and consumption: New approaches to the symbolic character of consumer goods and activities. *Bloomington IN: Indiana University Press*.

[711] McFarlin, D. B., & Sweeney, P. D. (1992). Distributive and procedural justice as predictors of satisfaction with personal and organizational outcomes. *Academy of Management Journal*, 35 (3), 626 – 637.

[712] McKercher, B., & Bauer, T. G. (2003). Conceptual framework of the nexus between tourism, romance, and sex. In *Sex and Tourism* (pp. 3 – 17). Routledge.

[713] McKercher, B., & Wong, D. Y. Y. (2004). Understanding tourism behavior: Examining the combined effects of prior visitation history and destination status. *Journal of Travel Research*, 43, 171 – 179.

[714] Mehrabian, A. (1977). A questionnaire measure of individual differences in stimulus screening and associated differences inarousability. *Environmental Psychology and Nonverbal Behavior*, 1 (1), 89 – 103.

[715] Mehrabian, A. (1980). Basic dimensions for a general psychological theory. Cambridge, MA: Oelgeschlager, Gunn & Hain.

[716] Mehrabian, A., & Bernath, M. S. (1991). Factorial composition of commonly used self-report depression inventories: Relationships with basic dimensions of temperament. *Journal of Research in Personality*, 25, 262 – 275.

[717] Mehrabian, A. (1987). *Eating characteristics and temperament: General measures and interrelationships*. New York: Springer – Verlag.

[718] Mehrabian, A., & O'Reilly, E. (1980). Analysis of personality

measures in terms of basic dimensions of temperament. *Journal of Personality and Social Psychology*, 38, 492 – 503.

[719] Mehrabian, A., & Russell, J. A. (1974). *An approach to environmental psychology.* Cambridge, MA: The MIT Press.

[720] Meijers, M. H., & Stapel, D. A. (2011). RETRACTED: Me tomorrow, the others later: How perspective fit increases sustainable behavior. *Journal of Environmental Psychology*, 31 (1), 14 – 20.

[721] Melvin, J., Winklhofer, H., & McCabe, S. (2020). Creating joint experiences – Families engaging with a heritage site. *Tourism Management*, 78, 104038.

[722] Metzger, T., & McEwen, D. (1999). Measurement of environmental sensitivity. *Journal of Environmental Education*, 30 (4), 38 – 39.

[723] Miao, L., Mattila, A. S., & Mount, D. (2011). Other consumers in service encounters: a script theoretical perspective. *International Journal of Hospitality Management*, 30 (4), 933 – 941.

[724] Miao, L., & Wei, W. (2013). Consumers' pro-environmental behavior and the underlying motivations: A comparison between household and hotel settings. *International Journal of Hospitality Management*, 32, 102 – 112.

[725] Mihalic, T. (2000). Environmental management of a tourist destination: A factor of tourism competitiveness. *Tourism Management*, 21 (1), 65 – 78.

[726] Mikolon, S., Kolberg, A., Haumann, T., & Wieseke, J. (2015). The complex role of complexity: How service providers can mitigate negative effects of perceived service complexity when selling professional services. *Journal of Service Research*, 18 (4), 513 – 528.

[727] Mikula, G., Scherer, K. R., & Athenstaedt, U. (1998). The role of injustice in the elicitation of differential emotional reactions. *Personality and Social Psychology Bulletin*, 24 (7), 769 – 783.

[728] Milgram, S. (1963). Behavioral study of obedience. *The Journal of Abnormal and Social Psychology*, 67 (4), 371.

[729] Miller, D., Merrilees, B., & Coghlan, A. (2015). Sustainable urban tourism: Understanding and developing visitor pro-environmentally behavior.

Journal of Sustainable Tourism, 23 (1), 26 – 46.

[730] Miller, D. T., & Effron, D. A. (2010) Psychological license: When it is needed and how it functions. In M. P. Zanna (Ed.) *Advances in Experimental Social Psychology.* (Vol. 43 (10), pp. 115 – 155). Academic Press.

[731] Miller, T., & Triana, M. D. C. (2009). Demographic diversity in the boardroom: Mediators to the board diversity – Firm performance relationship. *Journal of Management Studies*, 46, 755 – 786.

[732] Ming, J., Jianqiu, Z., Bilal, M., Akram, U., & Fan, M. (2021). How social presence influences impulse buying behavior in live streaming commerce? The role of SOR theory. *International. Journal of Web Information Systems*, 17 (4), 300 – 320.

[733] Mishina, Y., Block, E. S., & Mannor, M. J. (2012). The path dependence of organizational reputation: How social judgment influences assessments of capability and character. *Strategic Management Journal*, 33 (5), 459 – 477.

[734] Mitchell, R. (2006). Areconceptualisation of destination tourism management: focussing on sustainability and corporate social responsibility. *In Otago Business PhD Colloquium.*

[735] Mittal, V., Ross, W. T., & Baldasare, P. M. (1998). The asymmetric impact of negative and positive attribute-level performance on overall satisfaction and repurchase intentions. *Journal of Marketing*, 62 (1), 33 – 47.

[736] Mohr, L. A., & Bitner, M. J. (1995). The role of employee effort in satisfaction with service transactions. *Journal of Business Research*, 32 (3), 239 – 252.

[737] Moore, C., Detert, J. R., Klebe Treviño, L., Baker, V. L., & Mayer, D. M. (2012). Why employees do bad things: Moral disengagement and unethical organizational behavior. *Personnel Psychology*, 65 (1), 1 – 48.

[738] Morais, D. B., & Lin, C. H. (2010). Why do first-time and repeat visitors patronize a destination?. *Journal of Travel & Tourism Marketing*, 27 (2), 193 – 210.

[739] Morgan, M., & Xu, F. (2009). Student travel experiences: Memo-

ries and dreams. *Journal of Hospitality Marketing and Management*, 18 (2), 216-236.

[740] Morgan, N., Pritchard, A., & Piggott, R. (2002). New Zealand, 100% pure: The creation of a powerful niche destination brand. *Brand Management*, 9 (4), 335-354.

[741] Mueller, J. S. (2012). Why individuals in larger teams perform worse. *Organizational Behavior and Human Decision Processes*, 117 (1), 111-124.

[742] Mullen, E., & Monin, B. (2016). Consistency versus licensing effects of past moral behavior. *Annual Review of Psychology*, 67 (1), 363-385.

[743] Mummalaneni, V. (2005). An empirical investigation of Web site characteristics, consumer emotional states and online shopping behaviors. *Journal of Business Research*, 58 (4), 526-532.

[744] Namkung, Y., & Jang, S. C. (2010). Effects of perceived service fairness on emotions, and behavioral intentions in restaurants. *European Journal of Marketing*, 44 (9/10), 1233-1259.

[745] Nasution, M. D. T. P., Rafiki, A., Lubis, A., & Rossanty, Y. (2021). Entrepreneurial orientation, knowledge management, dynamic capabilities towards e-commerce adoption of SMEs in Indonesia. *Journal of Science and Technology Policy Management*, 12 (2), 256-282.

[746] Nawijn, J. (2011). Determinants of daily happiness on vacation. *Journal of Travel Research*, 50 (5), 559-566.

[747] Neal, J. D., Sirgy, M. J., & Uysal, M. (2004). Measuring the effect of tourism services on travelers' quality of life: Further validation. *Social Indicators Research*, 69 (3), 243-277.

[748] Neal, J. D., Sirgy, M. J., & Uysal, M. (1999). The role of satisfaction with leisure travel/tourism services and experience in satisfaction with leisure life and overall life. *Journal of Business Research*, 44 (3), 153-163.

[749] Neal, J. D., Uysal, M., & Sirgy, M. J. (2007). The effect of tourism services on travelers' quality of life. *Journal of Travel Research*, 46 (2), 154-163.

[750] Ngai, E. W., Heung, V. C., Wong, Y. H., & Chan, F. K. (2007). Consumer complaintbehaviour of Asians and non‐Asians about hotel services: An empirical analysis. *European Journal of Marketing*, 41 (11/12), 1375–1391.

[751] Nielsen, C. (2015). The sustainability imperative: new insights on consumer expectations. *Nielsen Company New York*.

[752] Nordlund, A. M., & Garvill, J. (2003). Effects of values, problem awareness, and personal norm on willingness to reduce personal car use. *Journal of Environmental Psychology*, 23 (4), 339–347.

[753] Norheim‐Hansen, A. (2015). Are 'green brides' more attractive? An empirical examination of how prospective partners' environmental reputation affects the trust-based mechanism in alliance formation. *Journal of Business Ethics*, 132, 813–830.

[754] Nyer, P. U. (1997). A study of the relationships between cognitive appraisals and consumption emotions. *Journal of the Academy of Marketing Science*, 25 (4), 296–304.

[755] Oberoi, U., & Hales, C. (1990). Assessing the quality of the conference hotel service product: Towards an empirically based model. *Service Industries Journal*, 10, 700–721.

[756] Oliver, R. L. (1980). A cognitive model of the antecedents and consequences of satisfaction decisions. *Journal of Marketing Research*, 17 (4), 460–469.

[757] Oliver, R. L. (1981). Measurement and evaluation of satisfaction process in retail settings. *Journal of Retailing*, 57 (3), 25–48.

[758] Oliver, R. L., & Swan, J. E. (1989). Equity and disconfirmation perceptions as influences on merchant and product satisfaction. *Journal of Consumer Research*, 16, 372–383.

[759] Oliver, R. L., & Westbrook, R. A. (1993). Profiles of consumer emotions and satisfaction in ownerships and usage. *Journal of Consumer Satisfaction, Dissatisfaction and Complaining Behavior*, 6, 12–27.

[760] Onwezen, M. C., Antonides, G., & Bartels, J. (2013). The

Norm Activation Model: An exploration of the functions of anticipated pride and guilt in pro-environmental behaviour. *Journal of Economic Psychology*, 39, 141 – 153.

[761] Oppermann, M. (1997). First-time and repeat visitors to New Zealand. *Tourism Management*, 18 (3), 177 – 181.

[762] Oppermann, M. (2000). Tourism destination loyalty. *Journal of Travel Research*, 39 (1), 78 – 84.

[763] Orams, M. B. (1995). Towards a more desirable form of ecotourism. *Tourism Management*, 16 (1), 3 – 8.

[764] Osgood, C. E., & Tannenbaum, P. H. (1955). The principle of congruity in the production of attitude change. *Psychology Review*, 62, 42 – 55.

[765] Osterhus, T. L. (1997). Pro-social consumer influence strategies: when and how do they work? *Journal of Marketing*, 61 (4), 16 – 29.

[766] Otten, S., & Mummendey, A. (1999). To our benefit or at your expense? Justice considerations in intergroup allocations of positive and negative resources. *Social Justice Research*, 12, 19 – 38.

[767] Oviedo – García, M. Á., Vega – Vázquez, M., Castellanos – Verdugo, M., & Reyes – Guizar, L. A. (2016). Tourist satisfaction and the souvenir shopping of domestic tourists: Extended weekends in Spain. *Current Issues in Tourism*, 19 (8), 845 – 860.

[768] Parasuraman, A., Berry, L. L., & Zeithaml, V. A. (1991). Refinement and reassessment of the SERVQUAL scale. *Journal of Retailing*, 67 (4), 420 – 450.

[769] Parasuraman, A., Zeithaml, V. A., & Berry, L. L. (1985). Conceptual model of service quality. *Journal of Marketing*, 49 (4), 41 – 50.

[770] Parasuraman, A., Zeithaml, V. A., & Berry, L. L. (1988). SERVQUAL: A multiple-item scale for measuring consumer perceptions of service quality. *Journal of Retailing*, 64 (1), 12 – 40.

[771] Park, C., Lee, S., Lee, C. K., & Reisinger, Y. (2022). Volunteer tourists' environmentally friendly behavior and support for sustainable tourism development using Value – Belief – Norm theory: Moderating role of altruism. *Jour-

nal of Destination Marketing & Management, 25, 100712.

［772］Park, D. B., & Yoon, Y. S. (2009). Segmentation by motivation in rural tourism: A Korean case study. *Tourism Management*, 30, 99–108.

［773］Parpairi, K. (2017). Sustainability and energy use in small scale Greek hotels: Energy saving strategies and environmental policies. *Procedia Environmental Sciences*, 38, 169–177.

［774］Pavot, W., & Diener, E. (2008). The satisfaction with life scale and the emerging construct of life satisfaction. *The Journal of Positive Psychology*, 3 (2), 137–152.

［775］Pearce, J., Huang, S. S., Dowling, R. K., & Smith, A. J. (2022). Effects of social and personal norms, and connectedness to nature, on pro-environmental behavior: A study of WesternAustralian protected area visitors. *Tourism Management Perspectives*, 42, 100966.

［776］Peng, L., Wang, J., Huang, Y., & Wang, X. (2023). Self-construal, moral disengagement, and unethical behavior in peer-to-peer accommodation: the moderating role of perceived consumption liquidity. *Journal of Sustainable Tourism*, 31 (6), 1336–1355.

［777］Peng, M. Y. P., Xu, Y., & Xu, C. (2023). Enhancing students' English language learning via M–learning: Integrating technology acceptance model and SOR model. *Heliyon*, 9 (2).

［778］Peng, X., Fang, P., Lee, S., Song, W., Wang, L., & Zhou, D. (2024). Overcoming double positive spillovers: automatic habits and dual environmental cognitions driving pro-environmental behaviors among hotel customers. *Journal of Sustainable Tourism*, 33 (2), 265–289.

［779］Perez, A., García delos Salmones, M. M., & Rodríguez del Bosque, I. (2013). The effect of corporate associations on consumer behavior. *European Journal of Marketing*, 47 (1/2), 218–238.

［780］Perez, A., & Rodriguez del Bosque, I. (2015). An integrative framework to understand how CSR affects customer loyalty through identification, emotions, and satisfaction. *Journal of Business Ethics*, 129 (3), 571–584.

［781］Perkins, H. E., & Brown, P. R. (2012). Environmental values and the so-called true ecotourist. *Journal of Travel Research*, 51 (6), 793-803.

[782] Perreault Jr, W. D., & Leigh, L. E. (1989). Reliability of nominal data based on qualitative judgments. *Journal of Marketing Research*, 26 (2), 135-148.

[783] Perugini, M., & Bagozzi, R. P. (2004). The distinction between desires and intentions. *European Journal of Social Psychology*, 34 (1), 69-84.

[784] Perugini, M., & Bagozzi, R. P. (2001). The role of desires and anticipated emotions in goal-directed behaviours: Broadening and deepening the theory of planned behaviour. *British Journal of Social Psychology*, 40 (1), 79-98.

[785] Petersen, L. E., Dietz, J., & Frey, D. (2004). The effects of intragroup interaction and cohesion on intergroup bias. *Group Processes & Intergroup Relations*, 7 (2), 107-118.

[786] Peters, G. (1994). *Benchmarking customer service*. London: Financial Times-Pitman.

[787] Peterson, R. A., Hoyer, W. D., & Wilson, W. R. (1986). *The role of affect in consumer behavior: Emerging theories and applications*. Lexington, MA: Lexington Books.

[788] Petrick, J. F. (2004). The roles of quality, value, and satisfaction in predicting cruise passengers' behavioral intentions. *Journal of Travel Research*, 42 (4), 397-407.

[789] Phillips, D. M., & Baumgartner, H. (2002). The role of consumption emotions in the satisfaction response. *Journal of Consumer Psychology*, 12 (3), 243-252.

[790] Pickering, C., & Mount, A. (2010). Do tourists disperse weed seed? A global review of unintentional human-mediated terrestrial seed dispersal on clothing, vehicles and horses. *Journal of Sustainable Tourism*, 18 (2), 239-256.

[791] Pizam, A., & Milman, A. (1993). Predicting satisfaction among first-time visitors to a destination by using the expectancy disconfirmation theory. *International Journal of Hospitality Management*, 12 (2), 197-209.

[792] Plé, L., & Demangeot, C. (2020). Social contagion of online and offline deviant behaviors and its value outcomes: The case of tourism ecosystems.

Journal of Business Research, 117, 886 – 896.

[793] Plutchik, R. (1980). *Emotion: A psychoevolutionary synthesis*. New York: Harper & Row.

[794] Podsakoff, P. M., MacKenzie, S. B., Lee, J. Y., & Podsakoff, N. P. (2003). Common method biases in behavioral research: a critical review of the literature and recommended remedies. *Journal of Applied Psychology*, 88 (5), 879.

[795] Poitras, L., & Getz, D. (2006). Sustainable wine tourism: The host community perspective. *Journal of Sustainable Tourism*, 14 (5), 425 – 448.

[796] Pooley, J., & O'Connor, M. (2000). Environmental education and attitudes: Emotion and beliefs are what is needed. *Environment & Behavior*, 32 (5), 711 – 723.

[797] Powell, R. B., & Ham, S. H. (2008). Can ecotourism interpretation really lead to pro-conservation knowledge, attitude and behavior? Evidence from the Galapagos Islands. *Journal of Sustainable Tourism*, 16 (4), 467 – 489.

[798] Prayogo, R. R., & Kusumawardhani, A. (2017). Examining relationships of destination image, service quality, e – WOM, and revisit intention to Sabang Island, Indonesia. *Asia – Pacific Management and Business Application*, 5 (2), 89 – 102.

[799] Prentice, C. (2013). Attitudinal and behavioral loyalty amongst casino players in Macau. *Service Marketing Quarterly*, 34 (4), 309 – 321.

[800] Proshansky, H. M., Fabian, A. K., & Kaminoff, R. (1983). Place-identity: Physical world socialization of the self. *Journal of Environmental Psychology*, 3 (1), 57 – 83.

[801] Qin, Q., & Hsu, C. H. (2022). Urban travelers' pro-environmental behaviors: Composition and role of pro-environmental contextual force. *Tourism Management*, 92, 104561.

[802] Qiu, H., Wang, X., Wei, W., Morrison, A. M., & Wu, M. Y. (2023). Breaking bad: how anticipated emotions and perceived severity shape tourist civility? *Journal of Sustainable Tourism*, 31 (10), 2291 – 2311.

[803] Qiu, H., Wang, X., Wu, M. Y., Wei, W., Morrison, A. M., & Kelly, C. (2023). The effect of destination source credibility on tourist environ-

mentally responsible behavior: An application of stimulus-organism-response theory. *Journal of Sustainable Tourism*, 31 (8), 1797 – 1817.

[804] Qu, J. J., Zhao, Y. X., & Zhao, S. M. (2021). How to determine work behaviors when employees of state-owned enterprise perceive the organizational politics: An integrating perspective rooted in the context of political culture-human society in China. *Management World*, 37 (8), 143 – 162.

[805] Raimi, K. T. (2021). How to encourage pro-environmental behaviors without crowding out public support for climate policies. *Behavioral Science & Policy*, 7 (2), 101 – 108.

[806] Ramkissoon, H., Smith, L. D. G., & Weiler, B. (2013). Testing the dimensionality of place attachment and its relationships with place satisfaction and pro-environmental behaviours: A structural equation modelling approach. *Tourism Management*, 36, 552 – 566.

[807] Ranjbarian, J., & Pool, K. (2015). The impact of perceived quality and value on tourists' satisfaction and intention to revisit Nowshahr City of Iran. *Journal of Quality Assurance in Hospitality and Tourism*, 16, 103 – 117.

[808] Rao, X., Qiu, H., Morrison, A. M., & Wei, W. (2022). Extending the theory of planned behavior with the self-congruity theory to predict tourists' pro-environmental behavioral intentions: A two-case study of heritage tourism. *Land*, 11 (11), 2069.

[809] Rausch, Theresa Maria, and Cristopher Siegfried Kopplin. (2021). Bridge the gap: Consumers' purchase intention and behavior regarding sustainable clothing. *Journal of Cleaner Production*, 278, 123882.

[810] Reeve, J. (2001). *Understanding motivation and emotion*. John Wiley & Sons.

[811] Reid, A. E., Cialdini, R. B., & Aiken, L. S. (2010). Social norms and health behavior. *Handbook of behavioral medicine: Methods and Applications*, 263 – 274.

[812] Reid, L. J., & Reid, S. D. (1993). Communicating tourism supplier services: Building repeat visitor relationships. *Journal of Travel & Tourism Marketing*, 2 (2/3), 3e19.

［813］Reisinger, Y. , & Turner, L. W. (2003). *Cross-cultural behavior in tourism: Concept and analysis.* Oxford: Butterworth – Heinemann.

［814］Relph, E. (1997). Sense of place. *Ten Geographic Ideas That Changed the World*, 205 – 226.

［815］Reynolds, S. J. (2006). Moral awareness and ethical predispositions: investigating the role of individual differences in the recognition of moral issues. *Journal of Applied Psychology*, 91 (1), 233.

［816］Rhodes, R. E. , & Courneya, K. S. (2003). Investigating multiple components of attitude, subjective norm, and perceived control: An examination of the theory of planned behaviour in the exercise domain. *British Journal of Social Psychology*, 42 (1), 129 – 146.

［817］Ribeiro, M. A. , Pinto, P. , Silva, J. A. , & Woosnam, K. M. (2017). Residents' attitudes and the adoption of pro-tourism behaviours: The case of developing island countries. *Tourism Management*, 61, 523 – 537.

［818］Richins, M. L. (1980). Consumer perceptions of costs and benefits associated with complaining. In H. K. Hunt, & R. L. Day (Eds.), *Refining concepts and measures of consumer satisfaction and complaining behavior* (pp. 50 – 53). Bloomington, IN: Indiana University Press.

［819］Ridderstaat, J. , Croes, R. , & Nijkamp, P. (2016a). The tourism development-quality of life nexus in a small island destination. *Journal of Travel Research*, 55 (1), 79 – 94.

［820］Riebl, S. K. , Estabrooks, P. A. , Dunsmore, J. C. , Savla, J. , Frisard, M. I. , Dietrich, A. M. , & Davy, B. M. (2015). A systematic literature review and meta-analysis: The Theory of Planned Behavior's application to understand and predict nutrition-related behaviors in youth. *Eating Behaviors*, 18, 160 – 178.

［821］Ringel, N. , & Finkelstein, J. (1991). Differentiating neighborhood satisfaction and neighborhood attachment among urban residents. *Basic and Applied Social Psychology*, 12 (2), 177 – 193.

［822］Ritchie, J. B. , Tung, V. W. , & Ritchie, R. J. (2011). Tourism experience management research: Emergence, evolution and future directions. *In-*

ternational Journal of Contemporary Hospitality Management, 23 (4), 419-438.

[823] Rittichainuwat, B. N., Qu, H., & Mongkhonvanit, C. (2006). A study of the impact of travel inhibitors on the likelihood of travelers' revisiting Thailand. *Journal of Travel & Tourism Marketing*, 21 (1), 77-87.

[824] Rivis, A., & Sheeran, P. (2003). Descriptive norms as an additional predictor in the theory of planned behaviour: A meta-analysis. *Current Psychology*, 22, 218-233.

[825] Roest, H., & Pieters, R. (1997). The nomological net of perceived service quality. *International Journal of Service Industry Management*, 8 (4), 336-351.

[826] Rojas-Méndez, J. I., & Davies, G. (2024). Promoting country image and tourism in new or underdeveloped markets. *Journal of Travel Research*, 63 (3), 755-768.

[827] Romani, S., Grappi, S., & Bagozzi, R. P. (2013). Explaining consumer reactions to corporate social responsibility: The role of gratitude and altruistic values. *Journal of Business Ethics*, 114 (2), 193-206.

[828] Romani, S., & Grappi, S. (2014). How companies' good deeds encourage consumers to adopt pro-social behavior. *European Journal of Marketing*, 48 (5/6), 943-963.

[829] Ropret Homar, A., & Knežević Cvelbar, L. (2024). Combatting climate change through message framing? A real behavior experiment on voluntary carbon offsetting. *Journal of Travel Research*, 63 (4), 883-903.

[830] Rose, C., & Thomsen, S. (2004). The impact of corporate reputation on performance: Some Danish evidence. *European Management Journal*, 22 (2), 201-210.

[831] Roseman, I. J. (2001). A model of appraisal in the emotion system: Integrating theory, research, and applications.

[832] Rosenberg, M. J., Hovland, C. I., McGuire, W. J., Abelson, R. P., & Brehm, J. W. (1960). Attitude organization and change: An analysis of consistency among attitude components. (*Yales studies in attitude and communication*, Vol. III.) New Haven, CT: Yale University Press.

[833] Rosenberg, M. Y. H., & Hovland, C. I. CI. (1960). Cognitive, affective and behavioral components of attitudes. *Attitude Organisation and Change: An Analysis of Consistency Among Attitude Components*, 1 – 14.

[834] Ross, E. L. D., & Iso – Ahola, S. E. (1991). Sightseeing tourists' motivation and satisfaction. *Annals of Tourism Research*, 18 (2), 226 – 237.

[835] Rothbaum, F., Weisz, J. R., & Snyder, S. S. (1982). Changing the world and changing the self: A two-process model of perceived control. *Journal of Personality and Social Psychology*, 42 (1), 5.

[836] Rotter, J. B. (1966). Generalized expectancies for internal versus External control of Reinforcement. *Psychological Monographs*, 80.

[837] Rotter, J. B. (1971). Generalized expectancies for interpersonal trust. *American psychologist*, 26 (5), 443.

[838] Rubin, D. C., & Kozin, M. (1984). Vivid memories. *Cognition*, 16 (1), 81 – 95.

[839] Rubin, D. C., Schrauf, R. W., & Greenberg, D. L. (2003). Belief and recollection of autobiographical memories. *Memory & Cognition*, 31 (6), 887 – 901.

[840] Russell, J. A., & Barrett, L. F. (1999). Core affect, prototypical emotional episodes, and other things called emotion: dissecting the elephant. *Journal of Personality and Social Psychology*, 76 (5), 805 – 819.

[841] Russell, J. A. (1983). Pancultural aspects of the human conceptual organization of emotions. *J Pers Soc Psychol*, 45, 1281 – 1288.

[842] Rust, R. T., & Oliver, R. L. (1994). Service quality: Insights and managerial implication from the frontier. In T. Roland Rust & R. L. Oliver (Eds.), *Service quality: New directions in theory and practice* (pp. 1 – 19). Thousand Oaks, CA: Sage.

[843] Rutkowski, G. K., Gruder, C. L., & Romer, D. (1983). Group cohesiveness, social norms, and bystander intervention. *Journal of Personality and Social Psychology*, 44 (3), 545.

[844] Sajid, M., Zakkariya, K. A., Surira, M. D., & Peethambaran, M. (2024). Flipping the script: how awareness of positive consequences outweigh

negative in encouraging tourists' environmentally responsible behavior? *Journal of Sustainable Tourism*, 32 (7), 1350 – 1369.

[845] Sajid, M., Zakkariya, K. A., Surira, M. D., & Peethambaran, M. (2023). Flipping the script: how awareness of positive consequences outweigh negative in encouraging tourists' environmentally responsible behavior?. *Journal of Sustainable Tourism*, 1 – 19.

[846] Sakshi, S., Cerchione, R., & Bansal, H. (2020). Measuring the impact of sustainability policy and practices in tourism and hospitality industry. *Business Strategy and the Environment*, 29 (3): 1109 – 1126.

[847] Sakshi, Shashi, Cerchione, R., & Bansal, H. (2020). Measuring the impact of sustainability policy and practices in tourism and hospitality industry. *Business Strategy and the Environment*, 29 (3), 1109 – 1126.

[848] Salah, M., & Hassan, S. (2000). Determinants of market competitiveness in an environmentally sustainable tourism industry. *Journal of Travel Research*, (2), 239 – 245.

[849] Salnikova, E., Strizhakova, Y., & Coulter, R. A. (2022). Engaging consumers with environmental sustainability initiatives: Consumer global-local identity and global brand messaging. *Journal of Marketing Research*, 59 (5), 983 – 1001.

[850] Sasser, E. W., Olsen, P. R., & Wyckoff, D. D. (1978). *Management of service operations: Text, cases, and readings*. Boston, MA: Allyn & Bacon.

[851] Savari, M., Damaneh, H. E., Damaneh, H. E., & Cotton, M. (2023). Integrating the norm activation model and theory of planned behaviour to investigate farmer pro-environmental behavioural intention. *Scientific Reports*, 13 (1), 5584.

[852] Scalco, A., Noventa, S., Sartori, R., & Ceschi, A. (2017). Predicting organic food consumption: A meta-analytic structural equation model based on the theory of planned behavior. *Appetite*, 112, 235 – 248.

[853] Scannell, L., & Gifford, R. (2010). Defining place attachment: a tripartite organizing framework. *Journal of Environmental Psychology*, 30 (1), 1 –

10.

[854] Scannell, L., & Gifford, R. (2010). The relations between natural and civic place attachment and pro-environmental behavior. *Journal of Environmental Psychology*, 30 (3), 289 – 297.

[855] Schachter, S. (1964). The interaction of cognitive and physiological determinants of emotional state. In *L. Berkowitz, M. P. Zanna, & J. M. Olson (Eds.), Advances in Experimental Social Psychology*, New York: Academic Press, 49 – 80.

[856] Schacter, D. L., Chiu, C. Y. P., & Ochsner, K. N. (1993). Implicit memory: A selective review. *Annual Review of Neuroscience*, 16 (1), 159 – 182.

[857] Schaefers, T., Wittkowski, K., Benoit, S., & Ferraro, R. (2016). Contagious effects of customer misbehavior in access-based services. *Journal of Service Research*, 19 (1), 3 – 21.

[858] Scherbaum, C. A., Popovich, P. M., & Finlinson, S. (2008). Exploring individual-level factors related to employee energy-conservation behaviors at work 1. *Journal of Applied Social Psychology*, 38 (3), 818 – 835.

[859] Scherer, K. R. (2001). Appraisal considered as a process of multilevel sequential checking.

[860] Schönherr, S., Peters, M., & Kuščer, K. (2023). Sustainable tourism policies: From crisis-related awareness to agendas towards measures. *Journal of Destination Marketing & Management*, 27, 100762.

[861] Schoefer, K., & Ennew, C. (2005). The impact of perceived justice on consumers' emotional responses to service complaint experiences. *Journal of Services Marketing*, 19 (5), 261 – 270.

[862] Schonpflug, W., & Battmann, W. (1988). The costs and benefits of coping. In *S. Fisher & J. Reason (Eds.), Handbook of life stress, cognition, and health* (pp. 699 – 713). New York: Wiley.

[863] Schultz, P. W. (2000). Empathizing with nature: The effects of perspective taking on concern for environmental issues. *Journal of Social Issues*, 56 (3), 391 – 406.

[864] Schultz, P. W., Gouveia, V. V., Cameron, L. D., Tankha, G., Schmuck, P., & Franěk, M. (2005). Values and their relationship to environmental concern and conservation behavior. *Journal of Cross-cultural Psychology*, 36 (4), 457-475.

[865] Schultz, P. W., Shriver, C., Tabanico, J. J., & Khazian, A. M. (2004). Implicit connections with nature. *Journal of Environmental Psychology*, 24 (1), 31-42.

[866] Schultz, P. W., & Tabanico, J. J. (2009). Criminal beware: A social norms perspective on posting public warning signs. *Criminology*, 47 (4), 1201-1222.

[867] Schwartz, S., & Ben David, A. (1976). Responsibility and helping in an emergency: Effects of blame, ability and denial of responsibility. *Sociometry*, 39 (4), 406-415.

[868] Schwartz, S. H. (1968). Awareness of consequences and the influence of moral norms oninterpersonal behavior. *Sociometry*, 355-369.

[869] Schwartz, S. H., & Fleishman, J. A. (1982). Effects of negative personal norms on helping behavior. *Personality and Social Psychology Bulletin*, 8 (1), 81-86.

[870] Schwartz, S. H., & Howard, J. A. (1981). A normative decision-making model of altruism. *Altruism and Helping Behavior*, 189-211.

[871] Schwartz, S. H., & Howard, J. A. (1980). Explanations of the moderating effect of responsibility denial on the personal norm-behavior relationship. *Social Psychology Quarterly*, 43 (4), 441-446.

[872] Schwartz, S. H. (1973). Normative explanations of helping behavior: A critique, proposal, and empirical test. *Journal of Experimental Social Psychology*, 9 (4), 349-364.

[873] Schwartz, S. H. (1977). Normative influences on altruism. In Advances in experimental social psychology (Vol. 10, pp. 221-279). *Academic Press*.

[874] Scott, D., Hall, C. M., & Stefan, G. (2012). Tourism and climate change: Impacts, adaptation and mitigation. Routledge.

[875] Secord, P. F. (1959). Stereotyping and favorableness in the percep-

tion of Negro faces. *The Journal of Abnormal and Social Psychology*, 59 (3), 309 – 314.

[876] Seiders, K., & Berry, L. L. (1998). Service fairness: What it is and why it matters. *Academy of Management Executive*, 12 (2), 8 – 20.

[877] Selye, H. (1988). Stress: Its relationship to man and his environment. *Ekistics*, 162 – 167.

[878] Shah, S. K., Zhongjun, T., Sattar, A., & XinHao, Z. (2021). Consumer's intention to purchase 5G: Do environmental awareness, environmental knowledge and health consciousness attitude matter? *Technology in Society*, 65, 101563.

[879] Sharma, G. D., Thomas, A., & Paul, J. (2021). Reviving tourism industry post – COVID – 19: A resilience-based framework. *Tourism Management Perspectives*, 37, 100786.

[880] Sharma, N. (2020). Dark tourism and moral disengagement in liminal spaces. *Tourism Geographies*, 22 (2), 273 – 297.

[881] Sharma, R., & Gupta, A. (2020). Pro-environmental behaviour among tourists visiting national parks: Application of value-belief-norm theory in an emerging economy context. *Asia Pacific Journal of Tourism Research*, 25 (8), 829 – 840.

[882] Sharma, V. M., & Klein, A. (2020). Consumer perceived value, involvement, trust, susceptibility to interpersonal influence, and intention to participate in online group buying. *Journal of Retailing and Consumer Services*, 52, 101946.

[883] Sheen, M., Kemp, S., & Rubin, D. (2001). Twins dispute memory ownership: A new false memory phenomenon. *Memory & Cognition*, 29, 779 – 788.

[884] Sheeran, P., & Orbell, S. (1999). Augmenting the theory of planned behavior: roles for anticipated regret and descriptive norms 1. *Journal of Applied Social Psychology*, 29 (10), 2107 – 2142.

[885] Sheldon, P. J., & Park, S. – Y. (2011). An exploratory study of corporate social responsibility in the U. S. travel industry. *Journal of Travel Research*, 50 (4), 392 – 407.

[886] Sheppard, B. H., & Warshaw, H. P. R. (1988). The theory of reasoned action: a meta-analysis of past research with recommendations for modifications and future research. *Journal of Consumer Research*, 15 (3), 325 – 343.

[887] Sherden, W. A. (1988). Gaining the service quality advantage. *Journal of Business Strategy*, 9, 45 – 48.

[888] Sherif, M. (1961). Conformity – Deviation, Norms, and Group Relations. In I. A. Berg & B. M. Bass (Eds.), *Conformity and deviation* (pp. 159 – 198). Harper and Brothers.

[889] Sherif, M. (1936). The psychology of social norms. *Haper & Row*.

[890] Sherman, E., Mathur, A., & Belk Smith, R. (1997). Store environment and consumer purchase behavior: Mediating role of consumer emotions. *Psychology & Marketing*, 14 (4), 361 – 378.

[891] Shinada, M., Yamagishi, T., & Ohmura, Y. (2004). False friends are worse than bitter enemies: "Altruistic" punishment of in-group members. *Evolution and Human Behavior*, 25 (6), 379 – 393.

[892] Shi, Y., Prentice, C., & He, W. (2014). Linking service quality, customer satisfaction, and loyalty in casinos: Does membership matter? *International Journal of Hospitality Management*, 40, 81 – 91.

[893] Sirgy, M. J., Kruger, S., & Lee, D. (2011). How does a travel trip affect tourists' life satisfaction? *Journal of Travel Research*, 50 (3), 261 – 275.

[894] Sivek, D. J., & Hungerford, H. (1990). Predictors of responsible behavior in members of three Wisconsin conservation organizations. *The Journal of Environmental Education*, 21 (2), 35 – 40.

[895] Skarlicki, D. P., van Jaarsveld, D. D., Shao, R., Song, Y. H., & Wang, M. (2016). Extending the multifoci perspective: The role of supervisor justice and moral identity in the relationship between customer justice and customer-directed sabotage. *Journal of Applied Psychology*, 101 (1), 108.

[896] Slama, M. E., & Tashchian, A. (1987). Validating the S – O – R paradigm for consumer involvement with a convenience good. *Journal of the Academy of Marketing Science*, 15 (1), 36 – 45.

[897] Smith, A. K., & Bolton, R. N. (1998). An experimental investigation of customer reactions to service failure and recovery encounters: Paradox or peril? *Journal of Service Research*, 1 (1), 65–81.

[898] Smith, C. A. (1989). Dimensions of appraisal and physiological response in emotion. *Journal of Personality and Social Psychology*, 56 (3), 339.

[899] Smith, C. A., & Ellsworth, P. C. (1985). Patterns of cognitive appraisal in emotion. *Journal of Personality and Social Psychology*, 48 (4), 813.

[900] Smith, C. J., Dupré, K. E., McEvoy, A., & Kenny, S. (2021). Community perceptions and pro-environmental behavior: The mediating roles of social norms and climate change risk. *Canadian Journal of Behavioural Science/Revue canadienne des sciences du comportement*, 53 (2), 200.

[901] Smith-Sebasto, N. J., & D'Costa, A. (1995). Designing a Likert-type scale to predict environmentally responsible behavior in undergraduate students: A multistep process. *The Journal of Environmental Education*, 27 (1), 14–20.

[902] Sok, J., Borges, J. R., Schmidt, P., & Ajzen, I. (2021). Farmer behaviour as reasoned action: a critical review of research with the theory of planned behaviour. *Journal of Agricultural Economics*, 72 (2), 388–412.

[903] So, K. K. F., King, C., Sparks, B. A., & Wang, Y. (2013). The influence of customer brand identification on hotel brand evaluation and loyalty development. *International Journal of Hospitality Management*, 34, 31–41.

[904] Sokolova, T., Krishna, A., & Döring, T. (2023). Paper meets plastic: The perceived environmental friendliness of product packaging. *Journal of Consumer Research*, 50 (3), 468–491.

[905] Song, H. J., Lee, C. K., Kang, S. K., & Boo, S. J. (2012). The effect of environmentally friendly perceptions on festival visitors' decision-making process using an extended model of goal-directed behavior. *Tourism Management*, 33 (6), 1417–1428.

[906] Song, J., & Qu, H. (2017). The mediating role of consumption emotions. *International Journal of Hospitality Management*, 66, 66–76.

[907] Spearman, C. (1904). 'General intelligence,' objectively determined and measured. *The American Journal of Psychology*, 15 (2), 201–293.

[908] Spence, M. (2002). Signaling in retrospect and the informational structure of market. *American Economic Review*, 92, 434-459.

[909] Spreng, R. A., Mackenzie, S. B., & Olshavsky, R. W. (1996). A reexamination of the determinants of consumer satisfaction. *Journal of Marketing*, 60, 15-32.

[910] Stedman, R. C. (2002). Toward a social psychology of place: Predicting behavior from place-based cognitions, attitudes, and identity. *Environment and Behavior*, 34 (5), 561-581.

[911] Steenkamp, J. B. E., & Baumgartner, H. (1995). Development and cross-cultural validation of a short form of CSI as a measure of optimum stimulation level. *International Journal of Research in Marketing*, 12 (2), 97-104.

[912] Steg, L., & De Groot, J. (2010). Explaining prosocial intentions: Testing causal relationships in the norm activation model. *British journal of Social Psychology*, 49 (4), 725-743.

[913] Steg, L., Dreijerink, L., & Abrahamse, W. (2005). Factors influencing the acceptability of energy policies: A test of VBN theory. *Journal of Environmental Psychology*, 25 (4), 415-425.

[914] Steg, L., & Vlek, C. (2009). Encouraging pro-environmental behavior: An integrative review and research agenda. *Journal of Environmental Psychology*, 29 (3), 309-317.

[915] Stern, P. C., Dietz, T., Abel, T., Guagnano, G. A., & Kalof, L. (1999). A value-belief-norm theory of support for social movements: The case of environmentalism. *Human Ecology Review*, 81-97.

[916] Stern, P. C., Dietz, T., & Guagnano, G. A. (1995). The new ecological paradigm in social psychological context. *Environment and Behavior*, 27 (6), 723-743.

[917] Stern, P. C. (2000). New environmental theories: toward a coherent theory of environmentally significant behavior. *Journal of Social Issues*, 56 (3), 407-424.

[918] Stok, F. M., & de Ridder, D. T. (2019). The focus theory of normative conduct. *Social Psychology in Action: Evidence-Based Interventions from Theo-*

ry to Practice, 95 – 110.

[919] Su, L., Cheng, J., & Huang, Y. (2021). How do group size and group familiarity influence tourist satisfaction? The mediating role of perceived value. *Journal of Travel Research*, 60 (8), 1821 – 1840.

[920] Su, L., Cheng, J., & Swanson, S. R. (2020). The impact of tourism activity type on emotion and storytelling: The moderating roles of travel companion presence and relative ability. *Tourism Management*, 81, 104138.

[921] Su, L., Cheng, J., Wen, J., Kozak, M., & Teo, S. (2022). Does seeing deviant other-tourist behavior matter? The moderating role of travel companions. *Tourism Management*, 88, 1 – 11.

[922] Su, L., Chen, H., Huang, Y., & Chen, X. (2023). In-group favoritism or black sheep effect? The moderating role of norm strength on destination residents' responses towards deviant behaviors. *Tourism Management*, 98, 104773.

[923] Su, L., Chen, H., & Huang, Y. (2022). The influence of tourists' monetary and temporal sunk costs on destination trust and visit intention. *Tourism Management Perspectives*, 42, 100968.

[924] Su, L., Hsu, M. K., & Boostrom Jr, R. E. (2020). From recreation to responsibility: Increasing environmentally responsible behavior in tourism. *Journal of Business Research*, 109, 557 – 573.

[925] Su, L., Hsu, M. K., & Marshall, K. P. (2014). Understanding the relationship of service fairness, emotions, trust, and tourist behavioral intentions at a city destination in China. *Journal of Travel & Tourism Marketing*, 31 (8), 1018 – 1038.

[926] Su, L., & Hsu, M. K. (2013). Service fairness, consumption emotions, satisfaction, and behavioral intentions: The experience of Chinese heritage tourists. *Journal of Travel & Tourism Marketing*, 30 (8), 786 – 805.

[927] Su, L., Huang, S., & Chen, X. (2015). Effects of service fairness and service quality on tourists' behavioral intentions and subjective well-being. *Journal of Travel & Tourism Marketing*, 32 (3), 290 – 307.

[928] Su, L., Huang, S., & Pearce, J. (2018). How does destination social responsibility contribute to environmentally responsible behavior? A destina-

tion resident perspective. *Journal of Business Research*, 86, 179–189.

[929] Su, L., Huang, S., & Pearce, J. (2019). Toward a model of destination resident-environment relationship: The case of Gulangyu, China. *Journal of Travel & Tourism Marketing*, 36 (4), 469–483.

[930] Su, L., Huang, S., vander Veen, R., & Chen, X. (2014). Corporate social responsibility, corporate reputation, customer emotions and behavioral intentions: A structural equation modeling analysis. *Journal of China Tourism Research*, 10 (4), 511–520.

[931] Su, L., Jia, B., & Huang, Y. (2022). How do destination negative events trigger tourists' perceived betrayal and boycott? The moderating role of relationship quality. *Tourism Management*, 92, 104536.

[932] Su, L., Lian, Q., & Huang, Y. (2020). How do tourists' attribution of destination social responsibility motives impact trust and intention to visit? The moderating role of destination reputation. *Tourism Management*, 77, 103970.

[933] Su, L., Li, M., Wen, J., & He, X. (2025). How do tourism activities and induced awe affect tourists' pro-environmental behavior? *Tourism Management*, 106, 105002.

[934] Su, L., Swanson, S. R., & Chen, X. (2018). Reputation, subjective well-being, and environmental responsibility: The role of satisfaction and identification. *Journal of Sustainable Tourism*, 26 (8), 1344–1361.

[935] Su, L., Swanson, S. R., & Chen, X. (2016). The effects of perceived service quality on repurchase intentions and subjective well-being of Chinese tourists: The mediating role of relationship quality. *Tourism Management*, 52, 82–95.

[936] Su, L., Swanson, S. R., Hsu, M., & Chen, X. (2017). How does perceived corporate social responsibility contribute to green consumer behavior of Chinese tourists: A hotel context. *International Journal of Contemporary Hospitality Management*, 29 (12), 3157–3176.

[937] Su, L., Tang, B., & Nawijn, J. (2021). How tourism activity shapes travel experience sharing: Tourist well-being and social context. *Annals of Tourism Research*, 91, 103316.

[938] Su, L. , Ye, C. , & Huang, Y. (2024). Does destination nostalgic advertising enhance tourists' intentions to visit? The moderating role of destination type. *Tourism Management*, 100, 104810.

[939] Sumner, W. G. (1906). Folkways: A Study of the Sociological Importance of Usages, Manners, Customs, Mores, and Morals. Boston, MA: Ginn and Co. *Go to Original Source*.

[940] Sun, D. , Zhang, X. , Li, J. , Liu, M. , Zhang, L. , Zhang, J. , & Cui, M. (2024). Mediating effect ofcognitive appraisal and coping on anticipatory grief in family caregivers of patients with cancer: a Bayesian structural equation model study. *BMC Nursing*, 23 (1), 636.

[941] Sun, H. , Zhang, Q. , Guo, W. , & Lin, K. (2022). Hikers' pro-environmental behavior in national park: Integrating theory of planned behavior and norm activation theory. *Frontiers in Forests and Global Change*, 5, 1068960.

[942] Sun, W. , Chien, P. M. , Ritchie, B. W. , & Pappu, R. (2022). When compatriot tourists behave badly: The impact of misbehavior appraisal and outgroup criticism construal. *Journal of Destination Marketing & Management*, 23, 100695.

[943] Su, Z. , Lei, B. , Lu, D. , Lai, S. , & Zhang, X. (2024). Impact of ecological presence in virtual reality tourism on enhancing tourists' environmentally responsible behavior. *Scientific Reports*, 14 (1), 5939.

[944] Swan, J. E. , & Combs, L. J. (1976). Product performance and consumer satisfaction: A new concept: An empirical study examines the influence of physical and psychological dimensions of product performance on consumer satisfaction. *Journal of Marketing*, 40 (2), 25–33.

[945] Swarbrooke, J. (2001). Key challenges for visitor attraction managers in the UK. *Journal of Retail & Leisure Property*, 1 (4), 318–336.

[946] Taheri, B. , Olya, H. , Ali, F. , & Gannon, M. J. (2020). Understanding the influence of airport servicescape on traveler dissatisfaction and misbehavior. *Journal of Travel Research*, 59 (6), 1008–1028.

[947] Tajfel, H. , Billig, M. G. , Bundy, R. P. , & Flament, C. (1971). Social categorization and intergroup behaviour. *European Journal of Social Psychol-*

ogy, 1 (2), 149-178.

[948] Tajfel, H. E. (1978). Differentiation between social groups: Studies in the social psychology of intergroup relations. *Cambridge, MA: Academic Press.*

[949] Tajfel, H. E., & Turner, J. C. (1979). An integrative theory of inter group conflict. In W. G. Austin, & S. Worchel (Eds.), The social psychology of inter group relations. *Monterey, CA: Brooks/Cole,* 33-47.

[950] Tajfel, H. E., & Turner, J. C. (1985). The social identity theory of inter group behavior. In S. Worchel, & W. G. Austin (Eds.), Psychology of inter group relations. *Chicago: Nelson-Hall,* 6-24.

[951] Tajfel, H. (1970). Experiments in intergroup discrimination. *Scientific american,* 223 (5), 96-103.

[952] Tajfel, H. (1974). Social identity and intergroup behavior. *Social Science Information,* 13 (2), 65-93.

[953] Tajfel, H., & Turner, J. C. (1979). An integrative theory of intergroup conflict. In W. G. Austin, & S. Worchel (Eds.), *The Social Psychology of Intergroup Relations* (pp. 33-47). Monterey, CA: Brooks/Cole.

[954] Tajfel, H., & Turner, J. (1986). The social identity theory of intergroup behavior. In S. Worchel, & W. Austin (Eds.), *Psychology of Intergroup Relations* (pp. 7-24). Chicago: Nelson Hall.

[955] Tajfel, H., & Wilkes, A. L. (1963). Classification and quantitative judgement. *British Journal of Psychology,* 54 (2), 101-114.

[956] Talarico, J. M., & Rubin, D. C. (2003). Confidence, not consistency, characterizes flashbulb memories. *Psychological Science,* 14 (5), 455-461.

[957] Tamajón, L. G., & Font, X. (2013). Corporate social responsibility in tourism small and medium enterprises evidence from Europe and Latin America. *Tourism Management Perspectives,* 7, 38-46.

[958] Tang, T., Zhao, M., Wang, D., Chen, X., Chen, W., xie, C., & Ding, Y. (2022). Does environmental interpretation impact public ecological flow experience and responsible behavior? A case study of Potatso National Park, China. International *Journal of Environmental Research and Public Health,* 19

(15), 9630.

[959] Tax, S. S., Brown, S. W., & Chandrashekaran, M. (1998). Customer evaluations of service complaint experiences: Implications for relationship marketing. *Journal of Marketing*, 62 (2), 6 – 76.

[960] Teh, L., & Cabanban, A. S. (2007). Planning for sustainable tourism in southern Pulau Banggi: An assessment of biophysical conditions and their implications for future tourism development. *Journal of Environmental Management*, 85 (4), 999 – 1008.

[961] Terblanche, N. S., & Boshoff, C. (2010). Quality, value, satisfaction and loyalty amongst race groups: A study of customers in the South African fast food industry. *South African Journal of Business Management*, 41 (1), 1 – 9.

[962] Thang, D. C. L., & Tan, B. L. B. (2003). Linking consumer perception to preference of retail stores: An empirical assessment of the multi-attributes of store image. *Journal of Retailing and Consumer Services*, 10 (4), 193 – 200.

[963] Thapa, B. (2010). The mediating effect of outdoor recreation participation on environmental attitude-behavior correspondence. *Journal of Environmental Education*, 41 (3), 133 – 150.

[964] Thøgersen, J. (2004). A cognitive dissonance interpretation of consistencies and inconsistencies in environmentally responsible behavior. *Journal of Environmental Psychology*, 24, 93 – 103.

[965] Thøgersen, J., & Crompton, T. (2009). Simple and painless? The limitations of spillover in environmental campaigning. *Journal of Consumer Policy*, 32 (2), 141 – 163.

[966] Thøgersen, J. & Ölander, F. (2003). Spillover of environment-friendly consumer behaviour. *Environ. Psychol*, 23 (3), 225 – 236.

[967] Thøgersen, J., & Noblet, C. (2012). Does green consumerism increase the acceptance of wind power? *Energy Policy*, 51, 854 – 862.

[968] Thøgersen, J. (1999). Spill-over processes in the development of a sustainable consumption pattern. *Journal of Economic Psychology*, 20, 53 – 81.

[969] Thomas, G. O., Poortinga, W., & Sautkina, E. (2016). The Welsh Single – Use Carrier Bag Charge and behavioural spillover. *Journal of Environ-*

mental Psychology, 47, 126–135.

［970］Thomas, S. (2011). What drives student loyalty in universities: An empirical model from India. *International Business Research*, 4 (2), 183–192.

［971］Thomsen, T., & Hansen, T. (2009). The application of memory-work in consumer research. *Journal of Consumer Behavior*, 8 (1), 26–39.

［972］Tian, H., & Lee, Y. (2022). Factors affecting continuous purchase intention of fashion products on social E–commerce: SOR model and the mediating effect. *Entertainment Computing*, 41, 100474.

［973］Tickle, L., & von Essen, E. (2020). The seven sins of hunting tourism. *Annals of Tourism Research*, 84, 102996.

［974］Tiefenbeck, V., Staake, T., Roth, K., & Sachs, O. (2013). For better or for worse? Empirical evidence of moral licensing in a behavioral energy conservation campaign. *Energy Policy*, 57 (6), 160–171.

［975］Tlili, H. T., & Amara, D. (2016). Towards emotional experience and place attachment as tourist satisfaction attributes. *Journal of Business & Economic Policy*, 3 (3), 108–119.

［976］Tobler, C., Visschers, V. H. M., & Siegrist, M. (2012). Addressing climate change: determinants of consumers' willingness to act and to support policy measures. *Environmental Psychology*, 32 (3), 197–207.

［977］Tomkins, S. S. (1978). Script Theory: Differential Magnification of Affects. *Nebraska Symposium on Motivation*, 26: 201–236.

［978］Tonglet, M., Phillips, P. S., & Read, A. D. (2004). Using the Theory of Planned Behaviour to investigate the determinants of recycling behaviour: a case study from Brixworth, UK. *Resources, Conservation and Recycling*, 41 (3), 191–214.

［979］Torabi, Z. A., Hall, C. M., Tavakoli, M., & Vahed, Z. (2024). Environmental interpretation and environmentally responsible behavior of tourists in heritage villages. International *Journal of Environmental Science and Technology*, 1–16.

［980］Triantafillidou, A., & Siomkos, G. (2014). Consumption experience outcomes: Satisfaction, nostalgia intensity, word-of-mouth communication and behavioral intentions. *Journal of Consumer Marketing*, 31 (6/7), 526 – 540.

[981] Truelove, H. B., Carrico, A. R., Weber, E. U., Raimi, K. T., & Vandenbergh, M. P. (2014). Positive and negative spillover of pro-environmental behavior: An integrative review and theoretical framework. *Global Environmental Change*, 29, 127 – 138.

[982] Truelove, H. B., Yeung, K. L., Carrico, A. R., Gillis, A. J., & Raimi, K. T. (2016). From plastic bottle recycling to policy support: An experimental test of pro-environmental spillover. *Journal of Environmental Psychology*, 46, 55 – 66.

[983] Tsang, N., & Qu, H. L. (2000). Service quality in China's hotel industry: A perspective from tourists and hotel managers. *International Journal of Contemporary Hospitality Management*, 12 (5), 316 – 326.

[984] Tsarenko, Y., Ferraro, C., Sands, S., & McCleod, C. (2013). Environmentally conscious consumption: The role of retailers and peers as external influences. *Journal of Retailing and Consumer Services*, 20, 302 – 310.

[985] Tsaur, S. H., Cheng, T. M., & Hong, C. Y. (2019). Exploring tour member misbehavior in group package tours. *Tourism Management*, 71, 34 – 43.

[986] Tsaur, S. H., Chiu, Y. C., & Huang, C. H. (2002). Determinants of guest loyalty to international tourist hotels—a neural network approach. *Tourism Management*, 23 (4), 397 – 405.

[987] Tsaur, S., & Lin, Y. (2004). Promoting service quality in tourist hotels: The role of HRM practices and service behavior. *Tourism Management*, 25, 471 – 481.

[988] Tuan, Y. F. (1990). *Topophilia: A study of environmental perception, attitudes, and values*. Columbia University Press.

[989] Tu, H., & Ma, J. (2022). Does positive contact between residents and tourists stimulate tourists' environmentally responsible behavior? The role of gratitude and boundary conditions. *Journal of Travel Research*, 61 (8), 1774 – 1790.

[990] Tung, V. W. S. (2019). Helping a lost tourist: The effects of metastereotypes on resident prosocial behaviors. *Journal of Travel Research*, 58 (5), 837 –

848.

[991] Tung, V. W. S., & Ritchie, J. R. B. (2011a). Exploring the essence of memorable tourism 16experiences. *Annals of Tourism Research*, 38 (4), 1367 – 1386.

[992] Tung, V. W. S., & Ritchie, J. R. B. (2011b). Investigating the memorable experiences of the senior travel market: An examination of the reminiscence bump. *Journal of Travel & Tourism Marketing*, 28 (3), 331 – 343.

[993] Turel, O., Yuan, Y., & Connelly, C. E. (2008). In justice we trust: predicting user acceptance of e-customer services. *Journal of Management Information Systems*, 24 (4), 123 – 151.

[994] Turner, J. C., Hogg, M. A., Oakes, P. J., Reicher, S. D., & Wetherell, M. (1987). *Rediscovering the social group: A self-categorization theory*. Oxford, England: Blackwell.

[995] Tyler, T. R., & Blader, S. L. (2013). *Cooperation in groups: Procedural justice, social identity, and behavioral engagement*. Routledge.

[996] Tyler, T. R., & Blader, S. L. (2003). The group engagement model: Procedural justice, social identity, and cooperative behavior. *Personality and Social Psychology Review*, 7, 349 – 361.

[997] Tyupa, S. (2011). A theoretical framework for back-translation as a quality assessment tool. *New Voices in Translation Studies*, 7 (1), 35 – 46.

[998] Uddin, S. F., Kirmani, M. D., Bin Sabir, L., Faisal, M. N., & Rana, N. P. (2024). Consumer resistance to WhatsApp payment system: integrating innovation resistance theory and SOR framework. *Marketing Intelligence & Planning*.

[999] Ullah, S., Lyu, B., Ahmad, T., Sami, A., & Kukreti, M. (2024). A mediated moderation model of eco-guilt, personal and social norms and religiosity triggering pro-environmental behavior in tourists. *Current Psychology*, 43 (8), 6830 – 6839.

[1000] Um, S., Chon, K., & Ro, Y. H. (2006). Antecedents of revisit intention. *Annals of Tourism Research*, 33 (4), 1141 – 1158.

[1001] Um, S., & Crompton, J. L. (1990). Attitude determinants in tourism destination choice. *Annals of Tourism Research*, 17 (3), 432 – 448.

[1002] Uriely, N., Ram, Y., & Malach-Pines, A. (2011). Psychoanalytic sociology of deviant tourist behavior. *Annals of Tourism Research*, 38 (3), 1051-1069.

[1003] Uysal, M., Sirgy, M. J., Woo, E., & Kim, H. L. (2016). Quality of life (QOL) and well-being research in tourism. *Tourism Management*, 53, 244-261.

[1004] Uzzell, D., Pol, E., & Badenas, D. (2002). Place identification, social cohesion, and environmental sustainability. *Environment and Behavior*, 34 (1), 26-53.

[1005] Van der Werff, E., Steg, L., & Keizer, K. (2014). Follow the signal: When past pro-environmental actions signal who you are. *Journal of Environmental Psychology*, 40, 273-282.

[1006] Van Jaarsveld, D. D., Walker, D. D., & Skarlicki, D. P. (2010). The role of job demands and emotional exhaustion in the relationship between customer and employee incivility. *Journal of Management*, 36 (6), 1486-1504.

[1007] Van Riper, C. J., & Kyle, G. T. (2014). Understanding the internal processes of behavioral engagement in a national park: A latent variable path analysis of the value-belief-norm theory. *Journal of Environmental Psychology*, 38 (3), 288-297.

[1008] Vaske, J. J., & Donnelly, M. P. (1999). A value-attitude-behavior model predicting wildland preservation voting intentions. *Society & Natural Resources*, 12 (6), 523-537.

[1009] Vaske, J. J., & Kobrin, K. C. (2001). Place attachment and environmentally responsible behavior. *The Journal of environmental education*, 32 (4), 16-21.

[1010] Venhoeven, L. A., Bolderdijk, J. W., & Steg, L. (2013). Explaining the paradox: how pro-environmental behaviour can both thwart and foster well-being. *Sustainability*, 5 (4), 1372-1386.

[1011] Vergura, D. T., Zerbini, C., & Luceri, B. (2020). Consumers' attitude and purchase intention towards organic personal care products. An application of the SOR model. Sinergie Italian. *Journal of Management*, 38 (1), 121-

137.

[1012] Vinhas Da Silva, R., & Faridah Syed Alwi, S. (2006). Cognitive, affective attributes and conative, behavioural responses in retail corporate branding. *Journal of Product & Brand Management*, 15 (5), 293 – 305.

[1013] Volgger, M., & Huang, S. S. (2019). Scoping irresponsible behavior in hospitality and tourism: Widening the perspective of CSR. *International Journal of Contemporary Hospitality Management*, 31 (6), 2526 – 2543.

[1014] vonDreden, C., & Binnewies, C. (2017). Choose your lunch companion wisely: The relationships between lunch break companionship, psychological detachment, and daily vigour. *European Journal of Work and Organizational Psychology*, 26 (3), 356 – 372.

[1015] Wagenaar, W. A. (1986). My memory: A study of autobiographical memory over six years. *Cognitive Psychology*, 18 (2), 225 – 252.

[1016] Wakefield, K. L., & Baker, J. (1998). Excitement at the mall: Determinants and effects onshopping response. *Journal of Retailing*, 74, 515 – 539.

[1017] Walsh, G., & Bartikowski, B. (2013). Exploring corporate ability and social responsibility associations as antecedents of customer satisfaction cross-culturally. *Journal of Business Research*, 66 (8), 989 – 995.

[1018] Walsh, G., Dinnie, K., & Wiedmann, K. P. (2006). How do corporate reputation and customer satisfaction impact customer defection? A study of private energy customers in Germany. *Journal of Services Marketing*, 20 (6), 412 – 420.

[1019] Walsh, G., Shiu, E., Hassan, L. M., Michaelidou, N., & Beatty, S. E. (2011). Emotions, store-environmental cues, store-choice criteria, and marketing outcomes. *Journal of Business Research*, 64, 737 – 744.

[1020] Wan, C., Shen, G. Q., & Yu, A. (2014). The moderating effect of perceived policy effectiveness on recycling intention. *Journal of Environmental Psychology*, 37, 55 – 60.

[1021] Wang, L., Zheng, J., Meng, L., Lu, Q., & Ma, Q. (2016). Ingroup favoritism or the black sheep effect: Perceived intentions modulate subjective responses to aggressive interactions. *Neuroscience Research*, 108, 46 – 54.

[1022] Wang, S., Berbekova, A., Uysal, M., & Wang, J. (2024). Emotional solidarity and co-creation of experience as determinants of environmentally responsible behavior: A stimulus-organism-response theory perspective. *Journal of Travel Research*, 63 (1), 115–135.

[1023] Wang, S., & Cheablam, O. (2024). The Effect of "Host–Guest Interaction" on Tourists' Pro–Environmental Behaviour in Rural B&B Tourism: A Chained Multiple Intermediary Model. *Cuadernos de Economía*, 47 (134), 128–140.

[1024] Wang, T.-L., Tran, P. T. K., & Tran, V. T. (2017). Destination perceived quality, tourist satisfaction and word-of-mouth. *Tourism Review of AIEST – International Association of Scientific Experts in Tourism*, 72 (4), 392–410.

[1025] Wang, W., Wu, J., Wu, M. Y., & Pearce, P. L. (2018). Shaping tourists' green behavior: The hosts' efforts at rural Chinese B&Bs. *Journal of Destination Marketing & Management*, 9, 194–203.

[1026] Wang, X., & Lin, L. (2018). How climate change risk perceptions are related to moral judgment and guilt in China. *Climate Risk Management*, 20, 155–164.

[1027] Wang, Y., Shen, T., Chen, Y., & Carmeli, A. (2021). CEO environmentally responsible leadership and firm environmental innovation: A sociopsychological perspective. *Journal of Business Research*, 126, 327–340.

[1028] Wang, Z., Nie, L., Jeronen, E., Xu, L., & Chen, M. (2023). Understanding the environmentally sustainable behavior of chinese university students as tourists: an integrative framework. *International Journal of Environmental Research and Public Health*, 20 (4), 3317.

[1029] Watson, D., & Pennebaker, J. W. (1989). Health complaints, stress and distress: Exploring the central role of negative affectivity. *Psychological Review*, 96, 234–254.

[1030] Watson, L., & Spence, M. T. (2007). Causes and consequences of emotions on consumer behaviour: A review and integrative cognitive appraisal theory. *European Journal of Marketing*, 41 (5/6), 487–511.

[1031] Weaver, D. B., & Lawton, L. J. (2017). A new visitation paradigm for protected areas. *Tourism Management*, 60, 140–146.

[1032] Wegge, J., Schuh, S. C., & van Dick, R. (2012). 'I feel bad', 'we feel good'? – Emotions as a driver for personal and organizational identity and organizational identification as a resource for serving. *Stress and Health*, 28, 123–136.

[1033] Wei, J., Zhou, L., & Li, L. (2024). A study on the impact of tourism destination image and local attachment on the revisit intention: The moderating effect of perceived risk. *Plos one*, 19(1), e0296524.

[1034] Weisman, K., Johnson, M. V., & Shutts, K. (2015). Young children's automatic encoding of social categories. *Developmental Science*, 18(6), 1036–1043.

[1035] Wei, S., & Milman, A. (2002). The impact of participation in activities while on vacation on seniors' psychological well-being: A path model application. *Journal of Hospitality and Tourism Research*, 26(2), 175–185.

[1036] Wen, J., Meng, F., Ying, T., Qi, H., & Lockyer, T. (2018). Drug tourism motivation of Chinese outbound tourists: Scale development and validation. *Tourism Management*, 64, 233–244.

[1037] Westbrook, R. A., & Oliver, R. L. (1991). The dimensionality of consumption emotion patterns and consumer satisfaction. *Journal of Consumer Research*, 18(1), 84–91.

[1038] Westbrook, R. A. (1987). Product/consumption based affective responses and post purchase process. *Journal of Marketing Research*, 24, 258–270.

[1039] Wheaton, B., Muthén, B., Alwin, D. F., & Summers, G. F. (1977). Assessing reliability and stability in panel models. *Sociological Methodology*, 8, 84–136.

[1040] White, R. T. (1982). Memory for personal events. *Human Learning*, 1, 171–183.

[1041] Whitmarsh, L., & O'Neill, S. (2010). Green identity, green living? The role of pro-environmental self-identity in determining consistency across diverse pro-environmental behaviours. *Environmental Psychology*, 30(3), 305–314.

[1042] Williams, D. R. (1989). Great expectations and the limits to satisfaction: A review of recreation and consumer satisfaction research. Technical Report, USDA Forest Service, Tampa, FL.

[1043] Williams, D. R., & Roggenbuck, J. W. (1989, October). Measuring place attachment: Some preliminary results. In *NRPA symposium on leisure research*, San Antonio, TX (Vol. 9).

[1044] Willis, M. M., & Schor, J. B. (2012). Does Changing a Light Bulb Lead to Changing the World? Political Action and the Conscious Consumer. *The Annals of the American Academy of Political and Social Science*, 644 (1), 160 – 190.

[1045] Wilson, J. Q., & Kelling, G. L. (1982). The police and neighborhood safety: Broken windows. *Atlantic Monthly*, 127 (2), 395 – 407.

[1046] Wilson, S., Fesenmaier, D. R., Fesenmaier, J., & van Es, J. C. (2001). Factors for success in rural tourism development. *Journal of Travel Research*, 40 (2), 132 – 138.

[1047] Winzar, H., Baumann, C., Soboleva, A., Park, S. H., & Pitt, D. (2022). Competitive Productivity (CP) as an emergent phenomenon: Methods for modelling micro, meso, and macro levels. *International Journal of Hospitality Management*, 105, 103252.

[1048] Wirtz, D., Kruger, J., Scollon, C. N., & Diener, E. (2003). What to do on spring break? The role of predicted, online, and remembered experience in future choice. *Psychological science*, 14 (5), 520 – 524.

[1049] Wirtz, J., & Bateson, J. E. G. (1999). Consumer satisfaction with services: Integrating the environment perspective in services marketing into the traditional disconfirmation paradigm. *Journal of Business Research*, 44, 55 – 66.

[1050] Wirtz, J., & Lovelock, C. (2021). *Services marketing: People, technology, strategy*. World Scientific.

[1051] Wirtz, J., Mattila, A. S., & Tan, R. L. P. (2000). The moderating role of target-arousal on the impact of affect on satisfaction: an examination in the context of service experiences. *Journal of Retailing*, 76 (3), 347 – 365.

[1052] Wong, A. (2004). The role of emotional satisfaction in service encounters. *Managing Service Quality*, 14 (5), 365 – 376.

[1053] Woodruff, R. B. (1997). Customer value: the next source for competitive advantage. *Journal of the Academy of Marketing Science*, 25, 139 – 153.

[1054] Woo, E. J., Lee, S. T., & Kim, Y. G. (2024). Effect of Value on Tourists' Carbon Neutral Tourism Behaviors: Applying VBN (Value – Belief – Norm) Theory. *Asia – Pacific Journal of Business*, 15 (3), 469 – 482.

[1055] Woo, E., Kim, H., & Uysal, M. (2016). A measure of quality of life in elderly tourists. *Applied Research in Quality of Life*, 11 (1), 65 – 82.

[1056] Wu, E. C., Moore, S. G., & Fitzsimons, G. J. (2019). Wine for the table: Self-construal, group size, and choice for self and others. *Journal of Consumer Research*, 46 (3), 508 – 527.

[1057] Wu, J., Font, X., & Liu, J. (2020). Tourists' pro-environmental behaviors: Moral obligation or disengagement? *Journal of Travel Research*, 60 (4), 735 – 748.

[1058] Wu, J., Huang, D., Liu, J., & Law, R. (2015). Which factors help visitors convert their short-term pro-environmental intentions to long-term behaviors? *International Journal of Tourism Sciences*, 13 (2), 33 – 56.

[1059] Wu, J. S., Font, X., & Liu, J. (2021). The elusive impact of pro-environmental intention on holiday on pro-environmentalbehaviour at home. *Tourism Management*, 85, 104283.

[1060] Wu, J., Wu, H. C., Hsieh, C. M., & Ramkissoon, H. (2022). Face consciousness, personal norms, and environmentally responsible behavior of Chinese tourists: Evidence from a lake tourism site. *Journal of Hospitality and Tourism Management*, 50, 148 – 158.

[1061] Wu, K., Guo, Y., & Han, X. (2024). The relationship research between restorative perception, local attachment and environmental responsible behavior of urban park recreationists. *Heliyon*, 10 (15).

[1062] Wu, M. Y., & Pearce, P. L. (2017). Understanding Chinese overseas recreational vehicle tourists: Anetnographic and comparative approach. *Journal of Hospitality & Tourism Research*, 41 (6), 696 – 718.

[1063] Wyckoff, D. D. (1984). New tools for achieving service quality. *Cornell Hotel and Restaurant Administration Quarterly*, 25 (3), 78 – 91.

[1064] Xie, C., Bagozzi, R. P., & Grønhaug, K. (2015). The role of moral emotions and individual differences in consumer responses to corporate green and non-green actions. *Journal of the Academy Marketing Science*, 43 (3), 333 – 356.

[1065] Xie, T., & Xu, A. (2024). Exploring the norm-activation model-based mechanisms influencing the willingness of environmentally friendly behavior of backpackers. *Journal of Resources and Ecology*, 15 (3), 650 – 662.

[1066] Xie, X., & Wang, Z. (2024). The impact of place attachment on the environmentally responsible behavior of residents in National Park gateway communities and the mediating effect of environmental commitment: a case of China National Park. *Frontiers in Psychology*, 15, 1386337.

[1067] Xiong, W., Huang, M., Leung, X. Y., Zhang, Y., & Cai, X. (2023). How environmental emotions link to responsible consumption behavior: tourism agenda 2030. *Tourism Review*, 78 (2), 517 – 530.

[1068] Xu, H., Lin, X., Liu, F., Wang, X., & Wang, M. (2022). Experiential Value, Place Attachment, and Environmentally Responsible Behavior of Forest Health Tourism—A Case of China. *Forests*, 13 (11), 1855.

[1069] Xu, L., Zhao, S., Cotte, J., & Cui, N. (2023). Cyclical time is greener: The impact of temporal perspective on pro-environmental behavior. *Journal of Consumer Research*, 50 (4), 722 – 741.

[1070] Xu, X. (2018). Does traveler satisfaction differ in various travel group compositions? Evidence from online reviews. *International Journal of Contemporary Hospitality Management*, 30 (3), 1663 – 1685.

[1071] Xu, X., Wang, S., & Yu, Y. (2020). Consumer's intention to purchase green furniture: Do health consciousness and environmental awareness matter? *Science of the Total Environment*, 704, 135275.

[1072] Yadav, N., Verma, S., & Chikhalkar, R. D. (2022). eWOM, destination preference and consumer involvement-a stimulus-organism-response (SOR) lens. *Tourism Review*, 77 (4), 1135 – 1152.

[1073] Yagil, D., & Luria, G. (2014). Being difficult: Customers' sensemaking of their deviant behavior. *Deviant Behavior*, 35 (11), 921 – 937.

[1074] Yalch, R. F., & Spangenberg, E. R. (2000). The effects of music in a retail setting on real and perceived shopping times. *Journal of Business Research*, 49, 139 – 147.

[1075] Yang, J., Ge, Y., & Ge, Q. (2016). Determinants of island tourism development: The example ofDachangshan Island. *Tourism Management*, 55, 261 – 271.

[1076] Yarnal, C. M. (2004). Missing the boat? A playfully serious look at a group cruise tour experience. *Leisure Sciences*, 26 (4), 349 – 372.

[1077] Yassine, S. B. A. I., & EL HASSOUNI, S. (2023). Exploring theoretical and empirical insights on tourist behavior. *International Journal of Accounting, Finance, Auditing, Management and Economics*, 4 (6 – 1), 41 – 60.

[1078] Yazdanpanah, M., & Forouzani, M. (2015). Application of the Theory of Planned Behaviour to predict Iranian students' intention to purchase organic food. *Journal of Cleaner Production*, 107, 342 – 352.

[1079] Yeoh, E., Othman, K., & Ahmad, H. (2013). Understanding medical tourists: Word-of-mouth and viral marketing as potent marketing tools. *Tourism Management*, 34, 196 – 201.

[1080] Yildirim, H. M., Soylu, Y., & Atay, L. (2024). Effects of Norms, Place Attachment, Environmental Concerns, and Altruism on Environment-friendly Tourism Behavior. *Journal of Tourism, Sustainability and Well-being*, 12 (3), 257 – 278.

[1081] Ying, T., & Wen, J. (2019). Exploring the male Chinese tourists' motivation for commercial sex when travelling overseas: Scale construction and validation. *Tourism Management*, 70, 479 – 490.

[1082] Yi, Y., Gong, T., & Lee, H. (2013). The impact of other customers on customer citizenship behavior. *Psychology & Marketing*, 30 (4), 341 – 356.

[1083] Yüksel, A., & Yüksel, F. (2007). Shopping risk perceptions: Effects on tourists' emotions, satisfaction and expressed loyalty intentions. *Tourism Management*, 28 (3), 703 – 713.

[1084] Yoon, Y. S., Lee, J. S., & Lee, C. K. (2010). Measuring festival quality and value affecting visitors' satisfaction and loyalty using structural approach. *International Journal of Hospitality Management*, 29 (2), 335 – 342.

[1085] Yoo, Y., & Alavi, M. (2001). Media and group cohesion: Relative influences on social presence, task participation, and group consensus. *MIS quarterly*, 371 – 390.

[1086] Yuan, L. L. (2001). Quality of life case studies for university teaching in sustainable development. *International Journal of Sustainability in Higher Education*, 2 (2), 127 – 138.

[1087] Yue, T., Long, R., & Chen, H. (2013). Factors influencing energy-saving behavior of urban households in Jiangsu province. *Energy Policy*, 62, 665 – 675.

[1088] Yu, W., Liao, X., Ji, S., & Cui, F. (2024). Green rewards vs. non-green rewards? The impact of hotel marketing incentives on guests' green consumption intentions. *Journal of Sustainable Tourism*, 1 – 19.

[1089] Yu, Y., Chen, L., Qiu, H., Xiao, X., & Li, M. (2024). Can tourists be educated? The effect of tourist environmental education on environmentally responsible behavior. *Asia Pacific Journal of Tourism Research*, 29 (1), 113 – 125.

[1090] Zajonc, R. B. (1980). Feeling and thinking: Preferences need no inferences. *American psychologist*, 35 (2), 151.

[1091] Zaman, K., Shahbaz, M., Loganathan, N., & Raza, S. A. (2016). Tourism development, energy consumption and environmental Kuznets curve: Trivariate analysis in the panel of developed and developing countries. *Tourism Management*, 54, 275 – 283.

[1092] Zeithaml, V. A., Berry, L. L., & Parasuraman, A. (1996). The behavioral consequences of service quality. *Journal of Marketing*, 60 (2), 31 – 46.

[1093] Zeithaml, V. A., Bitner, M. J., & Gremler, D. D. (2018). *Services marketing: Integrating customer focus across the firm*. McGraw – Hill.

[1094] Zeithaml, V. A. (1988). Consumer perceptions of price, quality, and value: a means-end model and synthesis of evidence. *Journal of Marketing*, 52 (3), 2 – 22.

[1095] Zeithaml, V. A. (2002). Service excellence in electronic channels. *Managing Service Quality*, 12 (3), 135 – 138.

[1096] Zeithaml, V., Bitner, M., & Gremler, D. (2012). *Service marketing: Integrating customer focus across the firm* (2nd European ed.). McGraw – Hill Education.

[1097] Zhang, C. X., Pearce, P., & Chen, G. (2019). Not losing our collective face: Social identity and Chinese tourists' reflections on uncivilized behavior. *Tourism Management*, 73, 71 – 82.

[1098] Zhang, H., Cai, L., Bai, B., Yang, Y., & Zhang, J. (2023). National forest park visitors' connectedness to nature and pro-environmental behavior: The effects of cultural ecosystem service, place and event attachment. *Journal of Outdoor Recreation and Tourism*, 42, 100621.

[1099] Zhang, Y., Jia, W., Chan, J. H., & Sciacca, A. (2024). The awe-habitual model: exploring tourists' pro-environmental behaviors in religious settings. *Journal of Sustainable Tourism*, 1 – 20.

[1100] Zhang, Y., Wang, Z., & Zhou, G. (2013). Antecedents of employee electricity saving behavior in organizations: An empirical study based on norm activation model. *Energy Policy*, 62, 1120 – 1127.

[1101] Zhang, Y., Zhang, H. L., Zhang, J., & Cheng, S. (2014). Predicting residents' pro-environmental behaviors at tourist sites: The role of awareness of disaster's consequences, values, and place attachment. *Journal of Environmental Psychology*, 40, 131 – 146.

[1102] Zhang, Y., Zhao, Y., Zhang, H., Zheng, S., & Yao, J. (2024). The Impact of Different Value Types on Environmentally Responsible Behavior: An Empirical Study from Residents of National Park Communities in China. *Land*, 13 (1), 81.

[1103] Zheng, S., Zhu, L., Weng, L., & Gu, X. (2024). The More Advanced, the Better? A Comparative Analysis of Interpretation Effectiveness of Different Media on Environmental Education in a Global Geopark. *Land*, 13 (12),

2005.

[1104] Zhou, Y., Tsang, A. S., Huang, M., & Zhou, N. (2014). Group service recovery strategies effectiveness: The moderating effects of group size and relational distance. *Journal of Business Research*, 67 (11), 2480 – 2485.

[1105] Zhu, M., Gao, J., Zhang, L., & Jin, S. (2020). Exploring tourists' stress and coping strategies in leisure travel. *Tourism Management*, 81, 104167.

[1106] Zins, A. H. (2001). Relative attitudes and commitment in customer loyalty model. *International Journal of Service Industry Management*, 12 (3), 269 – 294.

[1107] Zou, X., Huo, X., Zhang, Y., & Li, S. (2023). Driving Factors of Environmental Responsibility Behavior of Residents in Rural Tourism Places. In *International Symposium on Advancement of Construction Management and Real Estate* (pp. 929 – 944). Singapore: Springer Nature Singapore.

[1108] Zuckerman, M., & Reis, H. T. (1978). Comparison of three models for predicting altruistic behavior. *Journal of Personality and Social Psychology*, 36 (5), 498.

后　记

　　保护生态环境、推动绿色发展，是新时代中国实现高质量发展的重要命题。习近平总书记指出，"绿水青山就是金山银山"，这一重要论断为我国绿色发展提供了根本遵循。"保护生态环境就是保护生产力，改善生态环境就是发展生产力"，这不仅体现了环境与发展的双赢理念，也为推动高质量发展指明了方向。党的二十大报告进一步强调，要加强生态文明制度建设，推动形成绿色生产生活方式，实现人与自然和谐共生的现代化目标。

　　旅游业作为生态文明建设的重要载体，正加速迈向绿色低碳、高质量发展的新阶段。通过资源节约与生态友好型实践，我国旅游业正努力构建具有中国特色的人与自然和谐共生的旅游发展格局，展现出旅游可持续发展的坚实步伐和责任担当。在这一进程中，环境责任理念也正从宏观的政策倡导与国家治理，逐步向旅游行业实践延伸，并最终落脚于个体的行为选择与公共的环保意识之中。

　　旅游不仅是一种经济活动和文化体验，也是一种生态行为与责任实践。旅游者不仅是旅游活动的参与者，更是旅游目的地生态系统的重要影响者和受益者。一次轻装出行、一次绿色选择、一次环保倡议，都可能对目的地的自然环境和社会生态造成深远影响。因此，如何通过积极引导和培育旅游者的环境责任行为推动旅游业可持续发展，已成为新时代生态文明建设的时代要求。

　　本书立足我国旅游业绿色转型的时代背景，通过整合国内外相关理论成果，借助多元实证方法，建构起"个体—群体—目的地"多视角分析框架，系统揭示了旅游者环境责任行为的内在机制、影响路径与治理逻辑，并提出了旅游者自律机制、旅游企业引导与示范机制、政府行政管理部门监管机制三大路径。本书力图在理论上丰富环境责任行为研究体系，在实践上为旅游目的地管理者和政策制定者提供可操作的路径指引，在方法上探索定性分析与定量研究的交叉融合。

尽管本书在内容结构、理论梳理与方法整合方面做了诸多尝试，但在语言表达、内容凝练以及对旅游者环境责任行为普遍规律的提炼方面仍存在不足。未来，我们将会在语言风格、整体内容设计和章节内在逻辑等方面进一步提升，特别是在旅游者环境责任行为不同视角下的影响因素总结、跨学科和跨文化背景融入及旅游者环境责任行为的时空演化规律等方面，开展更系统化、体系化研究，进一步建构旅游者环境责任行为理论体系，搭建旅游者环境责任行为管理实践框架。

未来，我们将进一步拓宽研究边界，深化研究内容，深度融合交叉学科理论成果、深入探索中国特色旅游情境，围绕文旅融合、数智赋能和低碳转型下的旅游者环境责任行为引导、跨文化旅游责任行为比较等议题开展更具纵深性的探索，以期为我国旅游业的绿色转型与可持续发展提供更具前瞻性和实践性的理论支持。

本书是"幸福旅研"团队长期研究与集体智慧的结晶。旅游对环境责任行为的影响是"幸福旅研"团队多年来一直关注的焦点，团队成员杨青月、宫启、潘琳、赵亚港、成锦、唐彬礼、贾伯聪、练琪、叶成志、李梦圆、王秀姗、龚丽琴、汪子懿、黄静云、杨雨曦、罗儒志、唐宇东、孙熙媛、陈妍希等相继参与其中。感谢"幸福旅研"团队的海内外合作者斯科特·R·斯万森（Scott R. Swanson）教授、黄颖华教授、林志斌教授、罗振雄（Rob Law）教授、黄松山（Sam Huang）教授、潘越（Yue Pan）教授、麦克斯韦·K. 徐（Maxwell K. Hsu）教授、文俊教授、陈宁（Ning Chen）教授、小罗伯特·E. 布斯特罗姆（Robert E. Boostrom, Jr）教授、耶罗恩·纳韦恩（Jeroen Nawijn）教授、梅廷·科扎克（Metin Kozak）教授等。特别感谢游碧竹游老的谆谆教诲、悉心指导与持续关心；感谢本著作负责人粟路军的博士后合作导师陈晓红院士、博士生导师黄福才教授、硕士生导师许春晓教授；感谢中南大学商学院领导们的大力支持。本书研究成果曾在多个学术会议上展示（包括2020年《旅游科学》专刊、2021~2023年《旅游学刊》年会、"一带一路"与旅游发展国际会议、国家公园与人民福祉学术研讨会、第三届与第四届中国青年旅游论坛等），并受邀在复旦大学、南开大学、东南大学、厦门大学、华东师范大学和中国海洋大学等二十余所国内一流高校作旅

后　记

游产业的环境责任等主题报告，引起了热烈反响，得到了诸多学界同仁的支持和帮助。诸多成果已在张家界市、常德市、桃源县、新邵县等近二十个国内外知名旅游地得以实践应用，并取得了显著成效。由于篇幅有限，难以一一列举，在此对所有关心和支持"幸福旅研"团队的朋友们表示衷心的感谢！

愿旅游因责任而更美，山河因守护而常青。

作　者

2025 年 5 月